Täter-Opfer-Ausgleich und Polizei

Grenzen und Perspektiven einer Zusammenarbeit im Ermittlungsverfahren

ISSN 1610-7500
ISBN 978-3-86676-467-5

Oliver Jacob

Täter-Opfer-Ausgleich und Polizei

Grenzen und Perspektiven
einer Zusammenarbeit im Ermittlungsverfahren

Schriftenreihe Polizei & Wissenschaft

ISSN 1610-7500
ISBN 978-3-86676-467-5

Verlag für Polizeiwissenschaft
Prof. Dr. Clemens Lorei

Bibliografische Information der Deutschen Nationalbibliothek
Die Deutsche Nationalbibliothek verzeichnet diese Publikation in der Deutschen Nationalbibliografie; detaillierte bibliografische Daten sind im Internet über http://dnb.d-nb.de abrufbar.

Das Werk einschließlich aller seiner enthaltenen Teile inkl. Tabellen und Abbildungen ist urheberrechtlich geschützt. Nachdruck, Übersetzung, Vervielfältigung auf fotomechanischem oder elektronischem Wege und die Einspeicherung in Datenverarbeitungsanlagen sind nicht gestattet. Kein Teil dieses Werkes darf außerhalb der engen Grenzen des Urheberrechtsgesetzes ohne schriftliche Genehmigung in irgendeiner Form reproduziert, kopiert, übertragen oder eingespeichert werden.

© Urheberrecht und Copyright: 2016 Verlag für Polizeiwissenschaft, Prof. Dr. Clemens Lorei, Frankfurt

Alle Rechte vorbehalten.

Verlag für Polizeiwissenschaft, Prof. Dr. Clemens Lorei
Eschersheimer Landstraße 508 • 60433 Frankfurt
Telefon/Telefax 0 69/51 37 54 • verlag@polizeiwissenschaft.de
www.polizeiwissenschaft.de

Printed in Germany

Fachbereich Erziehungswissenschaft und Psychologie
der Freien Universität Berlin

Täter-Opfer-Ausgleich und Polizei

Grenzen und Perspektiven
einer Zusammenarbeit im Ermittlungsverfahren

Dissertation

zur Erlangung des akademischen Grades

Doktor der Philosophie (Dr. phil.)

Doctor of Philosophy (Ph.D.)

vorgelegt von

Diplom Pädagoge

Oliver Jacob

Berlin, im November 2015

Erstgutachter:

Prof. Dr. rer. Soc., Dr. phil. Habil., Dipl.-Soz. Ralf Bohnsack (emeritiert)

Zweitgutachterin:

Univ.-Prof. Dr. Ulrike Urban-Stahl

I. Ein Wort vorweg

Im Jahr 2005 wurden mein damaliger Kollege Frank Kassube und ich gebeten, als Referenten im Rahmen der Ausbildung zum Jugendsachbearbeiter der Berliner Polizei über unsere Tätigkeit und vor allem über unsere Erfahrungen im Täter-Opfer-Ausgleich (TOA) zu berichten und die Teilnehmer der Seminarreihe zu informieren und mit ihnen zu diskutieren. Inzwischen ist mein Kollege im selbstgewählten Ruhestand, so dass ich diese Aufgabe seitdem allein weiterführe. Durch die Fragen, Anregungen, manchmal Skepsis aber auch viel positive Wertschätzung der Teilnehmer des Seminars, entstand in mir die Idee zu dieser Arbeit.

Eine Dissertation ist die Arbeit eines Einzelnen, der sich auf die Quellen derer stützt, die sich vor ihm Gedanken gemacht haben, diese zu Papier brachten und veröffentlichten und der diese durch seinen eigenen Beitrag ergänzt und erweitert. Darüber hinaus ist man als Autor auf Unterstützung und Hilfe angewiesen, auf Rat und Tat, auf einen neuen Hinweis, eine Idee und vor allem eine Aufmunterung, wenn man glaubt, nicht weiter zu kommen.

Mein besonderer Dank geht an Prof. Dr. Ralf Bohnsack, der sich auch 13 Jahre nach unserem letzten Aufeinandertreffen an mich und meine Diplomarbeit erinnern konnte und der sofort bereit war, die Betreuung dieser Arbeit zu übernehmen. Ihm danke ich für den Mut, den er mir damit gemacht hat und für die vielen Anregungen, die ich durch ihn und die Teilnehmer und Teilnehmerinnen seiner letzten Forschungswerkstätten im Rahmen seiner Tätigkeit an der Freien-Universität-Berlin erhalten habe. In seinem Büro fühlte ich mich wie ein Zeitreisender an meine Studienzeit erinnert und musste zugleich feststellen, dass sich die dokumentarische Methode und deren Forschungsfelder seitdem - dank Prof. Dr. Ralf Bohnsack – enorm weiter entwickelt hat, wodurch ich mich erst neu orientieren musste. Ihm danke ich dafür, dass er *meine* Art des wissenschaftlichen Denkens und Forschens weit mehr geprägt hat, als ihm dies selbst vielleicht bewusst ist. Frau Prof. Dr. Ulrike Urban-Stahl von der Freien-Universität-Berlin danke ich recht herzlich, dass sie die Zweitbegutachtung übernommen und mich noch mal aufgebaut hat, als es in die Schlussphase dieser Arbeit ging. Weiterhin danke ich Prof. Dr. Michael Matzke, der an der Hochschule für Wirtschaft und Recht in Berlin am Fachbereich für Polizei und Sicherheitsmanagement lehrt, für seine fachliche Unterstützung mit Rat und Tat. Er bestärkte mich in meiner Idee zum Thema Täter-Opfer-Ausgleich und Polizei eine Forschungsarbeit anzugehen.

Eine Arbeit, in der Polizeibeamte befragt werden, ist stark abhängig von einer Zustimmung auf oberster Ebene. Mein ausdrücklicher Dank geht daher an den Polizeipräsidenten des Landes Berlin und seinem Stab, für die Erlaubnis, Gruppendiskussionen durchführen zu dürfen, ebenso wie für die Hilfsbereitschaft und Wertschätzung, die mir entgegengebracht wurde. Im Bereich der Berliner Polizei möchte ich mich besonders bei Diana Szymanski bedanken, die an der Landespolizeischule die Weiterbildung zum Jugendsachbearbeiter leitet und mit der ich zusammen auf mehr als zehn Jahre der beständigen Zusammenarbeit zurück blicken kann. Dem Team der Polizeibibliothek des Landes Berlin danke ich für die Möglichkeit, dass ich ihren ausführlichen Bestand an Fachliteratur nutzen durfte, hieraus stammen fast die Hälfte der in dieser Arbeit zitierten Quellen, sowie für den guten Service und dass meine vielen Verlängerungs- und Sonderwünsche berücksichtigt wurden. Vielen Dank auch an die Teilnehmerinnen und Teilnehmer aus den Gruppendiskussionen und an meine Ansprechpartner und –partnerinnen[1] aus den Direktionen, die aus Gründen der üblichen Anonymisierung hier nicht namentlich genannt werden können, dass sie sich die Zeit genommen haben, um an meinem Projekt aktiv teilzunehmen und um in meinem Beisein über das Thema Täter-Opfer-Ausgleich zu diskutieren.

Aus dem Arbeitsbereich des Täter-Opfer-Ausgleichs danke ich meinen derzeitigen wie ehemaligen Kollegen und Kolleginnen, die mich auf meinem Weg als Vermittler mit geprägt und mich begleitet haben, oder dies immer noch tun. Wie da wären: Susanne Meyer, Frank Kassube, Waltraud Reichmuth, Marit Kämmerer, Benjamin Frettlöh, Katharina Weiss, Matthias Beutke, Jürgen Gernentz, Katja Grünewald, Anette Höner sowie Gerd Delattre und das Team des TOA-Servicebüros. Den Teilnehmerinnen und Teilnehmern aus den Experteninterviews, die im Rahmen der zugesagten Anonymisierung ebenfalls nicht namentlich genannt werden können, gebührt ebenfalls mein Dank für ihr Engagement und ihre Gesprächsbereitschaft.

Ein besonderer Dank geht an Frau Magda Neumann für die Mühen der Korrektur dieser umfangreichen Arbeit. Sie hat sich fast unermüdlich und akribisch damit beschäftigt, die Fehler aus diesem Text zu verbannen und meine Formulierungen der

---

[1] Anmerkung: Für eine bessere Lesbarkeit des Textes wird im folgenden Text auf eine Trennung in weibliche und männliche Sprache verzichtet. Sobald von Polizisten, Vermittlern, Staatsanwälten, Opfer und Tätern gesprochen wird, sind dabei automatisch immer Frauen wie Männer gleichermaßen gemeint.

deutschen Grammatik anzupassen. Meinem Schwiegervater danke ich für die Hilfe beim Druck der Manuskripte. Meinen Eltern, die beide in Zeiten aufwuchsen, in denen ein Universitätsstudium nicht so selbstverständlich war, wie es heute der Fall ist, danke ich von Herzen dafür, dass sie mir meines ermöglicht haben. Mein innigster Dank geht an meine Frau und meinen Sohn, ohne deren Unterstützung dies alles nicht möglich gewesen wäre.

II. Zielsetzung und Aufbau der Arbeit

Zum Zeitpunkt, als diese Zeilen geschrieben wurden, machte sich der Täter-Opfer-Ausgleich (TOA) daran, in seinem dritten Jahrzehnt in Deutschland in Theorie und Praxis zu bestehen. Er entstand zunächst auf der Ebene von Modellprojekten und hat von dort aus seinen Weg in den Focus der Forschung und in die Gesetzbücher gefunden. Er wurde gerade in seiner Boom-Phase, den 1990er Jahren, aus den unterschiedlichsten Perspektiven und Disziplinen – Pädagogik, Kriminologie, Soziologie, Psychologie, der Strafrechtslehre und der Opferforschung – leidenschaftlich diskutiert und beforscht, so dass ein umfangreiches Schrifttum entstand. Durch den Täter-Opfer-Ausgleich fand der Aspekt der Wiedergutmachung seinen Weg zurück in das Strafrecht. Ein verstärktes Interesse für die Rolle des Opfers im Strafverfahren, wie auch Forschungen über die Bedürfnisse von Opfern von Straftaten, trug zu seiner weiteren Entwicklung bei. In der Praxis entwickelte sich der Täter-Opfer-Ausgleich an der Schnittstelle zwischen einer eher klassisch täterorientierten Sozialarbeit und einer parteilichen Opferarbeit zu einem eigenen, weil all-parteilichen Arbeitsfeld - der Konfliktschlichtung und Vermittlung im Strafverfahren - mit den sich daraus ergebenden besonderen Anforderungen an das Berufsbild der im Täter-Opfer-Ausgleich tätigen Vermittler.

Dem Gründungsboom der Projekte in den Anfangsjahren folgte nach ersten Erfolgen und zunächst steigenden Fallzahlen auch Ernüchterung, da der TOA in seiner Entwicklung heute eher stagniert und sich nicht, wie erhofft, im breiten Bewusstsein festgesetzt hat. Auch steht der Täter-Opfer-Ausgleich nicht mehr im Mittelpunkt der kriminologischen Aufmerksamkeit. Die Karawane der Experten zog weiter und beschäftigt sich nun überwiegend mit dem „Siegeszug des Präventionsgedankens"[2], von dem auch in dieser Arbeit die Rede sein wird, sowie dem Nachweis von Wirkung einzelner Interventionsformen im Bereich der Jugenddelinquenz.

---

[2] Hassemer, 2002, S. 233f.

Für die Mitarbeiter der bundesweit rund 300 TOA-Fachstellen bedeutet Konfliktschlichtung im Strafverfahren, neben der eigentlichen Vermittlungstätigkeit, ein erhebliches Maß an Kooperationsarbeit und Öffentlichkeitsarbeit mit den und für die im Strafverfahren vorhandenen Kooperationspartner, hauptsächlich der Staatsanwaltschaft, der Richterschaft, Jugendämtern, aber auch Rechtsanwälten oder der Polizei. Auch nach fast 30 Jahren TOA in Deutschland ist seine Umsetzung keine reine Selbstverständlichkeit, was in der Praxis, die von Bundesland zu Bundesland, teils von Stadt zu Stadt ganz unterschiedlich gelebt wird, dazu führt, dass Kontakte gepflegt, gehalten und immer wieder neu aufgebaut werden müssen. Dabei spielen knappe Kassen eine Rolle, der teils demographisch bedingte Rückgang von Jugenddelinquenz, aber auch die Tatsache, dass die Idee, Täter und Opfer nach der Tat wieder in einen Dialog zu bringen, oft skeptisch betrachtet wird und nicht automatisch auf Zustimmung stößt.

In der TOA-Fachliteratur existieren eine Handvoll Beiträge, die sich mit der Thematik der Kooperationsarbeit beschäftigen, wie auch einige wenige Forschungsarbeiten, die sich mit der Akzeptanz des Angebots bei der Berufsgruppe der Juristen (speziell Staatsanwaltschaft und Rechtsanwälte) befasst haben. Die Berufsgruppe der Polizei kommt dabei nur in der Darstellung vereinzelter Berichte über regionale Kooperationsmodelle zur Sprache. In einer Erfassung zum Stand des TOA in den neuen Bundesländern aus dem Jahr 2000 wurden die hier involvierten Berufsgruppen befragt, unter anderem auch 8 Polizeibeamte.[3] Darüber hinaus existieren keine weiteren Forschungen, weder über die Haltung der Polizei zum TOA noch über die Rolle der Polizei für die Entwicklung des Täter-Opfer-Ausgleichs.

In den letzten Jahrzehnten, in denen der Diskurs in Kriminologie und Kriminalpolitik mitunter die Entwicklung der ambulanten Maßnahmen (Täter-Opfer-Ausgleich, Anti-Gewalt-Trainings, Beratungen etc.) gefördert hatte, entwickelte sich auch die Polizei weiter, die von der Debatte über Jugendkriminalität und die Wiederentdeckung des Opfers für das Strafrecht und die Kriminalpolitik nicht unberührt blieb. Die Polizei in Deutschland ist eine Organisation, die im Wandel begriffen ist und mit ihr ihre Aufgabenfelder. Innerhalb weniger Jahrzehnte wurde aus einer Organisation mit Sicherheitskräften mit paramilitärischem Charakter ein Dienstleistungsunternehmen, der größte Produzent innerer Sicherheit und damit gleichsam die dominierende Instanz von sozialer Kontrolle, die zum zentralen Träger kriminalpräventiver Konzepte avancierte.[4] Als logische Konsequenz aus kriminologischen Forschungsergebnissen, dem Diversions- und Präventionsgedanken sowie dem originären Arbeitsauftrag der Polizei, sowohl neue als auch potenzielle Straftaten zu verhindern, entwickelten sich eigene spezialisierte Arbeitsbereiche der Polizei, wie *Jugendsachbearbeiter, Diversions-, Präventions-* und *Opferschutzbeauftragte* der Polizeien. Im Umgang mit dem

---

[3] Vgl. Gutsche, 2000, S. 93ff.
[4] Vgl. Frehsee, 2011, S. 351ff.

II. Zielsetzung und Aufbau der Arbeit

Phänomen Jugendkriminalität adaptierte die Polizei für sich charakteristische Merkmale der sozialen Arbeit, und drängt sich „in die originären Felder der Pädagogik und Sozialpädagogik,"[5] bildet Netzwerke mit Schule, Jugendhilfe und Kommunen, arbeitet aktiv mit im Rahmen der Jugendrechtshäuser und in zahlreichen Kooperationsmodellen zwischen Polizei und Sozialarbeit und dies mitunter so dominant, dass Autoren wie *Frehsee* sogar die Ablösung der „Ära der Sozialpädagogik" durch die „Ära der Polizei" gekommen sehen.[6] Wer den alljährlichen Deutschen Präventionstag besucht, mag versucht sein, *Frehsee* recht zu geben angesichts der sichtbaren Präsenz, ja Dominanz von Informationsständen aus dem Bereich der Polizeien der Bundesländer, die seit Jahren mit viel Manpower, Hochglanzbroschüren, Logistik und Engagement dort vertreten sind, eine Präsenz und ein finanzieller Hintergrund, von denen viele soziale Projekte nur träumen können.[7]

Polizeibeamte sind die Ersten, die im Rahmen eines Strafverfahrens Kontakt zu Tätern und Opfern haben. Aus Sicht des Strafverfahrens im Allgemeinen und aus Sicht des Täter-Opfer-Ausgleichs im Speziellen kommt ihnen damit eine wichtige Schlüssel- und Filterfunktion zu, indem sie bereits im Stadium des Ermittlungsverfahrens geeignete Fälle erkennen und gegenüber der Staatsanwaltschaft (vor allem im Jugendstrafverfahren) als solche benennen oder aber die betroffenen Personen auf die Möglichkeit eines Täter-Opfer-Ausgleichs hinweisen können – und laut diverser Richtlinien dies auch tun sollen. In den Diversionsrichtlinien und den Verwaltungsvorschriften der Bundesländer zum Thema Diversion und Täter-Opfer-Ausgleich finden sich dazu Beispiele unterschiedlicher Ausprägung, die die Rolle der Polizei beschreiben, die in dieser Arbeit dargestellt und verglichen werden. Die Rolle der Polizei *im* und *für* den Täter-Opfer-Ausgleich wird durch Verwaltungs- und Dienstvorschriften, wie die PDV 382, für die polizeiliche Jugendsachbearbeitung geregelt, die den normativen Rahmen zum Verhältnis von Polizei und dem Täter-Opfer-Ausgleich als Maßnahme im Jugendstrafverfahren bieten.

Um für den TOA geeignete Verfahren und Konflikte zu erkennen, Geschädigte nicht zu überfordern und sachgerecht informieren zu können, bedarf es vor allem geschulter Polizeibeamter. Die Polizei führt selbst keinen Täter-Opfer-Ausgleich durch und darf diesen, bedingt durch die Gewaltenteilung und die juristischen Besonderheiten im Ermittlungs-verfahren, auch nicht *anordnen*, jedoch *anregen*. Wie viele in Deutschland durchgeführte Konfliktschlichtungen (TOA) letztendlich auf eine Idee eines Polizeibeamten, speziell eines Jugendsachbearbeiters zurückzuführen sind, dessen Vorschlag von der Staatsanwaltschaft oder den Beteiligten selbst aufgegriffen wurde ist nicht bekannt, wird statistisch, wenn überhaupt, nur auf der Ebene

---

[5] Frehsee, 2011, S. 359
[6] Frehsee, 2011, S. 359
[7] Vgl. laut Evaluation des 17. Deutschen Präventionstages vom 16. und 17. April 2012 in München stellt die Berufsgruppe der Polizei mit 33,5 % die mit Abstand größte Gruppe der Teilnehmer/innen dar. Evaluationsbericht der proval GbR, 2012, S. 41 siehe auch Strobel, Schüle und Lobermeier, 2013.

einzelner TOA-Fachstellen erfasst und liegt weitgehend im Dunkeln. Diesen Sachverhalt anhand von Aktenanalysen und gezielten Abfragen quantitativ zu erhellen, ist von Interesse, soll jedoch folgenden Arbeiten zum Thema Polizei und Täter-Opfer-Ausgleich vorbehalten bleiben. Aufgrund der Schleusenfunktion der Polizei, ihrer exponierten Stelle im Ermittlungsverfahren und des bisher kaum ausgeschöpften Potenzials der für den TOA geeigneten Strafverfahren kann davon ausgegangen werden, dass sich hier ungenutztes Entwicklungspotenzial für den Täter-Opfer-Ausgleich befindet.[8]

Zielsetzung der Arbeit ist es, die Chancen und Grenzen einer Zusammenarbeit von TOA-Fachstellen und der Polizei darzustellen und auszuloten. TOA-Fachstellen können die Ergebnisse als eine auf regionale Besonderheiten abzustimmende Folie ihrer Kooperationsbemühungen im Hinblick auf die Polizei nutzen, entweder um bestehende Formen der Zusammenarbeit zu überprüfen oder diese überhaupt erst entstehen zu lassen. Polizeipräsidien mit ihren hauseigenen Überlegungen zur Vernetzung mit Hilfsangeboten im Bereich der Opferhilfe, der Jugendkriminalität und der Kriminalitätsprävention können die hier gewonnenen Erkenntnisse ebenfalls nutzen, wenn es darum geht, die Sensibilität ihrer Mitarbeiter für externe Themen zu erhöhen bzw. diese innerhalb von hierarchisch geprägten Organisationen, wie der Polizei, besser umzusetzen. Aus der Perspektive einer empirischen Polizeiforschung stellt diese Arbeit ein weiteres Puzzleteil bei der Erstellung eines Gesamtbildes des polizeilichen Handelns dar und kann vor dem Hintergrund einer dort geführten Diskussion sowohl als eine Forschung *über* als auch *für* die Polizei betrachtet werden.

Polizei und TOA-Vermittler haben es mit der gleichen Klientel zu tun, den Geschädigten und den Beschuldigten im Rahmen eines Strafverfahrens, so dass es Interessensüberschneidungen gibt und natürlich auch standortgebundene, mit der jeweiligen Rolle zusammenhängende unterschiedliche Herangehensweisen und Aufgabenstellungen. Der Einfluss der Polizei in Form von Informationen an die Beteiligten oder aber in Form von Stellungnahmen gegenüber der Staatsanwaltschaft als der eigentlichen „Herrin des Strafverfahrens" liegt im juristisch sensiblen Feld des Ermittlungsverfahrens, ein Faktor, den es zu berücksichtigen gilt.

Die Arbeit beginnt notwendigerweise mit einer umfangreichen Darstellung der zentralen Inhalte eines Täter-Opfer-Ausgleichs, seiner Entwicklung in Deutschland sowie der unterschiedlichen Möglichkeiten und Erwartungshaltungen, die mit ihm verbunden werden. Im Kapitel 2 wird der TOA in seiner Umsetzung aus einer sowohl

---

[8] Vgl. Matzke, 2009 (1999) S. 1-9, siehe auch Matzke, 1997, S. 298-310, der sich aufgrund der Berliner Landschaft der Jugendstrafrechtspflege Gedanken machte, zur Bedeutung des TOA für die Polizei, wie auch über das, über Berliner Grenzen hinaus, ungenutzte Potenzial für den TOA, dass er mit einer verstärkten Nutzung der Kenntlichmachung geeigneter Verfahren gegenüber der Staatsanwaltschaft verband.

II. Zielsetzung und Aufbau der Arbeit   XI

theoretischen wie auch einer praxisorientierten Sichtweise dargestellt und transparenter gemacht.

Die hier enthaltenen Passagen über *Ansätze und Haltungen in der Vermittlertätigkeit*, wie auch die Passage über *Hürden und Etappen der Konfliktschlichtung*, wie auch die Passage über *neue Anwendungsbereiche für den Täter-Opfer-Ausgleich* wurden in dieser Form und Komplexität in der vorhandenen Fachliteratur noch kaum beschrieben. Kapitel 3 widmet sich der Polizei in Deutschland mit ihren Aufgaben und Entwicklungssträngen. Der Focus liegt hier auf dem polizeilichen Engagement im Bereich der Jugendkriminalität, wie der damit verbundenen Diskussion über die Chancen und Risiken einer kommunalen, von der Polizei dominierten Kriminalprävention und der Vermischung der Rollen von Sozialarbeit und Polizei an den Grenzen der Notwendigkeit einer Kooperation. Im zweiten Teil dieses Kapitels geht es dann um den normativen Rahmen, Verwaltungsvorschriften und Diversionsrichtlinien, in dem eine Zusammenarbeit stattfinden kann, wie auch um die Erfahrungen aus ersten Modellprojekten. Beendet wird dieses Kapitel mit einer Übersicht über den vergleichsweise jungen Fachbereich der empirischen Polizeiforschung in Deutschland, über die Polizei im Focus des Forschungsinteresses, wie auch über die darauf basierenden Vorüberlegungen zum Thema TOA & Polizei. Die daran anschließenden Kapitel 4 und 5 widmen sich den beiden empirischen Teilen dieser Arbeit.

Gruppendiskussionen mit Berliner Polizeibeamten zur Thematik des Täter-Opfer-Ausgleichs

Bedingt durch eine verstärkte Hinwendung der Polizei zu den Gedanken von Prävention und Diversion sowie den entsprechenden Erkenntnissen aus Kriminologie und Viktimologie, gelangte automatisch auch das Thema Täter-Opfer-Ausgleich in das Blickfeld der Behördenleitungen, was sich nun wiederum in Richtlinien und Weiterbildungen für die eigenen Mitarbeiter niederschlug. Die Polizei hat verschiedene Möglichkeiten, bereits in einem frühen Stadium des Verfahrens auf die Eignung eines Falles für einen TOA-Versuch aufmerksam zu machen, sei es gegenüber den Beteiligten selbst oder gegenüber der Staatsanwaltschaft. Die Beamten sollen und *können* in geeigneten Verfahren auf den TOA als Maßnahme hinweisen, sie müssen es jedoch nicht. Doch was wird an der Basis als geeignet angesehen?

Das Forschungsinteresse zielt darauf ab, dem Verhältnis der Polizisten, die sich berufsbedingt mit dem TOA beschäftigen bzw. jenen, an die sich die Richtlinien wenden, mehr Konturen zu verleihen. Welche Delikte, welche Beschuldigte, welche Opfer-Täter-Konstellationen werden als *geeignete Fälle* angesehen? Auf welchen Erfahrungen basiert die Entscheidung, wann ein TOA thematisiert bzw. vorgeschlagen wird und wann nicht? Was verbinden die Beamten an der Basis mit der Idee einer erneuten Begegnung von Opfer und Täter? Was lässt sich aus den Erzählungen aus der Praxis herausarbeiten? Wie sieht es mit der Haltung zu einer Maßnahme wie dem Täter-Opfer-Ausgleich aus? Wird er als Hilfe für die Opfer gesehen, als Erziehungsmaßnahme für den jugendlichen Täter oder als Mittel zum Zweck, um sich als Beschuldigter eine Straferleichterung zu verschaffen? Wie lässt sich der Täter-Opfer-Ausgleich mit der Vorstellung der eigenen beruflichen Rolle und Identität vereinbaren? Auf welchen habitualisierten Handlungsmustern basieren Entscheidungen an der Basis, auf die Option eines Täter-Opfer-Ausgleichs zu verweisen oder nicht? Finden sich die von *Behr* herausgearbeitete Unterschiede zwischen einer Polizeikultur der Leitbilder und Anordnungen und der Kultur der Polizisten an der Basis auch im Hinblick auf das Thema Täter-Opfer-Ausgleich im Handeln und Denken der zu beforschenden Sachbearbeiter und ihren Kollegen wieder?

Die Rekonstruktion wesentlicher Erfahrungen der beforschten Beamten, ihren Haltungen und den daraus resultierenden handlungsleitenden Orientierungen steht im Mittelpunkt des Forschungsinteresses, da diesen Faktoren eine zentrale Bedeutung beigemessen wird, wenn es um die Frage geht, *ob* und wenn ja *wie* der Täter-Opfer-Ausgleich in der polizeilichen Fallpraxis eine Rolle spielen kann?! Zentrale Frage ist, *wie* das Thema Täter-Opfer-Ausgleich in der polizeilichen Praxis behandelt wird. Dies bildet den *modus operandi* der eigenen Untersuchung. Hierfür gilt es, den Entscheidungsprozess des Einzelnen transparent zu machen, ja mehr noch, sich über die Grundhaltungen und Einstellungen des Einzelnen hinaus auf die Suche nach dem Kollektiven zu machen, die verschiedenen Orientierungen der beforschten Beamten darzustellen und zu analysieren mit dem Ziel, eine über die individuellen Ansichten und unterschiedliche Gruppen hinaus geteilte Kernaussage zum Thema Täter-Opfer-Ausgleich herauszukristallisieren, die auf kollektiv geteilten Erfahrungen, Vorstellungen und Wertmustern basiert.

Als Erhebungsmethode fiel die Wahl auf das *Gruppendiskussionsverfahren* als festen Bestandteil einer qualitativen, rekonstruktiven Sozialforschung, da über dieses Instrument kollektive Orientierungen, habituelle Handlungsmuster und Handlungspraktiken sowie Wissensbestände der Beteiligten erhoben werden können. In Form eines methodisch kontrollierten Fremdverstehens wurde der Umgang mit dem Thema TOA und die daraus resultierenden Auswirkungen auf die Praxis rekonstruiert und analysiert. Für diese Aufgabe fiel die Wahl auf die *dokumentarische Methode* (nach Bohnsack) als Instrument der Auswertung, die zunächst als Interpretationsmethode für die Auswertung des Gruppendiskussionsverfahrens entwickelt wurde, inzwischen aber in einer Vielzahl von Anwendungsfeldern zum Einsatz kommt. Grundlage bildeten 5 Gruppendiskussionen mit Polizisten aus unterschiedlichen Abschnitten und Direktionen der Berliner Polizei. Der Forschungsprozess wird in seinem ganzen Verlauf nachvollziehbar dargestellt. Die Ergebnisse werden zunächst auf der Grundlage verschiedener Orientierungsrahmen präsentiert, die sich in den Gruppendiskussionen dokumentierten, und letztendlich auf der Ebene einer sinngenetischen Typenbildung in drei Typen überführt, die wiederum die Grundlage für eine einfache Basistypik für den Umgang der Polizei mit dem Thema Täter-Opfer-Ausgleich darstellen.

Experteninterviews mit TOA-Vermittlern aus dem Bundesgebiet zur Kooperation mit der Polizei

Die Idee zu diesem zweiten empirischen Teil entstand recht früh, im Stadium der Vorüberlegungen zu dieser Arbeit. Da es das Ziel dieser Arbeit ist, Chancen und Grenzen der Zusammenarbeit von TOA-Fachstellen und Polizei im Ermittlungsverfahren herauszuarbeiten und diesem Thema schärfere Konturen zu verleihen, bedarf es notwendigerweise einer Betrachtung aus beiden Blickrichtungen der daran beteiligten Professionen, Polizei und TOA-Vermittler. Bereits bei den ersten Recherchen zu dem normativen Rahmen, in dem sich die Wege von Polizei und TOA-Fachstellen kreuzen, verstärkte sich der Wunsch und die Idee, mehr in Erfahrung bringen zu wollen über die Erfahrungen, die die Kollegen in anderen TOA-Fachstellen in der Zusammenarbeit mit der Polizei oder in ihrem Bemühen um eine eben solche gemacht haben. Welches spezielle Wissen hat sich dabei entwickelt, welche Handlungspraktiken, Routinen oder Strategien? Welche Rolle spielt die Polizei in der TOA-Praxis für deren Praktiker? Welche Rolle könnte sie spielen und wo liegen die Chancen und Grenzen der Zusammenarbeit? Als Forschungsziel dieses Abschnitts der eigenen Arbeit wird eine Sondierung des Forschungsfeldes angestrebt. Über die in den Interviews enthaltenen Sachinformationen hinaus steht auch das dort enthaltene implizite Wissen der Interviewten im Focus des Interesses, so dass sich Handlungsorientierungen, Werte und Erfahrungen rekonstruieren lassen. Hier fiel die Wahl auf die Kombination von leitfadengestützten Experteninterviews als Erhebungsmethode und der dokumentarischen Methode als Methode der Interpretation. Grundlage bilden 8 Telefoninterviews mit TOA-Vermittlerinnen und Vermittlern aus 8 verschiedenen Bundesländern, die über ihre Erfahrungen mit der Polizei wie auch über die eigenen Strategien, diese als Kooperationspartner zu gewinnen, berichten. Im Gegensatz zu den Gruppendiskussionen wurde hier auf die Bildung von Typen verzichtet, da bereits die Orientierungsrahmen Aufschluss über mögliche „best practice" Modelle wie auch bestehendes Potenzial zur Verbesserung zulassen und da sich die hier abzeichnenden Handlungsorientierungen stärker an einer Sachebene ausrichten. Die Ergebnisse der Interviews sollen und können natürlich nicht in einen direkten Zusammenhang mit den Ergebnissen der Berliner Gruppendiskussionen gesetzt werden, vielmehr sollen sie helfen, das Thema insgesamt abzurunden.

Wie dargestellt, liefert die Arbeit mit ihren Ergebnissen sowohl der TOA-Praxis in Form der bundesweiten TOA-Fachstellen und deren Teams neue Erkenntnisse über Formen einer möglichen Kooperation mit der Polizei, wie auch der Berufsgruppe der Polizei ebensolche über mögliche, Ansatzpunkte aber auch Hemmnisse, um auch externe Themen in den Alltag der Polizei zu integrieren bzw. in beiden Berufsgruppen Reflexionsprozesse zum Thema Täter-Opfer-Ausgleich anzuregen. Die Arbeit schließt eine Lücke in der TOA-Begleitforschung. Aus der Perspektive einer empirischen Polizeiforschung stellt diese Arbeit ein weiteres Puzzleteil bei der Erstellung eines Gesamtbildes des polizeilichen Handelns dar und kann vor dem Hintergrund einer dort geführten Diskussion sowohl als eine Forschung *über* als auch *für* die Polizei betrachtet werden. Über den Nachweis des wissenschaftlichen Arbeitens auf der Ebene einer Dissertation hinaus soll die Arbeit in Buchform erscheinen und sich an jene wenden, die sich beruflich mit dem Thema Täter-Opfer-Ausgleich beschäftigen.

Inhalt

I.	Ein Wort vorweg	III
II.	Zielsetzung und Aufbau der Arbeit	VII

1	Der Täter-Opfer-Ausgleich im (Jugend)Strafverfahren	1
1.1	Anliegen und Ziele eines Täter-Opfer-Ausgleichs (TOA)	1
1.1.1	Aus der Geschädigten Perspektive (Opfer)	4
1.1.2	Aus der Beschuldigten Perspektive (Täter)	7
1.1.3	Aus einer rollenübergreifenden Perspektive (Opfer & Täter)	8
1.2	Der Täter-Opfer-Ausgleich in Deutschland	10
1.2.1	Vom Modellprojekt zur (fast) bundesweiten Verbreitung	10
1.2.2	Auftraggeber, Eignungskriterien und Grenzen des Täter-Opfer-Ausgleichs	11
1.2.3	Ablauf eines Täter-Opfer-Ausgleichs	15
1.2.3.1	Vorgespräch mit dem Beschuldigten	16
1.2.3.2	Vorgespräch mit dem Geschädigten	18
1.2.3.3	Ausgleichsgespräch, Vereinbarung und Bericht an die Justiz	20
1.2.4	Der normative und gesetzliche Rahmen des Täter-Opfer-Ausgleichs	22
1.2.4.1	Der Täter-Opfer-Ausgleich im allgemeinen Strafrecht	22
1.2.4.2	Der Täter-Opfer-Ausgleich im Jugendgerichtsgesetz (JGG)	24
1.2.4.3	Die Rolle des TOA in der Europäischen Opferschutzrichtlinie zum Schutz und zur Unterstützung von Opfern von Straftaten	27
1.2.5	Die nichtgesetzlichen Regelungen und Rahmenbedingungen zum Täter-Opfer-Ausgleich	29
1.2.5.1	Das TOA-Servicebüro und Bundesarbeitsgemeinschaft für TOA und Konfliktschlichtung e.V.	29
1.2.5.2	Die TOA-Standards	30

1.2.5.3	Die TOA-Verwaltungsvorschriften und Diversionsrichtlinien der Bundesländer	31
1.2.6	Die bundesweite TOA-Statistik: Konfliktschlichtung in Fakten und Zahlen	33
1.3	Wegmarken in der Entwicklung des Täter-Opfer-Ausgleichs	36
1.3.1	Strafrecht, Kriminologie und über den Sinn und Zweck des Strafens	37
1.3.2	Die Legitimationskrise des deutschen Strafrechts	40
1.3.3	Der Erziehungsgedanke im Jugendstrafrecht	42
1.3.4	Der Diversionsgedanke im Jugendstrafrecht	46
1.3.5	Die Wiederentdeckung des Opfers im Strafverfahren	49
1.3.6	Die Rolle des Opfers im Strafverfahren	53
1.3.7	(Ein)Blick in die Opferforschung: Anzeigenverhalten, Strafbedürfnisse und Erwartungen von Opfern	55
1.3.8	Kritik am Täter-Opfer-Ausgleich im Überblick	66
1.3.8.1	Die Unschuldsvermutung und das Prinzip der Freiwilligkeit in der Diskussion	66
1.3.8.2	Bedenken aus Sicht der Opferhilfen	72
1.3.8.3	Zum Verhältnis von Opferhilfe und Täter-Opfer-Ausgleich	75
1.4	Die Effizienz des Täter-Opfer-Ausgleichs	78
1.4.1	Der Erziehungsgedanke im Täter-Opfer-Ausgleich	79
1.4.2	Legalbewährung und Rückfalluntersuchung	83
1.4.3	Die Entwicklung von Einsicht und Empathie im Schlichtungsverlauf	88
1.4.4	Motivation, Akzeptanz und Bewertung durch die direkt Beteiligten – Opfer und Täter	94
1.4.5	Die Erfolgsbewertung im Täter-Opfer-Ausgleich	102
2	**Der Täter-Opfer-Ausgleich in Theorie und Praxis**	**103**
2.1	Methodenvielfalt im Täter-Opfer-Ausgleich: Konstrukt eines Handlungsmodells	103
2.1.1	Grundlagen der Mediation	105
2.1.2	Verhältnis von Mediation und Täter-Opfer-Ausgleich	108
2.2	Ansätze und Haltungen in der Vermittlertätigkeit	110
2.2.1	Psychoanalytische und psychotherapeutische Ansätze	112
2.2.1.1	Umsetzungsmöglichkeiten im Rahmen des Täter-Opfer-Ausgleichs	115
2.2.2	Klientenzentrierte Gesprächsführung	118
2.2.2.1	Umsetzungsmöglichkeiten im Rahmen des Täter-Opfer-Ausgleichs	120
2.2.3	Systemische und lösungsorientierte Ansätze	122
2.2.3.1	Umsetzungsmöglichkeiten im Rahmen des Täter-Opfer-Ausgleichs	125

2.3	Hürden und Etappen der Konfliktschlichtung	127
2.3.1	Widerstände in der Konfliktschlichtung	127
2.3.2	Unrechtsneutralisierende Rechtfertigungstendenzen	130
2.3.3	Konkurrierende Konfliktversionen – oder die Suche nach der Wahrheit	133
2.3.4	Der Faktor Zeit in der Konfliktschlichtung	136
2.3.5	Scham und Beschämung in der Konfliktschlichtung	138
2.4	Rolle und Aufgaben der Vermittler	141
2.4.1	Qualifikation, Soziobiographische Merkmale und Berufsbild	142
2.4.2	Zwischen Neutralität und Parteilichkeit	143
2.4.3	Spezifisches Fachwissen	145
2.4.4	Die innere Haltung	145
2.4.5	Datenschutz, Rechtsberatung und Zeugnisverweigerungsrecht	147
2.5	Täter-Opfer-Ausgleich: Zwischen Anspruch und Wirklichkeit – Versuch einer Standortbestimmung	149
2.5.1	Die Diskrepanz zwischen zugewiesenem und vermutetem Fallpotenzial	151
2.5.2	Bereicherung oder Fremdkörper? – Das ambivalente Verhältnis von TOA und Justiz	152
2.5.3	Täter-Opfer-Ausgleich und Restorative Justice	157
2.5.4	Zuweisungs- und Anregungspraxis auf breiter Basis – über die Notwendigkeit eines Perspektivwechsels	160
2.5.5	TOA, mehr als „nur" eine Diversionsmaßnahme?	165
2.6	Anwendungsbereiche und (neues) Fallpotenzial für den TOA	169
2.6.1	Die Einbeziehung von Strafunmündigen (Kindern) in den TOA	169
2.6.2	TOA im Umfeld der Schulen	170
2.6.3	Täter-Opfer-Ausgleich bei Fällen häuslicher Gewalt	173
2.6.4	Täter-Opfer-Ausgleich bei schweren und schwersten Straftaten	174
2.6.5	Täter-Opfer-Ausgleich im Strafvollzug	174
2.6.6	Täter-Opfer-Ausgleich und Stalking	176
2.6.7	Täter-Opfer-Ausgleich und (Cyber) Mobbing	177
3	**Polizei und Täter-Opfer-Ausgleich**	**179**
3.1	Die Polizei in Deutschland	180
3.1.1	Definition und Organisation	180
3.1.2	Kernaufgaben: Repression, Prävention und Opferschutz	181
3.1.3	Die Polizei, eine Organisation im Wandel	182
3.2	Polizei und Kriminalprävention	189
3.2.1	Die Dynamik des Präventionsgedankens – Chancen und Risiken	190
3.2.2	„Risikogruppe Jugendliche"	195
3.2.3	Präventionskonzepte und polizeiliche Präventionsstrategien	197
3.3	Die Rolle der Polizei im Jugendstrafverfahren	198

3.3.1	Zum Verhältnis von Polizei und Staatsanwaltschaft im (Jugend)Strafverfahren	199
3.3.2	Gemeinsamkeiten und Grenzen von Polizei und Sozialarbeit /Sozialer Arbeit	201
3.3.3	Polizisten als neue Sozialarbeiter, Sozialarbeiter als Akteure der sozialen Kontrolle?	203
3.4	Polizeiliche Jugendarbeit	206
3.4.1	Jugendsachbearbeitung	207
3.4.1.1	Aus- und Fortbildung	208
3.4.1.2	Aufgaben und Anforderungen	208
3.4.1.3	Stellenwert polizeilicher Jugendarbeit	209
3.4.1.4	Die Rolle des Täter-Opfer-Ausgleichs für die polizeiliche Jugendsachbearbeitung	210
3.5	Die Beteiligung der Polizei am Prozess eines Täter-Opfer-Ausgleichs	211
3.5.1	Die ersten Modellprojekte über die Zusammenarbeit von Polizei, Justiz und TOA-Fachstellen	211
3.5.2	Die Rolle der Polizei in den Verwaltungsvorschriften der Bundesländer zum TOA	214
3.5.3	Die Rolle der Polizei in den Diversionsrichtlinien der Bundesländer	216
3.6	Die Möglichkeiten der Polizei, einen Täter-Opfer-Ausgleich „anzuregen"	223
3.6.1	Die Anregung gegenüber der Staatsanwaltschaft	223
3.6.2	Die Anregung gegenüber der Jugendgerichtshilfe	223
3.6.3	Die Anregung gegenüber Opfern und Tätern	224
3.6.4	Die Anregung gegenüber einer TOA-Fachstelle	225
3.6.5	Polizei und Diversion oder „Polizeidiversion"	226
3.6.6	Fazit	227
3.6.7	Die Rolle der Polizei in der bundesweiten TOA-Statistik	228
3.7	Polizei im Focus der Wissenschaften: Annäherung an ein Forschungsfeld	230
3.7.1	Polizeiforschung in Deutschland	230
3.7.2	Empirische Polizeiforschung	233
3.7.3	Auf dem Weg zu einer eigenständigen Polizeiwissenschaft	234
3.7.4	Vorüberlegungen zum TOA in der polizeilichen Alltagspraxis	238
3.7.4.1	Habitus und Handlungsmuster polizeilichen Handelns	238
3.7.4.2	Reflexionen aus dem Bereich der polizeilichen Jugendsachbearbeitung	246
3.7.4.3	Befragungen von Polizisten zum TOA – Stand der Forschung	247
3.7.5	Fazit	249

4 Empirische Analyse Teil I: Rekonstruktion kollektiver Orientierungen und Handlungspraktiken von Polizeibeamten 251

- 4.1 Forschungsinteresse, Fragestellung und Ziel der Untersuchung 251
- 4.1.1 Gruppendiskussionsverfahren und dokumentarische Methode als Erhebungs- und Auswertungsmethode rekonstruktiver Sozialforschung 254
- 4.2 Planung und Durchführung der Gruppendiskussionen 259
- 4.2.1 Zusammenstellung der Diskussionsgruppen 260
- 4.2.2 Die Durchführung der Gruppendiskussionen 263
- 4.2.3 Diskussionsleitfaden, Grundreiz und Prinzipien bei der Durchführung von Gruppendiskussionen 264
- 4.2.4 Vermittler vs. Forscher: Selbstreflexion über Distanz und Nähe zum Forschungsfeld 266
- 4.3 Transkription, Interpretation und Typenbildung 268
- 4.3.1 Die Formulierende Interpretation 268
- 4.3.2 Die Reflektierende Interpretation 269
- 4.3.3 Komparative Analyse und Typenbildung 270
- 4.3.4 Kontextwissen zu den Gruppendiskussionen 274
- 4.4 Rekonstruktion von konjunktiv geteilten Orientierungen und Handlungspraktiken in Bezug auf den Täter-Opfer-Ausgleich in der polizeilichen Fallpraxis 278
- 4.4.1 Täter-Opfer-Ausgleich, ein Thema für die Polizei? Erste Orientierungen 281
- 4.4.1.1 Passage: „Zuständigkeit" (Zeile 11-71) Gruppe Pink 282
- 4.4.1.2 Passage: „Mc Donalds" (Zeile: 49 –119) Gruppe Gelb 284
- 4.4.2 Einsicht auf Seiten der Täter und Nachhaltigkeit der Maßnahme (Rückfallvermeidende Wirkung) 287
- 4.4.2.1 Passage: „Kleinkriminalität" (Zeile 262 – 359) Gruppe Grün 288
- 4.4.2.2 Passage: „Stammkunden"(Zeile 286 – 414) Gruppe Blau 293
- 4.4.3 Die Frage nach der „richtigen" Zielgruppe 298
- 4.4.3.1 Passage: „Kiez" (Zeile 474 - 624) Gruppe Blau 298
- 4.4.4 Verfahrenseinstellung vs. der Wunsch nach Strafe 305
- 4.4.4.1 Passage: „Leihwäscheträger" (Zeile 1327-1477) Gruppe Rot 305
- 4.4.4.2 Passage: „Verfahrenseinstellung" (Zeile 2377-2472) Gruppe Grün ... 312
- 4.4.5 Handlungsmuster der Fallauswahl und Fallbearbeitung 316
- 4.4.5.1 Passage: „Feingefühl" (Zeile 579-661) Gruppe Gelb 317
- 4.4.5.2 Passage: „Verfahrensablauf" (Zeile: 630 – 667) Gruppe Rot 320
- 4.4.6 Die Perspektive des Opfers 321
- 4.4.6.1 Passage: „Verarbeitung" (Zeile: 251 – 279) Gruppe Rot 322
- 4.4.6.2 Passage: „Behördlicher Gang" (Zeile 53 – 108) Gruppe Grün 323
- 4.4.6.3 Passage: „Wiedergutmachung" (Zeile 2516-2606) Gruppe Grün 326
- 4.4.7 Die Haltung der Kollegen zum TOA 330

4.4.7.1	Passage: „Kollegen" (Zeile 2205 -2243) Gruppe Grün	330
4.4.7.2	Passage: „Grenzen des Machbaren" (Zeile: 501 – 561) Gruppe Rot	332
4.4.7.3	Passage: „Informationsdefizit" (Zeile: 864 – 934) Gruppe Pink	334
4.4.8	Das Thema Feedback	337
4.4.8.1	Passage: „Praktischer Nutzen" Zeile (1811-1963) Gruppe Rot	337
4.4.8.2	Passage: „Arbeitszufriedenheit" (Zeile 200-250) Gruppe Gelb	343
4.4.9	Fazit aus den Gruppendiskussionen	346
4.4.10	Sinngenetische Typenbildung und Basistypik	349
4.4.10.1	Typ 1: Umsetzungsorientierte, pragmatische Herangehensweise	350
4.4.10.2	Typ 2: Praxisorientierte, delegierende Herangehensweise	351
4.4.10.3	Typ 3: Distanzierte, ambivalente Herangehensweise	351
4.4.10.4	Basistypik	352
5	**Empirische Analyse Teil II: Rekonstruktion von Handlungpraktiken von Täter-Opfer-Ausgleichs Vermittlern**	**355**
5.1	Forschungsinteresse, Fragestellung und Ziel der Untersuchung	355
5.2	Vorüberlegungen und Stand der Erkenntnis	357
5.3	Das Experteninterview als geeignete Methode der Rekonstruktion von Handlungsorientierungen	360
5.3.1	Experteninterview und Expertenbegriff – Überblick über die methodische und methodologische Debatte	362
5.3.2	Wer sind die Experten dieser Untersuchung und welches Expertenwissen soll erforscht werden?	367
5.3.3	Der Leitfaden im Experteninterview	368
5.3.4	Auswahl der Teilnehmer und Vorbereitung der (Telefon)Interviews	370
5.3.5	Vorgespräch, Interviewführung, Nachgespräch und Aufzeichnung	372
5.3.6	Vermittler vs. Forscher: Selbstreflexion über Distanz und Nähe zum Forschungsfeld	374
5.3.7	Die Auswertung: Experteninterviews und dokumentarische Methode	377
5.4	Erfahrungen und Handlungsorientierungen von TOA-Vermittlern in der Zusammenarbeit mit der Polizei	379
5.4.1	Gelebte Praxis - Formen der Zusammenarbeit	380
5.4.1.1	Passage: „Aufkleber" – aus dem Interview mit Frau Nachtigall (Zeile 39 – 74)	381
5.4.1.2	Passage: „Polizeipräsident" - aus dem Interview mit Frau Amsel (Zeile 7 – 66)	382
5.4.1.3	Passage: „Wortspiel" - aus dem Interview mit Herrn Fuchs (Zeile 32 – 78)	385
5.4.1.4	Passage: „Resignation" - aus dem Interview mit Herrn Dachs (Zeile 14 – 97)	388

5.4.2	Balance zwischen Eigenständigkeit und Abhängigkeit	391
5.4.2.1	Passage: „Abverfügung" - aus dem Interview mit Frau Nachtigall (Zeile 152 – 211)	392
5.4.2.2	Passage: „Dezernent" – aus dem Interview mit Frau Amsel (Zeile 136 – 208)	394
5.4.2.3	Passage: „Selbstmelder I" - aus dem Interview mit Herrn Fuchs (Zeile 232 – 293)	397
5.4.2.4	Passage: „Qualitätssprung" – aus dem Interview mit Herrn Dachs (Zeile 147 – 203)	400
5.4.2.5	Passage: „Selbstmelder II" – aus dem Interview mit Herrn Dachs (Zeile 254 – 308)	402
5.4.3	Wünsche für eine „zukünftige" Zusammenarbeit	404
5.4.3.1	Passage: „Professionen" – aus dem Interview mit Frau Nachtigall (Zeile 571 – 650)	404
5.4.3.2	Passage: „Tellerrand" – aus dem Interview mit Frau Amsel (Zeile 314 – 339)	407
5.4.3.3	Passage: „Druck" - aus dem Interview mit Herrn Fuchs (Zeile 398 – 440)	409
5.4.3.4	Passage: „Polizeireform" - aus dem Interview mit Herrn Dachs (Zeile 465 – 524)	410
5.4.3.5	Passage: „Der neue Weg" - aus einem zweiten Interview mit Herrn Dachs (Zeile 1 – 77),(Zeile 120 – 159) und (Zeile 200 – 230)	412
5.4.4	Fazit aus den Experteninterviews	417
6	**Täter-Opfer-Ausgleich und Polizei: Ergebnisse und Ausblick**	**421**
6.1	Warum die Zusammenarbeit mit der Polizei wichtig für die Weiterentwicklung des TOA in Deutschland ist	421
6.2	Welche Rolle der Täter-Opfer-Ausgleich für die Arbeit der Polizei spielen kann	424
6.3	Faktoren für eine funktionierende Kooperation, Hürden und Grundlagen	428
6.4	Anreize für einen kriminalpolitischen Diskurs	431

Anhang ... **435**

Beispielinterpretation ... 435
Formulierende Interpretation ... 438
Reflektierende Interpretation ... 439
Zusammenfassung der Passage für den Fallvergleich ... 441
Transkriptionsrichtlinien ... 442

Abkürzungen ... 443
Literaturverzeichnis ... 444

Onlinequellen 494
Verwaltungsvorschriften 495
Diversionsrichtlinien 496
Erklärung 499

1 Der Täter-Opfer-Ausgleich im (Jugend)Strafverfahren

1.1 Anliegen und Ziele eines Täter-Opfer-Ausgleichs (TOA)

Es existieren mehrere Definitionen und Erklärungen über die Ziele und das Anliegen eines Täter-Opfer-Ausgleichs (TOA), die sich im Kern weitgehend ähneln und sich nur im Hinblick auf den Schwerpunkt unterscheiden. Mal steht der kommunikative Aspekt im Vordergrund, der soziale Frieden, den es gilt wiederherzustellen, mal die Wiedergutmachung zugunsten des Geschädigten sowie dessen gestärkte Rolle im Strafverfahren, mal die Verantwortungsübernahme durch den Beschuldigten, mal die Notwendigkeit, die Hilfe eines neutralen Vermittlers in Anspruch zu nehmen. *Herz*, *Marks* und *Pieplow* beschrieben den TOA in seiner Gründungsphase 1986 wie folgt:

> „Täter-Opfer-Ausgleich wird verstanden als Hilfestellung bei dem Versuch, zwischen Täter und Opfer einer der Justiz bekannt gewordenen Straftat eine Konfliktlösung herbeizuführen. Durch den Ausgleich sollen berechtigte Wiedergutmachungsbedürfnisse befriedig werden, strafende Reaktionen gegenüber dem Täter entbehrlich sowie unnötiger straf- und zivilrechtlicher Verfahrensaufwand vermieden werden."[9]

Schreckling schrieb 1992 über die Ziele des Täter-Opfer-Ausgleichs:

> „Im Mittelpunkt der Gespräche stehen die Aufarbeitung der Tat, ihrer Folgen und die Vereinbarung von Wiedergutmachungsleistungen des Täters an den Geschädigten. Über die konkrete Schadenswiedergutmachung und Konfliktschlichtung hinaus sind Ziele des Täter-Opfer-Ausgleichs: Opferbelange im Rahmen der Strafverfolgung stärker zur Geltung zu bringen, Tätern, die von ihnen verletzte Norm zu verdeutlichen und strafende Reaktionen entbehrlich zu machen bzw. abzumildern, aber auch den

---

[9] Herz, Marks und Pieplow, 1986 zitiert nach Schreckling, 1991, S. 6

Betroffenen zivilrechtliche Auseinandersetzungen um Schadensersatz oder Schmerzensgeld zu ersparen."[10]

Lamnek verwies 1994 auf die unterschiedlichen Perspektiven der Schwerpunktsetzung:

„Die Wiedergutmachung des durch eine Straftat erlittenen Schadens kann zum Ausgangspunkt eines Täter-Opfer-Ausgleichs werden, ist jedoch nicht dessen alleinige Fundierung. Vielmehr verfolgt der Täter-Opfer-Ausgleich auch das Ziel, im Sinne von Maßnahmen der Diversion eine Entkriminalisierung und Entpönalisierung des Täters zu realisieren".[11]

Lamnek deutete damit auf die kriminalpolitischen Überlegungen und Erwartungen, die mit dem TOA verknüpft wurden, um gleichzeitig positiv auf den Täter einzuwirken. *Netzig* setzte 2000 in seiner Dissertation den Schwerpunkt auf den Aushandlungsprozess sowie eine bis dahin kaum erwähnte Variante, die des indirekten Ausgleichs:

„Der Begriff meint zweierlei: Konfliktschlichtung und Wiedergutmachung. Täter und Opfer einer Straftat besprechen im Beisein eines unparteiischen Vermittlers die Tat, deren Ursachen und Folgen und handeln eine Wiedergutmachungsleistung aus. Im Idealfall geschieht dies im direkten Dialog, die Auseinandersetzung kann jedoch auch indirekt über Einzelgespräche mit dem Vermittler erfolgen."[12]

Die Autoren des Ersten Periodischen Sicherheitsberichtes (PSB) von 2001 sehen in ihm „eine grundsätzlich geeignete Gelegenheit, um Konflikte, die zu Straftaten geführt haben, oder Konflikte, die durch Straftaten erst begründet wurden, für alle Beteiligten außerhalb eines förmlichen Strafverfahrens befriedigend zu regeln."[13] Ohne den Anspruch zu haben, eine Definition für den TOA zu finden, der alle Aspekte und mögliche Ziele beinhaltet, soll er hier dennoch wie folgt beschrieben werden:

Der Täter-Opfer-Ausgleich ist der Versuch, auf freiwilliger Basis Täter und Opfer, unter der Mithilfe eines extra dafür ausgebildeten, allparteilichen und professionellen Vermittlers, in einen gemeinsamen Dialog zu bringen, um eine möglichst nachhaltige[14] und für beide Seiten zufriedenstellende Lösung zu finden für einen

---

[10] Schreckling, 1995, S. 235
[11] Lamnek, 1994, S. 364
[12] Netzig, 2000, S. 59
[13] 1. Periodischer Sicherheitsbericht vom BMJ und BMI, Kurzfassung, 2001, S. 31
[14] Anmerkung – die Nachhaltigkeit bezieht sich in erster Linie auf die Haltbarkeit der getroffenen Vereinbarung, das heißt dass der Konflikt beigelegt werden konnte, keine Folgekonflikte entstehen und ein Ergebnis zur größtmöglichen Zufriedenheit beider Seiten zustande gekommen ist. Auf einer weiteren Ebene kann der Begriff der Nachhaltigkeit aus der Perspektive des Erziehungsgedankens auf Täterseite gesehen werden und einer besseren Verarbeitung der Opfersituation auf der Seite des Geschädigten.

Konflikt, der seine Ursache in einer Straftat hat oder die Folge einer solchen ist. Diese Lösung kann eine materielle Wiedergutmachung für die verursachten Verletzungen oder Schäden beinhalten und basiert auf der Begegnung von Opfer und Täter, wobei auch indirekte Formen des Ausgleichs möglich sind.

Die drei wesentlichen Elemente des Täter-Opfer-Ausgleichs sind demnach der Dialog zwischen Opfer und Täter, eine größere Teilhabe beider Seiten bei der Suche nach einer Lösung bzw. an einer Be- und Verarbeitung des Vorgefallenen, als dies im Strafverfahren allgemein möglich wäre, sowie eine Wiedergutmachung, sei sie nun materieller oder immaterieller Art. Als wünschenswerte, positive Nebeneffekte zählen dabei die Stärkung des Opfers, ein möglicher – auf eine Verhaltensänderung und damit ausbleibende Rückfälligkeit ausgerichteter – Lerneffekt beim Täter, eine ausbleibende Stigmatisierung bzw. Rollenübernahme als Opfer oder Täter sowie eine Entlastung der Justiz. Die TOA-Standards von 2009 nennen als vorrangige Ziele eines TOA, dass eine einvernehmliche Regelung zwischen beiden Seiten gefunden werden konnte, beide Seiten ihre Anliegen berücksichtigt sehen und diese weitgehend autonom vertreten konnten, Folgekonflikte reduziert wurden, sowie die Erfüllung der Vereinbarungen und die Vermeidung von Ungerechtigkeiten.[15]

Der TOA ist in das Strafverfahren eingebettet, entstammt aber einem völlig anderen Denkmodell als das Strafverfahren. Das Strafverfahren orientiert sich an der Vergangenheit, der Tat und der Wahrheitsfindung, der Aufhebung von Widersprüchen sowie der Feststellung von Fehlverhalten und Schuld. Die Bestrafung des Täters, Sühne, Resozialisierung, Erziehung und Abschreckung haben Vorrang vor den Ansprüchen des Geschädigten, die dieser sonst zivilrechtlich einfordern muss. Die Konfliktschlichtung dagegen orientiert sich an der Zukunft, sieht den Kommunikationsprozess als Entstehungsprozess für etwas Neues und legt den Focus nicht nur auf die Frage, was ist passiert, sondern was wurde individuell erlebt. Differenzen, unterschiedliche Bewertungen und Unklarheiten sind eher charakteristisch und Teil des Prozesses (siehe dazu Abschnitt 2.3). Die Verantwortungsübernahme durch den Täter sowie ein Aufeinander-Zugehen bilden die Brücke zu einer Wiederherstellung des persönlichen und sozialen Friedens.[16] Die TOA-Standards beschreiben die Grundidee des TOA daher auch damit, dass hier auf die Unterschiede zum klassischen Strafverfahren und die persönliche Teilhabe der eigentlich betroffenen Parteien hingewiesen wird. Im Täter-Opfer-Ausgleich wird Kriminalität auch als interpersonelles Problem betrachtet zwischen zwei Konfliktparteien, dessen Lösung auch auf deren Ebene anzustreben ist: „Eine Straftat ist nicht nur eine Verletzung des Rechts und der staatlichen Ordnung, sondern eine Straftat ist auch eine Verletzung von

---

[15] Vgl. TOA-Standards, 2009, S. 9
[16] Vgl. nach einer Gegenüberstellung in Tabellenform bei Dölling et al., 1998, S. 27f. mit den dortigen Hinweisen auf die jeweiligen Einfügungen von Diebold, Watzke und Hassemer. Siehe dazu auch die Gegenüberstellung einer repressiven, resozialisierenden und restaurativen Justiz bei Rössner, 2004, S. 5

Menschen und Beziehungen."[17] Entgegen dem traditionellen Ansatz, den Täter ausschließlich zu bestrafen, werden die Verantwortungsübernahme des Täters, für das von ihm verursachte Übel einzustehen und es nach Kräften wiedergutzumachen sowie die Bedürfnisse von Geschädigten nach gerade dieser Verantwortungsübernahme in den Mittelpunkt der Bemühungen gerückt. Die Wiedergutmachung sollte dabei keinesfalls auf ihre rein materielle Komponente reduziert werden, da auch und gerade die emotionale Situation des Geschädigten wahrgenommen und gewürdigt wird.[18]
„In Abgrenzung zur übergeordneten, reinen Wiedergutmachung, die auch ohne persönlich betroffenes Opfer möglich ist, stellt Täter-Opfer-Ausgleich eine *Spezifizierung* der Wiedergutmachung dar und impliziert durch die ausdrückliche Erwähnung des Opfers ein persönliches Element als Ziel"[19] (Hervorhebung im Original). Der Täter-Opfer-Ausgleich grenzt sich damit von der reinen Kompensation als staatliche Opferentschädigung ab.

1.1.1 Aus der Geschädigten Perspektive (Opfer)

Auf Seiten der Geschädigten[20] verbindet man mit dem Täter-Opfer-Ausgleich den Anspruch und die Chance, dass die Geschädigten eine aktivere Rolle im Strafverfahren einnehmen können[21] und mehr sind als der Anzeigende und der Zeuge im Strafprozess (siehe 1.3.6). Tataufarbeitung und Tatverarbeitung stehen für ihn im Mittelpunkt und er kann gegenüber dem Täter, dem Verursacher von Tat und Tatfolgen, direkt materielle Ansprüche geltend machen, ohne auf den Weg eines langwierigen, meist kostspieligen und nicht selten aussichtslosen Weg der Zivilklage (vor allem wenn es sich um jugendliche Beschuldigte handelt) angewiesen zu sein. Geschädigte erhalten die Möglichkeit zu einer weitaus größeren Teilhabe an der Gestaltung eines Prozesses von Wiedergutmachung und der Suche nach einer Lösung, als dies im klassischen Strafverfahren der Fall wäre (siehe 2.5.3). Dem im Abschnitt über die Ergebnisse der Opferforschung dargestellten Wunsch und der Akzeptanz von und durch die Opfer von Straftaten, auf Straftaten nicht alleine mit Strafe, sondern mit Verantwortungsübernahme durch den Verursacher, Wiedergutmachung und Schadenersatz sowie einer pädagogisch sinnvollen Reaktion zu reagieren, (siehe 1.3.7) kommt der Täter-Opfer-Ausgleich entgegen, da Wiedergutmachung und Verantwortungsübernahme zu den Kernelementen des Täter-Opfer-Ausgleichs zählen. Im Kontakt mit dem Verursacher des erfahrenen Übels kann der Geschädigte seine eigene

---

[17] Vgl. TOA-Standards, 6. überarbeitete Auflage, 2009, S. 5
[18] Vgl, TOA-Standards, 6. überarbeitete Auflage, 2009, S. 5
[19] Schöch, 1987, S. 143, zitiert nach Hartmann, 1998, S. 27
[20] Anmerkung: Ab dem Abschnitt 1.3.5 wird der Begriff des Opfers noch mal ausführlicher betrachtet. Im Hinblick auf den Namen Täter-Opfer-Ausgleich verwende ich, je nach Kontext, sowohl den Begriff des Opfers, als auch den des Geschädigten.
[21] Vgl. Pfeiffer, 1992, S. 338

Position deutlich machen, den anderen mit den Folgen seines Tuns konfrontieren,[22] sich dessen Erklärungen und Entschuldigung anhören und darauf reagieren, Fragen stellen und Antworten einfordern. Das Strafverfahren ist reich an Stellen, in denen Entscheidungsträger aufgrund ihrer individuellen Einschätzung, Ausbildung, Weltanschauung, Habitus, eigenen Erfahrungen und Moralvorstellungen und meist aufgrund der Aktenlage *für* den Geschädigten Entscheidungen fällen, ohne diesen selbst dazu befragt zu haben. Im Täter-Opfer-Ausgleich kann der Geschädigte selbst entscheiden, ob und wenn ja, wie weit er sich auf einen TOA einlassen will, ob er der dargebotenen Erklärung Glauben schenken und die Entschuldigung akzeptieren bzw. entgegennehmen kann.

Über die Motive von Geschädigten, sich an einem TOA zu beteiligen, liegen inzwischen mehrere Untersuchungen vor, auf die im weiteren Verlauf dieser Arbeit noch genauer eingegangen werden wird (siehe dazu den Abschnitt 1.4.4). Ein wichtiger Aspekt ist die Angst, oder nennen wir es ein Unwohlsein, das Geschädigte nach der Tat empfinden können. Angst vor einer erneuten Schädigung durch den Täter, z. B. als dessen Reaktion auf die Strafanzeige. Angst vor einer erneuten Begegnung mit nicht kalkulierbarem Ausgang und Ängste, die unabhängig von einem bestimmten Täter entstehen können und das Lebensgefühl stark beeinträchtigen:

„Das Erleben einer Gewalttat verletzt das für das menschliche Zusammenleben unabdingbare Sicherheitsgefühl. (…) Das Opfer erlebt Hilflosigkeit, die eigene Verletzbarkeit wird bewusst. Dieses Bewusstsein kann derart belastet sein, dass weitere Lebensführung dadurch erheblich erschwert wird. Der Verlust des Sicherheitsgefühls kann emotionale und psychische Folgen haben, wie u.a. Angst vor Wiederholung, Scham, Ohnmachtsgefühle und Depressionen."[23]

Anders als zum Zeitpunkt der Tat, an dem der Geschädigte in der unterlegenen, meist hilflosen Position war und eher reagieren als agieren konnte, kann er im Ausgleich aus einer gestärkten Position „seinem Täter" gegenübertreten, zumal er diesem die Chance dazu einräumt. Der Geschädigte kann Einfluss nehmen, wenn auch nicht mehr auf den ‚Beginn der Geschichte', so doch auf deren Ende und dieses aktiv mitgestalten. Im besten Fall wird das Normvertrauen in die Gesellschaft und die geltende Ordnung gestärkt:

„Das starke Gefühl, den Verfahrensausgang aktiv und autonom mitzugestalten und Entscheide auch „nach dem Herz" und „im Bauch" treffen zu dürfen, die objektiv unvernünftig anmuten mögen, ist wahrscheinlich die beste Möglichkeit, um dem Opfer

---

[22] Anmerkung: Vielfach wird an dieser Stelle angeführt, dass der Geschädigte den Täter auch mit seinen Ängsten während und nach der Tat konfrontieren kann. Aus der Praxis heraus sei angemerkt, dass sich nicht alle Geschädigten dem Täter gegenüber dermaßen öffnen wollen, auch ist dies meist vom Gesprächsverlauf und der Gesprächsatmosphäre abhängig.
[23] Korn und Mücke, 2006, S. 177

seinen Anspruch nach Situationsbeherrschung zurückzugeben, der ihm mit der Tat bestritten wurde. Dies erleichtert bei Opfern eine Identifikation mit der Prozedur der Problemlösung und trägt zum Rückgewinn des durch die Viktimisierung gestörten Normvertrauens bei."[24]

Eine gestärkte Position gegenüber ‚dem Täter' kann dazu beitragen, dass Geschädigte die Rolle des Opfers – die besetzt ist mit Schwäche, Schuld und Schamgefühl[25] - nicht verinnerlichen oder, wie gerade bei Jugendlichen zu beobachten, in die vermeintlich stärkere Rolle des Aggressors wechseln, sich zum Beispiel bewaffnen und selbst als Täter aktiv werden, um selbst nicht mehr in die Rolle des Opfers zu gelangen.[26] Die Rollen von Täter und Opfer, Opfer und Täter sind gerade bei Jugendlichen und Heranwachsenden nicht immer klar zu definieren, oder ändert sich auch schon mal, je nach Situation und Kontext, so dass man hier auch von einem Täter-Opfer-Statuswechsel spricht[27] (siehe auch 1.1.3). Auch wenn der Einsatz von Gewalt nicht verhandelbar ist, im Rahmen des mediativen Anteils des Täter-Opfer-Ausgleichs kann hier flexibler darauf reagiert werden, als dies im Rahmen einer Gerichtsverhandlung möglich wäre.

Ein in der Fachliteratur bisher wenig beachteter Aspekt ist der, dass Geschädigte durch die separaten Vorgespräche diese auch als Beratungsgespräche nutzen können, um sich – je nachdem wie sie von Vermittlerseiter her angeboten werden – einen Einblick über den Stand des Strafverfahrens, den Täter-Opfer-Ausgleich, eine mögliche Wiedergutmachung, weitere Hilfsangebote in ihrer Umgebung als Ergänzung oder Alternative zum TOA sowie im Vorfeld einer zu erwartenden Hauptverhandlung verschaffen können, um sich eine Grundlage für die eigene Entscheidung zu schaffen: *Was will ich? Was brauche ich? Was brauche ich nicht?*

„Die meisten Opfer von Straftaten wollen über den Verfahrensgang auf dem Laufenden gehalten werden. Viele Opfer suchen jedoch darüber hinaus nach einer Möglichkeit, um sich auszusprechen, um nach dem Grund des Geschehens zu fragen, um ihren Ärger kundzutun sowie ihren Interessen an Wiedergutmachung und Schadenersatz Ausdruck zu geben. Im überkommenen Strafverfahren kann diesem Bedürfnis

---

[24] Kunz, 2004, S. 406
[25] Vgl. Korn und Mücke, 2006, S. 178
[26] Vgl. dazu Baier und Pfeiffer, 2011, S. 6f. die sich zwar stark auf den Zusammenhang von erlebter familiärer Gewalt beziehen, hier jedoch auch darüber hinaus Ursachen für delinquentes Verhalten sehen. Den Opfern, die zu Tätern werden gelingt es laut den Autoren paradoxerweise nicht, die selbst erlebte Gewaltanwendung insoweit umzuwandeln, dass sie selbst keine Gewalt ausüben, sondern dass sich selbst erlebte Ohnmacht und Gewalterfahrung in den Wunsch nach Macht über andere umwandelt.
[27] Zum Täter-Opfer-Statuswechsel siehe auch die Arbeit von Schindler, 2001, über Gewalterfahrungen in der Biografie junger Straftäter siehe auch Böttger, 1998

im Alltag oft nicht nachgekommen werden, auch wenn an sich kein gesetzliches Hindernis besteht."[28]

Dort, wo bei Geschädigten Interesse und Bedarf vorhanden ist, ein gemeinsames Gespräch mit dem Täter jedoch als *zu nah* empfunden wird, können über den Vermittler dennoch Botschaften und Wiedergutmachung *über*-mittelt und damit auch *ver*mittelt werden. In den TOA-Standards heißt es dazu: „Qualitativ gute Vermittlungstätigkeit misst sich allerdings nicht nur am Zustandekommen eines Ausgleichs. Bereits die Klärung, ob der Täter-Opfer-Ausgleich für die Betroffenen die geeignete Umgehensweise mit dem Vorfall oder Konflikt ist, kann gelungene Konfliktberatung sein."[29]

1.1.2 Aus der Beschuldigten Perspektive (Täter)

Aus der Perspektive der Beschuldigten[30] verbindet man mit dem Täter-Opfer-Ausgleich den Anspruch und die Chance, dass diese ebenfalls eine aktivere Rolle im Strafverfahren einnehmen können. Der Täter erhält die Möglichkeit, der direkten Verantwortungsübernahme – „ein nicht rückgängig zu machendes Ereignis und dessen Folgen zu erklären"[31] und mit dem Instrument der ausgehandelten Wiedergutmachung eine nach vorne gerichtete positive Möglichkeit des Ausgleichs, anstatt nur den Blick zurück auf die Tat und die Tatumstände. Er erhält die Chance, sich im wahrsten Sinne des Wortes zu entschulden. „Oft geht mit der Entlastung des Opfers auch die des Täters einher, der sich nicht selten in Folge der Tat mit Vorwürfen quält und ein ehrliches Bedürfnis nach Entschuldigung (...) verspürt sowie möglicherweise den Wunsch zu verdeutlichen, nicht wirklich so zu sein, wie der Geschädigte ihn während der Tat wahrnehmen musste."[32] Entgegen einem bloßen Entgegennehmen einer Strafe und dem eventuell damit verbundenen, durch Rechtfertigungen und Bagatellisierungen (siehe dazu auch Abschnitt 2.3.2) begründeten Gefühl ungerecht behandelt worden zu sein, muss/kann der Täter sich in der Konfrontation mit dem Geschädigten, dessen Erleben der Tat und der damit verbundenen Tatfolgen, aktiv auseinandersetzen.[33] *Meier, Rössner* und *Schöch* etwa werten ihn als *die* Basisreaktion des JGG: „Der TOA eignet sich wie keine andere Reaktion dazu, dem Beschuldigten bewusst zu machen, dass er gegen elementare Verhaltensregeln verstoßen

---

[28] 2. Periodischer Sicherheitsbericht des BMI und BMJ, 2006, S. 590
[29] TOA-Standards, 6. überarbeitete Auflage, 2009, S. 9
[30] Anmerkung: Die korrekte Bezeichnung verändert sich, je nach Stadium des Verfahrens, so wird aus einem Verdächtigen, ein Beschuldigter, mit der Erhebung der Anklage ein Angeschuldigter aus dem dann ein Angeklagter wird, der im Falle eines Schuldspruches zu einem Verurteilten wird. Mit Blick auf die Bezeichnung Täter-Opfer-Ausgleich benutze ich, je nach Kontext, hauptsächlich die Begriffe Täter und Beschuldigter.
[31] Bals, Hilgartner und Bannenberg, 2005, S. 3
[32] Kämmerer, 2001, S. 235
[33] Vgl. Dölling, 1992a, S. 494

und für die Folgen einzustehen hat."[34] Die Verantwortungsübernahme und Wahrung von Normen habe damit auch eine stark erzieherische Komponente (siehe dazu auch den Abschnitt 1.4.1).

Pfeiffer beschrieb *das Ringen* des Beschuldigten mit dem Justizsystem um eine milde Ahndung oder gar einen Freispruch als einen Kampf, bei dem das Opfer, seine Ansprüche und Schäden eher als *Belastung* oder gar als Gegner empfunden werden müssen.[35] Anders als durch die Abwehr der Opferperspektive kann im Rahmen des Täter-Opfer-Ausgleichs die Minderung einer Strafe, sogar eine Einstellung des Verfahrens sowie das Abwenden zivilrechtlicher Forderungen das Ergebnis der eigenen Bemühungen sein, indem man sich ein Stück weit die Opferperspektive erschließt, ohne diese negieren zu müssen. Im gemeinsamen Gespräch kann sich der Beschuldigte erklären, auch wenn dies meist schwer fällt und zumindest zeigen, dass er im besten Fall eine Persönlichkeit mit mehreren Facetten hat, die nicht nur auf die Rollenzuschreibung eines Gewalt- und Straftäters reduziert ist. Über die Motive von Beschuldigten, sich an einem TOA zu beteiligen, liegen inzwischen mehrere Untersuchungen vor, auf die im weiteren Verlauf dieser Arbeit noch genauer eingegangen werden wird (siehe dazu den Abschnitt 1.4.4, wobei hier auch die Motive der Geschädigten beleuchtet werden).

Einer Stigmatisierung als Straftäter kann durch eine erfolgreiche Konfliktschlichtung entgegengewirkt werden. Im Idealfall lernt der Täter etwas über sein eigenes Verhalten, die Folgen seines Handelns und dessen Konsequenzen sowie über die Perspektive und die Person *seines Opfers* und kann daraus eine positive Verhaltensänderung ableiten (siehe 1.4.1 und auch 1.4.2), so dass mit dem TOA ein Stück weit immer auch die Hoffnung verbunden ist, der Täter werde nicht erneut straffällig. In den Gesprächen sowohl mit Opfern als auch den Tätern und auch den Angehörigen beider Gruppen wird oftmals der Bedarf nach weiterführenden Hilfestellungen offenbar. Vermittler können daher an andere Einrichtungen verweisen, wie etwa das Jugendamt, die Schulbehörde, rein auf Opferhilfen ausgerichtete Projekte, das Versorgungsamt in Fragen des Opferentschädigungsgesetzes etc. und somit einen Kontakt anbahnen oder den Interessenten Informationen an die Hand geben.[36]

1.1.3 Aus einer rollenübergreifenden Perspektive (Opfer & Täter)

Die Beziehung von Täter und Opfer ist unter anderem Bestandteil des viktimologischen Forschungsinteresses. Untersuchungen zur Täter-Opfer-Konstellation erga-

---
[34] Meier, Rössner und Schöch, 2013, S. 125, Rd. 25
[35] Vgl. Pfeiffer, 1992, S. 338
[36] Vgl. Lippelt, 2010, S. 60

ben, dass sich Täter und Opfer häufig in Bezug auf ihr demographisches Profil sehr ähneln und dass es, abhängig vom Delikt, Vorbeziehungen gab, sich also Opfer und Täter in unterschiedlicher Intensität bekannt waren.[37] Das bedeutet, „dass die Delinquenz vorwiegend in der eigenen oder der benachbarten Altersgruppe verbleibt. Dies gilt insbesondere für Kinder, Jugendliche und Heranwachsende, gilt in der Tendenz aber auch für ältere Altersgruppen"[38] und, dass sich Opfer und Täter in vielen Fällen – und sei es nur vom Sehen her – kennen. Die bundesweite TOA-Statistik (siehe dazu 1.2.6) erfragte die Bekanntschaft von Opfern und Tätern im Bereich der von ihr erfassten TOA-Fälle sowie den Zusammenhang zwischen dem Alter der Geschädigten und der Beschuldigten. Demnach haben für das untersuchte Jahr 2009 „58,8 % der Jugendlichen und Heranwachsenden Straftaten an anderen Jugendlichen und Heranwachsenden"[39] verübt, wobei sich 66,4 % der Opfer und Täter „flüchtig" bis „gut" kannten.[40] Viele Täter-Opfer- und Opfer-Täter-Konstellationen zwischen Jugendlichen und Heranwachsenden entstehen im „direkten sozialen Umfeld",[41] wie etwa der Schule, dem schulischen Umfeld oder dort, wo Jugendliche sich aufgrund ihres Freizeitverhaltens begegnen. Das heißt, Jugendliche und Heranwachsende haben Konflikte mit anderen Jugendlichen und Heranwachsenden. Täter und Opfer haben einen identischen Schulweg, identische Freizeitaktivitäten oder gehen in die gleiche Schule, gar in die gleiche Klasse. Anonyme Befragungen[42] von Schülern zu ihren eigenen Erfahrungen als Opfer, Täter, Opfer und/oder Täter zeigten, dass die Rollen hier nicht immer so klar zu trennen sind. „Das gestrige Opfer kann heute in der Täterrolle auftreten und morgen wieder zum Opfer werden."[43] Auch stellte sich heraus, dass die meisten der männlichen Jugendlichen, die durch Aggressionsdelikte auffällig wurden, diesbezüglich selbst Opfererfahrungen erlebt hatten.[44] Dort, wo Opfer und Täter sich kennen, auch nach der Tat, die zum Strafverfahren führte, weiterhin begegnen, rückt der zukünftige, friedliche Umgang miteinander, der Abbau von Ängsten und Konflikten verstärkt in den Focus der Konfliktschlichtung von der man sich im günstigsten Fall auch positive Auswirkungen auf die Wiederherstellung des sozialen Friedens erhofft.[45] Die Erkenntnisse, dass es Vorbeziehungen gibt, sind durchaus wichtig für die Konfliktschlichtung, jedoch bedeutet dies nicht, dass es nur

---

[37] Bei Tötungsdelikten und Unzucht mit Kindern sind demnach verstärkt (familiäre) Vorbeziehungen auszumachen, wohingegen die Vorbeziehungen bei materiell orientierter Kriminalität wie bei Raub und Diebstahl geringer ausfallen. Vgl. Kiefl und Lamnek, 1986, S. 207-212
[38] Höfer, 2001, S. 118f.
[39] Kerner, Eikens und Hartmann, 2011, S. 23
[40] Kerner, Eikens und Hartmann, 2011, S. 29
[41] Kerner, Eikens und Hartmann, 2011, S. 23
[42] Zur selbstberichteten Opferwerdung und zur selbstberichteten Delinquenz bei Schülern, siehe die Schülerbefragungen von Baier und Pfeiffer, 2011, sowie die YouPrev Studie von Görgen, Taefi, Kraus und Wagner, 2013
[43] Rostampour und Melzer, 2009, S. 170
[44] Vgl. Meier, Rössner und Schöch, mit Bezug auf die Untersuchung von Baier et al, 2013, S.52 mit einem Schwerpunkt auf Bedingungsfaktoren für eine Täter- oder Opferwerdung auch vor dem Hintergrund familiär erlebter Gewalt, siehe auch Deegener und Körner, 2011, S. 163-182
[45] Vgl. 2. PSB des BMI/BMJ, 2006, S. 591 Anmerkung: Die Aussage bezieht sich allgemein auf den Täter-Opfer-Ausgleich, für die eigene Arbeit wurde jedoch ein Schwerpunkt auf die Fälle gelegt, in denen es eine Art von Vorbeziehung oder Bekanntschaft von Opfer und Täter gibt.

diese Fälle sind, die sich für einen TOA-Versuch eignen, da sich unter dem restlichen Drittel Fälle befinden, wie etwa der klassische Handtaschenraub an der älteren Dame oder die Discoschlägerei unter jungen Männern.

1.2 Der Täter-Opfer-Ausgleich in Deutschland

1.2.1 Vom Modellprojekt zur (fast) bundesweiten Verbreitung

Die Umsetzung der Idee des Täter-Opfer-Ausgleichs wurde Mitte der 1980er Jahre auf der Ebene von Modellprojekten erprobt.[46] Die Jugendgerichtshilfe der Stadt Braunschweig bot als zusätzliche Aufgabe seit 1982 bei jugendlichen und heranwachsenden Tätern TOA an, unter der wissenschaftlichen Begleitung des Kriminologischen Forschungsinstitut Niedersachen e.v. (KFN) unter Christian Pfeiffer. Als freier Träger wurde 1985 in Köln „Die Waage" gegründet, in Reutlingen übernahm der bereits bestehende Träger „Hilfe zur Selbsthilfe" die Aufgabe, den TOA zu etablieren und gründete das Projekt „Handschlag". In Bayern nahmen die Modellprojekte „Ausgleich-München" und „Ausgleich-Landshut" ihre Arbeit auf, eine enge Kooperation zwischen öffentlicher und freier Trägerschaft in Zusammenarbeit mit der „Brücke München". Im Erwachsenenstrafrecht arbeitet das Tübinger Gerichtshilfeprojekt seit 1985 im Rahmen des Täter-Opfer-Ausgleichs mit erwachsenen Straftätern. Die vom Anbeginn an unterschiedliche organisatorische Anbindung, sowie die teilspezialisierte und spezialisierte[47] Tätigkeit der mit dem TOA beschäftigten Mitarbeiter, blieb symptomatisch, für die, sich langsam entwickelnde, bundesweite TOA-Landschaft. Eine Erhebung konnte im Jahr 1988 konstatieren, dass bundesweit nur 14 Projekte im Jugendbereich tätig waren.[48] Auch wenn man berücksichtigt, dass der TOA sich noch in seiner Anfangsphase befand und sich, in einzelnen Regionen, auf große Zustimmung bei den Verfahrensbeteiligten berufen konnte, so spielte er in den Angeboten der Jugendstraffälligenhilfe eine eher untergeordnete Rolle. In der DBH-Erhebung[49] von 1990 wurden bundesweit insgesamt 1.251 staatliche und freie Träger der Strafrechtspflege befragt und unter anderem gebeten, auch einige Fragen zum Täter-Opfer-Ausgleich zu beantworten. In der Auswertung ergaben sich bereits 224 Institutionen, die sich nunmehr mit dem Täter-Opfer-Ausgleich befassten bzw.

---

[46] Eine erste Bestandsaufnahme sowie Projektdarstellungen weiterer TOA-Projekte in Marks & Rössner 1990
[47] Spezialisiert bedeutet, dass die Mitarbeiter sich ausschließlich mit dem TOA beschäftigen und keine anderen beruflichen Aufgaben wahrzunehmen haben, teilspezialisiert bedeutet, dass hier noch weitere Aufgaben wahrzunehmen sind, die sich jedoch nicht mit der Vermittlertätigkeit überschneiden sollten, wie etwa eine Betreuungstätigkeit einer der beiden Konfliktparteien.
[48] Vgl. Schreckling, 1991, S. 8
[49] DBH Fachverband für Soziale Arbeit, Strafrecht und Kriminalpolitik

angaben, eine Projektgründung zu planen, von denen der überwiegende Teil (85, 3 %) auf die Arbeit mit jugendlichen und heranwachsenden Tätern entfiel. Im selben Jahr wurde, basierend auf den ersten positiven Ergebnissen der Begleitforschung und einer breiten politischen Akzeptanz, durch das 1. Änderungsgesetz zum JGG vom 19.06.1990 der Täter-Opfer-Ausgleich gesetzlich verankert und im Jugendstrafverfahren integriert. 1994 folgte der Täter-Opfer-Ausgleich als Strafmilderungsgrund im neuen § 46a StGB im allgemeinen Strafrecht. Die flächendeckende Etablierung erhielt dadurch einen weiteren Aufschwung, so dass 1996 bereits 368 Institutionen angaben, TOA anzubieten. Allerdings wiesen nur ein geringer Teil der Projekte mehr als 100 Fälle pro Jahr aus. Dies bedeutet dass der Großteil sich nur mit wenigen Fällen pro Jahr befasste. Begründet wird dies mit der großen Anzahl der Projekte, in denen der Täter-Opfer-Ausgleich quasi neben den sonstigen Arbeitsaufgaben mit erledigt wurde.[50] Was den Zugang zu TOA-Fachstellen anbelangt, hat man es in den Stadtstaaten wie etwa Berlin, Hamburg und Bremen, wie auch die Bewohner von anderen Großstädten weitaus einfacher, eine entsprechende Fachstelle in Wohnortnähe ausfindig zu machen, als in kleineren Gemeinden auf dem Lande, woraus sich die Einschränkung einer „fast" bundesweiten Verbreitung der TOA-Fachstellen ergibt.

1.2.2 Auftraggeber, Eignungskriterien und Grenzen des Täter-Opfer-Ausgleichs

Die meisten TOA-Versuche werden bundesweit durch die Staatsanwaltschaft im Vorverfahren angeregt.[51] Die Staatsanwaltschaft kann im Jugendbereich darüber entscheiden, bei welchem Verfahren eine Einstellung nach § 45 Abs. 2 JGG in Betracht kommt bzw. ob ein TOA nach den §§ 45 und 47 JGG eine Hauptverhandlung entbehrlich machten oder sich dort strafmildernd (hier in Absprache mit dem Gericht) auf eine abschließende juristische Entscheidung auswirkt (siehe 1.2.4). Für die Fallanregung und auch die Entscheidung über den Verlauf des Strafverfahrens nimmt die Staatsanwaltschaft eine zentrale Rolle ein. Daraus entstand die weit verbreitete Einschätzung, dass *nur* die Staatsanwaltschaft den TOA anregen kann. Die Anregung zum TOA kann jedoch auch durch die Beteiligten – Opfer wie Täter - selbst,

---

[50] Vgl. Zusammenfassung von Netzig, 2000, S. 65f.
[51] Vgl. Kerner, Eikens und Hartmann, 2011, S. 14 (Anmerkung, diese Aussage bezieht sich auf die Bundesstatistik. In einzelnen Regionen kann dies anders sein, so haben zum Beispiel in Berlin und Potsdam im Bereich des JGG seit einigen Jahren die Jugendgerichtshilfen den ersten Platz der Fallzuweiser vor der Staatsanwaltschaft eingenommen: Jahressachberichte von TOA-Potsdam und TOA-Berlin aus dem Jahr 2014 mit einen Rückblick auf die Vorjahre.

Rechtsanwälte, Jugendgerichtshilfen, Soziale Dienste, die Polizei[52] und durch die Jugendrichterschaft erfolgen, so dass die Staatsanwaltschaft nicht das Monopol zur Anregung besitzt.[53] „Jede mit der Sache befasste staatliche Stelle und jede Privatperson, der die Tat bekannt geworden ist, kann auf den Täter Einfluss nehmen, in diesem Sinne initiativ zu werden."[54] Weiterhin kann der TOA in allen Stadien des Strafverfahrens eingeleitet werden, sei es bereits im polizeilichen Ermittlungsverfahren (zu den Möglichkeiten der Polizei siehe auch Abschnitt 3.6), nach einer Strafanzeige, jedoch vor Erhebung einer Anklage (Vorverfahren), nach Anklageerhebung jedoch noch ohne Hauptverhandlung (Zwischenverfahren), nach Eröffnung des Hauptverfahrens, jedoch noch vor der Hauptverhandlung und auch noch *in* einer oder *nach* einer Hauptverhandlung.[55] Ein wichtiger Akteur im Strafverfahren gegen Jugendliche und Heranwachsende ist die Jugendgerichtshilfe (JGH), die bereits mit dem Abschluss des polizeilichen Ermittlungsergebnisses informiert wird und somit tätig werden kann. Die Jugendgerichtshilfe soll die Persönlichkeit ihrer jugendlichen und heranwachsenden Klientel erforschen und dem Gericht darüber berichten. Ebenso kann sie Vorschläge im Hinblick auf Sanktionen und Reaktionen machen, wie etwa eine Erteilung einer Weisung zum TOA nach § 10 JGG, oder einer Verfahrenseinstellung nach einem TOA nach §§ 45 und 47 JGG. Die JGH soll jedoch dem Gericht nicht nur Hilfestellungen leisten, sie ist auch Teil des Jugendamtes und somit auch eine Jugendhilfe im Strafverfahren mit einem, an Erziehung und Hilfe ausgerichteten Arbeitsauftrag. Diese Doppelrolle zwischen Jugendhilfe und Justiz kann auch zu Rollenkonflikten führen.[56] Letztendlich ist das Jugendamt eigenständig und nicht weisungsgebunden an die Justiz, zumal es auch für die Finanzierung der bei Gericht verhängten Maßnahmen aufkommt. Aus dieser Eigenständigkeit und dem originären Arbeitsauftrag, lässt sich ein Anrecht der JGH ableiten, Maßnahmen wie den Täter-Opfer-Ausgleich gegenüber der Justiz anzuregen, oder ihn als ein erzieherische Reaktion auf die Tat gleich selbst zu initiieren,[57] wobei auch hier die Justiz informiert werden sollte.

Kilchling resümiert dazu, dass Deutschland in Hinblick auf die Rahmenbedingungen für einen Täter-Opfer-Ausgleich sehr fortschrittlich sei. Es wurden hier „exzellente rechtliche Rahmenbedingungen geschaffen, die dem Täter-Opfer-Ausgleich ein Anwendungspotenzial bieten, das im internationalen Vergleich nur wenig Ver-

---

[52] Die Polizei kann keinen TOA „in Auftrag geben" jedoch kann sie gegenüber den Beteiligten, der Jugendgerichtshilfe und der Staatsanwaltschaft, auf geeignete Verfahren aufmerksam machen (siehe dazu Abschnitt 3.6) Im Hinblick auf die Möglichkeit der Eigeninitiative durch den Beschuldigten und seinen Verteidiger siehe auch Meyer-Goßner, Kommentar zum § 155a StPO; 2) Durchführung TOA, 2010, S. 753.
[53] Die TOA-Standards weisen darauf hin, dass konzeptionell keine „Selbstmelder", also Personen, die sich direkt an eine TOA-Fachstelle wenden zurückgewiesen werden sollen und dass der TOA zu jedem Zeitpunkt eingeleitet werden kann. Vgl. TOA-Standards, 6. überarbeitete Auflage, 2009, S. 8 zu den möglichen Auftraggebern zu einem TOA ebenda, S. 22
[54] Blessing, 2011, S. 443
[55] Vgl. Schreckling, 2000, S. 21
[56] Vgl. Über die Aufgaben der JGH im Spannungsfeld von Jugendhilfe und Justiz, Mollik, 2012, S. 101ff.
[57] Vgl. Zieger, 2008, S. 117ff.

gleichbares findet." Da hier gesetzlich weder eine Beschränkung auf bestimmte Straftaten, das Jugendstrafrecht oder ausschließlich Ersttäter vorgesehen ist. Auch „gibt es in Deutschland keine gesetzliche Beschränkung auf amtlich zugewiesene Fälle."[58]

Bereits in der Phase der ersten TOA-Modellprojekte (siehe 1.2.1) wurden zwischen den involvierten Staatsanwaltschaften, den Jugendgerichtshilfen und Jugendrichtern Kriterien für geeignete TOA-Fälle zusammengetragen, die als erste Orientierungshilfen dienten.[59] Eine der zentralen Grundvoraussetzungen ist die *Freiwilligkeit* zur Teilnahme an einem Täter-Opfer-Ausgleich, da keine Schlichtung ohne Freiwilligkeit möglich wäre (siehe dazu auch Abschnitt 1.3.8.1). Hatte man zu Beginn des Täter-Opfer-Ausgleichs noch ein klares Geständnis des Täters als Voraussetzung für eine Anregung zum Täter-Opfer-Ausgleich als zwingend notwendig erachtet, so ist man inzwischen in Theorie und Praxis dazu übergegangen, von einem *klaren Sachverhalt* zu sprechen und einem Täter, der zumindest nicht ernsthaft bestreitet. „In der Praxis ist die Einhaltung dieses Eignungskriteriums nicht immer einfach. Denn oft ist die Trennungslinie zwischen Bestreiten, Nichtzugeben und der subjektiven Sichtweise, welche sich am besten mit der Haltung >>ja, aber<< beschreiben läßt, nicht immer gleich erkennbar."[60] Der Sachverhalt sollte jedoch weitgehend geklärt und ausermittelt sein und der Beschuldigte bereit, die Verantwortung für seinen Anteil an der Tat zu übernehmen, damit die Arbeit des Vermittlers nicht in den Bereich der Ermittlungstätigkeit fällt, der alleine der Polizei und der Staatsanwaltschaft obliegt.[61] Auch ist eine fehlende Aussage bei der Polizei kein Hinderungsgrund für einen TOA-Versuch, da eine Aussage in diesem Stadium des Verfahrens auch abgelehnt werden kann. Dem Beschuldigten ist in diesem Fall im Vorgespräch deutlich zu machen, dass der Vermittler nicht über ein Aussageverweigerungsrecht (siehe Abschnitt 2.4.5) verfügt und dass dieses Gespräch auf Wunsch des Beschuldigten geführt wird. Beschuldigte, die den Termin zum Vorgespräch wahrnehmen, sich aber nicht über die Tat äußern wollen, sei grundsätzlich vom Täter-Opfer-Ausgleich abzuraten.

Verfahren, in denen ein *persönlich betroffenes Opfer* vorhanden ist, eignen sich vor allem für einen Ausgleichsversuch, da die persönliche Ebene im Mittelpunkt der Aufarbeitung steht. „Für einen Täter-Opfer-Ausgleich von vornherein ungeeignet sind demnach Kaufhausdiebstähle, Beförderungserschleichung und Straßenverkehrsdelikte ohne Sach- oder Personenschaden."[62] Hinzugefügt seien an dieser Stelle die Sachbeschädigungen im öffentlichen Raum, wie Graffiti oder Scratching, wobei es auch hier im Ermessen des Vermittlers liegt, ob er einen Ausgleichsversuch angehen will oder nicht. Ein Einzelhändler in der Nähe einer Schule, der in jeder Hof-

---
[58] Kilchling, 2014, S. 47
[59] Delattre, 1995, S. 138
[60] Vgl. Delattre, 1995, S. 138
[61] Vgl. Schimmel, 1999, S. 13
[62] Vgl. Delattre, 1995, S. 138

pause von klauenden Schülern heimgesucht wird oder ein Kiosk-Besitzer, dem man die Ladenfront bemalt hat, haben mitunter sehr wohl ein persönliches Problem mit den Verursachern. Auch im Hinblick auf eine Konfliktschlichtung mit einer Institution, z.B. einer Schule, kann ein Ausgleich erfolgen, wenn für diese Institution ein Vertreter erscheint, der auch sein persönliches Betroffensein in der Konfrontation mit dem Täter äußern kann.

In der Fachliteratur herrschte schon früh Einigkeit darüber, dass der TOA nicht dazu missbraucht werden sollte, um mit ihm *Bagatellfälle* anzugehen, die aufgrund ihrer Geringfügigkeit unterhalb einer Einstellungsmöglichkeit nach § 45. Abs. 2 JGG oder nach § 152 StPO liegen. Damit verbunden ist die Befürchtung, dass es zu einer Ausweitung der sozialen Kontrolle kommt, „(…) indem Sozialarbeit dort tätig wird, wo die Justiz bisher nicht eingegriffen hat (net-widening effect)."[63] Andererseits kann sich hinter Konflikten, die juristisch noch als unbedenklich eingestuft werden, bereits ein erhebliches Konfliktpotenzial verbergen und eine Schlichtung angebracht erscheinen. Mit Blick auf die bundesweite TOA-Statistik wird deutlich, dass es die Körperverletzungsdelikte sind, die einen Großteil der Fälle im TOA ausmachen, gefolgt von Sachbeschädigungen, Eigentums- und Vermögensdelikten, Raub und Erpressungen sowie einer Vielzahl von Fällen quer durch das Strafgesetzbuch, die in der Statistik in der Kategorie der sonstigen Delikte zusammengefasst wurden.[64] Körperverletzungen und Straftaten, die eine materielle Wiedergutmachung nach sich ziehen, sei es in Form von Schmerzensgeld oder Schadenersatz scheinen für einen Täter-Opfer-Ausgleich besonders geeignet. In den TOA-Richtlinien der Bundesländer (siehe 1.2.5.3) finden sich Formulierungen, wonach vorrangig Delikte aus dem Bereich der leichten- bis mittelschweren Kriminalität für einen TOA-Versuch geeignet sind, oftmals verbunden mit der Aufzählung von Delikten, bei denen der TOA aus staatsanwaltschaftlicher Sicht angeregt werden kann. Kritisch dazu *Schädler*: „Die Beschränkung des Täter-Opfer-Ausgleichs auf Delikte der mittleren Kriminalität entspringt nicht einer konzeptionellen Beschränkung des Ausgleichsverfahrens, sondern seiner ursprünglichen rechtspolitischen Orientierung an der Diversion innerhalb des Jugendstrafrechts."[65] Schon früh formulierte *Trenczek*, dass weder Deliktschwere noch mögliche Vorverurteilungen des Täters ein Ausschlusskriterium sein sollten [66] (siehe dazu auch Abschnitt 2.5.5). Grenzen des TOA sind ein klares *Nein* einer der beiden Konfliktparteien, sprachliche Hürden die eine gemeinsame Verständigung und damit auch ein Verstehen unmöglich machen, sowie ein eindeutiges Bestreiten des Täters.

---

[63] Vgl. Delattre, 1995, S. 138
[64] Vgl. Kerner, Eikens und Hartmann, 2011, S. 26ff.
[65] Schädler, 2011, S. 21 siehe auch die Kritik von Reuber und Rössner die in einer Beschränkung auf Fälle der leichten bis mittelschweren Straftaten sogar einen Widerspruch zum §46a StGB sehen, vgl. Reuber und Rössner, 2003, S. 22
[66] Vgl. Trenczek, 1992, S. 8

Grenzfälle der Konfliktschlichtung sind abhängig von den einzelnen Details des Konfliktes, der Vorstellungskraft des zuständigen Staatsanwaltes, der Entscheidung des Vermittlers und dem, was für die Beteiligten vorstellbar und machbar ist. Bei extremen *Suchtverhalten* und Arten der damit zusammenhängenden Beschaffungskriminalität ist ein Täter-Opfer-Ausgleich nicht geeignet, da der Beschuldigte massive Probleme haben wird, dem Geschädigten etwas zu versprechen, was er auch wirklich einhalten kann. *Sexualdelikte* kommen in der Praxis eher in der Form von Beleidigungen auf sexueller Grundlage, oder in Form von übergriffigen Handlungen unter Jugendlichen vor. Versuchte als auch vollzogene Vergewaltigungen machen eher einen sehr geringen Teil im Fallaufkommen aus. Jedoch kann in begründeten Einzelfällen, etwa wenn Opfer und Täter sich vor der Tat bereits kannten, der TOA als Teil einen Aufarbeitung genutzt werden, wobei es angeraten erscheint, wenn sich *die* oder *der* Geschädigte parallel dazu in therapeutischer Behandlung befindet und das Vorgehen dort abgestimmt hat. *Politisch motivierte Straftaten* gelangen ebenfalls eher selten zu einem TOA-Projekt. Meistens wird erst in den Vorgesprächen deutlich, dass auf der einen oder anderen Seite rassistische oder politisch extreme Ansichten existieren. Die Anwendung von Täter-Opfer-Ausgleich auf rechts- bzw. linksextreme Jugendliche ist in der Fachwelt umstritten. Die eine Seite argumentiert, dass menschenfeindliche Einstellungen es nahezu aussichtslos machen, da mit Empathie und Perspektivwechsel auf Täterseite kaum zu rechnen ist, die andere Seite hält dagegen, dass man die Arbeit mit gefährdeten Jugendlichen nicht aufgeben darf, um sie nicht noch weiter in extreme Strukturen abgleiten zu lassen.[67] Inwieweit Geschädigte es versuchen wollen, hier entgegen zu wirken, hängt von jedem Einzelnen selbst ab.

1.2.3 Ablauf eines Täter-Opfer-Ausgleichs

Bevor die Vermittler in den TOA-Fachstellen mit den Gesprächen und damit der eigentlichen Arbeit mit den Klienten beginnen können, sind Vorbereitungen und Umfeldarbeit notwendig, da je nach Zuweisung und Falleingang Gespräche mit der Staatsanwaltschaft und dem Jugendamt geführt, Adressen, Informationen oder der Stand des Strafverfahrens recherchiert und zusammengetragen werden müssen, bevor Täter und Opfer kontaktiert werden können. In zunächst getrennten Vorgesprächen bringen die Vermittler die Bedürfnisse, Anliegen, Fragen und Befürchtungen beider Seiten in Erfahrung und arrangieren, wenn Opfer wie Täter dies wollen, ein begleitetes Ausgleichsgespräch. Die praktische Arbeit in den über das Bundes-

---

[67] Zu Erfahrungen mit rechtsorientierten Jugendlichen in Brandenburg und TOA sowie zum Für und Wider, Henning, Kalas, Stiepel und Schulz-Goldstein, 2004, S. 100-127. Über linksextreme Jugendliche oder etwa stark islamistisch-extremistisch orientierte Beschuldigte fehlen die Erkenntnisse bzw. eine Diskussion um einen Umgang damit im Rahmen des TOA.

gebiet verteilten TOA-Fachstellen kann dabei unterschiedlich umgesetzt werden, da es hier in der Literatur Vorschläge und auf Erfahrung basierende Grundlagen, jedoch kein formalisiertes Vorgehen gibt, von den TOA-Standards abgesehen. In der Regel erfolgt zunächst eine schriftliche Einladung an den Beschuldigten, um mit ihm seine Bereitschaft zu Verantwortungsübernahme und Wiedergutmachung zu erörtern, damit, sofern es keine Absage durch den Täter gab, auch ein Gespräch mit dem Geschädigten geführt werden kann.[68]

Im Hinblick auf ein methodisches Vorgehen appellierten *Klenzner* und *Netzig* anlässlich des 9. TOA-Forums an den Mut ihrer Kolleginnen und Kollegen, auch Neues auszuprobieren, so dass auch andere Vorgehensweisen als die hier genannte ´klassische Vorgehensweise´ möglich sind, etwa zeitgleiche Vorgespräche mit beiden Seiten, ein am Mediationsverfahren ausgerichtetes gemeinsames erstes Gespräch und andere Varianten.[69] In jedem Fall sollte das gewählte Vorgehen für Opfer und Täter transparent sein und durch diese mitgetragen werden. In der Verantwortung des Vermittlers liegt es, sich für die jeweils angemessene Vorgehensweise zu entscheiden und den methodischen Spielraum im Sinne der Konfliktparteien zu nutzen. Je nach Fall stehen in den Vor- und Ausgleichsgesprächen die Tat, eine mögliche Vorgeschichte, die Tatfolgen auf beiden Seiten, mögliche Perspektivwechsel, die Verantwortungsübernahme durch den Beschuldigten, sowie eine zukunftsgerichtete Lösung im Mittelpunkt der gemeinsamen Gespräche. Da der TOA eingebettet ist in das Strafverfahren, berichten die Vermittler zu einer abschließenden juristischen Entscheidung an die Justiz zum jeweiligen Stand des Verfahrens und kontrollieren die Einhaltung der materiellen Vereinbarungen.

1.2.3.1 Vorgespräch mit dem Beschuldigten

Das Vorgespräch mit dem Täter bzw. dem Beschuldigten enthält mehrere Komponenten. Zunächst gilt es, ihn zu informieren: Über den Stand des Strafverfahrens, die Rolle der Vermittler, das Prinzip der Freiwilligkeit sowie über alle organisatorischen und inhaltlichen Fragen, die mit einer Konfliktschlichtung im Rahmen eines Strafverfahrens im Zusammenhang stehen mögen.[70] Anzumerken ist an dieser Stelle, dass die Einladung zum Vorgespräch in aller Regel schriftlich erfolgt und neben dem Anschreiben einen separaten Informationsflyer über den Täter-Opfer-Ausgleich und das

---

[68] Zur Kontaktaufnahme mit den Beteiligten sowie zu den Inhalten der Vorgespräche siehe auch Kawamura und Schreckling, 1990, S. 80ff., Kawamura, 1992, S. 23ff. und der Praxisleitfaden von Middelhof, 1994, wie auch Lippelt, 2010, S. 34ff. – wie auch in den TOA-Standards 6. überarbeitete Auflage, 2009, S. 23, siehe dazu auch den Ablauf eines TOA-Verfahrens nach Bindel-Kögel et al., 2013, S. 28ff.
[69] Vgl. Klenzner und Netzig, 2002, S. 45f.
[70] Vgl. Über den wesentlichen Inhalte von Vorgesprächen, sowohl für Täter als auch für Opfer siehe TOA-Standards, 6. überarbeitete Auflage, 2009, S. 24

anschreibende TOA-Projekt enthalten sollte. Im weiteren Verlauf geht es den Vermittlern darum, die Sicht des Beschuldigten, die Art des Vorfalles, seinen Anteil an der Tat- und möglichen Tatfolgen zu erfahren und vor allem, ob eine Einsicht in eigenes Fehlverhalten und die Übernahme von Verantwortung vorhanden ist. Ein Kernstück des Vorgesprächs ist der sogenannte Perspektivwechsel, in dem der Beschuldigte aufgefordert wird, den Konflikt und die Tatfolgen aus einer zunächst hypothetischen Sichtweise „seines" Opfers zu betrachten und zu bewerten. Eventuell vorhandene Rechtfertigungstendenzen (siehe dazu auch Abschnitt 2.3.2) und Versuche des Bagatellisierens gilt es vom Vermittler aufzugreifen und zu thematisieren, ebenso wie eigene Vorschläge des Beschuldigten zur Wiedergutmachung, sowie mögliche Bedenken und Sorgen im Hinblick auf ein gemeinsames Gespräch mit der Opferseite. Der Vermittler erhält dadurch vom Beschuldigten eine erste Einschätzung über die Sichtweise und auch über die Fähigkeiten sich auszudrücken und kann im weiteren Gespräch mit dem Geschädigten diesem eine erste Entscheidungsgrundlage bieten, ob dieser sich ein gemeinsames Gespräch mit dem Täter vorstellen kann, oder nicht. Dem Vermittler kommt damit eine Art Filterfunktion zu, die ein hohes Maß an Integrität von ihm verlangt (siehe dazu auch Abschnitt 2.4.2). Sympathie und Antipathie seinem Gegenüber sollten hinter einer sachlichen Einschätzung zurückstehen und gleichzeitig gilt es, spätere Fragen des Geschädigten nach dem eigenen Eindruck über den Beschuldigten offen zu beantworten. Bis auf wenige Ausnahmen suchen die TOA-Projekte in Deutschland zunächst den Kontakt zum Täter. Dies hat praktische Gründe, brachte der TOA-Bewegung aber auch Kritik aus Sicht der Opfervertreter ein. Mit einem Täter, der nicht bereit ist sich zu entschuldigen und sich seiner Verantwortung zu stellen, gibt es keinen Täter-Opfer-Ausgleich. Durch den gewählten Weg, zunächst mit dem Täter zu beginnen, soll sichergestellt werden, keine Erwartungshaltungen beim Geschädigten zu wecken, die nachher nicht erfüllt werden können, was ihn erneut schädigen könnte. Jedoch gilt auch hier, keine Regel ohne Ausnahme: "Entscheidend für die Reihenfolge des Erstkontakts sind immer die fallbezogenen Konstellationen."[71] In der Konfliktschlichtung bietet es sich an, auf Seiten der Vermittler im Team zu arbeiten, um so, je nach Fallkonstellation, auch dem Gegenüber ein möglichst gemischtgeschlechtliches Team als Ansprechpartner zu bieten. Diese Arbeit in Co-Mediation bietet den Vermittlern dabei unter anderem die Möglichkeit, sich in ihren Rollen abzuwechseln bzw. festzulegen, um so, bei aller Konfrontation mit der Tat und den Tatfolgen, immer noch „einen Draht" zum Gegenüber zu behalten.

Ein Täter-Opfer-Ausgleich muss auch scheitern können und dürfen, wenn es eine Schlichtung ohne Ergebnisdruck sein soll. Das bedeutet im Vorgespräch, dass es nicht die Aufgabe der Vermittler ist, mit Druck oder Überredungskunst beim Beschuldigten Einsichten zu erzeugen, die nicht vorhanden sind, wohl jedoch vorhan-

---
[71] TOA-Standards, 6. überarbeitete Auflage, 2009, S. 23

dene Einsicht herauszuarbeiten, wenn diese zunächst nicht so deutlich formuliert werden können, überlagert sind von Schamgefühlen oder dem Eindruck, ungerecht behandelt worden zu sein (siehe dazu auch Abschnitt 2.3). Sollte das Vorgespräch zeigen, dass eine Konfliktschlichtung nicht die geeignete Maßnahme ist, bzw. der Beschuldigte selbst klar äußern, dass er dies nicht kann oder will, ist der Versuch abzubrechen und der zuweisenden Stelle zu berichten. Gerade bei Jugendlichen ist sicherzustellen, dass auch die Eltern informiert sind, es die Möglichkeiten für eine Bedenkzeit sowie Zeit für Rücksprachen mit einem Rechtsvertreter gibt und dass auch Alternativen zum TOA – im Rahmen des Strafverfahrens besprochen werden. Sollten beide Seiten, Beschuldigter und Vermittler den Eindruck haben, dass es eine ausreichende Grundlage für ein gemeinsames Gespräch mit dem Geschädigten gibt, wird dieser im nächsten Schritt kontaktiert.

1.2.3.2 Vorgespräch mit dem Geschädigten

Die Vermittler nehmen in aller Regel[72] ebenfalls schriftlich Kontakt zum Geschädigten auf. Das Anschreiben enthält Angaben über den Stand des Verfahrens, wer die Anregung zu einem Schlichtungsversuch gegeben hat sowie eine kurze Stellungnahme, über die Absicht des Täters in Bezug auf eine Entschuldigung, den Wunsch nach einer Aussprache sowie zur Wiedergutmachung.

Oftmals ist das Anschreiben der TOA-Fachstelle, nach der Anzeigenerstattung und der Aussage bei der Polizei, die erste Reaktion einer dritten Seite auf die Straftat. Erfahrungsgemäß können Geschädigte darauf sehr unterschiedlich reagieren, die einen nehmen es als Hilfs- und Beratungsangebot an, bei den anderen löst es angestaute oder verdrängte Wut über die Tat und eventuell erfahrende sekundäre Viktimisierung aus. Als auslösendes Ärgernis wird von einigen Geschädigten moniert, dass im Täter-Opfer-Ausgleich der Täter an erster Stelle benannt wird, was Befürchtungen weckt, das es sich dabei in erster Linie um ein Hilfsangebot für Täter handelt. Diese Bedenken gilt es vom Vermittler aufzugreifen und zu thematisieren anstatt sie zu negieren. Das Phänomen an sich wird bis heute in der Fachwelt diskutiert, ohne dass es empirische Belege dafür gibt, wie viele Opfer sich von vornherein nicht gemeldet haben aufgrund des vermuteten Ungleichgewichts. In Österreich wird der Täter-Opfer-Ausgleich (TOA) als Außergerichtlicher Tatausgleich (ATA) bezeichnet, eine wertfreie Wortschöpfung wie viele Praktiker meinen. Für die Kontaktaufnahme zum Geschädigten ist der Zeitpunkt von wesentlicher Bedeutung (siehe dazu

---

[72] Anmerkung: Die in diesen Abschnitten verwendeten sprachlichen Einschränkungen wie etwa „in der Regel", „oftmals", „meistens", oder „häufig" sind der Tatsache geschuldet, dass es für die TOA-Projekte zwar Standards, jedoch kein tatsächlich einheitlich geregeltes Vorgehen gibt. Das Vorgehen im TOA basiert auf den hier angegebenen Quellen sowie der eigenen Tätigkeit des Autors als TOA-Vermittler in Berlin.

Abschnitt 2.3.4). So kann eine Kontaktaufnahme kurz nach der Tat zu Abwehr und Ablehnung führen, da das Erlebte noch zu frisch ist, Gedanken an den Täter und sein Handeln eher Wut, Angst und Unverständnis auslösen, als die Bereitschaft zu einer erneuten Begegnung mit dem Täter im Rahmen des TOA. Die Kontaktaufnahme zum Geschädigten lange nach der Tat kann dazu führen, dass der Geschädigte den Vorfall für sich bereits verdrängt hat, oder aber das Angebot zur Konfliktschlichtung, gerade bei Vorfällen aus dem sozialen Nahraum mit einer Täter-Opfer-Beziehung als zu spät und nun nicht mehr hilfreich empfindet, wenn etwa der jugendliche Geschädigte die Schule gewechselt hat, um dem täglichen Anblick seiner Peiniger zu entgehen.

Nach der Tat durchleben Geschädigte unterschiedliche Phasen des Opferseins, geprägt von Selbstzweifeln eventuell Mitschuld am Zustandekommen der Tat zu haben, Vermeidungsverhaltens (Rückzug aus dem gewohnten sozialen Kontext, Abbruch von Kontakten, Vermeiden den Tatort erneut zu begehen, bis hin, öffentliche Verkehrsmittel zu benutzen, sollten diese im Zusammenhang mit der Tat stehen, etc.) und Bagatellisierens des Erlebten (siehe dazu auch Abschnitt 2.3.2) bis hin zu Wut und Aggressionsphantasien gegenüber dem oder den Tätern. Die Phasen können begleitet werden, von psychischer Symptomatik, wie etwa: einem geminderten Selbstvertrauen, emotionaler Mattheit, Schlafstörungen und Alpträume, Konzentrationsstörungen, einer erhöhten Reizbarkeit, sowie einem sogenannten „flash-back" einem Rückblenden der Erinnerung mit einem hohen emotionalen Anteil, ausgelöst durch einen äußeren Reiz.[73] „Normale Stressreaktionen im Sinne einer akuten Belastungssituation" (…) nehmen „in der der Straftat folgenden Wochen ab und sind nach ein paar Monaten, spätestens nach zwei Jahren, größtenteils verschwunden."[74]

Sowohl für das Vorgespräch mit dem Geschädigten als auch für den eigenen Anspruch des Täter-Opfer-Ausgleichs gilt es, eine sekundäre Viktimisierung möglichst zu vermeiden, was durch ein sensibles, professionelles und einfühlsames Vorgehen gewährleistet werden soll. Der Vermittler agiert hier in einem höchst sensiblen Feld, da bereits das Anschreiben an den Geschädigten bei diesem längst verdrängte Erinnerungen und damit auch Ängste auslösen kann, ein Effekt, der früher oder später auch durch die Anschreiben der Justiz eintreten kann, etwa wenn die Ladung zur Zeugenaussage im Rahmen der Hauptverhandlung ergeht. Auch Konflikte, bei denen die Anteile beider Seiten als wechselseitig beschrieben wurden bieten Hürden für den Vermittler, der dies thematisieren muss, ohne mit Schuldzuweisungen zu arbeiten (siehe dazu auch den Abschnitt 2.3). Im Vorgespräch mit dem Geschädigten gilt es für den Vermittler, diesem seine Fragen im Hinblick auf den Ablauf und den Stand des Verfahrens sowie mögliche Fragen zum Vorgespräch mit dem Beschuldigten zu

---

[73] Vgl. Haupt und Weber, 1999, S. 30ff. Siehe auch Korn und Mücke die hier in Schockphase, Reaktionsphase und Genesungsphase unterscheiden, vgl. Korn und Mücke, 2006, S. 178
[74] Vgl. Haupt und Weber, 1999, S. 30

beantworten und mehr noch, mit dem Geschädigten zusammen einschätzen zu können, ob er einer erneuten Konfrontation mit dem Täter – auch wenn dies in einem geschützten Rahmen stattfindet - gewachsen ist oder nicht. Auch an dieser Stelle ist der Verlauf des Täter-Opfer-Ausgleichs ergebnisoffen, da es auf keinen Fall Aufgabe eines professionellen Vermittlers ist, den Geschädigten zu überreden oder gar mit Hinweisen auf die Zukunft des jugendlichen Täters emotional unter Druck zu setzen. Geschädigte sollten sich nur zu einem gemeinsamen Gespräch mit dem Täter entscheiden, wenn sie sich davon eine Verbesserung ihrer Situation versprechen, nicht, wenn zu befürchten ist, dass es ihnen danach schlechter geht als zuvor.[75] Sollte der Geschädigte einem Täter-Opfer-Ausgleich nicht abgeneigt sein, gilt es für den Vermittler, seine Sichtweise des Vorgefallenen, seine Erwartungen und Wünsche im Hinblick auf ein Ausgleichsgespräch und eine Wiedergutmachung zu erfragen. Im Hinblick auf ein Ausgleichsgespräch mit dem Täter gilt es, auch Details, wie etwa eine Sitzordnung oder Signale für ein Unwohlsein oder den Wunsch für eine Gesprächsauswertung nach dem Ausgleichsgespräch, vorab zu besprechen, um eine möglichst entspannte – im Rahmen des Anlasses und der Gegebenheiten mögliche – Gesprächsatmosphäre im Ausgleichsgespräch zu schaffen.

1.2.3.3 Ausgleichsgespräch, Vereinbarung und Bericht an die Justiz

In der Regel führen die gleichen Vermittler, die auch die Vorgespräche mit Täter und Opfer geführt haben (in Fällen, in denen in Co-Mediation gearbeitet wird, ist dies der Fall) das Ausgleichsgespräch.[76] Ihre Aufgabe ist es dabei, das Gespräch zu moderieren, Ungleichgewichte zu vermeiden, über die Einhaltung der Gesprächsregeln zu wachen und vor allem, durch ihre Rolle als dritte Partei im Konflikt, eine Gesprächssituation zu ermöglichen, in der beide Seiten die eigene Position darstellen, aber auch ein Stückweit verlassen und aufeinander zugehen können. Durch das Herausgreifen und Aufarbeiten einzelner Themen kann der Vermittler das Schema eines polarisierenden Gegeneinanders unterbrechen und den Konflikt in einzelne, meist besser zu lösende, Bestandteile zerlegen. Gezielte Nachfragen seinerseits bieten beiden Seiten die Möglichkeit, sich auf positive Anknüpfungspunkte zu konzentrieren, die in der Aufregung oder dem Wunsch sich mitzuteilen schnell verloren gehen, ebenso kann er wahrgenommene Unklarheiten, Widerstände und kritische Themen ansprechen und diese thematisieren (siehe dazu auch Abschnitt 2.4).

---

[75] Vgl. Über den wesentlichen Inhalte von Vorgesprächen, sowohl für Täter als auch für Opfer siehe TOA-Standards, 6. überarbeitete Auflage, 2009, S. 24
[76] Nach der Befragung von TOA-Vermittlern und der Erhebung von Praxisdaten kommen Kerner und Weitekamp zu dem Ergebnis, dass aufgrund ihrer Daten die meisten TOA-Projekte eine Personalausstattung von 1,2 bzw. 1,4 Personen haben, so dass nur eine Minderheit von TOA-Projekten methodisch in Co-Mediation arbeiten können wird. Vgl. Kerner und Weitekamp, 2013, S. 32

Der Vermittler hilft, wenn nötig, beiden Seiten dem jeweils anderen die eigenen Sichtweisen und Beweggründe zu verbalisieren, ebenso, wie auch den anderen durch ein aufmerksames Zuhören besser zu verstehen. Hierbei gleicht kein Ausgleichsgespräch dem anderen. Es gibt Geschädigte, die „frei von Angst offen den Kontakt mit ihrem Täter suchen". Klar den Konflikt benennen", (...) „und selbstbewußt den Anspruch auf Wiedergutmachung vertreten."[77] Auf der anderen Seite gibt es ebenso selbstbewusste Beschuldigte. „Denen es nicht vor Aufregung die Stimme verschlägt. Die – durchaus mit einem Unrechtsbewußtsein für die Tat ausgestattet – gleichzeitig sich nicht unterwürfig gegenüber Ihrem Geschädigten verhalten. Die verbale Auseinandersetzungen gewohnt sind und sicher im Ausgleichsgeschehen agieren."[78] Doch es gibt auch die anderen, und die sind, aus Erfahrungen in der Praxis, in der Mehrheit, für die das verbale Aushandeln von Konflikten ungewohnt und daher mit Unsicherheit behaftet ist. Zum Ende des Gesprächs fassen die Vermittler das Ergebnis zusammen, um sicherzustellen, dass hierbei die Sichtweisen beider Seiten korrekt wiedergegeben wurden und fixieren dies wenn nötig schriftlich anhand einer Vereinbarung, in der die Höhe und die Details einer Wiedergutmachung festgehalten werden. Sollten sich beide Seiten kennen oder zumindest die Chance auf eine erneute Begegnung nach dem Ausgleichsgespräch bestehen, können Regeln für den zukünftigen Umgang miteinander besprochen und festgelegt werden.

Auch wenn das gemeinsame Gespräch zwischen Täter und Opfer der zentrale Punkt des Täter-Opfer-Ausgleichs ist, so gibt es dennoch Konstellationen, in denen, meist der Geschädigte, sich ein gemeinsames Gespräch nicht zutraut, aber bereit ist, die dargebrachte Entschuldigung oder die angebotene Wiedergutmachung zu akzeptieren. Im Rahmen eines sogenannten *übermittelten Ausgleichs* können die Vermittler diesen Wunsch umsetzen und z.B. Botschaften, Entschuldigungsschreiben oder die Zahlung eines Schmerzensgeldes übermitteln.

Zum Aufgabenbereich des Vermittlers gehört es weiterhin, den Verfahrensbeteiligten über den Verlauf und das Ergebnis der Schlichtung zu berichten und über die Einhaltung, zumindest der materiellen Vereinbarung, zu wachen. Gescheiterte Ausgleichsversuche werden selbstverständlich ebenso mitgeteilt, wie die erfolgreich verlaufenen.

---

[77] Delattre, 1993, S. 288
[78] Delattre, 1993, S. 288

1.2.4 Der normative und gesetzliche Rahmen des Täter-Opfer-Ausgleichs

1.2.4.1 Der Täter-Opfer-Ausgleich im allgemeinen Strafrecht

Das allgemeine Strafrecht enthält verschiedene Stellen, an denen eine Wiedergutmachung der Tatfolgen zu Gunsten des Opfers mit einer Strafmilderung für den Verursacher verknüpft wird, was zu einer Strafmilderung oder einem Absehen einer Gerichtsverhandlung führen kann. Die für den TOA wesentlichen Paragraphen sollen hier vorgestellt werden.

Im Zuge des Verbrechensbekämpfungsgesetzes fand mit dem 01.12.1994 der Täter-Opfer-Ausgleich und die Schadenswiedergutmachung in Form des § 46a StGB Zugang zum Erwachsenenstrafrecht, nachdem er sich in der Praxis des Jugendstrafrechts bewährt hatte. Dort heißt es:

Hat der Täter
(1) in dem Bemühen, einen Ausgleich mit dem Verletzten zu erreichen (Täter-Opfer-Ausgleich), seine Tat ganz oder zum überwiegenden Teil wiedergutgemacht oder deren Wiedergutmachung ernsthaft erstrebt oder
(2) in einem Fall, in welchem die Schadenswiedergutmachung von ihm erhebliche persönliche Leistungen oder persönlichen Verzicht erfordert hat, das Opfer ganz oder zum überwiegenden Teil entschädigt,
so kann das Gericht die Strafe nach § 49 Abs. 1 mildern oder, wenn keine höhere Strafe als Freiheitsstrafe bis zu einem Jahr oder Geldstrafe bis zu dreihundertsechzig Tagessätzen verwirkt ist, von Strafe absehen.

Der Paragraph erlaubt es dem Gericht, die Strafe auf Seiten des Täters zu mildern und dies an eine Wiedergutmachung zu Gunsten des Opfers zu koppeln. Auf Seiten des Opfers sollte damit der Rahmen für einen konstruktiven Tatfolgenausgleich geschaffen werden, der die Möglichkeiten von materieller Hilfe und dem Abbau eventueller Ängste beinhalte.[79] Vorausgesetzt wird ein kommunikativer Prozess zwischen Täter und Opfer,[80] wobei der persönliche Kontakt zwischen Opfer und Täter jedoch nicht zwingend ist.[81] Flankiert wird der § 46a StGB durch **§ 153b Abs. 1 StPO**:

Liegen die Voraussetzungen vor, unter denen das Gericht von Strafe absehen könnte, so kann die Staatsanwaltschaft mit Zustimmung des Gerichts, das für die Hauptverhandlung zuständig wäre, von der Erhebung der öffentlichen Klage absehen.

---
[79] Vgl. Bals, Hilgartner und Bannenberg, 2005, S. 8
[80] Vgl. BGH, NStZ 2002, S. 646
[81] Vgl. BGH, NStZ 2002, S. 646

Bereits im Vorverfahren hat die Staatsanwaltschaft die Möglichkeit, das Bemühen um einen Täter-Opfer-Ausgleich mit einer entsprechenden Verfahrenserledigung zu verknüpfen, sofern bestimmte Voraussetzungen dafür vorhanden sind. In § 153a Abs. 1 Nr. 5 StPO heißt es dazu:

Mit Zustimmung des für die Eröffnung des Hauptverfahrens zuständigen Gerichts und des Beschuldigten kann die Staatsanwaltschaft bei einem Vergehen vorläufig von der Erhebung der öffentlichen Klage absehen und zugleich dem Beschuldigten Auflagen und Weisungen erteilen, wenn diese geeignet sind, das öffentliche Interesse an der Strafverfolgung zu beseitigen, und die Schwere der Schuld nicht entgegensteht. Als Auflagen oder Weisungen kommen insbesondere in Betracht,
(...)
5. sich ernsthaft zu bemühen, einen Ausgleich mit dem Verletzten zu erreichen (Täter-Opfer-Ausgleich) und dabei seine Tat ganz oder zum überwiegenden Teil wieder gut zu machen oder deren Wiedergutmachung zu erstreben,

Mit der Einführung des § 155a StPO verband der Gesetzgeber die Hoffnung, eine verstärkte Anwendung des Täter-Opfer-Ausgleichs zu fördern und gleichzeitig eine flexible und auf den Einzelfall ausgerichtete Erledigungspraxis zu ermöglichen. Hierzu heißt es:

Die Staatsanwaltschaft und das Gericht sollen in jedem Stadium des Verfahrens die Möglichkeiten prüfen, einen Ausgleich zwischen Beschuldigtem und Verletztem zu erreichen. In geeigneten Fällen sollen sie darauf hinwirken. Gegen den ausdrücklichen Willen des Verletzten darf die Eignung nicht angenommen werden.

In der Ausgestaltung dieses Paragraphen bedeutet es, das sowohl die Staatsanwaltschaft als auch das Gericht, in den verschiedenen Stadien des Verfahrens die Möglichkeit eines TOA prüfen und in geeigneten Fällen darauf hinwirken *sollen*, was auch bedeutet, den Beschuldigten auf bestehende Möglichkeiten der Wiedergutmachung gegenüber dem Geschädigten hinzuweisen.[82] Eine Grenze in der Anwendung des Täter-Opfer-Ausgleichs stellt dabei ein deutliches *Nein* des Verletzten dar. Im Falle einer Weigerung durch den Geschädigten liegt es im Ermessen des Gerichtes, inwieweit die Bemühungen des Täters strafmildernd zu berücksichtigen sind.

Ein Täter-Opfer-Ausgleich im Rahmen des ihn umgebenden Strafverfahrens braucht neben geregelten Verfahrensabläufen eine gesetzliche Grundlage zur Weitergabe der, für den Versuch einer Konfliktschlichtung notwendigen Daten und Sachinformationen, ohne die sich ein TOA in der Praxis nur schwer bewerkstelligen ließe.

---

[82] Vgl. Meyer-Goßner, 2010, S. 753, Rd. 1 und 2

Um die mitunter sensiblen Belange des Datenschutzes kümmert sich der **§ 155b StPO**, hier heißt es:

(1) Die Staatsanwaltschaft und das Gericht können zum Zweck des Täter-Opfer-Ausgleichs oder der Schadenswiedergutmachung einer von ihnen mit der Durchführung beauftragten Stelle von Amts wegen oder auf deren Antrag die hierfür erforderlichen personenbezogenen Informationen übermitteln. Die Akten können der beauftragten Stelle zur Einsichtnahme auch übersandt werden, soweit die Erteilung von Auskünften einen unverhältnismäßigen Aufwand erfordern würde. Eine nicht öffentliche Stelle ist darauf hinzuweisen, dass die übermittelten Informationen nur für Zwecke des Täter-Opfer-Ausgleichs oder der Schadenswiedergutmachung verwenden darf.

(2) Die beauftragte Stelle darf die nach Absatz 1 übermittelten personenbezogenen Daten nur verarbeiten und nutzen, soweit dies für die Durchführung des Täter-Opfer-Ausgleichs oder der Schadenswiedergutmachung erforderlich ist und schutzwürdige Interessen des Betroffenen nicht entgegenstehen. Sie darf personenbezogene Daten nur erheben sowie die erhobenen Daten verarbeiten und nutzen, soweit der Betroffene eingewilligt hat und dies für die Durchführung des Täter-Opfer-Ausgleichs oder der Schadenswiedergutmachung erforderlich ist. Nach Abschluss ihrer Tätigkeit berichtet sie in dem erforderlichen Umfang der Staatsanwaltschaft oder dem Gericht.

(...)

(4) Die Unterlagen mit den in Absatz 2 Satz 1 und 2 bezeichneten personenbezogenen Daten sind von der beauftragten Stelle nach Ablauf eines Jahres seit Abschluss des Strafverfahrens zu vernichten. Die Staatsanwaltschaft oder das Gericht teilt der beauftragten Stelle unverzüglich von Amts wegen den Zeitpunkt des Verfahrensabschlusses mit.

Für die Übermittlung der personenbezogenen Daten der Betroffenen, durch die Justiz an eine TOA-Fachstelle, ist es nicht erforderlich, vorab eine Einwilligung einzuholen, zumal Opfer wie Täter das Angebot zu einem TOA jederzeit ablehnen können. Für weitere Daten, die im Verlauf des TOA erhoben werden, bedarf es jedoch einer Einwilligung, wobei es sich in der Praxis der TOA-Fachstellen hierbei höchstens um eine Telefonnummer für eine bessere Erreichbarkeit oder ein Geburtsdatum handeln dürfte. (Zum Thema Datenschutz im TOA siehe auch Abschnitt 2.4.5).

1.2.4.2 Der Täter-Opfer-Ausgleich im Jugendgerichtsgesetz (JGG)

Das Jugendgerichtsgesetz orientiert sich am Erziehungsgedanken (siehe dazu ausführlicher Abschnitt 1.3.) was sich auch in den, für die Umsetzung des Täter-Opfer-Ausgleichs auf staatsanwaltschaftlicher Ebene, dafür ausschlaggebenden Paragraphen wiederspiegelt. Deutlich wird dies am Begriff der „erzieherischen Maßnahme" die hier mit dem Versuch eines Ausgleichs mit dem Geschädigten gleichgesetzt wird. Dazu heißt es in **§ 45 Abs. 2 JGG**:

> *(2) Der Staatsanwalt sieht von der Verfolgung ab, wenn eine erzieherische Maßnahme bereits durchgeführt oder eingeleitet ist und er weder eine Beteiligung des Richters nach Absatz 3 noch die Erhebung der Anklage für erforderlich hält. Einer erzieherischen Maßnahme steht das Bemühen des Jugendlichen gleich, einen Ausgleich mit dem Verletzten zu erreichen.*

Der § 45 Abs. 2 JGG kann man auch als den *Diversionsparagraphen* (zum Thema Diversion ausführlicher unter Abschnitt 1.3.4) bezeichnen, da hierüber die Staatsanwaltschaft die Möglichkeit hat, von sich aus einen Täter-Opfer-Ausgleich anzuregen, bzw. darüber adäquat auf Verfehlungen Jugendlicher und Heranwachsender reagieren kann, ohne dass es dazu einer Gerichtsverhandlung bedarf. Das vorherrschende *Legalitätsprinzip*, das die Staatsanwaltschaft zur Strafverfolgung verpflichtet, wird durch das *Opportunitätsprinzip* transparenter gemacht, wobei der Grundsatz der Verhältnismäßigkeit, das *Subsidiaritätsprinzip*, im Jugendstrafrecht Berücksichtigung findet. Als erzieherische Maßnahme gilt der Ausgleich mit dem Opfer, bzw. zumindest das ernsthafte Bemühen darum. Letztendlich muss die Staatsanwaltschaft entscheiden, wie ein Ausgleich oder ein Ausgleichsversuch juristisch zu bewerten ist.

Eine weitere Möglichkeit zum Beispiel auf einen Täter-Opfer-Ausgleich hinzuwirken bietet der **§ 45 Abs. 3 JGG**. Hier heißt es:

> *(3) Der Staatsanwalt regt die Erteilung einer Ermahnung, von Weisungen nach § 10 Abs. 1 Satz 3 Nr. 4, 7 und 9 oder von Auflagen durch den Jugendrichter an, wenn der Beschuldigte geständig ist und der Staatsanwalt die Anordnung einer solchen richterlichen Maßnahme für erforderlich, die Erhebung der Anklage aber nicht für geboten hält. Entspricht der Jugendrichter der Anregung, so sieht der Staatsanwalt von der Verfolgung ab, bei Erteilungen von Weisungen oder Auflagen jedoch nur, nachdem der Jugendliche ihnen nachgekommen ist (...)*

Hierbei handelt es sich um ein sogenanntes formloses Erziehungsverfahren, wonach der Jugendstaatsanwalt gegenüber dem Gericht Ermahnungen, Anordnungen und Weisungen anregen kann. Der Jugendrichter, der die Anregungen aufgreifen *kann*, nicht muss, kann in Form einer Anhörung mit dem beschuldigten Jugendlichen, seinen Eltern und der Jugendgerichtshilfe eine erforderlich erscheinende Maßnahme besprechen und festlegen. Speziell für den Täter-Opfer-Ausgleich kann dies eine Weisung nach § 10 Abs. Abs. 1 Nr. 7 JGG sein. Sobald die festgelegte Maßnahme oder Leistung erbracht wurde, kann der Jugendstaatsanwalt das Verfahren nach § 35 Abs. 3 JGG einstellen.[83]

Der zuvor erwähnte § 10 Abs. 7 JGG ist Bestandteil des Katalogs von Weisungen, die das Gericht dem Jugendlichen auferlegen kann, wobei auch hier eine starke Ausrichtung am Erziehungsgedanken deutlich wird:

(1) Weisungen sind Gebote und Verbote, welche die Lebensführung des Jugendlichen regeln und dadurch seine Erziehung fördern und sichern sollen. Dabei dürfen an die Lebensführung des Jugendlichen keine unzumutbaren Anforderungen gestellt werden. Der Richter kann dem Jugendlichen insbesondere auferlegen,

(...)

(7.) sich zu bemühen, einen Ausgleich mit dem Verletzten zu erreichen (Täter-Opfer-Ausgleich)

Neben dem Bemühen um einen Ausgleich kann es hierbei auch um Arbeitsleistungen gehen, die Weisung zu einem Sozialen Trainingskurs, die Unterstellung unter die Aufsicht eines Betreuungshelfers, etc. Die Praxis der richterlichen Weisung im Hinblick auf einen Täter-Opfer-Ausgleich wurde innerhalb der Fachwelt heftig diskutiert, da hier die Freiwilligkeit der Teilnahme durch den Beschuldigten sehr stark eingeschränkt wird, da eine Nichterfüllung einer Weisung Sanktionen, bis hin zum Beugearrest, zur Folge haben kann.[84] *Meier*, *Rössner* und *Schöch* weisen darauf hin, dass man bei uneinsichtigen Tätern Eigenverantwortlichkeit nicht verordnen könne, diese jedoch mit Nachdruck über den § 15 Nr. 1 JGG dazu bringen kann, sich intensiv mit der Frage nach der Regulierung des von ihm verursachten Schadens beschäftigen zu müssen, was nicht nur eine materielle Komponente zum Inhalt hat, sondern auch die persönliche Entschuldigung gegenüber dem Geschädigten.[85] Autoren wie *Streng* hingegen weisen darauf hin, dass in dem Gesetz von einem „Bemühen" des Täters um einen Ausgleich die Rede ist, da man dem Opfer eine solche Auflage nicht gleich mit auferlegen kann.[86] *Rössner* würdigt die Verbindung von TOA und der damit verbundenen Deutlichmachung von Normen über den § 10 Abs. 7 JGG, in der Praxis des Jugendrichters sollte der TOA jedoch eher mit dem § 47 Abs. 1 JGG verknüpft werden.[87]

Das Gericht kann nach dem **§ 47 Abs. 1 JGG** auch nach Erhebung der Anklage das Verfahren vorläufig oder auch ganz einstellen, wenn die Voraussetzungen dafür ge-

---

[83] Zum Ablauf eines formlosen jugendrichterlichen Verfahrens siehe Meier in Meier, Rössner und Schöch, 2013, S. 153ff., Rd. 24-29
[84] Deutliche Kritik am § 10 Abs. 7 JGG wurde durch die Jugendstrafrechtsreform-Kommission der DVJJ geäußert die ihn seit seinem Bestehen als systemwidrig kritisiert. Vgl. DVJJ Journal Extra 2002
[85] Vgl. Meier, Rössner und Schöch, 2013, S. 128, Rd. 26
[86] Vgl. Streng, 2008, S. 176, Rd. 357
[87] Vgl. Rössner, 2014, S. 11

geben sind, wobei die Staatsanwaltschaft ihre Zustimmung erteilen muss. Im Gesetzestext heißt es dazu:

> *Ist die Anklage bereits eingereicht, so kann der Richter das Verfahren einstellen, wenn*
> *(...)*
> *(2) Eine erzieherische Maßnahme im Sinne des § 45 Abs. 2, die Entscheidung durch ein Urteil entbehrlich macht, bereits durchgeführt oder eingeleitet ist,*

Im Hinblick auf den Täter-Opfer-Ausgleich bietet der § 47 Abs. 1 dem Jugendrichter die Möglichkeit, das Verfahren vorläufig, etwa im Hinblick auf einen noch zu erfolgenden Täter-Opfer-Ausgleich, oder als Reaktion auf einen solchen, dann auch endgültig einzustellen.

1.2.4.3 Die Rolle des TOA in der Europäischen Opferschutzrichtlinie zum Schutz und zur Unterstützung von Opfern von Straftaten

Nach langer Vorbereitung wurde am 25.10.2012 die Richtlinie 2012/29/EU des Europäischen Parlaments und des Rates erlassen, mit dem vollständigen Titel: *Mindeststandards für die Rechte, die Unterstützung und den Schutz von Opfern von Straftaten*, sowie zur Ersetzung des Rahmenbeschlusses 2001/220/JI. Diese muss bis zum 25.10.2015 von den 27 EU-Mitgliedsländern in nationales Recht umgesetzt werden. Intention dabei ist es, Opfern von Straftaten mehr Schutz und Hilfe zukommen zu lassen als bisher und dafür einen vergleichbaren Mindeststandard zu schaffen. Dabei handelt es sich um eine Opferschutzrichtlinie, keine Richtlinie zur Förderung des Täter-Opfer-Ausgleichs. Dennoch findet sich dieser dort aufgrund seiner vermittelnden Tätigkeit zwischen Opfern und Tätern an mehreren Stellen wieder, etwa in Artikel 2, in dem bestimmte Begriffe definiert werden. Hier wird als Wiedergutmachung verstanden: „ein Verfahren, das Opfer und Täter, falls sie sich aus freien Stücken dazu entscheiden, in die Lage versetzt, sich mit Hilfe eines unparteiischen Dritten aktiv an einer Regelung der Folgen einer Straftat zu beteiligen."[88] Im Abschnitt 46 der Erläuterungen der Richtlinie, die dem eigentlichen Gesetzestext vorangestellt sind, wird festgehalten, dass sogenannte „Wiedergutmachungsdienste, darunter die Mediation zwischen Straftäter und Opfer, Familienkonferenzen und Schlichtungskreise (...)"[89] für das Opfer sehr hilfreich sein können, dass jedoch Schutzmaßnahmen getroffen werden müssen, um eine wiederholte Viktimisierung, eine Einschüchterung des Op-

---

[88] Richtlinie 2012/29/EU, veröffentlicht am 14.11.12/Amtsblatt der Europäischen Union L 315/S. 57-73 DE; Artikel 2d
[89] Richtlinie 2012/29/EU, veröffentlicht am 14.11.12/Amtsblatt der Europäischen Union L 315/S. 57-73 DE; Abschnitt 46

fers oder gar Vergeltungsversuche durch den Täter zu verhindern. Allgemein sollen bei solchen Verfahren die Bedürfnisse und Interessen des Opfers im Mittelpunkt stehen, Schaden wiedergutgemacht und eine weitere Schädigung vermieden werden. Im Artikel 12 wird auf die Schutzmaßnahmen im Zusammenhang mit Wiedergutmachungsdiensten näher eingegangen. Es soll sichergestellt werden, dass Opfer, die den Weg eines Wiedergutmachungsverfahrens gehen wollen, „Zugang zu sicheren und fachgerechten Wiedergutmachungsdiensten haben (...)."[90] Das Opfer soll vorab umfassend und unparteiisch über den Ablauf aufgeklärt werden, der Straftäter hat den Tatvorwurf im Wesentlichen zugegeben, der Geschädigte kann von seiner Zusage an einer Teilnahme zurücktreten, eine Vereinbarung ist freiwillig und kann im weiteren Strafverfahren berücksichtigt werden. Diese Kriterien decken sich mit den in Deutschland für den Täter-Opfer-Ausgleich entwickelten TOA-Standards, jedoch bleibt das Gefühl einer unglücklichen Formulierung zurück, wenn gerade in den Wiedergutmachungsdiensten eine Gefahr für eine erneute Viktimisierung des Opfers gesehen wird. Natürlich sind TOA-Fachstellen immer in der Pflicht, diesem Aspekt größte Aufmerksamkeit zu schenken. Da die hier erreichten Standards jedoch (noch) nicht in allen Mitgliedstaaten existieren, ist manche Formulierung sicher auch der Notwendigkeit geschuldet, sie für alle passend zu machen. Zum Aspekt des TOA in der Richtlinie kritisch *Bock*: „Auch wenn es durchaus zu begrüßen ist, dass die Opferrichtlinie verhindern will, dass Opfer gegen ihren Willen zu einer möglicherweise psychisch sehr belastenden Auseinandersetzung mit dem Täter gezwungen werden, so scheint sie doch über das Ziel hinauszuschießen."[91] Im Artikel 16 Absatz 2 wird festgehalten, dass die Mitgliedstaaten die angemessene Entschädigung der Opfer durch die Täter fördern sollen[92], jedoch ohne genau zu benennen, wie dies konkret geschehen soll. *Ob* und *wie* weit die Umsetzung der Richtlinie Auswirkungen – positive wie negative – auf die Praxis des Täter-Opfer-Ausgleichs in Deutschland haben wird, ist momentan, zum Zeitpunkt an dem dieser Text entsteht, Teil der meist juristisch geprägten Diskussion über die Auslegung und Umsetzung und noch nicht in Gänze absehbar.

---

[90] Richtlinie 2012/29/EU, veröffentlicht am 14.11.12/Amtsblatt der Europäischen Union L 315/ L 315/69 DE; Artikel 12
[91] Bock, 2013, S. 207
[92] Richtlinie 2012/29/EU, veröffentlicht am 14.11.12/Amtsblatt der Europäischen Union L 315/ L 315/70 DE; Artikel 16, Absatz 2

1.2.5 Die nichtgesetzlichen Regelungen und Rahmenbedingungen zum Täter-Opfer-Ausgleich

1.2.5.1 Das TOA-Servicebüro und Bundesarbeitsgemeinschaft für TOA und Konfliktschlichtung e.V.

Bedingt durch die steigende Zahl der TOA-Projekte beschloss das Bundesministerium der Justiz im Jahr 1992 die Einrichtung einer überregionalen Beratungsstelle. Auf der Ebene eines zunächst für 4 Jahre konzipierten Modellprojekts wurde das „*Servicebüro für Täter-Opfer-Ausgleich und Konfliktschlichtung*"[93] ins Leben gerufen, das noch heute existiert. Die Zielsetzung des Servicebüros war und ist es, eine bundesweit flächendeckende und fachgerechte Förderung des Täter-Opfer-Ausgleichs zu unterstützen. Mit den mehrfach aktualisierten TOA-Standards und der Einführung eines berufsbegleitenden Lehrgangs zur „*Grundqualifizierung zum Konfliktberater*" wurden die Grundlagen gelegt für bundesweit vergleichbare Mindeststandards für die erfolgreiche Arbeit im Täter-Opfer-Ausgleich. Nach einer inhaltlich fruchtbaren Debatte über Gemeinsamkeiten und Unterschiede von Täter-Opfer-Ausgleich und Mediation (siehe 2.1.2) wurde die Ausbildung vorübergehend in „*Mediator/Mediatorin im Strafverfahren*" umbenannt. Inzwischen hat jedoch wieder eine Rückbesinnung auf den Begriff des Vermittlers stattgefunden. Das Servicebüro richtet alle zwei Jahre eine Fachtagung, das „*TOA-Forum*", zum interdisziplinären Austausch, Diskussion und Weiterbildung aus und gibt mehrmals im Jahr einen Rundbrief heraus (zunächst „TOA-Intern", dann „TOA-Infodienst" nun „TOA-Magazin").

Weiterhin engagiert sich das Servicebüro im Bereich der Praxisberatung und der Praxisforschung. Die Entwicklung des Täter-Opfer-Ausgleichs ist geprägt von der engen Zusammenarbeit mit kriminologischen Forschungsinstituten und dem Bundesministeriums der Justiz, das als Herausgeber mehrerer Forschungs- und Tagungsberichte fungiert. Die Entwicklung der *Arbeitsgruppe TOA Statistik* geht ebenso aus dieser Zusammenarbeit hervor wie die Gründung der *Bundesarbeitsgemeinschaft Täter-Opfer-Ausgleich* im Jahr 2001, die für die Überprüfung und Vergabe des Qualitätsgütesiegels nach vorangegangener Zertifizierung verantwortlich ist. Die BAG-TOA e.V. sieht sich als Fachverband für Fachleute und hat es sich zur Aufgabe gemacht, interdisziplinäre Kontakte zu anderen Verbänden, Politik und Forschung zu knüpfen, Fachveranstaltungen zu organisieren und die bestehenden Fachstellen zu vernetzen.[94] Über die Rolle des Servicebüros in der Entwicklung des TOA äußerte sich *Netzig*: „Das TOA-Servicebüro war für die Entwicklung und den Erfolg des TOA

---
[93] Kontakt, Selbstdarstellung und TOA-Standards unter www.toa-servicebuero.de Stand 01.10.2010
[94] Vgl. Satzung und Kontakt unter http://www.bag-toa.de

in den letzten Jahren von immenser Bedeutung. Ohne diesen überregionalen Bezugspunkt hätte der TOA vermutlich rasch an Konturen verloren und wäre in ein unüberschaubares Chaos verschiedener Initiativen verfallen."[95]

1.2.5.2 Die TOA-Standards

Bereits in den Anfangsjahren des Täter-Opfer-Ausgleichs wurde die Notwendigkeit interner TOA-Standards diskutiert. Im Boom der Gründungsjahre zeigte die Medaille ihre beiden Seiten: In der kriminalpolitischen Diskussion gelobt und mit großen Erwartungen begleitet, zeigten sich auf der Ebene der TOA-Praxis teils banale, teils aber sehr existenzielle Probleme: Mangelnde Ausbildung, fehlende Akzeptanz in der Zusammenarbeit mit der Justiz und problematische Finanzierungen. Projekte, die unter der Überschrift des Täter-Opfer-Ausgleichs simple Wiedergutmachungsauflagen der Justiz vollstrecken, Sozialarbeiter, die parteiliche Arbeit mit der Vermittlungstätigkeit vermischen, Opfer, die zur täterorientierten Straffälligenhilfe missbraucht werden und Träger, die TOA-Stellen einrichten, um an begehrte Fördergelder zu kommen, ohne dafür ausreichend qualifizierte Mitarbeiter parat zu haben.[96] 1993 wurde auf dem „1.Bundesweiten Arbeitstreffen der Konfliktberater" die Erarbeitung von Qualitätsstandards für den Täter-Opfer-Ausgleich beschlossen. Bereits zum Folgetreffen 1994 wurde eine erste Version vorgestellt, die überwiegend von TOA-Vermittlern erarbeitet und diskutiert wurde. Die ersten TOA-Standards, sowie die beiden folgenden Versionen, glichen mehr einem Handbuch für die Durchführung des Täter-Opfer-Ausgleichs sowie für den Aufbau neuer Projekte, beinhalteten jedoch bereits auch Mindestanforderungen für eine fachgerechte Fallarbeit. Zusammen mit den Standards wurde die sogenannte *„Herbsteiner Erklärung"* vorgestellt, nach dem Ort der Versammlung benannt. In dieser Erklärung wurden MUSS und SOLL Standards aufgeführt, die, die auf jeden Fall vorhanden sein müssen und jene, die es noch zu erreichen gilt, um auf die Diskrepanz zwischen Anspruch und Wirklichkeit aufmerksam zu machen. Der Täter-Opfer-Ausgleich spielte bis dahin in der Wahrnehmung von Justizverwaltung und Politik eine eher exotische Außenseiterrolle.[97] 1998 wurde eine weitere Überarbeitung des TOA-Standards beschlossen sowie die Schaffung eines Verfahrens zur Qualitätssicherung der bestehenden TOA-Einrichtungen. Im Jahr 2000 wurden die SOLL und MUSS Kriterien gestrichen. Basierend auf den Ergebnissen der Begleitforschung wurde aus dem Handbuch von einst eine Richtlinie. 2009 wurde die vorläufig letzte und nun aktuelle Version der TOA-Standards verabschiedet. Hierbei wurde eine erneute und noch stärkere Hin-

---

[95] Vgl. Netzig, 2000, S. 65. Zusammenfassung zum Servicebüro, Ebenda, S. 63-65
[96] Vgl. Netzig und Wandrey, 1997, S. 215f.
[97] Vgl. Hüncken, 2010, S. 321 sowie zusammenfassend zur Entwicklung der TOA-Standards S. 320-323

wendung auf die Perspektive des Opfers vollzogen, was unter anderem dadurch deutlich wird, dass auf die Entscheidungsmöglichkeiten des Geschädigten hingewiesen wird. Demnach kann ein Geschädigter seine Zustimmung zu einem TOA jederzeit widerrufen oder aber, wenn ein persönlicher Kontakt zu dem Beschuldigten als zu belastend empfunden wird, auch im Rahmen eines übermittelten Ausgleichs und auf der Basis von getrennten Vorgesprächen ein Ergebnis erzielt werden, in dem Botschaften übermittelt und Wiedergutmachungen organisiert werden.[98] Anhand der Standards zeichnet sich eine Entwicklung ab, die sich immer weiter weg von den Anfangstagen und damit von einem TOA als eine reine Diversionsmaßnahme, hin zu dem Versuch einer Konfliktschlichtung in der ganzen Bandbreite des Strafverfahrens inklusive mittelschwerer und schwerer Kriminalität entwickelt.

1.2.5.3 Die TOA - Verwaltungsvorschriften und Diversionsrichtlinien der Bundesländer

Mit der gesetzlichen Implementierung des Täter-Opfer-Ausgleichs und seiner Anwendung in der Praxis erwuchs die Notwendigkeit, die Aufgaben der einzelnen im Strafverfahren mit dem TOA beschäftigten Professionen - Staatsanwaltschaft, Gericht, Jugendgerichtshilfe, Polizei, Soziale Dienste der Justiz, Freie Träger und TOA-Fachstellen - , sowie die Schnittstellen der Zusammenarbeit zu beschreiben und Verantwortlichkeiten zu definieren. Entstanden sind dabei Regelwerke und Vorschriften, die von Bundesland zu Bundesland sehr unterschiedlich ausfallen. *Reuber* und *Rössner* machten sich 2003 daran, die Verwaltungsvorschriften der Bundesländer zu sichten und inhaltlich auch mit einer ersten Bestandsaufnahme von 1995 zu vergleichen:[99]

> „Verwaltungsvorschriften sind allgemeine Regeln/Anweisungen, die innerhalb einer Verwaltungsorganisation von vorgesetzten Verwaltungsstellen an die nachgeordneten Behörden und ihre Mitarbeiter gerichtet werden. Für den Täter-Opfer-Ausgleich sollen sie gewährleisten, dass er möglichst einheitlich angewendet und durchgeführt wird. Verwaltungsvorschriften sind keine Rechtsnormen (…) Sie entfalten gegenüber dem Opfer und dem Täter also keine normative Wirkung und regeln lediglich die Verwaltungsorganisation und die Verwaltungsabläufe."[100]

Die Verwaltungsrichtlinien, die für jedes Bundesland individuell erstellt wurden, enthalten in der Regel Aussagen über die Anforderungen an die TOA-Vermittler, deren

---
[98] Vgl. TOA-Standards, 6. überarbeitete Auflage, 2009, S. 25
[99] Vgl. Reuber und Rössner, Sammlung der Länderrichtlinien zum Täter-Opfer-Ausgleich mit einer vergleichenden Analyse aus der Reihe der DBH-Materialien zum TOA, 2003
[100] Reuber und Rössner, 2003, S. 9

Qualifikationen, den Schutz der Freiwilligkeit, was die Teilnahme am TOA betrifft, das Zusammenwirken der beteiligten Stellen untereinander (über die Rolle der Polizei in den Richtlinien der Bundesländer siehe dazu auch die Abschnitte 3.5.2 und 3.5.3) sowie Verweise auf die gesetzlichen Grundlagen des TOA im Erwachsenen- und Jugendstrafrecht. Herausgehoben sei an dieser Stelle die Bewertung der Zusammenarbeit zwischen den einzelnen Stellen:

> „Die Konfliktberatungsstellen sind darauf angewiesen, dass ihnen die Staatsanwaltschaften, die Gerichtshilfe und Jugendgerichtshilfe oder die Polizei geeignete Fälle zuleitet. Die zuleitenden Stellen sind wiederum darauf angewiesen, dass die Fälle zu einem vertretbaren Ergebnis geführt werden und dass eine korrekte und für das Strafverfahren verwertbare Mitteilung über den Ausgang des TOA-Verfahrens erfolgt. Daher ist der Punkt der gegenseitigen Abstimmung ein sehr wichtiger, der ausschlaggebend für die Qualität des TOA-Verfahrens ist."[101]

Die Autoren sehen in der Entwicklung der Richtlinien den TOA gestärkt, zumal sich viele Kernpunkte und Formulierungen der TOA- Standards in ihnen wiederfinden,[102] üben aber auch Kritik an Teilen der Ausgestaltung:

> „Die Richtlinien, die sich mit dem TOA-Verfahren bei Jugendlichen beschäftigen, orientieren die strafrechtliche Eignung der Fälle an der Schwere der Straftat und nur an der Erziehungsbedürftigkeit der Beschuldigten. Diese einseitige Orientierung am Täter ist m. E. kritisch zu betrachten, da hier der elementare Grundgedanke des TOA, nämlich der Opferschutz, völlig missachtet wird."[103]

Letztendlich sollen die Richtlinien als Orientierung dienen, die die Arbeit im Täter-Opfer-Ausgleich ein stückweit vergleichbarer machen, ohne dass sich daraus ein zu starres Regelwerk ergibt, zumal eine Richtline keine unmittelbare Wirkung für Opfer und Täter haben muss, denn: „Führen Opfer und Täter z.B. eine Vereinbarung über den Ausgleich der Tatfolgen durch eine freiwillige Konfliktlösung herbei, so spielt es keine Rolle, ob dies entsprechend der das Verfahren regelnden Verwaltungsvorschrift geschehen ist."[104] Analog zu den Verwaltungsvorschriften und Richtlinien der Bundesländer existieren in allen Bundesländern (mit Ausnahme des Freistaates Bayern) Diversionsrichtlinien, die wiederum den Verlauf, die Inhalte und die Aufgaben der einzelnen Professionen – Staatanwaltschaft, Polizei, Jugendgerichtshilfe und freie Träger - im Diversionsverfahren regeln. Da der TOA im Jugendstrafrecht eng verknüpft ist mit dem Diversionsgedanken (siehe dazu die Abschnitte 1.3.4 und auch 2.5.5), tauchen auch hier vereinzelt Regelungen zum Täter-Opfer-Ausgleich auf.

---

[101] Reuber und Rössner, 2003, S. 21
[102] Vgl. Reuber und Rössner, 2003, S. 24
[103] Reuber und Rössner, 2003, S. 22
[104] Reuber und Rössner, 2003, S. 10

1.2.6 Die bundesweite TOA-Statistik: Konfliktschlichtung in Fakten und Zahlen

Die Entwicklung des Täter-Opfer-Ausgleichs wird von Anbeginn an beobachtet und seit dem Jahr 1993 durch die TOA-Forschungsgruppe im Rahmen der sogenannten bundesweiten TOA-Statistik ermittelt und dokumentiert.

Die erste Erhebung umfasste die Erfassungsjahrgänge von 1993 – 1999.[105] Eine zweite Erhebung erschien 2005 für den Zeitraum von 1993 -2002,[106] gefolgt von einer Veröffentlichung von 2008, die die Jahrgänge 2003-2005 mit einem Rückblick seit 1993 zum Inhalt hatte.[107] 2011 erschien dann die Veröffentlichung für die Jahrgänge 2006-2009,[108] im Jahr darauf der Rückblick auf das einzelne Jahr 2010.[109] Nach etwas längerer Pause erschien dann im Jahr 2014 die Veröffentlichung der Zahlen von 2011 und 2012.[110] Die hier gewonnen Erkenntnisse basieren auf den Daten der teilnehmenden TOA-Projekte. Im Bezug auf die Teilnahme der Projekte hat es in den letzten Jahren mehrfach Schwankungen gegeben, so waren es 2007 gerade mal noch 12 Projekte (niedrigster Wert seit Beginn der Datenerhebung) im Vergleich zu 1997, wo es 66 Projekte (höchster Wert seit Beginn der Datenerhebung) waren. Auch sind manche Bundesländer stark überrepräsentiert (das Bundesland Nordrhein-Westfalen etwa stellt seit Jahren den größten Anteil an den beigesteuerten Daten), manche Bundesländer haben gar keine Daten beigesteuert, oder die Zahlen aus einem Bundesland stammen nur aus wenigen Projekten. Arbeitsbelastung, eine unsichere Finanzierung vor Ort, unterschiedliche Formen der Datenerhebung in den einzelnen Projekten sowie die Tatsache, dass die Teilnahme an der bundesweiten TOA-Statistik vom Engagement einzelner Mitarbeiter abhängig ist, führten und führen dazu, dass die Statistik immer nur einen Teil der TOA-Landschaft in der Lage ist widerzuspiegeln. Den Autoren der Publikationen ist dies durchaus bewusst, weisen sie doch in den Vorworten regelmäßig darauf hin, dass es sich bei dem vorgelegten Zahlen mehr um Trends, Eindrücke und Entwicklungen handelt als um eine wirklich flächendeckende Bestandsaufnahme des Täter-Opfer-Ausgleichs in der Bundesrepublik Deutschland. Der Wert dieser Statistik sollte trotz aller Mängel nicht als gering eingeschätzt werden, da sie harte Fakten zur Entwicklung des Täter-Opfers-Ausgleichs liefern kann, darüber hinaus ist sie einzigartig, „da nirgendwo sonst in der Welt eine fortlaufende Erhebung, die zu einer ähnlich umfangreichen Falldokumentation führt, was die Zahl der Fälle, der daran Beteiligten und schließlich der wichtigsten Stufen im Fallverlauf über Jahre hinweg (...)" existiert.[111] Zusammen mit den vielen Publikationen zum TOA, den Jahresberichten einzelner Projekte, den Erhebun-

---

[105] Vgl. Kerner, Hartmann, Lenz und Stroezel, 2003
[106] Vgl. Kerner, Hartmann und Lenz, 2005
[107] Vgl. Kerner, Hartmann und Eikens, 2008
[108] Vgl. Kerner, Eikens und Hartmann, 2011
[109] Vgl. Kerner, Eikens und Hartmann, 2012
[110] Vgl. Hartmann, Haas, Eikens und Kerner, 2014
[111] Kerner, Eikens, Hartmann 2011, S. 3

gen zur Fallentwicklung des TOA-Servicebüros, der Befragung von TOA-Mitarbeitern[112] sowie einer merklichen Zahl von Dissertationen und anderen Forschungsarbeiten, bildet die TOA-Statistik die Grundlage für das Wissen über den TOA in Deutschland.

Die Ergebnisse der TOA-Statistik aus allen ausgewerteten Jahren können und sollen hier nicht in Gänze wiedergegeben werden, auch auf die Wiedergabe von Grafiken und Tabellen wurde an dieser Stelle verzichtet, es sei dafür auf die Originale verwiesen. Im Hinblick auf die eigene Arbeit sollen jedoch einige Ergebnisse und Entwicklungen genannt werden, basierend auf den Ergebnissen der momentan aktuellsten Erhebung für die Jahre 2011 und 2012, mit einem Rückblick auf die vorangegangenen Jahrgänge. Anzumerken ist noch, dass die Rolle der Polizei in der TOA-Statistik im Kapitel über die Polizei gesondert behandelt wird (siehe dazu Abschnitt 3.6.7).

Im Verlauf der Erhebungen wurde deutlich, dass die überwiegende Anzahl der Fälle im Vorverfahren durch die Staatsanwaltschaft (bzw. Amtsanwaltschaft im Erwachsenenbereich) angeregt wurde, was jedoch auch bedeuten kann, dass dies durch Absprache mit anderen am Strafverfahren beteiligten Gruppen, wie der Polizei oder der Jugendgerichtshilfe, zustande kam (Im Vorverfahren bedeutet, in den unterschiedlichen Phasen der Ermittlung bis zum Vorfeld der Entscheidung über eine Anklage). Rückblickend kommen die Autoren der TOA-Statistik zu dem Ergebnis, dass die im Vorverfahren eingeleiteten TOA-Versuche sich konstant um einen Wert knapp unter 90 % eingependelt haben.[113] Im Erfassungszeitraum für die Jahre 2006-2009 gilt nach wie vor, dass auch hier die meisten Anregungen zu einem Täter-Opfer-Ausgleich im Vorverfahren erfolgen, jedoch ist der Trend leicht rückläufig, da hier die Werte unterhalb der bisher „gewohnten" 90 % sinken, was bedeutet, dass mehr Fälle als sonst im Umfeld einer Hauptverhandlung angeregt wurden,[114] ein Trend, der wenn auch nur sehr gering, auch in den Jahren 2011 und 2012 zu bemerken ist.[115]

Die meisten Geschädigten befanden sich in den vergangenen Jahren in der Altersgruppe zwischen 21 und 40 Jahren, gefolgt von den 14 bis 20 Jährigen und den 41 bis 60 Jährigen an dritter Stelle. Cirka zwei Drittel der Geschädigten in der TOA-Statistik sind männlich und ca. ein Drittel weiblich. Die größte Gruppe bei den Beschuldigten bildete hier jahrelang fast unverändert die Gruppe der 14 bis 20 Jährigen, bis zum Erhebungsjahrgang 2009, in dem zum ersten Mal mehr Beschuldigte aus der Gruppe der 21 bis 40 Jährigen beteiligt waren. Diese Entwicklung entspricht den allgemeinen Ergebnissen der Alltags-Kriminalitätskurve bei Jugendlichen und

---
[112] Vgl. Kerner, Weitekamp, 2013
[113] Vgl. Vgl. Kerner, Hartmann & Lenz 2005, S. 17-19 siehe auch: Kerner, Hartmann, Eikens 2008, S. 11
[114] Vgl. Kerner, Eikens, Hartmann, 2011, S. 14-15
[115] Vgl. Hartmann, Haas, Eikens und Kerner, 2014. S. 14

Heranwachsenden.[116] Hervorzuheben im Hinblick auf die Vermittlungstätigkeit im Jugendbereich ist die hier gewonnene Erkenntnis, setzt man das Alter von Täter und Opfer in einen Zusammenhang, dass die Beschuldigten überwiegend Straftaten an Menschen aus der derselben Altersgruppe verüben (siehe dazu auch Abschnitt 1.1.3). Besonders sichtbar wird dies bei den 14 bis 20 Jährigen: 63 % der Jugendlichen und Heranwachsenden begingen Straftaten an anderen Jugendlichen und Heranwachsenden.[117] Unabhängig vom Alter der Beteiligten deuten die Zahlen 2005 darauf hin, dass der überwiegende Teil der Beteiligten sich „gut" (36,2 %) oder „flüchtig" kannten, so dass insgesamt bei 2/3 eine Vorbeziehung vorhanden war und nur bei einem Drittel die Begegnung von Täter und Opfer ohne Vorbeziehung, stattfand. Im Erhebungszeitraum 2006-2009 bestätigt sich dies, wenn auch mit einem leicht gesunkenen Prozentwert „(...) im Jahr 2009 begingen 58,8 % der Jugendlichen und Heranwachsenden Straftaten an anderen Jugendlichen und Heranwachsenden. Das spricht dafür, dass die Straftaten häufig im direkten sozialen Umfeld begangen werden, dass heisst Opfer wird, wer „greifbar" ist."[118] Für den Zeitraum 2011 und 2012 weist die entsprechende Publikation Werte von 42,8 % bzw. 43,7 % aus, in denen die Beschuldigten die Geschädigten vor der Tat kannten, jedoch ohne dass dies hier noch einmal nach Altersgruppen unterschieden wurde.[119]

Betrachtet man die Deliktstruktur der am häufigsten zum TOA angeregten Delikte, so dominieren hier von Anfang an die Straftaten gegen die körperliche Unversehrtheit, die im Durchschnitt 50 % aller Delikte ausmachen. Körperverletzungen und gefährliche Körperverletzungen rangieren vor Sachbeschädigungen, Eigentums- und Vermögensdelikten sowie Raubstraftaten. Vor dem Hintergrund der seit Jahren geführten Debatte, TOA auch bei schwereren Straftaten zu versuchen, seien die Raubstraftaten genannt, die über die Erfassungszeiträume hinweg Schwankungen aufweisen. Waren es 2006 bei Jugendlichen und Heranwachsenden 5 %, so fiel der Wert bis 2009 auf nur 2,7 %[120] und lag 2011 bei 2,8 % bzw. 2012 bei 2,3 %. Damit pendelt sich diese Deliktgruppe auf einem einstelligen Niveau ein und ist damit weit entfernt vom sogenannten „Spitzenjahrgang" von 1995 wo Raubstraftaten fast die 11 % erreichten.[121] Nicht unerwähnt bleiben soll in diesem Zusammenhang die Tatsache, dass es sich bei vielen Taten um Kombinationen von Delikten handelt, was sich, je nach Auswertung und Zählweise, auch in der Statistik widerspiegelt. Die Bereitschaft der Geschädigten, die in den ersten Jahren der Erhebung bemerkenswert hoch war und zwischen 60 und 70 % lag, hat in den folgenden Jahren abgenommen und hat sich seither relativ konstant um die 55 % eingependelt und stagniert dort. Die Teilnahmebereitschaft der Beschuldigten lag in allen Jahren erwartungsgemäß höher,

---
[116] Vgl. Kerner, Eikens, Hartmann, 2011, S. 22
[117] Kerner, Hartmann, Eikens 2008 , S. 18
[118] Kerner, Eikens, Hartmann, 2011, S. 23
[119] Vgl. Hartmann, Haas, Eikens und Kerner, 2014, S. 32
[120] Vgl. Kerner, Eikens, Hartmann, 2011, S. 27-28
[121] Vgl. Kerner, Hartmann, Lenz, 2008, S. 21

bei Werten zwischen 70 und 80 %, bzw. drei Viertel der Täter zeigen sich einem TOA-Versuch gegenüber aufgeschlossen,[122] wobei in den restlichen Prozenten immer auch all jene enthalten sind, die nicht explizit abgelehnt haben, sondern zu denen gar kein Kontakt hergestellt werden konnte. Dasselbe Problem findet sich auch in der Gruppe der Geschädigten, wonach zu rund 20 % der Geschädigten kein Kontakt hergestellt werden konnte, so dass auch hier eine Ungewissheit bleibt, ob dies als unkommentierte Ablehnung zu verstehen ist oder die Kontaktversuche schlichtweg nicht erfolgreich waren bzw. die Anschreiben einfach nicht wahrgenommen wurden. Die Einigung zwischen beiden Parteien ist ein wichtiges Kriterium für die Erfolgs- und Effizienzbewertung im Täter-Opfer-Ausgleich. In den Fällen, in denen sich beide Seiten zu einem Ausgleichsgespräch bereit erklärten, fiel der Wert der einvernehmlichen und abschließenden Regelung nicht ein einziges Mal unter die 80 % Marke und dies seit dem Beginn der Aufzeichnung 1993.[123] Da es sich bei den Fällen von Körperverletzungen und Sachbeschädigungen fast immer auch um Fälle mit einer materiellen Wiedergutmachung handelt, stellt sich die Frage nach dem materiellen Anteil der Ergebnisse von Ausgleichsgesprächen und deren Einhaltung. Schwankungsbedingt kann man Anteile von Schadenersatz zwischen 25 % bis 40 % und Anteile von Schmerzensgeld von 15 % bis mehr als 20 % ausmachen. Die ausgehandelten Leistungen, gerade im Bereich von Ratenzahlungen und Opferfondsarbeiten, wurden in allen Erfassungszeiträume mit um die 90 % ganz oder teilweise[124] erfüllt, so dass von einer hohen Bereitschaft der Täter ausgegangen werden kann, ihre Versprechen einzuhalten.[125]

1.3 Wegmarken in der Entwicklung des Täter-Opfer-Ausgleichs

Der Täter-Opfer-Ausgleich in all seinen Facetten ist ein interdisziplinäres und damit auch gesellschaftliches Phänomen, dass in der wissenschaftlichen Literatur aus den Perspektiven von Pädagogik, Psychologie, Kriminologie, Strafrecht, Soziologie und Sozialforschung betrachtet wurde und wird. Seine Entwicklung in Deutschland, seine Institutionalisierung und Professionalisierung wurde und wird bis heute getragen vom Engagement vieler Einzelner aus Forschung und Praxis. Seine Entwicklung soll anhand verschiedener Entwicklungsstränge dargestellt werden, Entwicklung, die dem TOA den Weg bereitet und dessen Umsetzung gefördert hat. Diese Entwicklungsstränge lassen sich betrachten aus den Perspektiven von Beschuldigten und Geschädigten, und den vielfachen Überlegungen, wie mit beiden Gruppen angemessen

---

[122] Vgl. Hartmann, Haas, Eikens und Kerner, 2014, S. 37
[123] Vgl. Kerner, Hartmann, Lenz, 2008 S. 31
[124] Teilweise bedeuten in dem Fall das die Zahlung zum Zeitpunkt der Erfassung noch nicht vollständig erbracht wurde, dies aber meist zu einem späteren Zeitpunkt erfolgte.
[125] Vgl. Kerner, Eikens, Hartmann, 2011, S. 46-47

umzugehen ist. Die Idee des Täter-Opfer-Ausgleichs wuchs auf dem fruchtbaren Nährboden der Diskussionen um die Reformbedürftigkeit des (Jugend)Strafrechts sowie auf den Erkenntnissen der Opferforschung und der Rolle des Opfers im Strafverfahren.

In diesem einführenden Kapitel geht es um die Grundlagen des Täter-Opfer-Ausgleichs, seine konzeptionelle Umsetzung, seine Entwicklung und gesetzliche Rahmenbedingungen sowie um die Frage nach seiner Wirkung und seiner Akzeptanz bei Opfern und Tätern.

1.3.1 Strafrecht, Kriminologie und über den Sinn und Zweck des Strafens

Warum strafen wir? Das Zusammenleben in einer Gemeinschaft erfolgt nach Regeln, nach Gesetzen, welche zuvor aufgestellt wurden und über deren Einhaltung gewacht wird. Regeln und Gesetze haben dabei vielfache Aufgaben: Sie geben eine Orientierung, einen Ordnungsrahmen vor, schaffen Normen, bieten (Rechts)Schutz und daraus erwachsende Rechte und Pflichten des Einzelnen und der Gesellschaft.[126] Die Verletzung dieser Regeln und Gesetze erzeugt Reaktionen der restlichen Gemeinschaft, die ebenfalls vorher festgelegt wurden, wie darauf zu reagieren ist. Jede Gesellschaft versucht durch eine differenzierte Strafgesetzgebung neue Straftaten zu verhindern und auf den begangenen Rechtsbruch zu reagieren.

> „Soziale Kontrolle soll die Alltagskultur bewahren, also das Gesamt der Normen, die in einer bestimmten Gesellschaft zu einer bestimmten Zeit gelten. Sie markiert und ahndet Normverletzungen und trägt so dazu bei, dass eine Gesellschaft sich bildet und dass sie - als diese Gesellschaft – überlebt."[127]

Die Strafe dient dabei zweierlei Ansprüchen, der Reaktion auf die Verletzung der Norm, um diese dadurch als gültig und auch wehrhaft zu bekunden und der möglichen Veränderung des Verhaltens derer, die das Gesetz gebrochen haben. Neben dem Abschreckungsgedanken gewann der Resozialisierungsgedanke zunehmend an Bedeutung, da sich zumindest in den westlichen Nationen der Gedanke durchsetzte, dass es eben nicht die Aufgabe des Strafrechts sei, zweckfrei auf die Vergeltung der Tatschuld zu setzen, sondern vielmehr dadurch sozial nützliche Wirkungen zu erzielen.[128]

---

[126] Vgl. Mollik, 2012, S. 12ff.
[127] Hassemer, 2009, S. 33
[128] Vgl. Kunz, 2004, S. 40. Zur Geschichte des Strafens und der Entwicklung der Straffälligenhilfe siehe auch Cornel, 2014, S. 31-47

Sowohl das Strafrecht als auch eine praktische Kriminalpolitik orientieren sich nach *Kunz* an den angestrebten Wirkungen – wie etwa die Abschreckung, die Wiedereingliederung und die Förderung der Rechtstreue - sowie an einer möglichen Vermeidung von unerwünschten Nebenwirkungen – wie etwa die Begleitschäden des Strafvollzuges und ein täterzentriertes Strafverfahren, welches wenig Bedacht auf die Bedürfnisse von Opfern legt.[129] Eine moderne Gesellschaft auf einer demokratischen Grundordnung muss sich messen lassen an ihrem Umgang mit dem Täter, mehr noch, auch und vor allem an ihrem Umgang mit dessen Opfer, soll das begangene Unrecht nicht alleine durch die Entgegennahme der Strafe ausgeglichen werden. Das Strafrecht befasst sich mit dem normativen, dem gesetzlichen Rahmen und definiert, was als strafwürdig geahndet werden muss und in welchem Maß dies zu geschehen hat. Die Festlegung dessen, was rechtlich erlaubt oder verboten ist, unterliegt Schwankungen und Veränderungen und korrespondiert mit gesellschaftlichen und kulturellen Entwicklungen.[130] „Was hier und heute bei Strafe verboten ist, kann früher und anderswo erlaubt (gewesen) sein und morgen hier erneut gestattet werden und umgekehrt."[131]

Die Kriminologie ist eine empirische Wissenschaft und befasst sich mit der Lehre von der Kriminalität und damit mit den zentralen Fragen, wie Kriminalität entsteht, wie sie zu erklären und bestenfalls einzudämmen und zu verhindern ist, oder, um es mit *Sutherland* und *Cressey* kurz und prägnant zu formulieren: „a study of lawmaking, lawbreaking, and reactions to lawbreaking."[132] In der Kriminologie wird Ursachenforschung (Kriminal-Ätiologie) betrieben, man befasst sich mit möglichen Erscheinungsformen von Straftaten (Kriminal-Phänomenologie) sowie der Wirkung von Strafe (Poenologie) und der Rolle des Opfers, die aus verschiedenen Perspektiven betrachtet (Viktimologie, siehe dazu auch Abschnitt 1.3.7) wird. In der Kriminologie kommen die Ergebnisse vieler wissenschaftlicher Disziplinen zusammen, wie etwa die der Soziologie, Psychologie und Neurobiologie, etwa in Form von forensischer Psychologie und Psychiatrie. Die Statistik wird oftmals bemüht, um Ergebnisse und Phänomene in Zahlen und Tabellen zu fassen, um deren Ausmaß und Entwicklung darzustellen.[133] Die Kriminologie kann auf „(...) einen beeindruckenden Wissensbestand über die erfasste Kriminalität und das Dunkelfeld, das Funktionieren des strafrechtlichen Kontrollsystems und die Wirkung bestimmter Sanktionen (...)"[134] zurückgreifen. Die hier gewonnenen Erkenntnisse haben eine Vielzahl von fachlichen Diskussionen und kriminalpolitischen Reformen ausgelöst, womit die Kriminologie einen nicht unmaßgeblichen Einfluss auf das Strafrecht ausübt. Mit den gewonnenen

---
[129] Vgl. Kunz, 2004, S. 40
[130] Vgl. dazu auch die Kulturgeschichte des Strafens und die Geburt des Gefängnisses bei Foucault, 1994 (im franz. Original 1975)
[131] Kunz, 2004, S. 3
[132] Sutherland und Cressey 1974, S. 21
[133] Vgl. Schwind, 1996, S. 6
[134] Kunz, 2004, S. 41

Erkenntnissen stützt die Kriminologie Überlegungen in Gesellschaft und Politik auf der Suche nach präventiven, neue Kriminalität verhindernden Maßnahmen, kritisiert sie aber auch dort, wo die Ursachen der Kriminalität nicht als individuelles, sozial- oder kulturelle, gar pathologische Fehlanpassung gesehen wird, sondern – wie in der „radikalen" oder „kritischen" Kriminologie propagiert[135] – in der Gesellschaft und ihren Machtstrukturen begründet liegt. Gleichzeitig bedrohen die Erkenntnisse aus kriminologischen Forschungen die Legitimationsbasis des Strafrechts, da sie davon ausgehen, dass Kriminalität nicht nur mit den Mitteln des Strafrechts bekämpft werden muss und gleichzeitig auf Probleme hinweist, die daraus entstehen.[136]

Innerhalb der Kriminologie revolutionierte der Ansatz des *Labeling Approach*[137] die bis dahin gängigen Erklärungsansätze für deviantes Verhalten. Da uns sein Begriff in mehreren Abschnitten dieser Arbeit aus unterschiedlichen Perspektiven begegnen wird, soll er an dieser Stelle ausführlicher betrachtet werden. Suchten die übrigen Kriminalitätstheorien die Ursachen für Devianz und damit kriminellen Verhaltens in der Persönlichkeit des Täters (Biosoziale Theorien, Neurobiologische Ansätze, Sozialisation -, Persönlichkeits – und Lerntheoretische Ansätze), oder in seinem sozialen Umfeld (Anomietheorie, Subkulturansatz, Theorie der differentiellen Gelegenheiten), so vollzog der Labeling Approach einen radikalen Perspektivwechsel und beschrieb Kriminalität ausschließlich als einen Zuschreibungsprozess, wonach durch eine Definition der Normen auch deren Abweichungen festgelegt sind, die durch die Instanzen der sozialen Kontrolle kontrolliert und als abweichend benannt werden.[138] Anfangs eng verknüpft wurde diese neue Betrachtung von Kriminalität mit der Frage von Macht und Machterhalt der Mittel- und Oberschicht, gesellschaftlichen Subkulturen und der Rolle der sozialen Kontrolle und deren Agenten, wie etwa Polizei, Justiz, zum Teil auch die der Sozialarbeit, bei der Aufrechterhaltung dieses Systems und ihrem Anteil daran, Kriminalität quasi per Zuschreibung erst entstehen zu lassen oder zu fördern und entsprach damit auch dem Zeitgeist der 68er Bewegung in Deutschland (siehe dazu auch Abschnitt 3.3.2). Der Labeling Approach basiert unter anderem auf der Annahme, wonach das Individuum im Laufe seiner Entwicklung ein Selbstverständnis entwickelt, welches beeinflusst wird durch äußere Rollenzuschreibungen sowie die eigenen Interpretationen dieser äußeren Reaktionen. Durch die stigmatisierende Zuschreibung *kriminell* kann es zu einer *kriminellen Identität* kommen, indem ein weiteres Verhalten der erwarteten Zuschreibung angepasst wird. *Lüdemann* und *Ohlemacher* verweisen darauf, dass durch negative Eti-

---

[135] In den 1960/70er Jahren fand in der Kriminologie im angelsächsischen Raum, dann auch in Deutschland ein Paradigmenwechsel statt, da nun verstärkt Kriminalität nicht mehr aus den bis dahin dominierenden ätiologischen Ansätzen heraus betrachtet wurde, sondern verstärkt aus dem Blick sozialer Kontrolle, der Perspektive der Mächtigen und des Labeling Approach. Ausführlicher zum Verhältnis von radikaler und klassischer Kriminologie – Vgl. Lamnek, 1994, 2008, zu den frühen Werken in Deutschland zum Labeling Approach vor allem Sack, 1972, 1974
[136] Vgl. Kunz, 2004, S. 29
[137] label (engl.) als Etikett oder Kenzeichen, beschreibt einen Ansatz des Etikettierens
[138] Vgl. Lamnek, 1994, S. 23-24, siehe auch Singelnstein und Stolle, 2012, S. 130f.

kettierungen die Handlungsspielräume für konformes Verhalten immer stärker eingeschränkt werden und ein Entkommen aus diesem Kreislauf immer schwieriger wird.[139] Es entwickelt sich eine Abwärtsspirale, in der sich härtere Reaktionen der Umwelt mit stärker abweichendem Verhalten abwechseln und delinquentes Verhalten als adäquates Verhalten verinnerlicht wird.[140]

In der radikalsten Auslegung des Labeling Approach wird im sogenannten *Abolitionismus* dessen Forderung nach der kompletten Abschaffung eines Sanktionsapparates begründet.[141] Eine Gesellschaft, in der es keine Machtverhältnisse gibt und daher auch keine Kriminalität, ist sicher erstrebenswert, aber eher eine utopische Gesellschaftsform. Je nachdem, wie weit dieser Ansatz ausgelegt wird, bleibt allgemein kritisch anzumerken, dass andere Ursachen für Kriminalität weitgehend oder gar vollständig als Erklärung abgelehnt werden und die Tatsache, dass auch Täter ihr Handeln fortsetzen, deren Taten nie entdeckt wurden, also im Dunkelfeld bleiben. Der Labeling Approach bietet daher keine Erklärungsansätze für die Entstehung von primärer Delinquenz, vielmehr setzt er mit seinen Erklärungen im Bereich der sekundären Delinquenz an. Er bietet jedoch die theoretische Grundlage für den Diversionsgedanken, indem auf die negativen und kontraproduktiven Konsequenzen des Strafrechts aufmerksam gemacht wird und stattdessen alternative Formen der Reaktionsmöglichkeiten aufgezeigt werden.[142]

1.3.2 Die Legitimationskrise des deutschen Strafrechts

Die Entwicklungsphase des Täter-Opfer-Ausgleichs wurde begünstigt durch eine auf mehreren Ebenen geführte Diskussion über die Reformbedürftigkeit des deutschen Strafrechts. Mit der Strafe verbindet der Gesetzgeber mehrere Ansprüche, wie etwa durch eine Strafandrohung die Abschreckung potenzieller Straftäter davor, Straftaten zu begehen (negative Generalprävention), oder die Abschreckung eines Straftäters, weitere Straftaten zu begehen, eine Festigung der Rechtstreue und Vertrauen der Bevölkerung in das System (positive Generalprävention) und eine Wehrhaftigkeit, dem begangenen Normbruch zu begegnen, immer auch verbunden mit dem Gedanken der Sicherung und der Resozialisierung des Täters im Rahmen des Möglichen (Spezialprävention). Der zunächst vorherrschende generalpräventive Ansatz, Kriminalität allein mit Abschreckung durch Strafandrohung zu verhindern sowie der spezialpräventive Ansatz, den man auch noch mit der Unterbringung in der Haft verband,

---

[139] Vgl. Lüdemann und Ohlemacher, 2002, S. 43
[140] Vgl. Kunz, 2004, S. 183, siehe auch Lüdemann und Ohlemacher, 2002, S. 42ff., Böhnisch, 2010, S. 65
[141] Ausführlicher dazu Lamnek, der auf die Verbindungen und Gegensätze des Labeling Approach und des Abolitionismus hinweist, wie auch auf die Autoren Schumann (1985), Qeunsel (1986) und Peters (1989) vgl. Lamnek, 2008, S. 311ff.
[142] Vgl. Lamnek, 1994, S. 344ff.

Läuterung und die Vermeidung von Rückfälligkeit durch freiheitsentziehende Maßnahmen zu erzielen, hatte sich in der Praxis nicht bewährt. Die tatsächlich erzielten Ergebnisse konnten als entmutigend bezeichnet werden. „Die empirischen Untersuchungen erbrachten keinerlei Nachweis, daß die Praxis des behandlungsorientierten Strafvollzuges dem Ziel der Resozialisierung, einer Einstellungs- und Verhaltensänderung des Täters bis hin zur Verhütung von Rückfällen, entsprachen."[143] Schlimmer noch, es konnte eine nachteilige Wirkung von stationären Maßnahmen nachgewiesen werden, wie eine beachtliche Rückfallquote, die je nach Untersuchung bis zu 80 % beträgt.[144] Der Jugendarrest weist demnach nach der vollstreckten Jugendstrafe die höchsten Rückfallraten auf, so dass man schlussfolgern kann, dass die Raten der Rückfälligkeit mit der Schwere der Sanktionierung zunehmen. Je härter zuvor sanktioniert wurde, umso höher fallen hier die Rückfallquoten aus.[145] Der empirische Nachweis einer generalpräventiven Wirkungsannahme ist schwer zu führen, da sich die Bildung von Moral und sich daraus ergebende, individuelle Verhaltensweisen durch viele Faktoren ergeben - nicht nur durch das Strafrecht. Anhand von Befragungen zur selbst begangenen Kriminalität versuchte man Erkenntnisse zu gewinnen. Für die Wirksamkeit der Generalprävention fasst *Lamnek* die bis dahin existierenden Ergebnisse zusammen: „Empirische Befunde sprechen eindeutig dafür, daß die generalpräventive *Wirkung der sozialen Kontrolle* gering ist, also *Strafandrohung*, *Strafschwere* und *objektive Sanktionswahrscheinlichkeit*, praktisch *keinen Einfluß* auf das Begehen von Straftaten haben (…)" (Hervorhebungen im Original).[146] Weitaus größere präventive Wirkung (siehe dazu Abschnitt 3.2) misst man inzwischen dem angenommenen Entdeckungsrisiko bei, so dass in einer Kosten-Nutzen-Analyse die Wahrscheinlichkeit, erwischt zu werden, als relativ hoch eingeschätzt wird und die daraus zu erwartenden Kosten (Strafe) nicht im Einklang mit dem zu erwartenden Nutzen der Normüberschreitung stehen. Eine solche Kosten-Nutzen-Analyse setzt jedoch ein rationales Kalkül voraus[147] und steht im Widerspruch zu den oft spontanen und eher unüberlegten Straftaten Jugendlicher. *Kunz* u.a. widersprechen daher auch dem zu simplen Kosten-Nutzen-Kalkül der klassischen Schule der Kriminologie – zu groß sei das Wunschdenken, nicht erwischt zu werden und somit ‚erfolgreich' zu sein und zu komplex die Entscheidungsfindung menschlichen Handelns, als dass sich sie die Begehung oder Nicht-Begehung einer Straftat davon ableiten lasse. Den *homo oeconomicus* finde man darüber hinaus selten außerhalb von Wirtschafts- und

---

[143] Hartmann, 1998, S. 12
[144] Die Untersuchungen der Rückfallquote nach Jugendarrest und verbüßter Jugendstrafe gibt es seit Jahrzehnten. Die seither gewonnenen Erkenntnisse haben sich kaum verändert, so dass man hier von einer festen Größe in der Kriminologie ausgehen kann. Die Untersuchung zur Rückfallstatistik des Bundesministerium der Justiz kommt im Hinblick auf die Rückfälligkeit nach jugendstrafrechtlichen Sanktionen zu dem Ergebnis, dass am besten die Diversionsentscheidungen ohne förmliche Verurteilung nach §§ 45, 47 JGG abschneiden, obwohl es auch hier eine Rückfallquote von 40 % gibt. Extrem hoch ist die Rückfallquote nach Verbüßung der Jugendstrafe mit 78 %. Vgl. Jehle, Heinz und Sutterer 2003, S. 55
[145] Vgl. dazu auch Heinz, 2006, S. 78f.
[146] Vgl. Lamnek, 1994 S. 217, auch Kunz, 2004, S. 329f. oder auch Singelnstein und Stolle, 2012, S. 29f.
[147] Vgl. Kunz, 2004, S. 322f.

Umweltstraftaten.[148] Ein nicht unerheblicher Einfluss wird weiterhin dem Elternhaus und dem Freundeskreis zugesprochen, die als moralische Kontrollinstanz wirken und die damit weit mehr Einfluss auf ein normkonformes Verhalten haben als ein eher abstrakter Gesetzgeber. Voraussetzung ist hierfür allerdings, in ein funktionierendes und vor allem vorhandenes System eingebunden zu sein, welches mit bestehenden gesellschaftlichen Normen und Werten weitgehend konform geht.

Zusammenfassend kann festgestellt werden, dass die Angst vor Strafe durchaus eine abschreckende Wirkung haben kann, diese ist jedoch nicht ausschlaggebend in der Entscheidungsfindung des Einzelnen, und dass der Abschreckungsgedanke nicht diesen Einfluss hat, mit dem im Strafrecht jahrzehntelang argumentiert wurde und aus dem das Strafrecht einen erheblichen Teil seiner Legitimität bezieht. Dies führte zu einer Legitimationskrise des deutschen Strafrechts und der Erkenntnis, dass harte Strafen nicht automatisch zu weniger Straftaten führen und oft *weniger* eben *mehr* ist. Deutlich wird dies in der vielzitierten Aussage von *Franz von Liszt*, der bereits 1905 zu der Aussage kam:

„Wenn ein Jugendlicher oder auch ein Erwachsener ein Verbrechen begeht und wir lassen ihn laufen, so ist die Wahrscheinlichkeit, dass er wieder ein Verbrechen be geht, geringer, als wenn wir ihn bestrafen. Ist das Gesagte richtig (...) so ist damit der völlige Zusammenbruch, der Bankrott unserer ganzen heutigen Strafrechtspflege in schlagendster Weise dargetan."[149]

Dölling sieht in der Legitimationskrise des Strafrechts die Grundlage dafür, dass sich hieraus neue Kräfte entwickelten, die zur Neuorientierung des Strafrechts, mit den Charakteristiken des Resozialisierungsgedankens, einem stärkeren Opferbezuges sowie die Gewichtung auf die Konfliktebene und den Restorative Justice Gedanken (siehe 2.5.3) führten.[150]

1.3.3 Der Erziehungsgedanke im Jugendstrafrecht

Das Jugendstrafrecht setzt sich ab vom Erwachsenenstrafrecht durch die besondere Berücksichtigung der Täterpersönlichkeit, so dass man daher von einem Täterstrafrecht oder, konkreter, von einem Erziehungsstrafrecht sprechen kann als Kontrast zum tatorientierten Tatstrafrecht.[151] Die Notwendigkeit zu dieser Differenzierung und Abgrenzung bildet sich in der noch jungen Geschichte des Jugendstrafrechts durch

---

[148] Vgl. Kunz, 2004, S. 89
[149] von Liszt, 1905, S. 339 mit Blick auf die Rückfallstatistik des Deutschen Reiches für die Jahre 1892-1896
[150] Vgl. Dölling, 2004, S. 5 wie zuvor auch Hartmann, 1998, S. 11ff.
[151] Vgl. Streng, 2008, S. 9

die folgenden Hauptargumentationslinien heraus: Jugendliche sind keine jungen Erwachsenen. Ihre persönliche Entwicklung ist in der Regel noch nicht abgeschlossen. Deviantes, von der gesellschaftlichen Norm abweichendes und daher mitunter auch delinquentes Verhalten gehört mit zum Prozess des Ausprobierens, der Abgrenzung, zum Finden der eigenen Identität und der Herausforderung klarer Grenzsetzung durch die Welt der Erwachsenen.

Untersuchungen zur selbstberichteten Delinquenz ergaben, dass sich fast alle Jugendlichen in der Phase ihrer Entwicklung einmal oder mehrmals delinquent verhalten, dass dieses Verhalten aber mehr deren normativem Experimentierverhalten geschuldet ist und sich altersbedingt von selbst erledigt. „Es gehört zu den mittlerweile gut abgesicherten Erkenntnissen von Dunkelfeldforschungen, daß strafrechtlich relevante Verhaltensabweichungen bei Jugendlichen nicht die Ausnahme, sondern vielmehr die Regel sind."[152] Jugendkriminalität ist überwiegend ein episodenhaftes, bagatellhaftes und ubiquitäres Phänomen und daher vorübergehend.[153] Auch wenn das Jugendstrafrecht Strafrecht bleibt, steht der Erziehungsgedanke und damit die Frage nach der Verhältnismäßigkeit im Mittelpunkt. Aus „Erziehung durch Strafe" wurde „Erziehung statt Strafe". *Streng* weist jedoch darauf hin, dass es naiv wäre zu glauben, dass das Jugendstrafrecht mit seinen erzieherischen Aspekten einem Erziehungsanliegen entspringt, da dafür die Jugendhilfe angebrachter wäre, ginge es „nur" um Erziehung. Vielmehr zielt auch das Jugendstrafrecht vorrangig darauf ab, Normen und Werte der Gesellschaft zu bestätigen und den Rechtsfrieden zu verteidigen.[154] So wird ein Eingreifen der jugendkriminalrechtlichen Instanzen nicht etwa durch ein Erziehungsdefizit ausgelöst, sonder ausschließlich durch die Begehung einer Straftat.[155]

Das Jugendstrafrecht findet seine Anwendung im Jugendgerichtsgesetz (JGG), das in seiner noch jungen Geschichte den Erziehungsgedanken in unterschiedlicher Gewichtung berücksichtigte. Die drei wichtigsten Jahreszahlen sind 1923, 1953 und 1990. 1923 - das Gründungsjahr des JGG -, in dem erstmalig Erziehungsmaßregeln eingeführt wurden, denen man einen Vorrang gegenüber der Freiheitsstrafe einräumte, sowie eine Strafaussetzung zur Bewährung und die Einführung von speziellen Jugendgerichten und der Jugendgerichtshilfen. Das Reichsjugendgesetz der Nationalsozialisten von 1943 führte die Zuchtmittel mit dem Jugendarrest als schwerste Sanktion ein und schaffte die Strafaussetzung zur Bewährung wieder ab. Auch die Todesstrafe für Jugendliche war möglich. Mit dem JGG von 1953 wurde das Jugendgerichtsgesetz vom nationalsozialistischen Gedankengut

---

[152] Vgl. Messmer 1996, S. 14f.
[153] Jugendtypische Verfehlungen sind in der Regel, nicht häufig auftretende Phänomene in dem Lebensabschnitt, der allg. als Jugend bezeichnet wird und daher episodenhaft und vorübergehend, demnach passagere Phänomene und zwar unabhängig von jeglichem justitiellen Eingriff.
[154] Vgl. Streng, 2008, S. 9
[155] Vgl. Weigend, 1995, S. 153f.

befreit.[156] Die Jugendstrafe zur Bewährung wurde wieder eingeführt sowie der bis heute gültige Anwendungsbereich auf Jugendliche im Alter zwischen 14 und 18 Jahren sowie auf Heranwachsende zwischen 18 und 21 Jahren. Das Rechtsfolgesystem im Jugendgerichtsgesetz (JGG) kennt die Dreiteilung in Erziehungsmaßregeln (§§ 9-12), Zuchtmittel (§§13-16) und Jugendstrafe (§§ 17-30). In dieser Dreiteilung wird die Parallelität von Erziehen und Strafen deutlich. Die Begründung für den Erziehungsgedanken, die weitgehende Normalität abweichenden Verhaltens, ist gleichzeitig auch der Ansatz für Kritik. Dort, wo abweichendes Verhalten seine Ursachen nicht in schwerwiegenden Erziehungsdefiziten hat, besteht die Gefahr, unter dem Vorwand der Erziehung mehr zu sanktionieren als dies notwendig bzw. vergleichbar zum Erwachsenenstrafrecht angemessen wäre, so „(…) dass den jungen Tätern vielfach sogar **größere strafrechtliche Belastung** (Hervorhebung im Original) zugemutet würden als den nach Allgemeinem Strafrecht Verurteilten."[157]

Der Begriff der Erziehung ist seit jeher vom Gesetzgeber immer vor dem Hintergrund der jeweils vorrangigen Erziehungs-Ideologie geprägt worden, auch vor der des Nationalsozialismus oder vor dem Hintergrund des „real existierenden Sozialismus". Der Begriff der Erziehung ist von daher kein wertfreier, eindeutiger Begriff, sondern ein Begriff im Wandel.[158] *Cornel* sieht im Erziehungsbegriff im Strafrecht „(…) einen allgemeinen Platzhalter für spezialpräventive Beeinflussungen mit dem Ziel der Straffreiheit bzw. Nichtrückfälligkeit", auch wenn es dabei um Lernprozesse geht, so sind diese nicht etwa in ein rein pädagogisches Setting eingebunden, sondern in eines, durch das Strafrecht vorgegebene.[159] Der Begriff sollte daher immer vor dem aktuellen Hintergrund von Gesellschaft und von Erziehungsvorstellungen betrachtet werden. *Blau* sieht eine erste Bewusstseinsänderung im Bezug auf einen „bis dahin unangefochtenen und kaum >>hinterfragten<< Erziehungsbegriff" durch die Entwicklung der Sozialwissenschaften. Durch diese wurde der Begriff der Erziehung durch den differenzierteren Begriff der Resozialisierung ersetzt. Erfolg und Misserfolg von Resozialisierungsmaßnahmen wurden nun messbar und damit greifbarer als ein noch nicht abgeschlossener Erziehungsprozess.[160]

Die Diskussion um den Erziehungsbegriff im Jugendstrafrecht ist seit den 1960er Jahren entfacht, da die Vereinigung von strafen und erziehen in ein und demselben Gesetz auch Widersprüche und teilweise Unvereinbares aufzeigt. Das Jugendgerichtsgesetz gleicht einem Balanceakt, in dem viele Aspekte miteinander ausbalanciert und möglichst alle zur Geltung kommen sollen, wie etwa ein verfas-

---

[156] Über die Entwicklung des JGG und seiner Vorläufer siehe auch Meier, Rössner und Schöch, 2013, S. 30ff.
[157] Vgl. Streng, 2008, S. 11 zur Schlechterstellung der Jugendlichen und Heranwachsenden im Sanktionsvergleich zu den Erwachsenen siehe auch Voß, 1992, S. 328f. und auch Pfeiffer, 1992, S. 61ff.
[158] Vgl. Blau, 1995, S. 334
[159] Cornel, 2010, S. 455 dort auch die historische Entwicklung des Jugendstrafrechts,
[160] Vgl. Blau, 1995, S. 337

sungsrechtliches Recht auf Resozialisierung,[161] die Durchsetzung juristischer und gesellschaftlicher Normen, präventive, weil Rückfallvermeidende Lernprozesse, sowie seit den 1980er Jahren eine verstärkte Berücksichtigung der Opferperspektive. Die Diskussion um den Erziehungsbegriff und die bereits geschilderten Erkenntnisse aus dem Bereich der kriminologischen Wirkungsforschung führten zunächst zu einer sogenannten „Reform von unten"[162] im Strafrecht und einer verstärkten Anwendung von informellen Verfahrenserledigungen, einer sich stark ausweitenden Diversionsbewegung und im Rahmen dessen auch zur Wiederbelebung des Wiedergutmachungsgedankens in Gestalt des Täter-Opfer-Ausgleichs.[163] Mit dem 1.JGGÄndG von 1990 fand diese Reformbewegung ihren bisherigen Höhepunkt, da hier die ambulanten Maßnahmen (Sozialer Trainingskurs, Betreuungsweisungen, Täter-Opfer-Ausgleich) gesetzlich verankert und ihnen ein größerer Stellenwert eingeräumt wurde. Die Diskussion um den Erziehungsbegriff und die Ausgestaltung des Jugendstrafrechts ist damit jedoch nicht zum Stillstand gekommen – im Gegenteil, die Debatte darüber hält an. In seinem Eröffnungsvortrag zum 26. Deutschen Jugendgerichtstag 2004 in Leipzig bilanzierte *Heinz*, dass die überwiegende Mehrheit der Reformvorschläge sowie auch die Mehrheit der publizierten Stellungnahmen und Fachbeiträge davon ausgehen, dass sich das geltende Jugendgerichtsgesetz bewährt hat und lediglich einiger Weiterentwicklungen bedarf.[164] Jedoch herrscht auch innerhalb der Reihen der Befürworter des Erziehungsbegriffes keine Einigkeit über den Inhalt des Erziehungsbegriffes.[165] Neben der Akzeptanz existieren vereinzelte Stimmen, die für eine Trennung von Erziehung und Strafe plädieren sowie für eine ideologisch geführte Diskussion über die Ausgestaltung des Jugendstrafrechts. Wohingegen die eine Seite für ein „Weniger ist mehr" und forschungsbasierte Lösungen eintritt, fordert die andere Seite frühe, konsequente und möglichst harte Abschreckung – den Erkenntnissen der Wirkungsforschung zum Trotz. Diese kriminalpolitische und rechtspolitische Diskussion kann anhand der Forderungen nach einer Herabsetzung der Strafmündigkeit, der Einführung eines Warnschussarrests, einer Abschaffung der Ausweitung des Jugendstrafrechts auf Heranwachsende sowie einer allgemeinen Strafverschärfung verfolgt werden, die, ebenso regelmäßig wie sie erhoben werden, auf den Widerstand und die Reaktionen der Gegenseite stoßen, wie etwa die „Stellungnahme zur aktuellen Diskussion um eine Verschärfung des Jugendstrafrechts", in der sich *Heinz* sowie rund 1300 weitere führende Kriminologen, Strafrechtler, Ju-

---

[161] Vgl. BVerfG E35, S. 202, S. 235f.
[162] Der Begriff ist in vielen Veröffentlichungen zu finden. Vgl. dazu statt vieler Quellen Bundesministerium der Justiz 1989, siehe dazu auch Meier, Rössner und Schöch, 2013, S. 41f.
[163] Vgl. Hartmann, 1998, S. 20-21
[164] Vgl. Heinz, 2006, S. 65
[165] Vgl. Ein Überblick über den Stand der Diskussion mit ihren einzelnen Vertretern geben Brunner und Dölling, 2011, S. 32ff.

risten und Pädagogen gegen eine Verschärfung oder gar Abschaffung des Jugendstrafrechts wenden.[166]

1.3.4 Der Diversionsgedanke im Jugendstrafrecht

Eng verbunden mit der Entwicklung des Täter-Opfer-Ausgleichs in Deutschland sind die Entwicklung und die Grundidee der Diversion. Diversion stammt vom englischen „to divert" und meint eine Um- oder Ableitung des Delinquenten vor dem Strafverfahren. Im militärischen Jargon wird damit auch ein Scheinangriff bezeichnet, um vom eigentlichen Ziel abzulenken.

Wie bei vielen Ansätzen in der Kriminalpolitik, stammen die Wurzeln des Diversionsansatzes aus den USA, wo er seit den 1960er Jahren erprobt und angewandt wurde. Mit ihm verband man die Hoffnung, Antworten auf unterschiedliche Probleme der Kriminalprävention zu geben. Die zum damaligen Zeitpunkt gewonnenen Einsichten der Sanktionsforschung förderten den Wunsch, vor allem bei jugendlichen Delinquenten angemessen und problemorientiert zu reagieren und sie nicht den schädlichen Folgewirkungen einer strafenden und stigmatisierenden Strafjustiz auszusetzen. Eine Stigmatisierung als Straftäter und eine sich daraus verfestigende Identität als solcher soll vermieden werden. Es soll dabei aber nicht außer Acht gelassen werden, dass es nicht nur pädagogische, inhaltliche Überlegungen waren, sondern auch rationale, materielle Aspekte eine wesentliche Rolle spielten, wie der Wunsch nach der Entlastung der Justiz, gerade im Bagatellbereich, sowie die Erkenntnis, dass alle pädagogischen Maßnahmen nur den Bruchteil eines Haftplatzes kosteten.[167] In den USA ist, anders als in Deutschland, die Anwendung der Diversion bereits auf polizeilicher Ebene in zweierlei Formen möglich:[168] a) Die *diversion to nothing*, d.h. die Entlassung eines Jugendlichen durch die Polizei ohne weitere Sanktion oder Formen der sozialen Kontrolle, wenn es sich dabei um „Jugendstreiche bzw. Jugendtypische Delikte handelt" und eine häusliche Beaufsichtigung und familiärer Rückhalt gegeben ist.[169] Und b): Die *diversion with referral*, wobei im Anschluss an die polizeilichen Ermittlungen der Jugendliche auf freiwilliger Basis an ein Jugendbüro überwiesen wird, wo man mit ihm versucht Lösungen zu erarbeiten, die sich an seinen realen Bedürfnissen orientieren.[170]

---

[166] Vgl. Die Stellungnahme als Download unter: http://www.jura.uni-konstanz.de/heinz/ (Download vom 12.03.2013)
[167] Vgl. Heinz und Storz 1994, S. 6ff.
[168] Vgl. zur Diversion in den USA und ihre Umsetzung in Deutschland, bzw. Akzeptanz bei Polizei, Sozialarbeit und Staatsanwaltschaft – Albrecht, P.A., 1983
[169] Shepard und Rothenberger, 1977 in Lamnek, 1994, S. 273
[170] Vgl. Lamnek, 1994, S. 274

Die Ziele der Diversion[171] sind vielfältig und weisen eine große Nähe zum Ansatz des Labeling Approach auf, ohne sich diesem jedoch verpflichtet zu fühlen. Die Stigmatisierung des Jugendlichen oder Heranwachsenden, die mit dem Strafverfahren und einer möglichen Verurteilung einhergeht, soll möglichst vermieden werden. Da es sich bei Jugendkriminalität, wie bereits dargelegt, um ein episodenhaftes, spontanes und sich meist von allein regulierendem Phänomen handelt, sollen Etikettierungen als Straftäter bzw. die Übernahme und Verinnerlichung einer solchen Zuschreibung vermieden werden. In den Überlegungen um die Anwendung der Diversion sollte, soweit dies möglich ist, der geringstmögliche Eingriff vorgenommen werden. Die Zeitspanne zwischen Tat und einer Reaktion darauf soll möglichst kurz gehalten werden, um erhoffte Lernprozesse zu fördern. Außerdem nimmt der Diversionsgedanke für sich in Anspruch, dass hier vielfältiger, individueller und problemzentrierter mit dem Jugendlichen gearbeitet werden kann, als dies im Kriminaljustizsystem sonst möglich wäre.

Bei der deutschen Variante der Diversion kann man nicht von einer Umleitung vor dem Kriminaljustizsystem sprechen, da die Entscheidung über den weiteren Verlauf des Strafverfahrens, Einstellung oder Anklageerhebung, von der Staatsanwaltschaft getroffen wird. Ihr kommt eine Art Filterfunktion zu. In Deutschland steht dem *Opportunitätsprinzip* – welches der Polizei erweiterte Entscheidungskompetenz ermöglichen würde – das *Legalitätsprinzip* gegenüber, welches die Polizei zur Ermittlung und zur Weiterleitung an das Kriminaljustizsystem verpflichtet. In Deutschland sieht sich demnach die Staatsanwaltschaft als „Herrin des Verfahrens", welche über den weiteren Verlauf entscheidet und sich gegen jede Kompetenzerweiterung der Polizei energisch zur Wehr setzt (siehe dazu auch Abschnitt 3.3.1). Diversion ist demnach Sache der Staatsanwaltschaft. Die §§ 45 Abs. 1 und 45 Abs. 2 JGG bieten die Möglichkeit der Verfahrenseinstellung, wenn eine angemessene pädagogische Maßnahme eingeleitet wurde bzw. diese vorab als verzichtbar angesehen wurde. Der § 47 JGG bietet die Möglichkeit der Einstellung auch nach Anklageerhebung, jedoch mit einem Verzicht auf die Durchführung der Hauptverhandlung, so dass auch hier noch von einer Diversion im weitesten Sinne gesprochen werden kann, da auf die stigmatisierende Wirkung von Gerichtsverhandlung und Verurteilung verzichtet werden konnte. Eine Einstellung des Verfahrens in der Gerichtsverhandlung hingegen, kann nicht mehr als Diversionsentscheidung angesehen werden.[172]

Die Einführung der Diversionsmaßnahmen in Deutschland wurde begleitet von einer kritischen Debatte unter anderem über die dadurch neu entstandene Kompetenzerweiterung der Staatsanwaltschaft. Die ursprüngliche Gewaltenteilung würde weitgehend aufgehoben, indem der Richtervorbehalt des Grundgesetzes unterlaufen werde, nach dem nur ein Gericht urteilen und Anordnungen verhängen darf. Die

---
[171] Vgl. Heinz und Storz, 1994, S. 8
[172] Vgl. Grote, 2006, S. 29

Staatsanwaltschaft würde auf dem Diversionsweg zu einem „Richter vor dem Richter".[173] Bereits 1975 war es zuvor, durch die Einführung des § 153 a StPO, zu einer Erweiterung der Kompetenzen gekommen. Der Staatsanwaltschaft wurden durch die Ausweitung des Opportunitätsprinzips und der damit einhergehenden Zurückdrängung des Legalitätsprinzips neue Aufgabenbereiche zugeordnet, die bis dahin ausschließlich ein unabhängiger Richter wahrnehmen durfte.[174] In einer ersten, umfassenden Analyse der Diskussion zur Diversion im Jugendstrafverfahren kommen die Autoren[175] anhand der gesichteten Diskussionsbeiträge zu dem Schluss, dass kein Verstoß gegen den Gewaltentrennungsgrundsatz und das Rechtsprechungsmonopol vorliege, da die Einstellung des Strafverfahrens keine allein dem Richter vorbehaltene Rechtsprechungstätigkeit seien.[176] Weiterhin handle es sich bei den Diversionsmaßnahmen um Sanktionen nichtstrafrechtlicher Art, die die Reduzierung stigmatisierender Wirkung beabsichtigen und somit bereits mit dem Rechtsstaatsgedanken verbunden sein.[177] Eine Übernahme oder die Erfüllung solcher Maßnahmen können nicht erzwungen werden und bei schuldhafter Nichterfüllung komme alleine eine Fortsetzung des Verfahrens oder eine andere informelle Entscheidung in Betracht.[178]

Kritiker sehen im Diversionskonzept dennoch die Gefahr der Ausweitung der sozialen Kontrolle sowie einen Etikettenwechsel, da nicht erfüllte Auflagen wiederum Strafen zur Folge haben.[179] Im Vergleich zum Erwachsenenstrafrecht werden jugendliche Delinquenten im Sinne des Erziehungsgedankens häufiger sanktioniert, so dass die Schlussfolgerung nahe liegt, dass die Diversion auch benutzt werden kann, (wenn auch sanfter), zu sanktionieren, an Stellen an denen sonst eine Einstellung erfolgt wäre oder, schlimmer noch, nach dem Scheitern vom Richter härter bestraft zu werden.[180] Problematisch aus rechtsstaatlicher Sicht wird es dann, wenn nach dem Motto: *Erziehung hat noch niemandem geschadet,* unter dem, wenn auch gut gemeinten, Vorwand der Erziehung eingriffsintensivere Entscheidungen getroffen werden oder gar vorhandene Einstellungsüberlegungen nach § 170.2 StPO zugunsten einer Diversionsmaßnahme verworfen werden.[181] Bedenken wie diese gilt es im Hinblick auf die Anwendung des Diversionsgedankens zu berücksichtigen. Jedoch kann festgestellt werden, dass der Diversionsgedanke sich durchgesetzt und in der juristischen Praxis etabliert hat. Laut dem 2. Periodischen Sicherheitsbericht hat sich in dem dort untersuchten Zeitraum (1981 - 2004) die Rate der formellen Reaktionen zugunsten informeller Reaktionen (Diversion) von 56 % (1981) auf 31 % (2004) ver-

---

[173] Vgl. Kausch, 1980
[174] Vgl. Hartmann, U. I., 1998, S. 53f. über Aufgaben und Entwicklung der Staatsanwaltschaft vgl. auch Kühne, 2010
[175] Vgl. Heinz und Storz, 1994, S. 94-98
[176] Vgl. Dölling 1989c, S. 246
[177] Vgl. Heinz und Storz, 1994, S. 95
[178] Vgl. Heinz und Storz, 1994, S. 95 mit Verweis auf Wolter, 1991, S. 61
[179] Einen Überblick über den Diskussionsstand bietet Lamnek, 2008, S. 333ff.
[180] Vgl. Lamnek, 2008, S. 338
[181] Vgl. zu Risiken und Grenzen der Diversion Heinz und Storz, 1994, S. 92-94, siehe auch Kerner, 1992, S. 265-292

ringert, wie auch die ambulanten Maßnahmen und betreuende, restitutive Maßnahmen zunehmend an Bedeutung gewonnen haben.[182] Diese Entwicklung kann sich auf Rückfalluntersuchungen stützen, die im Jugendbereich zu dem Ergebnis kommen, dass die Diversionsentscheidungen ohne eine förmliche Verurteilung nach §§ 45 sowie 47 JGG die besten Ergebnisse erzielen.[183]

Zum Täter-Opfer-Ausgleich sei an dieser Stelle angemerkt, dass man ihn nicht als reine Diversionsmaßnahme betrachten sollte, auch wenn er darüber seinen Weg in das Jugendstrafrecht gefunden hat und zum großen Teil auf staatsanwaltschaftlicher Ebene im Hinblick auf eine Verfahrenseinstellung nach § 45. Abs. 2 JGG angeregt wird. Diese einseitige Betrachtung würde der Rolle des Opfers im Täter-Opfer-Ausgleich nicht gerecht, da eine Einstellung des Strafverfahrens auf Täterseite nicht das vorrangige Ziel einer Konfliktschlichtung sein kann. *Kunz* macht mit seiner Kritik zur Justiznähe des Diversionsgedankens auf ein weiteres Problem aufmerksam, welches aus der Zuordnung des Täter-Opfer-Ausgleichs zur Diversion entstehen kann. Diversionsentscheidungen werden demnach nach justizökonomischen Bedürfnissen, sich von „Kleinkram" und Bagatellen zu entlasten und repressiven Beurteilungskriterien getroffen, was in der Praxis bedeutet, wenn Vorbelastungen keine Rolle spielen oder der Vorgehensweise nichts im Wege steht, die Schadenshöhe gering ist und der Fall als unerheblich eingestuft wird. Diversionsentscheidungen, die aus diesen Motiven gerade im Hinblick auf den Täter-Opfer-Ausgleich gefällt werden, würden dem Ausgleichskonzept von Verantwortungsübernahme, Wiedergutmachung und kommunikativer Konfliktbewältigung jedoch nicht gerecht, so *Kunz*.[184]

1.3.5 Die Wiederentdeckung des Opfers im Strafverfahren

In der langen Entwicklung der Rechtsgeschichte, bis hin zu dem modernen deutschen Strafrecht, war die Rolle des Opfers[185] Wandlungen unterworfen, die hier skizziert werden sollen. *Weigend*, der sich mit seiner Habilitationsschrift intensiv mit der Thematik befasste, beschreibt die Zeitspanne zwischen dem 12. und 14. Jahrhundert als eine Zeit, in der es weder ein Strafrecht noch eine staatliche Strafverfolgung gab und Konflikte eher auf privater und lokaler Ebene angegangen wurden.[186] Im Mittelal-

---
[182] Vgl. 2. Periodischer Sicherheitsbericht von BMJ und BMI, 2006, S. 562 Tabelle 6.2-12
[183] Vgl. Jehle, Heinz und Sutterer mit ihrer kommentierten Rückfallstatistik zu Legalbewährung nach strafrechtlichen Sanktionen, 2003, S. 55, Abb. 4.3.
[184] Vgl. Kunz, 2004, S. 405ff.
[185] Es existiert eine Vielzahl von Opferbegriffen. Da der Begriff des Opfers oft auch negativ besetzt ist, finden sich in Literatur und Praxis der Opferarbeit auch Begrifflichkeiten wie „Verletzter", „Geschädigter" und „Betroffene" – siehe dazu Haas, 2014, S. 245ff. Für den eigenen Text verwende ich überwiegend die Begriffe Geschädigter und – im Hinblick auf den Namen Täter-Opfer-Ausgleich – den Begriff des Opfers, wobei in diesem Kontext immer Opfer von Straftaten gemeint sind.
[186] Vgl. Weigend, 1989, S. 28, zu den Begriffen der Fehde als Ausdruck der Selbstjustiz, bzw. der Sühne, die auch eine Art Kompensation beinhaltet u.a. Sautner, 2010, S. 37ff.

ter mit seinem Feudalsystem rückten die Feudalherren an die Stelle der rechtsprechenden Instanzen und stellten ihren Rechtsanspruch an die Stelle der eigentlich Beteiligten. Langsam entwickelten sich erste Vorstellungen von einer Art staatlichen Rechts und festgelegten Ahndungen von Normverstößen. Spätestens mit der industriellen Revolution und der damit einhergehenden Anonymisierung des Zusammenlebens in den großen Städten wurde eine allgemein gültige, regulierende und strafende Kraft in Form des Staates notwendig. Der Staat mit seinem Strafapparat nahm endgültig den Platz zwischen Täter und Opfer ein, um dem Gesetz Geltung zu verschaffen, Unrecht durch Strafe zu vergelten und um letztendlich ein rechtsstaatliches Verfahren zu gewährleisten. Durch die Strafe kann dem zu Bestrafenden die Freiheit entzogen, oder, wie im Falle der früher auch möglichen Todesstrafe, sogar das Leben genommen werden. Schwerwiegende Entscheidungen, die den Focus auf den Täter stark mitgeprägt haben und eine täterorientierte Herangehensweise auch rechtfertigen. Die Entwicklung eines täterzentrierten Strafrechts, bei dem das Opfer weitgehend an den Rand des Interesses gedrängt wurde, ist dabei kein Zufall, „sondern Produkt der langen Entwicklung des modernen Strafrechts,"[187] in dem die Interessen des Opfers eher am Rande Berücksichtigung erfuhren, wenn überhaupt.[188] *Hassemer* und *Reemtsma* beschreiben die Rolle des Geschädigten im traditionellen Strafverfahren folgendermaßen:

> „Bis in die siebziger, achtziger Jahre hinein stand der Verletzte am Rande des strafrechtlichen und des innenpolitischen Interesses. Er war eine zwar notwendige, aber doch blasse, eine fast lästige Figur bei der Entstehung von Kriminalität und bei deren Verarbeitung durch die staatlichen Instanzen. Man brauchte ihn in der Doppelrolle des Opferzeugen, als denjenigen also, der sich an das kriminelle Geschehen erinnern kann (und tunlichst auch sollte), man zwang ihn zur Aussage im Strafverfahren, verpflichtete ihn dabei auf Wahrheit und Vollständigkeit und war notfalls bereit, ihn mit Auferlegung von Kosten, Ordnungsgeld oder gar Ordnungshaft zum Zeugen zu zwingen: Man hatte ihn marginalisiert und neutralisiert. Der Täter war im Mittelpunkt des Geschehens."[189]

Kunz fasst die Notwendigkeit eines täterzentrierten Strafrechts, mit den damit verbundenen Nachteilen dieser täterzentrierten Perspektive zusammen:

> „Staatliches Strafrecht, und zumal das rechtsstaatliche, ist notwendigerweise täterzentriert. Im Strafverfahren geht es darum, die Begründetheit des Anklagevorwurfs gegenüber dem Beschuldigten abzuklären und diesen dabei als Verfahrenssubjekt mit Verteidigungsrechten zu respektieren. Diese Täterzentrierung hat, als problematische Kehrseite, zu einer Vernachlässigung der Opferbelange geführt. (...) Dies war

---

[187] Höynck, 2005, S. 33
[188] Vgl. Schneider, 1989, S. 72
[189] Hassemer und Reemtsma, 2002, S. 9

nur möglich, indem stillschweigend unterstellt wurde, dass die Opferinteressen mit dem staatlichen Strafanspruch deckungsgleich seien und darin restlos aufgingen."[190]

Die in den folgenden Abschnitten dargestellten Ergebnisse aus der Opferforschung zeigen jedoch ein differenziertes Bild, wonach der Wunsch nach Bestrafung des Täters nur ein Teil der dort ausgemachten Bedürfnisse darstellt, jedoch nicht den wesentlichen oder dominantesten Teil dessen, was Geschädigte erwarten. Parallel zur verstärkten Betrachtung der Position des Opfers erfolgte auch innerhalb des Strafrechts ein Paradigmenwechsel, weg von einem ursprünglich fast ausschließlich täterzentrierten Strafrecht, hin zu einem eher opfergeneigten Strafrecht.[191] *Hassemer* plädierte in der Diskussion um die Rolle des Opfers im Strafrecht dafür, dass das Strafverfahren nicht in die Hände des Opfers zurückgegeben wird und dass dessen Rolle eher außerhalb des Strafrechts Stärkung erfahren soll und begründet dies ebenfalls mit Blick auf die historische Entwicklung des Strafrechts.[192] Das Opfer musste bei der Entstehung des modernen Strafrechts neutralisiert werden, damit die Aufklärung der Straftat, das Strafverfahren und die Strafe in der Hand des Staates verbleibt, der somit das Gewaltmonopol innehat, ohne das es kein modernes Strafrecht und keinen modernen Staat geben würde.[193] Nur durch die Trennung von Opfer und Täter und eine ordnende und regelnde Kraft würde Gerechtigkeit entstehen können und verhindert werden, dass sich die Seite durchsetzt, die am ehesten dazu in der Lage ist:

„Die überlegene Kraft muss Täter und Opfer nicht nur trennen und an weiterer Gewaltausübung hindern, sie muss auch sagen, wer der Täter und wer Opfer ist, wer warum recht hat, wer an wen zahlen und wer wie büßen muss. Sie muss dem Verletzten sagen, dass er nicht dem Zufall oder einem Unglück anheimgefallen ist, sondern einem Unrecht."[194]

Gleichzeitig sei der Staat jedoch weder der Parteigänger noch ein Instrument des Opfers, wenn es darum ginge, den Wunsch nach Rache, Strafe und Vergebung zu erfüllen, sondern der neutrale Dritte, der über die Einhaltung der Normen wacht, was nicht automatisch den Bedürfnissen widersprechen muss.[195] Reformen im Strafrecht, welche die eine oder andere Position verändern wollen, zeigen ein Paradoxon auf, wonach ‚ein Mehr' für das Opfer, zu einem Nachteil, bzw. ‚einem Weniger' für den Täter führt und umgekehrt. Ein Dilemma, welches sich am Beispiel der Diskussion

---

[190] Kunz, 2004, S. 381
[191] Vgl. Höynck, 2005, S. 33
[192] Vgl. Hier in einem Interview aus dem Jahre 1999, S. 32ff.
[193] Vgl. Hassemer, 2009, S. 252
[194] Hassemer, 2009, S. 253f.
[195] Vgl. Hassemer in Hassemer und Reemtsma, 2002, S. 157f.

um die Ausweitung des Adhäsionsverfahrens auf Jugendliche und Heranwachsende deutlich abzeichnet.[196]

Die Jugendstrafrechtskommission der DVJJ (Deutsche Vereinigung für Jugendgerichte Jugendgerichtshilfen e.V) begründet ihre ablehnende Haltung dazu aus Wissenschaft und Praxis wie folgt: „Zu befürchten ist nämlich, dass der auf seine Rechte und Vergeltung pochende Verletzte für eine konfrontative Verhärtung der Positionen sorgt und so eine jugendadäquate Verhandlungsführung und angemessene erzieherische Wirkung unmöglich macht."[197] Schöch hingegen verweist auch auf die Schutzfunktion der Nebenklage im Jugendstrafverfahren, wenn damit eine sekundäre Viktimisierung vermieden werden kann, wenn etwa Opfer schwerer Gewalttaten sich gegen die ungerechtfertigten Schuldzuweisungen des Strafverteidigers im Sinne einer Konfliktverteidigung erwehren müssen.[198] Es liegt meines Erachtens in der Verantwortung des Gesetzgebers, für die notwendige Balance zwischen beiden Parteien und deren berechtigten Positionen zu sorgen, was im Endeffekt aber auch bedeuten kann, dass sich Maximalforderungen nicht immer durchsetzen können und Kompromisse gefunden werden müssen. Schwander verweist auf die unbestreitbaren Errungenschaften des Strafrechts mit dem Gewaltmonopol des Staates und spricht von einem zivilisatorischen Fortschritt für die Gesellschaft, nicht ohne kritisch anzumerken, dass diese Errungenschaften nicht zwangsläufig auch zur Vernachlässigung der Opferinteressen führen müssen bzw. sollten.[199] In der vorhandenen Fachliteratur existieren die vielzitierten Begriffe von der ‚*Renaissance des Opfers im Strafverfahren*'[200] und der ‚*Wiederentdeckung des Opfers im Strafverfahren*', welche den Wendepunkt von dem bisher einseitig täterzentrierten Schwerpunkt des Strafrechts und aller damit verbundenen Bemühungen um den Täter markieren und auch auf der theoretischen Ebene eine Neubewertung der Opfer von Straftaten einleiteten. Eine Vielzahl von Reformen und Gesetzesänderungen, die im folgenden Abschnitt genannt werden, sind Ausdruck dieser Neubewertung von Opferinteressen und basieren auf Forschungsergebnissen, die ebenfalls dargestellt werden. *Höynck* macht deutlich, dass es sich bei der ‚*Wiederentdeckung des Opfers im Strafverfahren*' nicht um eine Rückbesinnung auf die „Privatisierung" der Strafverfolgung handelt, indem das Opfer schutzlos um seine Rechte kämpfen muss, noch dass der Täter dessen Rache ausgesetzt wird, sondern vielmehr um eine „Repersonalisierung"[201] im Strafverfahren, indem die Bedürfnisse beider Seiten beachtet, diskutiert und so weit wie möglich Berücksichtigung finden. *Christie* formulierte schon früh den Begriff des

---

[196] Durch das Adhäsionsverfahren bekommt in speziellen Fällen der Geschädigte die Möglichkeit als Nebenkläger aufzutreten und neben seiner verbesserten Rechtsstellung im Strafprozess auch zivilrechtliche Forderungen in das Strafverfahren einzubringen. Schöch fasst die Kritiken an der Nebenklage zusammen, ohne diese jedoch zu teilen – Schöch, 2012, S. 248ff.
[197] 2. Jugendstrafrechtskommission der DVJJ, 2002, S. 245
[198] Vgl. Schöch, 2012, S. 249
[199] Vgl. Schwander, 2010, S. 31
[200] Vermutlich prägte Eser den Begriff der Renaissance des Opfers, Vgl. Eser, 1989, S. 723-747
[201] Vgl. Höynck, 2005, S. 34 einen Überblick über die Entwicklung der Rolle des Opfers im Strafverfahren gibt Höynck ebenda ab S. 38ff.

‚Konfliktes als Besitz' den ‚Conflicts as property', wonach sich der Staat diesen weitgehend von den eigentlichen Beteiligten aneignet und zu dem seinen macht.[202] Hassemer und Reemtsma plädieren dafür, dass es Konflikte gibt, in denen sich der Staat punktuell zurückzieht und den Beteiligten, vor allem den Geschädigten, mehr Entscheidungen überlässt und den Konflikt ein Stück weit zurückgibt, ohne dass sich der moderne Staat dadurch von seinem Gewaltmonopol und der Strafverfolgung zurückzieht.[203] Die hier aufgezeigte Entwicklung wird in der Darstellung des Restorative Justice Gedankens am Ende des zweiten Kapitels erneut aufgegriffen und unter Berücksichtigung weiterer Aspekte heraus dargestellt (siehe 2.5.3).

Das verstärkte Interesse an der Perspektive des Opfers ging mit der Diskussion um die Reformbedürftigkeit des deutschen Strafrechtes und der Legitimationskrise (siehe 1.3.2) seines Sanktionssystems einher und wurde von unterschiedlichen Interessengruppen und Professionen vorangetrieben. Die Wiederentdeckung des Opfers führte in Deutschland auf der Praxisebene vermehrt zu Opferhilfsprojekten, Reformen im Strafrecht und nicht zuletzt dem Täter-Opfer-Ausgleich, dem die geführte Diskussion zu Aufmerksamkeit und Antrieb verhalf.[204]

1.3.6 Die Rolle des Opfers im Strafverfahren

Die Wiederentdeckung des Opfers im Strafverfahren in den 1980er Jahren ging mit einer Bestandsaufnahme seiner Rolle und seiner Stellung im Strafverfahren einher. Die Ergebnisse waren sehr ernüchternd. Nicht selten wurde die Glaubwürdigkeit des Opfers in Frage gestellt und der Wert seiner Aussage angezweifelt, da man davon ausging, dass das Opfer gegenüber seinem Täter voreingenommen sein muss oder gar durch eigenes Verhalten die Tat zum Teil provoziert und mit verschuldet habe. Klassische Beispiele dafür sind die durch die Aktivistinnen der Frauenbewegung angeprangerten Missstände gerade im unsensiblen Umgang mit weiblichen Opfern sexueller Gewalt durch männliche Vertreter von Polizei und Justiz.[205] *Baurmann* und *Schädler* sprechen von einer erneuten Schädigung des Opfers und prägen den Beg-

---

[202] Vgl. Christie, 1977, S. 1-15
[203] Vgl. Hassemer und Reemtsma, 2002, S. 76f.
[204] Vgl. Dölling, 1992a, S. 494
[205] Vgl. Höynck, 2005, S. 34f. Es existieren jedoch auch positive Bewertungen von Vergewaltigungsopfern im Hinblick auf ihre Behandlung durch die Polizei, was die Autoren auf den Einfluss von Kampagnen und eine gestiegene Sensibilität zurückführen. Vgl. Kiefl und Lamnek, 1986, S. 252 – als Kontrast dazu die negative Bewertung von Gerichtsverhandlungen, Ebenda S. 255f. Ohlemacher, kommt in seinem Überblick über die empirische Polizeiforschung, die Ergebnisse aus diesem Bereich zusammenfassend zu dem Ergebnis, dass den betroffenen Frauen durch die vernehmende Beamten eine Mitschuld zugesprochen wurde und diese selbst durch emotionsgeladene Situation überfordert waren, jedoch auch, dass über die Jahre hinweg hier eine Sensibilisierung der Ermittler festzustellen sei. Vgl. Ohlemacher, 1999, S. 11

riff der *sekundären Viktimisierung*,[206] die durch einen unsensiblen, oftmals wenig einfühlsamen, gar demütigenden Umgang durch Behörden mit dem Opfer, aber auch dem persönlichen Umfeld des Opfers ausgelöst wird, ohne dass es sich dabei nur um die Opfer von Sexualstraftaten handeln muss. Das Opfer nimmt im herkömmlichen Strafverfahren kaum eine Rolle als Subjekt ein, eher die eines Objektes mit einer vorab festgelegten Aufgabe, die der Beweispflicht und zur Legitimation des Strafanspruches:

> „Der staatliche Strafanspruch hinsichtlich einer Straftat besteht nicht im Interesse des Opfers, sondern im Interesse der Gemeinschaft an einem friedlichen Zusammenleben. Der Schutz des Staates bezieht sich daher nicht direkt auf die Person des Verletzten, sondern auf deren nach herrschender Meinung schützenswerte Interessen und allgemeine Rechtsgüter. Im Blickpunkt des Verfahrens steht also der Schädiger und die Gemeinschaft, deren Rechtsfrieden gebrochen wurde."[207]

Der Geschädigte wird demnach auf seine Funktion als Beweismittel reduziert und in seiner Zeugenrolle funktionalisiert.[208] Am ehesten kommt dem Opfer durch sein Anzeigeverhalten[209] noch eine gewisse Bedeutung zu, die im weiteren Verlauf stark abnimmt. „Die Opfer sind vielleicht von grundlegender Bedeutung für die Einleitung des Prozesses, aber wie werdende Väter tendieren sie dazu, überflüssig zu werden, sobald die Dinge in Gang gekommen sind."[210] Im Strafverfahren wird dem Opfer die Rolle des Zeugen zugesprochen, der durch seine Anzeige das Strafverfahren in Bewegung setzt und im weiteren Verlauf als Beweismittel fungiert, sollte der Täter nicht geständig sein. Dennoch hat sich, bedingt durch wissenschaftliche Erkenntnisse und eine bis heute anhaltende Debatte, eine vergleichsweise rasche Hinwendung zu den Belangen des Opfers vollzogen, die, wenn auch nach wie vor ausbaufähig, eine merkliche Veränderung im praktischen Umgang mit den Opfern herbeigeführt hat.[211] Zu erwähnen sei daher das Opferentschädigungsgesetz (OEG) von 1976 mit seinen Erweiterungen in den Jahren 1984 und 1993, sowie das Opferschutzgesetz von 1986 welches durch den 55. Deutschen Juristentag im Jahr 1984 maßgeblich geprägt wurde,[212] das Zeugenschutzgesetz von 1998 und das Opferrechtsreformgesetz von

---

[206] Vgl. Baurmann und Schädler, 1999, S. 19ff. Anmerkung: Neben der primären Viktimisierung durch die Tat an sich, gibt es die o.g. sekundäre Viktimisierung und die tertiäre Viktimisierung, die durch eine Übernahmen der zugeschriebenen Opferrolle geschehen kann. Die Formen der Schädigung von Opfern wurden jedoch bereits vor der Arbeit von Baurmann und Schädler als solche benannt und diskutiert. Ein Überblick dazu in Kiefl und Lamnek, 1986, S. 170ff.
[207] Vgl. Kirchhoff 1996, S. 63f.
[208] Vgl. Schneider, 1975, S. 190 auch Göppinger, 1980, S. 38ff. zu einem frühen Zeitpunkt der Diskussion
[209] Vgl. Hartmann, 1998, S. 19 (Fußnote) führt mit Bezug auf Steffen, 1976, S. 125ff. und Kaiser, 1986, S. 45ff. an, dass in über 90 % der bei der Polizei angezeigten Straftaten die Initiative von Privatpersonen ausging, die mehrheitlich mit dem Opfer identisch sind. Siehe auch Kiefl und Lamnek, 1986, S. 232ff.
[210] Vgl. Geis, 1982, S. 338
[211] Vgl. praxisorientierte Leitfaden für den Umgang mit Opfern im Strafverfahren, Haupt und Weber, 1999 und über die Rechte des Opfers im Strafverfahren u.a., Schroth, 2011 über die Reformen im Strafrecht zu Gunsten der Opfer siehe auch Schöch, 2012, S. 247f.
[212] Zu einem Vergleich vor und nach dem Opferschutzgesetz, Baurmann und Schädler, 1999, S. 34ff.

2004, das 2. Justizmodernisierungsgesetz von 2006 sowie das zweite Opferrechtsreformgesetz von 2009.[213] Anschließend daran dass 3. Opferrechtsreformgesetz von 2015/16 (siehe dazu ausführlicher unter Abschnitt 1.2.4.3). In der Strafprozessordnung (StPO) wird hier im 5. Buch die Möglichkeiten der Einflussnahme der Geschädigten im Strafverfahren unter anderem in Form von Privat- und Nebenklage beschrieben. Die Veränderungen zusammenfassend dazu *Kunz*:

> „Im Strafverfahren werden dem Opfer Gestaltungsrechte zugestanden. Bei den Strafzwecken wird die Genugtuung des Opfers mit bedacht. Im materiellen Strafrecht wurden Möglichkeiten zur Verfahrenseinstellung bei Wiedergutmachung geschaffen. Im Bereich der Alltagskriminalität im sozialen Nahraum gewinnt neben der traditionellen Privatklage die Mediation eine wachsende Bedeutung."[214]

Opfervertreter bemängeln dennoch das vorherrschende Ungleichgewicht, wenn es um die Belange der Opfer geht, im Hinblick auf die vorhandenen staatlichen Hilfsangebote. Gerade im Jugendstrafrecht wird dies anhand der auf Täterseite vorgehaltenen institutionellen Angebote in Form der Jugendgerichtshilfe, der Bewährungshilfe, der Einzelfall- und Familienhilfe, dem Street Worker oder dem bei Verbrechen beigeordneten Pflichtverteidiger deutlich. Dies bedeutet nicht, dass diese Angebote nicht ihre Berechtigung hätten, sondern absolut notwendig sind, da viele Jugendliche und Heranwachsende die, vereinfacht ausgedrückt, Probleme machen, selbst welche haben und daher der Hilfe bedürfen. Ein vergleichbares Angebot auf Opferseiten gibt es jedoch nicht, so dass Opfer im Strafverfahren vielfach auf Eigeninitiative angewiesen sind und sich Hilfe suchen müssen. Opferhilfevertreter wie etwa *Baurmann* kritisieren dies und mahnen die Regierung von Bund und Ländern sowie die Polizeien und die Justiz, sich ihrer Verantwortung zu stellen und nicht etwa fehlende finanzielle Mittel für den Mangel verantwortlich zu machen.[215]

1.3.7 (Ein)Blick in die Opferforschung: Anzeigenverhalten, Strafbedürfnisse und Erwartungen von Opfern

Die wissenschaftliche Betrachtung der Rolle des Opfers im Strafverfahren geht einher mit der wissenschaftlichen Betrachtung des Opfers von Straftaten, welche in der Kriminologie, wenn überhaupt, nur im Bereich der Viktimologie stattfindet. Die Vikti-

---

[213] Über die Rolle des Opfers im Strafprozess, sowie auch die Opfer bezogenen Reformen in der Gesetzgebung siehe auch Schöch, 2003, S. 19ff.
[214] Vgl. Kunz, 2004, S. 382
[215] Vgl. Baurmann, 2010, S. 5-11 Anmerkung: Die Kritik Baurmanns richtete sich dabei nicht gegen bestehende Angebote der Jugendhilfe, sondern gegen den Mangel auf Seiten der Opferhilfsprojekte sowie die von ihm kritisierte Tendenz, diese bei der Frage von Unterstützung und finanzieller Förderung eher dem privaten und ehrenamtlichen Sektor zu überlassen.

mologie[216] als Teildisziplin der Kriminologie befasst sich unter anderem mit der Beziehung zwischen Täter und Opfer und mit dem Anteil des Opfers am Zustandekommen der Tat, bestimmten Opfertypologien und Aspekten, die eine Straftat und die damit einhergehende Opferwerdung wahrscheinlich machen.[217] Hans von Hentig untersuchte als erster deutscher Kriminologe die Interaktionen von Täter und Opfer beim Zustandekommen einer Straftat.[218] Man würde jedoch dieser noch vergleichsweise jungen Disziplin Unrecht tun, würde man sie darauf reduzieren, dem Opfer eine Mitschuld beim Zustandekommen eines Verbrechens zuzuschreiben. Vielmehr sollen die Ergebnisse viktimologischer Forschung einen gesellschaftlichen Beitrag dazu leisten, präventiv Opferwerdungen zu vermeiden und die Situation des Opfers nach der Tat zu mildern, um erneuten Schaden von ihm abzuwenden.[219] Neben der Rolle des Opfers bei der Verbrechensentstehung beschäftigt sich die Viktimologie mit dem Anzeigenverhalten von Opfern von Straftaten, dem Strafbedürfnis von Geschädigten, der Kriminalitätsfurcht und der Bewertung der Akteure der sozialen Kontrolle – also Polizei und Justiz – aus Sicht der Geschädigten.

Seit Jahrzehnten werden auf regionaler und internationaler[220] Ebene Opfer von Straftaten beforscht und im Rahmen von Opferbefragungen und sogenannte „Crime Surveys" und „Victim Surveys" zu verschiedensten Aspekten und Problemfeldern befragt, was ein großes und fast unübersehbares Feld an Ergebnissen hervorgebracht hat.[221] Den Opferbefragungen kommt eine wichtige Rolle zu, wenn es darum geht, das Phänomen der Kriminalität zu begreifen und praxisnahe, kriminalpräventive Gegenmaßnahmen zu ergreifen. Gerade durch periodisch durchgeführte Befragungen können hier Veränderungen sichtbar gemacht werden. Neben den Statistiken von Polizei und Justiz, die Erkenntnisse aus dem Hellfeld liefern, bieten die Opferbefragungen eine wichtige Möglichkeit, sich einen Überblick über die tatsächliche Kriminalitätsbelastung zu machen. Ein Großteil der Kriminalität liegt im sogenannten Dunkelfeld verborgen, so dass die bekanntgewordenen, weil zur Anzeige gebrachten Delikte nur einen kleinen Teil der wirklichen Straftaten ausmachen. Auch bei den Ergebnissen aus den Opferbefragungen ist davon auszugehen, dass hier immer noch eine große Grauzone existiert.[222] Im Zentrum der Opferbefragungen stehen nunmehr verstärkt das Verhältnis von Täter und Opfer, das Ansehen von Polizei und Justiz, sowie die gefühlte Kriminalitätsfurcht, Opfer einer Straftat zu werden.[223]

---

[216] Viktimologie von engl. Victim/Opfer als interdisziplinäre Wissenschaft vom (Verbrechens) Opfer
[217] Vgl. Kiefl und Lamnek, 1986, S. 54ff.
[218] Vgl. von Hentig, 1941, S. 303-309
[219] Vgl. Kiefl und Lamnek, 1986, S. 294ff.
[220] Eine Übersicht zur internationalen Forschung sogenannter „victim surveys" bietet Kury, 2010, S. 59ff.
[221] Einen guten Überblick über Opferbefragungen in Deutschland bietet Feldmann-Hahn, 2011
[222] Zu den methodischen Problemen von Opferbefragungen, Kiefl und Lamnek, 1986, S. 39f., siehe auch Sautner, 2010, S. 146ff.
[223] Vgl. Feldmann-Hahn, 2011, S. 27

Mit Blick auf die eigene Arbeit und die Entwicklung des Täter-Opfer-Ausgleichs sollen ausgesuchte Ergebnisse der Befragungen von realen Opfern, sowie Befragungen von Nicht-Opfern, beziehungsweise sogenannte potenziellen Opfern zu opferrelevanten Themen dargestellt werden, wobei der Schwerpunkt auf die Einstellungen und Erwartungen in Bezug auf das Strafbedürfnis, die Erwartung an Polizei und Justiz, die Einstellung zur eigenen Rolle im Strafverfahren sowie die Akzeptanz von Wiedergutmachung und die Idee des Täter-Opfer-Ausgleichs gelegt wird. Die hier aufgezeigten Untersuchungen haben erheblich dazu beigetragen, die Diskussion um die Bedürfnisse von Opfern im Strafverfahren und damit auch die Entwicklung des Täter-Opfer-Ausgleichs voranzubringen.

Nach *Schneider* ist das Verhalten des Täters bei der Tat relevant für eine gesteigerte Anzeigenbereitschaft der Geschädigten, z. B. wenn die Tat persönlich als schwer eingeschätzt wird, der Geschädigte sich in seiner Rolle als Bürger verpflichtet fühlt, Kriminalität zu bekämpfen oder durch eine Anzeige erhofft, sein Eigentum wiederzuerlangen.[224] Gründe die Polizei einzuschalten kann folgende Motive haben:[225]

- *Deeskalation*: Die Polizei wird gerufen, um der Eskalation einer bedrohlichen Situation vorzubeugen bzw. wird instrumentell eingesetzt, um in eine laufende Auseinandersetzung einzugreifen.[226]

- *Ermittlung*: Die Polizei soll einen unbekannten Täter bzw. den Verbleib gestohlener Wertgegenstände ermitteln. Oftmals sollen damit zivilrechtliche und versicherungstechnische Grundlagen geschaffen werden.

- *Notarfunktion*: Das Offiziellmachen eines materiellen Verlustes, um eine Entschädigung gegenüber der Versicherung oder dem Verursacher geltend zu machen.

- *Strafverfolgung*: Mit der Anzeige soll ein Beitrag zur Bekämpfung der Kriminalität geleistet werden bzw. ein eigenes Strafbedürfnis befriedigt werden.

- *Signalfunktion*: Die Anzeige ist ein Hilferuf. Sie soll einen Normbruch offiziell machen, z. B. in Fällen häuslicher Gewalt.

Schätzungen und Erkenntnisse aus dem Dunkelfeld gehen davon aus, dass nur rund die Hälfte aller begangenen Straftaten durch Geschädigte zur Anzeige gebracht wer-

---

[224] Vgl. Schneider 1982, S. 21, siehe auch Pelikan, 1987, Steinert, 1988 und Voß, 1993
[225] Vgl. Hartmann, A., 1995, S. 110 in Bezug auf Hanak, Stehr und Steinert, 1989, S. 16ff., siehe auch Kiefl und Lamnek, 1986, S. 232ff. und Baurmann und Schädler, 1999, S. 226f., zu Anzeigenmotiven und Zusammenhangsanalysen siehe auch Sautner, 2010, S. 206ff.
[226] Vgl. Steinert, 1988, S. 17

den, weil nur die Hälfte sich davon einen Erfolg verspricht, die andere Hälfte aber nicht.

Baurmann und *Schädler* befragten zwischen 1985 und 1986 mit ihrem Team, gestützt auf einen Interviewleitfaden und im Auftrag des Bundeskriminalamtes Opfer (N=203) von Straftaten, sowohl kurz nach deren Anzeigenerstattung als auch kurz nach einer Gerichtsverhandlung. Die Untersuchung ist aufgrund des regionalen Bezuges auch als ‚Hanauer Opferbefragung' bekannt. Von Interesse waren dabei die Motive in Bezug auf die Anzeige, die individuellen Tatfolgen, die Beziehung zum Täter, den Hilfebedarf der Geschädigten und deren Kenntnisse über Opferhilfen, die Einstellung zu Justiz und Polizei sowie die Erwartung über die Bestrafung ‚ihres Täters', aber auch zu einer möglichen Wiedergutmachung und ganz konkret, dem Täter-Opfer-Ausgleich.[227]

Die Ergebnisse gelten als richtungsweisend für Deutschland und haben gerade im Bereich der Polizei merklich dazu beigetragen, die Situation von Kriminalitätsopfern zu verbessern bzw. im Umgang mit diesen sensibler zu werden.[228] Die Befragungen ergaben unter anderem die Erkenntnis, dass es „das Opfer" nicht gibt,[229] sondern dass Geschädigte eine Vielzahl von Bedürfnissen und Erwartungen haben. Die Autoren der Studie kamen zu dem Ergebnis, dass das reine Strafbedürfnis bei weitem nicht so ausgeprägt ist, als man das hätte vermuten können bzw. wie es durch die Justiz als Legitimation des Strafens als Argument herangezogen wurde. „Opferbedürfnisse – das ergaben die Befragungen – eignen sich kaum zur Legitimierung von Vergeltungs-Ideologien. Vielmehr wünschten sich die betroffenen Opfer vor allem den Ausgleich ihres Schadens – sofern dies für sie überhaupt möglich schien – und gleichzeitig ein erzieherisches Einwirken auf den Täter im Sinne einer milden Strafe, damit dieser eine solche Tat nicht noch einmal begehe."[230] Die Bereitschaft eine Wiedergutmachung anzunehmen oder gar einem persönlichen Treffen mit dem Täter ist dabei stark deliktabhängig und bei Opfern von Gewalttaten weniger stark ausgeprägt. Dennoch konnten sich ein Drittel der befragten Gewaltopfer und zwei Drittel der anderen befragten Opfergruppen eine Wiedergutmachung im Rahmen eines Täter-Opfer-Ausgleichs vorstellen.[231] Die Autoren werteten dies als vielversprechendes Potenzial für den Täter-Opfer-Ausgleich, der zum damaligen Zeitpunkt jedoch wenig bekannt war, mahnten aber auch einen behutsamen Umgang mit Gewaltopfern im Rahmen des Täter-Opfer-Ausgleichs an.[232] Weiterhin stellten sie ein

---
[227] Interviewleitfäden siehe Baurmann und Schädler, 1999, S. 331ff.
[228] Vgl. Vorwort zum Nachdruck, 1999
[229] Vgl. Baurmann und Schädler, 1999, S. 299
[230] Vgl. Baurmann und Schädler, 1999, S. 300
[231] Vgl. Baurmann und Schädler, 1999, S. 136
[232] Vgl. Baurmann und Schädler, 1999, S. 300

deutliches Informationsdefizit bei den Befragten fest im Hinblick auf den Verlauf des Strafverfahrens sowie fehlende Hinweise auf Opferprojekte und Opferhilfen.[233]

Die Untersuchung von *Sessar, Beursken* und *Boers* von 1986[234] sowie die Hamburger Bevölkerungsstichprobe von Sessar, beginnend mit dem Jahr 1984,[235] ging von der Annahme aus, dass eine Wiedergutmachung für das erlittene Unrecht eine größere Bedeutung und Akzeptanz in der Gesellschaft hat als die bloße Bestrafung des Täters. Tatsächlich ergaben die Befragungen, dass es außer einem Strafbedürfnis eine merkliche Akzeptanz der Befragten in Bezug auf eine Wiedergutmachung durch den Täter, privater Konfliktschlichtungen sowie Entschuldigungen als eine, die Strafe ersetzende Maßnahme gab. *Sessar* und sein Team arbeiteten mit Fragebögen (N=4081 mit einem Rücklauf von N=1799, was 44,1 % ausmacht) die postalisch an eine Bevölkerungsstichprobe verschickt wurden, ergänzte diese teilweise durch Interviews und erweiterten diesen Teil der Forschung durch schriftliche Befragungen an Hamburger Richter, Staatsanwälte (N=221) und Jura Studenten (N=346).[236] Neben seinen an anderen Stellen dieser Arbeit erwähnten Erkenntnissen, dass der Täter-Opfer-Ausgleich es mit seinem Anliegen von Wiedergutmachung und Versöhnung schwer haben wird im Strafrecht,[237] fand er seine Annahmen bestätigt, dass sich der Gedanke der Wiedergutmachung in der von ihm befragten Bevölkerungsstichprobe auf eine deutliche Akzeptanz stützen kann.

Auch bei den befragten Juristen fand der Gedanke von Mediation und einer Wiedergutmachung für das Opfer Anklang, wenn auch in einem geringeren Ausmaß. Hervorgehoben sei an dieser Stelle, dass innerhalb der Vergleichsgruppen die punitive Einstellung bei den Juristen bis zu 20 Prozentpunkte höher lag als bei der Bevölkerungsstichprobe.[238] Die Ursachen dafür mögen in der Ausbildung von Juristen oder einer berufsbedingten anderen Bewertung von Straftaten liegen. Die Befragung von Juristen kann im Rahmen der Forschung auf eine gewisse Tradition zurückblicken, auch wenn diese nicht aus der Opferperspektive befragt werden. Innerhalb der Internationalen Opferbefragungen hat die punitive Einstellung der Bevölkerung in den letzten 15 Jahren deutlich zugenommen.[239] *Streng* kommt anhand einer seit 1989 regelmäßig durchgeführten Befragung von Jura-Studienanfängern zu Sanktionsvorstellung, Strafzweckpräferenzen und Kriminalitätswahrnehmung zu dem Schluss, dass „(...) die Zustimmung zu den Strafzwecken der Vergeltung, der Generalprävention, der Sicherung und der individuellen Abschreckung deutlich zugenommen hat,

---

[233] Vgl. Baurmann und Schädler, 1999, S. 303
[234] Vgl. Sessar, Beursken, Boers, 1986
[235] Vgl. Sessar, 1992 siehe auch Sessar 1990, S. 39ff.
[236] Vgl. Sessar, 1992, S. 52ff. und S. 58ff.
[237] Vgl. Sessar, 1992, S. 204ff.
[238] Vgl. Sessar, 1992, S. 251
[239] Vgl. Schöch, 2009, S. 20

während die Zustimmung zur Resozialisierung zurückgegangen ist."[240] *Schöch* stellt in seiner Betrachtung fest, dass es sich dabei nicht um eine repräsentative Stichprobe handelt, die aber dennoch von Bedeutung ist, zumal es sich bei den befragten Jura-Studenten, „um eine beruflich einschlägig engagierte Population handelt."[241] *Kunz* stellt im Bezug auf die Befragung der Jura Studenten und europäische Befragungen zum Sanktionsverlangen dennoch eine Übertragbarkeit fest: „Die moderat gestiegene Repressionsneigung ist in bemerkenswerter Weise auf die Kohorten der jüngeren Befragten zurück zu führen: **Junge** Menschen verlangen vermehrt **härtere** Strafen, sei es, dass sie sich durch die Kriminalitätsbedrohung besonders betroffen fühlen, sei es, dass sie auf veränderte gesellschaftliche Rahmenbedingungen stärker reagieren"[242] (Hervorhebung im Original). *Kiefl* und *Lamnek* kamen, wenn auch bereits im Jahr 1986, mit Blick auf die damals vorliegenden Opferbefragungen unter anderem zu dem Schluss, dass jugendliche Opfer mehr Verständnis als Erwachsene „für ihre straffällig gewordenen Altersgenossen"[243] aufbrachten, so dass hier, je nach Fragestellung entweder keine einheitlichen Aussagen zu treffen sind oder aber eine Verschiebung stattgefunden hat. Die Ergebnisse der Bevölkerungsstichprobe von *Sessar* werden in der einschlägigen Fachliteratur oftmals im Zusammenhang mit der bundesweiten Opferbefragung des Kriminologischen Forschungsinstituts Niedersachsen (KFN) aus dem Jahre 1992 betrachtet.[244] Insgesamt wurden in West- und Ostdeutschland 15.000 Personen zu opferrelevanten Themen befragt. Anhand von drei fiktiven Straftaten (ein Einbruchdiebstahl, eine Körperverletzung, ein Handtaschenraub) wurden die Sanktionsforderungen mit und ohne eine Wiedergutmachung durch den Täter erfragt, unter anderem mit folgendem Ergebnis:

> „Ferner hat die große Mehrheit bei den zur Diskussion gestellten, hypothetischen Fällen den Verzicht auf jegliche Sanktion oder zumindest eine deutliche Milderung der Strafe vorgeschlagen, wenn die Fallschilderung durch den Hinweis ergänzt wurde, daß vermittelt durch einen staatlich beauftragten Sozialarbeiter Wiedergutmachung und Konfliktschlichtung stattgefunden haben."[245]

Speziell zum Täter-Opfer-Ausgleich befragten *Voß et al.* in den Jahren 1986 und 87 in Bielefeld reale Opfer von Straftaten, die durch Jugendliche begangen wurden im Hinblick auf ihre Akzeptanz zu einem möglichen Täter-Opfer-Ausgleich. Die Studie galt auch als Bedarfsanalyse für den Start des dortigen TOA-Projektes. Rund zwei Drittel sprachen sich für einen TOA bzw. eine Schadenswiedergutmachung aus, das

---

[240] Vgl. Streng, 2006, S. 210ff. Siehe auch Streng, 2012, S. 152, differenzierter betrachtet stieg die Punitivität im Bereich der schwereren Delikte, im leichten- bis mittelschweren Bereich sieht es eher nicht nach einer Tendenz zur Strafverschärfung aus.
[241] Vgl. Schöch 2009, S. 20 in direktem Bezug auf Streng, Ebenda
[242] Vgl. Kunz, 2004, S. 303
[243] Kiefl und Lamnek, 1986, S. 282
[244] Vgl. Bilsky, Pfeiffer und Wetzels, 1992
[245] Vgl. Pfeiffer, 1994, S. 115

restliche Drittel war wiederum geteilt in mehrheitlich klassische, eher harte Sanktionsforderungen, und eher ‚mildere' Sanktionsforderungen.[246] Die bisher genannten Untersuchungen sollen durch die Ergebnisse von *Kilchling* ergänzt werden, der sich auf die Opferbefragungen des Freiburger Max-Planck-Instituts aus der ersten Hälfte der neunziger Jahre bezieht. Sie basieren auf einer schriftlichen Befragung einer Bevölkerungsstichprobe aus dem damaligen Westdeutschland und West-Berlin, die Opfer einer Straftat wurden (N=3411). Neben den unterschiedlichen Anzeigenmotiven und Befragungen zu Opfererfahrungen wurde hier auch ein Schwerpunkt auf die individuellen Interessen und Erwartungen der Opfer im Hinblick auf die Strafjustiz erfragt. Demnach hielten weniger als 15 % der Befragten die reine Zeugenrolle im Ermittlungsverfahren für die angemessene Rechtsstellung des Opfers.[247] Weiterhin gaben auf eine, wenn auch allgemeiner gehaltene Frage hin 60 % der Befragten an, dass Opfer von den Strafverfolgungsbehörden nicht immer ausreichend ernst genommen würden, 18 % sahen dies etwas abgeschwächt ebenfalls so, würden dies aber vom Einzelfall abhängig machen, 10 % fühlten sich vorbehaltlos ausreichend ernst genommen und ebenfalls 10 % beantworteten die Frage mit einem klaren Nein. Mehr als ein Drittel der Befragten wünschte sich von der Staatsanwaltschaft, dass diese nicht nur Ermittlungsinstanz sondern auch verstärkt Interessenvertreter für das Opfer im Strafverfahren sein soll.[248] Weiterhin stellte *Kilchling* zusammenfassend fest, dass Geschädigte häufig restitutive, also wiedergutmachende Sanktionen bevorzugten und auch eine hohe Affinität zu den „*unterhalb der formellen Bestrafungsebene angesiedelten Sanktionsarten* (sog. Diversion)", zeigten, da diese Reaktionsform mit den meisten Reaktionserwartungen von Geschädigten „(...) als ausreichende Reaktion auf „ihr" persönliches Kriminalitätserlebnis" kompatibel sei, die sich darin ausdrücken, dass der Täter einen „Denkzettel" erhält (Hervorhebung im Original).[249] Dies deckt sich mit dem Überblick von *Kunz*, der im europäischen Vergleich ebenfalls eine hohe Bereitschaft von Wiedergutmachung, gemeinnütziger Arbeitsleistungen die der Täter erbringen muss, sowie eine Bejahung der Nützlichkeit eines Täter-Opfer-Ausgleichs ausmacht.[250] Dennoch soll in diesem Zusammenhang nicht unbeachtet bleiben, dass es natürlich auch Opfer gibt, für die die Bestrafung des Täters deutliche Priorität hat. *Orth* befragte zwischen 1995 und 2000 in seiner Untersuchung Opfer (N=174) von Straftaten per Zufallsstichprobe aus der Datenbank der Opferhilfsorganisation *Weißer Ring*. Bei den zugrunde liegenden Delikten handelte es sich um Vergewaltigungen, Körperverletzungen, versuchte Tötungsdelikte, Raubüberfälle und Freiheitsdelikte. Die Geschädigten hatten an einem Prozess teilgenommen und um Prozesskostenbeihilfe ersucht. *Orths* Interesse zielte auf das Strafinteresse der Opfer, die Bewertung ihrer Situation im Strafverfahren sowie deren Einstellung zu

---
[246] Vgl. Zusammenfassung in Baurmann und Schädler, 1999, S. 278ff. siehe auch Voß, 1989
[247] Vgl. Kilchling, 2002, S. 18
[248] Vgl. Kilchling, 2002, S. 18f.
[249] Vgl. Kilchling, 2002, S. 20
[250] Vgl. Kunz, 2004, S. 302ff.

Rache und Verzeihung. *Orth* schlussfolgert unter anderem, dass viele Opfer starke Rachegefühle haben und sich durch die Bestrafung des Täters eine Genugtuung erwarten. Die Urteile empfanden die Meisten als zu milde, die erhoffte Genugtuung stellte sich nicht ein. Weiterhin stellten sich negative Folgen des Strafverfahrens ein, so dass manche Opfer verbittert feststellten, dass ihnen die Anzeige und der Strafprozess letztendlich mehr geschadet als genutzt haben. Empörung über das Rechtssystem und ein verletztes Gerechtigkeitsempfinden blieben zurück. *Orth* stellt jedoch fest, dass eine durch das Opfer als zu milde empfundene Strafe dennoch keine Rechtfertigung für härtere Strafnormen oder den Abbau der Verfahrensgerechtigkeit sein kann.[251] Auf dem Weg zu einer als solcher wahrgenommenen Gerechtigkeit sieht er das subjektive Sicherheitsgefühl, die Wahrnehmung der Opferbelange, ein Schuldeingeständnis des Täters verbunden mit einer einhergehenden Verantwortungsübernahme. „Ein Teil der Opfer will ein Schuldeingeständnis des Täters und eine Bitte um Verzeihung. In dieser Untersuchung zeigt sich, dass eine reuevolle Haltung beim Täter mit einer wesentlich positiveren Bewertung des Ergebnisses und des Verfahrens durch das Opfer einhergeht."[252]

Die hier genannten Untersuchungen sind unterschiedlich, was die Fragestellung, die Befragten und das methodische Vorgehen angeht, so dass sie nur insofern miteinander vergleichbar sind, dass sie eben jene Vielschichtigkeit wiederspiegeln, wenn es um die Bedürfnisse von Geschädigten im Strafverfahren geht. *Baurmann* und *Schädler* befragten reale Opfer im Hinblick auf ihre Erwartungshaltungen und dann auf ihre Erfahrungen im Verlauf des Strafverfahrens, *Sessar et al.* und *Pfeiffer et al.* befragten Bevölkerungsstichproben, in denen sich automatisch reale und potenzielle Opfer befinden, zu ihrer Sanktionseinstellung und ihrer Akzeptanz einer Wiedergutmachung durch den Täter, wobei *Sessar* dies um eine Gruppe von Juristen ergänzte, *Voß et al.* loteten regional begrenzt das Potenzial für ein frühes TOA-Projekt aus, *Kilchling* befragte die Geschädigten unter anderem zu ihrer Rolle im Strafverfahren und *Orth* wandte sich den realen Opfern teils schwerster Straftaten zu, die an Gerichtsverhandlungen teilgenommen hatten.

Zusammenfassend kann folgendes festgestellt werden: Es sollte nicht verallgemeinernd von ‚dem Opfer' oder ‚den Opferinteressen' gesprochen werden, da die hier hervorgetretenen Wünsche, Bedürfnisse, Erwartungen und Forderungen individueller und vielschichtiger sind als zunächst angenommen, so dass man von keiner generalisierbaren Größe reden kann.[253] Die realen wie angeblichen Opferinteressen werden vielfach als Argumente ins Feld geführt und sollen die jeweiligen, teils sehr unterschiedlichen Intentionen untermauern, sei es die Forderungen nach mehr staatlicher Opferhilfe, die Förderung des TOA-Gedankens in der Praxis, aber auch der

---
[251] Orth, 2001, S. 132
[252] Orth, 2001, S. 133
[253] Vgl. Kilchling, 1995, S. 635

Ruf nach einer Verschärfung des Strafrechts. Wer im Namen von Opfern argumentiert, sollte daher offenlegen, aus welcher Perspektive er dies tut und sich auch gewiss sein, nie für alle Opfer zu sprechen, um nicht Gefahr zu laufen, diese erneut zu instrumentalisieren. Neben dem Wunsch, als Opfer anerkannt zu werden und bei Bedarf Hilfe zu bekommen, existieren auch Bedürfnisse nach Vergeltung und Rache, die zwar durch den Rechtsstaat nicht erfüllt werden, sofern sie aber nicht in Selbstjustiz münden, ein natürlicher Teil dessen sein können, um mit dem Erlebten besser umgehen zu können.[254] Die Bedürfnisse von Opfern und Nicht-Opfern sind, das haben die dargestellten Untersuchungen gezeigt, nicht ausschließlich und auch nicht überwiegend durch ein Vergeltungsdenken geprägt. Die Akzeptanz einer durch den Täter dargebrachten Wiedergutmachung kann Sanktionsforderungen ersetzen oder parallel zu solchen bestehen, ohne sich automatisch gegenseitig ausschließen zu müssen. Als Legitimation für Strafe oder Strafverschärfung taugen die Wünsche und Erwartungen daher nur bedingt. Deutlich wird das Bedürfnis nach einer Wiedergutmachung, welche mit der Anerkennung des Opfers und seines Schadens, sei dieser nun materiell oder immateriell, einhergeht. Die Erkenntnisse der genannten Untersuchungen, die von einer nicht unerheblichen Akzeptanz von Wiedergutmachungen und des Täter-Opfer-Ausgleichs zeugen,[255] finden sich wieder in der Bereitschaft der Geschädigten zu einer Teilnahme, die sich seit Beginn der statistischen Auswertung bei ca. 55 % eingependelt hat, sowie den Motiven und der Zufriedenheit der beteiligten Geschädigten, wie in anderen Abschnitten dieser Arbeit dargestellt (siehe dazu auch Abschnitt 1.2.6). Es soll jedoch nicht verschwiegen werden, dass die Teilnahmebereitschaft der Geschädigten in den Anfangsjahren des Täter-Opfer-Ausgleichs bedeutend höher war. Neuere Befragungen von Opfern- und Nichtopfern unter anderem zum Thema Täter-Opfer-Ausgleich könnten dazu beitragen, eine Erklärung für die Schwankungen in der Teilnahmebereitschaft zu finden, die sich eventuell auch mit der Diskussion über eine Zu- oder Abnahme von punitiven Einstellungen und das immer noch schwach ausgeprägte Wissen über den Täter-Opfer-Ausgleich in Verbindung bringen ließen (siehe dazu auch Abschnitt 2.5).

Ein Teilaspekt der dargestellten Untersuchungen ist auch die Frage nach der punitiven Einstellung von Opfern und Nicht-Opfern sowie deren Akzeptanz gegenüber den resozialisierenden Komponenten im Umgang mit dem Täter. Die Bereitschaft, zur Resozialisierung des Täters beizutragen, mag auf Opferseite gewissen Schwankungen unterliegen, deren Ursachen in der Täter-Opfer-Beziehung und der als individuell empfundenen Schwere der Tat, aber auch dem medialen Umgang mit dem Thema (Jugend)Kriminalität zu suchen und zu finden sind. *Orth* vermutet eine

---

[254] Orth befragte seine Untersuchungsgruppe auch zum Thema der Rache, vgl. Orth 2001, S. 24ff. und Reemtsma widmet sich diesem Thema aus einer persönlich-literarischen Perspektive. Vgl. Reemtsma in Hassemer und Reemtsma, 2002, S. 123f.
[255] Vgl. Kunz, 2004, S. 303 mit Überblick über den Diskussionsstand, siehe auch die Zusammenfassung der Untersuchungen von Baurmann und Schädler sowie Kilchling im Hinblick auf Konfliktregelung und TOA bei Sautner, 2010, S. 240f.

kritische Haltung von Opfern gegenüber dem Resozialisierungsgedanken darin, dass der Staat etwas *für den Täter* tut, wohingegen Geschädigte meist auf eigene Initiative, auch verbunden mit eigenen Kosten angewiesen sind.[256] Sofern ein solches Ungleichgewicht wahrgenommen wird, wird es schwer sein, hier für Verständnis zu werben. *Kury* weist zu Recht darauf hin, dass die Erfassung der Punitivität innerhalb der Bevölkerung ein sehr komplexes Thema ist, das von vielen verschiedenen Variablen abhängig ist.[257] Zu diesen Variablen gehören unter anderem das Alter der Befragten, das Geschlecht, der Bildungsstand, Wohnort, Vorwissen über den Täter, eigene Vorerfahrungen als Opfer einer Straftat oder die Tat an sich. Einfach ausgedrückt ist es für die Ergebnisse einer Befragung von entscheidender Bedeutung – *Wer fragt? Wer wird gefragt? Wie wird gefragt und Wonach wird gefragt?* Auch der Zeitpunkt der Befragung scheint einen bedeutenden Unterschied auszumachen, da davon ausgegangen werden kann, dass ein Opfer kurz nach der Tat anders argumentieren wird als wenn etwas Zeit zwischen Opferwerdung und Befragung vergangen ist. Ein weiterer Teilaspekt ist die Erwartung der Geschädigten im Hinblick auf eine Teilhabe am Verlauf und dem Ergebnis ‚ihres' Strafverfahrens. *Orth* schlussfolgerte mit Blick auf die vorliegende Literatur zur Verfahrensgerechtigkeit, dass der individuelle Eindruck, Teil eines als gerecht empfundenen Verfahrens zu sein, von vielen Faktoren abhängig ist, wie etwa der Transparenz über das Zustandekommen von Entscheidungen, die Möglichkeit der Einflussnahme und des Einspruchs, der Neutralität des Gerichtes gegenüber beiden Streitparteien sowie der nicht zu unterschätzende Einfluss des Verfahrensausganges, da ein individuell als positiv erlebter Verfahrensausgang im engen Zusammenhang mit der Zufriedenheit über das Verfahren an sich stehen sollte.[258] Neben dem Verfahrensausgang scheint daher das Wissen über den Ablauf eines Strafverfahrens, die eigenen Rechte und mögliche Alternativen von Bedeutung. *Baurmann* und *Schädler* stellen fest, dass es bei den von ihnen Befragten recht schlecht bestellt war, wenn es um den weiteren Verlauf des Strafverfahrens, mögliche Alternativen oder um das Wissen über die eigene Rolle im Strafverfahren ging.[259] *Kilchling* befragte im Rahmen seiner Untersuchung die Geschädigten auch zu ihrer favorisierten Rolle im Strafverfahren. Vor dem Hintergrund einer auf dem bereits erwähnten Artikel von *Christie* basierenden Debatte über die Deprivation, stellte *Kilchling* seine sogenannte Dienstleistungshypothese auf, wonach die Geschädigten eine Enteignung des Konfliktes nicht als Nachteil, sondern die Dienstleistung der Strafjustiz eher als Entlastung empfinden.[260] In der Auswertung kam er zu folgenden (Teil)Ergebnissen:

---

[256] Vgl. Orth, 2001, S. 40
[257] Vgl. Kury, 2010, S. 65, zu den Problemen der Messung von Sanktionsbedürfnissen und der Gefahr der Instrumentalisierung der Ergebnisse siehe auch Gabriel und Greve, 1996, S. 185ff.
[258] Vgl. Orth, 2001, S. 41f.
[259] Vgl. Baurmann und Schädler, 1999, S. 104
[260] Vgl. Kilchling, 1995, S. 23f.

„Insgesamt ist also auch hinsichtlich der Opferrolle im Prozeß nur eine Minderheit von durchschnittlich weniger als einem Drittel mit einer bloßen Zeugenrolle zufrieden. Mehr als die Hälfte aller Opfer möchte dagegen auf der Basis einer verstärkten Rechtsstellung am Prozeß teilhaben können, sei es in einer eher passiven Form, in dem ihnen die Möglichkeit gegeben wird, auf der Seite der Staatsanwaltschaft die Anklagemitzuvertreten, sei es in mehr aktiver Weise durch die Einräumung eigener Frage- und Antragsrechte (...). Nur ganz wenige Betroffene möchten aber gar nicht auftreten müssen. Im Ergebnis findet somit die These, daß Opfer ihre Rechtsstellung vor allem im konsultativen Bereich gestärkt sehen möchten, also nicht nur im Ermittlungsstadium, sondern tendenziell auch in Bezug auf das Prozeßstadium ihre Bestätigung."[261]

Ohne die Ergebnisse von *Kilchling* oder die der anderen genannten Untersuchungen bis ins Detail empirisch absichern zu können, so zeichnete sich vielmehr eine Mischform ab, die Anteile aus beiden Perspektiven (dem Dienstleistungsansatz und der als Nachteil empfundenen Deprivation) beinhaltet, wonach Geschädigte auf die Dienstleistung des Staates in Form der am Strafverfahren beteiligten Organe nicht verzichten wollen und auch weniger daran interessiert sind im Prozess verbindliche Entscheidungen zu treffen oder hier auf eigenes finanzielles Risiko hin zu agieren, jedoch ein „starkes Mitwirkungsbegehren"[262] deutlich machen und sich ein Interesse an Transparenz, Informationen und Mitsprache abzeichnet, dass auf eine aktivere Rolle – als nur die des Zeugen - der Geschädigten im Strafverfahren hinausläuft. Die Wünsche und Interessen von Opfern im Strafprozess lassen sich anhand der vorhandenen Literatur wie folgt zusammenfassen:[263]

- Opfer wollen ernst genommen und auch als Opfer einer strafbaren Handlung anerkannt werden.

- Im Strafprozess erwarten sie Schonung, Schutz und Informationen über den Verlauf der Verfahrensschritte und Prozessstadien.

- Opfer wollen nicht nur auf die Opfer- und Zeugenrolle festgelegt werden, sonder auch die Möglichkeit haben, sich auch aktiv am Verfahren zu beteiligen.

- Weiterhin existiert der deutliche Wunsch nach Hilfestellungen bei einer möglichst schnellen, unbürokratischen und umfassenden Wiedergutmachung der eingetretenen Schäden, wobei auch die Täter in die Verantwortung genommen werden sollen.

---

[261] Kilchling, 1995, S. 297
[262] Kilchling, 1995, S. 296
[263] Vgl. zusammenfassend Sautner, 2010, S. 263. Über Erwartungen und Bedürfnisse von Opfern siehe auch Haas, 2014, S. 256ff.

- Im Umfeld der Opferwerdung, der Strafanzeige sowie im Umgang mit Vertretern von Polizei und Justiz wünschen sich Opfer von Straftaten dass, sie allen möglichen Schutz erhalten, dass ihnen keine erneute Straftat widerfährt aber auch keine sekundäre Viktimisierung durch einen unsensiblen Umgang.

- Sie wollen als Opfer in all ihren Belangen ernst genommen und gehört werden, dass man sie nach ihren aktuellen Bedürfnissen fragt und konkrete Hilfen anbietet und dass man ihnen von Seiten der Helfer mit Empathie und Respekt begegnet.

- Opfer wollen auch, dass dem Täter gezeigt wird, dass er eine Grenze überschritten hat, was Konsequenzen für ihn nach sich zieht.[264]

Bei allen Gedanken über das, was Opfer von Straftaten sich von den Akteuren im Strafprozess und der Gesellschaft wünschen, bleibt das Wichtigste meist ungenannt. Opfer von Straftaten wollen wieder an Halt und Sicherheit gewinnen, was ihnen durch die Tat genommen wurde, wollen ihre Lebensqualität zurückerlangen, um schlussendlich und lieber früher als später, nicht mehr das *Opfer einer Straftat* zu sein.[265]

1.3.8 Kritik am Täter-Opfer-Ausgleich im Überblick

1.3.8.1 Die Unschuldsvermutung und das Prinzip der Freiwilligkeit in der Diskussion

In den Anfangstagen des Täter-Opfer-Ausgleichs wurden rechtsstaatliche Bedenken gegen seine Durchführung im Vorverfahren geäußert, die sich am stärksten in den Äußerungen von *Kondziela* niederschlugen, der den Täter-Opfer-Ausgleich schlichtweg für verfassungswidrig hielt.[266] Begründet wurde dieser Standpunkt mit der im Artikel 6 II EMRK[267] festgeschriebenen Unschuldsvermutung, wonach bis zum gesetzlichen Nachweis der Schuldfrage der Angeklagte als unschuldig zu gelten hat. Eine Schadenswiedergutmachungsverpflichtung durch den Beschuldigten ohne vorherige richterliche Schuldfeststellung würde dem entgegen sprechen. Ohne die

---

[264] Vgl. Haupt und Weber, 1999, S. 36f., vgl. Baurmann, 2003, S. 76f.
[265] Vgl. Schädler, 2003, S. 61f.
[266] Vgl. Kondziela, 1989, S. 177-189
[267] EMRK = Europäische Menschenrechts Kommission

schützende Form eines Strafverfahrens und ohne die juristische Klärung der Schuldfrage könne es zu „Aushandlungs- und Abnötigungsprozessen" kommen, so die Befürchtungen von *Eisenberg*,[268] und der Täter-Opfer-Ausgleich zu einem „Unterwerfungsverfahren" mutieren, so *Naucke*.[269]

In der Fachliteratur wurde argumentiert, dass Richter und Staatsanwälte eine Maßnahme wie den Täter-Opfer-Ausgleich nicht anregen, wenn sie nicht von einem ausreichenden Tatverdacht bzw. der Schuld des Beschuldigten ausgehen würden, auch wenn diese noch nicht im Rahmen einer Hauptverhandlung richterlich festgelegt wurde. Der Tatverdacht müsste jedenfalls ausreichend sein, dass eine Anklagereife vorliegt, um somit zu verhindern, dass über eine Wiedergutmachung im Rahmen des Täter-Opfer-Ausgleichs ohne Schuld sanktioniert wird.[270] Der implizierte Schuldvorwurf verstoße aber nicht gegen die Unschuldsvermutung, da sich der Betroffene auf seine Unschuld berufen kann und alle prozessvorbereitenden Maßnahmen, ja die Anklageerhebung selbst, dann im Grunde gegen die Unschuldsvermutung verstoßen.[271] Die Kritik *Kondzielas* setzte sich insofern nicht durch, dass mit dem bloßen Verweis auf die Unschuldsvermutung alle Maßnahmen und Anregungen vor einem Urteil als verfassungswidrig anzusehen seien.

Der Täter-Opfer-Ausgleich wird gerne auch als *außergerichtliche Konfliktschlichtung* bezeichnet. Dies bezieht sich auf die Fälle, wo er im Rahmen der Diversion eine gerichtliche Entscheidung entbehrlich macht, aber im gewissen Sinne auch auf die Verfahren im Vorfeld einer Gerichtsverhandlung, denn der Aushandlungsprozess im Täter-Opfer-Ausgleich findet auf der Ebene der eigentlich beteiligten Personen – Täter wie Opfer - statt, demnach in einem *außergerichtlichen* Rahmen. Da der Auslöser des erneuten Zusammentreffens immer eine Straftat ist und da das Ergebnis einer Schlichtung im Rahmen eines Strafverfahrens immer an die Justiz zurückgemeldet wird, steht der Täter-Opfer-Ausgleich unweigerlich im direkten Zusammenhang mit dem Strafverfahren und dessen rechtsstaatlichen Grundsätzen. Der Staat, vertreten durch die Organisation der Staatsanwaltschaft, gibt seinen Strafanspruch nicht ab, vielmehr begibt er sich in „ (…) eine Art Wartestellung. Er, nicht das Opfer oder der Vermittler, besitzt die endgültige Entscheidungsgewalt (…)" darüber, wie das Ergebnis eines Täter-Opfer-Ausgleichs juristisch zu bewerten ist.[272] *Weigend* fasste die Einbindung des Täter-Opfer-Ausgleichs im Strafverfahren und die damit verbunden Betrachtung der rechtsstaatlichen Problematik so zusammen:

---

[268] Vgl. Eisenberg, 1990, S. 615
[269] Vgl. Naucke, 1990, S. 14
[270] Vgl. Hartmann, U. 1995, S. 59
[271] Vgl. Hartmann, A. 1995, S. 126 im Bezug auf Weigend 1993, S. 57
[272] Janke, http://sfm.jura.uni-sb.de/archives/000058.html, S. 5, (Download vom 18.09.2012) auf der Basis eines Disputationsvortrages von 2004, siehe dazu auch Janke, 2005

„(...) Zum anderen findet Täter-Opfer-Ausgleich jedenfalls in aller Regel nicht aufgrund einer freien Übereinkunft der Beteiligten statt, die sich zur Lösung einer Streitfrage spontan an einen Vermittler wenden, sondern ist in der einen oder anderen Weise mit einem Strafverfahren verzahnt – zumeist so, daß Täter-Opfer-Ausgleich als Ausweg aus dem bereits in Gang gesetzten Verfahren angeboten wird, je nach Ergebnis aber auch nur als Seitenweg, der wiederum ins Strafverfahren zurückführen kann. Das Thema der Rechtstaatlichkeit wird aber unmittelbar und unumgänglich akut, sobald es um die Frage geht, ob jemand der Strafgewalt des Staates unterworfen werden soll (..)."[273]

Die Frage nach der Freiwilligkeit im Täter-Opfer-Ausgleich führte auf der Ebene der beteiligten Professionen zu vielfachen Diskussionen. Auf Seiten des Geschädigten ist diese absolut, da kein Geschädigter dazu gezwungen, überredet oder per richterlicher Auflage quasi dazu verurteilt werden kann, eine Entschuldigung seitens des Täters anzunehmen. „Weder Täter noch Geschädigter dürfen unter Druck gesetzt werden oder im Verfahren Nachteile durch eine Ablehnung des Ausgleichsversuchs erleiden. (...) Der Täter-Opfer-Ausgleich beinhaltet eine konstruktive Aufarbeitung des Vorfalls. Dies ist nicht gegen den Willen der Betroffenen durchführbar."[274]

Wie die Zahlen der TOA-Statistik gezeigt haben, gibt es auf Seiten des Täters eine hohe Bereitschaft zur Wiedergutmachung (siehe dazu Abschnitt 1.2.6), was sich zum Teil sicher auch mit der Besserstellung im Strafverfahren und einer möglichen Strafminderung begründen lässt. Kann man jedoch auf Seiten des Beschuldigten von einer „echten" Freiwilligkeit sprechen, solange das „Damoklesschwert"[275] des Strafverfahrens über ihm schwebt? Vorwürfe, der Täter würde nur an einer Besserstellung im Strafverfahren interessiert sein und lediglich durch den Druck von Strafverfolgung und Strafandrohung zu einer Wiedergutmachung bereit sein, greifen zu kurz, da sie pauschalisieren und all denen Unrecht tun, für die eine Aussöhnung ein wichtiges zwischenmenschliches Anliegen ist.

„Oft geht mit der Entlastung des Opfers auch die des Täters einher, der sich nicht selten in Folge der Tat mit Vorwürfen quält und ein ehrliches Bedürfnis nach Entschuldigung - dem genauen Sinne des Wortes entsprechend – verspürt sowie möglicherweise den Wunsch zu verdeutlichen, nicht wirklich so zu sein, wie der Geschädigte ihn während der Tat wahrnehmen musste."[276]

Ob mit oder ohne Täter-Opfer-Ausgleich – „Zum Recht gehört Zwang".[277] Wer würde sich gerne freiwillig in die Rolle des Beschuldigten begeben in einem Strafverfahren

---

[273] Weigend, 1993, S. 38
[274] Delattre, 1995, S. 139
[275] Vgl. Kaiser, 1995, S. 48 in Bezug auf Weigend, 1989a, S. 327
[276] Kämmerer, 2001, S. 235
[277] Vgl. Frehsee, 1995, S. 59

mit ungewissem Ausgang, wenn er dies nicht müsste? Ist es nicht ein natürlicher menschlicher Reflex, nicht bestraft werden zu wollen bzw. gerade als Beschuldigter zu versuchen, einen für sich möglichst positiven Ausgang des Verfahrens herbeizuführen, sei es nun durch einen geschickten Rechtsanwalt oder den Versuch, für das selbst Verursachte einzustehen (wobei das eine natürlich das andere nicht ausschließt)? Unter dem Stichwort des *Nachtatverhaltens* bietet die Rechtsprechung eine Vielzahl von Möglichkeiten, in denen der Angeklagte versuchen kann, positiven Einfluss auf eine richterliche Entscheidung zu nehmen, wie etwa ein umfassendes Geständnis. Ein „subtiler Druck", wie *Weigend* es nennt, wohnt dem Täter-Opfer-Ausgleich inne, sobald Staatsanwaltschaft und Gericht ein Verfahren zum Täter-Opfer-Ausgleich verweisen und Strafmilderung oder eine Verfahrenseinstellung in Aussicht stellen.[278] Solange sich die Konfliktschlichtung im Rahmen des Strafverfahrens bewegt, wird es nie gänzlich ohne Druck ablaufen, auch wenn der Beschuldigte im Falle einer Ablehnung eines Täter-Opfer-Ausgleichs nicht schlechter gestellt, d.h. härter bestraft werden darf als ohne dessen Ablehnung. „Bei realistischer Betrachtung wird man sich daher von der Vorstellung freimachen müssen, eine auf dem **Prinzip vollkommener Freiwilligkeit** beruhende Einrichtung zur Regelung strafrechtlich erfaßter Konflikte sei existenzfähig"[279] (Hervorhebung im Original).

Trotz dieser Einschränkungen ist eine Freiwilligkeit gegeben, da sich der Beschuldigte auch dagegen entscheiden kann, einen Ausgleich mit dem Geschädigten anzustreben, sei es, weil er sich unschuldig fühlt und/oder es tatsächlich ist, oder weil der Konflikt mit der anderen Seite es ihm unmöglich macht, in der Rolle des Täters auf diese zuzugehen. Niemand kann oder sollte gezwungen werden, für etwas einzustehen, für das er nicht einstehen kann oder will. Kritisch wird es jedoch, wenn Jugendliche und Heranwachsende sich zu einer Maßnahme gedrängt fühlen und glauben, dass ihnen keiner ihre Unschuld glaubt (siehe dazu auch den Abschnitt über Polizeidiversion 3.6.5). Kritisch kann es aus der Perspektive der Konfliktschlichtung dann werden, wenn der Wunsch, nicht bestraft zu werden, das einzige Motiv zur Teilnahme an einem Täter-Opfer-Ausgleich ist, da dies von den Geschädigten auch so wahrgenommen wird. Problematisch wird es vor allem dort, wo der Beschuldigte aus prozesstaktischen Gründen den Weg des Täter-Opfer-Ausgleichs gehen will, weil er sich durch seine „Bereitschaft" Vorteile im Strafverfahren verspricht, dann aber an keinem Punkt Verantwortung übernehmen will, sich unschuldig fühlt oder etwa durch seinen Rechtsanwalt die Vorgabe erhalten hat, Bereitschaft zu signalisieren, ohne sich inhaltlich einzulassen. Ein solcher Ausgleichsversuch kann und wird bereits in einem frühen Stadium scheitern. Der Wunsch, nicht bestraft zu werden, gleichzeitig aber auch keine Verantwortung übernehmen zu wollen, bringt den Beschuldigten zu Recht in ein Dilemma, in dem es an ihm liegt, sich zu entscheiden,

---

[278] Vgl. Kaiser, 1995, S. 48 in Bezug auf Weigend, 1989, S. 325
[279] Kaiser, 1995, S. 48 in Bezug auf Weigend 1989a, S. 326

welchen Weg er gehen will. Selbst der Standpunkt, unter zwei Arten von Übeln sich für das geringere zu entscheiden, enthält noch ein Maß an freier Entscheidung:

„Die Freiwilligkeit bedeutet grundsätzlich die Wahlmöglichkeit zwischen verschiedenen Alternativen. Um sich für eine dieser Varianten entscheiden zu können, muss eine innere Überzeugung für eine der Möglichkeiten gewonnen werden. Dieser Prozess ist nie unbeeinflusst von äußeren und inneren Faktoren, die Freiwilligkeit bezieht sich vielmehr auf das Zurverfügungstellen verschiedener Wahlalternativen. Die subjektive Abwägung der Vor- und Nachteile kann daher nicht als Drängen bezeichnet werden, das die Freiwilligkeit in Frage stellt."[280]

Abschließend dazu die Auffassung von *Rössner*:

„Der (relativ) freiwillige TOA nach § 45II S. 2 JGG setzt die Kooperationsbereitschaft des Jugendlichen voraus. Natürlich ist er nur ein Angebot und nicht mit Zwang durchzusetzen. Dem Beschuldigten bleiben alle strafrechtlichen Garantien, insbesondere die Unschuldsvermutung. Ihm dürfen keine Nachteile entstehen, wenn er statt des TOA das kontradiktorische Verfahren wählt. (...) Unter dieser Perspektive geht die Fundamentalkritik aus rechtsstaatlicher Perspektive fehl."[281]

Durch das Prinzip der Freiwilligkeit kann von einer *Anordnungs- oder Sanktionskompetenz* keine Rede sein. Die Einstellung des Verfahrens durch den Staatsanwalt nach § 45 Abs.2 JGG, die ohne Anklageerhebung und somit ohne die Beteiligung des Gerichts vonstattengeht, bietet keinen Ansatz für eine Unvereinbarkeit mit dem Rechtsstaatsprinzip,[282] da es dem Beschuldigten freisteht, das Angebot auszuschlagen und im Rahmen einer Hauptverhandlung um seine Unschuld oder eine ihm angemessen erscheinende Sanktion zu streiten. Durch die Möglichkeiten, die die §§ 45. Abs. 1 und 45 Abs. 2 JGG bieten, werden der Staatsanwaltschaft unterschiedliche Erledigungsmöglichkeiten zur Verfügung gestellt, die den vom Gesetzgeber gewollten Subsidiaritätsgrundsatz berücksichtigen, eine nächste Verfahrensstufe zu bestreiten, sollte die vorherige nicht ausreichend gewesen sein sowie die Möglichkeit der Einschaltung des Jugendrichters.[283]

Ob Beratung, Mediation oder Therapie – alle basieren auf einem hohen Grad von Freiwilligkeit (siehe dazu den Abschnitt 2.1 und die sich anschließenden Abschnitte). An anderen Stellen dieser Arbeit wird erneut auf die zwar gegebene, dennoch eingeschränkte Art der freien Entscheidung hingewiesen, handelt es sich dabei um die Teilnahme als Beschuldigter an einem Täter-Opfer-Ausgleich oder als Kon-

---

[280] Keudel, 2000, S. 27 in Bezug auf Meier 1999, S. 1-2
[281] Rössner, 2001, S. 175
[282] Vgl. Meier, Rössner und Schöch, 2013, S. 140f. Rd.14
[283] Vgl. Heinz und Storz 1994, S. 98 mit Verweis auf Dölling 1989c, S. 248

fliktpartei in einer Mediation (siehe dazu Abschnitt 2.1.2). *Kähler* näherte sich mit seiner Untersuchung dem Mythos der sozialen Arbeit, wonach es der Klient ist, der, sobald der Leidensdruck groß genug ist, sich um Hilfe bemüht, um sein Problem zu lösen. Seinen empirischen Untersuchungen nach liegt die selbstinitiierte Kontaktaufnahme je nach Arbeitsfeld durchschnittlich zwischen 10 und 40 %, so dass man in der Praxis mehrheitlich von fremdinitiierten Klientenkontakten ausgehen kann.[284] *Kähler* zählt jedoch zu den Autoren, die letztendlich die Motivation des Klienten höher einschätzen als die Ausgangslage, die zum Zustandekommen der Berater-Klient-Beziehung geführt hat und die die Beratung im Zwangskontext dennoch für sinnvoll erachten, sofern es dem Berater gelingt, seine Rolle transparent zu halten, gerade wenn es sich um mehrfache Mandate handelt, die es für den Berater zu handhaben gilt.[285] Bereits *Rogers* äußerte sich zu der Thematik, inwieweit eine Berater-Klienten-Beziehung mit fremdbestimmten Strukturen vereinbar sei, wobei er von Autorität spricht. Im Hinblick auf die Arbeit der Bewährungshilfe und die Anmerkungen seiner Kollegin *Affleck* dazu spricht sich *Rogers* für ein hohes Maß an Transparenz gegenüber dem Klienten aus, indem er sich als Berater anbietet, der ebenso wie der Klient gewissen Vorgaben verpflichtet ist und der innerhalb dieses Rahmens nach Freiräumen sucht.[286] *Großmann*, die sich in ihrer Arbeit mit der Thematik der Beratung im Zwangskontext auseinandersetzt, resümiert:

> „Sozialpädagogische Gespräche, die in dieser Art Zwangskontext geführt werden, sind nicht bedeutungslos. Sie können durchaus eine Hilfe darstellen, sie können einige der Gesprächstechniken, die in der Beratung entwickelt worden sind, anwenden und im Kontakt von Wohlwollen gegenüber der Person der Klienten gekennzeichnet sein. Sie finden aber immer in einem klaren Verhandlungsrahmen statt, der – über welche mögliche Perspektiverweiterung auch immer gesprochen wird – nicht zur Disposition steht."[287]

Aus Sicht der Praxis im TOA gilt es, den Gedanken der Freiwilligkeit stets zu berücksichtigen und in den Vorgesprächen auch auf Alternativen zum TOA hinzuweisen. Auf Seiten des Beschuldigten kann der Wunsch, möglichst gut durch das eigene Strafverfahren zu kommen, ein legitimer Wunsch sein, jedoch sollte dies im Verlauf der Gespräche mit dem Vermittler und den Geschädigten nicht die einzige Motivation bleiben.

---

[284] Vgl. Kähler, 2005, S. 11ff. Zum Diskurs über Zwangskontexte und Soziale Arbeit siehe auch Lindenberg und Lutz, 2014, S. 114-126
[285] Vgl. Kähler, 2005, S. 93
[286] Vgl. Rogers, deutsche Ausgabe 1995, S. 104-105 mit Bezug auf Affleck, 1937
[287] Großmann, 2010, S. 173-185

1.3.8.2 Bedenken aus Sicht der Opferhilfen

Gerade in der frühen Entwicklungsphase des Täter-Opfer-Ausgleichs äußerten Vertreter von Opferhilfsorganisationen Bedenken an der praktischen Durchführung des Täter-Opfer-Ausgleichs.

Die Kritik *Schädlers* bezog sich vor allem auf die von ihm formulierten, negativen Begleiterscheinungen einer zu großen konzeptionellen Nähe von Täter-Opfer-Ausgleich und Diversion sowie auf einzelne Aspekte in der Durchführung des Täter-Opfer-Ausgleichs. Nach *Schädler* existiert bei Opfern „eine besonders ausgeprägte Mehrheit",[288] die an einer Wiedergutmachung interessiert ist. Der Täter-Opfer-Ausgleich vermag es jedoch nicht, die Bedürfnisse von Opfern, die über eine Schadenswiedergutmachung hinaus daran interessiert sind, dem Täter einen „Denkzettel" mitzugeben, diese Wünsche zu erfüllen, da er im Gegensatz zum Strafrecht keine sanktionierende Funktion hat. Neben dem Effekt, das allein durch die Wortschöpfung Täter-Opfer-Ausgleich der Eindruck entstehen könnte, dass es sich dabei um eine täterzentrierte Maßnahme handelt und den Interessen des Opfers eine zweitrangige Bedeutung beikommt, macht Schädler auf den Faktor Zeit aufmerksam, der sich für Opfer und jugendlichen Täter in unterschiedlichen Richtungen entwickelt. So ist es für den erzieherischen Effekt auf Täterseite zwingend notwendig, schnell und deutlich auf die begangene Verletzung von Norm und Gesetz zu reagieren, Geschädigte jedoch benötigen, je nach der individuell wahrgenommenen Schwere der Tat und ihrer Tatfolgen, mehr Zeit zum Verarbeiten des Erlebten. Zügige Verfahrensabwicklungen im Rahmen der Diversion stehen diesem berechtigten Wunsch nach mehr Zeit entgegen und würden sich negativ auswirken, mehr noch, wenn dem Geschädigten suggeriert wird, dass er dem Beschuldigten eine Chance verbaut, wenn er sich nicht an einem Täter-Opfer-Ausgleich beteiligt. Die im Diversionsverfahren propagierte schnelle Bearbeitung kann dazu führen, dass auf „den Zeitaufwand, den ein Opfer für die Aufarbeitung der durch die Straftat erlittenen Verletzungen vielfach benötigt, keine Rücksicht"[289] genommen wird. Darauf aufbauend befürchtet *Schädler*, dass, ähnlich wie anhand früherer Untersuchungen zu britischen Diversionsprojekten, ein Druck auf die Opfer ausgeübt wird und dass eine Schieflage entsteht, wenn es konzeptionell darum ginge, auf eine Verfahrenseinstellung oder Strafmilderung des Täters hinzuarbeiten.[290] Projekte, die dies als ihren Hauptzweck betrachten, sollten nicht als Täter-Opfer-Ausgleichs- oder Schadenswiedergutmachungsprojekte bezeichnet werden. *Schädler* mahnte daher schon früh Verfahrensregeln und einen transparenten Ablauf der Konfliktschlichtung an, da ein rein auf Diversion ausgerich-

---

[288] Schädler, 1995, S. 26 (Anmerkung: Schädler bezieht sich hier auf die, in dieser Arbeit bereits erwähnten Untersuchung von Baurmann und die Untersuchung von Voß.)
[289] Schädler, 1995, S. 27
[290] Vgl. Schädler, 1995, S. 29 (Anmerkung: Schädler bezieht sich hier auf die Untersuchung von Davis et al. zu einem TOA-Projekt im englischen Leeds aus dem Jahre 1987, S. 46ff.)

teter TOA die Gefahr beinhaltet, täterorientiert zu sein, und die Waagschale, auch bei einer noch so sorgfältig um Neutralität bemühten Vermittlung, zu Ungunsten des Geschädigten ausschlagen kann. Als Konsequenz daraus schlussfolgerte *Schädler*, dass es sinnvoll erscheint, Schlichtung und Strafverfahren insofern voneinander zu trennen, als dass die Schlichtung erst nach der vorläufigen Beendigung des Strafverfahrens beginnt, ein Vorschlag, der sich in der Praxis jedoch nicht durchgesetzt hat. Dies würde die Geschädigten von der Mitverantwortung einer möglichen Strafe entlasten und gäbe ihnen die notwendige Zeit, die Tat zu verarbeiten.[291] Zu einem späteren Zeitpunkt kritisierte *Schädler* im Hinblick auf die Hauptverhandlung und den Zeitfaktor, dass es zu einer erneuten Schädigung des Opfers kommen kann, wenn im Rahmen der Hauptverhandlung zwischen dem Verteidiger und dem Vertreter der Nebenklage unter Zeitdruck und ohne Beihilfe von Vertretern der Opferhilfe oder des Täter-Opfer-Ausgleichs Vereinbarungen getroffen werden. Nach Ansicht *Schädlers* ließe sich dies vermeiden, wenn die Zeit zwischen Anklageerhebung und vor der Hauptverhandlung für einen Täter-Opfer-Ausgleich genutzt wird, so dass die Geschädigten Zeit haben, sich mit dem Gedanken daran auseinanderzusetzen.[292]

Das Opfer von seiner möglichen Vorstellung zu lösen, es sei schuld an einer möglichen Bestrafung des Täters, ist mitunter Aufgabe eines Vermittlers, der nicht mit einem solchen Instrumentarium des Appells an das Opfer arbeiten sollte. Der Effekt, dass Opfer allein durch die Wortschöpfung einen Täter-Opfer-Ausgleich als täterorientiertes Hilfsangebot verorten, lässt sich in der Praxis immer wieder beobachten. Die österreichische Variante des ATA – des außergerichtlichen Tatausgleichs, ist hier wohl die gelungenere, weil neutralere Bezeichnung. Die Befürchtung vor der Instrumentalisierung des Geschädigten durch eine reine, auf eine Verfahrenseinstellung des Täters ausgerichtete Konfliktschlichtung, gilt es nach wie vor in der alltäglichen Praxis zu berücksichtigen. Projekte, die konzeptionell in der ganzen Bandbreite des Strafverfahrens tätig werden können, haben hier natürlich Vorteile, da sie sich an der Konfliktschlichtung als Maßstab des eigenen Erfolges messen können und nicht anhand der Verfahrenseinstellungen auf der Täterseite. Dennoch ist meines Erachtens eine Verfahrenseinstellung nicht generell negativ zu bewerten, zeigt sie doch die Würdigung der Justiz, die Bemühungen des Täters zu honorieren bzw. ist dies auch ein Grad der Anerkennung für eine von beiden Seiten erarbeitete Lösung. Die von *Schädler* angemahnten Standards wurden schon früh als notwendige Leitlinien der TOA-Fallarbeit erkannt, ebenso wie die Diskussion um die Neutralität des Vermittlers. Durch die TOA-Standards sowie Supervision und ein regelmäßiges Reflektieren der eigenen Rolle soll die neutrale Haltung gewährleistet werden.[293]

---

[291] Vgl. Schädler, 1995, S. 24-34
[292] Schädler, 2008, S. 31
[293] Vgl. TOA-Standards, 6. überarbeitete Auflage, 2009, S. 18 und S. 20

Aus dem Jahr 2000 stammt eine Kritik von *Oberlies*, die sich dem Konzept des Täter-Opfer-Ausgleichs, seiner Verortung im Strafrecht sowie seiner Umsetzung in der damaligen Praxis aus einer bewusst feministischen, juristischen Position näherte. *Oberlies* kritisierte unter den Schlagworten von „Strafrabatten"[294] und „organisierten Rechtsverzicht"[295] die Besserstellung des Täters durch das Instrument von Täter-Opfer-Ausgleich und Wiedergutmachung und versuchte dies mit ausgesuchten Verfahren zu Sexualstraftaten aus dem allgemeinen Strafrecht zu belegen. *Oberlies* kritisierte unter anderem, dass es sich bei strategisch günstigen Zahlungsangeboten durch den Verteidiger im Strafverfahren, einen Austausch von Schriftwechseln durch die Rechtsverteidiger und die Übergabe eines Schecks als Schmerzensgeld nicht um einen Täter-Opfer-Ausgleich handelt, der, ohne die Bereitschaft des Geschädigten, in irgend einer Art daran mitzuwirken, auch nicht zustande kommen kann. *Oberlies* resümierte, dass „aus der eigentlich guten – Idee einer angeleiteten Konfliktbearbeitung und Übernahme von Verantwortung von Täterseite in der Strafrechtspraxis ein bloßes Strafrabattsystem geworden ist" und dass der Täter-Opfer-Ausgleich „im System einer täterorientierten Strafrechts wohl nie etwas anderes sein könne als ein – täterorientiertes Instrument zur Bemessung individueller Schuld und Strafwürdigkeit. Würde man etwas anderes wollen, müsste der gesamte strafrechtliche Rahmen verändert werden (…)", hin zu einem „kommunikativen Strafverfahren", in welchem die Bedürfnisse der Geschädigten gehört werden und in dem deren zivilrechtliche Ansprüche „Vorrang vor materiellen strafrechtlichen Sanktionen haben."[296] Forderungen, mit denen sie weitgehend konform lag mit dem, was Vertreter der TOA-Bewegung kritisierten. Von dieser Seite aus reagierte unter anderem *Trenczek* auf den Artikel von Oberlies,[297] der einräumte, dass trotz einer „sich feministisch gebenden Radikalrhetorik" an der Kritik „doch etwas dran ist."[298] *Trenczek* warf *Oberlies* vor, „das unzureichende Normprogramm wie auch das fehlerhafte justizielle Entscheidungsverhalten mit der Mediation und Praxis des TOA"[299] zu verquicken. *Oberlies* hatte unter anderem angemerkt, dass der Täter als Verursacher von Schaden und Verletzung sowieso zu einer materiellen Wiedergutmachung verpflichtet sei, dabei jedoch die Realität außer Acht gelassen, wonach „das Opfer aufgrund der mangelnden Ressourcen der Täter (vor allem bei jugendlichen und heranwachsenden Tätern: Anmerkung O.J.) gerade bei der traditionellen Trennung von Strafverfolgung und Zivilprozess gewöhnlich leer ausgehen."[300] *Trenczek* kam aus seiner Position der TOA-Praxis zu folgendem Fazit:

---

[294] Vgl. Oberlies, 2000, S. 99
[295] Vgl. Oberlies, 2000, S. 100
[296] Oberlies, 2000, S. 112f
[297] Vgl. Oberlies, 2000, S. 99-115 – siehe auch Artikel in der Frankfurter Rundschau vom 27. Juli 2000
[298] Trenczek, 2000, S. 5 kritisch zum Oberlies Artikel auch Winter, 2000, S. 12-14
[299] Trenczek, 2000, S. 6
[300] Trenczek, 2000, S. 7

„Die TOA-Mediation ist trotz aller Schwierigkeiten in der praktischen Umsetzung wohl eine der seltenen Gelegenheiten, in denen im Interesse der (weiblichen wie männlichen) Opfer den Tätern die Übernahme von Verantwortung und eine Konfrontation mit der Opferperspektive ermöglicht wird, gerade weil den durch eine Straftat geschädigten (und häufig auch traumatisierten) Opfern eine Stimme gegeben wird."[301]

Trotz Differenzen in der Betrachtungsweise, wohl bedingt durch konträre Standpunkte und Interessen, wird dennoch zumindest der Wunsch beider Fraktionen deutlich, die Geschädigten und ihre individuellen Bedürfnisse mehr einzubeziehen.

1.3.8.3 Zum Verhältnis von Opferhilfe und Täter-Opfer-Ausgleich

Die größten Bedenken aus Sicht der Opferhilfe[302] wurden dem Täter-Opfer-Ausgleich in seinen Anfangsjahren entgegengebracht, was mitunter daran lag, dass viele der ersten Projekte an der Justiz und den Jugendämtern, mit einem eher klassisch täterorientierten Arbeitsauftrag, angesiedelt wurden. Auch die erste Generation der Vermittler stammte weitgehend aus den ebenfalls täterorientierten Feldern der Sozialarbeit. Könnte bei diesen Voraussetzungen hier ein neues Aufgabengebiet angesiedelt werden, welches den Belangen der Opfer sensibel und fachlich gerecht wird, oder ist ein Ungleichgewicht zu Ungunsten der Opfer vorprogrammiert, wenn die Arbeit mit Opfern und Tätern zusammengelegt würde? In der Diskussion innerhalb der Opferhilfe wurde gemahnt: „Das Opfer darf nicht im Rahmen des Täter-Opfer-Ausgleichs über den Tisch gezogen werden" und „Täter-Opfer-Ausgleich darf kein Etikettenschwindel täterorientierter Sozialarbeit sein."[303]

Die Bedenken schienen nicht unbegründet, bedenkt man die frühen Äußerungen von *Netzig* und *Wandrey* zur Notwendigkeit von TOA-Standards,[304] sowie einer ersten Bilanz von *Trenczek*, dass nicht überall wo „TOA drauf steht, auch TOA drin ist", an anderer Stelle dieser Arbeit (siehe 2.1.2).[305] Auf einer gemeinsamen Fachtagung von Opferhilfe-Organisationen und TOA-Anbietern im Jahr 2008 resümierte *Delattre* in seinem Vortrag, dass das Verhältnis zwischen beiden Fraktionen nie konfliktfrei gewesen sei, sich im Verlauf der Jahre jedoch auch gewandelt und verbessert

---

[301] Trenczek, 2000, S. 9
[302] Unter dem Begriff der Opferhilfe firmiert die Unterstützung von Kriminalitätsopfern, um das Erfahrene besser verarbeiten und im besten Fall heilen zu können. Der Bereich der professionell arbeitenden Opferhilfen umfasst u.a. psychosoziale Beratung, Krisenintervention, rechtliche Beratung, Begleitung und Unterstützung im Rahmen von Gerichtsverhandlungen, sowie Konfliktschlichtungen und Schadenswiedergutmachungen im Rahmen des Täter-Opfer-Ausgleichs. Vgl. Hartmann, J. 2010, S. 10ff.
[303] Eppstein, 1992, S. 155
[304] Vgl. Netzig und Wandrey, 1997, S. 214ff.
[305] Vgl. Trenczek, 2006, S. 234f.

habe.[306] Als Vertreter der Opferhilfen ergänzte Guntermann in seinem Beitrag unter anderem, das ein gelungener TOA den Bedürfnissen vieler Opfer entspreche und demnach „zu einem wichtigen Teilbereich praktischer Opferunterstützung geworden" ist, so dass es durchaus von Vorteil sei, wenn beide Bereiche zusammenarbeiten.[307] Bedingt durch einen regen fachlichen Austausch in den letzten beiden Jahrzenten und darüber hinaus, konnten Bedenken entweder widerlegt oder Kritikpunkte aufgenommen und in die Fallarbeit der TOA-Vermittler integriert werden. Die regelmäßig überarbeiteten TOA-Standards trugen innerhalb der TOA-Bewegung erheblich dazu bei, große Aufmerksamkeit auf die Opferbelange zu legen und damit auch nach außen Kritik verstummen zu lassen. Der WEISSE RING, als Deutschlands älteste und zugleich größte private Hilfsorganisation für Opfer von Straftaten, hat die Unterstützung von qualitativ hochwertigen TOA-Projekten sowie die Förderung von Opferfonds in den Punkt drei seiner Satzung aufgenommen.[308] Schöch verweist dazu auf den Vorstandsbeschluss des WEISSEN RINGS von 1996, in dem es heißt, dass:

> „(...) die Vorteile der Wiedergutmachung aus der Sicht des Verbrechensopfers in vereinfachter und rascher materieller Entschädigung sowie Vermeidung langwieriger und belastender Straf- und Zivilprozesse liegen. Findet ein Täter-Opfer-Ausgleich statt, so können darüber hinaus Genugtuung für erlittene Kränkungen und Abbau von Ängsten dem Opfer die Verarbeitung der psychischen Folgen der Tat erleichtern"[309] (Hervorhebung im Original).

In der fachlichen Diskussion geht es daher nicht mehr um ‚das Ob' sondern um ‚das Wie' der Arbeit bzw. Zusammenarbeit.

In den vergangenen Jahren wurde vereinzelte Kritik laut, wenn es um die Konturen und Abgrenzungen zwischen Opferhilfe und TOA ging. Wörsdörfer[310] plädiert für den Standpunkt, dass der TOA keine Opferhilfe ist und die Opferhilfe kein TOA. Vielmehr handle es sich um „zwei spezialisierte Arbeitsbereiche mit jeweiligen beruflichen Standards, die spezielle Anforderungen an die Berater stellen (...)" und: „Ein TOA, der originäre Aufgaben der Opferhilfe übernimmt oder sich gar als Opferhilfe darstellt überschreitet diese Grenzen".[311] Die Kritik ist insoweit nachvollziehbar, indem sie ein Heilsversprechen der TOA-Szene anprangert, wonach sich Geschädigte nur melden müssten, um Hilfe zu erfahren. Problematisch wird es jedoch, wenn da-

---

[306] Vgl. Delattre, 2008, S. 37
[307] Vgl. Guntermann, 2008, S. 15
[308] Vgl. Satzung des WEISSEN RING § 2. Vereinszweck 3a, b und c unter https://www.weisser-ring.de Download vom 01.03.2011
[309] Vgl. Schöch, 2012, S. 250, mit direktem Verweis auf den Beschluss des Bundesvorstandes Weisser Ring, 1997, Mitgliederzeitschrift Nr. 20, S. 6f.
[310] Wörsdörfer arbeitete von 1997 bis 2001 als Mediator in Strafsachen bei der Waage Köln und wechselte dann zur Opferhilfe der Wiesbadener Hilfe. Seine Kritik richtete sich hauptsächlich an den im Umfeld des 11. TOA Forums entworfenen Opfer-Flyer, die Opferhotline sowie die Diskussion um die Einbeziehung von schweren (Sexual-) Straftaten in den TOA. Vgl. Wörsdörfer, 2006, S. 47-50
[311] Wörsdörfer, 2006, S. 49f.

hinter keine Opfer-Täter-Konstellation steht, in der der Täter auch bereit ist, gegenüber „seinem" Opfer Verantwortung zu übernehmen. *Wörsdörfer* verweist auf seine eigene praktische Erfahrung in der Opferhilfe, wonach Opfer von Gewalttaten nur selten den Wunsch äußern würden, dem Täter wiederbegegnen zu wollen.[312] Spätestens an dieser Stelle greift die Kritik *Wörsdörfers* zu kurz, da er sich nur auf die Bedürfnisse jener Opfer beruft, die ihm bekannt sind und die den Weg zur Opferhilfe gewählt haben. *Wetzels* kommt in seiner repräsentativen Opferbefragung zur Nutzung von Opferhilfseinrichtungen zu den Ergebnissen, dass nur wenige Opfer institutionalisierte Opferhilfen in Anspruch nehmen, was erstens mitunter damit zusammenhänge, dass die Mehrheit der von strafrechtlich relevanter Viktimisierung Betroffenen in der Lage ist, dies eigenständig zu bewältigen[313] und zweitens, die Nutzer von Opferhilfen signifikant häufiger mit Ängsten konfrontiert und damit psychisch besonders betroffen seien.[314] Demzufolge ist es naheliegend, wenn die Geschädigten, die sich an eine institutionelle Opferhilfe richten, eine geringe Affinität zu einer, wenn auch organisierten und begleiteten, Wiederbegegnung mit „ihrem Täter" haben als die Geschädigten, die sich dies schon eher vorstellen können.

Basierend auf der Erkenntnis, dass es nicht „das Opfer" von Straftaten gibt, sondern viele individuelle Bedürfnisse und Interessen bietet es sich an, die Professionen Opferhilfe und Täter-Opfer-Ausgleich nicht als Konkurrenten, sondern als Partner zu sehen, wenn es darum geht, die vielfältigen Bedürfnisse von Geschädigten ernst zu nehmen, von denen, die ohne eine institutionalisierte Hilfe auskommen, jene, für die ein Täter-Opfer-Ausgleich in Frage kommt und jene, die andere Hilfen in Anspruch nehmen wollen und müssen.

Kilchling benennt die Notwendigkeit, dass auch der Geschädigte resozialisiert und in die Gesellschaft eingegliedert werden muss und verweist unter anderem auf die zentralen Punkte, als Opfer anerkannt zu werden[315] bzw. eine Wiedergutmachung zu erfahren.[316] Auch aus Sicht der Opferhilfe wurde das Potenzial, für den Geschädigten unter Umständen mehr tun zu können als im klassischen Strafverfahren möglich, erkannt und aufgegriffen. Die Hanauer Hilfe, eine im Jahr 1984 gegründete Beratungsstelle für Kriminalitätsopfer, nahm in ihre Satzung auf, dass Hilfe für Opfer auch eine Aussöhnung mit dem Täter bedeuten kann.[317] Ab 1996 wurde ein Modellprojekt im allgemeinen Strafrecht ins Leben gerufen, welches im Zuständigkeitsbereich der Staatsanwaltschaft Hanau den Täter-Opfer-Ausgleich durch einen Gerichtshelfer „auf Täterseite" und einen Sozialarbeiter der Hanauer Hilfe auf „Opfer-

---

[312] Vgl. Wörsdörfer, 2006, S. 49
[313] Vgl. Wetzels, 1995, S. 24f.
[314] Vgl. Wetzels, 1995, S. 12f.
[315] Vgl. Kilchling, 2010, S. 47
[316] Vgl. Kilchling, 2010, S. 48
[317] Vgl. Guntermann, 2009, S. 103

seite" durchführen ließ.[318] Mit dem Jahr 2003 trennte man sich von diesem Modell und beauftragte die Hanauer Hilfe mit der Durchführung des Täter-Opfer-Ausgleichs. Die Hanauer Hilfe gehört damit zu den wenigen Opferhilfsvereinen, die sich bewusst als parteilich für das Opfer positionieren *und* den Täter-Opfer-Ausgleich anbieten, da von dortigem Standpunkt aus der Versuch, den TOA von einer vorgeblich „neutralen Institution" zu betreiben, mit den Interessen des Opfers kollidieren muss.[319] Nichtsdestotrotz wird die gleichrangige Berücksichtigung beider Interessen betont, ebenso wie die Notwendigkeit einer allparteilichen Haltung[320] des Vermittlers im Schlichtungsprozess, so dass zu den TOA-Projekten, die nach den TOA-Standards arbeiten, kaum Unterschiede bestehen. Im Jahr 1988 wurde der „Arbeitskreis der Opferhilfen – ado" gegründet, ein Zusammenschluss von Opferberatungsstellen (ohne Beteiligung des Weissen Rings), die es sich zum Ziel gesetzt hatten, die Opferhilfe weiter zu professionalisieren, die Vernetzung auszubauen und zu fördern sowie durch regelmäßige Informationsveranstaltungen und Jahresberichte den Wissensstand zu vergrößern. In diesen Kreis wurden auch einzelne TOA-Projekte aufgenommen und integriert, wie etwa die Waage in Köln oder Konfliktschlichtung e.V. aus Oldenburg.[321]

1.4 Die Effizienz des Täter-Opfer-Ausgleichs

Was kann der Täter-Opfer-Ausgleich leisten? Welche seiner Versprechen löst er ein? Wann ist er erfolgreich und welche Qualitätsmerkmale lassen sich messen? Unter dem Oberbegriff der Effizienz wird der TOA aus unterschiedlichen Perspektiven und mit unterschiedlichen Schwerpunkten betrachtet und bewertet. Trägt er, wie von ihm erwartet, zu einem Nach- und Umdenken bei den Tätern bei? Hat er eine günstigere Auswirkung auf die Vermeidung der Rückfälligkeit und wie bewerten ihn die eigentlichen Beteiligten, Opfer und Täter? Auch aus ökonomischer Sicht wird die Debatte um den TOA geführt, wenn es darum geht, ob er eine Entlastung für die Justiz ist und was letztendlich teurer ist, eine Konfliktschlichtung im Rahmen des TOA oder eine Gerichtsverhandlung?[322]

---

[318] Vgl. Guntermann, 2009, S. 102
[319] Vgl. Guntermann, 2009, S. 92
[320] Vgl. Guntermann, 2009, S. 103
[321] Vgl. Satzung, Ziele und Mitglieder des ado unter http://www.opferhilfen.de
[322] Letztgenannter Punkt wird hier nicht weiter vertieft, u.a. widmete sich Kumpmann dieser Thematik. Bei Vergleichsrechnungen fällt der TOA auf den ersten Blick etwas teurer aus, wobei auf Seiten der Justiz erhebliche Kosten, wie Raumkosten, Gehälter, Pensionen etc. nicht oder nur oberflächlich Berücksichtigung finden, Delattre sprach daher schon mal von sogenannten „Milchmädchenrechnungen".

1.4.1 Der Erziehungsgedanke im Täter-Opfer-Ausgleich

Der Erziehungsgedanke im Jugendstrafrecht wurde im einleitenden Teil dieser Arbeit bereits beschrieben. Da der Täter-Opfer-Ausgleich Teil des Jugendstrafrechts ist, stellt sich die Frage: Wie viel Erziehung steckt im Täter-Opfer-Ausgleich?

Mit dem Täter-Opfer-Ausgleich ist auch der Anspruch verbunden, vorwiegend auf der Seite des jugendlichen Täters, im Sinne einer spezialpräventiven Wirkung verhaltensändernd auf diesen erzieherisch einzuwirken. Die direkte Konfrontation mit der Tat und den Tatfolgen für den Geschädigten, eine Verantwortungsübernahme und ein Austausch im gemeinsamen Gespräch werden als erzieherisch wertvoller und nachhaltiger angesehen als ein bloßes Entgegennehmen einer Strafe vor dem Gericht, was mitunter beim jugendlichen Delinquenten den Nachgeschmack hinterlassen kann, dass nicht das eigene Verhalten, sondern der Geschädigte und dessen Anzeige schuld an der zu erleidenden Strafe ist. Da die Verletzungen des Opfers, sein materieller und seelischer Schaden in der Hauptverhandlung einen nicht unerheblichen Einfluss auf das Strafmaß haben können, liegt es für Beschuldigte und deren Rechtsanwälte mitunter nahe, diese Schäden in Zweifel zu ziehen oder die Tatfolgen durch eine vermutete Mitverantwortung des Geschädigten beim Zustandekommen der Tat zu minimieren. Auch im Täter-Opfer-Ausgleich gibt es Neutralisationstechniken auf Seiten des Täters. In der direkten Konfrontation mit dem Geschädigten und ohne zwangsläufige Verbindung mit einer noch folgenden Strafe fallen diese dem Täter schwerer bzw. fällt es ihm leichter, sich der eigenen Verantwortung zu stellen.

Die Begegnung von Täter und Opfer im Schlichtungsgespräch, die Aushandlung einer gemeinsamen Lösung sowie die unmittelbare Auseinandersetzung des Täters mit der Tat und den Tatfolgen für den Geschädigten setzt einen Prozess der inneren Beteiligung in Gang, der sich auch resozialisierend auswirkt.[323]

„Aufgrund der Konfrontation mit dem Opfer und der eigenen Täterinitiative am Lösen des Konfliktes und Aushandeln von Wiedergutmachungsleistungen entsteht eine neue Identifikation des Täters mit seinem Verhalten. Diese neue Identifikation durch Verantwortungsübernahme kann bei der nächsten kriminellen Reizsituation in höchstem Maße präventiv wirken und so vorbeugende Wirkung entfalten."[324]

An anderer Stelle zieht *Rössner* einen Vergleich von Täter-Opfer-Ausgleich und sozialem Lernen:

---

[323] Vgl. Roxin, 1987, S. 50 und Rössner, 1992, S. 30
[324] Vgl. Hartmann, 1998, S. 34 im Bezug auf Rössner, 1990, S. 23

"Es versteht sich fast von selbst, daß Wiedergutmachung und Täter-Opfer-Ausgleich entschiedene Faktoren sozialen Lernens sind. In jeder gelingenden Kindererziehung ist >>Heilmachen<< eine unverzichtbare Reaktion, wenn das Kind zum einen das Prinzip Verantwortung erkennen und zum anderen am konkreten Fall für die Interessen und Leiden eines Opfers sensibilisiert werden soll. (...) Die Wiedergutmachung ist ein humanistisches Prinzip, im Hinblick auf die unentrinnbare Erfahrung, daß keiner ohne Verletzung von Interessen anderer oder der Gemeinschaft zu leben vermag. Die Erfahrung der Tat und der Versuch der Wiedergutmachung sind somit entschiedene Ansatzpunkte für **tatbezogenes** – also spezifisch-strafrechtliches – soziales Lernen"[325] (Hervorhebung im Original).

Kritisch setzt sich *Pieplow* mit dem erzieherischen Anspruch an den Täter-Opfer-Ausgleich auseinander und stellt mit Blick auf die Mitte der 1990er Jahre noch fehlenden Ergebnisse der Rückfalluntersuchungen fest:

"Vorab ist bereits Skepsis angebracht, daß TOA in der Biographie eines Straffälligen gleichsam eine andere Richtung gibt. Ein noch so gut eingefädelter TOA dürfte eigentlich in jeder Lebensphase objektiv zu marginal, zufällig und künstlich vor dem gesamten Lebenshintergrund eines solchen Menschen sein, als das hier Erziehungswirkungen programmiert wären."[326]

Als Argument gegen einen Täter-Opfer-Ausgleich sieht *Pieplow* seine Kritik jedoch nicht, da eine Konfliktschlichtung, welche die Interessen der Beteiligten berücksichtigt, diese entlastet und erleichtert.

Mit der Implementierung des TOA im Kanon der richterlichen Weisungen nach § 10 JGG sowie als erzieherische Maßnahme nach §§ 45/47 JGG wird auch der erzieherische Anspruch deutlich, den der Gesetzgeber mit dem TOA verbindet. Der TOA im Jugendbereich wird in der Regel auch vom Jugendamt bezahlt, auch wenn er nicht in deren gesetzlicher Leitlinie, dem KJHG, als Hilfe zur Erziehung aufgeführt ist. Der Täter-Opfer-Ausgleich muss sich daher vom eigenen Anspruch her und im Hinblick auf seine Legitimierung gegenüber Geldgebern und Auftraggebern die Fragen stellen, wie viel Erziehung steckt im TOA, ist er eine vorrangig erzieherische Maßnahme und welche Konsequenzen hat dies für die Praxis? *Delattre* sieht eine erzieherische Komponente durch die Auseinandersetzung mit der Tat und einem Perspektivwechsel, der es dem Täter ermöglichen soll, sich in das Empfinden und Erleben des Geschädigten zu begeben, jedoch ohne dabei den Täter-Opfer-Ausgleich als eine vorrangig erzieherische Methode zu verorten. "Wenn ich unter Erziehung das klassische Verhältnis zwischen Lehrer und Schüler oder Eltern und Kindern verstehe, in dem das Kind nach den Wertmaßstäben des Erziehenden be-

---

[325] Rössner, 1995, S. 215f.
[326] Vgl. Pieplow, 1994, S. 320

einflußt wird, wird man den Täter-Opfer-Ausgleich nicht als Erziehung bezeichnen können."[327] Er sieht die Grenzen der Erziehung in einem zu überhöhten Anspruch an eben diesen erzieherischen Effekt auf der Täterseite:

„Man kann und sollte mit dem Täter-Opfer-Ausgleich niemanden zu etwas hinerziehen wollen. Etwa gar zu einem Leben ohne Straftaten. Das können weder Gerichte noch der TOA. Er beinhaltet m.E. viele Elemente einer positiven Tataufarbeitung für Täter und Opfer und ist anderen Konzeptionen dadurch überlegen. Er ist aber ein punktueller Eingriff aufgrund einer Straftat, der den Täter mit dem Vorfall konfrontiert. Er sollte nicht als großes Resozialisierungskonzept mißverstanden werden."[328]

Im Bereich der TOA-Praxis herrscht dahingehend Einigkeit, dass es sich beim Täter-Opfer-Ausgleich nicht um ein therapeutisches Setting handelt, in dem der Geschädigte und sein Leid als Instrument der Therapie eingesetzt werden, um den Täter zu therapieren und vorrangig zu resozialisieren. Die Bedürfnisse der Beteiligten wollen im Mittelpunkt der Vermittlungsbemühungen stehen und nicht vorgegebene pädagogische Intentionen. Der Täter-Opfer-Ausgleich wird als Kurzzeitintervention angesehen, eine Maßnahme, die sich auf den Konflikt, die Konfliktbeteiligten und eine mögliche Lösung bezieht und die, auch wenn sie bei der Aufarbeitung der Tat oder der Täter-Opfer-Beziehung in die Tiefe geht, kein rein pädagogisches oder gar ein rein therapeutisches Setting ist, weder für den Geschädigten noch für den Beschuldigten.

Da Jugendkriminalität, wie an anderer Stelle bereits dargestellt, in den meisten Fällen von episodenhafter Natur und als normale Erscheinungsform im Verlauf von Pubertät und Adoleszenz anzusehen ist und nicht zwangsläufig das Ergebnis von Erziehungs- und Sozialisationsdefiziten, bietet der Täter-Opfer-Ausgleich die Chance, angemessene Lösungen auf delinquentes Verhalten zu finden, die, wie man immer wieder betonen muss, auch die Opferkomponente beinhaltet. Dort, wo delinquentes Verhalten einhergeht mit einer vielschichtigen Problematik und Defiziten, kann er als Mittel der Konfliktschlichtung dennoch versucht werden. Er stößt jedoch an die Grenze des Möglichen, wenn man ihn als Allheilmittel betrachtet, das nicht weniger kann als die vollständige „Heilung" von der „Krankheit Jugendkriminalität" und Jugendgewalt. *Graebsch* beschreibt diese Tendenz recht passend anhand des aus der amerikanischen Literatur stammenden Panacea-Phänomens: „Das Panacea Phänomen lässt sich auch in der deutschen Jugendkriminalpolitik gut studieren. So wird in Politik und Medien immer wieder auf vermeintliche Wundermittel gesetzt, de-

---

[327] Vgl. Delattre, 1990, S. 182
[328] Vgl. Delattre, 1990, S. 183

nen eine umfassende Wirkung zugeschrieben wird, die oft eine einschüchternde bzw. konfrontative Komponente aufweisen."[329]

An einem überhöhten Anspruch, durch ein Ausgleichsgespräch die Defizite an sozialer, emotionaler und moralischer Kompetenz, entstanden in Jahren und Jahrzehnten, auszugleichen, kann der Täter-Opfer-Ausgleich nur scheitern. Diesen Anspruch hat der Täter-Opfer-Ausgleich daher auch nicht. Verhaltensänderung und Lerneffekt auf Täterseite sind eher ein erfreuliches und sicher von allen Beteiligten auch gewünschtes ‚Nebenprodukt' einer erfolgreichen Konfliktschlichtung. Der Täter-Opfer-Ausgleich bietet einen solchen Rahmen, in dem positive Lerneffekte gemacht werden können und auch wahrscheinlich sind.[330] Dennoch ist es nach wie vor von Interesse, diesen vermuteten Lerneffekt auf Täterseite greifbarer und darstellbar zu machen. Pädagogik bzw. die Ergebnisse pädagogischer Interventionen und Bemühungen lassen sich, anders als naturwissenschaftliche Disziplinen, nur schwer messen und nicht in mathematische Formeln fassen, die jederzeit reproduzierbare Ergebnisse bringen und sich aufgrund ihres universellen Anspruchs vergleichen lassen. Nicht zuletzt entsteht Erziehung in der Interaktion zwischen dem, der *erzieht* und dem, der *erzogen* wird, also auf einer interpersonellen und daher erst recht schwer messbaren Ebene. Auch wenn sich menschliches Verhalten beobachten und im Hinblick auf eine Verhaltensänderung auch ‚messen' lässt, so ist nie sicher, dass es die pädagogische Maßnahme allein oder überhaupt war, die maßgeblich dazu beigetragen hat, geht man von der kriminologischen Erkenntnis aus, das Phänomene wie Gewalt, Kriminalität und Delinquenz multifaktoriell verursacht werden. Abschließend dazu *Holthusen* und *Lüders*:

„Zugleich gilt, dass kein kriminalpräventives Projekt bzw. Programm dieser Welt in der Lage ist und sein wird, diese Vielfalt von Anlässen, Entwicklungsprozessen, Hintergründen, sozio-ökonomischer Strukturen und biographischer Konstellationen präventiv nachhaltig zu beeinflussen. Kriminalpräventive Projekte und Programme können sich immer nur auf Aspekte derartiger Konstellationen konzentrieren, und sie sind als erfolgreich zu bewerten, wenn es ihnen gelingt, entsprechende Beiträge zu leisten und auszuweisen."[331]

---

[329] Graebsch, 2011, S. 144 die Autorin bezieht sich hier auf ausführlich auf „junk science" also unbrauchbare Forschungen auf einer schlechten Forschungsbasis, deren Ergebnisse nicht kritisch genug hinterfragt wurden , oder Forschungsergebnisse die zum Teil stark verkürzt und damit verzerrt wiedergeben werden, so wie den sog. „Woozle-Effekt", wonach Forscher verkürzte Zusammenfassungen von Kollegen übernehmen, ohne sich die Originale genau angeschaut zu haben. Auch Projekte wie etwa die amerikanischen Boot Camps zeigen kaum kriminalpräventive Effekte, eher das Gegenteil ist der Fall, was jedoch nicht dazu geführt hat, diese Camps einzustellen, da sie offenbar politisch und gesellschaftlich gewollt sind.
[330] Vgl. Hartmann, 1995, S. 108
[331] Holthusen und Lüders, 2003, S. 10

1.4.2 Legalbewährung und Rückfalluntersuchung

Was wirkt im Hinblick auf das Phänomen Jugendkriminalität? Unter den Schlagwörtern von „what works", „best practice" und „evidence based practise" oder den Überschriften von Evaluation, Wirkungsforschung und Kriminalprävention[332] wird auf mehrfachen Ebenen und aus unterschiedlichen Ansätzen heraus weltweit geforscht, diskutiert und publiziert. Die Frage nach einer möglichst rückfallvermeidenden Wirkung einer spezialpräventiven Maßnahme spielt dabei in der traditionellen Kriminologie eine zentrale Rolle. Angestrebtes Ziel ist es, den Rechtsbrecher im Sinne von rechtskonformem Verhalten zu beeinflussen, so dass eine erneute Delinquenz unterbleibt, was gewöhnlich als Legalbewährung bezeichnet wird. Aus dieser Perspektive heraus wird die Legitimation einer Maßnahme in dem engen Kontext zu dem Ergebnis gestellt, inwieweit sie eine erneute Straffälligkeit verhindern hilft. Die Frage nach der Effizienz bzw. Wirkung einer Sanktion oder auch einer pädagogischen Maßnahme wird nicht nur in der Kriminologie und Kriminalpolitik gestellt, sondern auch auf der Ebene der Jugendhilfe als Geldgeber sozialer Projekte, die im Bereich der Straffälligenhilfe arbeiten, im Rahmen des Qualitätsmanagements, aber auch vor dem Hintergrund von Kosten-Nutzen-Kalkulationen. Die Sanktionsforschung beschäftigte sich ursprünglich mit der Beobachtung von Rückfällen in die Straffälligkeit nach einer verbüßten Freiheitsstrafe. Neben der Erforschung von General- und spezialpräventiven Effekten müssen sich seit der Einführung der ambulanten Maßnahmen in das JGG auch diese der Frage nach ihrer jeweiligen spezialpräventiven Wirkung stellen. Die Wirkungsmessung einzelner pädagogischer Maßnahmen gestaltet sich nach wie vor schwierig.

Um vergleichbare und aussagekräftige Ergebnisse zu erhalten, braucht es ein komplexes Forschungsdesign, welches einen möglichst engen kausalen Zusammenhang von Rückfallvermeidung und einer Teilnahme an einer pädagogischen Maßnahme (oder einer Sanktion) herstellen kann:

„Die größte Schwierigkeit besteht darin, den empirischen Nachweis zu führen, dass der gemessene Erfolg, hier: die Häufigkeit von (Nicht-) Rückfällen, eine Wirkung der Sanktion ist. Dies ist nur möglich, wenn sichergestellt werden kann, dass die Variation der abhängigen Variablen (hier: die Rückfallraten) möglichst zweifelsfrei auf die Variationen der zu evaluierenden unabhängigen Variablen (hier: der Strafe nach Art und Höhe) zurückgeführt werden kann. Ist dies nicht der Fall, dann muss offen bleiben, ob die festgestellten Unterschiede auf den Einfluss der Sanktion, auf die unterschiedliche Zusammensetzung der Gruppen hinsichtlich Tat-, Täter- oder Opfer-

---

[332] Zu den Begriffen von Prävention und Kriminalprävention ausführlicher im 3. Kapitel

merkmalen oder auf die Vorselektion der Staatsanwaltschaft oder Gericht zurückzuführen sind."[333]

Randomisierte Studien wie etwa in der medizinischen Forschung, in denen die Gruppen nach dem Zufallsprinzip erstellt werden, äußere Einflüsse weitgehend ausgeschlossen oder gleichmäßig auf die zu untersuchende Gruppe und die Kontrollgruppe verteilt sind (man spricht hier in der Forschung auch vom sogenannten Goldstandard) findet man in der Sozialforschung und vor allem im Feld der Kriminologie eher selten bis nie. Um hier eine Vergleichbarkeit herzustellen, bedarf es einer Vergleichsgruppe, die möglichst identisch ist mit der Gruppe, die an einer pädagogischen Maßnahme teilgenommen hat, jedoch anderweitig sanktioniert wurde. Was sich als Versuchsaufbau im Labor eines Biochemikers recht einfach bewerkstelligen lassen würde, verbietet sich aus ethischen Gründen, da die Kontrollgruppe nicht aus dem Aspekt eines Versuchsaufbaus sanktioniert werden darf. Auch spielen Faktoren wie etwa Vorbelastungen, unterschiedliche Delikte, die eingeschränkte Freiwilligkeit etc. eine Rolle, so dass es zu Verzerrungen der Ergebnisse kommen kann.

Rössner schreibt zum Problem der Wirkungsmessung: „Doch bleibt so das methodische Grundproblem ungelöst, menschliches Verhalten auf wenige **Kausalfaktoren** – hier die Tatsache, dass ein Rückfall allein von der Art der vorherigen Sanktion abhängt – zurückzuführen" (Hervorhebung im Original).[334] Die Forscher greifen hier auf Techniken der Statistik zurück, wonach weitere mögliche Einflüsse, quasi heraus gerechnet werden können. Auch lassen sich validere Aussagen durch die Bildung möglichst homogener Vergleichsgruppen erzielen. Mitunter sind es aber eben jene weiteren Einflüsse, die einen maßgeblichen Einfluss auf die Verhaltensänderung des delinquenten Jugendlichen hatten – „Das Herauswachsen aus dem am meisten kriminalitätsgefährdeten Alter, ein Wechsel des Bekanntenkreises, ein ausgefülltes Freizeitverhalten, die neue Freundin, das Finden eines auskömmlichen Arbeitsplatzes."[335] – und weder Sanktionen oder pädagogische Bemühungen. *Ziegler* verweist in der Diskussion um die Wirkungsmessung in der Sozialen Arbeit mit straffälligen jungen Menschen auf neuere Erkenntnisse aus der Psychotherapieforschung, dass nur ein geringer Teil der erzielten Effekte auf eine spezifische Intervention zurückzuführen sind, wohingegen der Einfluss genereller Wirkfaktoren wesentlich höher ist, so dass diese Art der Wirkungsforschung nur bedingt geeignet ist „ein angemessen evidenzbasiertes Fundament für die Soziale Arbeit bereit zu stellen."[336]

---

[333] Heinz, 2007, S. 7f. http://www.unikonstanz.de/rtf/kis/Heinz_Rueckfall_und_Wirkungsforschung_he308.pdf (Download vom 01.03.2014).
[334] Vgl. Rössner, 2004, S. 43f.
[335] Vgl. Kunz, 2004, S. 327
[336] Ziegler, 2012, S. 21. Zur Diskussion der Evaluationsforschung im Bereich der Wirkungs- und Rückfallforschung siehe auch Graebsch, 2011, S. 137ff. und 2014, S. 84ff.

Weitere methodische Probleme der Messung sind der Zeitfaktor und das Dunkelfeld. Die Betrachtung der Rückfälligkeit kann natürlich nur aufgrund bekanntgewordener neuer Straftaten stattfinden, auch sollte ausgeschlossen werden, dass eine erneute Sanktionierung aufgrund von langen Bearbeitungszeiten als Rückfall gewertet wird, wenn die dafür zugrunde liegende Tat vor der zu beforschenden Maßnahme stattgefunden hat.[337] Um gesicherte Ergebnisse zu erhalten, müsste die Betrachtung der einzelnen Probanden in größeren Zeitabständen zur Tat und zur absolvierten Maßnahme erfolgen, was für einzelne TOA-Projekte kaum zu realisieren ist. Auch lässt sich die Frage nach der Art des Rückfalles stellen. Ein Proband, der wegen seiner Gewaltproblematik an einer Anti-Gewalt-Maßnahme teilgenommen hat und später einen Diebstahl begeht, ist aus juristischer Sicht erneut straffällig und somit rückfällig geworden. Aus pädagogischer Perspektive würde man es durchaus als Erfolg verbuchen, wenn er dennoch keine neuen Körperverletzungen begeht und sich in Konfliktsituationen angemessen verhält:

> „So kann die neue Tat nicht im Zusammenhang zur Ausgangstat stehen. Ferner kann ein an der Ausgangsdeliktschwere gemessen leichteres Delikt verwirklicht worden sein. In diesen Fällen liegt zwar eine neue Tat vor, da diese jedoch im Vergleich zur vorherigen Tat eine geringere Deliktschwere aufweist, kann die strafrechtliche Reaktion nicht allein deshalb als ineffizient eingestuft werden. Vielmehr kann der Rückschritt in der Deliktschwere als Erfolg der Maßnahme gewertet werden."[338]

Dieses Beispiel macht deutlich, wie es bei der Evaluation einer Maßnahme darauf ankommt, auch die Ziele zu definieren, die erreicht werden sollen, wer diese festlegt und aus welcher Perspektive diese Erwartungen herangetragen werden, da diese von Profession zu Profession – Polizei, Justiz, Jugendhilfe, ja die der eigentlich Betroffenen – sehr unterschiedlich ausfallen können.

Der Täter-Opfer-Ausgleich steht auch nach mehr als zwei Jahrzehnten in der Praxis im Hinblick auf seine Rückfalluntersuchung noch weitgehend am Anfang. Ihm wurde vorab eine positive Wirkung prognostiziert, aber auch zur vorsichtigen Betrachtung aufgefordert. Nach Übersicht der drei in Deutschland vorhandenen Untersuchungen von *Dölling et al.*, *Busse* und *Keudel*, zeichnet sich jedoch eine positive Wirkungstendenz ab.

Dölling und sein Team arbeiteten in ihrer Untersuchung mit einem Vergleichsgruppendesign, welches anhand dreier Kriterien versucht, eine möglichst genaue Vergleichbarkeit herzustellen. Erstens, die Teilnehmer beider Gruppen kommen aus

---
[337] Zur methodischen Problematik von Erfolgsbewertung, Messung und Legalbewährung – Vgl. *Kunz*, 2004, S.325ff., Rössner, 2004, S. 43ff.,
[338] Vgl. *Keudel*, 2000, S. 108, zu einer differenzieren Betrachtung sowie Begrifflichkeit von Rückfällen (nach der Schwere, der Geschwindigkeit, etc.) in delinquentes Verhalten siehe auch die Dissertation von Harrendorf, 2007, S. 185ff.

dem gleichen lokalen Umfeld (München/Landshut), zweitens, die Teilnehmer der Vergleichsgruppe hätten grundsätzlich auch den Eignungskriterien für einen Täter-Opfer-Ausgleich entsprochen und drittens, mittels mathematischer statistischer Berechnungen der sogenannten partiellen Korrelation konnten die vorhandenen Unterschiede eliminiert werden. Von den 85 Tätern, die einen TOA erfolgreich abgeschlossen hatten, wurden laut Eintrag in das Bundeszentralregister 32 nicht rückfällig (37,6 %). Von den 140 Tätern aus der Vergleichsgruppe ohne TOA wurden 49 (35 %) nicht rückfällig. Bei der Betrachtung der durchschnittlichen Rückfallzahlen kommt *Dölling* zu einer positiven Bewertung von TOA und Rückfallprognose. [339]

Busse ging bei seinem Forschungsvorhaben ähnlich vor und verglich 91 Täter, die an einem TOA teilgenommen hatten, mit 60 Tätern, die klassisch sanktioniert wurden. Als Beobachtungszeitraum wählte er eine Spanne von drei Jahren. Statistisch konnte er den Nachweis erbringen, dass zwischen beiden Gruppen keine signifikanten Unterschiede bestanden. *Busse* kommt zu dem Ergebnis, dass aus der TOA-Gruppe 56 % und 81 % der Verurteilten Gruppe wieder rückfällig wurden.[340] Die durchschnittlichen Werte zeigten einen Vorteil für die TOA-Gruppe und bestätigen die Ergebnisse von *Dölling*. Kritisch bewertete *Heinz* die Aussagekraft der Ergebnisse von *Busse*: „Während in der TOA-Gruppe allerdings auch die Probanden mit Verfahrenseinstellungen gemäß §§ 45,47 JGG enthalten waren, wurden in die Vergleichsgruppe nur verurteilte Jugendliche oder nach Jugendstrafrecht verurteilte Heranwachsende aufgenommen." Es ließe sich daher nicht unterscheiden, „ob eine etwaige Wirkung auf dem Unterschied TOA vs. Nicht-TOA beruht oder auf dem Unterschied Verfahrenseinstellung vs. formelle Sanktionierung."[341]

Keudel wählte einen anderen Weg für ihre Untersuchung. Sie untersuchte 349 Verfahren aus vier Staatsanwaltschaften Schleswig-Holsteins, die nach erfolgreichem Täter-Opfer-Ausgleich eingestellt wurden, und untersuchte diese auf das Rückfallverhalten anhand einzelner Merkmale des Täter-Opfer-Ausgleichs im Vergleich zu anderen Maßnahmen, wie Arrest, Sozialem Trainingskurs, Strafvollzug und Einstellungen ohne Sanktionierung. Sie kommt zu dem Ergebnis, dass 26 % der Täter nach einem Täter-Opfer-Ausgleich rückfällig wurden, 74 % jedoch nicht. Verteilt auf Jugendliche und Erwachsene, die beide Teil der Untersuchung waren, ergab dies eine Rückfallquote von 9 % bei den Erwachsenen 42 % bei den Jugendlichen und 27 % bei den Heranwachsenden. Die Wahrscheinlichkeit des Rückfalls bei Jugendlichen und Heranwachsenden nach TOA steigt mit der jeweiligen Vorbelastung und der Schwere der Tat, was nicht weiter verwundert, da dies allgemein in der Sanktionsforschung festzustellen ist und daher keine TOA spezifische Besonderheit darstellt, wie auch die höhere Rückfallwahrscheinlichkeit bei Jugendlichen. Aufgrund fehlender

---
[339] Vgl. Dölling et al. 2002, S. 185-193
[340] Busse, 2001
[341] Vgl. Heinz, 2006, S. 101

bzw. nicht homogener Vergleichsgruppen kann die Studie nicht als Beweis für eine geringere Rückfallwahrscheinlichkeit nach Täter-Opfer-Ausgleich angesehen werden.[342] Aufgrund der Stärkung der Rolle des Opfers, der Verantwortungsübernahme durch den Täter im Rahmen eines kommunikativen Prozesses sowie der Tatsache, dass es sich dabei um eingriffsmildere Sanktionen handelt, denen es den Vorzug zu geben gilt, kommt *Keudel* zu dem Ergebnis, dass sich der Täter-Opfer-Ausgleich im Vergleich zu anderen Maßnahmen resozialisierungsfreundlich auswirkt.[343]

In einer Untersuchung aus Österreich wurde die Legalbewährung von *Neustart* Klienten, einem lokalen Anbieter des Außergerichtlichen Tatausgleichs (ATA), nach eben diesem, wie auch im Zusammenhang mit gemeinnützigen Leistungen und dem Kontakt zur Bewährungshilfe, beforscht. Die Autoren *Hofinger* und *Neumann* kommen, gestützt auf eine Stichprobe von 1.039 Fällen zu dem Ergebnis, dass 84 % ihrer Klienten nach einem ATA nicht rückfällig wurden. Da die Untersuchung jedoch Jugendliche, Heranwachsende (junge Erwachsene in Österreich) und Erwachsene einbezog, gebietet es sich, hier noch mal genauer auf den Bereich der Jugendstrafsachen zu schauen. Demnach wurden von den Jugendlichen – nach Tatausgleich – 37 % erneut straffällig (63 % nicht), 28 % bei den jungen Erwachsenen (72 % nicht) und nur 10 % (90 % nicht) bei den Erwachsenen.[344]

Den Stand der hiesigen Forschung zusammenfassend kommt *Rössner* zu dem Resümee:

„(...) dass trotz erheblicher methodischer Probleme inzwischen erste Erkenntnisse vorliegen, die für den TOA eine geringere Rückfallwahrscheinlichkeit feststellen als nach formellen Sanktionen. Nachgewiesen wurde weiter, dass die Rückfallwahrscheinlichkeit bei einem TOA ebenso wie bei anderen Sanktionen davon abhängt, wie stark die strafrechtliche Vorbelastung und wie schwer das der Verurteilung zugrundeliegende Delikt ist."[345]

Hans nahm sich der Herausforderung an, sich durch eine Meta-Analyse dem Thema zu nähern. Er verglich die Auswirkungen von Restorative-Justice-Programmen (siehe dazu Abschnitt 2.5.3) aus den USA, Kanada und Australien und bezog auch die Studie von Dölling et al. mit ein. Alle Projekte beinhalteten eine Auseinandersetzung von Opfern und Tätern mit der Komponente einer Wiedergutmachung und waren zumindest dahingehend vergleichbar. Im Hinblick auf eine mögliche Verzerrung der Ergebnisse hin zu einem positiven Ergebnis stellte *Hans* die Vorüberlegung an, dass dort,

---

[342] Vgl. Heinz, 2006, S. 90
[343] Vgl. Keudel, 2000, S. 218-220
[344] Vgl. Hofinger und Neumann, 2008, S. 38
[345] Rössner, 2004, S. 47 / Positiv bewerten auch die Autoren des Düsseldorfer Gutachtens den Zusammenhang von sozialen Lernen, Täter-Opfer-Ausgleich und einer positiven kriminalpräventiven Wirkung. Vgl. Rössner, Bannenberg und Coester, 2002, S. 28-30 www.duesseldorf.de/download/dgll.pdf wie auch www.duesseldorf.de/download/dg.pdf (Download 01.06.2014)

wo die Freiwilligkeit der Teilnahmen gegeben ist, sich eher solche Täter bereit erklären, die eine größere Affinität zu einer Entschuldigung und einer Wiedergutmachung besitzen und „dass solche Täter von Haus aus ein geringeres Rückfallrisiko aufweisen als andere (...)."[346] Zum Schluss seiner Meta-Analyse kommt *Hans* zu dem Ergebnis:

> „Rehabilitative Auswirkungen von Restorative-Justice-Maßnahmen auf Straftäter sind in der gegenwärtigen Forschung (noch) nicht eindeutig nachweisbar, obgleich die Empirie darauf hindeutet. Es ist allerdings nötig, bei Untersuchungen insbesondere nach Art des vorliegenden Delikts und Vorverhältnis zwischen Täter und Opfer genauer zu unterscheiden: manche Deliktstypen und Umstände scheinen sich besser für eine Mediation zwischen Opfern und Tätern zu eignen als andere."[347]

Weitere Untersuchungen, die vor allem mit größeren Teilnehmerzahlen und differenzierten Vergleichsgruppen arbeiten können, wären hilfreich, um den Zusammenhang von einer Teilnahme an einem TOA und einer ausbleibenden Rückfälligkeit in straffälliges Verhalten abzusichern. Auch wenn der Effekt, in Zahlen und Prozenten gemessen, sich als nicht so erheblich herausstellen sollte wie in der Anfangseuphorie der Gründerjahre vermutet, so ist dennoch von einem positiven Effekt auszugehen.

1.4.3 Die Entwicklung von Einsicht und Empathie im Schlichtungsverlauf

Im Hinblick auf einen möglichen erzieherischen Effekt, der eine verringerte Rückfälligkeit in erneutes straffälliges Verhalten begünstigen kann, bleibt dennoch kritisch anzumerken, dass eine Anpassung an geltende Normen auch gegen eigene Einsicht geschehen kann und mehr einem Ausweichen vor äußerem Druck geschuldet ist als durch empathische[348] Empfindungen für die Perspektive der Opfer. Vorher- und Nachher-Befragungen von Tätern und Opfern, die an einem Ausgleich teilgenommen hatten, versuchten unter anderem der Frage nach der veränderten Einstellung auf Täterseite auf den Grund zu gehen.

Jansen und *Karliczek* befragten Täter und Opfer mittels problemzentrierter Interviews direkt nach einem Ausgleichsgespräch und 9 bis 12 Monate später erneut. Anhand der ersten Befragung resümierten die Autorinnen, dass die Täter im TOA unter anderem eine Chance sahen, ein positives Verhältnis zum Opfer zu entwickeln. In der späteren Befragung dominierte auf Täterseite die Einschätzung, einen Denk-

---
[346] Hans, 2004, S. 8
[347] Hans, 2004, S. 33
[348] Unter dem Begriff der Empathie wird die Fähigkeit verstanden, sich in den anderen einzufühlen, mitzufühlen – im therapeutischen Kontext wird auch von mitschwingen gesprochen. Vgl. Weinberger, 1994, S. 54ff., Rogers, 1995 (im Original 1962, S. 216ff., Sander und Ziebertz, 1999, S. 70ff.

anstoß erhalten zu haben, aber eher in der Art, dass man sich Gedanken über die negativen Konsequenzen des Strafverfahrens gemacht hatte, die es zukünftig zu vermeiden gelte. Die Autoren schlussfolgerten daraus einen beginnenden Lernprozess mit einer präventiven Wirkung. Das, was in Theorie und Praxis auch mit dem Täter-Opfer-Ausgleich verbunden wird, eine gesteigerte Empathie für das Opfer sowie die Entwicklung von Einsicht in eigenes Unrecht, ließ sich jedoch nicht nachweisen. [349]

Taubner setzte es sich mit ihrer Arbeit zum Ziel, die Frage zu beantworten, ob im Täter-Opfer-Ausgleich Einsicht in eigenes, gewalttätiges Verhalten entsteht und vor allem, dies auch empirisch nachzuweisen, anstatt wie bisher eher rein theoretische Schlussfolgerungen zu ziehen.[350] Die Autorin widmete sich dabei ausführlich dem Begriff der Einsicht aus juristischer, philosophischer und psychoanalytischer Sichtweise, wobei an dieser Stelle auf die praktische Ebene im direkten Zusammenwirken von Opfer-Täter und Vermittler eingegangen werden soll. *Taubner* setzte dabei an den Arbeiten von *Messmer* an, der anhand seiner Untersuchungen zu den Neutralisationstechniken im Täter-Opfer-Ausgleich (siehe auch 2.3.2) die Entwicklung von Einsicht im Rahmen des Schlichtungsverlaufes untersuchte. *Taubner* kritisiert dabei die Sichtweise *Messmers* als eindimensional, da für *Messmer* Einsicht beim Täter bereits durch dessen Verantwortungsübernahme sichtbar werde.[351] Die Übernahme von Verantwortung für die Tat, die Tatfolgen und den Geschädigten ist sicher ein erster Schritt, sagt aber noch nichts darüber aus, wodurch dieser Schritt motiviert wurde, sei es durch äußeren Druck oder Empathie. Im Hinblick auf die Neutralisationstechniken des Täters kritisiert *Taubner*, dass Opfer und Vermittler diese gemeinsam unterlaufen würden, um den Widerstand des Täters zu brechen. Diese Kritik lässt sich, auf die Gesprächssituation umgesetzt, verdeutlichen, wenn der polizeiliche Schlussbericht oder die Anklageschrift als Form der >juristischen Wahrheit< als allgemeine Wahrheit herangezogen wird, die es nicht mehr zu hinterfragen gilt. „Tatsächliche Einsicht kann aus psychodynamischer Sicht nicht entstehen, nur weil andere >>bessere Argumente<< haben bzw. >>Tatsachen<< für sich sprechen lassen. Einsicht kann nur dann verhaltenswirksam werden, wenn sie auch emotional getragen wird und an den Wahrnehmungen und Empfindungen der Beteiligten ansetzt"[352] (Hervorhebungen im Original).

Im Rahmen einer Vorher-Nachher-Studie mit insgesamt 19 adoleszenten Beschuldigten ging *Taubner* den Fragen nach, ob der Täter-Opfer-Ausgleich geeignet ist, Einsicht und Empathie entstehen zu lassen, ob es innerhalb der nicht homogenen Gruppe unterschiedliche Formen der Einsicht gibt bzw. ob diese generell fehlen und

---

[349] Vgl. Jansen und Karlicek, 2000, S. 159-182, Resümee ebenda, S. 173f.
[350] Vgl. Taubner, 2008, S. 54f.
[351] Vgl. Taubner, 2008, S. 52
[352] Taubner, 2008, S. 52f.

ob sich daraus Vorschläge für die Verbesserung der Maßnahme Täter-Opfer-Ausgleich ableiten lassen. Als Methode verwendete sie das sogenannte Erwachsenen-Bindungs-Interview (EBI)[353] und interviewte die Teilnehmer kurz nach dem Ende des Täter-Opfer-Ausgleichs sowie nach dem Ende des juristischen Verfahrens, gut ein Jahr später. Anhand einer empirischen Auswertung und der Zuschreibung eines Wertes auf einer Skala, mit der die Reflexive Kompetenz des Probanden gemessen wird, kam *Taubner* zu den folgenden Erkenntnissen: Zunächst haben Probanden, denen es aufgrund ihrer Persönlichkeitsstruktur leichter fällt sich anzupassen, eine größere Aussicht auf eine erfolgreiche Konfliktschlichtung. „Folglich erfordert eine strafrechtliche Mediation einen Grad an Anpassung, den Teile der Untersuchungsgruppe nicht leisten können oder wollen."[354] Und weiter: „Den Tätern bleibt aus ihrer subjektiven Sicht nur die Möglichkeit der Anpassung an die strukturellen Forderungen oder die Auflehnung gegen diese."[355] Dies scheint, auch ohne empirischen Beleg, ein generelles Problem zu sein für den Beschuldigten im Strafverfahren, der, durch ein gewisses Maß an Unterwerfung unter das Prozedere sowie durch seine Kooperationsbereitschaft, den Verlauf des Prozesses, wenn auch nur ein Stück weit, für sich positiv beeinflussen kann. *Taubner* sieht in einer Mediation im Strafverfahren die Problematik, dass der Vermittler zwar bemüht ist, ergebnisoffen und auf der Basis der Freiwilligkeit zu arbeiten, dem aber auf Seiten des Täters dennoch der Druck des Gerichtsverfahrens gegenübersteht, was zu einem schwer lösbaren Konstrukt führt. „Vor dem Hintergrund dieser strukturellen Zwangssituation wird dann die Förderung von Einsichtsprozessen zu einem schwer zu erreichenden Ziel, da aus Sicht der Beschuldigten eine Unterwerfung unter Machtverhältnisse stattfindet."[356]

Die Probanden ihrer Studie teilte *Taubner* anhand ihrer Ergebnisse in drei Gruppen ein: Die mit einer durchschnittlichen Reflexiven Kompetenz, die mit einer niedrigen, bzw. fraglichen Reflexiven Kompetenz und die mit einer abwesenden Reflexiven Kompetenz.[357] In der ersten Gruppe dominiere das Gefühl, durch eine zu einseitige Täterzuschreibung ungerecht behandelt worden zu sein. Dennoch gelänge es den Probanden dieser Gruppe, durch das Äußern von Einsicht den Schlichtungsverlauf zügig voranzutreiben. Durch die höhere Reflexive Kompetenz sei diesen Probanden die eigene Schuld und der Schmerz des Opfers bewusst, müsse jedoch im Hinblick auf die Aufrechterhaltung des Selbstkonzeptes abgewehrt werden, da sie sonst Gefahr laufen von Scham- und Schuldgefühlen überflutet zu werden. Der Vermittler, der an ein Konfliktbewusstsein appelliert und bereits im Vorgespräch die Perspektive des Opfers einbringt, aktiviert bei den Probanden dieser Gruppe auch starke

---

[353] Taubner verweist darauf, dass sich die deutsche Übersetzung nicht durchgesetzt hat, so dass man vom AAI spricht, dem Adult Attachment Interview. Vgl. Taubner, 2008, S. 142
[354] Taubner, 2008, S. 286
[355] Taubner, 2008, S. 286
[356] Taubner, 2008, S. 286
[357] Die Ausführliche Auswertung der Studie vgl. Taubner, 2008, S. 285-293

Abwehrmechanismen.[358] Die zweite Gruppe mit einer niedrigen bzw. fraglichen Reflexiven Kompetenz hatte kaum Probleme mit der Täterzuschreibung, lehnt jedoch die Zuschreibung von Brutalität zu ihrem eigenen Verhalten ab. *Taubner* vermutete dahinter eine verzerrte Selbstwahrnehmung oder aber den taktischen Versuch, eine bessere Ausgangsposition vor Gericht zu haben. Die leichtere Übernahme der Täterrolle führt *Taubner* darauf zurück, dass sich die Probanden dieser Gruppe den Schmerzen des Opfers eher oberflächlich annähern und durch eine starre Abwehrstruktur keine Schuldgefühle wie etwa bei der zuvor genannten Gruppe entstehen. Die Entstehung von Einsicht sah *Taubner* in dieser Gruppe als begrenzt an, so dass die Auseinandersetzung mit der Tat eher auf einer Verhaltensebene erfolgt.[359] Dies müsste sich demnach in rationalen Schlichtungsergebnissen niederschlagen, die etwa stark an einer rein materiellen Lösung orientiert sind. Die Probanden der dritten Gruppe identifizieren sich nach *Taubner* mit ihrer Tat und planen wahrscheinlich weitere Taten. Aufgrund mangelnder sozialer Wahrnehmungsfähigkeit hält sie die Probanden dieser letzten Gruppe nicht geeignet für eine Mediation im Strafverfahren, sieht hier aber Potenzial, durch Mediatoren mit diagnostischen und psychoanalytischen Fähigkeiten weitere Interventionen anzuregen.[360]

Diese Ergebnisse müssen auf die Autorin, die selbst lange als Vermittlerin im TOA gearbeitet hat, zunächst überraschend gewirkt haben. Betrachtet man die Ergebnisse im Detail, dann sind, trotz eines aus Sicht der Vermittlerzunft ernüchternden Ergebnisses, positive Ansätze für die Vermittlungsarbeit zu finden. Wenn es zum Beispiel gelingt, mit Tätern, die *Taubners* erster Gruppe entsprechen, so zu arbeiten, dass diese verdrängte, negative Handlungsweisen, die sie begangen haben und deren Folgen für ihre Opfer an sich heranlassen könnten, ohne so sehr von Scham überflutet zu werden, dass das Selbstkonzept in Gefahr gerät, dann wäre hier Potenzial für das Entstehen von Einsicht und Empathie vorhanden (siehe dazu auch Abschnitt 2.2.2 zur klientenzentrierten Gesprächsführung, die daran ansetzt, auch negative Verhaltensweisen als zum Selbstkonzept zugehörig zu erkennen um darauf aufbauend daran zu arbeiten). Auch sieht *Taubner* in der zweiten Gruppe, der mit der niedrigen bzw. fraglichen Reflexiven Kompetenz, Ansätze für Mentalisierungsprozesse, die einen Rückfall vermeiden helfen, da diese Probanden enthielt, deren Werte sich zum Positiven hin entwickelten.[361] Weiterhin überprüfte *Taubner* die Rückfallraten „ihrer" Probanden. Zwei Jahre nach der Befragung und damit auch zwei bis drei Jahre nach der Erstbefragung (kurz nach dem Ausgleich bzw. dem Vorgespräch) wurde die Rückfälligkeit der Probanden anhand des Bundeszentralregisters erfragt.

---

[358] Vgl. Taubner, 2008, S. 287f.
[359] Vgl. Taubner, 2008, S. 288f.
[360] Vgl. Taubner, 2008, S. 288
[361] Vgl. Taubner, 2008, S. 289

Demnach hatten sich 13 Probanden (68,4 %) legal bewährt und nur 6 Probanden wurden einschlägig rückfällig.[362] Abschließend resümierte *Taubner*:

„Auch wenn eine strafrechtliche Mediation nicht bei allen Beschuldigten Mentalisierungsprozesse fördert, ist sie als kriminalrechtliches Instrument keineswegs überflüssig, da sie zu einer gesellschaftlichen Bewusstseinsentwicklung im Sinne einer wiedergutmachenden Gerechtigkeit beiträgt und damit vermutlich zu einer Generalprävention von Straftaten. Darüber hinaus kann der Täter-Opfer-Ausgleich Geschädigten zu einer angemessenen Wiedergutmachung und Unterstützung verhelfen, was nicht Gegenstand dieser Untersuchung war."[363]

Die Ergebnisse der Untersuchung von *Taubner* dämpften allzu große Hoffnungen, dass der Täter-Opfer-Ausgleich generell die geeignete Maßnahme sei – bzw. besser geeignet als das Strafverfahren -, um Einsicht in eigenes, zumeist gewalttätiges Verhalten zu wecken bzw. im Kontext mit dem Leid des Geschädigten diese entstehen zu lassen. *Winter* führte in seiner Rezension über die Arbeit seiner ehemaligen Kollegin an (in der er sich ansonsten sehr positiv äußert), dass die „Datenlage schwach" sei, „statistisch nicht valide" und dass es sich bei den Probanden um „von ihr ausgewählte Gewalttäter" handle, die „keineswegs TOA-typisch" sein würden und mit denen darüber hinaus „mindestens zehn Einzelgespräche (...) geführt wurden".[364] Fraglich bleibt auch, warum nach dieser überdurchschnittlich hohen Zahl an Vorgesprächen, die eher an ein therapeutisches Setting, als an sonst übliche Konfliktschlichtungen im Rahmen eines Täter-Opfer-Ausgleichs erinnern, keiner von *Taubners* Probanden so etwas wie „echte Einsicht" – besser, ein durch ein Einfühlen in die Lage seines Opfers hervorgerufene Verhaltensänderung aufweisen konnte? Den Forderungen von *Taubner* und *Winter*, sollten sich die Ergebnisse von *Taubner* erhärten, nach einer stärkeren klinisch orientierten Ausrichtung[365] des Täter-Opfer-Ausgleichs bzw. nach einer vorangehenden Diagnostik über die Eignungsfähigkeit für einen TOA wird vom hiesigen Standpunkt aus nicht gefolgt. Methoden, Techniken und Grundhaltungen des Vermittlers, die es dem Beschuldigten ermöglichen einen besseren Zugang zur eigenen Gefühlswelt und damit auch zu einem emphatischen Einfühlen in die Perspektive des Opfers zu verschaffen, sollten in der Praxis verstärkt diskutiert, beforscht und angewandt werden, ohne jedoch dabei den Focus vom Täter-Opfer-Ausgleich auf den einer Therapie zu verschieben. Dort, wo Einsichtsfähigkeit vorhanden ist, jedoch erst hinter Gefühlen von Scham, Schuld und Verdrängung herausgearbeitet werden muss, können die Gespräche im Rahmen des Täter-Opfer-Ausgleichs einen Beitrag dazu leisten, dort, wo diese nicht vorhanden sind und auch

---

[362] Vgl. Taubner, 2008, S. 208 Anmerkung: Taubner weist in Ihrer Arbeit darauf hin, dass es sich dabei nur um die bekanntgewordenen Rückfälle aus dem Hellfeld handelt und das sich natürlich kein direkter Zusammenhang von Rückfälligkeit und Schlichtungserfolg herstellen lässt.
[363] Vgl. Taubner, 2008, S. 290
[364] Winter, 2009, S. 132-134
[365] Vgl. Taubner, 2008, S. 293, vgl. Winter, 2009, S. 132-134

nicht geweckt werden, wird auch der Täter-Opfer-Ausgleich im Rahmen seiner Möglichkeiten daran nichts ändern können.

Die Arbeit von *Taubner* macht unter anderem jedoch darauf aufmerksam, dass es, ebenso wie es nicht „das Opfer" von Straftaten, auch nicht „den Täter" – respektive „den Gewalttäter" gibt. *Friedmann* verweist am Beispiel des Denkzeit-Trainings darauf, dass Jugendhilfemaßnahmen (gerade die, die aufgrund einer richterlichen Weisung und nicht aufgrund einer Diagnose zustande kommen – Anmerkung O.J.) von ganz unterschiedlichen Jugendlichen frequentiert werden, die zum Teil „psychisch normal entwickelt", zum Teil „entwicklungsverzögert" sind, teils „psychischen Auffälligkeiten zeigten" oder sogar von Jugendlichen mit bereits „schweren Persönlichkeitsstörungen."[366] Mit Verweis auf unterschiedliche Forschungsansätze und Fachrichtungen, die sich in ihren Ergebnissen ergänzen und überlappen, fasst *Friedmann* die Erkenntnisse dort anhand zweier unterschiedlicher Motivgruppen für delinquentes bzw. gewalttätiges Handeln zusammen: Die Täter mit *instrumentellen Motiven* und die Täter mit *affektiven Motiven*. Die erstgenannten seien vorrangig darauf bedacht, einen eigenen Vorteil zu erlangen. Sie „(...) wägen ihre Taten mehr oder weniger sorgfältig ab, kalkulieren die Risiken dann nach Plan. Gewalt dient ihnen dann als Mittel zum Zweck."[367] Diese Jugendlichen hätten in aller Regel kaum ausgeprägte Fähigkeiten zur Perspektivübernahme und damit auch eine eingeschränkte Fähigkeit zur Empathie gegenüber ihren Geschädigten, empfänden kaum Schuldgefühle und seien dadurch zu grausamen Gewalttaten fähig.[368] Täter dieser Kategorie könnten nach *Friedmann* jedoch daran arbeiten, zu erkennen, dass es zum eigenen Nutzen sein kann, sich nicht gewalttätig zu verhalten, sei es, um Ärger, Strafen, Kosten etc. aus dem Weg zu gehen und im besten Fall auch „ein Bewusstsein für moralische Situationen zu entwickeln."[369] Die affektiv handelnden Täter reagieren dagegen mit Gewalt auf eine zuvor von ihnen als solche erlebte Provokation. „Dabei ist es unerheblich, ob er tatsächlich provoziert wurde, oder ob er sich provoziert *fühlte*"[370] (Hervorhebung im Original). Jugendliche Straf- und Gewalttäter aus dieser Gruppe verfügen, im Gegensatz zur erstgenannten Gruppe, über recht gute Fähigkeiten, sich – wenn auch erst rückblickend – in die Perspektive des Opfers zu versetzen, ein Schuldbewusstsein zu entwickeln und auch die Konsequenzen des eigenen Handelns für sich und andere zu überblicken. Die Ursache für affektives Gewalthandeln liege in einem extrem schlecht ausgeprägten Selbstwertgefühl, das es in der Person des Opfers zu bekämpfen gilt (Zum Phänomen der Übertragung siehe auch 2.2.1 und 2.3.3 und 2.3.5). Für die Arbeit im Täter-Opfer-Ausgleich bedeutet dies, dass man sich von einem „one size fits all" Prinzip verabschieden bzw. die Arbeit an den unterschiedlichen (hier besonders) Täter*persönlichkeiten* ausrich-

---
[366] Vgl. Friedmann, 2010, S. 134
[367] Friedmann, 2010, S. 137
[368] Friedmann, 2010, S. 138
[369] Friedmann, 2010, S. 142
[370] Friedmann, 2010, S. 142

ten sollte. Nicht jeder jugendliche Straf- und Gewalttäter wird automatisch durch die Konfrontation mit der Tat und möglichen Tatfolgen für das Opfer Einsicht in eigenes Fehlverhalten sowie eine verstärkte Empathie Fähigkeit entwickeln können, so dass die Bewertung des Erfolges und dessen, was als langfristige Nebeneffekte möglich sind, immer auch vor dem Hintergrund höchst individueller Tatmotive und Täter-Persönlichkeiten betrachtet werden muss.

1.4.4 Motivation, Akzeptanz und Bewertung durch die direkt Beteiligten – Opfer und Täter

Bereits in den Abschnitten zur Rückfallforschung und zum Erziehungsgedanken wurde kritisch angemerkt, dass eine einseitige, weil täterorientierte Betrachtung von Wirkungseffekten dem Anliegen des Täter-Opfer-Ausgleichs widerspricht, da in dieser, wenn auch notwendigen Frage nach Effizienz und Wirkung, die Position des Geschädigten zu kurz kommt. Auch ist im Hinblick auf die Wirkung einer Maßnahme von großem Interesse, wie sie von den Adressaten, an die sie sich wendet, aufgenommen, erlebt und bewertet wird. In der TOA-Begleitforschung hat man sich daher in mehreren Untersuchungen den direkt Beteiligten zugewandt, Opfer und Täter, um deren Bedürfnisse, Erwartungshaltungen und Zufriedenheit mit dem TOA-Verlauf deutlich zu machen. Die drei wesentlichen Elemente: Erwartungshaltung und Motivation, Zufriedenheit und die Bewertung der Rolle des Vermittlers sollen anhand der vorliegenden Befragungen aus dem Bundesgebiet dargestellt werden.[371]

Hartmann entschied sich nach kurzen Vorüberlegungen gegen Gruppendiskussionen und zugunsten von leitfadengestützten Einzelinterviews. Im Jahr 1989 führte er zusammen mit Kollegen Interviews mit Tätern (N=10) und den zugehörigen Opfern (N=20) aus dem Bereich des TOA München. Zum Zeitpunkt der Befragung hatten die Ausgleichsgespräche bereits stattgefunden, die Verfahren waren ausnahmslos von der Staatsanwaltschaft eingestellt worden.[372] Die Motive der Geschädigten, sich für eine Teilnahme am Täter-Opfer-Ausgleich zu entscheiden, teilte *Hartmann* in fünf Gruppen ein: „Dem Täter das Leben nicht verbauen, mit dem Täter noch einmal reden, die Sache regeln, auf den Täter einwirken, unbürokratisch zu Schadenersatz und Schmerzensgeld kommen; auch das Zuraten anderer Personen spielte eine Rolle."[373] Das Hauptmotiv bei den Tätern sah *Hartmann* in der Möglichkeit, eine Gerichtsverhandlung zu vermeiden, jedoch auch unter dem Aspekt, dass man sich dort weniger gut mit dem Geschädigten verständigen und dass eine Ge-

---

[371] Im Hinblick auf diese Arbeit werden vorliegende Ergebnisse, etwa aus Österreich und dem angelsächsischen Sprachraum nicht erwähnt, zumal diese zu ähnlich positiven Bewertungen kommen.
[372] Vgl. Hartmann, 1995,S. 273, Umfang und Konzeption der Befragung S. 271ff.
[373] Hartmann, 1995, S. 280

richtsverhandlung sich nachteilig auf den Arbeitsplatz auswirken könne. „Für die Täter war es wichtig, daß sie im Ausgleichsgespräch nicht abgestempelt wurden, sondern gleichberechtigt ihren Standpunkt erläutern konnten. Dies schließt jedoch nicht aus, daß die Täter ihre Verantwortlichkeit für das Geschehene eingestehen."[374]

Im Hinblick auf die Rolle des Vermittlers resümierte *Hartmann*, dass die Geschädigten die Vermittler überwiegend neutral einschätzen, sich allerdings sehr sensibel zeigten „(...) z.B. wenn die VermittlerInnen ihrer Meinung nach allzu deutlich auf die geringe finanzielle Leistungsfähigkeit der Täter hinwiesen."[375] Auch die Resonanz der Täter auf die Rolle der Vermittler fiel hier durchweg positiv aus. *Hartmann* erkennt jedoch die hohe Erwartungshaltung, die beide Seiten an die Vermittler stellen, zumal diese oftmals vielschichtig und widersprüchlich ist. „Wut, Ärger und sogar Bestrafungsbedürfnisse schließen nicht aus, daß die Geschädigten an einem Ausgleich teilnehmen. Manche Täter empfinden die Anforderungen in einem Ausgleichsgespräch höher als in einer Gerichtsverhandlung, zugleich betrachten sie den Täter-Opfer-Ausgleich aber als sinnvoller und die Kommunikationssituation als angenehmer."[376] Die überwiegende Mehrheit der von *Hartmann* und seinen Kollegen befragten Geschädigten bewerteten ihren Ausgleich positiv bzw. sehr positiv (außer 2 von 20, die mit der Form der dargebrachten Entschuldigung nicht einverstanden waren). Bei den Tätern fiel die Resonanz durchweg sehr positiv aus (nur 1 von 10 gab an, dass ihm der Ausgleich nicht viel gebracht hätte).

Netzig ließ durch zwei externe Mitarbeiter des KFN zwischen 1992 und 1995 75 leitfadengestützte qualitative Interviews mit Opfern (N=36) und Tätern (N=39) aus dem Bereich der WAAGE Hannover führen und aufzeichnen. Die Geschädigten nannten unter anderem als Motiv für ihre Teilnahme an einem TOA den Wunsch: den Täter kennen zu lernen und ihm Fragen stellen zu können, den Menschen hinter der Tat und dessen Beweggründe besser zu verstehen, die eigenen Ängste durch eine kontrollierte Begegnung zu reduzieren, sowie bei Konflikten aus dem sogenannte Sozialen Nahraum eine Konfliktlösung und Deeskalation zu erreichen. Die Beschuldigten ihrerseits wünschten sich: die Tat bzw. ihren Standpunkt zu erklären, sich zu entschuldigen und damit Verantwortung zu übernehmen, gleichzeitig auch das eigene Gewissen zu erleichtern und nicht nur als Täter, sondern auch als Mensch vom Geschädigten gesehen zu werden.[377]

Die Transparenz des Verhandlungsprozesses und die Ausgewogenheit der Rolle des Vermittlers sind von entscheidender Bedeutung für die Zufriedenheit der Beteiligten und damit für den Verlauf der Konfliktschlichtung. Bereits die Bereitschaft

---
[374] Hartmann, 1995, S. 282
[375] Vgl. Hartmann, 1995, S. 283
[376] Vgl. Hartmann, 1995, S. 284
[377] Vgl. Netzig, 2000, S. 111 siehe auch die Beschreibung der eigenen Forschung, ebenda, S. 94-105

zur Teilnahme wird maßgeblich von der Empfindung geprägt, fair behandelt und nicht benachteiligt zu werden. Dazu *Netzig*:

„Die Bereitschaft von Opfern und Tätern, an einem TOA teilzunehmen, sich aktiv mit der Tat und deren Folgen auseinanderzusetzen und sich selbst an der Entscheidung bezüglich einer angemessenen und gerechten Konsequenz zu beteiligen, hängt davon ab, wie durchschaubar ihnen die Rahmenbedingungen, Risiken und Vorteile sind und ob sie den Vermittler als unparteiisch, fair und kompetent einschätzen."[378]

Die *Haltbarkeit* sowie die Zufriedenheit des erreichten Ergebnisses hängen stark davon ab, dass beide Seiten sich ernst genommen fühlen und ihre eigenen Lösungsvorschläge erarbeiten und einbringen konnten. Gerade für Jugendliche, die es oft gewohnt sind, von Erwachsenen vorgefertigte Lösungen als Vorschläge präsentiert zu bekommen, ist dies von großer Bedeutung, zumal sie es sind, die die Vereinbarungen für einen friedlichen und respektvollen Umgang miteinander auch umsetzen müssen.

Gutsche et al.[379] befragten zwischen 1996 und 1998 anhand leitfadengestützter Interviews, die teilweise durch teilnehmende Beobachtungen ergänzt wurden, unter anderem Geschädigte (N=13) und Beschuldigte (N=13) zu ihren Vorstellungen und Erwartungen vor einem Ausgleichsgespräch sowie danach zu ihrer Zufriedenheit und ihrer Bewertung der Vermittlertätigkeit. Die Geschädigten dieser Untersuchung äußerten des Öfteren den Wunsch nach einer Aussprache mit dem Beschuldigten, verbunden mit Stichwörtern wie „ansprechen", „ausreden", „ausdiskutieren" und „aus der Welt schaffen."[380] Bei den Beschuldigten wurde, wie bereits bei früheren Untersuchungen auch, eine starke Motivation ausgemacht, eine Strafmilderung oder gar eine Einstellung des Verfahrens durch die Teilnahme an einem TOA zu erreichen. Dominierend war aber der Wunsch, sich zu erklären und individuelle Motive, die der Tat vorausgingen, zu schildern und um, im besten Fall, im weitesten Sinne dafür Verständnis zu finden. Im Ausgleichsgespräch zeigten die Geschädigten, dass es ihnen wichtig war zu sehen, dass dem Beschuldigten sein Verhalten leid tut und dass er dafür um Entschuldigung bittet. Einige Geschädigte nahmen den für sie als positiv empfundenen Verlauf des Gesprächs zum Anlass, sich zu öffnen und von ihren Ängsten zu berichten und waren positiv überrascht, als die andere Seite darauf einging.[381] Ebenso zeigten sich auch die Beschuldigten sehr froh darüber, trotz ihrer Rolle als Täter vom Gegenüber ernst genommen zu werden und von diesem auch

---

[378] Netzig, 2000, S. 107
[379] Vgl. Gutsche et al., 1998, S. 46-53 (Anmerkung: Hierbei handelt es sich um einen Zwischenbericht der Autoren Gutsche, Karliczek, Mau und Nietzsch der später in den Bericht von Jansen und Karliczek mündet – In: Gutsche und Rössner, 2000, S. 159-182
[380] Vgl. Gutsche et al., 1998, S. 47
[381] Gutsche et al., 1998, S. 49

Interesse an der eigenen Person zu erfahren.[382] Zwei der befragten Geschädigten zeigten sich nicht ganz einverstanden mit der Schilderung des Tatverlaufs durch den Beschuldigten bzw. äußerten Unmut darüber, dass ein Beschuldigter erst vom Vermittler aufgefordert werden musste, bevor er sich entschuldigte.[383] Die Rolle der Vermittler wurde von beiden Seiten durchweg als positiv empfunden, auch wenn einzelne Geschädigte sich eine weniger aktive Rolle in der Gesprächsführung gewünscht hätten, andere wiederum es begrüßten, vom Vermittler gesprächsleitende Impulse zu bekommen. Beide befragten Seiten machten deutlich, dass sie das Gespräch vorab nicht als leicht einschätzten und zum Teil mit Ängsten beladen zum Termin erschienen. Die Vermittlung und Begleitung des Gesprächs durch eine dritte Person wurde als angenehm und unterstützend empfunden.

Im Bereich des allgemeinen Strafrechts analysierten *Bals, Hilgartner* und *Bannenberg* über das Institut für Rechtstatsachenforschung und Kriminalpolitik der Universität Bielefeld im Auftrag des Justizministeriums Nordrhein-Westfalen die bearbeiteten TOA-Verfahren des Jahres 2001 aus dem Erwachsenenbereich.[384] Den Teilnehmern wurde vorab ein Fragebogen zugesandt, diejenigen, die an einem TOA teilnahmen wurden abschließend gebeten, einen weiteren Fragebogen auszufüllen. Die Untersuchung[385] umfasste insgesamt 408 auswertbare Fragebögen von Geschädigten (N=118) und Beschuldigten (N=198) aus der ersten Befragungsreihe sowie Fragebögen von Geschädigten (N=57) und Beschuldigten (N=44) nach dem erfolgten Ausgleich. Die Motive zur Teilnahme bei den Geschädigten waren demnach (in der Reihenfolge der Gewichtung): der Wunsch nach einer materiellen Wiedergutmachung und einer Entschuldigung, eine baldige Klärung des Vorfalles und eine Vermeidung des Gerichtsverfahrens, gefolgt von dem Wunsch, der anderen Seite Ärger aber auch Ängste zu verdeutlichen, die mit der Tat im Zusammenhang stehen. Circa ein Drittel der Geschädigten gaben an, auch die Motive des Beschuldigten kennen lernen zu wollen. Die Beschuldigten gaben an, dass sie: eine Gerichtsverhandlung vermeiden wollen bzw. sich eine mildere Bestrafung erhoffen, gefolgt von dem Wunsch, die Sache wieder gutzumachen und die Angelegenheit möglichst rasch zu erledigen. Die Rolle des Vermittlers wurde von beiden Seiten sehr positiv wahrgenommen. *Bals* fragte hier im Detail nach der Geduld des Vermittlers, der Fairness gegenüber der eigenen Person sowie nach dessen allparteilicher Haltung. Interessant dabei ist, dass sich in allen drei Unterkategorien beide Seiten überwiegend gut behandelt fühlten wobei die Geschädigten immer etwas mehr Zustimmung äußerten als die Beschuldigten. *Bals* kommt in ihrem Fazit zu dem Ergebnis, dass: „(...) der Täter-Opfer-Ausgleich von den Beteiligten durchaus als zufriedenstellende Alternative zur Wahrung und Durchsetzung ihrer Interessen bewertet wird, (...) jeweils über

---

[382] Gutsche et al., 1998, S. 51
[383] Gutsche et al., 1998, S. 50
[384] Vgl. Bals, Hilgartner und Bannenberg, 2005
[385] Bals, 2004, S. 7-24

90 % der Befragten geben an, zufrieden mit dem Ausgleich zu sein und das Verfahren für fair zu halten."[386] Kritisch merkt *Bals* an, dass jedoch insgesamt 12 % der Beschuldigten die Wiedergutmachungsvereinbarungen unangemessen finden und fast ebenso viele Geschädigte mit den zuvor vereinbarten Leistungen unzufrieden sind. Weiterhin geben 9,5 % der Beschuldigten und 8,9 % der Geschädigten an, mit dem TOA insgesamt eher unzufrieden zu sein.[387] Mit Blick auf die absoluten Zahlen dieser Untersuchung sind dies zwar nur wenige Personen, dennoch wirft dieses Ergebnis vor dem Hintergrund der Annahme, dass beide Seiten das Ergebnis miteinander weitgehend autonom ausgehandelt haben, Fragen auf. Da die Fragebögen keine Möglichkeiten bieten, bestimmte Ergebnisse im Detail mit den Befragten zu klären und etwa den Grund für die Unzufriedenheit zu erhellen, interpretiert *Bals* diesen Aspekt ihrer Ergebnisse folgendermaßen: Beide Seiten nehmen den TOA als positive Alternative zum Strafverfahren wahr. Es wundert nicht, wenn es daher von den Beschuldigten positiv bewertet wird. Auch die Geschädigten können durch eine Wiedergutmachung und die Konfrontation des Täters mit den Tatfolgen positive Elemente ziehen. Letztere „befinden sich in einer unangenehmen Situation, die auch durch ein Ausgleichsverfahren nicht ungeschehen gemacht werden kann. Dass sie sich zwar insgesamt zufrieden, im Gegensatz zu den Beschuldigten aber nicht *sehr* zufrieden zeigen, dürfte sich fast zwangsläufig dadurch ergeben, dass sie ungewollt in die Geschädigtensituation geraten sind"[388] (Hervorhebung Im Original).

Im Rahmen ihrer Diplomarbeit befragte *Kunz* Opfer und Täter aus dem Raum Dresden mittels eines per Post verschickten Fragebogens. Die Fragebögen wurden an alle Personen verschickt, die im Jahr 2005 an einem TOA-Ausgleichsgespräch an drei ausgesuchten TOA-Fachstellen teilgenommen hatte. Von den insgesamt 254 angeschriebenen Personen beteiligten sich 61 % (N=155) an der Befragung. Rund zwei Drittel (64 %) davon gaben an, mit dem gesamten TOA „sehr zufrieden bis eher zufrieden" zu sein, das restliche Drittel (30%) antwortete mit „Teils, teils", wobei 7 % angaben „eher unzufrieden bzw. sehr unzufrieden" zu sein.[389] Von zentraler Bedeutung sei der Aspekt, sich durch den Vermittler fair und respektvoll behandelt zu fühlen, sowohl auf Opfer- wie auf Täterseite. Die Idee der Konfliktschlichtung, die getroffenen Vereinbarungen und Ausgleichsleistungen wurden von einer Mehrheit der Opfer (71,8 %) positiv bewertet, jedoch stimmten nur 40,9 % der Aussage zu, die Begegnung mit dem Täter habe dazu beigetragen, das Erlebte besser verarbeiten zu können. Überwiegend positiv wurde der TOA auf Täterseite bewertet. 86 % stimmten der Aussage zu, es als Erleichterung empfunden zu haben, sich persönlich entschuldigen zu können, 81,9 % gaben an, durch den TOA über die Tat und deren Folgen

---

[386] Bals, 2004, S. 22
[387] Vgl. Bals, 2004, S. 23
[388] Bals, 2004, S. 22
[389] Vgl. Kunz, 2007, S. 466-483 (wie die 101% zustande kommen, ist nicht klar)

nachgedacht zu haben und 75,9 % gaben an, durch den TOA im Hinblick auf zukünftiges Verhalten positiv beeinflusst worden zu sein.[390] Eine weitere Befragung aus Hannover stammt aus dem Jahr 2010. Die Autorinnen *Lippelt* und *Schütte* sahen in der Befragung der Beteiligten die größte Aussagekraft für die Effizienz eines Täter-Opfer-Ausgleichs, da die Zufriedenheit beider Seiten eine weitaus größere Aussagekraft habe als die bloße Rückfalluntersuchung auf Seiten des Täters.[391] Die Autorinnen wiesen auf die Problematik hin, dass „die Schwierigkeit in der fehlenden Messbarkeit des subjektiven Empfindens" liegt[392] und entschieden sich für einen standardisierten Fragebogen als Erhebungsmethode, der den Befragten zwei Wochen nach dem Ausgleichsgespräch zugesandt wurde. Von den in Frage kommenden Tätern des Untersuchungszeitraums hatten sich 50 Personen nach dem Ausgleich bereit erklärt, an der Untersuchung teilzunehmen, ebenso wie die aufgrund der Fallkonstellation dazugehörigen 37 Opfer, zusammengefasst in 33 Strafverfahren. Der Rücklauf der Fragebögen ergab 16 Fragebögen von Tätern und 11 Fragebögen von Opfern.[393] Die Geschädigten gaben als Motivation an, dass sie sich eine Entschuldigung erhoffen, sowie eine Aufklärung über das Tatmotiv. Der Abbau von eigenen Ängsten trat erstaunlicherweise in den Hintergrund, merklich wurde der Wunsch geäußert, dem Täter sein weiteres Leben nicht verbauen zu wollen. Bei den Beschuldigten machten die Autoren den Wunsch aus, milder sanktioniert zu werden sowie die Chance, sich beim Geschädigten persönlich entschuldigen zu können.[394] Im Hinblick auf den Vermittler fühlten fast alle Beteiligten – Täter wie Opfer – sich ernst genommen und respektiert: „Nahezu alle Geschädigten und Täter waren von der fachlichen Eignung des Vermittlers überzeugt".[395]

Auch wenn der Vermittler von den Tätern ausschließlich als neutral empfunden wurde, gab es einen geringen Anteil der Geschädigten, die ihn eher als parteilich empfanden.[396] Im Hinblick auf eine Bewertung des Täter-Opfer-Ausgleichs gaben alle Beteiligten an, dass sie gelernt hätten, dass auch bei unterschiedlichen Standpunkten eine Einigung möglich sei. Ein Großteil der Täter sah im TOA eine wichtige Erfahrung für das weitere Leben und fast alle Geschädigten gaben an, dass sie aufgrund der nun gemachten Erfahrungen erneut einem Täter-Opfer-Ausgleich zustimmen würden, wenn eine entsprechende Situation einträfe (sicher ist hier ein Konflikt in einer anderen Täterkonstellation gemeint und kein Folgekonflikt nach dem Ausgleichsgespräch mit demselben Täter). Von den insgesamt 27 Befragten gaben jeweils nur ein Täter und ein Opfer an, unzufrieden zu sein, die Übrigen zeigten sich zufrieden bis sehr zufrieden.

---
[390] Vgl. Kunz, 2007, S. 466-483
[391] Vgl. Lippelt, 2010, S. 48
[392] Vgl. Lippelt, 2010, S. 48
[393] Vgl. Der Forschungsaufbau, Lippelt, 2010, S. 69-83
[394] Vgl. Lippelt, 2010, S. 87
[395] Lippelt, 2010, S. 88
[396] Vgl. Lippelt, 2010, S. 88

In einer deutsch-österreichischen Zusammenarbeit, beginnend mit dem Projektstart im Jahr 2011, gingen die Autoren *Bindel-Kögel, Karliczek, Stangl, Behn, Hammerschick* und *Hirseland* unter anderem der Frage nach, inwieweit die erneute Begegnung von Opfer und Täter, im Rahmen von TOA und Tatausgleich, dazu beitragen, das die Opfer dadurch ihre Handlungssicherheit zurückgewinnen und Strategien entwickeln, mit dem Erlebten besser umgehen zu können. Die Forschergruppe kombinierte Interviews mit Opfern (N=43), Interviews mit Konfliktschlichtern (N=18) und teilnehmender Beobachtung an Ausgleichsgesprächen (N=23). Die Untersuchung enthält Typologien von Motiven, die Opfer genannt haben, warum sie sich für einen Teilnahme an einem TOA bzw. ATA entschieden haben, die sich auch in den anderen hier aufgeführten Untersuchungen wiederfinden. Zu den *pragmatischen Motiven* zählen die Vorteile, die mit einem TOA/ATA in Verbindung gebracht werden, wie etwa eine möglichst unbürokratische Abwicklung des Verfahrens sowie eine finanzielle Schadenswiedergutmachung. Dort, wo Opfer und Täter im sozialen Kontakt zueinander standen, dominieren die *tat- und täterorientierten Motive* bzw. die Bedürfnisse, im Gespräch mit dem Täter vorhandene Ängste abzubauen. Einige Opfer ließen sich von *altruistischen Motiven* leiten, da sie dem Täter „die Zukunft nicht verbauen" oder „keine Steine in den Weg legen wollen" und durch ein gemeinsames Gespräch diesem die Chance geben wollten, „einen anderen Weg einzuschlagen." Als häufiges Motiv nennen die Autoren *normverdeutlichende Motive*. Dem Täter soll die Grenze aufgezeigt werden, die er zuvor überschritten hat und gleichzeitig ginge es den Opfern darum, als Opfer anerkannt zu werden und auch ein gewisses Strafbedürfnis deutlich zu machen. Eine Gruppe, die bisher kaum herausgearbeitet wurde, ist die der Opfer mit *resignativ-pessimistischen Motiven,* die sich zu einer Teilnahme entschlossen, da sie befürchteten, dass das Verfahren sonst folgenlos eingestellt würde, bzw. die von ihren Eltern zu einer Teilnahme gedrängt wurden (alle Hervorhebungen im Original). [397] Was die Zufriedenheit der Opfer sowie deren Bewertung der Vermittlertätigkeit anbelangt, wird hier folgende Aussage getroffen: „Die Mehrzahl der interviewten Opfer fühlt sich vonseiten der Vermittler/innen sehr gut darin unterstützt, persönliche Anliegen im Ausgleichsgespräch einbringen zu können. Sie werten den TOA als persönlichen Erfolg. Sie äußern sich zufrieden und betonen, dass sie den TOA weiterempfehlen würden."[398] Im Hinblick auf ihre Ausgangsfrage kommen die Verfasser zu dem Schluss, dass für Geschädigte die Teilnahme an einem TOA bzw. ATA dazu beitragen kann, positive Strategien zu entwickeln, nach der Tat mit dem Erlebten besser umgehen zu können bzw. Strategien zu entwickeln, die auch zukünftig hilfreich sein werden, nicht ohne jedoch zu betonen, dass ein ungünstig verlaufendes Ausgleichsgespräch auch den gegenteiligen Effekt haben kann. Die

---

[397] Vgl. Bindel-Kögel et al., 2013, S. 27
[398] Vgl. Bindel-Kögel et al., 2013, S. 37

Maßnahme TOA /ATA habe daher ein opferstützendes Potential, verbunden mit einer hohen Verantwortung der Vermittler im Sinne des Opferschutzes.[399]

Auch wenn sich die hier genannten Befragungen aufgrund eines unterschiedlichen Forschungsaufbaus nicht direkt miteinander vergleichen lassen, leitfadengestützte Interviews, standardisierte Fragebögen, teilnehmende Beobachtungen, Vorher–Nachher-Befragungen, so wird dennoch ein deutlicher Trend sichtbar, in dem man von einer hohen Akzeptanz durch die Beteiligen und einem hohen Maß an Zufriedenheit durch beide Seiten – Opfer wie Täter – sprechen kann, die im Täter-Opfer-Ausgleich und dessen Umsetzung durch einen neutralen Dritten eine adäquate Lösung sehen. Der neutralen Rolle des Vermittlers wird in allen Untersuchungen von den Beteiligten eine große Bedeutung beigemessen. Die Resonanz auf die Vermittlungstätigkeit ist dabei überwiegend positiv. Was die mitunter geringen Zahlen an Teilnehmern der einzelnen Befragungen angeht, wird dieser Punkt jedoch durch wiederkehrende Ergebnisse der unterschiedlichen Befragungen aufgefangen. Gleichzeitig wird ein grundlegendes Problem der Befragung von Opfern und Tätern deutlich, nämlich diese in größerer Zahl für eine Teilnahme gewinnen zu können. Es wird angenommen, dass diese nach einem erfolgten Ausgleichsgespräch auch für sich einen persönlichen Schlussstrich ziehen wollen. Trotz der überwiegend positiven Ergebnisse resümierte bereits *Bals* recht zutreffend:

„Festzuhalten bleibt jedoch, dass das Angebot Täter-Opfer-Ausgleich aus der Sicht einiger Beteiligter optimierungsbedürftig ist und man sich zumindest derzeit von der sozialromantischen Vorstellung, der TOA würde sämtliche Beschuldigte und Geschädigte zufrieden und befriedet zurücklassen, verabschieden muss. Hier gilt es – sofern dies dem Anspruch des Anbieters entspricht – insbesondere im Hinblick auf die Qualität und Effizienz des Täter-Opfer-Ausgleichs das Verfahren so weit als möglich den Erwartungen der Beteiligten entsprechend und zu ihrer Zufriedenheit zu gestalten."[400]

Unter dem Aspekt der Effizienz und der Erfolgsbewertung ist und bleibt die Befragung der direkt Beteiligten ein wichtiger – wenn nicht gar *der wichtigste* Aspekt, wenn es gilt, den TOA in seiner Auswirkung und als Alternative zum herkömmlichen Strafverfahren darzustellen. Interessant in diesem Zusammenhang wären Befragungen von Opfern und Tätern, die beides erlebt haben und Gerichtsverhandlung und TOA vergleichen können, so dass darüber Schlussfolgerungen über die Zufriedenheit, die Atmosphäre und das Ergebnis angestellt werden könnten.

---

[399] Vgl. Bindel-Kögel et al., 2013, S. 43f.
[400] Bals, 2004, S. 23

1.4.5 Die Erfolgsbewertung im Täter-Opfer-Ausgleich

Die Autoren der aktuellen TOA-Statistik sehen ein wesentliches Kriterium in der Erfolgsbewertung darin, ob es zu einer *einvernehmlichen, abschließenden* bzw. *teilweisen Regelung* zwischen Opfer und Täter kommen konnte[401] (Hervorhebung im Original). Die Frage nach dem Erfolg eines Täter-Opfer-Ausgleichs ist immer auch die Frage nach der jeweiligen Perspektive des Fragestellers. So kann ein TOA für den zuständigen Staatsanwalt erfolgreich verlaufen sein, wenn er das Verfahren einstellen kann, wenn die Schlichtung nicht allzu viel Zeit in Anspruch nahm und wenn er das Ergebnis als erfolgreich betrachtet. Für den Geschädigten kann ein TOA erfolgreich sein, wenn er ihm hilft, die Tat besser zu verarbeiten und eventuelle Ängste abzubauen, wenn er sich ein eigenes Bild von ´seinem Täter´ machen konnte, wenn der Konflikt, ein zukünftiger Umgang miteinander und die Frage von Schadenersatz oder Schmerzensgeld für ihn zufriedenstellend besprochen und geklärt werden konnten (siehe dazu Abschnitt 1.4.4). Für den Beschuldigten kann es ein Erfolg sein, wenn seine Entschuldigung angenommen wurde, wenn er sich dadurch Entlastung und auch eine bessere Ausgangslage im Strafverfahren verschaffen konnte (siehe dazu Abschnitt 1.4.4). Für das Jugendamt bzw. die Jugendgerichtshilfe kann es über das eigentliche Ergebnis hinaus ein Erfolg sein, wenn der Jugendliche oder Heranwachsende aus dem Vorfall und der Konfliktschlichtung etwas gelernt hat und sich dies auch bemerkbar macht. Für die Vermittler kann es ein Erfolg sein, wenn sie beiden Parteien zur Seite stehen konnten und auch in mitunter schwierigen Situationen, über die gemeinsamen Gespräche mit beiden Konfliktpartien eine Lösung gefunden haben.

---

[401] Vgl. Hartmann, Haas, Eikens und Kerner, 2014, S. 47

2 Der Täter-Opfer-Ausgleich in Theorie und Praxis

2.1 Methodenvielfalt im Täter-Opfer-Ausgleich: Konstrukt eines Handlungsmodells

Eine spezielle Methode oder *die Methode* für den Täter-Opfer-Ausgleich gibt es in der Praxis nicht. *Delattre* begründete dies damit, dass sich die Praktiker aus Mangel an konsistenten Konzepten aus der Methodenvielfalt und Theorienvielfalt aus den Bereichen der Konflikttheorien und Kommunikationstheorien bedienten, allem voran dem aus den USA stammenden Mediationsverfahren, welches als Grundgerüst für die Konfliktschlichtung im Täter-Opfer-Ausgleich gilt.[402]

Bei dem Versuch, Täter und Opfer im Sinne einer Konfliktschlichtung zusammenzuführen, mit dem Anspruch, unter der Beteiligung beider Seiten ein Ergebnis zu finden, welches von beidseitiger Akzeptanz und einem großen Maß an Zufriedenheit geprägt ist, stellt sich die Frage, welche Handlungsschritte notwendig und welche Handlungselemente sinnvoll sein könnten, dieses Ziel zu erreichen. Die geschilderte Vorgehensweise der Kontaktaufnahme, der Verfahrensablauf und wiederkehrende Muster von Gesprächsverläufen und Informationsvermittlung bilden hier ein schematisches Grundgerüst, aus dem sich ein methodisches Handeln ableiten lässt. Darüber hinaus werden im Täter-Opfer-Ausgleich eine Vielfalt von Gesprächstechniken und Grundhaltungen angewandt, die ihre Wurzeln in der eigenen beruflichen Vita, speziellen Vorlieben, Zugehörigkeit zu einem bestimmten Ansatz (ausführlicher dazu siehe in 2.2) oder schlichtweg einem in der Praxis erworbenen Repertoire des jeweiligen Vermittlers haben.

Die Methodendiskussion innerhalb der sozialen Arbeit kennt eine Vielzahl von Definitionen mit einem engeren als auch weiteren Methodenverständnis. Eine Definition im ersteren Sinne ist die von *Schilling*:

---

[402] Vgl. Delattre, 2000, S. 9

"Methode ist das planmäßige Vorgehen zur Erreichung eines Zieles; der erfolgreiche Weg zum Ziel; eine spezifische Art und Weise zu handeln. Methode ist eine Weise des Vorgehens in Richtung auf ein Ziel. Im Allgemeinen versteht man somit unter Methode eine bewusst gewählte Verhaltensweise zur Erreichung eines bestimmten Zieles. Methoden sind Formen des Herangehens an Aufgaben zur Lösung von Zielen und/oder Problemen. Methoden sind erprobte, überlegte und übertragbare Vorgehensweisen zur Erledigung bestimmter Aufgaben und Zielvorgaben."[403]

Eine Methode besteht nach *Geisler* und *Hege* aus mehreren Verfahren und Techniken, die sich anhand ihres Grades an Komplexität voneinander unterscheiden.[404] *Galuske* plädiert in seinem Standardwerk über die Methoden der sozialen Arbeit dafür, den Ausgangspunkt, die Frage nach dem „was will ich erreichen", nicht losgelöst von den dafür notwendigen Handlungsschritten, dem „was brauche ich dafür" zu betrachten.[405] Einem integrierten Methodenverständnis folgend, welches die angewandten Methoden - „(...) immer in Abhängigkeit von Problemlagen, Zielsetzungen und Rahmenbedingungen diskutiert" – findet sich bei *Geisler* und *Hege* ein Beispiel dafür, in dem die Autoren „(...) zwischen den Begriffen Konzept, Methode und Technik/Verfahren" differenzieren.[406] Unter dem Oberbegriff des Konzepts verstehen die Autoren ein „Handlungsmodell, in welchem die Ziele, die Inhalte, die Methoden und die Verfahren in einen sinnhaften Zusammenhang gebracht sind."[407] Methoden wären demzufolge konstitutive Teilaspekte von Konzepten mit einer konkreten Vorstellung der Planung des Vorgehens. Als drittes Element einer Handlungslehre schließen sich die Techniken an als „Einzelelemente von Methoden (...) Methoden und Techniken unterscheiden sich nach ihrem Grad ihrer Komplexität",[408] so *Geisler* und *Hege*. *Galuske* ergänzt: „Methoden umfassen somit im Regelfall ein ganzes Set an unterschiedlichen Techniken/Verfahren." Die als solche Antworten auf die Detailprobleme geben auf dem „(...) komplexen Weg von der Identifikation eines Problems zur angestrebten Lösung (...)."[409]

Für den Täter-Opfer-Ausgleich ergibt sich demnach folgendes Handlungsmodell: Die Beschreibung eines Bedarfs, anhand der bis 1985 vorherrschenden Lücke im deutschen Strafrecht, spezielle Opferbelange zu berücksichtigen mit dem Ziel, beide Seiten, Täter und Opfer im Sinne einer Konfliktschlichtung zusammenzuführen, bilden *das Konzept* des Täter-Opfer-Ausgleichs. Bei der Umsetzung dieses Vorhabens bedient man sich in der Praxis des Grundgedankens der Mediation als *Methode*

---

[403] Vgl. Schilling, 1993, S. 65f.
[404] Vgl. Geißler und Hege 1995, S. 29
[405] Vgl. Galuske, 1998
[406] Vgl. Geisler und Hege, 1995, S. 23ff.
[407] Geisler und Hege, 1995, S. 23 siehe auch Galuske, 1998, S. 21
[408] Geisler und Hege, 1995, S. 29
[409] Galuske, 1998, S. 22 - Galuske verweist darauf, dass in dem Diskurs um den Begriff der Methode zwischen, der Forschungsmethode aus dem Bereich der Wissenschaft und den Handlungsmethoden für die Praxis der sozialen Arbeit unterschieden werden muss. Vgl. Galuske, 1998, S. 26

der Gesprächsführung mit den beiden Konfliktparteien und einem vermittelnden Dritten. Im Täter-Opfer-Ausgleich kommen, durch die getrennten Vorgespräche, Ansätze der Beratung zum Tragen, die dem Bereich der Methoden zuzurechnen sind, wobei die Haltung des Vermittlers/Beraters geprägt ist von unterschiedlichen Ansätzen der Beratung bzw. der Therapie, da sich die Grenzen hier oft im fließenden Übergang befinden (siehe dazu 2.2.). In den Gesprächen kann sich der Vermittler verschiedener *Techniken* bedienen, die ihm im Einzelfall angezeigt erscheinen, wie etwa der Co-Mediation, dem Gemischten Doppel, dem Reflecting-Team, dem Spiegeln des Gesprächspartners, dem Perspektivwechsel, der gewaltfreien Kommunikation, Verhandlungstechniken etc.[410]

2.1.1 Grundlagen der Mediation

Mediation[411] ist ein Verfahren der Konfliktlösung, welches zunächst in den 60er und 70er Jahren in den USA entwickelt wurde und auf dem Prinzip der Vermittlung zwischen Personen oder Konfliktparteien beruht, welches aber auf eine längere kulturhistorische Geschichte zurückblicken kann, als man auf den ersten Blick auf die angloamerikanischen Wurzeln vermuten mag.[412] Die Vermittlung eines unparteiischen Dritten in Konfliktfällen hat sich inzwischen auf vielen Feldern bewährt, wie etwa der Paar- und Scheidungsmediation, in Nachbarschaftskonflikten, der Wirtschaftsmediation oder gar in internationalen Konflikten. Mediation wird oftmals gleichgesetzt oder gleichbedeutend mit den Begriffen von Konfliktlösung oder Konfliktschlichtung verwandt. Autoren wie *Mayer* weisen darauf hin, dass jeder Mensch in seinem Leben grundlegende Inhalte des Mediationsansatzes beherzigt und anwendet, wie etwa das Verhandeln um Positionen, die Kommunikation mit Anderen oder das Beilegen von Konflikten.[413] *Knapp* und *Novak* verdeutlichen, dass unser Alltag voll von Situationen ist, in denen verhandelt wird und sei es mit sich selbst, auf der Suche nach Entscheidungen und Lösungen.[414] Nicht jede Konfliktlösung ist gleich eine Mediation, nicht jeder Konflikt braucht einen Vermittler und nicht jeder, der in einem Konflikt vermittelt, ist auch gleich ein Mediator. Mediation ist auch nicht die einzige Form, Konflikte zu lösen, sondern nur eine von vielen Möglichkeiten. So können Schlichter oder Schiedsleute sich an den Bedürfnissen beider Parteien orientieren und dann eine

---

[410] Vgl. über Methoden der Mediation siehe auch Watzke, 1997, S. 31ff., über Mediationstechniken siehe auch Besemer, 2000, S. 116, Mayer, 2008, S. 112ff. sowie Verhandlungstechniken wie das Harvard Konzept nach Fisher, Ury und Patton, 2006 oder Knapp und Novak, 2003
[411] Wörtlich übersetzt bedeutet Mediation - Vermittlung
[412] Einen Überblick über die geschichtlichen Wurzeln der Mediation im globalen Kontext bietet Mayer, 2008, S. 76ff. sowie Besemer, 2000, S. 46ff.
[413] Vgl. Mayer, 2007, S. 221f.
[414] Vgl. Knapp und Novak, 2003, S. 5f. und S. 9ff.

Lösung vorschlagen oder gar festlegen,[415] oder der Konflikt wird Experten zur Bewertung und Entscheidung vorgelegt. Nach *Mayer* besteht der Unterschied in der Haltung des Handelnden: „Mediation ist eine Rolle, eine Fähigkeit, ein Ansatz und eine spezielle Arbeitspraktik."[416] Der Bundesverband für Mediation definiert Mediation wie folgt: „Mediation ist eine hochwertige Dienstleistung von Mediatorinnen und Mediatoren aus verschiedenen Berufs- und Tätigkeitsfeldern."[417]

Die Aufgabe des Mediators sowie die wesentlichen Punkte eines Mediationsprozesses sollen hier im Folgenden dargestellt werden: Mediatoren und Vermittler sind keine Richter, sie fällen keine Urteile, sondern helfen den Konfliktparteien, eine einvernehmliche Lösung zu finden, von der beide Seiten profitieren können, bzw. dort, wo es zuvor nur Sieger und Besiegte gab, wird eine „win-win" Lösung gesucht, die keine Verlierer kennt. Wobei an dieser Stelle angemerkt werden muss, dass Mediationen oder Konfliktschlichtungen nicht immer zu einer einvernehmlichen Lösung führen müssen.[418] Das Ergebnis kann auch aus Teillösungen bestehen oder der Erkenntnis, dass man sich nicht einigen kann, was nicht automatisch einem Scheitern gleichkommen muss, sondern auch als ein Ergebnis des gemeinsamen Dialogs gesehen werden kann.

Die Person des Vermittlers muss von allen Konfliktparteien anerkannt werden und darf keine eigenen Interessen im Konflikt verfolgen, außer dem Anspruch eines professionellen Handelns. *Dullabaum* beschreibt den Mediationsprozess als Kunst der Transformation, indem ein Streit, anders als im „klassischen Sinne" nicht durch eine kontrollierende Instanz geschlichtet, beurteilt und bewertet wird und eventuell eine Rollenzuschreibung in Täter und Opfer erfolgt, sondern indem beiden Konfliktparteien Raum und Zeit eingeräumt werden, ihre Positionen zu schildern, um mit Hilfe des Mediators eine gemeinsame Lösung zu finden.[419] Im Prozess der Mediation sollen die Konfliktparteien zusammen *mit* dem Mediator eine Lösung finden und nicht vorrangig dieser eine Lösung *für* sie. Der Mediator bzw. der Vermittler bewertet oder verurteilt nicht,[420] ausgenommen Verstöße gegen die Gesprächsregeln, sondern bemüht sich darum, Interessen, Gefühle und Standpunkte der Streitparteien wahr- und ernst zu nehmen. Nicht immer werden diese durch die Beteiligten klar benannt, so dass es die Aufgabe des Vermittlers ist, diese herauszuarbeiten und allen Seiten verständlich zu machen. Der Vermittler wacht über den Verlauf und den Rahmen der

---

[415] Zum Unterschied von Schieds- und Schlichtungsverfahren und Mediation siehe auch Montada und Kals, 2001, S. 1f. und S. 20f. sowie zu weiteren Möglichkeiten der Konfliktlösung ebenda S. 11ff.
[416] Mayer, 2007, S. 221
[417] Vgl. http://www.bmev.de/index.php?id=definition-mediation0 (Homepage des Bundesverbandes Mediation e.V. Download vom 21.07.2013
[418] Vgl. Mayer, 2007, S. 252
[419] Vgl. Dullabaum, 1998, S. 12ff.
[420] Montada und Kals beschreiben die Rolle des Mediators als fair gegenüber den Konfliktparteien, die Haltung jedoch mehr als allparteilich, denn als neutral, da es zu den Aufgaben des Mediators gehöre, Ungleichgewichte zwischen den Konfliktparteien offen zu thematisieren. Vgl. Montada und Kals, 2001, 38ff., der Begriff der Allparteilichkeit hat auch Einzug gehalten in der Diskussion um die Rolle des TOA- Vermittlers (siehe dazu 2.4.2)

Verhandlung, Inhalte und Ergebnis bestimmen die Konfliktparteien. Dem Verhältnis von Sachebene und Gefühlsebene kommt innerhalb des Mediationskonzeptes eine große Bedeutung zu, da beide Dimensionen bei der Konfliktbearbeitung Berücksichtigung finden. „Das Verfahren berücksichtigt damit die Erkenntnisse der Psychologie und Konfliktforschung, nach denen Gefühle, Einstellungen, Beziehungen und Kommunikation als wesentliche Faktoren des Konflikts begriffen und in den Lösungsprozeß einbezogen werden müssen."[421]

Der Mediationsprozess lässt sich in *Vorphase, Mediationsphase* und *Umsetzungsphase* unterteilen.[422] In der Vorphase wird die Mediation in der Regel durch eine Seite der Konfliktparteien initiiert, die sich mit der Bitte um Vermittlung an die Mediatoren wenden. Es ist aber auch möglich, dass sich eine dritte, indirekt betroffene Partei meldet, etwa eine Hausverwaltung bei Nachbarschaftsstreitigkeiten oder ein Abteilungsleiter bei Teamkonflikten. Aufgabe des Mediators ist es, die Konfliktparteien zu kontaktieren, ihre Bereitschaft zu einem Vermittlungsversuch zu erfragen und sich erste Informationen zum Konfliktgeschehen einzuholen. Für einen erfolgversprechenden weiteren Verlauf muss der Mediator bereits hier seine allparteiliche Rolle, seine Verschwiegenheit gegenüber Außenstehenden sowie seine Akzeptanz durch alle Beteiligten erklären bzw. einholen. Je nach Konflikt und Ansatz bietet die Vorphase die Chance, einzelne Vorgespräche zu führen. In der Mediationsphase treffen die Konfliktparteien und der Mediator aufeinander. Bevor es nun um die Sichtweisen der einzelnen Konfliktparteien geht, werden die Rahmenhandlung, die Gesprächsregeln, erneut die Rolle des Mediators, Organisatorisches und Finanzielles geklärt, um dadurch zu vermeiden, dass Missverständnisse den weiteren Verlauf der Schlichtung überschatten oder zu deren Scheitern führen. Als Kernpunkt des Gesprächseinstiegs gilt es abzuklären, ob alle Beteiligten die Bereitschaft mitbringen, sich auf das Mediationsverfahren einzulassen. Im Anschluss an das Mediationsgespräch werden die Ergebnisse zusammengetragen und fixiert. In der Umsetzungsphase nehmen manche Mediatoren erneut Kontakt zu den Konfliktparteien auf, um sich über die Umsetzung der gemeinsamen Ergebnisse zu informieren oder um notfalls neu zu verhandeln. Die Phasen der Mediation weisen eine hohe Affinität zum Ablauf eines Täter-Opfer-Ausgleichs auf, der in seiner Herangehensweise ebenfalls auf der Zweiteilung von Vorgesprächen und dem eigentlichen Vermittlungsgespräch beruht.

---

[421] Besemer, 2000, S. 15ff.
[422] Differenzierter dazu Montada und Kals, die den Mediationsprozess in 6 Phasen mit 21 Abschnitten unterteilen, vgl. Montada und Kals, 2001, S. 178ff.

2.1.2 Verhältnis von Mediation und Täter-Opfer-Ausgleich

Im Jahr 2003 bat Gerd *Delattre* als Leiter des TOA-Servicebüros den Bundesverband für Mediation um eine Stellungnahme zum Verhältnis von Mediation und Täter-Opfer-Ausgleich. Grund dafür war die anhaltende Diskussion zwischen den Vertretern beider Professionen. Auf Seiten der Mediationsfraktion wurde mitunter deutliche Skepsis geäußert, ob es sich beim Täter-Opfer-Ausgleich überhaupt um „echte Mediation" handelt und auch auf Seiten der TOA-Vermittler gab es Bestrebungen, eher von Schlichtung und Vermittlung zu sprechen als von Mediation. Für die Vertreter der Mediation betrachteten Ortrud *Hagedorn* und Tilman *Metzger* Unterschiede und Gemeinsamkeiten beider Richtungen eingehend. Der Mediationsgedanke kam, ähnlich wie der TOA-Gedanke, im Rahmen der Diversionsidee bereits ab 1980, sowie in einem zweiten Schub Mitte der 1980er Jahre aus den USA nach Deutschland. Zunächst entwickelten sich beide Konfliktschlichtungsmodelle unabhängig voneinander, bis beide Seiten voneinander Notiz nahmen und verstärkt in eine fachliche Diskussion miteinander eintraten. *Hagedorn* und *Metzger* gingen nach einer Darstellung der Grundidee der Mediation den Fragen nach, wie es im direkten Vergleich beider Richtungen um die Frage der Freiwilligkeit, der Vertraulichkeit sowie um die Frage der Machtbalance bestellt ist. Bereits im ersten Punkt verdichteten sich die stärksten Bedenken der Vertreter der Mediation im Hinblick auf die Einbindung des Täter-Opfer-Ausgleichs im Strafrecht. Dem Täter wird eine Besserstellung im Strafverfahren, wenn auch nicht garantiert, so zumindest in Aussicht gestellt und auch der Hinweis, im Rahmen des Täter-Opfer-Ausgleichs zivilrechtliche Belange gleich mit zu klären, würde insgesamt dem Täter verdeutlichen, dass es für ihn mit erheblichen Nachteilen verbunden wäre, eine Schlichtung abzulehnen. Die Autoren schlussfolgerten daraus, dass Freiwilligkeit, Ergebnisoffenheit und Gleichberechtigung, anders als in der Mediation daher im Täter-Opfer-Ausgleich „nicht von vornherein als gegeben angenommen werden."[423] *Hagedorn* und *Metzger* sehen das Problem jedoch auch innerhalb des Mediationsbereichs, wo es für die Konfliktparteien im Vorfeld immer auch Vor-und Nachteile abzuwägen gilt. Ein Streit im Arbeitsteam, der ohne Lösung zu arbeitsrechtlichen Konsequenzen führen kann, eine Paar-Mediation als Alternative zu einem gerichtlichen Scheidungs- und Sorgerechtsstreit oder ein Nachbarschaftskonflikt, der ansonsten das Gericht belastet, all dies macht das Dilemma deutlich, dass die Teilnahmebereitschaft zur Mediation immer aus der Abwägung unterschiedlicher Handlungsalternativen resultiert, deren Wahlmöglichkeiten letztendlich begrenzt sind.[424] *Taubner* spricht davon, dass es sich im Rückblick auf die kritische Überprüfung der Prinzipien von Neutralität, Freiwilligkeit und Sachlichkeit in der Mediation eher um einen angestrebten Idealzustand handelt, wenn nicht gar teilweise um einen

---

[423] Vgl. Hagedorn und Metzger, 2004, S. 14
[424] Vgl. Trenczek, 2006, S. 235

Mythos, der mit der Realität nicht übereinstimmt.[425] Die Entscheidung *für* oder *gegen* einen Täter-Opfer-Ausgleich unterliegt daher den gleichen Überlegungen und beinhaltet, wie an anderer Stelle dargestellt (siehe dazu Abschnitt 1.3.8.1), auch für den Beschuldigten immer noch die Chance der Ablehnung. *Hagedorn* und *Metzger* sahen im Setting der Mediation wesentliche Vorteile gegenüber einer Gerichtsverhandlung, womit sie konform gehen dürften mit den Vertretern des TOA. Der Täter-Opfer-Ausgleich, der „im Schatten des Gerichts stattfinde", habe es hier jedoch wesentlich schwerer, so *Hagedorn* und *Metzger*, eine Atmosphäre der Vertrautheit zu erzeugen. Dies begründeten sie mit dem fehlenden Aussageverweigerungsrecht des TOA-Vermittlers.[426] *Trenczek* erwiderte dazu in seiner Stellungnahme zum Verhältnis von TOA und Mediation, dass mit Ausnahmen von Rechtsanwälten, die als Mediatoren tätig sind, auch für alle anderen Mediatoren, die nicht dieser „privilegierten Berufsgruppe (…) angehören", besagte Problematik bestünde, da sich aus ihrer Tätigkeit kein normiertes und strafprozessuales Zeugnisverweigerungsrecht ableiten lasse.[427]

In punkto der Machtbalance machten *Hagedorn* und *Metzger* auf eines der wesentlichen Problemstellungen der Konfliktschlichtung allgemein aufmerksam. Im Täter-Opfer-Ausgleich kann schnell ein Machtgefälle zwischen den Parteien entstehen, das durch die juristische Einteilung in Täter und Opfer gefördert wird. Der Vermittler ist gefordert, ein solches Machtgefälle auszugleichen, sei es, dass der Geschädigte sich aus Angst dem vermeintlich Stärkeren fügt oder dass der Beschuldigte sich zum Beispiel mit überhöhten Zahlungsforderungen konfrontiert sieht. Auch in der Mediation wird ein Machtgefälle zur entscheidenden Belastungsprobe im Verlauf der Schlichtung, etwa wenn es um das Umgangsrecht mit dem Kind oder den eigenen Arbeitsplatz geht. *Trenczek* resümiert, dass es sich trotz der vorgebrachten Argumente beim Täter-Opfer-Ausgleich um das Arbeitsfeld handelt, in welchem der Mediationsgedanke am häufigsten Anwendung findet, auch wenn nicht alle TOA-Fälle mediativ bearbeitet werden. Im Bezug auf Auswertungen des TOA-Servicebüros stehen ca. 25.000 TOA Fälle im Jahr gegenüber 10-15.000 Mediationsfällen aus dem gesamten Anwendungsbereich der Mediation.[428] Gleichzeitig wies *Trenczek* auf die Notwendigkeit gültiger Qualitätsstandards für beide Schlichtungsmodelle hin. Nicht alle TOA-Vermittler hätten bereits Fähigkeiten zur Tätigkeit als Mediator entwickelt und auch innerhalb des bundesweiten Angebotsspektrums würden sich TOA-Projekte befinden, die diesen Namen nicht verdienen, da sie nicht ansatzweise die Mindestanforderungen der TOA-Standards erfüllen würden. Mit Blick auf die Mediationslandschaft stellt er jedoch fest, dass die Mediationsbewegung mit

---

[425] Vgl. Taubner, 2008, S. 32 in direktem Bezug auf Montada und Kals, 2001
[426] Vgl. Hagedorn und Metzger, 2004, S. 15
[427] Vgl. Trenczek, 2006, S. 236, siehe auch die Replik von Delattre auf den Text von Hagedorn und Metzger, die zugleich auch eine Rezension der Dissertation von Mühlfeld mit dem Thema „Mediation im Strafrecht" ist (vgl. Mühlfeld 2003), vgl. Delattre, 2004, S. 5ff.
[428] Vgl. Trenczek, 2006, S. 233 in Bezug auf Delattre, 2002, S. 3

ähnlichen Problemen zu kämpfen hat.[429] Trotz Richtlinien des Bundesverbandes für Mediation e.V. war Mediation bis zum Mediationsgesetz vom 26. Juli 2012 kein geschützter Begriff und die Palette der Ausbildungsangebote reicht von Wochenendkursen, Semesterangeboten bis hin zu einjährigen, berufsbegleitenden Angeboten. Nicht alles, was Mediation genannt wird, ist auch Mediation und nicht überall, wo Täter-Opfer-Ausgleich am Türschild steht, wird auch Täter-Opfer-Ausgleich angeboten.

Abschließend lässt sich feststellen, dass der Täter-Opfer-Ausgleich als spezialisiertes Gebiet der Mediation – der Konfliktschlichtung im Strafverfahren (TOA) - angesehen wird, der sich, wie die Mediation auch, den besonderen Herausforderungen stellen muss. Durch den fachlichen Austausch, die gegenseitige Anerkennung und den Wunsch nach Qualitätssicherung wurde die anfängliche Skepsis zwischen beiden Richtungen weitgehend überwunden. TOA-Vermittler können sich ihre TOA Ausbildung beim Erwerb einer Mediationsausbildung nach den Standards des Bundesverbandes für Mediation anrechnen lassen[430] und bei Stellenausschreibungen im TOA-Bereich wird in der Regel eine Mediationsausbildung als gleichwertig berücksichtigt. Mit der Zeit ist aber auch eine Kehrtwende auszumachen, indem man in der Sprachregelung vom „Mediator in Strafsachen" wieder zum „TOA-Vermittler" zurückkehrt. Was bleibt, ist jedoch ein Sammelsurium von Sprachregelungen, die den Täter-Opfer-Ausgleich als *Konfliktmediation, Konfliktschlichtung, Mediation im Strafverfahren* oder *Vermittlung im Strafverfahren* bezeichnen, was inhaltlich zutreffend ist, aber auch zu Verwirrungen und einer unklaren Abgrenzung zu dem führen kann, was der Täter-Opfer-Ausgleich *nicht* ist. Unter dem Begriff der Mediation im Strafverfahren firmieren mitunter reine Aushandlungsprozesse im Hinblick auf Verfahrensausgänge und materielle Leistungen. Auch Konfliktbearbeitung in Schulen, mitunter ein Mix aus Sanktion und gemeinsamen Gesprächen, haben weder mit Mediation noch mit dem Täter-Opfer-Ausgleich etwas zu tun (siehe dazu auch Abschnitt 2.6.2).

2.2 Ansätze und Haltungen in der Vermittlertätigkeit

Der Täter-Opfer-Ausgleich ist keine Therapie und kann diese auch nicht ersetzen, weder für den Beschuldigten noch für den Geschädigten.[431] Die Gesprächsführung, sei es in den beratenden Anteilen, wie den Vorgesprächen oder der Vermittlungstätigkeit an sich und die hier angewandten Methoden und Techniken haben jedoch ihre Wurzeln in der Psychoanalyse, der Gesprächstherapie, der Gestalt- oder Verhaltens-

---
[429] Vgl. Trenczek, 2006, S. 234
[430] Vgl. Rundbrief an die Mitglieder des Bundesverbandes der Mediation e.V. vom 10.12.2002 zur Fragestellung von TOA und Mediation, sowie zur Zertifizierung von TOA-Vermittlern, bzw. die Anerkennung deren Ausbildung nach den BM-Standards.
[431] Vgl. Delattre, 1995, S. 139

therapie. Viele Autoren stimmen daher überein, dass es keine klare Trennung zwischen Therapie und Beratung gibt. Die Autoren, die sich für eine klare Trennung aussprechen, begründen dies zumeist mit den Unterschieden in „Dauer der helfenden Maßnahme und Qualität der Beziehung".[432] Eine Psychotherapie dauert in der Regel länger als eine Beratung und ist geprägt von einer hohen Eigenmotivation des Klienten, wohingegen die Beratung oftmals ohne hinreichende Motivation des Klienten auskommen muss, mitunter auch stark fremdbestimmt ist, wie etwa im Kontext von Bewährungshilfe oder Jugendgerichtshilfe. Die Beratung ist geprägt von lösungsorientiertem oft strukturiertem und vom Berater gelenktem Vorgehen, wohingegen die Psychotherapie mit unbewussten, erst herauszuarbeitenden und vom Klienten zu bestimmenden Themen arbeitet. *Sander* und *Ziebertz* formulieren den Unterschied von Therapie und Beratung: „Psychotherapie ist mehr *Selbstklärung und Beziehungsklärung*, Beratung mehr *Problemklärung*" (Hervorhebung im Original).[433] Die Mediation zielt ebenso wie die Beratung und die Therapie auf eine Veränderung des Ist-Zustandes, das Einleiten von Lernprozessen und das Entwickeln neuer Handlungsmuster ab, fokussiert aber das Streitthema und eine einvernehmliche Lösung und nicht speziell die Veränderung einer Person. *Besemer* unterscheidet zwischen Mediation und Therapie anhand der unterschiedlichen Gewichtung, mit der Gefühle im Mittelpunkt des Geschehens stehen. In der Mediation haben diese einen wichtigen Platz, stehen aber nicht so im Mittelpunkt wie in einer Therapie.[434] „In der Beratungssituation gibt es ein klares Angebot in Bezug auf die Lösung eines definierten Problems, in der Therapie wird das grundlegende Problem oft erst erarbeitet, während die Mediation sich auf die Vermittlung in Konfliktsituationen beschränkt."[435] Die Konfliktschlichtung im Täter-Opfer-Ausgleich berührt alle diese Punkte, sei es die Gefühlsebene, die Suche nach einer Lösung und die Vermittlung in Konfliktsituationen. Vermittler können sich dabei unterschiedlichster Methoden und Techniken bedienen, wobei viel entscheidender die innere Haltung des professionell Handelnden sei, ohne die eine Technik immer nur ein Werkzeug bleibt, so *Galuske*.[436] So dass die Persönlichkeit des Handelnden, sein Können und Wissen eine bedeutende Rolle in der Umsetzung von Methoden und Techniken spielt (siehe dazu auch 2.4 und 2.4.4). Anhand des psychoanalytischen und psychotherapeutischen Ansatzes, des klienten- bzw. personenzentrierten Ansatzes der Gesprächspsychotherapie sowie des systemisch- lösungsorientierten Ansatzes, sollen die Kernelemente dieser Ansätze, die Haltung zum Klienten sowie deren Möglichkeiten und Grenzen in der Anwendung im Täter-Opfer-Ausgleich benannt werden. Praktiker, die sich mit der Umsetzung therapeutischer Grundhaltungen sowie der auf therapeutischen Grundlagen basierenden Beratungsmethoden und Gesprächsführungen beschäftigen, weisen

---

[432] Vgl. Sander und Ziebertz, 2010, S. 26
[433] Sander und Ziebertz, 2010, S. 28
[434] Vgl. Besemer, 2000, S. 43
[435] Vgl. Nußbeck, 2010, S. 23
[436] Galuske, 1998, S. 24

berechtigterweise daraufhin, dass es sich bei der Umsetzung von therapeutischen Methoden und Haltungen, wenn auch in angrenzenden Bereichen, immer nur um abgewandelte, zumeist stark reduzierte und dem jeweiligen Beratungs - oder Gesprächskonzept angepasste Variationen handeln kann.

2.2.1 Psychoanalytische und psychotherapeutische Ansätze

Um die Jahrhundertwende vom 19. zum 20. Jahrhundert, sowie in den folgenden Jahrzehnten begründete und entwickelte *Sigmund Freud* die Psychoanalyse als eigenständige Behandlungs- und Forschungsmethode für psychische Erkrankungen, bis er 1939 im Londoner Exil starb. Die Psychoanalyse wurde zunächst stark durch die Medizin geprägt, erfuhr ihre Weiterentwicklung aber hauptsächlich durch die Psychologie. *Anna Freud*, die Tochter Freuds, und weitere Freudianer wie etwa *Melanie Klein* ergänzten und bereicherten die Psychoanalyse, die bis heute eine der verbreitetsten Formen der Psychotherapie ist. Einstige Anhänger und erste Wegbegleiter wie *C.G. Jung* oder *Alfred Adler* brachen mit *Freud* und entwickelten eigene psychologische Theorien. Auch *Rogers* war zunächst ein Schüler des *Freud* Schülers *Otto Rank*, von dem er erste Impulse zu einer stärkeren Hinwendung zu den Selbstheilungskräften des Klienten erhielt.[437] Das umfangreiche Werk *Freuds* und seiner Nachfolger darzustellen, würde den Rahmen dieser Arbeit sprengen. Psychoanalytische Erklärungen für abweichendes und damit auch delinquentes Verhalten sollen hier, wenn auch nur sehr holzschnittartig, dargestellt werden, um einen psychoanalytischen und psychodynamischen Gesprächsansatz im Täter-Opfer-Ausgleich zu verdeutlichen.

Freud ging davon aus, dass das Verhalten eines jeden Einzelnen, seine Einstellungen und Wünsche geprägt sind von Erlebnissen und Konfliktsituationen aus der frühen Kindheit, die verdrängt und im Verborgenen liegen und sich daher dem bewussten Erleben entziehen. Aufgabe des Psychoanalytikers sei es, im offenen Gespräch mit dem Klienten eine Atmosphäre zu schaffen, die es dem Klienten ermöglicht, offen auszusprechen, was ihn bewegt und welches das Thema des Gespräches sein soll, um diese durch Deutungen durch den Analytiker zu analysieren. „Der Psychoanalytiker kann intensiv auf die Anzeichen unbewußter Konflikte achten und so dem Verdrängten auf die Spur kommen. Er ist imstande, dem Patienten Dinge bewußtzumachen, die sonst nur im Symptom ihren Ausdruck finden könnten." [438]

---

[437] Einen Überblick über die Entwicklung der Psychoanalyse und ihren Einfluss auf andere Therapieansätze bietet u.a. Kriz, 2001
[438] Vgl. Legewie und Ehlers, 1999, S. 383 – Anmerkung: Je nach dem Grad der medizinischen Ausrichtung werden die Begriffe Patient oder Klient benutzt.

Bei der Entwicklung der Persönlichkeit maß *Freud* den unausgereiften Triebwünschen aus der Kindheit und den aus der Perspektive des Erwachsenen dagegen gerichteten Widerständen, große Bedeutung bei. Die Psychoanalyse gibt mehrere Erklärungsansätze für das Entstehen von Kriminalität, Aggression und Gewalt und vermutet die Ursachen von Delinquenz, sozialem Fehlverhalten und psychischen Störungen in der frühkindlichen Entwicklung.[439] „Nach FREUD werden im Verlauf der Persönlichkeitsreifung dem ursprünglich triebhaften *Es* das realitätsbezogene *Ich* und das Moral repräsentierende *Über-Ich* gegenübergestellt"[440] (Hervorhebungen im Original). Das *Es* enthält Trieb-und Bedürfnisimpulse, die auf eine schnelle, sofortige Befriedigung pochen. Das *Ich* hingegen stellt den Realitätsbezug her, indem es auf bewusstes Denken, Fühlen, Wahrnehmen, Erinnern und Handeln zurückgreifen kann. Das *Ich* entscheidet, welche Impulse aus dem *Es* problemlos befriedigt werden können und welche es zu unterdrücken gilt. Im *Über-Ich* bildet sich eine Art Kontrollinstanz durch die jeweilige Sozialisation mit ihren Normen und Werten – auch als Gewissen oder Moral beschrieben – da es das *Ich* und das *Es* kontrolliert.[441] Gestörte Entwicklungsprozesse innerhalb dieses Modells führen zu seelischen Erkrankungen in ihrer neurotischen wie auch psychotischen Ausprägung. Abweichendes, delinquentes Verhalten ist auch Sicht der Psychoanalyse „dabei lediglich als ein Symptom für tieferliegende seelische und charakterliche Störungen'"[442] anzusehen. Neben seinen Arbeiten zur Traumdeutung und zur Hysterie bildet die Triebtheorie einen zentralen Teil des Werks *Freuds*. Hier ringen verschiedene Triebe (hauptsächlich *Eros*, als Lustprinzip oder Lebens- und Selbsterhaltungstrieb[443] und *Thanatos* auch als Todes- bzw. Destruktionstrieb und Aggressionstrieb[444]) miteinander, sei es, um Erfüllung zu finden oder um in das Unbewusste verdrängt zu werden und von hier aus das menschliche Handeln zu beeinflussen. Ein zu schwach ausgeprägtes *Ich*, ebenso wie ein zu dominantes *Ich* können seelische Erkrankungen zur Folge haben. Ein zu streng ausgeprägtes *Über-Ich*, das die Triebe nicht nur kontrolliert, sondern den Verzicht erzwingt, kann zu einem eruptiven Ausbruch führen, der sich in Formen kriminellen Handelns niederschlägt. In den 1970er Jahren entwarf *Moser* eine Theorie, wonach es sich bei deviantem Verhalten nicht um ein generelles Fehlen eines kontrollierenden *Über-Ichs*, sondern vielmehr um partiell auftretende Überichlücken, die in Verbindung mit pubertären Triebschüben stehen würden handelt, die einen Großteil der Jugendkriminalität ausmachen würden.[445] Neben einem mangelhaft ausgebildeten Gewissen und dem Einfluss der Triebe, bildet „das Verbrechen aus Schuldgefühl"[446] die Hauptargumentationslinie für Delinquenz innerhalb der Psycho-

---
[439] Vgl. Krüger und Grunert, 2010 S. 845ff.
[440] Vgl. Kunz, 2004, S. 124
[441] Vgl. Nußbeck, 2010, S. 53
[442] Kerscher, 1985, S. 11
[443] Vgl. Freud, Gesammelte Werke, Band XIII, (1940), 1999, S. 41, 43 und 233
[444] Vgl. Freud, Gesammelte Werke, Band XVI (Werke aus den Jahren 1932-1939), 1999, 20f. sowie Band XVII S. 128, S. 270, S. 275
[445] Vgl. Moser, 1974, S. 166-179
[446] Vgl. Freud, Gesammelte Werke, Band X, (Werke aus den Jahren 1913-1977), 1999, S. 389ff

analyse: „So können **Verbrechen aus Schuldgefühl** begangen werden, ausgelöst durch das unbewusste Verlangen nach Bestrafung, um dadurch das Schuldgefühl zu erleichtern"[447] (Hervorhebung im Original). Konkreter und bereits im Zusammenhang auf die Interaktion von Täter und Opfer dazu *Bindrich*:

> „Durch die Tat geschieht das Paradoxon, daß der Täter versucht, sein unbewußtes Schuldgefühl, selbst böse zu sein, zu bekämpfen, indem er das Böse in den anderen niederschlägt. Die tatsächliche Schuld seiner Tat kann er nicht erleben, da er das Leid des Opfers nicht erlebt. Das unbewußte Schuldgefühl aber gibt durch die ausgeführte Tat keine Ruhe, es ist ein permanenter Motor zu weiteren Wiederholungstaten. Es handelt sich um den Versuch des Täters, das Problem, das er innen mit sich selbst hat, daß er sich haßt, durch ein äußeres Handeln zu lösen. Und dieser Versuch kann nicht gelingen. Der Selbsthaß wird durch die Abfuhr, die der Haß bei der Tat erfährt, zeitweise gelindert, die Anerkennung der Gruppe stärkt das labile Selbstwertgefühl für den Moment. Aber die Ungeklärtheit des inneren Konflikts macht eine ständige Wiederholung der Tat notwendig."[448]

Der Anspruch *Freuds* auf universelle Gültigkeit seiner Theorien, wie auch die starke Reduzierung auf die Triebe bei der Erklärung menschlichen Verhaltens brachten *Freud* auch über seinen Tod hinaus Kritik ein. Autoren wie *Krüger* und *Grunert* fassten die Kritik an den psychoanalytischen Erklärungsansätzen zusammen, indem sie auf die mangelnde empirische Haltbarkeit vieler Aussagen hinweisen, wie auch davor warnten, Kriminalität durch zu schnell geschlussfolgerte, monokausale Zusammenhänge von abweichendem Verhalten und Persönlichkeitsmerkmalen zu erklären, da dies mit der „*Universalität* kriminellen Handelns nicht vereinbar wäre" und Einflüsse, die außerhalb des Individuums liegen, kategorisch ausgeschlossen würden[449] (Hervorhebung im Original). Unabhängig von der Lehre *Freuds* konnten in der Psychoanalyse, der Entwicklungspsychologie sowie den Disziplinen, die sich mit der Entwicklung der Persönlichkeit befassen, Zusammenhänge ausgemacht und auch empirisch nachgewiesen werden, von denen einige – ohne jeden Anspruch auf Vollständigkeit - hier skizziert werden sollen: Bereits vor der Geburt des Kindes wurden Faktoren ausgemacht, die ein erhöhtes Risiko für ein späteres, verhaltensauffälliges bzw. gewalttätiges Verhalten begünstigen können, wie etwa sehr junge Mütter, mit weniger persönlicher Reife, mangelhafter Schulbildung und Erziehungskompetenz. [450] „Familiäre Belastungen wie der Zerfall der Familie, Delinquenz des Vaters, fortgesetzte Streitereien innerhalb der Familie und psychische Auffälligkeiten der Eltern"[451]

---

[447] Vgl. Kunz, 1994, S. 125 mit direktem Bezug auf Freud, zum Verbrechen aus Schuldgefühl siehe auch Alexander und Staub, 1929, 1974
[448] Vgl. Bindrich, 2001, S. 28-29
[449] Vgl. Krüger und Grunert, 2010, S. 845
[450] Lück, Strüber und Roth, 2006, S. 80 mit Bezug auf Tremblay et al., 2004,
[451] Lück, Strüber und Roth, 2006, S. 81 mit Bezug auf Laucht et al., 2000a, einen Überblick über biologische, soziale und psychologische Risikofaktoren für Gewalt und Aggression bietet auch Schick, 2011, S. 19ff.

wie Depressivität, aggressives Verhalten, eigene Gewalterfahrungen in der Kindheit,[452] Suchtproblematiken der Eltern, Unkenntnisse über Grundlagen der Erziehung sowie wirtschaftliche Notlagen mit fehlenden Hilfen gelten als Belastungs- und Risikofaktoren.[453] *Richter* untersuchte und beschrieb in seinem Klassiker „Eltern, Kind und Neurose" krankmachende Familienkonstellationen, wonach Kinder als Sündenböcke, Partnerersatz oder Projektionsfläche für eigene, unerfüllt gebliebene Wünsche herhalten müssen.[454] Andere Autoren, wie *Petri*, wandten sich den unterschiedlichen Erziehungsstilen, wie etwa einem engen, einschränkenden oder im Gegenteil, nachgiebigen, inkonsequenten Erziehungsstil und deren Folgen zu.[455] Frühe Störungen in der Eltern-Kind-Beziehung, häufige Wechsel statt beständiger Beziehungen zu wichtigen Bezugspersonen sowie mangelhafte Fähigkeiten zum Aufbau von zwischenmenschlichen Beziehungen, eine geringe Frustrationstoleranz, schlecht ausgeprägte Fähigkeiten Konflikte (gewaltfrei) zu bewältigen, gelten ebenso wie eigene Erfahrungen von Misshandlungen, emotionaler Vernachlässigung und körperlicher Gewalt[456] als verstärkende Faktoren für eigenes abweichendes, delinquentes – vor allem gewalttätiges – Verhalten und finden sich als Erfahrungen vielfach in den Biografien von Gewalttätern wieder.[457]

2.2.1.1 Umsetzungsmöglichkeiten im Rahmen des Täter-Opfer-Ausgleichs

Im weiten Spektrum der bundesweiten TOA-Landschaft nimmt der Bremer Täter-Opfer-Ausgleich für sich in Anspruch, seit seiner Gründung im Jahr 1990, gezielt psychologisch und psychoanalytisch fundiert zu arbeiten.[458] So wundert es nicht, dass Darstellungen eines psychoanalytischen Vermittlungs- und Arbeitsansatzes vor allem durch die Mitarbeiter dort vertreten und publiziert wurden. Demnach wird delinquentes Verhalten von Jugendlichen unter anderem geprägt von dem meist unbewussten Wunsch nach Heilung, getragen von einem Zwang zur Wiederholung, sofern es nicht gelingt, eigene traumatische Erfahrungen, die auf das Opfer übertragen werden, als zu sich selbst gehörend zu erkennen und damit den Kreislauf zu durchbrechen[459] (zum Phänomen der Übertragung auf das Opfer siehe auch 2.3.3 und 2.3.5).

---

[452] Über den Zusammenhang von erlebter elterlicher Gewalt und eigenem gewalttätigen Handeln siehe Deegener und Körner, 2011, S. 163ff.
[453] Vgl. Landzettel, 2001, S. 37f.
[454] Vgl. Richter, 1973
[455] Vgl. Petri, 1989
[456] Vgl. Bindrich, 2001, S. 22
[457] Vgl. Böttger, 1998, S. 43ff, S. 62ff., S. 126ff. siehe auch die Arbeiten von Sutterlüty zu „Gewaltkarrieren" und erlebter Gewalt in den Herkunftsfamilien, vgl. Sutterlüty, 2002 und 2004
[458] Vgl. Taubner, 2008, S. 36 in Bezug auf Winter, 1990
[459] Vgl. Bindrich, 2001, S. 31, Frühwein und Taubner, 2004, S. 69ff., Taubner, 2008, S. 39ff.

„Im (sic.) günstigen Fällen kann es gelingen, daß der Täter sich im Opfer wiedererkennt. Darin, daß der Täter wiederholt, was er als Opfer erfahren hat, liegt eine Tragik aber es liegt darin auch eine kleine Chance. Die Chance nämlich, daß durch die Reinzenierung (sic.) ein anderer Ausgang der Situation gefunden wird. Denn das Opfer zeigt Gefühle, die der Täter früher selber hatte aber unterdrücken, abwehren mußte. So findet der Täter, bei der Gewalttat die er ausübt, seine eigenen abgewehrten Gefühle wieder, er findet einen Teil von sich wieder. Aber die Wiederholung und Inszenierung ist unbewußt, der Täter weiß selbst nicht, warum er das tut, was er tut, und er muß es immer weiter tun, wenn es ihm nicht bewusst wird. In der Bewußtmachung der vorher abgewehrten Gefühle, die das Opfer erfährt, liegt die Chance für einen Anfang einen anderen Weg zu finden. Aber an dieser Schnittstelle ist Hilfe von einem Dritten nötig."[460]

Um ein solches Erkennen möglich zu machen, beschreiben *Frühwein* und *Taubner* sowie *Taubner* die Haltung des Vermittlers als getragen von dem psychoanalytischen Phänomen von Übertragung und Gegenübertragung. So wie der Täter im Kontakt mit dem Geschädigten eigene Opfererfahrungen reinszeniert, so kann er im Verhältnis zum Vermittler provozierend auftreten, jedoch unbewusst vom Wunsch erfüllt, nicht das auszulösen, was er bereits als Reaktion gewohnt ist, einen Beziehungsabbruch, sondern eine andere Form der Reaktion. Die Psychoanalyse geht generell davon aus, dass dem Phänomen von Übertragung und Gegenübertragung[461] eine große Bedeutung im Hinblick auf einen Erfolg von Therapie bzw. Beratung zukommt. Der Therapeut steht stellvertretend für frühere Bezugspersonen, die an der Entstehung der krankmachenden Symptome beteiligt waren. In der Beziehung zwischen Therapeut und Klient bzw. Berater und Ratsuchendem können diese Konflikte reaktiviert, aktualisiert und analysiert werden, so dass sie dem Klienten zugänglich gemacht werden. Als für den therapeutischen Prozess störend empfunden, gilt das Problem der Gegenübertragung, wenn der Therapeut Gefühle, Phantasien, Vorstellungen und Erinnerungen seinerseits mit dem Klienten verbindet. *Bindrich* beschreibt daher, dass den Phänomenen von Übertragung und Gegenübertragung in der Fallbesprechung und Supervision eine große Aufmerksamkeit zukommt, so dass die Gefühle, die Opfer wie Täter beim Vermittler auslösen, thematisiert und analysiert werden.[462] Für die Praxis im Täter-Opfer-Ausgleich schlussfolgern *Frühwein* und *Taubner* daraus, dass es dem Vermittler gelingen muss, emotional präsent zu sein und dennoch die notwendige Distanz aufzubringen, um nicht spontan und wie vom Klienten erwartet zu reagieren, und verweisen auf die psychoanalytische Haltung der „gleichschwebenden Aufmerksamkeit."[463] Zusammenfassend dazu *Taubner*: "Psychoanalytisches Verstehen gründet also auf einer Integration von anamnestischen Daten des Klienten

---

[460] Bindrich, 2001, S. 31
[461] Vgl. Nagera, 1991, S. 484ff. und S. 514ff., Kriz, 2001, S. 37ff.
[462] Vgl. Bindrich, 2001, S. 29
[463] Vgl. Frühwein und Taubner 2004, S. 72f.

und der gefühlsmäßigen Erfassung der szenischen Interaktion zwischen Schlichter und Klient unter der Berücksichtigung von Übertragung und Gegenübertragung, die mit einer passageren Identifizierung mit dem Klienten einhergeht."[464]

Der psychoanalytische Ansatz, den Täter immer auch als Opfer zu sehen, Opfer seiner frühkindlichen Erfahrungen, seiner verdrängten Wünsche und Triebe und ihm quasi mit dem Vermittler eine Person entgegenzustellen, mit der es ihm im besten Fall gelingt, Unbewusstes sichtbar zu machen, geht sehr in die Tiefe. Der Ansatz setzt an der Erkenntnis an, dass hinter der Tat wesentlich mehr stecken kann, als in der Regel im Rahmen einer Konfliktschlichtung aufgearbeitet wird, aber auch, dass gerade hier angesetzt werden muss, will man auf Täterseite etwas verändern. So sehen die Vertreter dieses Ansatzes hier die Entwicklungschance, durch die Auseinandersetzung mit der Tat sowie durch die Konfrontation mit dem Leid des Geschädigten, in dem der Täter sich im Idealfall selbst erkennen soll und Kreisläufe von Gewalt und Schuldgefühl durchbricht. Der Täter-Opfer-Ausgleich mit seinen meist wenigen Vorgesprächen und seinem Anspruch, den Focus auf beide Seiten zu lenken, bietet daher selten die Chance, diesen Anspruch innerhalb der Konfliktschlichtung umfassend umzusetzen. Anamnestische Daten über die Vorgeschichte des Täters sind in der Regel eher selten und werden im Vorgespräch auch nicht standardisiert erfragt und höchstens in Fragmenten thematisiert, sofern der Jugendliche oder Heranwachsende sie von sich aus anspricht, oder aber, dass man sie aus einer Ermittlungsakte herauslesen kann. In der Regel bleiben sie aber im Dunkeln. Schwierig wird es, die dennoch gewonnenen Einblicke in die Welt des Täters nicht unbewusst und schon gar nicht bewusst zu benutzen, um dem Geschädigten die Motive des Täters zu erklären, da es ein schmaler Grat werden kann zwischen Erklärung und Rechtfertigung. Die Herangehensweise, das Denk- und Handlungsmuster des Täters diesem bewusst und damit auch im besten Fall veränderbar zu machen, kann auch bedeuten, dass dieser darüber auch einen besseren Zugang zum Erleben und Empfinden des Geschädigten bekommen kann (siehe dazu auch 1.4.3.). Fraglich bleibt jedoch, ob hier, gerade in den schwierigen Fällen, in denen bis zu zehn Vorgespräche mit dem Täter geführt werden,[465] eine rein auf den Täter konzentrierte Therapie, sei es als Einzel- oder Gruppenangebot, nicht sinnvoller wäre als eine Konfliktschlichtung im Rahmen des Täter-Opfer-Ausgleichs.

---

[464] Taubner, 2008, S. 41 mit Verweis auf Bindrich, 2001
[465] Vgl. Taubner, 2008, S. 187 Die Angaben beziehen sich auf die Probanden der Studie von Taubner, die aus dem Bereich des TOA-Bremen kamen, wobei die Autorin darauf hinweist, dass sich kein einfacher Zusammenhang zwischen dem Erfolg eines Täter-Opfer-Ausgleichs und der Anzahl der Einzel- bzw. Vorgespräche mit dem Beschuldigten herstellen lasse, ebenda.

2.2.2 Klientenzentrierte Gesprächsführung

Die klientenzentrierte Gesprächsführung gehört zum Bereich der psychotherapeutischen Methoden und hat außerhalb eines rein therapeutischen Settings eine weite Verbreitung in den beratenden Berufsfeldern gefunden. Der amerikanische Psychologe *Carl R. Rogers* entwickelte diese Methode ab den 1940er Jahren unter dem Begriff der *Client-centered-Therapy* die von dem deutschen Psychologen *Reinhard Tausch* in Deutschland ab den 1956er Jahren als *Gesprächspsychotherapie* eingeführt und weiterentwickelt wurde. Die Methode *Rogers* firmiert in der Fachwelt unter unterschiedlichen Begriffen, wie etwa der *nicht-direktiven-Beratung*, der *personenzentrierten Psychotherapie* oder der *klientenzentrierten Psychotherapie* wie auch der *personenzentrierten Beratung*. Die Begriffe werden zum Teil synonym verwendet. *Rogers* sah seine Methode nicht ausschließlich für Psychologen und Psychiater geeignet, sondern auch für Fürsorger, Schul-, Ehe-, Studien- und Personalberater, wenn auch in einer abgewandelten, den jeweiligen Bedingungen angepassten Form.

Das Werk *Rogers* ist geprägt von seinem Menschenbild sowie von seiner Sicht auf die Beziehung von Berater und Klient. *Rogers* geht von der Annahme aus, dass jeder Organismus bestrebt ist, sich in konstruktiver Weise zu entwickeln und dazu die innewohnenden Möglichkeiten zu nutzen und zu entfalten. Ausgehend von dieser Grundlage, bei *Rogers* als Selbstaktualisierungstendenz bezeichnet, ist es die Aufgabe des Psychotherapeuten Bedingungen und einen Prozess herzustellen, „(...) in welchem dem Klienten zunehmend Gefühle und Erfahrungen bewußt werden, die ihm in der Vergangenheit nicht zugänglich waren oder die er nur verzerrt wahrnehmen konnte, da sie mit seinem *Selbstkonzept* nicht in Einklang zu bringen waren"[466] (Hervorhebung im Original). Der Organismus trifft auf eine sich wandelnde Umwelt mit ihren spezifischen Reizen und Anforderungen. In diesem Spannungsfeld entwickelt sich ein Selbstkonzept, „(...) ein (wertendes) Selbstbild des Individuums von sich selbst, das im Idealfall organisiert, beweglich und konsistent ist und somit flexibel auf (neue) Umweltreize zu reagieren vermag"[467] (Hervorhebungen im Original). Als Resultat von Aktualisierungstendenz und einem sich entwickelnden Selbstkonzept, steht eine Wahrnehmung, die für das jeweilige Individuum als Realität wahrgenommen wird. „Jedes Individuum lebt in einer sich dauernd verändernden Welt, deren Mittelpunkt er selbst ist."[468] Erfahrungen, die mit dem Selbstkonzept, übereinstimmen, werden in das Selbstbild integriert, problematisch wird es dort, wo es zu deutlichen Unterschieden zwischen der Selbst- und der Fremdwahrnehmung kommt:

> „Jeder Mensch hat ein Bedürfnis nach Anerkennung. Er möchte als individuelles, liebenswertes, unverwechselbares Individuum gesehen und beachtet werden. Er hat ein

---
[466] Vgl. Weinberger, 1994, S. 31
[467] Vgl. Galuske, 1998, S. 164
[468] Vgl. Wild, 1975, S. 66

Bedürfnis nach Selbstachtung, er möchte sich selbst Wert schätzen können und seinem Ich-Ideal entsprechen. Bei Diskrepanzen zwischen diesen Tendenzen und Bedürfnissen entstehen Spannungen und auf Dauer Angst. Um das Selbst zu behaupten, werden inkongruent „unpassende" Erfahrungen daher abgewehrt, so verzerrt wahrgenommen, dass sie mit dem Selbstkonzept übereinstimmen, oder ganz verleugnet."[469]

Diese Aktualisierungstendenz bzw. Selbstaktualisierungstendenz ist für *Rogers* die Motivation für eigenes Verhalten und seine zentrale Abgrenzung zu anderen psychotherapeutischen Schulen, vor allem der Freudschen Psychoanalyse. *Rogers* geht davon aus, dass „dem Menschen sein Erleben grundsätzlich zugänglich ist"[470] und nicht wie bei den klassischen psychoanalytischen Ansätzen wonach „gerade der wichtigste Teil der bewußtwerdenden Inhalte verschlüsselte Botschaften eines unbewussten Geschehens seien, welche der Therapeut durch Deutung zu enträtseln habe."[471] Auch an einer weiteren Stelle grenzt sich *Rogers* von der Psychoanalyse ab, an dem für das Verhältnis von Therapeuten und Klienten wichtigen Begriff der Übertragung, die in der Psychoanalyse eine bedeutende, ja zentrale Rolle spielt, da es ohne sie keine Analyse gäbe. Der Patient überträgt demnach wiederbelebte Gefühle, positive wie negative, auf die Person des Therapeuten.[472] Diese Übertagungsbeziehung kann Rogers in der klientenzentrierten Gesprächspsychotherapie nicht feststellen.[473]

Ziel der klientenzentrierten Gesprächspsychotherapie ist es, diese krankmachenden Inkongruenzen zwischen dem Selbstkonzept und den Erfahrungen des Klienten aufzulösen. Das Selbstkonzept wird schrittweise reorganisiert, so dass der Klient immer mehr Gefühle und Erfahrungen in sein Selbstkonzept integrieren kann, d.h. als „zu sich" gehörig erleben kann.[474] Für *Rogers* steht der Klient als Person und nicht die Lösung eines Problems im Mittelpunkt, Ziel seines Ansatzes ist es vielmehr, ihm zu helfen sich zu entwickeln, so dass er einen Zugang findet, sowohl mit dem aktuellen als auch mit zukünftigen Problemen auf eine besser integrierte Weise umgehen zu können. Das Verhältnis von Therapeut und Klient ist durch die drei wesentlichen Merkmale[475] gekennzeichnet:

Positive Wertschätzung: Der Therapeut achtet seinen Klienten als Person und bringt diesem eine bedingungsfreie positive Zuwendung entgegen. Er achtet den an-

---
[469] Schmid, 1999 in Nußbeck, 2010, S. 58
[470] Vgl. Pfeiffer W. 1977, Vorwort zu Rogers Therapeut und Klient, Auflage von 1995, S. 10
[471] Vgl. Pfeiffer W. Ebenda, S. 10
[472] Vgl. Nagera et al., 1991, S. 484
[473] Vgl. Rogers, 1942 – auf Deutsch 1978, S. 187-190
[474] Vgl. Weinberger, 1994, S. 31
[475] Vgl. Rogers, 1962 Aus: Harvard Educational Review, Bd. 32, Nr.4 - Zusammenfassung und auf Deutsch 1973, neu aufgelegt 1995, S. 211-230
Siehe auch die kommentierte Zusammenfassungen bei Weinberger 1994, S. 39ff., Kriz, 2007, S. 15ff., Sander und Ziebertz, 2010, S. 69ff.

deren Menschen als eigenständiges Individuum und gestattet ihm alle Gefühle zu offenbaren, die im Augenblick in ihm vorhanden sind, ohne die eigene Wertschätzung an Bedingungen oder Inhalte zu knüpfen.

Echtheit oder Kongruenz: Der Therapeut lebt was er ist, indem er in der Beziehung zu seinem Klienten diesem echt und ohne Fassade gegenübertritt und im Einklang mit sich selbst, also kongruent ist. Dies erfordert ein echtes Interesse an der anderen Person, manchmal die Notwendigkeit, die schützende berufliche Rolle zu verlassen sowie die immerwährende Bereitschaft, sich um dieses Offensein zu bemühen.

Empathie oder Einfühlendes Verstehen: Der Therapeut gibt dem Klienten gegenüber seiner Wertschätzung Ausdruck, indem er sich darum bemüht, sich in diesen und seine Gefühlswelt einzufühlen und diese zu verstehen, sei diese für ihn auch noch so fremd oder bizarr. Dies geschieht mitunter durch ein aufmerksames, aktives Zuhören und ist nicht damit zu verwechseln, dass der Therapeut diese Ansichten zu seinen eigenen machen muss, sondern vorrangig, dass er versucht den Standpunkt des anderen zu erkennen und zu verstehen.

Im Gegensatz zur Psychoanalyse verfügt der Ansatz nach *Rogers* nicht über ein eigenes Erklärungsmodell für delinquentes bzw. gewalttätiges Verhalten. In seinen frühen Werken verweist *Rogers* darauf, dass man viele Erfahrungen mit unterschiedlichsten Klienten und Problemlagen habe sammeln können, dass es jedoch an Material fehlen würde „für die Personen mit mentalen Defekten und für Verbrecher."[476] *Weinberger* hingegen erwähnte Jahre später in ihrem Überblick der Anwendungsbereiche des klientenzentrierten Konzeptes, losgelöst vom Begriff des Verbrechers und eher auf die Arbeit mit delinquenten und verhaltensauffälligen Jugendlichen bezogen, die positive bzw. rückfallvermeidende Wirkung durch die Verbesserung des Selbstkonzeptes bei den betroffenen Jugendlichen und eine Verbesserung der Interaktion von Berater und jugendlichen Klienten, wie auch in der Interaktion von Lehrern und Schülern, anhand von Wertschätzung, Interesse, Echtheit und einfühlendem Verstehen.[477]

2.2.2.1 Umsetzungsmöglichkeiten im Rahmen des Täter-Opfer-Ausgleichs

Im Rahmen des Täter-Opfer-Ausgleichs mit seinen meist wenigen Gesprächen, muss der Ansatz von *Rogers*, wie auch allgemein für Beratungen, vom Therapeutischen Setting adaptiert werden. *Weinberger* unterscheidet den therapeutischen An-

---
[476] Rogers, 1978, S. 213
[477] Vgl. Weinberger, 1994, S. 195ff.

satz von beratenden Zusammenhängen durch eine stärkere Strukturierung und Themenzentrierung in der Gesprächsführung durch den Beratenden, so dass „(...) nicht nur auf die innere Erlebniswelt des Klienten eingegangen wird, sondern ebenso auf die Handlungsebene und das konkrete soziale Umfeld, in das Erleben und Verhalten des Klienten eingebettet sind."[478] Rogers und seine Nachfolger merken an, dass Techniken und Methoden erprobt und verfeinert werden können, es letztendlich jedoch einer verinnerlichten Grundhaltung bedarf.

Der klienten- bzw. personenzentrierte Ansatz bietet im Hinblick auf die Arbeit im Täter-Opfer-Ausgleich den wichtigen Ansatz, den Klienten, egal ob Täter oder Opfer, in seinem Erleben, seinem Empfinden erkennen und verstehen zu wollen, ohne jedoch dadurch mit diesem automatisch konform gehen zu müssen.[479] Es wird die Tat verurteilt, nicht der Täter als Person. Neugierde auf die Sichtweise des Anderen, die Wertschätzung für den Gesprächspartner, ein Verstehenwollen dessen was gesagt wird sowie eine dem Gegenüber zugewandte Haltung sind wichtige Grundlagen, ohne die keine Ebene der Zusammenarbeit im Täter-Opfer-Ausgleich gefunden werden kann, sei es nun im Gespräch mit dem Beschuldigten oder dem Geschädigten. Mit Opfern, die sich nicht verstanden fühlen, Tätern, die sich schon vor dem Vermittler rechtfertigen müssen, ohne sich mit der Ebene hinter der eigentlichen Tat auseinanderzusetzen und mit Lösungen, die vom Vermittler vorgegeben werden, produziert man Schlichtungsergebnisse, die im besten Fall auf dem Papier gut aussehen, die aber an einer wirklichen Konfliktschlichtung und Aufarbeitung vorbeigehen.

Der Vermittler vermeidet vorschnelle Interpretationen und fertige Lösungsvorschläge. Die Arbeit am Selbstkonzept des Klienten bietet diesem die Möglichkeit, ausgehend von der Tat eigene, meist unangenehme und verdrängte Bestandteile des eigenen Verhaltens zu erkennen, wie etwa Wut und Aggressionen, und für diese Verhaltensweisen eigene Lösungsstrategien zu entwickeln. Neben der Haltung, die für Rogers selbst bedeutender war als die Ansammlung von bloßen Techniken, bietet die Gesprächspsychotherapie dennoch Techniken, wie etwa das Verbalisieren der emotionalen Erlebnisinhalte und aller wichtigen Klientenäußerungen, die es einerseits dem Berater/Vermittler erlauben, sich zu vergewissern, dass er sein Gegenüber auch wirklich verstanden hat und andererseits dem Klienten die Chance geben, diese zu hören, zu korrigieren, zu ergänzen und sich dieser bewusst zu werden. Da der Täter-Opfer-Ausgleich vor dem Hintergrund eines Strafverfahrens die Grundlage des Gesprächskontaktes zwischen Vermittler und den Beteiligten bildet, ist das Thema jedoch nie ganz losgelöst von einem gewissen Schwerpunkt und der Suche nach Lösungen, so dass der Vermittler seinem Gegenüber nicht immer folgen kann auf dessen Weg, egal wohin, wie ein Therapeut dies tun könnte. Die Umsetzung eines

---
[478] Vgl. Weinberger, 1994, S. 34
[479] Als eine der Wenigen die sich mit der klientenzentrierten Gesprächsführung im Rahmen des TOA befasste siehe dazu auch Schmitz, 1995, S. 185f.

klienten- bzw. personenzentrierten Ansatzes in der Vermittlertätigkeit besteht in der Annäherung an die hier beschriebene Grundhaltung des Vermittlers sowie auf der praktischen Ebene darin, gerade in Gesprächen mit den Beschuldigten, hier abgewehrte Verhaltensweisen als zum Selbst zugehörig zu erkennen und zu reflektieren, ohne diese schamhaft weiter von sich weisen zu müssen (siehe dazu auch den Abschnitt 1.4.3 sowie den Abschnitt zum Phänomen der Neutralisierungstechniken 2.3.2).

2.2.3 Systemische und lösungsorientierte Ansätze

Dem systemischen Ansatz mit seinen verschiedenen Zweigen und Schulen[480] mangelt es nicht an charismatischen Vertretern, anders jedoch als bei den zuvor vorgestellten Ansätzen, die zunächst stark von *Freud* bzw. *Rogers* geprägt wurden, gibt es hier nicht den einen zentralen Wegbereiter. Das systemische Denken basiert auf den drei wesentlichen Bausteinen von *Zirkularität*, *Konstruktivismus* und der *Kybernetik*. Die Verhaltensweisen des Einzelnen sind demnach immer durch die Verhaltensweisen der Anderen aus seiner unmittelbaren Umgebung bedingt und bedingen sich gleichzeitig selbst. „Menschen leben in sozialen Gefügen und in ständiger Kommunikation miteinander. Sie bilden dynamische Systeme im Spannungsfeld von Individualität und lebensweltlichem Kontext. Sie konstruieren ihre soziale Welt aus den wahrgenommenen Beziehungen innerhalb ihres Systems und definieren so ihre Zusammengehörigkeit."[481]

Der Therapeut bzw. Berater konzentriert seine Aufmerksamkeit unter dem Aspekt der Zirkularität darauf, die dynamischen Prozesse zwischen den Systemmitgliedern zu erkennen, zu verstehen und im Gesamtzusammenhang darzustellen.[482] Bereits in den 1950er Jahren begannen die ersten Pioniere[483] die bis dahin vertrauten Bereiche der Einzel- und Gruppentherapie zu verlassen und sich verstärkt den Familien zuzuwenden. Das neue systemische Denken basierte auf der Annahme, dass für das Verständnis von psychischen Problemen das einzelne Individuum – der Konfliktverursacher – der Problemträger – nicht isoliert zu betrachten und zu behandeln ist,

---

[480] Die beiden wichtigsten Schulen seien hier erwähnt, in den 50er und 60er Jahren das Mental Research Institute in Palo Alto Kalifornien zu dem Virgina Satir und später Persönlichkeiten wie Paul Watzlawick und Jan Haley gehörten. In den 70er Jahren das Mailänder Modell um die richtungsweisende Mara Selvini Palazzolli in Mailand. Zwei große Gebiete des systemischen Therapie bilden die Familien- sowie die systemische Paar Therapie.
[481] Brunner, 2004 in Nußbeck, 2010, S. 66. Über die Bildung von sozialen Systemen, Organisation, sowie der Interaktion untereinander, der Rolle der Kommunikation, die Entstehung von Entscheidungen, Gruppendynamiken und sozialen Handelns siehe auch die Arbeiten von Watzlawick, 1969, von Luhmann, 1984, und Bateson 1985. Einen Überblick über die unterschiedlichen Einflüsse auf den systemischen Ansatz in Beratung und Therapie bietet von Ameln, 2004
[482] Vgl. Bamberger, 2001, S. 7
[483] Als „Mutter der Familientherapie" wird Virginia Satir angesehen, die als eine der ersten bei der Behandlung von einzelnen Klienten deren Familienmitglieder einbezog.

da dieser in ständiger und vielfacher Interaktion mit seiner Umwelt, seinem System Familie steht. Das bis dahin gängige Zweiersetting in der Psychotherapie, die Interaktion zwischen Klient und Therapeut, wurde aufgebrochen und zu einer Familientherapie erweitert,[484] wobei dieser ganzheitliche Ansatz sich insofern weiterentwickelte, dass die physische Anwesenheit aller Familienmitglieder nicht zwingend notwendig ist, um systemisch beratend tätig werden zu können.[485] Im systemischen Ansatz sollen die Dynamiken, die Rollen der einzelnen Akteure sowie deren Konstruktion von Wirklichkeiten erfasst, vor allem aber durch neue Verhaltens- und Handlungsspielräume erweitert werden, die über einengende Zuschreibungen wie etwa „gesund-krank", „gut-böse", „Täter-Opfer" hinausgehen.[486]

In der konstruktivistischen Erkenntnistheorie wird angenommen, dass es zwar so etwas wie eine objektive Welt, eine Art Realität gibt, nur dass es für den Einzelnen unmöglich ist, diese zu erkennen, da das, was man als Individuum von ihr wahrnimmt, immer nur einen Ausschnitt darstellt, der geprägt wird von den eigenen Erfahrungen und Deutungen. Das was als eigene Realität wahrgenommen wird ist daher immer ein großes Stück weit konstruiert.[487] „Menschen können wegen der Beschränktheit ihrer Sinnessysteme und der neuronalen Verarbeitungsprozesse nur Ausschnitte der Welt aufnehmen. Sie bilden sie nicht ab „wie sie ist", sondern konstruieren sie nach ihren Erfahrungen und verleihen ihr Bedeutung."[488] Das bedeutet, dass die Realität des Beraters letztendlich auch nur eine weitere, aufgrund eigener Erfahrungen und Bewertungen entstandene Variante dessen ist, was er als Wahrheit ansieht. Nach *Bamberger* besteht sein Expertentum demnach nicht darin, es im Gegensatz zum Klienten nun „besser zu wissen", sondern in der Erkenntnis, „dass etwas Konstruiertes immer auch umkonstruiert werden kann."[489]

Das *lösungsorientierte Beratungskonzept*, auch als *lösungsorientierte Kurztherapie* oder auch *lösungsfokussierte Kurztherapie* bekannt, ist eine spezielle Art der Gesprächstherapie, die zur Gruppe der systemischen Ansätze gehört und deren wesentliche Elemente unter anderem die eben genannten Bausteine systemischen Denkens darstellen. Der damals neue und radikale Ansatz entwickelte sich aus der systemischen Familientherapie heraus und geht auf die Arbeiten von *Steven de Shazer* und *Insoo Kim Berg* zurück. Seit 1969 arbeitete *de Shazer* mit der von ihm entwickelten Therapieform, über die er 1975 zuerst publizierte. Drei Jahre später gründete er in Milwaukee, Wisconsin USA mit gleichgesinnten Therapeuten das Brief Family Therapy Center (BFTC).[490] Das Beratungskonzept setzt daran an, die vorgetragenen Konflikte und Probleme nicht vertieft zu explorieren, da eine ausführliche Problem-

---
[484] Vgl. Bamberger, 2001, S. 6
[485] Vgl. von Schlippe und Schweitzer, 2002, S. 17
[486] Vgl. Kriz, 2005, S. 275
[487] Vgl. von Schlippe und Schweitzer, 2002, S. 78ff.
[488] Nußbeck, 2010, S. 67 Hervorhebung im Original mit Verweisen auf Watzlawick u.a.
[489] Bamberger, 2001, S. 9
[490] Vgl. Bamberger, 2001, S. 11 und de Shazer und Dolan, 2008, S. 17ff.

analyse, die vermutlich weitere Probleme zu Tage fördern würde, den Klienten entmutigt und den Focus zu sehr auf dessen Hilflosigkeit lenkt und auf das, was er nicht kann, wovor er Angst hat oder wozu ihm der Mut fehlt. *Bamberger* sieht in diesem Focus auf das Negative eine Wechselwirkung, von der auch der Therapeut nicht verschont bleibt. Will er sich emphatisch und konzentriert auf die Probleme seines Klienten einlassen, dann wird er unweigerlich von diesen Gefühlen eingefangen werden.[491] Stattdessen wird angesetzt an dem, was der Klient gut kann, bzw. wie es ist, wenn es besser ist.[492] Die wesentlichen Lehrsätze der lösungsfokussierten Kurztherapie sind daher:[493]

Was nicht kaputt ist, muss auch nicht repariert werden: Wenn der Klient für sich sein Problem gelöst hat, bedarf es keine Intervention und keiner weiteren Therapie.

Das was funktioniert sollte man häufiger tun: Der Therapeut beurteilt nicht die Qualität der Lösungen, sondern nur, ob sie effektiv ist, falls ja, unterstützt er den Klienten auf dessen eingeschlagenen Weg, damit dieser seinen Erfolg reproduzieren und auf andere Probleme anwenden kann.

Wenn etwas nicht funktioniert, sollte man etwas anderes probieren: Wenn es dem Klienten nicht gelingt, eine Lösung umzusetzen, auch wenn diese für den Therapeuten noch so erfolgversprechend erscheinen mag, sollte dieser Plan aufgegeben und ein neuer Weg versucht werden.

Kleine Schritte können zu großen Veränderungen führen: Die Kurztherapie baut auf den kleinen Schritten der Veränderung auf, da angenommen wird, dass eine Veränderung weitere Veränderungen nach sich zieht, die quasi wie bei einem Schneeball, der den Berg hinunterrollt, sich potenzieren und letztendlich zur Veränderung des ganzen Systems führen.

Die Zukunft ist sowohl etwas Geschaffenes als auch etwas Verhandelbares: Der Mensch ist nicht der Gefangene seiner Verhaltensweisen bedingt durch seine Schichtzugehörigkeit, seine Lebensgeschichte oder eine psychologische Diagnose. Aufbauend auf dem geschilderten Fundament des Konstruktivismus kann der Mensch sein Schicksal selbst in die Hand nehmen.

Aufgabe und Zielsetzung des lösungsorientierten Beraters besteht darin, den Klienten auf diesem Weg zu unterstützen. „Seine Haltung ist insgesamt positiv, re-

---

[491] Vgl. Bamberger, 2001, S. 17
[492] An dieser Stelle sei auf die sogenannte Motivierende Gesprächsführung hingewiesen, für die Naar-King und Suarez in Anspruch nehmen, dass sie auf keiner speziellen Therapieschule basiere, die in ihrer Umsetzung aber deutliche Anleihen hat bei der Grundhaltung Rogers, sowie auch ressourcenorientierte und lösungsorientierte Anteile aus dem Bereich der lösungsfokussierten Kurztherapie. Vgl. Naar-King und Suarez, 2012
[493] Vgl. de Shazer und Dolan, 2008, S. 22ff.

spektvoll und optimistisch, und er geht generell von der Annahme aus, dass Menschen starke Resilienzen besitzen und diese für Veränderungen nutzen können."[494] Auch wenn er dabei immer einen gewissen Abstand zum Klienten wahrt, ist das Verhältnis eher kollegial als hierarchiebetont. Die Maxime für den lösungsorientierten Berater lautet: Lösungen konstruieren statt Probleme analysieren.[495] „Während der problemorientiert arbeitende Therapeut darum bemüht ist, keine Hinweise darauf zu übersehen, wodurch das Problem entstanden ist oder erhalten wird, bemüht sich der lösungsfokussiert arbeitende Therapeut darum, keine Hinweise auf Fortschritte und Lösungen zu übersehen."[496] Dabei hält er sich mit Interpretationen, Ermahnungen oder Vorgaben, die den Klienten in eine Richtung drängen könnten zurück. Vielmehr honoriert er dessen Überlegungen „und weist ihn darauf hin, dass auch eine andere Richtung überlegenswert sei."[497]

2.2.3.1 Umsetzungsmöglichkeiten im Rahmen des Täter-Opfer-Ausgleichs

Der lösungsorientierte Ansatz, eingebettet in das systemische Weltbild, bildet auf mehreren Ebenen eine hohe Affinität zur Konfliktschlichtung. Seine Annahme von der Unmöglichkeit von Objektivität und der Aussage, dass sich jedes Individuum seinen Teil der Wahrheit konstruiert, deckt sich mit dem zum Teil recht unterschiedlichen Erleben und Bewerten von Konfliktentstehung und Konfliktverlauf (siehe dazu auch 2.3.3). Die Gespräche im Täter-Opfer-Ausgleich sollen Anstöße und Anregungen geben, es besser oder anders zu machen bzw. dort anzusetzen, wo man es als Beschuldigter auch ohne Gewalt und Strafverfahren geschafft hat. Im Gespräch mit dem Beschuldigten soll der Blick für alternative Verhaltensmöglichkeiten geöffnet werden verbunden mit der Anregung, sowohl ein Problem immer auch aus unterschiedlichen Perspektiven zu betrachten (Perspektivwechsel) als auch bei der Suche nach Alternativen sich selbst neue Perspektiven zu eröffnen.[498] Bei der Suche nach Lösungen und alternativen Verhaltensweisen knüpft der Vermittler (Berater) an den Ressourcen des Klienten an, um

> „(...) dem Klienten einen Lernprozess zu ermöglichen, in dem er sich immer bewusster wird, dass er sich selbst regulieren und in der Interaktion mit der Umwelt die Kontextbedingungen angemessen beeinflussen kann, so dass er nicht nur mit den aktuel-

---
[494] de Shazer und Dolan, 2008, S. 27
[495] Vgl. Bamberger, 2001, S. 21
[496] de Shazer und Dolan, 2008, S. 35
[497] de Shazer und Dolan, 2008, S. 26
[498] Nehmen wir als Beispiel eine Sequenz auf dem Schulhof, in der der als „Hurensohn" beleidigte Jugendliche zunächst wenig bis gar keine Alternativen sieht, als auf diese Beleidigung mit dem Einsatz von Gewalt zu reagieren, auch – und auch hier lohnt sich ein Blick auf das System der Gruppe – damit sein Ansehen vor den Augen der Mitschüler keinen Schaden nimmt, was sich langfristig für ihn nachteiliger auswirken kann als die Beleidigung an sich.

len, sondern – über die Ausbildung von Lösungsschemata – auch mit möglichen zukünftigen Problemen besser zurechtzukommen vermag."[499]

(Siehe dazu auch 1.4.1 über der Erziehungsgedanken im TOA, sowie die Abschnitte 1.4.2 und 1.4.3) Gänzlich ohne einen Blick zurück und auf das Negative, wie *de Shazer* es beschreibt, auf das was geschah und das, was gerade mit der Person des Beschuldigten in Verbindung gebracht wird – die Tat, sein Handeln, die negativen Auswirkungen für ihn selbst und natürlich für den Geschädigten - geht es dennoch nicht, da die Erhellung des Konfliktes, eine Analyse dessen, was nicht funktioniert hat und was falsch gelaufen ist unabdingbar ist, zumal die Frage nach *dem Warum* im gemeinsamen Gespräch zwischen Täter und Opfer eine der zentralen Fragen ist. Will man als Vermittler im Täter-Opfer-Ausgleich dem systemischen bzw. lösungsorientierten Ansatz folgen, dann gelingt dies am ehesten über den Perspektivwechsel, den für beide Seiten – Opfer wie Täter – nach vorne gerichteten Blick auf eine Lösung sowie die Erkenntnis, dass nichts so bleiben muss wie es ist, sondern durch die Beteiligten, ihre eigene Ressourcen und Kräfte auch neu gestaltet werden kann. Die Rollen von Opfer und Täter müssen demnach nicht festgeschrieben oder verinnerlicht werden, sondern sind vielmehr wandel- und änderbar. Kleine Schritte können dabei für Opfer wie Täter eine große Wirkung haben und Veränderungsprozesse einleiten, sei es, dass der Geschädigte gestärkt und mit weniger Furcht sein Leben nach der Tat meistert, oder sei es, dass der Beschuldigte erkennt, dass es nicht nur eine, nämlich seine Wahrheit gibt und dass bereits kleine, aber wesentliche Veränderungen im Verhalten große Wirkungen erzielen können.

Der Einfluss des systemischen Ansatzes in der Praxis des Täter-Opfer-Ausgleichs wird am deutlichsten, wenn man sich die Gesprächstechniken anschaut, die aus der systemischen Beratung stammen, wie etwa das *zirkuläre Fragen*, das *Reflecting Team*, das *Reframing* und *Hypothetisieren*. Sie haben längst Einzug gehalten in das technische Repertoire von Mediatoren und TOA-Vermittlern.[500] Die direkte Einbindung von Familienmitgliedern in den Schlichtungsprozess ist im Täter-Opfer-Ausgleich möglich, sei es in den Vorgesprächen als Begleitpersonen und Personensorgeberechtigte oder gar als Konfliktparteien. Eltern, die auf beiden Seiten seit der Tat emotional involviert sind, prägen mit ihren eigenen Bedürfnissen und Befindlichkeiten, ihren Wertungen und Normen den Schlichtungsverlauf. Dort, wo der Täter-Opfer-Ausgleich in den letzten Jahren neues Terrain der Konfliktschlichtung betreten hat – Stichwort Täter-Opfer-Ausgleich in Fällen häuslicher Gewalt - etwa bei Gewalt in jungen Paarbeziehungen, Eltern-Kind-Konflikten sowie Geschwisterkonflikten, wird eine umfassendere, mehrschichtige Betrachtung von Konflikten, gerade vor

---

[499] Bamberger, 2001, S. 25
[500] Diese Techniken ausführlicher dargestellt u.a. bei Nußbeck, 2010, S. 70f., die Adaption des Reflecting Teams in die Methodik des ATA (außergerichtlicher Tatausgleich in Österreich) siehe auch bei Watzke, 1997, S. 38ff.

dem Hintergrund des Systems Familie und/oder Paarbeziehungen, notwendig. Das Anliegen, in Konflikten, in denen dies angebracht erscheint, nicht nur die Ebene Opfer und Täter einzubeziehen, sondern auch weitere Personen, die etwa Anteile an der Entstehung des Konfliktes haben bzw. an dessen Lösung mitarbeiten könnten, berührt den Ansatz des Restorative Justice Gedankens (siehe dazu 2.5.3) mit seinen *Täter-Opfer-Konferenzen*, den *Familien Konferenzen* und den *Kreis-Verfahren*.

2.3 Hürden und Etappen der Konfliktschlichtung

2.3.1 Widerstände in der Konfliktschlichtung

Die erneute Begegnung von Täter und Opfer, auch wenn sie in einem geschützten Rahmen stattfindet und von geschulten Vermittlern begleitet wird, kann von beiden Seiten als verunsichernd, teils angsteinflößend und vom Ergebnis her als schwer einschätzbar empfunden werden:

„Durch die Tatsache, daß ein zwischenmenschliches Geschehnis strafrechtlich relevant wird, kommen verstärkt moralische gesellschaftliche Kategorien in Form einer Bewertung von Handeln ins Spiel. Besonders diejenigen Personen, die die strafrechtliche Rollenzuschreibung >Täter< bzw. >Tatverdächtiger< erhalten, werden sich von einer Abwertung ihres Verhaltens bis hin zu einer Abwertung ihrer Person bedroht sehen und von daher besonders bemüht sein, ihr Selbstbild zu schützen. Ein solches Bemühen dürfte aber auch für den Geschädigten gelten, etwa wenn es darum geht, eigene Mitverantwortung für das Tatgeschehen zu übernehmen."[501]

Wesentliche Bestandteile der Konfliktschlichtung im Strafverfahren sind daher geprägt von Widerständen[502] der Konfliktparteien als Mittel, das eigene Verhalten und das eigene Selbst in Einklang zu bringen, sich gegen teils als Angriffe empfundene andere Versionen des Erlebten zu behaupten und die straf- und zivilrechtlichen Konsequenzen nicht außer Acht zu lassen. „Widerstände in der Konfliktschlichtung können sich z.B. äußern als Widerstände, Wahrnehmungen der anderen als solche zu akzeptieren und einen Moment lang deren Sichtweise zu übernehmen, als Widerstände, die eigenen Motive und Beweggründe darzulegen, als Widerstände gegen jeden Ausgleichsversuch, u.v.m."[503] Widerstände und Blockaden können entstehen

---
[501] Vgl. Schmitz, 1995, S. 181f.
[502] In der Psychotherapie wird den Widerständen die Funktion beigemessen, sich dem Bewusstwerden verdrängter innerer Konflikte durch Widerstand zu entziehen, ja dies zu boykottieren. Vgl. Kriz, 2001, S. 36
[503] Schmitz, 1995, S. 182

durch unklare Sachverhalte, Missverständnisse und fehlende Informationen, deren Auflösung oft zu einem besseren Verstehen führen kann. In den Anklageschriften ist der fragliche Vorfall oft auf wenige Sätze reduziert, die wenig oder gar nichts über die mögliche Vorgeschichte des Konfliktes aussagen. Das Gefühl, dass der Vorfall einseitig dargestellt wurde, kann beim Beschuldigten zu Abwehrhaltungen führen. Juristische Fachtermini wie *gefährliche Körperverletzung, gemeinschaftlich handelnd* oder *entsprechend eines zuvor gefassten Tatplanes* und andere treffen in der Praxis meist auf Unverständnis und bedürfen im Vorgespräch der Erklärung. Auch Unwissenheit und falsche Vorstellungen über den Ablauf von Strafverfahren oder die Trennung von Straf- und Zivilrecht können zu unrealistischen Vorstellungen und damit auch Widerständen bei den Beteiligten führen, ebenso fehlende Informationen über Sachverhalte oder etwa im Kontakt mit den vernehmenden Polizeibeamten geäußerte Prognosen über den weiteren Verlauf des Verfahrens „*das Verfahren wird sicher eingestellt*" oder „*der Täter wandert in den Knast*", die sich später nicht bewahrheiten. Sprachliche Hürden, Verständigungsprobleme, kulturelle Differenzen,[504] Unverständnis über das Hinzuziehen von Polizei und Justiz, sowie zum Teil kulturell bedingte andere Interpretationen von Begrifflichkeiten, juristischen Abläufen bzw. Erfahrungen mit der Polizei und der Justiz sei es in Deutschland oder den Herkunftsländern mancher Beteiligten, können hier zu Verständnisproblemen, Missverständnissen und teils abwehrenden Haltungen führen.[505] Mit Wissen über interkulturelle Kommunikationsformen lassen sich Widerstände zumindest angehen bzw. lässt sich mit etwas Glück eine Gesprächsatmosphäre schaffen, die einen gemeinsamen Dialog möglich macht. Schwierig wird es, wenn sowohl Vermittler als auch Klient seine Weltsicht als das einzige Maß aller Dinge ansieht.

Bei Konflikten, die geprägt sind von einem starken zwischenmenschlichen Anteil, stehen Anfang und Auslöser des Konfliktes im Mittelpunkt der meist unterschiedlichen Betrachtungen und Interpretationen und sind selten präzise zu bestimmen.[506] Es scheint ein recht menschlicher Reflex zu sein, das eigene schuldhafte Verhalten vor sich und der sozialen Umwelt zu rechtfertigen oder in einem besseren Licht erscheinen zu lassen, wie auch auf die schuldhaften Anteile der Gegenseite hinzuwei-

---

[504] Heringer verweist in seinem Buch über interkulturelle Kommunikation darauf, dass über den Kulturbegriff hinaus Faktoren wie Sozialisation, Selbstbild, Erfahrungen, Traditionen, Normen und Ideologien unser Handeln prägen. Anhand eines Vergleichs von westlichen und östlichen Verhaltensweisen macht er Typologien aus (wie etwa einem mehr individualistisch ausgerichteten Wesen im Westen und einem eher kollektivistischen, auf die Familie und die Gemeinschaft ausgerichteten Verhalten im Osten), die Tendenzen ausmachen, ohne jedoch für jedes Individuum universelle Gültigkeit zu haben. Vgl. Heringer, 2004, S. 143ff. Anschauliche Beispiele über die Fallstrike in der interkulturellen Kommunikation bietet auch Broszinsky-Schwabe, 2011
[505] Zdun spricht z.B. bei Russlanddeutschen von einem internalisierten Misstrauen gegenüber der Polizei, staatlichen Institutionen oder der Intervention Dritter, sei es auch als Hilfsangebot. Vgl. Zdun, 2008, S. 41, Celikbas und Zdun berichten über die Befragung türkischer Jugendlicher zu ihrem Verhältnis zur Polizei mit dem Ergebnis einer überwiegend negativen Einschätzung aufgrund eigener Erfahrungen. Vgl. Celikbas und Zdun, 2008, S. 130ff. Ausführlich zu kulturell bedingten Missverständnissen in der interkulturellen Kommunikation aufgrund von erlernten Verhaltenscodes, unterschiedlicher Gestik, Begrüßungsritualen und Gesprächsmustern, der unterschiedlichen Interpretationen von Gesten und Begriffen siehe auch die Arbeit von Broszinsky-Schwabe, 2011
[506] Vgl. Messmer, 1995, S. 123

sen, um den eigenen Anteil dadurch geringer oder als gerechtfertigt darzustellen (siehe auch 2.3.2). Hat ein beschuldigter Jugendlicher eine solche, nennen wir sie *geschönte Version* der eigenen Tatbeteiligung seit Wochen im Elternhaus als den *wirklichen Tathergang* präsentiert und diese gegen alle kritischen Nachfragen seiner Eltern behauptet, fällt es ihm im Vorgespräch schwer, hinter diese Version zurückzutreten, wobei Angst vor Scham, Beschämung sowie die Angst vor Strafe mit für ihn nicht absehbaren Konsequenzen eine Rolle spielen mag (siehe auch 2.3.5). Die Aufgabe des Vermittlers ist es, zu informieren, Missverständnisse soweit es ihm möglich ist aufzulösen und Brücken zu bauen, d.h. dem Jugendlichen die Chance zu geben, ohne Gesichtsverlust, auch neue Standpunkte einnehmen zu können. „Diskrepanzen zwischen täter- und opferspezifischem Konflikterleben" müssen „offen thematisiert werden können" da nur dadurch „Annäherungsprozesse in Gang kommen, die zu einer beiderseitig akzeptablen Lösung führen."[507]

Den Widerständen kommt in der Konfliktschlichtung eine besondere Bedeutung zu. Sie sind zum einen *die Steine*, die es auf dem Weg zu einer einvernehmlichen Lösung aus dem Weg zu räumen gilt, gleichzeitig aber auch der Schlüssel zum Verständnis über die Bedürfnisse, Sorgen, Empfindungen der jeweiligen Konfliktpartei und ein möglicher Zugang zu dem, was die einzelnen Parteien empfinden und befürchten. *Mayer* spricht im Hinblick auf das Mediationsverfahren von Blockaden, die „ein notwendiger und häufig nützlicher Bestandteil des Konfliktprozesses sind."[508] Um mit Widerständen und Blockaden zu arbeiten, diese gar aufzulösen, „muß man die Aufmerksamkeit auf diejenigen Bedürfnisse richten, die tatsächlich im Spiel sind, und sie tief genug erforschen."[509]

Dieser Ebene wird sowohl in der Mediation wie auch im Täter-Opfer-Ausgleich daher große Bedeutung beigemessen. In der Mediation wird als Bild das Beispiel eines Eisberges bemüht, welcher deutlich macht, dass nur ein Teil der Probleme, Befindlichkeiten und Bedürfnisse auf den ersten Blick sichtbar sind, der Teil des Eisberges, der aus dem Wasser ragt und ein wesentlich größerer Teil, unterhalb der Wasseroberfläche, der im Verborgenen bleibt. Die Aufgabe des Vermittlers liegt im Umgang mit eben diesen Widerständen und Blockaden sowie seiner eigenen Haltung zu ihnen:

„Als Handlungsleitlinie für den Umgang mit Widerständen der Konfliktparteien gilt, den Widerstand in seiner Funktion zu begreifen. Durch ein Nicht-Erkennen und entsprechendes Nicht-Ernstnehmen sowie durch ungeduldiges Durchbrechen-Wollen

---

[507] Messmer, 1995, S. 117
[508] Mayer, 2007, S. 198, über den kreativen Umgang mit Blockaden in der Mediation siehe auch Eilsberger und Keydel, 2007, S. 129 - 140 über den Umgang mit Widerständen in der Gesprächsführung anhand mediativer Gesprächstechniken (wenn auch hier bezogen auf den von den Autoren dargestellten Ansatz der motivierenden Gesprächsführung) Naar-King und Suarez, 2012, S. 54ff.
[509] Mayer, 2007, S. 204 – Mayer beschäftigt sich hier auch mit taktischen und echten Blockaden, wobei letztgenannte auf der Gefühlsebene entstehen.

werden sich Widerstände verstärken, einfach weil ihre Schutzfunktion dann nötiger wird. VermittlerInnen sollten bestrebt sein, die Konfliktparteien in ihren Widerständen zu verstehen und ihnen das erreichte Verständnis zu signalisieren."[510]

Netzig, der Täter und Opfer zu ihren Erwartungen und Bedürfnissen befragte, schlussfolgert: „Ein besonderes Merkmal des TOA und anderer Mediationsverfahren ist, daß der Weg zur gütlichen Einigung nicht über eine schnelle Harmonisierung, quasi die Suche nach dem größten gemeinsamen Nenner erfolgt, sondern über die Akzeptanz von Pluralität und Widersprüchlichkeit (...) und das Diskutieren von Unterschieden."[511] Widerstände und Blockaden, in ihrer Notwendigkeit, sind daher Etappen und Hürden zugleich auf dem Weg, um beide Seiten in einen gemeinsamen Dialog zu bringen mit einer Chance auf eine einvernehmliche Konfliktschlichtung.

2.3.2 Unrechtsneutralisierende Rechtfertigungstendenzen

Die Konfrontation mit dem Tatvorwurf, die damit verbundene Zuweisung von Schuld und Unrecht sowie die wiederum damit verbundenen möglichen rechtlichen Konsequenzen rufen geradezu eigene Erklärungsversuche des Beschuldigten hervor, mitunter aber auch Rechtfertigungen oder Bagatellisierungen des eigenen Verhaltens und Handelns.

Die Kriminologen *Sykes* und *Matza*, die der Chicagoer Schule zuzuordnen sind, formulierten bereits 1957 ein Kriminalitätsparadoxon, wonach es möglich ist, sich allgemeinen Normen und Wertvorstellungen verbunden zu fühlen und diese dennoch zu verletzen. Ihre Theorie basierte auf zunächst wenig empirischem Material, konnte sich in folgenden Untersuchungen aber bestätigen. Die Theorie von *Sykes* und *Matza* weist eine gewisse Nähe zur Subkulturtheorie[512] auf und setzt sich gleichzeitig auch von dieser ab. „Der Subkuluransatz geht davon aus, daß in größeren, komplexen sozialen Gebilden Normen, Werte und Symbole nicht für alle Elemente dieses sozialen Systems ((konkret: alle Gesellschaftsmitglieder) – Anmerkung im Original) gleich gelten oder gleiche Bedeutung haben."[513] Vielmehr würden in den Subsystemen Übereinstimmungen mit übergeordneten Normen und Werten vorliegen, die sich aber auch stark von diesen unterscheiden können. Delinquenz entsteht demnach durch die Ausrichtung an Normen und Werten der Subkultur, in der Abweichung auch als Normalität er- und gelebt werden kann. Solange sich die Handelnden innerhalb der akzeptierten Normen ihres Subsystems verhalten, brauchten sie keine

---

[510] Vgl. Schmitz, 1995, S. 182
[511] Vgl. Netzig, 2000, S. 134
[512] Vgl. dazu die Arbeiten von Cohen, 1955 und Cohen und Short James, 1968 zur Kultur von Jugendbanden
[513] Vgl. Lamnek, 1993, S. 143 auch Lamnek 1994, S. 20

Neutralisationstechniken, so *Sykes* und *Matza*, deren zentrale These darauf hinausläuft, dass Neutralisationstechniken kriminelles Verhalten begünstigten, da die Täter sich weitgehend an den Normen der Gesellschaft orientieren, die Abweichungen davon jedoch neutralisieren können, sei es, um Schuldgefühle abzumildern oder ein positives Selbstbild von sich zu verteidigen.[514] Nach *Sykes* und *Matza* empfinden Jugendliche Schuld- und Schamgefühle, wenn ihr delinquentes Verhalten öffentlich gemacht wird. *Lüdemann* und *Ohlemacher* nennen die Techniken der Neutralisation daher auch treffend eine Verteidigungsstrategie, um sich gegen die Etikettierung als „Krimineller" – durch Eltern, Schule, Polizei, Gericht etc. zu wehren.[515] Die Neutralisation wirkt demnach in zwei Richtungen, nach außen gegen den Gesichtsverlust im sozialen Umfeld und nach innen, um hier möglichst erfolgreich Zweifel, Scham und Selbstvorwürfe zu unterdrücken, oder wie *Zdun* es auf den Punkt bringt: „Neutralisationen sind als Schutzschild des Selbstbildes zu verstehen."[516] *Sykes* und *Matza* gingen davon aus, dass Jugendliche relativ stark eingebettet sind in das, was man die herrschende Ordnung nennt und daher entlastende Techniken entwickeln müssen, „(…) die den Druck von Normen vorübergehend aufheben" und sich „(…) Momente subjektiver Schuldlosigkeit schaffen," so dass ein von der Welt der Erwachsenen abweichendes Verhalten möglich ist, ohne dazu in eine „radikale Opposition zur gesetzestreuen Gesellschaft" zu treten.[517] Zusammenfassend dazu *Messmer*:

„Im Hinblick auf das zu begehende oder bereits begangene Unrecht werden besonders die Rahmenbedingungen sozialen Verhaltens hervorgehoben: Allgemeine Moralvorschriften werden durch situative Ethiken außer Kraft gesetzt. Folge hiervon ist, daß positive Selbstbilder unbeschädigt bleiben, Schuldgefühle schon im Keim erstickt und unrechtsbezogene Verantwortungszuschreibungen neutralisiert werden."[518]

Sykes und *Matza* haben fünf Neutralisierungstechniken ausgemacht. Sie lauten:

Ablehnung des Unrechts: Das eigene Verhalten sei mehr als „*Notwehr*" zu betrachten. Bei Eigentumsdelikten, wie Kaufhausdiebstählen, „*trifft es keinen Armen*" oder man habe „*sich die Sachen nur ausleihen wollen*". Es findet eine Verschiebung auf äußere Umstände oder andere Personen statt, die als Rechtfertigung des eigenen Handelns dienen. Obwohl gegen ein Gesetz verstoßen wurde, wird dem in den Folgen kein großer Schaden beigemessen.[519]

Ablehnung des Opfers: Das Opfer wird als solches, als Person und als der, der einen Schaden davongetragen hat, abgelehnt. Ihm wird eine Mitschuld am Zu-

---
[514] Vgl. Der ursprüngliche Artikel stammt von 1957, S. 664-670 auf Deutsch vgl. Sykes und Matza, 1968, S. 360-371
[515] Vgl. Lüdemann und Ohlemacher, 2002, S. 64
[516] Zdun, 2008, S. 197
[517] Vgl. Sykes und Matza, 1957, S. 252 zitiert nach Moser, 1972, S. 30
[518] Messmer, 1995, S. 123
[519] Vgl. Sykes und Matza, 1968, S. 367

standekommen des Konfliktes zugemessen, da dieser „*provozierend geguckt*" oder „*sich nicht respektvoll verhalten*" hat. Der Geschädigte sei der eigentliche Aggressor und die eigene Tat mitunter die Rache für dessen vorhergehendes Verhalten.[520]

Ablehnung der Verantwortung: Man habe gar nicht anders agieren bzw. reagieren können, als man dies getan hat. Letztendlich sei man eingebunden in eine unglückliche Kette von Ereignissen, denen man sich nicht habe entziehen können. *Sykes* und *Matza* benennen als Beispiele, dass hier mit „*schlechten Freunden*", „*lieblosen Eltern*" oder „*dem Einfluss einer schlechten Nachbarschaft*" argumentiert wird.[521]

Berufung auf höhere Instanzen: Man beruft sich auf dem Rechtsstaat vermeintlich übergeordnete Loyalitäten, wie der „*Familienehre*", der „*Freundschaft*", der Zugehörigkeit zu einer Gruppe mit eigenem Verhaltens- und Ehrenkodex, so dass das eigene Verhalten dadurch legitimiert wird.[522]

Verdammung der Verdammenden: Der Staat und seine Organe wie Polizei und Justiz werden in ihrer Funktion in Frage gestellt oder als „*korrupt*" oder „*ungerecht*" gänzlich abgelehnt, so dass ein von dieser Seite erhobener Schuldvorwurf als nicht ernstzunehmend abgewertet wird.[523]

Diese fünf Techniken der Neutralisation wurden von *Thurman* um zwei weitere ergänzt. *Die Ausnahme:* Der Täter nimmt für sich in Anspruch, sich ansonsten immer gesetzeskonform zu verhalten, so dass die ihm vorgeworfene Tat eine Ausnahme darstelle, die man sich durchaus mal erlauben könne und die *Notwendigkeit der Tat:* Der Täter musste so handeln, wie er gehandelt hat, da es (aus seiner Sicht) keine Alternative dazu gab.[524]

Im Hinblick auf delinquentes Handeln und Gruppendynamik erweiterte *Jäger* diese Techniken der Neutralisation, der in den betroffenen Gruppen durch Routine und Vorverständnisse stark eingeschränkte Fähigkeiten ausmachte, zugefügtes Leid wahrzunehmen und zu empfinden, sowie die Abgabe eines eigenverantwortlichen Handelns im Zuge von gruppendynamischen Einflüssen,[525] eine Theorie, die weit über den Rahmen der Jugendkriminalität hinausgeht, bis hin zu Verbrechen gegen die Menschlichkeit, wie etwa Völkermorde oder der Holocaust. Mit Blick auf den Bereich der Kriminologie sieht *Kunz* die Grenzen des Subkulturansatzes und die Grenzen der Neutralisation dort gegeben, wo es gelingt „die Bande zur main-stream-Gesellschaft zu kappen", denn dann „braucht es auch keine Neutralisationstechni-

---

[520] Vgl. Sykes und Matza, 1968, S. 368
[521] Vgl. Sykes und Matza, 1968, S. 366
[522] Vgl. Sykes und Matza, 1968, S. 369
[523] Vgl. Sykes und Matza, 1968, S. 368
[524] Vgl. Thurmann, 1984, nach Lüdemann und Ohlemacher, 2002, S. 63
[525] Vgl. Jäger, 1989, S. 209

ken, um abweichendes Verhalten vor sich selbst zu rechtfertigen. Eine ins Überhebliche gesteigerte Gewissheit, die einzig richtige Seite zu vertreten, macht die Neutralisation überflüssig."[526]

Mit Blick auf den Täter-Opfer-Ausgleich sei angemerkt, dass auch Opfer über Techniken der Neutralisation verfügen. *Walter* und *Neubacher* machen auf Momente aufmerksam, in denen Geschädigte das Vorgefallene bagatellisieren, etwa bei der Überlegung, ob es sich lohne, eine Anzeige zu erstatten, um damit die eigene Passivität zu rechtfertigen. *Lüdemann* und *Ohlemacher* verweisen ihrerseits auf den Effekt, dass gerade weibliche Opfer von häuslicher Gewalt dazu neigen, die eigenen Verletzungen zu minimieren und sich selbst und nicht dem aggressiven Partner die Schuld zu geben, um somit die erfahrene Misshandlung vor sich selbst zu verleugnen.[527]

Der Umgang mit Widerständen, Bagatellisierungen und Neutralisierungen gehört zum festen Bestandteil der Gesprächsführung im Täter-Opfer-Ausgleich, wobei nicht jede andere Sichtweise auf den fraglichen Vorfall gleich eine Technik der Neutralisation sein muss. Vielmehr gilt es herauszufinden, was derjenige befürchtet und wovon genau er sich eine Entlastung erwartet. Sei es die Sorge um eine als zu hart empfundene Bestrafung durch die Justiz, die Ablehnung von Gewalt als Bestandteil des eigenen Handelns – was jedoch im Widerspruch zum Tatvorwurf steht, die Ablehnung durch das soziale Umfeld, die Enttäuschung der eigenen Eltern, oder das Konstruieren einer „*Notwehrsituation*", um sich mit dem eigenen aggressiven Verhalten nicht auseinandersetzen zu müssen.[528] Gelingt es dem Vermittler durch Transparenz, Erfahrung, Einfühlsamkeit und die Aufforderung zum Perspektivwechsel diese Neutralisierungstechniken anzugehen, so sind auch sie Hürden und Etappen zugleich auf der Suche zu einem besseren Verständnis über den Täter, den Konflikt und damit auch zu einer möglichen Konfliktschlichtung.

2.3.3 Konkurrierende Konfliktversionen – oder die Suche nach der Wahrheit

Mitunter kommen jugendliche Beschuldigte auch ohne einen der oben genannten das eigene Unrecht neutralisierenden Ansätze aus, zum Beispiel wenn eine Raubstraftat geplant wurde und es sich nicht um einen Streit handelt. Der Geschädigte „*war zur falschen Zeit am falschen Ort*" und es hätte, wenn nicht ihn „*so den Nächsten*" getroffen. Statt Rechtfertigungen werden Erklärungen des eigenen Handelns angeboten, die jedoch einer Rechtfertigung gleichkommen, wie „*ich brauchte Geld*",

---
[526] Kunz, 2004, S. 152
[527] Vgl. Lüdemann und Ohlemacher, 2002, S. 66
[528] Vgl. Kawamura, 1992, S. 91ff.

„ich war schlecht drauf zu dem Zeitpunkt" oder „wir wollten es auch mal ausprobieren" (einen Raub zu begehen).[529]

Schwieriger wird es, wenn der Beginn des Konfliktes und dessen weiterer Verlauf als wechselseitig und von beiden Seiten getragen empfunden werden. In der unterschiedlichen, weil immer sehr individuellen Betrachtung von Ursache und Verlauf von Konflikten und deren Folgen liegen weitere Hürden und Etappen der Konfliktschlichtung verborgen. Unterschiedliche und mitunter konkurrierende Normkonzepte, individuelle Vorstellungen von Gerechtigkeit und Diskrepanzen der unterschiedlichen Haltungen im Konflikt selbst bilden verschiedene Ebenen und Haltungen zwischen den Konfliktparteien, die es sichtbar zu machen und zu hinterfragen gilt. Dieses Spannungsfeld wird deutlich, wenn Täter und Opfer ganz unterschiedliche Vorstellungen haben, wie man sich in einem Konflikt, zu verhalten hat. *Messmer* analysierte die Vorgespräche sowie das Ausgleichsgespräch zwischen beschuldigten und geschädigten Jugendlichen und stellte Rechtfertigungskonstrukte fest, die sich in der täglichen Fallarbeit auch in anderen Gesprächen wiederfinden.[530]

Wird Gewalt als alltägliches und mitunter adäquates Mittel zur Durchsetzung eigener Interessen angesehen und es als *„unmännlich"* und *„unehrenhaft"* empfunden, sich nicht ebenso zu verhalten, dann ist es aus Sicht des Beschuldigten nicht er selbst, sondern der Geschädigte, der sich *„regelwidrig"* weil nicht jugendtypisch verhält und zu allem Übel auch noch eine *„Anzeige macht"*, anstatt *„wie bei uns üblich"* die *„Sache selbst zu klären."* „Während die Täterseite sich im Rahmen ihres Konfliktethos normkonform verhält, geraten die Geschädigten gegenüber jugendtypischen Normorientierungen in eine scheinbar deviante Position. Gemessen an den Verhaltenserwartungen der beschuldigten Jugendlichen ist es der Geschädigte, der gegen Normen verstößt."[531] Ein weiteres Schema der Rechtfertigung welches bei *Messmer* exemplarisch benannt wird, ist der Zweifel über die Folgen der Tat für das Opfer. „Das Konstruktionsprinzip dieser Rechtfertigungsart besteht darin, die Bedeutung des eigenen Verhaltens soweit herunterzuspielen, bis die von den Geschädigten geltend gemachten Folgen ungebührlich übertrieben erscheinen."[532] Bei Beschuldigten äußert sich diese Einstellung durch Äußerungen wie etwa: *es war doch nur ein Schlag"*, *„ich würde mit sowas nicht zum Arzt gehen"*, *„da könnte ich mir ja auch ein Attest holen"*, oder *„die Verletzungen muss er sich später selbst beigefügt haben, um von mir Geld fordern zu können"*.

Die Befragung von Zeugen, z.B. von Verkehrsunfällen verdeutlicht einen weiteren wichtigen Punkt in der mitunter sehr unterschiedlichen Bewertung von Abläufen

---

[529] Anmerkung: Die hier wiedergegebenen Aussagen basieren auf meinen Erfahrungen als Vermittler im Täter-Opfer-Ausgleich mit über 5000 Einzel- und Ausgleichsgesprächen.
[530] Vgl. Messmer, 1995, S. 115-131, siehe dazu auch die Analyse von Tätergesprächen im TOA von Messmer, 1996, S. 93ff.
[531] Vgl. Messmer, 1995, S. 124f.
[532] Messmer, 1995, S. 125

und Sachverhalten, die, je nach eigener Erfahrung, Einschätzung, Werteordnung, Bildungsgrad und Sozialisation stark divergieren können. Vier Zeugen, die an einer Kreuzung von vier unterschiedlichen Standpunkten aus einen Verkehrsunfall wahrgenommen haben, können diesen in Details, gerade in der Frage der Schuldzumessung, unterschiedlich beurteilen und das, obwohl sie zur gleichen Zeit und am gleichen Ort ein und denselben Vorfall erlebt haben. Was für den einen „schnell" ist, ist für den anderen „angemessen" oder „normal". Übertragen auf die Konfliktschlichtung im Täter-Opfer-Ausgleich äußert sich dies in ganz unterschiedlichen Beurteilungen von Sequenzen, ohne dass dies automatisch einem reinen Bagatellisieren gleichkommen muss. Ein Beschuldigter, der sich „provozierend angeguckt gefühlt hat" und meint auf diese „Provokation" mit Gewaltandrohung oder Gewalt reagieren zu müssen, kann außer der Suche nach einem Motiv für das eigene Verhalten, eigene Verhaltensmuster und Erfahrungen mitbringen, die ihm seinen Standpunkt stärken, wie etwa ein wenig ausgeprägtes Selbstbewusstsein, dass es unter allen Umständen zu verbergen gilt, oder die Erfahrung, dass ein „provozierender Blick" tatsächlich das Vorspiel zu einer gewaltsamen Auseinandersetzung sein kann, dem es „präventiv" durch den Einsatz von Gewalt zu begegnen gilt, unabhängig davon, ob wirklich eine konkrete Bedrohung vorlag. Die psychoanalytisch orientierte Psychologie erklärt dieses Phänomen mit eigenen, meist frühkindlichen Opfererfahrungen (siehe dazu auch die Abschnitte 1.4.3 sowie 2.3.5 und 2.2.1). Die Systemiker, mit ihren Anleihen im Konstruktivismus, bieten ebenfalls eine Erklärung:

„Jedes Individuum konstruiert sich aufgrund der Erfahrungen, die es in den Interaktionen mit seiner Umwelt macht, sein Bild von der Wirklichkeit. Diese Wirklichkeitskonstruktionen beeinflussen wiederum, und das unwillkürlich, was dieses Individuum sieht, wie es das Geschehen bewertet, welche Verhaltenspläne es entwickelt und wie es sich dann tatsächlich verhält. Dabei wird es solche Konstruktionen für wahr halten, die für sein Wohlbefinden und seine existentielle Sicherung im Zusammenleben mit anderen nützlich sind."[533]

Und weiter, auch wenn sich das folgende Zitat auf das zirkuläre Verhältnis von Klient und Umwelt bzw. Klient und Therapeut bezieht und nicht direkt auf Konfliktschlichtungen:

„Die Verhaltensweisen des Einzelnen sind immer durch die Verhaltensweisen der anderen (mit-) bedingt und bedingen diese gleichzeitig selbst. Jedes Verhalten kann man sowohl unter dem Aspekt seiner Ursachen als auch unter dem seiner Wirkungen analysieren, wobei diese Wirkungen wiederum zu den Ursachen für neues Verhalten

---

[533] Bamberger, 2001, S. 8

werden usw. Folglich kann man jeden Handelnden sowohl unter dem Aspekt des Opfers als auch unter dem des Täters sehen."[534]

Der Vermittler ist, wie an anderer Stelle dargestellt, (siehe Abschnitt 2.4) nicht Teil des Ermittlungsapparates, der nun nachträglich noch „blinde Flecken" des Tatherganges erkunden soll. Unterschiedliche Wahrnehmungen, Interpretationen, individuelle Vorgeschichten und Sichtweisen auf einen Konflikt und dessen Zustandekommen sind prägende Merkmale einer jeden Konfliktschlichtung. Sein Interesse – und damit seine Suche nach der Wahrheit - gilt vielmehr den mitunter unterschiedlichen, weil individuellen Wahrheiten der Konfliktparteien, die, gerade auf der Seite des Beschuldigten, nicht immer deckungsgleich mit der juristischen Wahrheit sein müssen, dem Tatvorwurf bzw. dem Erleben des Opfers. Zwischen Bagatellisieren, Neutralisieren, Rechtfertigen oder schlichtweg einem eigenen, oft anderen Erleben als das der anderen Konfliktpartei gilt es für die Beteiligten und den Vermittler, Momente der Annäherung und des Perspektivwechsels zu schaffen, um auch unterschiedliche Standpunkte und Sichtweisen einander annähern zu können oder letztendlich an deren Unvereinbarkeit zu scheitern.[535]

2.3.4 Der Faktor Zeit in der Konfliktschlichtung

Dem Faktor Zeit kann in der Konfliktschlichtung eine bedeutende Rolle zugewiesen werden. In den Anfangsjahren des Täter-Opfer-Ausgleichs wurde dieser, in enger Verbindung mit dem Diversionsgedanken, als schnelles Reaktionsmittel auf Straftaten Jugendlicher propagiert,[536] wobei sich diese Beschleunigung des Verfahrens auf den jugendlichen Täter bezog. Vom pädagogischen Standpunkt her ist es nachvollziehbar, dass eine möglichst schnelle Reaktion auf ein Fehlverhalten erfolgen sollte, um die Grenzverletzung zu verdeutlichen und einen möglichen Lerneffekt beim jugendlichen und heranwachsenden Täter zu erzielen, der nicht aufgrund der langen Zeit zwischen Tat und Reaktion verwischt und durch andere Einflüsse überlagert

---

[534] Bamberger, 2001, S. 7
[535] Aus dem Bereich der TOA-Bewegung siehe dazu die Arbeiten von Netzig, der sich mit der „Wirklichkeit als soziale Konstruktion" und den sich daraus ergebenden konstruktivistischen Betrachtungsweisen für die Konfliktschlichtung im Rahmen des TOA beschäftigte (vgl. Netzig, 2000, S. 15ff.) wie auch Arbeiten seines Kollegen aus Österreich, Watzke, der sich mit der Suche nach der Wahrheit im Rahmen des Strafverfahrens und der Konfliktmediation, wie er es nennt, befasst und den aus dem konstruktivistischen Konzept erwachsenen Konsequenzen für den Vermittler: „Meine Aufgabe als Mediator sehe ich zuallererst darin, die verschiedenen und oft kontroversen Welten an den Tag zu bringen, offenzulegen und in einem weiteren Schritt kommunizierbar, austauschbar werden zu lassen. Dies setzt voraus, von der Verpflichtung einer objektiven Wahrheitsfindung befreit zu sein. Es geht darum, die Unterschiede der verschiedenen Versionen herauszuarbeiten und hinsichtlich ihrer Problemrelevanz gemeinsam mit den Beteiligten zu gewichten und nach einer befriedigenden Lösung zu suchen." Watzke, 1997, S. 17
[536] Vgl. anstelle Vieler: Dölling et al., 1998, S. 65 wobei es hierbei auch um „verfahrensökonomische" Gründe ging, um es sich durch eine lange Bearbeitungszeit in den TOA-Fachstellen nicht mit der Staatsanwaltschaft als Hauptauftraggeber „zu verscherzen".

wird.[537] Es erscheint wahrscheinlich, dass eine erfolgreiche Konfliktschlichtung ein friedenstiftendes Potenzial hat, zumal wenn sie zeitlich schneller stattfinden kann und als zeitnahe Reaktion erfolgt, schneller als durch den klassischen Ablauf eines Strafverfahrens mitunter möglich, mit seinen Wochen und Monaten der Ermittlungen und der Sachbearbeitung bei Polizei und Justiz. Als Beispiel hierfür seien Konflikte in Schulen genannt, die gerade aus der Perspektive des Geschädigten einer schnellen Reaktion bedürfen, wenn beide Seiten sich tagtäglich begegnen. Demnach kann eine schnelle Reaktion durchaus auch Vorteile für das Opfer haben. Dennoch ist *schneller* nicht immer automatisch gleichbedeutend mit *besser*, da gerade aus der Perspektive des Opfers mehr Zeit erforderlich sein kann, um mit dem Erlebten umgehen zu können (siehe dazu auch 1.3.8.2 und 2.5.5 mit der Kritik an einer zu großen Nähe von TOA und Diversionsverfahren, welches durch die täterorientierten Merkmale von „schneller" und „erzieherischer" Reaktion geprägt ist). Der Geschädigte, in seinen unterschiedlichen Phasen des Opferseins (siehe 1.2.3.2), seiner Wut und seinen Ängsten, braucht in der Regel mehr Zeit, um sich, wenn überhaupt, mit dem Gedanken an eine Konfliktschlichtung zu befassen mit denen, die ihn kurz zuvor geschlagen, bedroht oder gedemütigt haben. So wiesen *Baurmann* und *Schädler* darauf hin, dass die Bereitschaft der von ihnen beforschten Opfer von Gewalttaten zu einer Wiedergutmachung und einem Täter-Opfer-Ausgleich „mit zunehmender zeitlicher Distanz"[538] zum Tatzeitpunkt anstieg. Täter und Opfer befinden sich daher auf zwei unterschiedlichen, meist entgegengesetzt verlaufenden Zeitschienen, auf denen es einen bestmöglichen gemeinsamen Zeitpunkt für einen Schlichtungsversuch zu finden gilt. Auch auf der Seite des jugendlichen Täters kann etwas mehr Zeit im Vorfeld einer Konfliktschlichtung bedeutsam sein, um sich der Tragweite des eigenen Handelns, der juristischen Konsequenzen sowie der Folgen für „sein Opfer" bewusst zu werden, damit die Entschuldigung, auch wenn sie ernst gemeint ist, nicht nur eine bloße Reflexhandlung ist, sondern ein vom Geschädigten wahrgenommener Versuch, für das eigene Handeln Verantwortung zu übernehmen und auch mögliche Konsequenzen für weiteres Verhalten zu ziehen.[539]

Neben den Zeitschienen für Opfer und Täter existieren die organisatorischen Zeitschienen zwischen der Justiz als Auftraggeber und den TOA-Fachstellen als Auftragnehmer, die es nach Möglichkeit ebenfalls in Einklang zu bringen gilt. *Dölling et al.* nennen in ihrer Bestandsaufnahme zum Verfahren des TOA um das Jahr 1998 herum Durchschnittswerte von 65-80 Tagen bei erfolgreichen Ausgleichsgesprächen, wobei gescheiterte Fälle nach ca. 44 Tagen zurückgegeben wurden.[540] *Schreckling*

---

[537] Vgl. Mertens-Murges-Kemper, 2008, S. 357
[538] Baurmann und Schädler, 1991 zitiert aus dem redaktionell korrigierten Nachdruck von 1999, S. 134, aus Sicht der polizeilichen Praxis rät u.a. auch Bodenburg dazu, Opfer nicht zu früh mit der Idee eines TOA zu konfrontieren. Vgl. Bodenburg, 2004, S. 26
[539] Vgl. Mertens und Murges-Kemper, 2008, S. 358f. die in ihrem Beitrag auch von dem positiven Nutzen einer längeren Verfahrensdauer sprechen, wenn es sich dabei nicht um ein „Trödeln" bei der Bearbeitung handelt (S. 356), sondern um positiv genutzte Zeit.
[540] Vgl. Dölling et al., 1998, S. 65

nennt in seiner Dokumentation zur Begleitforschung der „Waage" Köln Bearbeitungszeiträume von 2 Monaten bis zu einem Jahr (bedingt durch Wiedergutmachungen in Ratenzahlungen), wobei ein Großteil der Fälle im Durchschnitt nach viereinhalb Monaten abgeschlossen waren.[541] In Berlin fordern die Staatsanwälte im Bezug auf einen Täter-Opfer-Ausgleich im Jugendbereich nach ein bis drei, vereinzelt auch nach fünf Monaten einen Abschluss- bzw. einen Zwischenbericht ein und passten sich damit den dortigen durchschnittlichen Bearbeitungszeiten von 3 Monaten an.

2.3.5 Scham und Beschämung in der Konfliktschlichtung

Ein aus der Perspektive der Konfliktschlichtung noch vergleichsweise selten beschriebener Aspekt ist der von Scham, aber auch der der Beschämung im Strafverfahren, aber auch innerhalb der Gesprächsführung mit Opfern, Tätern und deren Angehörigen. In der Entwicklungspsychologie wird der Scham und ihrer Funktion für den Entwicklungsprozess sowohl Positives als auch Negatives zugeschrieben. Scham hilft dem Individuum dabei, gesellschaftliche Grenzen zu erkennen und diese nach Möglichkeit nicht zu verletzen, was vor gesellschaftlicher Ächtung oder gar dem Ausschluss aus der sozialen Gruppe schützt. *Marks* beschreibt Scham als „ein sehr peinigendes und „heimliches" Gefühl, dass selten in Worte gefasst wird", jedoch als Gefühl allen Menschen vertraut ist[542] und das durch unterschiedliche Situationen ausgelöst wird. *Marks* unterscheidet dabei die Grundformen der Scham in: *Intimitäts-Scham*, *Gewissens-Scham*, wenn gegen eigene Ideale verstoßen und das Unrecht damit gestützt wurde, *Anpassungs-Scham*, die eine Ausgrenzung aus Gruppe und Gesellschaft verhindern soll (Marks benennt das Problem von ‚Männlichkeit' und ‚Ehre'; Schlagworte unter denen gerade junge Männer mit der Akzeptanz der Gleichaltrigen zu kämpfen haben, sofern sie sich aus der Perspektive der Subkultur als ‚unmännlich' oder ‚unehrenhaft' verhalten) sowie die daraus resultierende *Gruppen-Scham*, wenn sich die Angehörigen einer Gruppe, einer Nation, etc. für Angehörige der eigenen Familie, der Gruppe, des Volkes etc. schämen, wenn diese die an sie gerichteten Erwartungen und die vorherrschenden Normen nicht erfüllen. Weiterhin die *Emphatische Scham*, „wenn wir Zeuge der Entwürdigung oder Selbst-Entwürdigung eines Mitmenschen werden."[543] Scham wird abgewehrt, es gilt, sie von sich zu halten - Scham-los zu sein, da dieses Thema in der Gesellschaft stark tabuisiert sei, so *Marks* und weil negative Gefühle oder gar Erkenntnisse über das eigene Sein damit verdrängt werden. „Oft genügt hier ein Blick des anderen, in den sie Verachtung oder Aggressionsbereitschaft hineinlesen, oder ein falsches Wort, um eine

---

[541] Vgl. Schreckling, 2000, S. 82
[542] Marks, 2010, S. 184
[543] Marks, 2010, S. 183ff., Zitat, S. 186

gewalttätige Reaktion hervorzurufen. In der Tiefe steckt die Furcht, wieder entwertet und verachtet zu werden(...)."[544] Aus der Perspektive von Gewalt- und Straftaten kann die Abwehr der Scham unter anderem durch die Projektion erfolgen, d.h., das was man in sich selbst als schwach und ablehnungswert empfindet, wird auf das Gegenüber projiziert und dort verbal („Du Schwächling", „Du schwule Sau")[545] oder sogar im körperlichen Angriff ‚bekämpft'.[546] Für einen Augenblick hat der Täter das Gefühl von Macht und Größe, er wird wahrgenommen, wenn auch auf eine negative Art, und steht im Mittelpunkt der Aufmerksamkeit. „Durch Gewalt wird Ohnmacht in Macht gewendet".[547]

Marks verweist auf die Arbeiten von *Hilgers*, der den Kreislauf von Scham – Delinquenz – Scham beschreibt, in den Straftäter geraten können: „Wenn sie ihre Verhaftung, die Verhöre, Gerichtsverhandlung und Bestrafung als beschämend erleben, dann verlassen sie das Gefängnis mit noch mehr Schamgefühlen, die wiederum durch erneute Straftaten abgewehrt werden, die zu erneuter Bestrafung führen usw."[548] Auch *Kersten* gehört zu den Autoren, die eine direkte Verbindung von Scham – Schuld – Delinquenz sehen, indem die Gewalt zu einem probaten Mittel wird, dem eigenen Minderwertgefühl zu entgehen. „Ehre" oder „Respekt", diese zentralen und tief gelagerten Bezugspunkte von Gleichaltrigengruppen männlicher Jugendlicher sind regelmäßig der Ausgangspunkt von Konflikten und Gewalttaten. Ehre hat man, wenn man sich nicht schämen muss."[549] Auch die Opfer erleben Scham, so *Kersten*: „Viele Kriminalitätsopfer empfinden Scham darüber, dass sie Gewalt oder Schaden erlitten haben. Oft fühlen sie sich zudem auch noch schuldig, d.h. sie geben sich selbst die Schuld an dem, was ihnen widerfahren ist."[550] Straftaten, deren Folgen sowie das Strafverfahren sind reichhaltig an Scham und Beschämung. John Braithwaite, der zu den Pionieren des restorative justice (siehe 2.5.3) Gedankens zählt, formulierte 1989 unter der Überschrift „reintegrative shaming" seine These von der auch heilenden und positiven Funktion der Scham, womit nicht über die Scham für eine Verurteilung, sondern über die Scham, einer anderen Person Unrecht zugefügt zu haben, eine Wiedergutmachung, gar eine Verhaltensänderung möglich wird.[551] *Braithwaites* Konzept des Beschämens grenzt sich bewusst ab, von den Degradierungszeremonien[552] des Strafverfahrens (mit der Rollenzuschreibung als Täter, der Stigmatisierung, dem teilweisen oder gar völligen Ausschluss aus der Ge-

---

[544] Leuschner, 2006, S. 130
[545] Vgl. Marks, 2010, S. 190
[546] Weitere Formen der Scham-Abwehr beschreibt Marks durch Verachtung, Zynismus, Arroganz, protzige Männlichkeit, Sucht und Dissoziales Verhalten, vgl. Marks 2005, S. 6ff., zum Phänomen der Übertragung auf das Opfer siehe auch Friedmann, 2010, S. 142, Körner, 2007, S. 404-418
[547] Marks, 2010, S. 191
[548] Marks, 2010, S. 191 in Bezug auf Hilgers (ohne genaue Quellenangabe), siehe auch: Schamabwehr und Tatmotiv Ehre, Wenzel, 2007, S. 58ff. sowie Wurmser zu Scham und Schamabwehr, 2007, S. 19ff.
[549] Kersten, 2012, S. 171
[550] Kersten, 2012, S. 169, zu Scham, Gewalt und Maskulinität siehe auch Kersten, 2013, S. 27ff.
[551] Vgl. Braithwaite, 1989
[552] Vgl. Garfinkel, 1977, S. 31ff., über Scham, Beschämung, Schuld und Verantwortung siehe auch Lotter, 2012

meinschaft, der Strafe etc.) und setzt an der Idee an, dass die Beschämung im persönlichen Umfeld des Täters, z.b. unter der Einbeziehung von Familienmitgliedern, Freunden und anderen Gesellschaftsmitgliedern erfolgt, in dem diesem sein Fehlverhalten und dessen Folgen für ihn, dass Opfer und die Gemeinschaft aufgezeigt werden. Wichtiger Teil des Ansatzes ist es jedoch, den Täter (auch das Opfer) danach auch wieder in die Gemeinschaft aufzunehmen, ihn zu re-integrieren. Vor dem Hintergrund des Erziehungsgedankens lässt sich formulieren: Es soll die Tat verurteilt werden, nicht der Jugendliche als Person.[553]

Der Täter-Opfer-Ausgleich knüpft zumindest teilweise an diese Überlegungen an, da die Konfrontation mit der Tat und deren Folgen stark ausgerichtet ist auf die Person von Opfer und Täter und weitere Personen, wie etwa die Eltern, Lehrer etc. eher am Rande beteiligt werden.[554] Über den gemeinsamen Dialog, die Entschuldigung und die Wiedergutmachung – auch begleitet durch die Anerkennung durch die Justiz und die Gesellschaft, findet eine Rückführung von Täter und Opfer in die Gemeinschaft statt. Gleichzeitig ist er auch ein Forum, in dem die so unterschiedlich Beschämten aufeinandertreffen: Beschuldigte, die sich der Tat schämen und versuchen, dies durch ein vermeintlich cooles und männliches Gehabe zu überspielen, Beschuldigte, die eher eine Bestrafung in Kauf nehmen würden als vor der Gruppe ihr eigenes Verhalten kritisch zu reflektieren, betroffene Eltern als Begleitpersonen, die bemüht sind, den fremden Vermittlern auch eine Person und ein Familienbild außerhalb des Tatvorwurfs zu präsentieren, Geschädigte die sich mit Selbstvorwürfen quälen und für die die erlebte Demütigung und Hilflosigkeit oftmals schwerer zu verarbeiten ist als die körperliche Verletzung, jugendliche Opfer und Täter, die bereits über einen reichhaltigen Erfahrungsschatz von Beschämung verfügen aus dem Bereich der Familie, der ‚Freunde', der Schule oder im Umgang mit Behörden und Institutionen.[555] Dort, wo die Abwehr der Scham bereits stark verinnerlicht wurde, regelmäßig Bestätigung findet oder gar tradiert ist, kann auch der Täter-Opfer-Ausgleich nur kleine Akzente setzen, die eventuell zum Nachdenken anregen.

Mit dem Wissen um diese Hintergründe kann der Vermittler in der Konfliktschlichtung versuchen, einen Zugang zu den einzelnen Personen zu bekommen und möglichst erneute Beschämung durch sein eigenes Handeln vermeiden. Eine Diskussion über die Rolle von Scham und Beschämung unter besonderer Berücksichtigung der TOA-Vermittler fehlt jedoch bis heute. Die Erkenntnis über die Aspekte von Scham und Beschämung, der Umgang mit diesen Phänomenen in der Gesprächsführung sowie die Chance, über diese auch eine Brücke zu Wiedergutmachung, Ver-

---

[553] Über das Pro und Contra des Ansatzes von Braithwait siehe Kunz, 2004, S. 166-170
[554] Überlegungen, das soziale Umfeld stärker in den TOA zu integrieren finden sich u.a. bei Bruhn, Kramer und Schlupp-Hauck, 2013 oder auch Jacob, 2013 (unveröffentlichtes Manuskript eines Vortrages zum Thema Täter-Opfer-Ausgleich und (Cyber)Mobbing)
[555] An dieser Stelle sei auf die Bachelorarbeit von Moritz Kämmerer „Von Scham zu Schuld – Beschämungserfahrungen als eine mögliche Ursache für jugendliche Gewalt", von 2012 verwiesen.

haltensänderung und letztendlich auch zu Anerkennung und Re -Integration zu bauen, bilden eine der wesentlichen, wenn auch am *unerforschtesten* Hürden und Etappen der Konfliktschlichtung.

2.4 Rolle und Aufgaben der Vermittler

Damit ein Täter-Opfer-Ausgleich zustande kommen kann, bedarf es zunächst immer einer Person, die den Vorschlag dazu macht, ihn, den Täter-Opfer-Ausgleich, sozusagen „anregt". Neben Opfer und Täter, den eigentlichen Protagonisten im TOA, sowie den im Strafverfahren involvierten Berufsgruppen wird der TOA maßgeblich getragen durch die Berufsgruppe der TOA-Vermittler. Ihnen kommen die Aufgaben zu, sich einen Eindruck über die Eignung eines Strafverfahrens bzw. eines Konfliktes für einen TOA-Versuch zu machen und eine Entscheidung darüber zu treffen. Sie müssen die Beteiligten kontaktieren und informieren, einen angemessenen Gesprächsrahmen und Gesprächsatmosphäre schaffen, die Gespräche führen und moderieren – ohne dabei den Konflikt *für*, sondern vor allem *mit* den Beteiligten zu klären. Sie tragen Sorge und Verantwortung für die Einhaltung der Gesprächsregeln, berichten abschließend der Justiz und kontrollieren die Einhaltung der (materiellen) Vereinbarungen.[556] Zum Umfeld der eigentlichen Gespräche gehören Recherchen und Aktenstudium und Aktenführung sowie der Austausch mit anderen Verfahrensbeteiligten. Eingebunden in die Projektarbeit gehören die Netzwerk- und Öffentlichkeitsarbeit zu den Aufgaben eines Vermittlers, sowie konzeptionelle Weiterentwicklungen, Supervisionen, Weiterbildungen und die Durchführung von Informations-und Lehrveranstaltungen. Neben Erfahrungen, Fachwissen und Fingerspitzengefühl bedarf es ebenfalls eines klaren Rollenverständnisses, um im Rahmen eines Strafverfahrens zwischen Täter und Opfer zu vermitteln. Dazu *Dölling*:

„Die Vermittlungsperson ist ein neutraler Dritter, ohne Entscheidungsgewalt und Zwangsmittel, die versucht, den Parteien auf dem Weg zu einer Einigung zu helfen.[557] Vermittler sind demnach keine Betreuer, keine Erzieher und erst recht keine Ermittler. Der TOA ist niemals Hilfe für die Strafverfolgungsbehörden bei der Aufklärung des Tatgeschehens. An den Vermittler müssen hohe Anforderungen in punkto menschlicher Integrität und professioneller Kompetenz gestellt werden. Notwendig sind Menschenkenntnisse, Einfühlungsvermögen und die Fähigkeit, mit Diskrepanzen und Konflikten sensibel, fachkundig und konstruktiv umzugehen."[558]

---

[556] Über die Aufgaben der TOA-Vermittler siehe auch Dölling et al. 1998, S. 28, siehe auch Schreckling, 2000, S. 134. Über die klientenbezogenen Tätigkeiten sowie die Umfeldarbeit im TOA siehe auch Lippelt, 2010, S. 59-65
[557] Dölling et al. beziehen sich an dieser Stelle ihres Textes indirekt auf Breidenbach, 1996, S. 137
[558] Vgl. Dölling, et al. 1998, S. 29

Für alle Vermittler erwächst daraus die Verantwortung, bereits zum Beginn eines Täter-Opfer-Ausgleichs gegenüber den Beteiligten, Opfern wie Tätern, auf diese spezielle Rolle hinzuweisen, sie zu erklären und das eigene Agieren damit auch transparent zu machen.

2.4.1 Qualifikation, Soziobiographische Merkmale und Berufsbild

In der Erhebung zur Praxis des TOA in Deutschland, unter besonderer Berücksichtigung der TOA-Vermittlerinnen und Vermittler, von *Kerner* und *Weitekamp* werden unter anderem auch die persönlichen und beruflichen Komponenten abgefragt, die Aufschluss über die tätigen Vermittler geben. Demnach (basierend auf einer Zahl von N=301 Personen die sich an der Befragung beteiligte hatten) arbeiten im Berufsfeld des TOA mehr weibliche als männliche Vermittler. Die meisten Vermittler, unabhängig vom Geschlecht, sind zwischen 41 und 50 Jahren alt und älter und sind seit 6-10 Jahren und mehr im Bereich des TOA tätig. Im Bereich der beruflichen Qualifikationen (wobei Mehrfachnennungen möglich waren) dominieren mit 76,4 % die mit einem Hintergrund als Sozialarbeiter/Sozialpädagoge.[559] Dieser bevorzugte berufliche Background scheint sich etabliert zu haben, so beschrieben *Dölling* et al. bereits 1998 die Anforderungen an das Berufsbild und die Fähigkeiten wie folgt:

> „Der Vermittler benötigt berufliche Kompetenzen, die er häufig in der Ausbildung als Sozialpädagoge oder Sozialarbeiter erworben hat. Essentiell für die Vorbereitung und Durchführung eines Vermittlungsgesprächs sind sprachliche und kommunikative Fähigkeiten. Eine einvernehmliche Regelung zwischen Täter und Opfer ist maßgeblich abhängig von der Frage, ob der Vermittler Gespräche mit Einfühlungsvermögen und der richtigen Wortwahl führt."[560]

Wie für Beratungssituationen und Kurzzeitinterventionen üblich, bleibt dem Vermittler nur die kurze Spanne zwischen *Eingangstür und Gesprächstisch* sowie das Gespräch an sich, um so etwas wie Vertrauen und eine konstruktive Gesprächsatmosphäre herzustellen. Das erste Anschreiben, als Beginn der Kontaktaufnahme, sowie die Kurzdarstellung des Täter-Opfer-Ausgleichs bilden einen nicht zu unterschätzenden Faktor, wenn es darum geht, ob ein Dialog zwischen Klient und Vermittler und damit zwischen Vermittler-Täter-Opfer zustande kommt. Eine Mediationsausbildung und/oder eine abgeschlossene Ausbildung zur Gesprächsführung im Täter-Opfer-Ausgleich sowie Erfahrungen, gesammelt in sozialen Berufen, bieten die notwendigen Grundlagen, so dass die TOA-Standards praktische Berufserfahrung und

---

[559] Vgl. Kerner und Weitekamp, 2013, S. 44
[560] Vgl. Dölling et al., 1998, S. 30

eine Ausbildung als Sozialpädagoge oder Psychologe[561] als Anforderung an die Qualifikation des Vermittlers voraussetzen.

2.4.2 Zwischen Neutralität und Parteilichkeit

In den ersten Jahren des Täter-Opfer-Ausgleichs wurde die Haltung des Vermittlers als eine *neutrale* Haltung beschrieben, um damit zum Ausdruck zu bringen, dass der Vermittler keine eigenen Interessen verfolgt, keine der beiden Seiten bevorzugt und nicht manipulativ tätig wird, um ein vorgegebenes Ergebnis zu erzielen. Der Begriff der Neutralität hat Vorteile, da die meisten Menschen mit ihm etwas verbinden können, aber auch Nachteile, da er die Haltung des Vermittlers im TOA nicht ausreichend wiedergibt. In der Praxis wurde schnell deutlich, dass es sich dabei eher um eine innere Haltung des Vermittlers handelt, da eine Umsetzung dem Sinne des Wortes *neutral* entsprechend eher einem *Nicht-Handeln* oder einem *Heraushalten* gleichkommt. Nach *Delattre* ist der Vermittler insofern unbeteiligt, dass er nicht selbst Teil des Konfliktes zwischen Opfer und Täter ist. „Allerdings, er redet, gibt Antworten, äußert Einschätzungen, und ist mit Vorschlägen, wie die Wiedergutmachung beispielsweise aussehen könnte, stark beteiligt. Er ist beteiligter Dritter an einem kommunikativen Prozeß, aus dem er sich nicht ausklinken kann. Insofern ist die Rolle nicht neutral im Sinne einer Nichtbeteiligung aufzufassen."[562] Das aktive, steuernde, teils auch wertende Eingreifen in den Konflikt gleicht einer Wanderung auf einem schmalen Grat, der, wenn er verlassen wird, von mindestens einer Konfliktpartei als negativ erlebt werden kann (siehe dazu 1.4.4 und die Bewertungen der Rolle des Vermittlers in den Befragungen von Opfern und Tätern).

„Der Vermittler ergreift nicht Partei für eine Seite. Denn Parteinahme für das Opfer würde zu einer Abwehrhaltung beim Täter führen, die ein Einverständnis verhindern könnte. Parteinahme für die Position des Täters würde das Opfer irritieren, kränken und verletzen."[563] Jedoch, in der Fallpraxis „(...) kann es notwendig sein, daß der Vermittler zeitweilig die Position des Schwächeren unterstützt, um dass Machtefälle (sic.) so weit auszugleichen, daß die beiden miteinander ins Gespräch kommen."[564]

Dies kann notwendig werden, wenn es zwischen den Beteiligten einen merklichen Unterschied gibt, in der Fähigkeit sich verbal auszudrücken, Wünsche und Ziele zu formulieren oder aber allein aufgrund eines zahlenmäßigen Unterschiedes, z.B. eine Gruppe von sechs Tätern und einem Opfer, ein Machtgefälle ähnlich wie bei der Tat

---

[561] Vgl. TOA-Standards, 2006 - 4.1 Qualifikation, S. 17
[562] Delattre, 1992, S. 48f.
[563] Vgl. Dölling, et al. 1998, S. 29
[564] Schmitz, 1995, S. 180

entsteht. Auch in anderer Richtung kann dies partiell notwendig sein, etwa wenn ein Geschädigter mit seinen Eltern und einem Rechtsanwalt im Hintergrund Forderungen formuliert, zu denen ein jugendlicher Beschuldigter, der ohne elterliche Begleitung zum Ausgleich erscheint, nicht ohne weiteres bzw. ohne Rücksprache mit seinen Eltern eine Position finden kann. Dem Vermittler kommt weiterhin die Aufgabe zu, über die Einhaltung der Gesprächsregeln zu wachen, die sicherstellen sollen, dass es nicht zu Bedrohungen, Beleidigungen oder einem herabwürdigenden Verhalten im Gesprächsverlauf kommt. Sind die Gesprächsregeln in Gefahr, macht dies ein deutliches und direktives Eingreifen unumgänglich, ja notwendig.

Das teilweise Eingreifen in den Dialog von Opfer und Täter, bzw. den Prozess der Konfliktschlichtung, wird von *Schmitz* auch positiv bewertet: „Parteinehmende Impulse gehören zwangsläufig zu den seitens der VermittlerInnen notwendigen flexiblen Identifikationen mit den Konfliktparteien, und parteinehmende Aktivitäten können einer Konfliktschlichtung förderlich sein."[565] Wobei darauf zu achten ist, dass diese „parteinehmenden Impulse" nicht einseitig gesetzt werden und dass beide Konfliktparteien den Eindruck gewinnen, auf Unterstützung zurückgreifen zu können, wenn dies notwendig wird. Ausführlicher und anschaulich zugleich dazu *Schmitz*:

> „Die Gratwanderung besteht darin, nicht neutral zu sein im Sinne etwa eines schematischen Vorgehens oder einer permanenten Hemmung oder Zurückhaltung eigener Handlungsimpulse und genausowenig sich kopfüber entlang der eigenen Werthaltungen und Sympathien zu engagieren und dabei voll und ganz Partei zu ergreifen für Täter oder Geschädigten. Zu vermeiden ist eine falschverstandene krampfhafte Neutralität genauso wie die unreflektierte Parteinahme."[566]

Die für die Arbeit im Täter-Opfer-Ausgleich unabdingbare eigene Haltung (siehe auch 2.4.4) zu Neutralität und Parteilichkeit gehört zu den wichtigsten Einstellungen des Vermittlers und geht über eine bloße Technik, die es zu erlenen gilt, weit hinaus. Zutreffend dazu daher die Formulierung von *Schmitz*: „Neutralität ist ein Konstrukt, das sich nicht auf der Verhaltensebene operationalisieren läßt, - es handelt sich vielmehr um eine dem Verhalten zugrundeliegenden Haltung."[567] Der Begriff der Neutralität wurde in der TOA-Fachliteratur, aber auch in der Mediation allmählich durch den Begriff der Allparteilichkeit ersetzt, da dieser einen größeren Gestaltungsspielraum erlaubt[568] und der Aufgabe des Vermittlers – für beide Seiten da zu sein – besser entspricht. In den TOA-Standards wurde weiterhin festgelegt, dass Rollenüberschnei-

---

[565] Schmitz, 1995, S. 183
[566] Schmitz, 1995, S. 180
Zum Thema Neutralität und Allparteilichkeit. Aus der Perspektive einer Selbstreflektion mit Praxisbeispielen, siehe auch Henning, 2000, S. 222. Über die Schwierigkeiten der Umsetzung eines allparteilichen Ansatzes in der Fallpraxis berichten TOA-Vermittler aus Brandenburg und Sachsen in der Untersuchung von Gutsche et al., vgl. Mau, 2000, S. 144f.
[567] Schmitz, 1995, S. 179
[568] Vgl. Montada und Kals, 2001, S. 37

dungen, wie etwa Vermittlung und Betreuung, zu vermeiden seien und dass der Vermittler die Verantwortung trägt, „dass zu jedem Zeitpunkt ein respektvoller Umgang gewährleistet ist und keine der Parteien ungerecht behandelt wird" und dass ein allparteiliches Handeln dadurch gekennzeichnet ist, dass er „durch die Konfliktparteien in der Summe seiner Handlungen als fair erlebt" wird.[569]

2.4.3 Spezifisches Fachwissen

Der Vermittler sollte über theoretische und praktische Erfahrungen und Kenntnisse der unterschiedlichen Methoden der Gesprächsführung verfügen sowie über den Verlauf *von* Konflikten und den Umgang *mit* Konflikten. Kenntnisse aus dem Bereich der Verhandlungstechniken gehören ebenso wie die Grundhaltung der Mediation zu den notwendigen Fähigkeiten, um eine fachlich anspruchsvolle Konfliktschlichtung durchzuführen, in der die Anliegen beider Seiten erkannt und einbezogen werden können. Da der Täter-Opfer-Ausgleich parallel zum Strafverfahren stattfindet, bedarf es guter Kenntnisse über Inhalte, Aufgaben und Abläufe von Straf- und Zivilverfahren sowie ein grundlegendes Institutionswissen und Einblicke in Aufgaben und Rollen der am Strafverfahren direkt oder indirekt beteiligten Berufsgruppen: Polizei, Jugendgerichtshilfe, Bewährungshilfe, Staatsanwaltschaft, Gericht, Rechtsanwälte, Jugendamt, Einzel- und Familienhelfer und Opferhilfe. Kenntnisse über kriminologische Theorien und Zusammenhänge, den aktuellen Stand des Diskurses, umfangreiches Wissen über die Lebensverhältnisse und Entwicklungsphasen junger Menschen gehören ebenso unabdingbar zu dem Handwerkszeug eines Vermittlers, wie Wissen über die Viktimologie als Forschungsbereich, verbunden mit konkreten Ableitungen daraus für einen sorgsamen und sensiblen Umgang mit Opfern von Straftaten.

2.4.4 Die innere Haltung

Neben dem erworbenen Fachwissen spielt die innere Haltung des Vermittlers eine wesentliche Rolle im Prozess der Konfliktschlichtung. Die eigene Haltung zu Konflikten ist geprägt von individuellen Erfahrungen, der eigenen Konfliktfähigkeit, dem eigenen Wertesystem und davon, anhand welcher Ansätze und Gesprächsmodelle man sich selbst orientiert (siehe auch 2.2). Die eigene Konfliktfähigkeit[570] und das eigene Konfliktverhalten spielen dabei eine ebenso zentrale Rolle wie die allparteiliche Grundhaltung. Die Annahme, dass ein Konflikt ausnahmslos negativ besetzt ist,

---
[569] Vgl. TOA-Standards, 2006 - 4.4 Rollenverständnis S. 20
[570] Vgl. Mahlmann, 2001, S. 9-20

führte lange Zeit dazu, das auf allen gesellschaftlichen Ebenen Konflikte tabuisiert wurden, sei es in der Kindererziehung, in Paarbeziehungen, dem beruflichen Umfeld oder auf der politischen Bühne. Erst langsam breitet sich die Erkenntnis aus, dass jedem Konflikt auch die Chance zu einer positiven Veränderung innewohnt. Im Berufsleben wird die Konfliktfähigkeit als Schlüsselkompetenz im alltäglichen Umgang miteinander wahrgenommen und auch die, wenn auch langsame, Verbreitung des Mediationsgedankens führt zu einem neuen Umgang mit Konflikten. Der Vermittler sollte daher über die Bewältigung alltäglicher Lebenssituationen hinaus folgende Fähigkeiten besitzen und dies erweitern und reflektieren: Er sollte Konflikte wahrnehmen können, diese Konflikte differenziert benennen, Möglichkeiten zur Veränderung suchen und falls diese nicht zur Verfügung stehen, auch Spannungen aushalten können.[571] So unterschiedlich wie die Methoden im Täter-Opfer-Ausgleich, auf die ich im weiteren Text eingehen werde, so unterschiedlich sind auch die Vermittler und ihre Herangehensweise an den Konflikt und vor allem an die Menschen, die ihnen gegenübersitzen. „Kontaktfähigkeit – das meint nicht: Techniken, um mit Menschen ´methodisch sauber´ umgehen zu können. Gute Professionelle sind nicht alle gleich geschneidert. Da gibt es ruhige, laute, knorrige und expressive – alle irgendwie eigen-artig. Sie haben ihre eigene Art Kontakte aufzunehmen – aber sie beeindrucken."[572] Der Umgang mit dem Gegenüber geht dabei weit über die Verwendung bloßer Techniken hinaus, die ein fehlendes Interesse an dem Gegenüber, seiner Person, seiner Version des Erlebten und seinem Anliegen nicht ausgleichen können, wenn sie nicht echt sind. Den Fähigkeiten des Vermittlers bzw. des Mediators kommt dabei eine tragende und bisher kaum beforschte oder messbare Rolle zu, wenn es zum Ausgleichserfolg, der Zufriedenheit und der Akzeptanz der Maßnahme des Täter-Opfer-Ausgleichs durch die Beteiligten kommt. Dazu *Mayer*:

> „Mediatoren beeinflussen die Interaktionsstruktur in sehr unterschiedlicher Weise. Sie zeichnen sich durch vielfältige Unterschiede im persönlichen Stil, in ihren Fähigkeiten und Vorgehensweisen aus, und zweifel-los gibt es ein weites Spektrum an unterschiedlichen Wertvorstellungen. (…) Das Engagement des Mediators, seine Fähigkeit, eine *Verbindung* zu jedem Kontrahenten herzustellen, sein Optimismus, seine Integrität und Offenheit und der Grad, in dem er sich über seine Wertegrundlage im klaren ist, sind für gewöhnlich die wirkungsvollsten Beiträge, die er zum Prozeß leistet "[573] (Hervorhebung im Original).

---

[571] Vgl. Schmitz, 1995, S. 186 in direktem Bezug auf Imhof, 1985, S. 231-239
[572] Hinte, 1997, S. 166
[573] Mayer, 2007, S. 225f.

2.4.5 Datenschutz, Rechtsberatung und Zeugnisverweigerungsrecht

Vermittler sind angewiesen auf die Zusammenarbeit mit den anderen Verfahrensbeteiligten, wie etwa der Jugendgerichtshilfe oder der Staatsanwaltschaft. Die Übermittlung der personenbezogenen Daten von Tätern und Opfern sind unabdingbare Voraussetzung, um den Schlichtungsprozess initiieren zu können. Bedenken im Hinblick auf den Datenschutz wurden zu Beginn der TOA-Bemühungen vorgebracht und werden auch heutzutage noch geäußert, wenn ein Ausgleichsversuch von außerhalb der bestehenden Kooperationen angeregt wird. Die Weitergabe der personenbezogenen Daten zwischen der Justiz und freien Trägern ist seit dem 20. Dezember 1999 durch den Gesetzgeber im § 155b Abs. 1 und 2 StPO festgelegt worden:[574]

> „(1) Die Staatsanwaltschaft und das Gericht können zum Zweck des Täter-Opfer-Ausgleichs oder der Schadenswiedergutmachung einer von ihnen mit der Durchführung beauftragten Stelle von Amts wegen oder auf deren Antrag die hierfür erforderlichen personenbezogenen Informationen übermitteln. Die Akten können der beauftragten Stelle zur Einsichtnahme auch übersandt werden, soweit die Erteilung von Auskünften einen unverhältnismäßigen Aufwand erfordern würde. Eine nichtöffentliche Stelle ist darauf hinzuweisen, dass sie die übermittelten Daten nur für die Zwecke des Täter-Opfer-Ausgleichs oder der Schadenswiedergutmachung verwenden darf."

In den Absätzen 2 und 4 des § 155b StPO wird weiterhin geregelt, dass die gewonnenen Daten lediglich zur Durchführung des Täter-Opfer-Ausgleichs erhoben und aufbewahrt werden dürfen und nach Ablauf eines Jahres seit dem Abschluss des Strafverfahrens zu vernichten sind. Dem sei hinzugefügt, dass freie Träger, ebenso wie Behörden, in ihren Dienstverträgen generell eine Klausel zum Datenschutz haben. Den Zusammenhang von Rechtsberatung und der beratenden Tätigkeit des Vermittlers nannten *Delattre* und *Niederhöfer* einen der „*neuralgischen Punkte*" des Täter-Opfer-Ausgleichs.[575] In der Praxis ist der Vermittler schnell mit zivilrechtlichen Fragestellungen konfrontiert, die hier Grundkenntnisse der geltenden Rechtslage erfordern. Dennoch darf und kann er keine Rechtsberatung durchführen, da es ihm über seine Kenntnisse hinaus am juristischen Fachwissen fehlt. „Wenn man bedenkt, daß von den Betroffenen unweigerlich Fragen an die Vermittler gestellt werden, so wird deutlich, daß hier die Grauzone zur unerlaubten Rechtsberatung beginnt."[576] Rechtsberatung auf dem Gebiet des gewerblichen Rechtsschutzes sowie die Interessensvertretung obliegt nach dem Rechtsberatungsgesetz (RBerG) allein Rechtsanwälten und ist wiederum im § 3 der BRAO geregelt. Nachdem auch noch nach

---

[574] Gesetz zur strafrechtlichen Verankerung des Täter-Opfer-Ausgleichs und zur Veränderung des Gesetzes über Fernmeldeanlagen vom 20.12.1999 BGBl.I, S. 2491
[575] Vgl. Delattre und Niederhöfer, 1995, S. 39-42
[576] Vgl. Bendit, Erler, Nieborg und Schäfer, 2000, S. 159

dem ersten Jahrzehnt der TOA-Fallpraxis an diesem Punkt mehr Unsicherheit als Klarheit vorherrschte, hat die Praxis durch den Versuch einer Differenzierung von Rechtsberatung und Vermittlertätigkeit reagiert:

> „Die Konfliktvermittler oder – berater werden in ihrer Vermittlungstätigkeit nicht gewerblich zum Zwecke der Rechtsberatung tätig, sondern versuchen eine Vermittlung und Annäherung zwischen den Positionen des Täters und des Opfers anzubahnen und abzuschließen. Sie klären insofern nur „nebenbei" oder „anläßlich" der Vermittlungstätigkeit auch über die Rechtslage auf – sofern dies nach ihren Kenntnissen möglich ist und sind deshalb nicht gewerbsmäßig im Bereich der Rechtsberatung tätig."[577]

So kommen auch *Dölling et al.* zu dem Ergebnis, dass die „Erteilung von Rechtsauskünften durch den Vermittler im Rahmen eines TOA"[578] keinen Verstoß gegen das Rechtsberatungsgesetz darstellt und ziehen eine Berechtigung dazu für TOA-Stellen, „die an Körperschaften des öffentlichen Rechts angegliedert sind, aus Art. 1 § 3 Nr.1 RBerG"[579] und für freie Träger „implizit aus Sinn und Zweck des § 46a StGB"[580] jedoch nicht ohne darauf hinzuweisen, dass bei weiterführenden Rechtsfragen die Vermittler eine Rechtsauskunft ablehnen und auf einen Rechtsanwalt verweisen müssen. In den TOA-Standards[581] wird daher explizit darauf hingewiesen, dass die Beteiligten jederzeit darauf aufmerksam gemacht werden sollen, dass sie sich zusätzlich an eine kostenlose Rechtsberatung – etwa wie die, die in den meisten Bürgerämtern angeboten werden – oder einen Rechtsanwalt wenden können. Die Vermittler bemühen sich um einen transparenten Umgang und kooperieren mit den involvierten Rechtsanwälten, sofern ihre allparteiliche Rolle respektiert wird. Wie bereits im Zusammenhang mit dem Datenschutz angedeutet, gehört es zu dem Berufsethos des Vermittlers, das Beratungsgeheimnis zu wahren, ein Zeugnisverweigerungsrecht[582] nach der geltenden Rechtsprechung wird ihm dennoch nicht zuerkannt.[583] In der Praxis ergibt sich daraus die Notwendigkeit, auf diesen Sachverhalt hinzuweisen, besonders in Fällen, in denen auf der Seite des Beschuldigten auf eine Teilnahme an der polizeilichen Vernehmung verzichtet wurde. In Einzelfällen ist es vorgekommen, dass Vermittler durch Staatsanwälte oder Rechtsanwälte nachträglich als Zeugen in der Hauptverhandlung genannt wurden. Vermittler stehen dabei unter dem Druck, zum einen eine vertrauensvolle Gesprächsatmosphäre herstellen zu müssen, ohne jedoch restlos versichern zu können, eventuell hier gewonnene Erkenntnisse nicht preisgeben zu müssen, zum anderen können sie in den Verdacht

---

[577] Vgl. Steffens, 1999, S. 134
[578] Vgl. Dölling et al., 1998, S. 31
[579] Vgl. Dölling et al., 1998, S. 31
[580] Vgl. Dölling et al., 1998, S. 31
[581] Vgl. TOA-Standards, 2006, - 4.5 Rechtliche Rahmenbedingungen S. 21
[582] Vgl. Zeugnisverweigerungsrecht: § 52 StPO
[583] Vgl. Buhlmann, 2005, S. 85 sieht eine Vergleichbarkeit des TOA-Vermittlers mit den zum Zeugnisverweigerungsrecht berufenen Berufsgruppen und begründet damit eine Ausweitung auf eben jene.

geraten, Straftäter zu schützen, wenn sie sich einer Kooperation mit der Justiz verweigern. In der Fallpraxis relativiert sich diese Problematik jedoch, indem mit den Beteiligten nur über einen bereits angezeigten und damit öffentlich gemachten Tatvorwurf gesprochen wird. Sofern der Beschuldigte keine Angaben bei der Polizei zum Tatvorwurf gemacht hat, sollte auf jeden Fall vorab auf das fehlende Aussageverweigerungsrecht des Vermittlers hingewiesen werden. Allgemein berührt dieser Punkt das bereits besprochene Prinzip der Freiwilligkeit, nachdem es im Ermessen der Beteiligten liegt, sich zu öffnen und über die fraglichen Vorfälle und Tatvorwürfe zu sprechen. Zu den Aufgaben des Vermittlers gehört es, hier transparent zu sein, seine Rolle im Strafverfahren zu erklären und das Gespräch auch notfalls zu vertagen, sollte zunächst Rücksprache mit einem Rechtsanwalt gewünscht sein.

2.5 Täter-Opfer-Ausgleich: Zwischen Anspruch und Wirklichkeit – Versuch einer Standortbestimmung

In den ersten beiden Jahrzehnten der Entwicklung des Täter-Opfer-Ausgleichs ging es zunächst darum, ihn in der Praxis zu etablieren, ihn dort zu erproben, die Theorie mit Leben zu füllen und sich den neuen Herausforderungen zu stellen, die eine solche ‚Erprobungsphase' mit sich brachte. Heute in der TOA-Landschaft etablierte Einrichtungen starteten als ‚Modellprojekte', die begierig von der kriminologischen Begleitforschung untersucht wurden. Im Mittelpunkt des Interesses stand die Akzeptanz der ‚neuen Idee' bei den Beteiligten, Opfern wie Tätern, aber auch die Akzeptanz der Verfahrensbeteiligten, wie Richtern und Staatsanwälten sowie die Entwicklung der bundesweiten TOA-Projekte.[584] Basierend auf den ersten positiven Ergebnissen ging es auch darum, den TOA gesetzlich zu verankern und ihm einen normativen- vor allem juristischen Rahmen für die Fallpraxis zu geben (siehe 1.2.4). Weiterhin ging es darum, dass Erreichte zu sichern und sich anhand selbstgewählter Qualitätsstandards (siehe 1.2.5) den eigenen Ansprüchen, aber auch der Kritik der Fachwelt zu stellen, wie etwa in der Positionierung gegenüber der professionalisierten Opferhilfe (siehe 1.3.8.3) und den Interessenvertretern der Mediation (siehe 2.1.2). Die an anderen Stellen dieser Arbeit dargestellte Entwicklung der TOA-Standards, das TOA-Gütesiegel sowie eine intensive Begleitforschung und hunderte von Publikationen zum Täter-Opfer-Ausgleich sprechen für sich. Dennoch, der Gründungsboom ist ebenso dem ‚Praxisalltag' gewichen, wie auch die Zeit, in der der Täter-Opfer-Ausgleich im absoluten Mittelpunkt der kriminologischen Aufmerksamkeit stand. *Walter* skizzierte einen Zeitstrahl von kriminalpolitischen Strömungen und Leitbildern,

---

[584] Vgl. Marks und Rössner, 1990, Übersicht über die Projektentwicklungen in Braunschweig, Köln, München/Landshut, Reutlingen, Tübingen, Bielefeld, Hamburg, Kiel und Lüneburg

wonach die 1960er und 70er geprägt waren durch den Gedanken der Resozialisierung, die 80er durch das Konzept der Diversion, die Spanne von 1985-1995 durch den Gedanken des TOA, der ab 1995 durch die Diskussion zur (kommunalen) Kriminalprävention abgelöst wurde.[585]

Der Täter-Opfer-Ausgleich ist in die Jahre gekommen und muss um die Gunst der Aufmerksamkeit kämpfen, wenn er in Konkurrenz zu immer neuen Themen und Maßnahmen tritt, von denen man sich eine möglichst schnelle und umfassende Bekämpfung der (Jugend)Kriminalität erhofft. Der Täter-Opfer-Ausgleich ist kein Allheilmittel und sollte auch nicht als solches angepriesen werden. Zu groß ist die Gefahr, an überhöhten Ansprüchen gemessen, zu scheitern. Auch mit dem Täter-Opfer-Ausgleich wird es weiterhin das Phänomen der Jugendkriminalität geben und nicht für jeden Geschädigten wird er eine akzeptable und angemessene Hilfe sein, um mit dem Erlebten besser umgehen zu können. Der Mediationsgedanke bereichert und ergänzt das Strafrecht, wird es jedoch nicht ersetzen. In der Euphorie der Entwicklungsphase wurde hier manches Ziel zu hoch gesteckt. So kritisierte *Kaiser* 1991, dass der TOA weder die Gerichte wirksam entlaste noch eine breite Präventionskraft entfalte, jedoch nicht ohne auf seine Vorteile gegenüber dem herkömmlichen Strafverfahren und seine Innovationskraft hinzuweisen.[586] Von überhöhten Ansprüchen befreit und konzentriert auf sein wesentlichstes Anliegen, die Einbeziehung der eigentlichen Beteiligten auf einer stark kommunikativen Ebene, wird die Bedeutung des Täter-Opfer-Ausgleichs und seine Stärke am deutlichsten.

In Theorie und Praxis hat sich der Täter-Opfer-Ausgleich bewährt und kann selbstbewusst auf das bisher Erreichte zurückblicken. Der TOA ist im JGG, StGB und StPO durch mehrere Reformgesetze eingeführt und verankert worden, es gibt ihn beinahe flächendeckend in jedem Bundesland, die Zufriedenheit und Akzeptanz von Opfern und Tätern sind überwiegend positiv und hoch angesiedelt (siehe 1.4.4) und die Einhaltung der Vereinbarungen und materiellen Leistungen sind mehr als positiv zu bezeichnen und sprechen für sich. Die ersten Untersuchungen zur Rückfallforschung geben berechtigten Anlass, dass ein TOA positive Auswirkungen auf die Legalbewährung hat und positive Lerneffekte anstoßen kann (siehe 1.4.1 und 1.4.2).

Der Täter-Opfer-Ausgleich ist politisch gewollt und erfährt sowohl im ersten als auch im zweiten Periodischen Sicherheitsbericht der Bundesregierung eine positive Wertschätzung und Unterstützung.[587] Dort heißt es: „Die Bundesregierung bewertet den Täter-Opfer-Ausgleich (TOA) als ausgesprochen wichtiges Instrument zur autonomen Konfliktlösung zwischen Opfer und Täter und zur Wiederherstellung des

---

[585] Vgl. Walter, 1999, S. 27ff.
[586] Vgl. Kaiser, 1991, S. 49 in Lamnek, 2008, S. 368, siehe dazu auch Kaiser 1995, S. 49
[587] Vgl. 2. Periodischer Sicherheitsbericht, 2006, S. 589-595 siehe auch S. 660

Rechtsfriedens. Er ist aus dem heutigen strafrechtlichen Sanktionssystem nicht mehr wegzudenken."[588] Je nach politischer Ausrichtung können sowohl Konservative, Liberale und Linke dem Täter-Opfer-Ausgleich etwas abgewinnen, wenn auch von sehr unterschiedlichen Ausgangspunkten aus.[589] Sei es die Stärkung der Interessen der Opfer als Alternative zum sanktionsorientierten Verfahren oder als Hilfsangebot für Opfer und Täter, die unterschiedlicher Unterstützung bedürfen.

2.5.1 Die Diskrepanz zwischen zugewiesenem und vermutetem Fallpotenzial

Der Täter-Opfer-Ausgleich hat sich zu einem festen – wenn auch keinem zentralen – Bestandteil der Kriminalitätsbearbeitung in der Bundesrepublik entwickelt.[590] In Punkto Quantität zeigt sich ein ernüchterndes Bild. Auch wenn in einzelnen Bundesländern der Täter-Opfer-Ausgleich stärker angeregt wird als andernorts, so kann dennoch festgestellt werden, das das Potenzial des Täter-Opfer-Ausgleichs nicht ausgeschöpft wurde und wird. Eine Vielzahl von Schätzungen und Untersuchungen anhand von Aktenanalysen haben zum Ergebnis, dass es eine deutliche Diskrepanz gibt zwischen dem, was zugewiesen wird und dem, was zahlenmäßig möglich wäre. *Schreckling* benannte, dass nach Aktenanalysen 3-10 % der anklagefähigen Verfahren zum TOA gelangen, in Jugendstrafsachen aber eher 15-30 % für einen Täter-Opfer-Ausgleich in Frage kommen würden.[591] *Puderbach* schätzte mit Bezug auf eine, wenn auch unvollständige, Statistik der Staatsanwaltschaft aus dem Jahr 1998, dass es eine TOA-Quote von gerade mal 0,87 % gibt, indem er die anklagefähigen Verfahren aus dem Jahr 1998 in ein Verhältnis mit geschätzten TOA-Zahlen aus dem Jahr 2000 setzte.[592] Differenzierter sind Untersuchungen zu regionalen Gerichtsbezirken, wie etwa die von *Kuhn* aufgrund der Akten der Staatsanwaltschaft/Jugendgerichtshilfe Reutlingen aus den Jahren 1985 und 1986[593] sowie die Untersuchungen von *Bilsky* und *Pfeiffer* für die Staatsanwaltschaft/Jugendgerichtshilfe Braunschweig für das Jahr 1988[594] und die Untersuchung von *Wandrey* für den Bereich der Staatsanwaltschaft/Jugendgerichtshilfe Reutlingen aus dem Jahr 1990,[595] die zwar nicht direkt miteinander vergleichbar sind, jedoch im Ergebnis die Differenz als Trend aufzeigen. Zusammenfassend wird im zweiten Periodischen Sicherheitsbericht der Bun-

---
[588] Antwort der Bundesregierung auf die große Anfrage Bündnis 90/Grüne „Jugendliche in Deutschland: Perspektiven durch Zugänge, Teilhabe und Generationsgerechtigkeit" Bundesdrucksache 16/4818 Frage 186, S. 161f.
[589] Vgl. Lamnek, 2008, S. 355
[590] Vgl. Lutz, 2011, S. 409
[591] Vgl. Schreckling, 1995, S. 244
[592] Vgl. Puderbach, 2005, S. 7
[593] Vgl. Kuhn 1989b, S. 92ff., für das Land Niedersachsen im Jahr 2001 siehe auch die Rechnung von Finger, der ebenfalls eine deutliche Diskrepanz zwischen vermutetem, vorhandenem und zugewiesenem Fallpotenzial feststellt. Vgl. Finger, 2002, S. 20
[594] Vgl. Bilsky und Pfeiffer, S. 505ff.
[595] Vgl. Wandrey 1993, S. 183ff.

desregierung dieser Sachverhalt klar benannt. Sowohl im allgemeinen Strafrecht als auch im Jugendstrafrecht geht man von Schätzungen im einstelligen Prozentbereich dessen aus, was tatsächlich zum TOA gelangt anstelle der 20 % der vorhandenen und anklagefähigen Fälle, die für den TOA geeignet wären.[596]

Wie viel geeignete Verfahren bundesweit vorhanden wären ist ebenso eine offene Frage wie die Tatsache, wie viel Täter-Opfer-Ausgleich tatsächlich durchgeführt wird. Wie bereits im Abschnitt über die bundesweite TOA-Statistik beschrieben, wird auch dort trotz aller Bemühungen nur ein Teil der Wirklichkeit erfasst und in Zahlen wiedergegeben, wenn es um die Entwicklung und damit auch die Fallzahlen geht. Zu groß sind die Zeitabstände zwischen Erhebung und Veröffentlichung, um einen aktuellen und vor allem jährlichen Überblick über die Entwicklung der Fallzahlen zu gewährleisten. Die Anzahl der teilnehmenden Projekte schwankt zwischen gerade mal 12 Projekten (niedrigster Wert 2007) und 66 Projekten (höchster Wert 1997).[597] In der zuletzt veröffentlichten Rückschau für den Zeitraum 2011 und 2012 sind es 42 bzw. 45 Projekte.[598] Auch dominieren in manchen Jahren einzelne Bundesländer stark, andere wiederum fehlen völlig.

2.5.2 Bereicherung oder Fremdkörper? – Das ambivalente Verhältnis von TOA und Justiz

Durch die Verortung des Täter-Opfer-Ausgleichs im Strafrechtssystem wurde das Verhältnis von Justiz zum TOA zu einem neuralgischen Punkt, wenn nicht *dem ausschlaggebenden Punkt* in der bisherigen Entwicklung des Täter-Opfer-Ausgleichs, wenn es um den zahlenmäßigen Erfolg des Täter-Opfer-Ausgleichs geht. Die Staatsanwaltschaft ist, betrachtet man die bundesweite TOA-Statistik, von Anbeginn an die größte Gruppe der Fallanreger – ohne sie gäbe es keinen TOA. Gleichzeitig sind im Verhältnis zur Justiz auch die größten Hemmnisse zu suchen (und zu finden), wenn es um die Frage geht, warum sich der Täter-Opfer-Ausgleich nicht über eine eher marginal zu nennende Größe im Strafrechtssystem oder gar als Alternative zu diesem entwickelt hat. Der Hinweis im § 155a StPO, dass der Versuch eines Täter-Opfer-Ausgleichs durch die am Verfahren beteiligten Juristen in jedem Stadium des Verfahrens zu prüfen sei – also demnach Ermessenssache ist -, macht auch deutlich, wie sehr es auf das Wissen um den Täter-Opfer-Ausgleich, mehr noch, auf die persönliche Einstellung ankommt. *Hartmann* schlussfolgerte dazu am Ende ihrer

---
[596] Vgl. 2. Periodischer Sicherheitsbericht, 2006, S. 563f. mit direktem Bezug auf die Arbeiten von Wandrey und Weitekamp, 1998, S. 142f.
[597] Vgl. Kerner, Eikens und Hartmann, 2011, S. 6. Im Vergleich dazu stehen die rund 350-400 TOA-Fachstellen, in denen bundesweit der TOA durchgeführt wird.
[598] Vgl. Hartmann, Haas, Eikens und Kerner, 2014, S. 7

Untersuchung zum Verhältnis von Staatsanwaltschaft zum Täter-Opfer-Ausgleich (im allgemeinen Strafrecht) im direkten Bezug auf die Äußerungen von *Sessar,*[599] dass Konzepte wie Wiedergutmachung, Individualprävention und Resozialisierung es immer noch schwer haben, sich im Denken und Handeln von Strafjuristen zu behaupten, auch wenn sich diese auf kriminologische Befunde stützen können:

> „Sessar erklärt damit einen von ihm festgestellten Konservativismus gegenüber neuen Reaktionsformen, wie den Täter-Opfer-Ausgleich, der mit dem überkommenden Strafkonzept nicht oder kaum vereinbar ist. (...) „Für ihn ist es daher kein Wunder, daß folglich ein Konzept wie das des Täter-Opfer-Ausgleichs nicht nur schwer in die Praxis der Strafjuristen zu integrieren ist, sondern gar als Fremdkörper im System empfunden und entsprechend behandelt wird."[600]

Eine weitere Diskrepanz wird in der Bewertung des Täter-Opfer-Ausgleichs im Verhältnis zur juristischen Alltagspraxis deutlich. *Kurze* befragte 1997 im Rahmen einer bundesweiten Untersuchung Staatsanwälte und Strafrichter zu ihrer Einstellung zum Täter-Opfer-Ausgleich. Durchweg als positiv bewertet wurden hierbei die Stärkung der Opferinteressen, die Erreichung des Rechtsfriedens sowie eine bessere Tatverarbeitung für die Geschädigten. Zurückhaltend bewertet wurde die Zurückdrängung der Strafe auf Täterseite. Die realen Zahlen der Fallzuweisungen standen jedoch im Widerspruch zu den positiven Eigenschaften, die man dem TOA zuschrieb. Etwa 97 % der Strafrichter und 89 % der Staatsanwälte hatten im Jahr vor der Befragung *keinen einzigen* TOA – Auftrag an die Jugendgerichtshilfe gegeben. Im Vergleich zu den in Auftrag gegebenen Fällen ergaben sich daraus ein Durchschnittswert von 0,2 % für die Amtsrichter und ein Wert von 0,97 % für die Staatsanwälte.[601]

Diese Diskrepanz setzt sich auch fort in der Gruppe der Rechtsanwälte. In der Befragung von *Walter et al.* von Rechtsanwälten aus dem Jahre 1999 in Bezug auf Einschätzung, Wissen, Skepsis und Nutzen des Täter-Opfer-Ausgleichs befürworten 86,8 % (N=760) die allgemeinen Grundideen des Täter-Opfer-Ausgleichs.[602] Gleichzeitig nimmt das Fachwissen über den Täter-Opfer-Ausgleich ab, sofern die befragten Anwälte ihren Tätigkeitsschwerpunkt nicht im Strafrecht haben, und auch in dieser Gruppe beträgt der Anteil der „gut informierten" zwischen 40 und 50 %.[603] Aus der befragten Gruppe gaben gerade mal 5,2 % (N=54) an, TOA-Erfahrung in der Praxis zu besitzen und die Hälfte davon gab an, dass sie aktiv als Interessenvertreter von Tätern und Opfern in den letzten beiden Jahren um den Befragungszeitraum

---
[599] Vgl. Hartmann, 1998, S. 213 in Bezug auf Sessar, 1992, S. 204ff.
[600] Hartmann, 1998, S. 213 in Bezug auf Sessar, 1992, S. 205
[601] Vgl. Rössner, 2000, S. 27 in Bezug auf Kurze, 1997
[602] Vgl. Walter et al., 1999, S. 130
[603] Vgl. Walter et al., 1999, S. 130

herum an bis zu max. drei Verfahren mit TOA-Beteiligung mitgewirkt hatten.[604] Auch dort, wo man den Täter-Opfer-Ausgleich, zumeist im Hinblick auf die Stärkung der Opferinteressen, als positiv bewertet, lässt sich dadurch nicht automatisch eine Veränderung der juristischen Alltagspraxis ableiten, eher das Gegenteil scheint der Fall. *Viehmann* beklagt in seinen Schriften und Reden zum Täter-Opfer-Ausgleich den von ihm so empfundenen Verlust der Fachlichkeit innerhalb seiner eigenen Berufsgruppe - der Juristen - den Mangel an Interesse und Kenntnissen in der Referendarausbildung „in den Komplementärdisziplinen Pädagogik, Kriminologie, Soziologie, Psychologie, Psychiatrie und Jugendhilferecht."[605] Hinter der zögerlichen Anwendung des Täter-Opfer-Ausgleichs sieht er den Mangel an Mut und Erfahrung, das Fehlen von Kenntnissen und Souveränität, um sich gegen ein in Jahrzehnten verfestigtes Bewusstsein von Straf-Juristen und Normalbürgern durchzusetzen, wie nach ehernem Muster auf Vergehen und Verbrechen zu reagieren ist.[606] *Schädler* kritisiert an anderer Stelle, dass die Rolle des TOA in den einschlägigen Kommentaren zum StGB oftmals so dargestellt wird, dass sie kaum Staatsanwälte ermutigen dürften, sich mit dieser Maßnahme zu befassen.[607]

Lindner stellte in seiner Befragung von Staatsanwälten unter anderem fest, dass auch organisatorische Probleme und das interne Klima innerhalb von Abteilungen eine wesentliche Rolle spielen. In Form von Experteninterviews befragte er Staatsanwälte aus zwei unterschiedlichen Staatsanwaltschaften (wobei die Orte aufgrund der Anonymität nicht genannt werden) zu ihren Einstellungen, aber auch internen Motivationen oder Hemmnissen, einen TOA anzuregen oder eben nicht anzuregen. Die „schnelle Erledigung" durch eine Anklage erscheint vielfach effizienter und unproblematischer, anstatt eine TOA-Zuweisung zu riskieren, bei dem der Ausgang ungewiss ist und dies mit zusätzlicher Arbeit verbunden sein kann, weil man die Akte mehrmals zur Bearbeitung in die Hand nehmen muss.[608] Auch in Verfahren, in denen der TOA nach Ermessen des Dezernenten durchaus geeignet wäre, können arbeitsorganisatorische Überlegungen den entscheidenden Ausschlag geben.[609] In einer hierarchisch gegliederten Behörde kann es von entscheidender Bedeutung sein, wie das „interne Klima im Hause" im Hinblick auf einen Täter-Opfer-Ausgleich ist. „Das heißt, daß sich ein Dezernent einer TOA protegierenden Leitung auf Dauer nicht entziehen kann. Ebenso wie eine Behördenleitung, die den Täter-Opfer-Ausgleich nicht

---

[604] Vgl. Walter et al., 1999, S. 135. Ein bisher wenig beforschtes Hemmnis, sich mit dem Thema TOA zu befassen könnte in der Art liegen, unter welchen Voraussetzungen zum Beispiel Pflichtverteidiger den TOA, für den es eine Passage in der anwaltlichen Gebührenordnung gibt, finanziell entlohnt bekommen. Zählt hier bereits die Bereitschaft des Mandanten und ein Vorgespräch in einer TOA-Fachstelle, oder nur die gemeinsame Begegnung von Täter und Opfer im Beisein des Rechtsvertreters?
Gegen eine zu enge Auslegung siehe dazu Burhoff: http://www.iww.de/index.cfm?pid=1314&pk=134571&spid=1290&spk=1288&sfk=44 (Download vom 30.06.2015)
[605] Viehmann, 2004, S. 157
[606] Vgl. Viehmann, 2009, S. 10
[607] Vgl. Schädler, 2014, S. 17f.
[608] Vgl. zum Thema Pensenschlüssel, Restelisten und Verfahrensdauer siehe auch Hirmer, 1994, S. 216-218
[609] Vgl. Lindner, 1997, S. 37f.

unterstützt, kaum Dezernenten dazu veranlassen wird, den TOA umfangreich anzuwenden."⁶¹⁰ Die von *Lindner* untersuchten zwei Staatsanwaltschaften regten den TOA regelmäßig bzw. selten an. Eine positive Wertschätzung und konkrete Förderung des Täter-Opfer-Ausgleichs war dort auszumachen, wo der TOA in der Praxis angewandt wurde. Fehlende Unterstützung durch die Leitung wurde in der zweiten Staatsanwaltschaft als stumme Kritik am TOA gewertet mit dem Ergebnis, dass dieser auch kaum gefördert wurde. *Lindner* interpretierte dies so, dass man dort, wo man von Seiten der Behördenleitung nicht offiziell gegen einen TOA Stellung beziehen kann – denn dieser steht im Gesetz – dies subtil durch seine Nichtförderung zum Ausdruck bringt.⁶¹¹

Eine Untersuchung zur Akzeptanz des Täter-Opfer-Ausgleichs bei der Staatsanwaltschaft für das Land Berlin stammt von *Schimmel* aus den ersten Jahren des Täter-Opfer-Ausgleichs in Berlin. Von den 17 interviewten Staatsanwälten ging eine „breite Zustimmung"⁶¹² aus, was vorab so von der Autorin nicht erwartet wurde, so dass sie die Möglichkeit „sozial erwünschter Antworten bei der positiven Einstellung der Dezernenten in Betracht" (...) zog.⁶¹³ Grund dafür war die (für das Erhebungsjahr 1994) Einschätzung der Dezernenten, dass es nicht mehr geeignete Verfahren gebe, basierend auf einer eher „konservativen" und eher am Diversionsgedanken orientierten Anregungspraxis, wohingegen *Schimmel* anhand von Aktenanalysen, bei den wegen Körperverletzung Angeklagten, aufgrund der formalen Kriterien⁶¹⁴ Potenzial von 57,1 % der Verfahren ausmachte. Im untersuchten Jahr wurden insgesamt 239 Verfahren mit 456 Beschuldigten zum Täter-Opfer-Ausgleich der Integrationshilfe zugewiesen, wovon in der Regel knapp die Hälfte auf die Zuweisungen durch die Staatsanwaltschaft zurückzuführen ist. Auch wenn man berücksichtigt, dass das TOA-Projekt in Berlin damals erst seit knapp vier Jahren aktiv war, ist dies ein marginal zu nennender Anteil im Vergleich zu der Gesamtheit der geführten Verfahren. *Schimmel* kam zu dem Fazit, dass einer häufigeren Anregung zum Täter-Opfer-Ausgleich von Seiten der Staatsanwaltschaft entweder eine eingeschränkte Sichtweise der Dezernenten entgegenstünde oder aber einschränkende behördeninterne Handlungsnormen, „nicht jedoch eine mangelnde Anzahl von Verfahren, die nach formalen Kriterien für einen Täter-Opfer-Ausgleich geeignet wären."⁶¹⁵

Nach wie vor ist die Zuweisungspraxis stark geprägt vom Engagement Einzelner und somit eher zufällig und schwer planbar. Die persönliche Einstellung eines Behördenleiters kann entscheidend sein. Die Pensionierung einer dem TOA-Gedanken zugeneigten Jugendrichterin, eine Elternzeit der zuständigen Jugendge-

---

[610] Lindner, 1997, S. 39
[611] Vgl. Lindner, 1997, S. 41
[612] Schimmel, 2000, S. 63
[613] Schimmel, 2000, S. 63
[614] Als formale Kriterien für die Eignung zum TOA gelten: ein klarer Sachverhalt, keine Bagatelle, ein persönlich betroffenes Opfer.
[615] Schimmel, 1999, S. 259 – Zusammenfassung und Ergebnisse S. 255-259

richtshelferin oder die Versetzung eines motivierten Jugendstaatsanwaltes in eine andere Abteilung können sich bereits merklich auf die Falleingänge in den TOA-Projekten auswirken und haben langfristig Auswirkungen auf die Stellenfinanzierung der Mitarbeiter.[616] In der Befragung von TOA-Vermittlern zu ihrer Arbeitspraxis von *Kerner* und *Weitekamp* nennen die hier Befragten im Hinblick auf benötigte Hilfestellungen für eine fachgerechte Durchführung des Täter-Opfer-Ausgleichs auf den Rängen 1-3: 1) eine gesicherte Projektfinanzierung, 2) die vermehrte Fallzuweisung aufgrund einer besseren Fallausschöpfung geeigneter Fälle durch die Justiz sowie auf Platz 3) eine verbesserte Bewertung des TOA innerhalb des justiziellen Pensenschlüssels.[617] Eine interne Auswertung[618] der personenbezogenen Fallzuweisungen für die Jahre 2009 und 2010 ergab für den Täter-Opfer-Ausgleich der Integrationshilfe EJF in Berlin, dass 2009 nur ein Staatsanwalt im zweistelligen Bereich Verfahren zum TOA angeregt hatte, im folgenden Jahr waren es gerade mal zwei Staatsanwälte, dicht gefolgt von einer kleinen Gruppe die mehr als fünf und weniger als zehn Verfahren zum TOA angeregt hatten (2009=10 Staatsanwälte und 2010=6 Staatsanwälte). Ein bis max. fünf Verfahren hatten im Jahr 2009 31 Staatsanwälte angeregt, 2010 taten dies 38 Staatsanwälte, so dass man sagen kann, dass von den 58 Ju-Dezernenten mehr als die Hälfte ein Mal und mehr pro Jahr an eine TOA-Anregung gedacht haben, die Mehrheit aber in einem sehr geringen Ausmaß.

Im Bereich der Jugendgerichtshilfen zeichnet sich ein ähnliches Bild ab, hier sind es ebenfalls gerade mal 5 (2009) bzw. 2 (2010) Jugendgerichtshelfer gewesen, die im zweistelligen Bereich Verfahren zum TOA angeregt hatten, sei es nun auf der Ebene des polizeilichen Schlussberichts oder im Vorfeld der Gerichtsverhandlung auf der Ebene der Anklageschrift. Verfolgt man dies in den Bereich der Berliner Richterschaft, so findet man hier kaum einzelne Richter, die im besagten Jahr mehr als fünf Verfahren zum TOA angeregt haben, nämlich 2 (2009) und 4 (2010). Hierzu ist allerdings anzumerken, dass dies (auch) damit zusammenhängt, dass die jeweilige JGH im Vorfeld auf geeignete Verfahren hingewiesen haben kann. Vor dem Hintergrund der gut 58 Ju-Dezernenten der Staatsanwaltschaft, der rund 40 Jugendrichter und ca. 100 Jugendgerichtshelfer der Berliner Bezirke kann man feststellen, dass, personelle Fluktuation berücksichtigt, es max. 20-25 Personen aus dem Bereichen Justiz und Jugendamt sind, die in Berlin die Fallzahlen des Täter-Opfer-Ausgleichs beeinflussen und fördern.

---

[616] Vgl. dazu Analysen und Erfahrungen aus den Bundesländern im TOA-Infodienst Nr. 42: Für Berlin Jacob, 2011, S. 10ff., für Schleswig-Holstein Blaser und Stibbe, S. 45 und anderen Ortes für Bremen Winter und Matt, 2012, S. 73ff.
[617] Kerner und Weitekamp, 2013. S. 53
[618] Vgl. Jacob, 2011, S. 13. Anmerkung: Die interne Auswertung basiert auf der Abfrage der Datenbank des TOA-Projektes nach Zuweisung und Namen, für das Jahr 2009 und 2010. Zu den Zahlen muss angemerkt werden, dass es sich dabei nicht um absolute Zahlen handelt, da durch unterschiedliche Eingaben bei der Fallannahme eine gewisse Fehlerquelle vorhanden ist, z.B. wenn ein Fall auf der Ebene des polizeilichen Schlussberichtes von der JGH angeregt wird, gleichzeitig eine Anregung durch die Staatsanwaltschaft erfolgt.

Auch in anderen Regionen kann das Phänomen der sehr individuellen Zuweisungspraxis beobachtet werden. Mit Bezug auf den TOA in Bremen stellen *Winter* und *Matt* fest, dass es auch hier starke Zuweisungsschwankungen gibt, ebenso wie ein sehr unterschiedliches, individuelles Zuweisungsverhalten bei Staatsanwälten und Richtern. Für den Zeitraum 2002-2011 wiesen von den 32 Jugendrichterinnen und Jugendrichtern des Amtsgerichtsbezirkes Bremen (im besagten Zeitraum) vier Personen zwischen 5 und 15 TOA-Akten an das dortige Projekt, andere wählten diesen Weg im Zeitraum von 10 Jahren gerade mal drei Mal. Für den Bereich der Staatsanwaltschaft konstatiert *Winter*, dass die Chance auf einen TOA stark abhängig ist vom Anfangsbuchstaben des Beschuldigten, da dieser darüber entscheidet, bei welchem Staatsanwalt das Verfahren geführt wird.[619]

2.5.3 Täter-Opfer-Ausgleich und Restorative Justice

Trotz seiner bisher noch vergleichsweise geringen Anwendung, ist der Gedanke der Konfliktschlichtung im gegenwärtigen Recht angekommen. Neben dem Täter-Opfer-Ausgleich im Jugend- und Erwachsenenstrafrecht findet der Gedanke der Mediation im Familienrecht, bei Nachbarschaftsstreitigkeiten, im Arbeits- und Wirtschaftsrecht, im Scheidungsrecht, dem Umweltrecht sowie bei Interessenkonflikten im öffentlichen Raum Verbreitung und Anwendung. Auf dem Markt der Fortbildungen gibt es jede Menge Angebote der Aus-und Weiterbildung im Bereich der Mediation mit recht unterschiedlichen Schwerpunkten, aber auch unterschiedlicher Qualität und Intensität. Auch über die Bereiche eines juristischen Rahmens hinaus etablierte sich der Mediationsgedanke, wie etwa in der Ausbildung von Schülern zu Konfliktlotsen, die unter ihren Mitschülern vermitteln, oder der Ausbildung von Lehrern und Schulsozialarbeitern, die im System der Schulen als Vermittler in Konfliktfällen ansprechbar sind.

Das Konzept der Konfliktschlichtung ist dabei eingebunden in einen länderübergreifenden theoretischen Überbau der sogenannten *Restorative Justice,* eine Bewegung in Theorie und Praxis, die auf eine größere Teilhabe der Beteiligten bei der Beilegung eines Konfliktes, die der Verlagerung auf eine außergerichtliche Ebene sowie auf einen Vorrang von Wiedergutmachung vor Strafe abzielt. *Restorative Justice*, ein Begriff der sich nicht 1:1 in das Deutsche übersetzen lässt, da das englische Wort *Justice* kontextabhängig mal Gerechtigkeit mal Justiz bedeutet, beschreibt hierbei ein übergeordnetes Konzept einer ausgleichenden, wiederherstellenden Gerechtigkeit oder die Wiederherstellung einer auf Rechtsfrieden abzielenden Justiz. Die Diskussion, was alles unter dem Begriff von Restorative Justice firmiert, welche Standards notwendig sind und wo die Grenzen liegen und welche Rolle unter ande-

---

[619] Vgl. Winter und Matt, 2012, S. 73ff.

rem der Präventionsgedanke im Konzept der Restorative Justice spielt, ist nach wie vor im Gange und nicht abgeschlossen.[620] Auch wenn der Aspekt der Wiedergutmachung eine zentrale Rolle spielt in den Konzepten von Täter-Opfer-Ausgleich und Tat-Ausgleich (der österreichischen Variante des TOA), so geht der Ansatz von *Restorative Justice* dabei weit über die bloße Kompensation des Schadens hinaus. Anders als im Strafverfahren richtet sich das Augenmerk mehr auf die verursachten Schäden und das Opfer, anstatt auf die gebrochenen Regeln. *Restorative Justice* bewertet ein Verbrechen in erster Linie als eine Verletzung von Menschen und Beziehungen, statt als Verletzung des Rechts und des Staates. Aus den Verletzungen, seien sie nun körperlich, seelisch oder materiell, erwächst für den Verursacher die Verantwortung und die Verpflichtung zur Wiedergutmachung. In der praktischen Umsetzung sollen die Beteiligten selbst oder unter Mithilfe eines vermittelnden Dritten eine Lösung finden auf dem Weg zu einer Wiedergutmachung, einer Versöhnung und der Wiederherstellung des sozialen Friedens.[621]

Lutz spricht von der Abgrenzung des Paradigmas des Restorative Justice Gedankens vom Anliegen des klassischen Strafverfahrens.[622] Stark abolitionistisch orientierte Vertreter der Restorative Justice Bewegung fordern die Trennung bzw. die letztendliche Ablösung des klassischen Strafrechtssystems durch den Restorative Justice Gedanken. *Zehr*, der in der einschlägigen Literatur als der *Großvater* der Restorative Justice Bewegung bezeichnet wird und dessen Arbeit „als theoretische Schlüsselinterpretation einer Restorative Justice betrachtet werden"[623] kann, distanziert sich von seinen früheren Veröffentlichungen, in denen er eine klarere Trennung beider Ansätze gefordert hatte, da eine weitere Polarisierung eher zu Missverständnissen führen würde, und betont die vergleichbare Ausgangslage:

> „Beide, strafende und restaurative Gerechtigkeit, gehen von der grundsätzlichen moralischen Einsicht aus, dass durch ein Vergehen ein Gleichgewicht gestört wurde. Daher muss das Opfer etwas erhalten, der Täter schuldet etwas. Beide Ansätze gehen davon aus, dass es eine Verhältnismäßigkeit zwischen der Tat und der Reaktion geben muss. Doch sie unterscheidet sich im Blick auf die Mittel, die diese Verpflichtung erfüllen und das Gleichgewicht wieder herstellen sollen. In der Straftheorie geht

---

[620] Ein guter Überblick über den international geführten Stand der Diskussion findet sich bei Sautner, 2010, S. 65ff. Zur Entwicklung von Restorative Justice unter besonderer Berücksichtigung des TOA siehe auch Trenczek, 2014, S. 193ff.
[621] Der Großteil der Literatur zu Restorative Justice ist in englischer Sprache verfasst. Einen guten Überblick gibt die hier als Quelle angegebene Übersetzung des Buches *The Little Book of Restorative Justice*, 2002 von Howard Zehr mit den hier enthaltenen grundlegenden Prinzipien der restaurativen Gerechtigkeit nach Zehr und Mika, S. 83ff. Aus Platzgründen und im Hinblick auf den eigenen Schwerpunkt der Arbeit soll darauf verzichtet werden, Restorative Justice in allen Facetten darzustellen und zu diskutieren, jedoch sei auf die deutschsprachigen Arbeiten von Matt, 2002 und Sautner, 2010, verwiesen sowie die Beiträge von Christie, 1977, Zehr 1990, Braithwaite and Strange, 2000, Sullivan und Tifft, 2006
[622] Vgl. Lutz, 2010, S. 406
[623] Sautner, 2010, S. 64

man davon aus, dass Leiden diese rehabilitierende Wirkung haben. Doch in der Praxis erweist es sich oft als kontraproduktiv für die Opfer."[624]

Zehr spricht sich daher auch nicht für einen vollständigen Ersatz des Strafrechts aus, eher für eine Verschiebung der Perspektive auf die Belange der Opfer und betont die unverzichtbaren Errungenschaften des Rechts: „Wir dürfen auch die besten Seiten unseres Rechtssystems nicht verlieren: die Herrschaft des Rechts, rechtmäßige Gerichtsverfahren, eine große Hochachtung vor den Menschenrechten und die sorgfältige Entwicklung des Rechts."[625] Der Gedanke der Resozialisierung des Täters ist ein weiteres Element, welches beiden Ansätzen innewohnt, jedoch mit einer stärkeren Verknüpfung mit den Opferbelangen im Ansatz von Restorative Justice.

Im deutschsprachigen Raum zeigt sich der Restorative Justice Gedanke in seiner praktischen Umsetzung überwiegend im Sinne des Täter-Opfer-Ausgleichs oder des österreichischen Tat-Ausgleichs.[626] Erste Ansätze der im englischsprachigen Raum bereits weiter verbreiteten sogenannte „family group conferences", „reintegration ceremonies" und „restorative circles" befinden sich hier meist noch im Stadium von Modellprojekten.[627] Während beim TOA oder der amerikanischen Variante von Täter-Opfer-Konferenzen oder Victim-Offender-Mediation die Konzentration auf der direkten Ebene zwischen Täter und Opfer als Hauptbeteiligte im Konflikt liegt, wird bei den anderen Konzepten der Kreis der direkt am Konflikt Betroffenen geöffnet und erweitert um Eltern, Freunde, Nachbarn, Verwandte, Staatsbedienstete, etc. die bei der Suche nach der Ursache des Konfliktes und erst dann bei der Suche nach einer gemeinsamen Lösung einbezogen werden,[628] was wiederum vielfach auf traditionelle Wurzeln einzelner Kulturen und Gesellschaften zurück zu führen ist.[629] Durch die Konfliktschlichtung sollen Opfer wie Täter aber auch die Gesellschaft als Ganzes Heilung erfahren. Trotz Leitlinien und Kerngedanken einer Restorative Justice ist diese „durch ihren Reichtum an unterschiedlichen Verfahren gekennzeichnet, die innerhalb der staatlichen Strafrechtspflege angesiedelt oder doch mit dieser vernetzt sind. Als zentrale Elemente der meisten restorativen Verfahren könnte die Begeg-

---

[624] Zehr, 2010, S. 76
[625] Zehr, 2010, S. 77
[626] Matt, der sich intensiv mit den Parallelen von TOA und Restorative Justice Projekten beschäftigte merkte an, dass die Einbeziehung der Gesellschaft in den TOA „mit seiner Triade von Täter, Opfer und neutralem Mediator" nur begrenzt möglich sei, so dass eine Rückmeldung an die Gemeinschaft fehle und mehr Privatsache sei. Vgl. Matt, 2002, S. 195 (Anmerkung O.J.: Vor dem Hintergrund dieses Gedankens sollte über ein Pendant zu den Degradierungszeremonien, quasi als Reintegrationszeremonien nachgedacht werden.
[627] Zu Erfahrungen bei Gemeinschaftskonferenzen im Kontext des JGG, siehe auch Blaser, Dauven-Samuels, Hagemann und Sottorff, 2008, S. 26ff.
[628] Zu seinen positiven Erfahrungen mit Restorative Circles in den Favelas von Rio de Janeiro siehe auch Barter, 2011 S. 11ff., Zum Verhältnis von Restorative Justice und TOA siehe auch Winter, 2004, S. 15ff., Domening 2011, S. 1ff. und auch Pelikan, 2012, S. 19ff.
[629] Bei den Navajo Indianern Nordamerikas, in Kulturen Afrikas oder den Maori aus Neuseeland sowie in vielen anderen Kulturen existieren Formen der durch die Gemeinschaft begleiteten Konfliktschlichtung. Die Traditionen der Maori wurden weitgehend in das Neuseeländische Jugendstrafrecht integriert.

nung von Opfer und Täter (...) sowie die Vermittlung durch eine unparteiliche dritte Person bezeichnet werden."[630]

Das Konzept des Täter-Opfer-Ausgleichs ist eng verzahnt mit dem Grundgedanken einer Restorative Justice: eine stärkere Teilhabe beider Seiten auf der Suche nach Lösungen, Heilung und Rückführung in die Gesellschaft, ein Appell an den Täter, Verantwortung zu übernehmen und ein Geschädigter, der durch die Gesellschaft Hilfe erfährt und selbst entscheiden kann, wie weit er sich auf eine Wiedergutmachung und ein persönliches Gespräch einlassen will. Im Vorwort zu der 6. Auflage der TOA-Standards verweisen die Autoren darauf, dass der Geschädigte den mediativen Prozess jederzeit auch beenden kann[631] und das dort, wo sich der Geschädigte eine persönliche Begegnung mit dem Täter nicht zutraut, auch übermittelte, d.h. indirekte Formen des Ausgleichs möglich sind.[632] Der Entstehungsprozess um die Ausgestaltung und Erweiterung von Restorative Justice und TOA ist bei weitem noch nicht abgeschlossen. Nicht jede Straftat und nicht jede Täter-Opfer-Konstellation ist geeignet für Gespräche zwischen Opfer und Täter. Nimmt man jedoch den Grundgedanken von TOA und Restorative Justice ernst, so wird deutlich, dass es im Kern um das geht, was für die Beteiligten wichtig und vorstellbar ist und weniger um Normen, Strafen oder das, was Außenstehende davon halten mögen.

2.5.4 Zuweisungs- und Anregungspraxis auf breiter Basis – über die Notwendigkeit eines Perspektivwechsels

Auch nach mehr als drei Jahrzehnten in Theorie und Praxis steht der Täter-Opfer-Ausgleich gleichermaßen vor altbekannten wie neuen Herausforderungen. Zahlenmäßig steht der Täter-Opfer-Ausgleich in seiner praktischen Anwendung weit hinter dem zurück, was tatsächlich möglich wäre. Trotz positiver Forschungsergebnisse, vielfacher Publikationen und auch guter Zusammenarbeit auf regionalen Ebenen zwischen TOA-Fachstellen und ‚ihren Staatsanwälten', stößt er in weiten Kreisen der Justiz noch immer auf Unwissen, wird höflich ignoriert oder abgelehnt, so dass dadurch seine eher marginale Rolle im Strafrechtssystem zu erklären ist, wie auch die Diskrepanz zwischen oftmals geäußertem Wohlwollen und praktischem Anregungsverhalten. Hier treffen ein Image- und ein Akzeptanzproblem aufeinander, welches sich wohl nie restlos auflösen wird, da nicht zu erwarten ist, dass der TOA in den Mittelpunkt strafjuristischer Überlegungen und Ausbildung rücken wird. Zahlenmäßig

---

[630] Sautner, 2010, S. 94
[631] Vgl. TOA-Standards, 6. überarbeitete Auflage, 2009, so auch Zehr und Mika in ihren Grundlegenden Prinzipien der restorativen Gerechtigkeit, genau gegenteilig interpretiert Lutz die (wohl älteren) TOA-Standards und die Restorative Justice Prinzipien und kommt zu der Aussage, dass ohne eine persönliche Begegnung ein relevantes Ziel verfehlt wurde. Lutz, 2011, S. 411
[632] Vgl. TOA-Standards, 6. überarbeitete Auflage, 2009, Abschnitt 5.4 Entscheidungsphase, S. 25

wird das vorhandene Potenzial nicht ausgeschöpft. Aufgrund des dargestellten Verhältnisses von Justiz und TOA und des stark personenbezogenen Anregungsverhaltens ist nicht davon auszugehen, dass sich dies im großen Maße ändern wird.

Die Verortung des Täter-Opfer-Ausgleichs innerhalb des Justizsystems wurde von Anbeginn an daher auch kritisch betrachtet. *Walter* sah die Gefahr, dass der TOA an Substanz verliere und ein Stück weit seine Grundidee aufgeben müsse, wenn er in das Strafrecht integriert würde, jedoch nicht ohne gleichzeitig auf die Chance hinzuweisen, die sich daraus ergibt, da ohne diese Einordnung der TOA-Gedanke über den Bagatellbereich nicht hinausgekommen wäre.[633] *Lutz* konstatiert, dass der Konflikt im „Schatten des Strafrechts"[634] verbleibt und nur teilweise an die Beteiligten zurückgegeben wird, da die im Mediationsverfahren getroffenen Vereinbarungen für die Justiz nicht bindend sind und somit die Autonomie der Beteiligten in Frage gestellt bleibt.[635] Dem Wunsch folgend, Teil des Strafrechtssystems zu werden und hier Akzeptanz zu erfahren, war der Täter-Opfer-Ausgleich von jeher dem Balanceakt ausgesetzt gewesen, dass man ihn als strafrechtliche Sanktionsform oder auch als Alternative zur bestehenden Sanktionspraxis sehen kann, je nach Standpunkt der Betrachtung und Art der Zuweisung. In Form der Vereinnahmung besteht die Gefahr, für die Bearbeitung von Bagatellen eingesetzt oder als Sanktion im anderen Gewande verwendet zu werden.

Die meisten TOA-Versuche werden durch die Staatsanwaltschaft im Vorverfahren angeregt, auch wenn es in der TOA-Statistik für den Zeitraum 2006-2009 erstmals eine leichte Verschiebung in den Bereich der bereits angeklagten Verfahren gegeben hat.[636] Die Staatsanwaltschaft kann im Jugendbereich darüber entscheiden, bei welchem Verfahren eine Einstellung nach § 45 Abs. 2 JGG in Betracht kommt, bzw. ob ein TOA nach den §§45 und 47 JGG eine Hauptverhandlung entbehrlich macht oder sich dort strafmildernd auf eine abschließende juristische Entscheidung auswirkt. Für die Fallanregung und auch die Entscheidung über den Verlauf des Strafverfahrens nimmt sie nach wie vor eine zentrale Rolle ein. Daraus entstand die weit verbreitete Einschätzung, dass *nur* die Staatsanwaltschaft den TOA anregen kann und vorab einem TOA-Versuch zustimmen *muss*. Die Anregung zum TOA kann jedoch durch die Beteiligten selbst, Rechtsanwälte, Jugendgerichtshilfen, Soziale Dienste, die Polizei und durch die Jugendrichterschaft erfolgen, so dass die Staatsanwaltschaft nicht das Monopol zur Anregung besitzt. Sie sollte immer so früh wie möglich über einen geplanten Täter-Opfer-Ausgleich informiert und damit involviert werden. Es gibt jedoch kein Gesetz, welches es Opfer und Täter verbietet, sich unter der Mithilfe eines vermittelnden, dafür ausgebildeten Dritten im Sinne eines Täter-

---

[633] Vgl. Walter, 1994, S. 41ff.
[634] Anmerkung: Diese Formulierung geht zurück auf Albrecht, 1993
[635] Vgl. Lutz, 2011, S. 410
[636] Vgl. Kerner, Eikens und Hartmann, 2011, S. 14f.

Opfer-Ausgleichs zu treffen, sofern beide Seiten dies wollen. Die hier getroffenen Vereinbarungen sind zwar für die abschließende Entscheidung von Staatsanwaltschaft und Gericht nicht bindend, jedoch soll das Bemühen um einen Ausgleich mit dem Geschädigten Berücksichtigung finden.[637] Betrachtet man die Konzepte und Selbstdarstellungen einzelner TOA-Projekte, so wird hier anhand der Schilderung von Verlauf und Zuweisung der Grad der Selbständigkeit und des Selbstbewusstseins deutlich, mit dem die vermittelnde Tätigkeit angeboten wird, was auch im Zusammenhang mit den jeweiligen TOA und Diversionsrichtlinien des jeweiligen Bundeslandes steht, „die mal mehr mal weniger TOA-freundlich gestaltet sind."[638] Die einen werden nur auf Zuweisung durch die Justiz tätig,[639] andere sind offen für jede Form der Fallanregung und informieren die Justiz zu Beginn und am Ende der Konfliktschlichtung über das Ergebnis.

Betrachtet man die Ergebnisse aus den Befragungen zu Einstellung und Anregungsverhalten bei der Justiz, dann stellt sich die Frage, ob die Staatsanwaltschaft als Selektionsinstanz die geeignetste Stelle ist, wenn es darum geht zu entscheiden, welche Verfahren für einen Täter-Opfer-Ausgleich geeignet sind oder nicht, solange arbeitsorganisatorische Überlegungen, persönliche Vorbehalte[640] und eine Gewichtung auf die Einstellungstauglichkeit des Strafverfahrens auf Täterseite die ausschlaggebenden Kriterien sind. Nicht die Frage, ob denn das Strafverfahren des Täters noch einstellungsfähig ist, sollte das entscheidende Kriterium zur Anregung sein, sondern nur das, was für die Beteiligten – Opfer wie Täter – denkbar und vorstellbar ist. Sie entscheiden über *das Ob* und *das Wie*, den Versuch und das Zustandekommen eines Täter-Opfer-Ausgleichs:

„Man muss sich schon die Mühe machen, den einzelnen Fall sehr genau anzuschauen, die Situation und die Bedürfnisse des jeweiligen Opfers einzuordnen versuchen und vor allem auf deren Wünsche zu hören. Es gibt sicher viele Opfer, die genaue Zahl kennt niemand, die das Angebot nicht wahrnehmen möchten, aber die ebenso unbekannte Zahl derer, die ein solches Angebot zu schätzen wissen, sollten die Möglichkeit haben, es wahrzunehmen. Die Betroffenen sollten in jedem einzelnen Fall selbst gefragt und nicht über deren Köpfe hinweg entschieden werden. Pauschale

---

[637] Vgl. § 46a Abs. 1 und 2 StGB
[638] Rössner und Reuber, 2003, S. 4, die darin jedoch auch Potenzial für eine Verbesserung sehen.
[639] Hierzu nur einige Beispiele: Vgl. Homepage der Brücke Erding e.V. – hier wird der TOA durch die Justiz angeregt: (http://www.brueckeerding.de/index.php?option=com_content&view=article&id=61&Item=59 (Download vom 13.09.2012) beim KJFH Rügen e.V. (http://www.jugendhilfe-ruegen.de/taeter-opfer-ausgleich.html Download vom 13.09.2012) dem Basis e.V. im Rhein-Ruhr-Kreis (http://basis-e-v.de/ausgleich-rhein-ruhr/ablaufeines-taeter-opfer-ausgleichs.html (Download vom 13.09.2012) oder der TOA-Darstellung der Stadt Hagen (http://www.hagen.de/web/media/files/fweb/a55/sozpaedhilfen/toa.pdf) (Download vom 13.09.2012) können das Jugendamt, die Polizei, die Bewährungshilfe, das Gericht, die Jugendgerichtshilfe, etc. die Anregung zum TOA an die Fachstelle geben, die dann Staatsanwaltschaft und Gericht informieren.
[640] Weitere Hemmnisse werden in der Praxis genannt: „TOA gilt als „zu weich", „dauert zu lange" und ist „irgendwie schwierig", weil der Verfahrensausgang nicht klar ist (...)" vgl. Winter und Matt, 2012, S. 73ff. Siehe auch die Arbeit von Christochowitz über die unterschiedliche Herangehensweise von Staatsanwaltschaften und TOA-Fachstellen und die TOA hemmenden Verunsicherungen bei der Staatsanwaltschaft, 1996, S. 291ff.

Beschreibungen, was für Opfer gut ist, sind da wenig hilfreich. Hier besteht die Gefahr der Entmündigung im Namen des Opferschutzes."[641]

Die TOA-Fachstellen und ihre Mitarbeiter wären in der Praxis am ehesten dazu geeignet, aufgrund ihrer Erfahrungen und über den persönlichen Zugang zu den eigentlichen Beteiligten, die Eignung eines Konfliktes oder einer Straftat für den Versuch eines Täter-Opfer-Ausgleichs zu erkennen und die Beteiligten über deren Bereitschaft oder Ablehnung zu befragen. Der deutliche Unterschied von juristischem Denken, der Juristenwelt und dem der Lebenswelt, der Alltagsrealität des Konfliktes wie *Pelikan* es bezeichnete,[642] könnte sich ein Stück weit verringern. Daraus erwächst jedoch die Notwendigkeit und die Verantwortung, das hier vergleichbare Qualität angeboten wird, auf die sich die Beteiligten und die Justiz in ihren weiteren Entscheidungen verlassen können und dass Ablauf und Rahmen für Opfer wie Täter die Garantien eines rechtsstaatlichen Verfahrens gewährleisten, die bei der teilweisen Reprivatisierung von Konflikten unabdingbar sind. Auch sollte die Finanzierung von TOA-Fachstellen nicht an Fallzahlen oder „Täterköpfen" gebunden sein, damit fachliche Einschätzung und finanzieller Selbsterhalt nicht Gefahr laufen, in Konkurrenz zueinander zu treten.

Die Justiz, wenn auch momentan immer noch die größte Gruppe der Zuweiser, ist eine von vielen möglichen Anregungsquellen, die sich darüber hinaus auf ihre ureigensten Aufgaben konzentrieren kann, als „Herrin des Verfahrens" (Staatsanwaltschaft) bzw. als Recht sprechende Instanz (Gericht) über Einstellung, Anklage oder Strafzumessung entscheidet, nicht aber vorab auswählen müsste, wer überhaupt die Chance zu einem Täter-Opfer-Ausgleich bekommt. Überlegungen wie diese werden nicht nur auf Seiten der Beschuldigten gemacht, sondern finden sich aus der Perspektive der Opfer unter anderem in einer Stellungnahme des DBH-Fachverbandes anlässlich der Stärkung der Opferrechte im Strafverfahren (3. Opferrechtsreformgesetz) wieder, in der gefordert wird, dass der Gesetzgeber einen Anspruch der Opfer auf die Nutzung von „Wiedergutmachungsdiensten" gesetzlich verankert, ohne dass die Prüfung dazu den Strafverfolgungsbehörden zugestanden wird, da es die Geschädigten sind, die darüber entscheiden sollen.[643] Dazu muss der TOA-Gedanke mehr in die Gesellschaft getragen und dort angesprochen bzw. nachgefragt werden, wo institutionell mit Tätern und Opfern, Beschuldigten und Geschädigten gearbeitet wird – bei der Polizei, den Jugendgerichtshilfen, in Schulen und Beratungsstellen. Es wäre weniger vom Zufall und der persönlichen Einstellung des zuständigen Staatsanwaltes abhängig, ob Jugendlichen und Heranwachsenden die Chance zu einem Täter-Opfer-Ausgleich gegeben wird oder nicht, wenn diese in ge-

---

[641] Delattre, 2008, S. 15
[642] Vgl. Pelikan, 1995, S. 140ff.
[643] Vgl. Cornel, 2014, S. 3

eigneten Fällen generell auf einen TOA angesprochen werden oder die Chance dazu selbst nachfragen.[644] Dass dies in der Praxis funktionieren kann, zeigt unter anderem der TOA in Bremen, wo durch eine „Ausweitung des rechtlich definierten TOAs in Richtung sozialer Mediation" die Zahl der Selbstmelder und sonstiger Zuweiser, wie etwa Schulen, Wohnungsbaugesellschaften, soziale Dienste, Beratungsstellen etc. einen großen Anteil am Fallaufkommen ausmachen.[645]

Doch wie steht es nun aktuell um den Täter-Opfer-Ausgleich in Deutschland? *Schüler-Springorum* kam die Aufgabe zu, das TOA-Forum von 1995 [646] inhaltlich zusammenzufassen, dessen Beiträge später unter dem Titel: „Zehn Jahre Täter-Opfer-Ausgleich und Konfliktschlichtung. Der Täter-Opfer-Ausgleich als Teil einer gesellschaftlichen Entwicklung zu mehr außergerichtlichen Konfliktregulierung?" publiziert wurden und dessen Titel wohl bewusst mit einem Fragezeichen versehen wurde. *Schüler-Springorum* skizziert hier unter anderem die erhoffte, aber vorsichtig als „die große Utopie" bezeichneten Visionen einer Gesellschaft, in der „jedermann und jedefrau im ernstlichen Konfliktfall einen Ansprechpartner erreichen kann, der den Konflikt lösen hilft."[647] Neben der Notwendigkeit, dafür organisatorische Voraussetzungen zu schaffen, stand und steht dahinter die Idee, dass unter den Begriffen von Wiedergutmachung, Schadenersatz, Mediation, Täter-Opfer-Ausgleich und Tat-Ausgleich die Erkenntnis steht, dass Versöhnung und Kommunikation besser als juristisches Handeln sei, so *Schüler-Springorum* und dass sich diese Erkenntnis im gesellschaftlichen Bewusstsein weiterentwickelt und weiterentwickeln muss.[648] Je nach der Perspektive des Betrachters – und ob man das sprichwörtliche Glas als halbvoll oder halbleer betrachtet – lassen sich Fortschritte auf diesem Weg ausmachen, aber auch Ziele, die nach wie vor in einer ungewissen Zukunft liegen. Die Stimmung auf den regelmäßigen TOA-Foren soll hierbei als Seismograph dienen. Im Kontrast zu den noch überwiegend optimistischen Visionen von 1995 macht sich momentan Ernüchterung breit, etwa wenn *Schädler* in seinem Eröffnungsvortrag zum 15.TOA-Forum von 2014 mit Blick auf die TOA-Szene von einem „Hamsterrad" der immer wieder notwendigen Fall-Akquise spricht und der fast schon verzweifelten Erkenntnis, dass trotz aller Bemühungen, zahlreicher Informationsveranstaltungen und einem beständigen Bemühen um die jeweilige, regionale Justiz, der TOA eine Randerscheinung im Justizsystem geblieben ist[649] und damit weit davon entfernt, zu einer Selbstverständlichkeit zu werden oder im breiten Bewusstsein der Bevölkerung angekommen zu sein.

---

[644] Vgl. Horn, 2008, S. 88
[645] Vgl. Winter und Matt, 2012, S. 73ff.
[646] Anmerkung: Dem TOA fehlt es nicht an Grußworten, Sympathiebekundungen und sog. Blicken in eine mögliche Zukunft, auch über das Jahr 1995 hinaus, jedoch wird mit dieser Quelle eine Zusammenfassung der ersten Dekade des TOA gegeben, eine vergleichbare Bestandsaufnahme der folgenden Dekaden zum TOA fehlt in der Fachliteratur.
[647] Schüler-Springorum, 1997, S. 401
[648] Vgl. Schüler-Springorum, 1997, S. 402
[649] Vgl. Schädler, 2014, S. 21f.

2.5.5 TOA, mehr als „nur" eine Diversionsmaßnahme?

Der Täter-Opfer-Ausgleich entwickelte sich, wie bereits dargestellt, zunächst im engen Kontext zum Diversionsgedanken. Ein Großteil der in Deutschland behandelten TOA-Fälle (im Jugendbereich) wird vor dem Hintergrund genau dieses Gedankens auf der Ebene der Staatsanwaltschaft zum TOA-Versuch an die vermittelnden Projekte, sei es die Jugendgerichtshilfen oder die freien Träger, zugewiesen. Eine als positiv zu bewertende Entwicklung, denn TOA und Wiedergutmachung sind keine Strafen im eigentlichen Sinne, „aber jedoch Reaktionsmittel, die Strafe überflüssig machen oder mildern sollen."[650] Auch das Verhältnis von Polizei und Staatsanwaltschaft, (siehe dazu Abschnitt 3.3.1) ist geprägt von einer am Diversionsgedanken ausgerichteten Fallauswahl, die verstärkt wird durch eigene Diversions- und TOA-Richtlinien der Bundesländer, bei der die Zustimmung der Staatsanwaltschaft über den Versuch eines TOA entscheidet und eng verbunden ist mit der Einstellung des Verfahrens nach § 45 Abs. 2 JGG. Problematisch für die Weiterentwicklung des Täter-Opfer-Ausgleichs wird es jedoch in den Regionen, in denen der Täter-Opfer-Ausgleich ausschließlich mit dem Diversionsgedanken verbunden ist und ihm durch die Verknüpfung mit der Frage nach der Einstellungstauglichkeit des Strafverfahrens Grenzen im Hinblick auf Delikte und Fallauswahl auferlegt werden, die ohne diese einschränkende Sichtweise nicht notwendig wären. „Die Beschränkung des Täter-Opfer-Ausgleichs auf Delikte der mittleren Kriminalität entspringt nicht einer konzeptionellen Beschränkung des Ausgleichsverfahrens, sondern seiner ursprünglichen rechtspolitischen Orientierung an der Diversion innerhalb des Jugendstrafrechts."[651] *Garcia-Greno* beschrieb in einer Rede zur Entwicklung des Täter-Opfer-Ausgleichs in Halle eine Sequenz in der Kommunikation mit der Staatsanwaltschaft, die auch andere Vermittler aus der Praxis nur zu gut kennen. Ein Staatsanwalt lehnte ein Verfahren als nicht TOA-geeignet ab, da er hier Anklage erhoben habe.[652] Dies zeigt exemplarisch die Problematik, die aus einer zu engen Verknüpfung des TOA-Gedankens mit dem Diversionsgedanken erwächst, wenn der Versuch eines Täter-Opfer-Ausgleichs mit der sehr täterzentrierten Frage verknüpft wird, ob man danach das Strafverfahren gegen den Beschuldigten einstellen kann oder nicht. Eine Anklage ist jedoch kein Ausschlusskriterium für einen TOA-Versuch, da auch die Verantwortungsübernahme durch den Täter nicht automatisch mit der Einstellung des Verfahrens verbunden ist, sondern auch mit der Verringerung des Strafmaßes durch die Justiz Berücksichtigung finden kann.[653] Eine Einschränkung des Deliktbereichs sowie eine damit verbundene zu starke Anlehnung an den Diversionsgedanken schränken

---

[650] Lackner und Kühl, 1997, S. 319
[651] Vgl. Schädler, 2011, S. 21
[652] Vgl. Garcia-Greno, 2001, S. 24, Abdruck einer Rede auf der Fachtagung Visionen einer Streitkultur 01./02. 2002 in Halle
[653] Anmerkung: Beim Täter-Opfer-Ausgleich in Berlin sind ca. 50 % der jährlich zugewiesenen Verfahren bereits angeklagt, so dass der TOA im Umfeld der Hauptverhandlung stattfindet.

jedoch nicht nur den Handlungsspielraum des Staatsanwaltes ein,[654] sondern verengen auch den Zugangsweg für geeignete TOA-Fälle zu den TOA-Fachstellen und verschließen vor allem auch all jenen Geschädigten den Zugang zu Aussprache und Wiedergutmachung, die sich dies auch bei schweren Delikten und Konfliktkonstellationen vorstellen und wünschen würden.

TOA-Fachstellen befinden sich in einem starken und einseitigen Abhängigkeitsverhältnis zur Staatsanwaltschaft und sind für ihre Existenz auf eine Zusammenarbeit und regelmäßige Fallzuweisungen angewiesen. *Netzig* äußerte sich kritisch zu Staatsanwaltschaften, die „TOA-Projekte ‚am ausgestreckten Arm verhungern' lassen", indem sie ihnen keine Fälle überweisen oder aber „sogenannte TOA-Projekte", die „simple Wiedergutmachungsauflagen der Justiz" vollstrecken,[655] da sie sich durch den eingeschränkten Zugangsweg haben vereinnahmen lassen. Ohne Zuweisungen durch die Staatsanwaltschaft - kein TOA-Projekt, ohne Berücksichtigung der Vermittlungsergebnisse - kaum Akzeptanz bei den Beteiligten, oder wie *Bannenberg* es 1993 bereits auf den Punkt brachte – kein TOA ohne Staatsanwaltschaft![656] Dieses Abhängigkeitsverhältnis verstärkt sich in den Regionen, in denen der TOA noch überwiegend oder ausschließlich mit dem Diversionsgedanken verbunden ist. *Schädler* spricht sogar von der „babylonischen Gefangenschaft" des Täter-Opfer-Ausgleichs in der Justizpraxis der Diversion, was dazu führt, dass auch geeignete Verfahren nicht für einen TOA angeregt werden, „obwohl der Gesetzgeber dies so vorgesehen hat und die Rechtsprechung des Bundesgerichtshofs dies gebilligt hat."[657] Wenn vom Entwicklungspotenzial des Täter-Opfer-Ausgleichs die Rede ist, dann gilt es zunächst, sich an dieser Stelle zu emanzipieren und weiterzuentwickeln. Der Täter-Opfer-Ausgleich ist in der ganzen Bandbreite des Verfahrens möglich, vom Ende des polizeilichen Schlussberichtes bis hinein in die Hauptverhandlung und somit mehr als eine Diversionsmaßnahme. Folgt man seinem Grundgedanken, den TOA-Standards[658] und der Rechtsprechung in Form von zahlreichen BGH-Kommentaren zum TOA,[659] dann lässt sich daraus weder eine Beschränkung auf bestimmte Delikte, noch die Notwendigkeit einer zu engen Verknüpfung mit dem Diversionsgedanken ableiten. Weder die Beschränkung auf bestimmte Delikte noch Vorbelastungen des Täters,[660] sein Schweigen oder Nichterscheinen bei der polizeilichen Vernehmung (Schweigen, nicht Bestreiten!) sind ein Ausschlusskriterium für einen TOA-Versuch. Die einzige wirkliche Grenze bilden opferlose Delikte, Bagatel-

---

[654] Vgl. Hartmann, 1998, 70f.
[655] Netzig, 2000, S. 67
[656] Vgl. Bannenberg, 1993
[657] Schädler, 2011, S. 20f. – Schädler bezieht sich im zugrunde liegenden Artikel stark auf den Erwachsenenbereich, der unter dem Diversionsgedanken aus dem Jugendbereich zu leiden hat und kritisiert sog. Ausgleichsversuche, die erst in der Hauptverhandlung durch Juristen an den Geschädigten herangetragen werden und diesen damit unter Druck setzen. Kritisch dazu auch das Vorwort der TOA-Standards, siehe nächste Quellenangabe
[658] Vgl. TOA-Standards in der 6. überarbeiteten Auflage, 2009
[659] Vgl. Rössner und Kempfer Leitlinien der Rechtsprechung zum TOA, 2006, S. 32ff.
[660] Vgl. Trenczek, 1992, S. 7

len oder – und das sollte entscheidend sein – ein Geschädigter, der sich gegen einen TOA-Versuch entschieden hat.

Um an dieser Stelle Missverständnissen und Fehlinterpretationen vorzubeugen – dies ist kein Plädoyer für die Loslösung des Täter-Opfer-Ausgleichs von der Justiz oder eine Abkehr vom Diversionsgedanken mit seinen in dieser Arbeit bereits genannten überwiegend positiven Effekten. Vielmehr ist es die Aufforderung zu einem Perspektivwechsel in der Zuweisungspraxis: Ohne dass bestimmte Deliktkategorien von Konfliktschlichtungsversuchen von vornherein ausgeschlossen werden und mit breiten Zugangsmöglichkeiten zu einem Täter-Opfer-Ausgleich für alle Beteiligten, die sich zunächst über Möglichkeiten und Verlauf eines Täter-Opfer-Ausgleichs informieren oder diesen später auch nutzen wollen. So wird versucht, den Konflikt in einem außergerichtlichen Geschehen zu lösen. Das Ergebnis dieser Bemühungen wird *abschließend* an die Justiz kommuniziert, damit es dort innerhalb des juristischen Kontextes Berücksichtigung findet. Für die Mitarbeiter und Leiter von TOA-Fachstellen ergibt sich daraus die Notwendigkeit, den Dialog nicht nur mit der Staatsanwaltschaft konsequent fortzuführen, sondern ihn vor allem verstärkt mit der Öffentlichkeit zu führen, um dort all jene zu erreichen, die das Angebot eines Täter-Opfer-Ausgleichs nutzen wollen würden, ihn anregen wollen würden, jedoch gar nicht wissen, dass er existiert. Generell müsste der Täter-Opfer-Ausgleich dazu bekannter und selbstverständlicher werden als er dies momentan ist. Außerhalb von Praxis und Fachwelt ist die Existenz des TOA noch weitgehend unbekannt. Eine Befragung von *Haun* von 100 Passanten auf Kölner Straßen im Jahr 2007 ergab, dass fast ¾ mit dem Begriff Täter-Opfer-Ausgleich nichts anzufangen wussten und dass auch bei den Übrigen eher Halbwissen vorherrschte.[661] Das Team des TOA-Servicebüros wertete 91 Artikel zum TOA aus und kam zu dem Ergebnis, dass dieser „dort nur zu einem Drittel annähernd richtig beschrieben wurde."[662] Auch dort wo man ihn zu kennen glaubt, existiert oftmals das Bild von einem Täter, der nur „Entschuldigung" zu sagen braucht und dann wird sein Strafverfahren eingestellt.[663] Vielfach wird unter dem Begriff des Täter-Opfer-Ausgleichs alles wahrgenommen, was auch nur annähernd danach aussieht, auch wenn es mit einem qualitativ guten TOA gar nichts zu tun hat.[664]

Der Täter-Opfer-Ausgleich ist eine Diversionsmaßnahme, jedoch nicht auf die Anwendung als solche beschränkt. In einer konsequenten und vor allem flächendeckenden Weiterentwicklung über den reinen Diversionsgedanken hinaus, liegt ungenutztes Fallpotenzial für den Täter-Opfer-Ausgleich. Die Staatsanwaltschaft entscheidet als die vielzitierte „Herrin des Verfahrens" über Einstellung, Anklage und

---

[661] Vgl. Haun, 2007, S. 21ff.
[662] Delattre, 2008, S. 13
[663] Vgl. Jacob, 2011, S. 15
[664] Vgl. Delattre, 2011, S. 3

Grad der Strafmilderung durch einen Täter-Opfer-Ausgleich bzw. das Bemühen durch den Beschuldigten, um eine Wiedergutmachung. Die Fallanregung zu einem TOA-Versuch steht jedoch auch anderen Personen, Institutionen und vor allem Opfern und Tätern zu. Die Initiierung von TOA-Versuchen auf einer breiten gesellschaftlichen Basis und auch von anderen Institutionen erweitert die Zugangswege zu den TOA-Fachstellen, was diese ein Stück weit unabhängiger machen würde. Auch müsste die Staatsanwaltschaft diese Aufgabe nicht mehr allein bewerkstelligen. Die eigentlichen Protagonisten im Konflikt, sei es, dass er zu einer Straftat führte oder aus einer solchen heraus entstand, erhalten ebenfalls mehr Autonomie, da sie Angebote wie den TOA nachfragen könnten, ohne auf viele Zufälligkeiten angewiesen zu sein. Dies lässt sich in der Prognose verdichten, dass die Zukunft des Täter-Opfer-Ausgleichs im Bereich der in der TOA-Statistik sogenannten Gruppe der ‚Summe aller Übrigen' entschieden wird, in der alle Verfahrensbeteiligten außerhalb der Staatsanwaltschaft (Gericht, Rechtsanwälte, Polizei, Selbstmelder etc.) aufgeführt werden.[665]

Dazu müsste der Täter-Opfer-Ausgleich über die Fachöffentlichkeit hinaus bekannter und als Option für die daran interessierten und beteiligten Parteien selbstverständlicher und zugänglicher werden. Dies setzt nicht nur voraus, dass es genug Fachstellen, eine gesicherte Finanzierung und qualitativ gut ausgebildete und erfahrene Praktiker gibt, sondern auch ein gesellschaftliches Klima, welches sich zugunsten von Konfliktschlichtungen in allen Facetten entwickelt. Dazu bedarf es von Seiten der TOA-Fachstellen und aller Verbände aus den Bereichen von Mediation und Restorative Justice Projekten regionaler wie bundesweiter Anstrengungen und Zusammenarbeit. Der Täter-Opfer-Ausgleich, als Konfliktschlichtung oder Mediation im Strafverfahren, muss sein Profil schärfen und in der Masse der Angebote klar zu erkennen und abzugrenzen sein. Gleichzeitig bietet die Entwicklung des Restorative Justice Gedankens und des Mediationsgedankens eine Dynamik, von der alle hier verwurzelten Angebote profitieren können. Die TOA-Fachstellen in Form ihrer Mitarbeiter verfügen (im Idealfall) über die notwendigen Erfahrungen und Kompetenzen, um den TOA sowohl bei schweren Delikten als auch komplexen Konflikten durchzuführen. Eine Weiterentwicklung des TOA und eine Ausweitung auf weitere Anwendungsgebiete verlangen jedoch auch einen Diskurs über methodische Weiterentwicklungen und fachliche Standards für die einzelnen Bereiche.

---

[665] Vgl. Jacob, 2011, S. 15

2.6 Anwendungsbereiche und (neues) Fallpotenzial für den TOA

2.6.1 Die Einbeziehung von Strafunmündigen (Kindern) in den TOA

In vielen TOA-Fachstellen ist es gängige Praxis, gerade bei Gruppen von beschuldigten Jugendlichen, auf freiwilliger Basis auch Kinder, also Strafunmündige in die Konfliktschlichtung zu integrieren, wenn diese ihren Anteil am Konflikt und dem Zustandekommen der Tat haben, so dass ihnen eine wichtige Rolle in der Konfliktschlichtung zukommt, da sie, ob strafmündig oder nicht, Teil des Konfliktes und damit auch Teil der Konfliktlösung sind.[666] So finden sich in der TOA-Statistik unter der Rubrik – Alter der Beschuldigten – auch 0,4 % (2011) bzw. 0,2 % (2012) Beschuldigte unter 14 Jahren, ohne dass dies für die Praxis des TOA näher kommentiert wird.[667] Als Konsequenz aus der Überlegung, dass Konfliktschlichtungen auf dem Know-how eines Täter-Opfer-Ausgleichs auch bei Kindern sinnvoll sein können, die seit Jahren auch als Tatverdächtige in den polizeilichen Statistiken auftauchen, wurde 2011 in Berlin das Projekt *Tat-Ausgleich* für strafunmündige Kinder im Alter von 12 und 13 Jahren und die durch sie Geschädigten gegründet, welches zwar direkt an die dortige TOA-Fachstelle im Jugendbereich angesiedelt, jedoch von der Namensgebung vom TOA getrennt wurde.[668] Auch bei der TOA-Fachstelle in Bremen ist es möglich, den TOA auf Kinder zu beziehen. Siehe dazu unter anderem die TOA-Verwaltungsvorschrift des Landes Bremen vom 17. November 2010, in der es im Abschnitt IV heißt: „Täter-Opfer-Ausgleich bei strafunmündigen Kindern: Bei strafunmündigen Kindern ist der Zugang zum Täter-Opfer-Ausgleich prinzipiell möglich. Das Nähere regeln die Jugendämter." Auch der TOA in Münster zählt strafunmündige Kinder zu seiner Zielgruppe.[669] Wichtig dabei ist, dass der freiwillige Charakter des Angebotes betont wird und der fehlende Druck des Strafverfahrens nicht durch den des Jugendamtes ersetzt wird, da es hierbei um ein Angebot zur Konfliktschlichtung geht, nicht um die Ausweitung sozialer Kontrolle.

---

[666] Vgl. Konfliktregelung bei Strafunmündigen – Pro und Contra in der Diskussion. Erkenntnisse aus dem Arbeitskreis 8 anlässlich des 14. TOA-Forums in Münster vom 09.-11. Mai 2012, Schiller und Jacob, Materialien des Veranstalters, das TOA-Servicebüro für Täter-Opfer-Ausgleich und Konfliktschlichtung.
[667] Vgl. Hartmann, Haas, Eikens und Kerner, 2014, S. 24
[668] Vgl. Pressemitteilung vom 21.06.2011 der Senatsverwaltung für Bildung, Wissenschaft und Forschung – http://www.berlin.de/sen/bwf/presse/archiv/20110621.1510.348638.html
(Download vom 25.05.2014)
[669] http://www.muenster.de/netzwerk/taeter-opfer-ausgleich.html
(Download vom 25.05.2014)

2.6.2 TOA im Umfeld der Schulen

Unter den Begriffen von Schüler-Streitschlichtung und *Peer Mediation* schlichten in Deutschlands Schulen speziell ausgebildete Schüler als Streitschlichter, Mediatoren oder *Konfliktlotsen*[670] für und mit ihren Mitschülern Konflikte aus dem direkten schulischen Kontext und tragen damit zum sozialen Lernen und zur Wiederherstellung des Schulfriedens bei. Nach *Gugel* bilden diese Streit-Schlichtungs-Programme oftmals den Kern von Gewaltpräventionsprogrammen in Schulen.[671] Dort, wo es den Schülern nicht gelingt, den Konflikt zu schlichten, oder aber, weil es konzeptionell generell so vorgesehen ist, stellen dafür ausgebildete Lehrer oder Schulsozialarbeiter die Schlichter. Gibt man den Begriff Täter-Opfer-Ausgleich und Schule als Suchbegriff im Internet ein, findet man bald Selbstdarstellungen von Schulen, die unter dem Begriff des TOA eine disziplinarische Intervention verstehen. So ist hier unter anderem die Rede von einer „verpflichtenden Schulmaßnahme", bei der sich *der Täter* die Version des Opfers anhören und eine Wiedergutmachung leisten *muss*, zeigt dieser sich jedoch nicht kooperativ, dann muss er mit weiteren schulischen Strafen rechnen und dennoch eine Wiedergutmachung leisten.[672] Problematisch dabei ist die fehlende Freiwilligkeit auf Seiten des Beschuldigten, der sich, sofern er sich nicht in der Rolle des Täters wiederfindet, einer schulischen Reaktion nur schwer entziehen kann, sowie die Verwendung des Begriffs Täter-Opfer-Ausgleich. Der Täter-Opfer-Ausgleich ist Konfliktschlichtung im Strafverfahren und sollte durch allparteiliche, unabhängige und erfahrene Vermittler angeboten werden. Kinder und Jugendliche als Schlichter können viel bewirken im Hinblick auf eine Konfliktschlichtung unter Gleichaltrigen; sobald ein Strafverfahren anhängig ist, schulische wie strafrechtliche Konsequenzen drohen oder die Opfer nicht unwesentlich an Körper und Psyche verletzt wurden, wäre es jedoch unverantwortlich, sie damit zu überfordern. Auch Lehrer und Schulsozialarbeiter, selbst wenn sie gut dafür ausgebildet wurden, bleiben ein Teil des Systems Schule und können den Anspruch an Unabhängigkeit und Allparteilichkeit nicht erfüllen. Sobald ein Strafverfahren in Gang gesetzt wurde, körperliche Verletzungen stattgefunden haben, Lehrer und Eltern involviert sind, mitunter die Fronten verhärtet sind, die Aufsichtspflicht des Lehrpersonals in Frage gestellt wurde, müssen die Schule und ihre Vertreter schuleigene Interessen vertreten. Es stellt sich die Frage, welche Rolle der Täter-Opfer-Ausgleich daher im Rahmen der Schule spielen könnte. Zum einen bieten einzelne TOA-Fachstellen ihr Know-how an. Die Brücke München etwa bietet neben dem TOA Lehrern und Schulsozialarbeiter die Möglichkeit, sich für die Bearbeitung von Konflikten im Arbeitsfeld der Schulen ausbilden zu las-

---

[670] Der Begriff der Konfliktlotsen geht auf die Berliner Variante des Konfliktlotsenmodells nach Hagedorn zurück, die ab 1992 damit begann, dieses in Berliner Schulen umzusetzen. Vgl. Metzger, Infoblatt Mediation Nr.3, 1995 http://www.konfliktlotsen.de (Download vom 25.05.2014)
[671] Vgl. Gugel, 2010, S. 333
[672] Siehe die Beschreibung eines schulinternen „Täter-Opfer-Ausgleichs" der Schillerschule in Singen unter http://schillerschule-singen.de/unsereschule/K_tatausgleich.htm (Download 25.05.2014)

sen,[673] so dass diese zwar keinen Täter-Opfer-Ausgleich anbieten, jedoch geschult Konflikte im schulischen Kontext angehen können. Der Verein Konfliktschlichtung e.v. in Oldenburg wirbt damit, dass er seit 1996 unter der Projektbezeichnung *Pro-KIDS* Schüler zu Streitschlichtern ausbildet.[674] Der TOA in Bremen bietet seit 2010 mit seinem Projekt *Schulprojekt Ost* Schulen im Bremer Osten Hilfestellung im Hinblick auf Prävention, Umgang mit Delinquenz an und unterstützt mit einem „Beratungs- und Schlichtungsangebot bei gravierenden Schulkonflikten".[675] Auch beim TOA im Jugendbereich in Berlin und Potsdam hat man die Zeichen der Zeit erkannt und macht Schulen gezielt Angebote zum Täter-Opfer-Ausgleich und Tat-Ausgleich. Empirische Untersuchungen oder Zahlenmaterial zur Zusammenarbeit mit Schulen fehlen bisher. Da Schule ein eigenständiges System ist, mit eigenen Schulgesetzen, Regelwerken und Herangehensweisen an schulinterne Konflikte und Gewaltvorfälle und das Hinzuziehen von externen Vermittlern auch Befindlichkeiten auslösen kann, scheint eine Kooperation zwischen Schule und TOA-Fachstellen zunächst schwierig. Erste positive Erfahrungen mit einzelnen Schulen und eine eher langfristige Zusammenarbeit scheinen hier der Schlüssel zum Erfolg zu sein. Bei gravierenden Konflikten und Gewaltvorfällen in Schulen bedarf es in aller Regel einer schnellen Intervention durch die Schule, die Opfer und Täter zunächst trennt, das Opfer stabilisiert, den Täter sanktioniert, aber auch Möglichkeiten der Aufarbeitung, der Konfliktschlichtung und der Wiedergutmachung anbietet[676] und dabei nicht darauf warten kann, dass die Staatsanwaltschaft ein halbes Jahr später eventuell einen TOA anregt und die darüber hinaus immer noch jegliche Entscheidungsgewalt über den Verlauf des Strafverfahrens behält.

Schreckling beschrieb schon 1992 die nicht ausgeschöpften Möglichkeiten, die vorhanden sind, wenn es darum ginge, Konflikte bereits im Vorfeld einer Strafanzeige einer Konfliktschlichtung zuzuführen, ebenso wie der große Bereich der Schulen mit dem Potenzial „**zur außerjustitiellen Erledigung strafrechtlich relevanter Konflikte**",[677] (Hervorhebung im Original) sowie der damit verbundenen Vermittlung von Konfliktfähigkeit und Konfliktlösungen im Bereich des sozialen Lernens. *Kuhn* und *Wandrey* lieferten 1995 anlässlich des TOA-Forums ihren Beitrag zum Thema TOA und Schule. Unter dem Titel: *TOA – Wunderwaffe gegen Schulkonflikte? Über den weiten Weg vom Täter-Opfer-Ausgleich zur Schulmediation* stellten die Autoren ihre damaligen Erfahrungen aus der Praxis dar, wie auch die Probleme, die in der

---

[673] Vgl. Kurzdarstellung der Konfliktbearbeitung an Schulen der Brücke München unter http://www.brueckemuenchen.de (Download vom 25.05.2014)
[674] Vgl.http://www.konfliktschlichtung.de/wb/media/download_gallery/Selbstdarstellung%20%Verein%20Konfliktsc hlichtung.pdf (Download vom 25.05.2014)
[675] Vgl. http//www.toa-bremen.de/schupro.html (Download vom 27.05.2014)
[676] In Berlin gibt es z.B. einen Notfallordner, der in Krisenfällen den Lehrern vor Ort eine Leitlinie vorgibt. In den Anhängen zu diesem Notfallordner wird unter der Stichworten Tatausgleich und Wiedergutmachung auf die Möglichkeit von TOA und Tatausgleich, sowie auf die regionalen Anbieter dazu hingewiesen. Notfallpläne für Berliner Schulen, Ergänzungsblätter, Stand 02/2011, siehe dazu die Erklärungen zu den Berliner Notfallplänen von Winther und Kommnick u.a. mit Verweis auf die Praxis in anderen Bundesländern, 2012, S. 38ff.
[677] Schreckling, 1992, S. 249

Zusammenarbeit entstehen, wenn der Gedanke der Konfliktschlichtung nur halbherzig im Konzept der Schule berücksichtigt und damit nicht gelebt wird.[678] Ihre Abhandlung liest sich heute, 20 Jahre später, noch aktuell, als wäre sie erst kürzlich geschrieben worden, da die TOA-Fachstellen immer noch mit den selben Problemen zu kämpfen haben. Eine regelmäßige und projektübergreifende Diskussion zum Thema Schulen und TOA fehlte aber in den folgenden Jahrzehnten und wurde erst wieder mit dem Beitrag von *Jacob* und *Grünewald* anlässlich des 15. TOA-Forums im Mai 2014 in Trier in Gang gesetzt.[679] Als erster Ausblick lässt sich eine Nische für den Täter-Opfer-Ausgleich ausmachen, der bestehende Angebote an Schulen nicht ersetzen, jedoch im Hinblick auf gravierende Vorfälle, Gewaltmeldungen und einen strafrechtlichen Hintergrund sinnvoll ergänzen könnte, sofern es gelingt, ihn in der Denk- und Herangehensweise der Akteure vor Ort präsenter zu machen.

Auch auf der Ebene der Schüler, nicht nur der Schule, spielt die Frage nach der Akzeptanz einer Maßnahme eine bedeutende Rolle. Die Evaluationsstudie von *Bohnsack* und *Nentwig-Gesemann* zu einem Projekt für Peer-Mediation an einer Berliner Oberschule lieferte hier erste, tiefergehende Einblicke. Demnach existierten bei einer Gruppe von älteren, männlichen Schülern, die sich an traditionellen Männlichkeitsvorstellungen orientierten, starke Ablehnungen gegen ein Mediationsmodell, welches sich an Kompromissbereitschaft, Kommunikation und Regelhaftigkeit orientiert. Im Hinblick auf die Welt der Erwachsenen und speziell die der Lehrerschaft wurden diese Eigenschaften negativ besetzt, da man sich hier couragierte und emotional zugewandte Autoritätspersonen wünschte, die beherzt in Konflikte eingreifen können, ohne dabei auf einen schulischen Sanktionsapparat zurückgreifen oder sich hinter einer formellen Rolle verstecken zu müssen. Die Akzeptanz einer Peer-Mediation wurde daran geknüpft, ob die entsprechenden Schüler über ausreichend Anerkennung durch die Mitschüler verfügen und ob man ihnen die Fähigkeiten zutraut, hier erfolgreich zu vermitteln. Hier wurden Ambivalenzen deutlich, zum einen wurden männliche Vermittler durch die oben genannte Gruppe als *unmännlich* und *schwach* bezeichnet , wenn sie sich auf die Spielregeln einließen, einen Konflikt im Rahmen einer Mediation anzugehen bzw. diesen als Mediator bearbeiten zu wollen, zum anderen räumte dieselbe Gruppe der Mediation eine gewisse Relevanz ein, wenn es darum ging, über die Mediation Deeskalationen zu vermeiden, sofern das Verfahren nicht in schulische Sanktionsmechanismen eingebettet, sondern als Alternative dazu verstanden wird.[680] Erkenntnisse wie diese gilt es, auch im Hinblick auf das Engagement des Täter-Opfer-Ausgleichs im Umfeld der Schulen mit zu bedenken, wobei im Hinblick auf die Strukturen vor Ort einem externen Anbieter einer Maßnahme natürlich klare Grenzen gesetzt werden.

---

[678] Vgl. Kuhn und Wandrey, 1997, S. 253-280
[679] Vgl. Jacob und Grünewald, 2014, S. 86-93
[680] Vgl. Bohnsack und Nentwig-Gesemann, 2010, S. 275ff.

2.6.3 Täter-Opfer-Ausgleich bei Fällen häuslicher Gewalt

Die Bearbeitung von Fällen von häuslicher Gewalt im Täter-Opfer-Ausgleich löste anfangs teils harsche Kritik aus. So war es *Oberlies*, die anlässlich der Eröffnung einer spezialisierten TOA-Fachstelle in einem offenen Brief ihre Kritik deutlich machte. Ihrer Meinung nach sei es ein falsches Signal, wenn man den Tätern signalisiere, dass häusliche Gewalt kein strafbares Unrecht sei, sondern eher „eine Verfehlung, die im Wege partnerschaftlicher Übereinkünfte aus dem Weg geräumt werden kann." Weiterhin würde der Vorfall in den privaten Bereich zurückgegeben, in dem er entstand, und durch die Transformation einer Straftat in einen Konflikt dem – zumeist weiblichen Opfer indirekt eine Mitschuld unterstellt.[681] Autorinnen wie etwa *Bals* entgegneten, dass selbstverständlich nicht jeder Fall von häuslicher Gewalt für den TOA geeignet sei.[682] Dort jedoch, wo die Geschädigten über Ressourcen verfügen, sich aktiv gegen die erlebte Gewalt zu stellen, sei es um die Beziehung in gewaltfreie Bahnen zu lenken oder sie jedoch zu beenden, sei der TOA sinnvoll und wirksam.[683] Die Befragung von *Bals* von Opfern und Tätern aus dem Bereich der häuslichen Gewalt ergab, dass hier ein merkliches Interesse vorhanden war, einen TOA zu versuchen, wobei der Wunsch nach der Aufarbeitung zwischenmenschlicher Aspekte, die Ausarbeitung von zukunftsorientierten Vereinbarungen, materielle und auch symbolische Wiedergutmachung oder auch der Beginn einer langfristigen Bearbeitung von Problemen von den Beteiligten als Motivation genannt wurden.[684] Um in einem so schwierigen Bereich zu agieren, wurden TOA-Standards für die Bearbeitung von Fällen häuslicher Gewalt entwickelt,[685] und Initiativen wie die „Bundesarbeitsgemeinschaft Täterarbeit Häusliche Gewalt e.V." nennen spezialisierte TOA-Fachstellen als wichtige Kooperationspartner.[686] Beim Täter-Opfer-Ausgleich im Bereich von Jugendlichen und Heranwachsenden auf Seiten der Beschuldigten zählen auch Eltern-Kind-Konflikte, erstmalige Gewalt in jungen Paarbeziehungen sowie gewalttätige Geschwisterkonflikte, die zur Anzeige gebracht wurden, zu dem Begriff der häuslichen Gewalt. Im Erwachsenen-Bereich sehen Praktiker wie *Bermel* und *Hertel* den TOA als geeignet an, um in „getrennten Partnerschaften", in denen es „zu einer einmaligen Eskalation gekommen ist", im Rahmen des TOA verbindliche Absprachen für den zukünftigen Umgang miteinander zu vereinbaren.[687] Der TOA kann zum Ausgang genommen werden, um sich über auslösende Probleme, die Kommunikations- und Streitkultur, Alternativen und Deeskalationsstrategien sowie begleitende Maß-

---

[681] Vgl. Oberlies, 2001, S. 87-88
[682] Siehe dazu auch Netzig, 2007, S. 246
[683] Vgl. Bals, 2010, S. 118
[684] Vgl. Bals, 2010, S. 244-246, die Zusammenfassung ihrer Ergebnisse aus der sie ein Potenzial für die Praxis des Täter-Opfer-Ausgleichs ableitet siehe ebenda, S. 241-261
[685] Vgl. TOA-Standards für die Bearbeitung von Fällen häuslicher Gewalt bzw. Bearbeitung von TOA-Fällen im sozialen Nahraum unter www.waage-hannover.de/Standards_haeuslGewalt.pdf (Download vom 01.06.2014)
[686] Vgl. Standards und Empfehlungen für die Arbeit mit männlichen Tätern, Materialien zur Gleichstellungspolitik Nr.109/2008, S. 13
[687] Vgl. Bermel und Hertel, 2012, S. 20-23

nahmen, wie eine Familien- oder Paarberatung oder weiterführende Hilfen im Rahmen des Jugendamtes, zu verständigen.

2.6.4 Täter-Opfer-Ausgleich bei schweren und schwersten Straftaten

Ein weiteres Themenfeld, welches bei der Entwicklung des TOA von Bedeutung sein mag, soll hier kurz skizziert werden. Mit großem Interesse verfolgten die Teilnehmer des 15. TOA-Forums 2012 in Münster den Beitrag der Holländerin Kristel Buntix, die über ihre Erfahrung aus den Mediationen zwischen inhaftierten Sexualstraftätern und Mördern und den Hinterbliebenen der Opfer berichtete. Straftatbestände, aber auch das persönliche Leid der Opfer, bei denen zumindest in Deutschland wenig bis gar nicht an persönliche Begegnungen gedacht wird, die jedoch aus der Perspektive der Geschädigten umso wichtiger waren, um mit ihrem Opfersein besser umgehen zu können.[688] Nur sehr vereinzelt verfügen TOA-Vermittler über praktische Erfahrungen in Tötungsdelikten.

2.6.5 Täter-Opfer-Ausgleich im Strafvollzug

Im engen Zusammenhang mit dem Bereich der schweren Straftaten steht die Thematik des Täter-Opfer-Ausgleichs im Rahmen des Strafvollzuges. Lange Zeit bildeten die Mauern von Untersuchungshaft und Strafvollzug nicht nur eine in Stein und Metall manifestierte Grenze zur Außenwelt, sondern auch eine „ideologische" Grenze innerhalb der TOA-Bewegung. Dabei spielten organisatorische Überlegungen – wie sind Täter und Opfer zusammenzubringen? -, aber auch inhaltliche Überlegungen eine Rolle, wenn sich die Diskussion darum drehte, ob hinter der Motivation des Täters nicht nur der Wunsch nach Hafterleichterung stünde, mehr als der ernstzunehmende Versuch einer Tataufarbeitung, auch im Sinne des Geschädigten, der nach der Tat und der Gerichtsverhandlung das Geschehene vielleicht erfolgreich verarbeitet – oder zumindest erfolgreich verdrängt hat und nun Jahre später von den Schatten der Vergangenheit in Form eines weitergeleiteten Briefes aus der Haftanstalt eingeholt wird.[689] Vor dem Hintergrund des Diskurses zu Restorative Justice und Täter-

---

[688] Vgl. Kurzdarstellung des Beitrages von Christel Buntix: Victim Offender Mediation in serious crimes in prison in Belgium bzw. unter dem Titel: Täter-Opfer-Ausgleich bei Tötungsdelikten – Möglichkeiten und Risiken in der Info Mappe des TOA-Servicebüros zum 14. TOA-Forum in Münster vom 09.-11. Mai 2012 in Münster, ohne Seitenzahl. Siehe auch die Internetveröffentlichung der Verschriftlichung des Vortrages unter http://www.lwl.org/lja-download/fobonline/anlage.php?urlID=11248 (Download vom 01.07.2012)
[689] Vgl. Über erste (erfolgreiche) Versuche über sog. Opferbetreuerinnen Kontakt zu den Opfern herzustellen, sowie positive Fallschilderungen aus der Opferperspektive berichtete 1990 Brenzikofer am Beispiel der Schweizer Strafanstalt Saxerriet. Im Hinblick auf die Haftentlassung, den Resozialisierungsgedanken und auch die Verantwortung zur Wiedergutmachung gegenüber den Opfern werden hier über Sozialarbeiter und

Opfer-Ausgleich ist auch die inhaltliche Diskussion über TOA im Rahmen des Strafvollzuges neu entfacht. Die rechtlichen Rahmenbedingungen des Strafvollzuges (für Erwachsene) bieten gleich mehrere Schnittstellen zum Wiedergutmachungsgedanken. Nach § 2 StVollzG soll die Gesellschaft vor weiteren Straftaten geschützt, gleichzeitig der Inhaftierte bei der Wiedereingliederung unterstützt werden, wozu auch eine Auseinandersetzung mit der Tat und die Übernahme von Verantwortung gehört. Nach § 73 StVollzG soll der Inhaftierte in seinem Bemühen gestärkt werden, den durch seine Straftat entstandenen Schaden zu regulieren. In den Bundesländern, in denen seit der Föderalismusreform von 2006 eigene Strafvollzugsgesetze erlassen wurden, sind die Gesetze und ihre Anliegen weitgehend identisch.[690] In einer bundesweiten Onlinebefragung wurden Vollzugsbedienstete aus Strafanstalten zu ihrer Einschätzung über TOA im Strafvollzug befragt, um einen Überblick über die Akzeptanz oder Ablehnung bzw. die Machbarkeit solcher Projekte zu evaluieren. Den Teilnehmern (N=459) war demnach der TOA gut bekannt, jedoch in der Praxis wenig vertraut. Wiedergutmachungen für die Opfer und Kontaktaufnahmen zu diesen, in geeigneten Fällen, fanden 80 % der Befragten sinnvoll.[691] Aufbauend auf diesen als ermutigend zu bezeichnenden Ergebnissen starteten erste Modellprojekte, wie etwa die Kooperation des TOA-Bremen mit der JVA Bremen-Oslebshausen, in deren Rahmen zwischen September 2009 und September 2011 intensive Vorgespräche mit 27 Inhaftierten stattfanden. Innerhalb der Projektphase konnte mit 7 Opfern ein Kontakt hergestellt werden, der zu einem erfolgreichen Abschluss führte, wobei es nicht immer automatisch zu einer persönlichen Begegnung kam, sondern auch im Rahmen von Pendelmediationen zufriedenstellende Ergebnisse für beide Seite erreicht wurden.[692] *Hartmann, Haas, Steengrafe* und *Steudel* ziehen mit Blick auf die Erfahrungen in Bremen das Fazit, dass es Vermittler mit viel Erfahrung bedarf, um in diesem Feld verantwortungsvoll vermitteln zu können. Gleichzeitig sei der Täter-Opfer-Ausgleich in der Lage, in mehreren Richtungen wichtige Denkanstöße auszulösen und damit den Zielen eines opferorientierten und resozialisierungsfördernden Strafvollzugs näher zu kommen.[693]

Opferbetreuer in geeigneten Fällen Kontakte zwischen Opfern und Tätern hergestellt. Brenzikofer, 1990, S. 357ff.
Über einen Opferorientierten Ansatz in der therapeutischen Arbeit mit Haftinsassen im europäischen Vergleich siehe auch Dünkel, 1990, S. 371ff.
[690] Vgl. Hartmann, Haas, Steengrafe und Steudel, 2012, S. 28
[691] Vgl. Hartmann, Haas, Steengrafe und Steudel, 2012, S. 30
[692] Vgl. Hartmann, Haas, Steengrafe und Steudel, 2012, S. 31f.
[693] Vgl. Hartmann, Haas, Steengrafe und Steudel, 2012, S. 33

2.6.6 Täter-Opfer-Ausgleich und Stalking

Auch der noch recht junge Straftatbestand des Stalkings,[694] also die „exzessive Verfolgung eines Menschen mit andauernder oder wiederholter Belästigung, Bedrohung oder gar Ausübung von Gewalt"[695] und der Täter-Opfer-Ausgleich haben Berührungspunkte, auch wenn diese erst auf einen zweiten oder dritten Blick ersichtlich werden. So können sich Stalker und Opfer zunächst fremd sein, Stalking kann sich aber auch nach dem Abbruch von Beziehungen, aus häuslicher Gewalt, aus Mobbingsituationen heraus, über das Internet oder im beruflichen Kontext ergeben, in denen Opfer und Täter sich kennen. Die Nachstellung des Opfers, das in der Regel keinen Kontakt zum Täter wünscht, kann dabei fast sämtliche Delikte und Tatbestände, wie etwa Beleidigung, Bedrohung, Nachstellung, Nötigung, Hausfriedensbruch, üble Nachrede und Verleumdung bis hin zu körperlichen Übergriffen, gar Tötungsabsichten enthalten. Die Idee des Täter-Opfer-Ausgleichs, hier beide Seiten in einen Dialog zu bringen, gar ein gemeinsames Treffen und ein Gespräch zu arrangieren erscheint hier völlig fehl, zumal der (meist) männliche Täter dadurch den Eindruck gewinnen muss, seinem Ziel, der Herstellung oder der Wiederherstellung einer Beziehung zum Opfer ein großes Stück näher zu kommen. Der TOA-Bremen entwickelte jedoch das sogenannten Stalking **KIT** (**K**risen-**I**nterventions-**T**eam Stalking), in dessen Konzept eine gemeinsame Begegnung von Opfern und Tätern grundsätzlich gar nicht vorgesehen ist, jedoch spezielle Hilfsangebote für beide Seiten sowie die Verpflichtung des Täters oder der Täterin, das Opfer in Ruhe zu lassen und die Chance, durch intensive Gespräche nach den individuellen Ursachen zu forschen und langfristig wirkende, verhaltensändernde Lösungen zu entwickeln, die den Prozess des Stalkings beenden.[696] Auch hier bedarf es besonders geschulter, gemischtgeschlechtlicher Vermittlerteams, die darüber hinaus umfangreiche Kenntnisse zur Thematik des Stalkings und bestenfalls auch psychologisch fundierte Kenntnisse haben, da die Auslöser für Stalking in der Psyche des Stalkers zu finden sind. Nun lässt sich anmerken, dass eine solche vermittelnde, teils intervenierende, teils therapeutische Arbeit nicht zwangsläufig an eine TOA-Fachstelle angebunden sein muss. In Berlin gibt es seit dem April 2014 das Projekt **iTOB** (integrierte Täter-Opfer-Beratung), das angelehnt an das Bremer Konzept parallel Gespräche für Opfer und Tätern anbieten und an das Berliner Stop-Stalking-Projekt angegliedert ist.[697] Dort, wo die Fachstellen jedoch über das notwendige Know-how und geschultes Personal verfügen, scheint die Arbeit im Bereich des Stalkings angebracht, da es die Teams

---

[694] Anmerkung: Der § 238 (Nachstellung) des StGB gilt seit dem 31.03.2007
[695] Fiedler, 2006, S. 1
[696] Vgl. Winter 2009, sowie Winter und Dziomba 2010. Zum Stalking KIT des TOA-Bremen siehe auch den Flyer des Projekts unter http://stalking-kit.de/Flugblatt%20B.pdf über die Homepage des TOA-Bremen unter http://www.toa-bremen.de (Download vom 01.08.2013). Potenzial für die TOA-Praxis sieht auch Beutke, 2007, S. 16-21
[697] Vgl. Kurzkonzept der integrierten Täter-Opfer-Beratung iTOB, anlässlich der Projekteröffnung im April 2014

der TOA-Fachstellen sind, die es gewohnt sind, gleichzeitig mit beiden Seiten zu arbeiten, Opfern und Tätern.

2.6.7 Täter-Opfer-Ausgleich und (Cyber) Mobbing

Olweus beschrieb den Begriff des Mobbings anhand vier charakteristischer Merkmale, wonach einer Person von einer oder mehreren anderen Personen immer wieder absichtlich Schaden zugefügt wird, was auf Dauer zu Gefühlen von Hilflosigkeit auf Seiten des Opfers führt.[698] Die Attacken können dabei körperlicher und verbaler Art sein und zielen darauf ab, die Person des so Gemobbten aus einer Gruppe auszuschließen, ihn lächerlich zu machen, seine sozialen Kontakte zu torpedieren, seinen Ruf zu schädigen und ihn langfristig innerhalb der Gruppe (Arbeitskollegen, Schulklasse, Freundeskreis) zu isolieren.[699] Durch das Internet und moderne Kommunikationsmittel bekommt das Mobbing, auch „Cyberbullying" oder „Cybermobbing" genannt, eine neue Dimension verliehen, da die Identität des Aggressors verschleiert werden kann, Fotos in Sekundenschnelle ins Internet gestellt und dort mit beliebig vielen anderen Personen geteilt werden können und die Art der Schädigung quasi rund um die Uhr, also pausenlos geschehen kann. Bedingt durch die technischen Möglichkeiten des Internets, den verstärkten Zugang von Kindern, Jugendlichen und Heranwachsenden zu PC und Smartphones sowie die große Anziehungskraft von sozialen Netzwerken wie *facebook, whatsapp* etc, in denen Jugendliche miteinander kommunizieren, sich aber auch präsentieren, ihre Persönlichkeit und deren Wirkung nach außen austesten, was nicht immer nur eine positive Resonanz hervorruft, so kommt es auch in diesen Foren zu Cybermobbing, was sich in Form von Beleidigungen, Bedrohungen, dem Verbreiten von Gerüchten oder intimem Bildmaterial, entgegen einem Wahrheitsgehalt bzw. ohne das Wissen und die Zustimmung der dargestellten Personen, bis hin zu Morddrohungen darstellen kann. Straftatbestände die juristisch verfolgt und geahndet werden, sofern man die Täter ausmachen kann.

Ist es in der Welt der Erwachsenen vor allem der Arbeitsplatz, an dem es zum Mobbing kommt, so ist dies in der Lebenswelt von Kindern und Jugendlichen vor allem der Bereich der Schule. *Schneider, Katzer* und *Leest* verweisen mit Blick auf nationale wie internationale Befunde auf die große Überschneidung von Opfer- und Tätergruppen im Bereich von Schule als realer Welt und dem Cybermobbing in der vir-

---

[698] Vgl. Olweus, 1993 „Der Begriff > Mobbing< leitet sich ab vom lateinischen Begriff mobile vulgus, was so viel wie >Pöbel, aufgewiegelte Volksmenge< bedeutet und über das englische to mob (jemanden bedrängen, anpöbeln, attackieren) ins Deutsche gelangte." Wyrwa, 2012, S. 18
[699] Vgl. Riebel, 2011, S. 186f.

tuellen Welt.⁷⁰⁰ Mobbing bzw. Bullying an Schulen kann sehr komplex sein. Die Rollen von Täter und Opfer sind nicht immer klar zu trennen.⁷⁰¹ Die Rolle der Mitschüler, der sogenannten *Bystander*, die durch ihr aktives Dazutun das Mobbing unterstützen oder eben durch bewusstes Wegsehen die Täter in ihrem Tun ermuntern und dem Opfer ihre Unterstützung verwehren spielen ebenso eine Rolle, wie die Kultur der jeweiligen Schule, mit Konflikten umzugehen bzw. Mobbingprozesse überhaupt wahrzunehmen. Gelingt es jedoch, die Akteure zu benennen und einen Konflikt aus der virtuellen Welt zurück in die reale Welt zu holen, so kann der Täter-Opfer-Ausgleich seinen Beitrag dazu leisten und die Beteiligten in einen Dialog bringen, um den Prozess des Mobbings zu durchbrechen. Analog zu den Degradierungsprozessen, die notwendig sind, um aus einem Mitschüler ein Opfer zu machen, bedarf es in der Schule Interventionen und Rituale, um aus „Opfern" und „Tätern" wieder Mitschüler zu machen und bestenfalls beide wieder in die Gemeinschaft der Klasse bzw. der Schule zu integrieren.⁷⁰² Dazu müssten aus Sicht der Praxis aber verstärkt Überlegungen getan werden, um den speziellen Anforderungen auch methodisch besser begegnen zu können. Die Autoren der Bielefelder Onlinestudie von 2012 beschreiben in ihrem Fazit unter anderem die Notwendigkeit, dass im Bereich der tertiären Präventionsmaßnahmen die Opfer dabei unterstützt werden müssen, das Erlebte besser verarbeiten zu können und dass die Täter „zum Beispiel im Rahmen eines Täter-Opferausgleichs den angerichteten Schaden – soweit das möglich ist – zumindest symbolisch wiedergutmachen."⁷⁰³

---

⁷⁰⁰ Vgl. Schneider, Katzer und Leest, 2013, S. 13, S. 97, so auch die Ergebnisse von Sitzer, Marth, Kocik und Müller, 2012, S.45, exemplarisch für Viele zum Thema Bullying unter Schülern, Scheithauer, Hayer und Petermann, 2003
⁷⁰¹ Vgl. Rostampour und Melzer, 2009, S. 169ff., Olweus, 2009, S. 281ff., Schneider, Katzer und Leest, 2013, S. 99
⁷⁰² Vgl. Jacob, 2013, Vortrag zum Thema TOA und Cybermobbing, unver. Manuskript
⁷⁰³ Vgl. Sitzer, Marth, Kocik und Müller, 2012, S. 47

3 Polizei und Täter-Opfer-Ausgleich

Im dritten Kapitel dieser Arbeit wird der Frage nachgegangen, welche Rolle der Täter-Opfer-Ausgleich in der polizeilichen Praxis, den polizeilichen Präventionskonzepten und in der polizeilichen Jugendsachbearbeitung spielt. Der Täter-Opfer-Ausgleich, so viel sei vorweg genommen, hat im umfangreichen Anforderungsprofil an die Polizeien der Bundesländer keine tragende Rolle, jedoch werden auf den ersten Blick Schnittstellen deutlich, wie etwa der Opferschutz, die polizeiliche Jugendsachbearbeitung, die Diversions- und Präventionskonzepte der Polizei, so dass diese Schnittstellen hier genauer lokalisiert und beschrieben werden sollen.

Die Tatsache, dass die Institution Polizei sich mit den vormals originären Arbeitsfeldern der sozialen Arbeit bzw. der Sozialarbeit beschäftigt, diese für ihre Tätigkeit adaptiert und mitunter selbst besetzt, hat einen Vorlauf, der in der Entwicklung des Berufsbildes der Polizei zu finden ist, hinaus über eine rein repressive, hin zu einer vermehrt präventiven – kundenorientierten – Tätigkeit. Neben den Definitionen der jeweiligen Begrifflichkeiten soll dieser Entwicklung, wie auch dem Verhältnis von Sozialarbeit und Polizei, den Grenzen, aber auch Gemeinsamkeiten der Berufsbilder nachgegangen werden, da hier die Grundlagen zu finden sind, warum die Berufsgruppe der Polizei sich – hier am Beispiel des TOA – mit pädagogisch orientierten Interventionsformen beschäftigt. Um die Perspektiven und Grenzen einer Zusammenarbeit von TOA-Fachstellen und Polizei auszuloten, wird eine Betrachtung des Verhältnisses von Polizei und Staatsanwaltschaft, gerade im Ermittlungsverfahren, dringend notwendig, ist es doch die letztgenannte Institution, die nach den Ermittlungen der Polizei über den weiteren Verlauf des Strafverfahrens entscheidet. Wie sieht es aus mit den Kompetenzen der Institutionen Staatsanwaltschaft und Polizei und welche Verschiebungen im Kräfteverhältnis haben in den letzten Jahrzehnten stattgefunden? Welche Möglichkeiten haben Polizisten, den TOA anzuregen und welche *Gefahren* birgt dabei das frühe Stadium des Ermittlungsverfahrens? Den Abschluss des Kapitels bildet ein Blick in die verhältnismäßig junge Disziplin der Polizeiforschung in Deutschland, deren Entwicklung, ihre Fragestellungen und Forschungen, ihre Positionierung innerhalb der angrenzenden Wissenschaften, sowie ein Überblick über das Wenige, was bisher zum Verhältnis von Polizei und Täter-Opfer-Ausgleich bekannt ist. Damit soll eine weitere Grundlage gelegt sowie ein Übergang geschaffen werden zu dem daran anschließenden Abschnitt dieser Arbeit.

3.1 Die Polizei in Deutschland

3.1.1 Definition und Organisation

Nähert man sich dem Begriff des Wortes Polizei, so stößt man zunächst auf das griechische Wort „politeia", womit in der Antike *der Staat, die Verfassung* gemeint war, aber auch das im Wort enthaltene „polis" – *die Burg*. Später im römischen Staatswesen und damit in der lateinischen Sprache wurde aus dem griechischen politeia das lateinische „politia", jedoch bei gleicher Bedeutung des Wortes.[704] Auf deutschem Boden taucht der Begriff der „Polizcey" in der von 1476 datierten Stadtvorschrift des Fürsten von Würzburg auf, der damit den Zustand einer guten Ordnung im Zusammenhang mit dafür notwendigen Gesetzen verband.[705] Der Polizeibegriff unterlag in der Geschichte einer Wandlung und Entwicklung, hin zum heutigen Polizeibegriff, auf die an dieser Stelle jedoch nicht genauer eingegangen wird, so dass gleich an einem modernen Polizeibegriff sowie an Veränderungen der Polizei in Deutschland nach 1945 angeknüpft wird. Unter diesem modernen Polizeibegriff finden sich drei Richtungen wieder, die den Polizeibegriff mal enger, mal weiter definieren. Dem *materiellen Polizeibegriff* nach sind der Polizei alle Aufgaben zuzuordnen, die Gefahren von der öffentlichen Sicherheit und Ordnung abwehren, um diese aufrechtzuerhalten, wobei unter diese Definition auch andere staatliche Behörden fallen. Differenzierter dagegen ist der *institutionelle* Polizeibegriff, wonach nur jene Behörden als Polizei bezeichnet werden sollen, die auch nach außen als Polizei auftreten dürfen und als solche erkennbar sind, sowie der *formelle* Polizeibegriff, wonach alle von einer als Polizei bezeichneten Behörde ausgeübten Tätigkeiten zu verstehen sind.[706]

Folgt man dem Polizei-Lexikon, dann ist die Polizei ein „in Behörden und Verbänden institutionalisierter Teil der staatlichen Exekutive, deren Aufgabe es ist, die öffentliche Sicherheit und Ordnung und das staatliche Gewaltmonopol aufrechtzuer-

---

[704] Vgl. Graßmann, 2009, S. 90
[705] Vgl. Süss, www.krimlex.de Polizeibegriff, (Download vom 06.06.2014)
[706] Vgl. Süss, www.krimlex.de Polizeibegriff, (Download vom 06.06.2014), siehe zur Entwicklung des Polizeibegriffs auch Schenke, 2005, S. 1ff.

halten."[707] Das Gabler Wirtschaftslexikon erklärt den Begriff und die Aufgabe der Polizei als: „Behörde mit der Aufgabe, von der Allgemeinheit oder dem Einzelnen Gefahren abzuwehren, durch die die öffentliche Sicherheit oder Ordnung gestört würde. (...) Zu unterscheiden ist zwischen der Polizei als Vollzugspolizei (Schutzpolizei, Kriminalpolizei, Bundespolizei etc.) und den Ordnungsbehörden (...)."[708] Allein durch die Organisation der Polizeien in Deutschland wird deutlich, dass es *die Polizei* nicht gibt, sondern einen Verbund von Polizeiorganisationen. Die Polizei in Deutschland ist weitgehend Ländersache, so dass es 16 Polizeien der Bundesländer gibt, dazu auf Bundesebene das Bundeskriminalamt (BKA) und die Bundespolizei (ehemals der Bundesgrenzschutz) sowie eine eigene Polizei zum Schutz des Deutschen Bundestages, insgesamt also 19 unterschiedliche Polizeibehörden.[709] Wenn im Folgenden von der Polizei die Rede ist, dann ist im Zusammenhang mit der Polizeipraxis die Vollzugspolizei gemeint und im Zusammenhang mit der Polizei als gesellschaftliche Institution die Polizei als Organisation an sich, im Sinne eines *institutionellen* Polizeibegriffs.

3.1.2 Kernaufgaben: Repression, Prävention und Opferschutz

In den Polizeigesetzen der Bundesländer findet sich unter den ersten Paragraphen in der Regel der Aufgabenbereich der Polizeien, der mit der Aufrechterhaltung von *öffentlicher Sicherheit* bzw. der *öffentlichen Ordnung* beschrieben wird.[710] Wie dies zu geschehen hat, ist ebenfalls in den Polizeigesetzen der Bundesländer festgelegt: Diese sind für Baden-Württemberg das Polizeigesetz (PolG), für Bayern das Gesetz über Aufgaben und Befugnisse der Bayrischen Staatlichen Polizei/ Polizeiaufgabengesetz (PAG), für Berlin das Allgemeine Gesetz zum Schutz der öffentlichen Sicherheit und Ordnung in Berlin/Allgemeines Sicherheits- und Ordnungsgesetz (ASOG), für Brandenburg das Gesetz über die Aufgaben, Befugnisse, Organisation und Zuständigkeit der Polizei im Land Brandenburg/Brandenburgisches Polizeigesetz (BbgPolG), in Bremen das Bremische Polizeigesetz (BremPolG), in Hamburg das Gesetz zum Schutz der öffentlichen Sicherheit und Ordnung (SOG), in Hessen das Gesetz über die öffentliche Sicherheit und Ordnung (HSOG), für Mecklenburg-Vorpommern das Gesetz über die öffentliche Sicherheit und Ordnung/Sicherheits- und Ordnungsgesetz (SOG M-V), in Niedersachsen das Niedersächsische Gesetz über die öffentliche Sicherheit und Ordnung (Nds.SOG), in Nordrhein-Westfalen das Polizeigesetz des Landes Nordrhein-Westfalen (PolG NRW), in Rheinland-Pfalz das

---

[707] Polizei Lexikon, 2. völlig neubearbeitete und wesentlich erweiterte Auflage, 1995, S. 404
[708] Gabler Wirtschaftslexikon http://wirtschaftslexikon.gabler.de/Archiv/13837/polizei-v10.html (Download vom 01.06.2014)
[709] Vgl. Groß, 2012, http://www.bpb.de/politik/innenpolitik/76660/polizeien-in-deutschland?p=0 (Download vom 07.01.2013), zur Organisation der Polizei in Deutschland siehe auch, Albrecht, 2010, S. 171ff.
[710] Vgl. Groß, Frevel und Dams, 2008, S. 29

Polizei- und Ordnungsbehördengesetz (POG), im Saarland das Saarländische Polizeigesetz (SPolG), in Sachsen das Polizeigesetz des Freistaates Sachsen (SächsPolG), in Sachsen-Anhalt das Gesetz über die öffentliche Sicherheit und Ordnung des Landes Sachsen-Anhalt (SOG LSA), in Schleswig-Holstein das Allgemeine Verwaltungsgesetz für das Land Schleswig-Holstein (LVwG), in Thüringen das Thüringer Polizeiaufgabengesetz (THürPAG) in Verbindung mit dem Ordnungsbehördengesetz (ThürOBG).

Traditionell orientiert sich die Polizeiarbeit an den beiden großen Komplexen, der Gefahrenabwehr (Prävention) und der Strafverfolgung (Repression). Dafür ist sie mit einer besonderen Eingriffsmacht ausgestattet und unterliegt dem Legalitätsprinzip. Bedingt durch die in der Kriminalpolitik und Kriminologie erfolgte Hinwendung zu den Interessen des Opfers (siehe auch Abschnitt 1.3.5) sowie einem Wandel innerhalb der Polizei, was deren Selbstverständnis und Aufgaben anbelangt (siehe dazu Abschnitt 3.1.3) und der daraus erwachsenden Rolle des Opfers in den Präventionsstrategien der Polizei, kann vom Opferschutz als dritter polizeilicher Kernaufgabe gesprochen werden.[711] Diese drei Hauptaufgaben der Polizei sind dabei eng miteinander verzahnt. „Prävention, Repression und Opferschutz sind integrierter Gesamtauftrag der Polizei", so *Feltes*.[712]

3.1.3 Die Polizei, eine Organisation im Wandel

Nähert man sich als Außenstehender der Institution der Polizei, so wird einem zunächst die Ebene des Sichtbaren, des selbst Erlebbaren bewusst werden. Mediale Bilder prägen die Vorstellung von den vielfältigen Aufgaben der Polizei und vom Erscheinungsbild des Polizisten[713] als ‚Bürger in Uniform´, dem ´Freund und Helfer´ oder dem ‚Kontrolleur´, wenn es um die Einhaltung von Gesetz und Ordnung geht, vielleicht wenig ‚geliebt' im Augenblick des Erteilens eines Strafzettels für zu schnelles Fahren im Straßenverkehr. Kaum ein Abend im deutschen Fernsehen ohne ´Tatort´, ´Großstadtrevier´ oder US-amerikanische Profiler auf der Jagd nach Serienkillern oder Bilder aus den Nachrichten, in denen die Polizei einen Bombenanschlag vereiteln konnte, einen Geiselnehmer überwältigte oder bei Verkehrsunfällen und anderen Unglücken vor Ort ist. Vielfältig sind die Einsatzgebiete und Aufgaben der Polizei, die Beamten begleiten Castor-Transporte mit Atommüll zu den Endlagerstätten, begleitet von Demonstrationen, befassen sich mit Terrorbekämpfung, politischem und religiösem Extremismus, organisierter Kriminalität, dem internationalen Drogen- und Menschenhandel, beschützen Politiker und Staatsgäste, beteiligen sich

---
[711] Vgl. Frevel und Kuschewski, 2007, S. 155f.
[712] Vgl. Feltes, 2012, S. 37
[713] Über die Diskrepanz von Fernsehbildern und dem tatsächlichen Polizeialltag vgl. Kersten, 2005, S. 113ff.

an Auslandseinsätzen und schulen dort angehende Polizisten, trennen gegnerische Fußballfans voneinander, ermitteln bei Mordfällen, intervenieren, wenn sie zu Nachbarschaftskonflikten oder Fällen häuslicher Gewalt gerufen werden und klären in Schulen und Kindergärten Kinder und Jugendliche über die Gefahren im Straßenverkehr, die Gefahren, die von Alkohol und Drogen ausgehen, auf und engagieren sich auf dem Gebiet der Jugendkriminalität, doch dazu später mehr. Auf einen ersten, wenn auch noch wenig differenzierten Blick kann davon ausgegangen werden, dass es sich bei der Polizei um eine große Organisation handelt mit einem wichtigen Stellenwert und großer Verantwortung für die Gesellschaft, mit vielen Tätigkeitsfeldern, die Logistik, spezielle Schulung, spezialisierte Abteilungen und personelle Ressourcen benötigen, um diese vielfachen Aufgaben und Anforderungen bewältigen zu können.

Das polizeiliche Selbstbild und Selbstverständnis sowie das, was als Kernaufgabe angesehen wird, unterliegt dem Wandel der Zeit sowie äußeren und inneren Einflüssen, auch wenn im Kern wesentliche Aspekte der Polizeiarbeit beibehalten wurden. Gleichzeitig ist es abhängig von den Wurzeln und Entwicklungslinien, die hier, wenn auch nur holzschnittartig, skizziert werden sollen. Die Wurzeln der Polizei sind im Militär zu finden. Die uniformierte Polizei der Kaiserzeit übernahm nicht nur Aufgaben, die zuvor das Militär erfüllen musste, sondern auch ein militärisches Erscheinungsbild, dieselben Dienstgrade und Ränge, einen vom Militär übernommenen Sprachgebrauch sowie starke militärische Komponenten innerhalb der Polizeiausbildung.[714] *Dams* beschreibt jenen frühen Typus des Polizisten zu jener Zeit als ein, aus Sicht weiter Teile der Bevölkerung, „Repräsentant einer Obrigkeit, die man bestenfalls widerwillig akzeptierte, aber nicht respektierte."[715] Zu groß war die Diskrepanz, zwischen einem, auf absolute Loyalität und Gehorsam gegenüber der Obrigkeit ausgelegtes Selbstbild der Polizei und den Lebenswelten der Arbeiterschaft, die auf gesellschaftliche Mitbestimmung und Veränderung drängte und in der Polizei weitgehend ein Organ zum Machterhalt und zur Verteidigung der Herrschaftsinteressen sah.[716] Die wohl dunkelste Epoche der deutschen Polizei begann mit der Machtergreifung der Nationalsozialisten, in deren Folge es zu mehrfachen Umstrukturierungen sowie einer starken Vermischung von Polizei und Gestapo, Polizei und SS und anderen Diensten kam. Der Polizeiapparat war „tief in die Unrechtstaten des NS-Staates verwickelt", sei es „auf dem Gebiet der Judenverfolgung", bei den Repressionen gegenüber Sinti, Roma, Homosexuellen oder in Form von Polizeibataillonen, die in Osteuropa an der Verfolgung und Ermordung von mindestens 500.000 Menschen beteiligt waren.[717] Mit dem Ende der Nazi-Herrschaft im Mai 1945 begann ein Prozess der Neuorientierung und eine Ausrichtung der Polizeiaufgaben an den Vor-

---

[714] Vgl. Dams, 2005, S. 134f.
[715] Vgl. Dams, 2005, S. 137
[716] Eindrucksvoll an dieser Stelle die Ausführungen Lindenbergers über den Einsatz des Säbels, als Waffe des Polizisten, vornehmlich gegen Arbeiterschaft und Unterschicht. Lindenberger, 2011, S. 209f.
[717] Vgl. Groß, Frevel und Dams, 2008, S. 14

gaben und Vorstellungen der Alliierten, die vor allem auf eine Entmilitarisierung, Demokratisierung und Entnazifizierung der Polizei drangen. Dams beschreibt in seinen Betrachtungen über die Polizei in Deutschland nach 1945 diesen Versuch als nur bedingt erfolgreich, da viele ehemalige Polizisten, die schon zur NS-Zeit Dienst taten, wieder Zugang zur Polizei fanden und auch bei Neuanstellungen seien diese noch zu NS-Zeiten sozialisiert worden, so dass man nur „bedingt von einem echten personellen Neuanfang" reden kann.[718] Nach der Gründung der Bundesrepublik und im Rahmen des kalten Krieges zwischen Ost und West wurden in beiden deutschen Staaten militärisch organisierte Einheiten geschaffen, wie etwa die KVP-Verbände (Kasernierte Volkspolizei) der DDR und eine kasernierte, auf militärische Ausbildung und Drill ausgerichtete Bereitschaftspolizei und Schutzpolizei im Westen, die bis in die 1960er Jahre den militärischen Vorbildern verbunden blieben.[719] Erst mit einem Wechsel in der Generation der Führungskräfte und gesellschaftlichen Entwicklungen zwischen den Jahren 1967 und 1972 kam es zu einem Paradigmenwechsel, welcher dazu führte, die Polizei weg von einer paramilitärischen Organisation, hin zu einer an praktischer Polizeiarbeit, der Orientierung an wissenschaftlichen Erkenntnissen und einem – an der zivilen Welt ausgerichteten Leitbild – zu entwickeln.[720] Auch das Idealbild des Polizisten änderte sich in den ersten Jahrzehnten der Bundesrepublik, so wurde bereits 1972 im sogenannten Saarbrücker Gutachten die Vision eines modernen Polizeibeamten in Form eines *Sozialingenieurs* entworfen.

Markante Ereignisse und gesellschaftliche Entwicklungen in der Bundesrepublik prägten und veränderten das Rollenverständnis der Polizei, polizeiliche Handlungsmuster sowie die bis dahin gängige Einsatz- und Polizeiphilosophie. Der Tod des Studenten Benno Ohnesorg etwa, der 1967 in Berlin anlässlich des Schah-Besuchs durch eine Polizeikugel getötet wurde und die sich anschließenden 1968er Studenten- und Bürgerproteste, bei denen sich die Polizei massiver gesellschaftlicher Kritik ausgesetzt sah. Der Kampf des Staates gegen die Rote-Armee-Fraktion (RAF), der in den 1970er Jahren begann und sich bis in die 90er Jahre erstreckte, sowie die Proteste der Anti-Atomkraft-Bewegung ebenfalls beginnend mit den 1970er Jahren (Gorleben, Wakersdorf, Brokdorf) polarisierte die Gesellschaft. Traumatisch auch die Geiselnahme der israelischen Mannschaft anlässlich der Olympischen Spiele 1972 in München in Verbindung mit dem völligen Versagen der Sicherheitskräfte und dem Tod der Geiseln sowie die Entführung der Lufthansa-Maschine Landshut 1977 durch Terroristen und die erfolgreiche Befreiung der Geiseln durch die neu gegründete GSG 9. In den 1980er Jahren dann die heftigen Auseinandersetzungen zwischen der Staatsmacht und den Demonstranten um die Startbahn West, die Auseinandersetzung mit der Hausbesetzer-Szene in Berlin und Hamburg mit ihren Hö-

---

[718] Vgl. Dams, 2008, S. 10, über alte Seilschaften in der Polizei und das entsprechende Bild der Polizei aus Sicht der '68er Studentenbewegung u.a. auch Kersten, 2003, S. 109
[719] Vgl. Dams, 2008, S. 11f.
[720] Vgl. Dams, 2008, S. 13, siehe dazu auch Stationen auf der Entwicklung einer Polizeikultur von Behr, 2006, S. 26ff.

hepunkten in den 1980er und 90er Jahren und viele mehr. In den 1980er Jahre wurden erstmals auch Frauen zum uniformierten Vollzugsdienst zugelassen, was Groß, Frevel und Dams als „fundamentalen Bruch in der traditionellen Polizeikultur" beschrieben, da damit ein bisher klassisch und traditionell männlich ausgerichtetes Berufsbild eine völlig neue Komponente erhielt.[721] Eine weitere große Herausforderung kam mit der Wiedervereinigung der beiden deutschen Staaten am 3. Oktober 1990 und der damit bedingten Übernahme der Volkspolizei auf die Polizeien zu, was gerade die Polizisten der neuen Bundesländer vor „erhebliche Anpassungsleistungen" stellte, da diese vormals zentralistisch organisiert und natürlich am Staatswesen der DDR ausgerichtet waren und hier beruflich sozialisiert wurden. Die ehemaligen Volkspolizisten mussten sich Überprüfungen stellen und in einem neuen System zurechtfinden, da das Modell der westdeutschen Polizei fast vollständig auf die neuen Bundesländer übertragen wurde.[722] Mit der Öffnung der Polizei, für Staatsbürger mit Migrationshintergrund, kam es zu einer weiteren Veränderung im System der Polizei die sowohl den neuen als auch den alten Organisationsmitgliedern Anpassungsleistungen abverlangte.[723] Bei allen Betrachtungen über die Veränderungen bei der Polizei darf nicht außeracht gelassen werden, dass alles, was bei der Polizei geschieht, politisch bedingt ist und aufgrund der Gewaltenteilung durch die Innenministerien und das Parlament bestimmt wird.[724] Die Polizeipolitik gibt die Richtung vor, bestimmt die Schwerpunktsetzung der Polizeiarbeit und entscheidet nicht zuletzt über die finanziellen, personellen und technischen Ausstattungen der Polizei. Die Politiker und damit die Gesellschaft, die diese gewählt hat, kontrollieren damit ein großes Stück weit die Arbeit der Polizei und nehmen Einfluss auf die Polizei und die Diskussion über die Polizei, die sich zwischen zwei unterschiedlichen Paradigmen im Umgang mit der Bevölkerung und dem Umgang mit abweichendem, Verhalten wiederfindet, wie es sich anhand der Schlagworte von law and order, zero tolerance oder smart policing kurz und prägnant beschreiben lässt.[725] Die Polizei, ihr Wirken nach Innen und Außen, ihre konzeptionelle Ausrichtung und damit auch das Handeln ihrer Mitglieder, die ebenfalls Teil der Gesellschaft sind, bleiben von gesellschaftlichen Veränderungen nicht unberührt und müssen sich diesen Veränderungen stellen, wobei der Polizei meist eine reaktive Rolle zukommt.

Rückblickend kann festgestellt werden, dass gesellschaftlicher und politischer Druck von außen, Protest gegen althergebrachte Vorgehensweisen, ein Generationswechsel in der polizeilichen Führungsschicht, sowie neue Herausforderungen und technische Neuerungen (bessere Motorisierung, Computer, DNA-Analyse etc.),

---

[721] Vgl. Groß, Frevel und Dams, 2008, S. 19. Über Chancen und Barrieren in einer männlichen Organisation siehe auch Wilde und Rustemeyer, 2007, S. 51ff.
[722] Vgl. Groß, Frevel und Dams, 2008, S. 20 zu dem Thema siehe auch Asmus, 2007, S. 71ff.
[723] Über „Fremde" bei der Polizei siehe auch Hunold, 2008, Liebl, 2009 und Hunold, Klimke, Behr und Lautmann, 2010
[724] Vgl. Frevel und Groß, 2014, S. 7
[725] Die Polizei zwischen Null Toleranz und Bürgernähe, Kersten, 2003, S. 105f., Über die Ambivalenz der Polizei zwischen Smart-policing und Zero-tolerance siehe auch Behr, 2006. S. 69f.

eine Verbesserung der Ausbildung (siehe dazu Abschnitt 3.7) der Polizei, Spezialisierungen, aber auch ein Umdenken über den Umgang mit dem polizeilichen Gegenüber (etwa im Umgang mit Demonstranten bei Großveranstaltungen durch moderne Einsatzkonzepte) zu einer Veränderung der Polizei geführt hat.[726] Die Polizei wandelte sich innerhalb von Jahrzehnten von einer militärisch geprägten Truppe zu einem modernen Dienstleister, dessen Angebot an die Gesellschaft nicht weniger als das Versprechen einer Inneren Sicherheit ist, die es zu gewährleisten gilt. *Behr* beschreibt, wie mit den 1980er Jahren einhergehend neue Begrifflichkeiten aus Marketing, Management und Marktwirtschaft Zugang zur Debatte um die Orientierung der Polizei fanden. So machte man sich bei der Polizei nun Gedanken über ein einheitliches Auftreten nach außen im Rahmen einer *Corporate Identity* und um *soft skills*, soziale Kompetenzen im Umgang mit dem *Kunden*, aber auch im Umgang zwischen Vorgesetzten und Untergebenen. Der *Bürger*, vormals ein Herrschaftsunterworfener, wandelt sich in der Denkweise der Vordenker der Polizei zum *Kunden*, „der von der Polizei eine Dienstleistung erhält und einfordern kann."[727]

Die Umstrukturierungen, Polizeireformen, neue Leitbilder, ein Qualitätsmanagement bei der Polizei, dies alles, mag es auch noch so notwendig, wichtig und richtig für eine moderne Polizei sein, hat innerhalb der Organisation und vor allem bei ihren Mitgliedern Spuren hinterlassen. *Lüdemann* und *Ohlemacher* beschrieben kurz nach der Jahrtausendwende die Polizei als eine *verunsicherte Institution*, deren Organisationsmitglieder an der Basis darunter litten, dass man ihnen immer mehr Aufgaben und immer mehr Know-how abverlange, ohne dass sich an der Bezahlung, den Arbeitsbedingungen, der Personalstärke oder der gesellschaftlichen Anerkennung etwas verbessern würde. Im Hinblick auf den Kooperationspartner Staatsanwaltschaft fühle man sich oft zu „Hilfsbeamten" degradiert und suche nach Ausweichstrategien, und auch durch andere Behörden fühle man sich als „Mädchen für alles" oder sogar als „Mülleimer" missbraucht,[728] da von der Institution Polizei – die als einzige Institution rund um die Uhr geöffnet hat[729] – erwartet wird, einfach da zu sein, sich zu kümmern und den Leuten zu *ihrem Recht* zu verhelfen, wenn es darum geht, eine Anzeige vorzubringen, einen Streit zu schlichten, für Ruhe - und Ordnung zu sorgen. Die Polizei sah sich dabei nun verstärkt mit neuen Aufgaben konfrontiert, für die sie vorher nicht zuständig war. Irritationen innerhalb der Organisation der Polizei lassen sich dabei grob, durch innere und äußere Einflüsse bedingt, unterscheiden, wie etwa die Zufriedenheit mit den Arbeitsbedingungen, das eigene Rollenver-

---

[726] Das Bundesverfassungsgericht stärkte im sogenannten Brokdorf-Urteil von 1985 das Recht auf Demonstrations- und Versammlungsfreiheit, was die Polizei zu einem Umdenken in der Einsatzstrategie brachte, sowie zu einem Versammlungsfreundlichen Verhalten verpflichtete. Zur Rolle der Polizei bei gewaltfreien Aktionen, zivilem Ungehorsam, sowie einer Protestkultur in einer Demokratie siehe auch Kueß, 2014, S. 78ff.
[727] Vgl. Behr, 2012, S. 186f.
[728] Vgl. Lüdemann und Ohlemacher, 2002, S. 182ff. Über Berufsgruppenidentität, Abgrenzungstendenzen und berufliche Habitusformationen von Polizisten als statusniedrigere Gruppe im Hinblick auf die Rolle der Staatsanwaltschaft siehe auch Kröniger, 2007, S. 129ff.
[729] Vgl. Feltes, 2012, S. 37

ständnis gegenüber wichtigen Kooperationspartnern oder das eigene Ansehen in der Gesellschaft. Dramatisch liest sich der Beitrag von *Speck*, der anhand der Berliner Polizei im Jahre 2005 von der stark abnehmenden Motivation an der Basis berichtet, sich für den eigenen Beruf zu begeistern und begründet dies mit Sparzwängen der Politik die damals zur ausbleibenden Übernahme eines ganzen Ausbildungsganges von Absolventen zum gehobenen Dienst in ein Beamtenverhältnis führte, sowie den Anpassungsproblemen an der Basis, den Paradigmenwechsel vom *Bürger* zum *Kunden* mit zu vollziehen, da „Pseudo-Managementlehren" und andere betriebswirtschaftliche Steuerungselemente die Polizeiarbeit bestimmen würden, so *Speck*, der die Frage stellt, ob Aspekte der freien Marktwirtschaft auf die Polizeiarbeit überhaupt übertragbar seien.[730] Auch *Blödt* macht durch die vielfachen Reform- und Anpassungsprozesse bei der Polizei mitunter *Erschöpfungssymptome* aus, Verunsicherungen und Widerstände bei den Organisationsmitgliedern, was nicht selten zu einer Verklärung der Vergangenheit führen würde, wonach früher alles besser war.[731] Die Organisationsmitglieder der Polizei treffen auf Veränderungen innerhalb der Organisation der Polizei, bedingt durch Neuerungen, Sparzwänge, erweiterte Aufgaben, sowie auf äußere Veränderungen in der Gesellschaft, auf die sie nicht immer die passende Antwort parat haben. Die Polizisten an der Basis werden mit gesellschaftlichen Phänomenen und Symptomen konfrontiert, die sie weder verursacht haben noch beseitigen können. Es wundert daher nicht, dass die Gewalt *gegen* Polizeibeamte und die Gewalt *durch* Polizeibeamte ein zentrales Thema innerhalb der Polizeiforschung darstellt (siehe dazu Abschnitt 3.7.2). *Behr* beschreibt die Konfrontation an den Rändern der Gesellschaft mit jenen, die aufgrund von Exklusion und ohne Chancen auf Teilhabe an gesellschaftlichen Vorzügen sich der Gesellschaft nicht mehr zugehörig fühlen. Polizisten hingegen würden jedoch nicht auf Resignation und fehlende Lebensperspektiven vorbereitet,[732] so *Behr*, bzw. hätten hier keine Alternativen zu bieten. Frustrationen sind da vorprogrammiert (siehe dazu u.a. auch Abschnitt 3.7.4.1).

Betrachtet man daraufhin die Erkenntnisse zur Selbst- und Fremdwahrnehmung der Polizei, dann werden hier Unterschiede sichtbar, die zunächst auf ein fragiles Selbstwertgefühl auf Seiten der Polizei hindeuten. In der Bevölkerung genieße der Polizeibeamte ein hohes Ansehen, so etwa *Jaschke*, der sich dabei auf den alljährlich erhobenen „Vertrauensindex" der GfK-Gruppe (ein großes Marktforschungsunternehmen) und deren Ergebnisse von 2010 bezieht, wonach der Polizeiberuf auf Platz drei lag, was Ansehen und Vertrauen in eine bestimmte Berufsgruppe anbelangt, gleich nach Feuerwehrleuten und Ärzten.[733] Auch *Dams* beschreibt, mit einem Blick zurück auf die Entwicklung der Polizei seit 1945, die Polizei als „die staatliche

---
[730] Vgl. Speck, 2005, S. 243 zu den unterschiedlichen polizeilichen Handlungslogiken der Bürokraten, des Managements und der Basis siehe auch Christe-Zeyse, 2007, S. 175ff.
[731] Vgl. Blödt, 2009, S. 59 mit direktem Bezug auf Jacobs et al., 2005, S. 306
[732] Vgl. Behr, 2012, S. 190f.
[733] Vgl. Jaschke, 2011

Institution, zu der die Bürgerinnen und Bürger das größte Vertrauen haben (...).[734] Eine EMNID (ein weiteres Marktforschungsinstitut) Umfrage aus dem Jahr 2002 in 15 deutschen Großstädten zum Vertrauen der Bürger gegenüber ihrer Polizei ergab, dass dies überwiegend positiv bewertet wurde, mit Noten zwischen 2,3 (beste Note) und 2,9 (schlechteste Note).[735] Auch auf kommunaler Ebene bekommt die Polizei überwiegend gute Noten,[736] wobei angemerkt werden muss, dass die Begrifflichkeiten hier nicht einheitlich sind, da mal nach dem Ansehen der Polizei, den eigenen Erwartungen an die Polizei, nach der Einschätzung der Arbeit der Polizei, dem Vertrauen gegenüber der Polizei und anderem gefragt wird.[737] Werden jedoch Polizisten selbst befragt, wie sie die Meinung der Bevölkerung über sich selbst einschätzen, dann wird hier ein eher negatives Image vermutet, dass im Widerspruch zu den meisten Umfragen in der Bevölkerung steht.[738] Jedoch scheint sich hier eine erste Trendwende anzudeuten. In der Befragung von *Ohlemacher* anhand der Polizei Niedersachsens aus dem Jahr 2001 schätzen die Befragten das Vertrauen der Bevölkerung realistisch und hoch ein und auch die Befragungen des Kriminologischen Forschungsinstituts Niedersachsen (KfN) von Polizisten in den Jahren 1991 und 2001 zeigten einen deutlichen Anstieg in der Berufszufriedenheit der Beamten, die sich und ihre Arbeit durch die Bevölkerung auch mehr gewürdigt fühlten.[739] Im Hinblick auf das polizeiliche Selbstverständnis werden ambivalente Gefühle sichtbar, die sowohl Selbstvertrauen als auch Irritationen beinhalten können, die bedingt sind durch die schwierige Rolle, Träger des Gewaltmonopols zu sein, die sich nicht auflösen lassen und Teil des Polizeiberufes bleiben werden. Folgt man *Reemtsma*, so wollen Polizisten *geliebt* werden für das was sie tun, verbunden mit einer Anerkennung durch die Gesellschaft und müssen dennoch mit der Paradoxie klarkommen, auf der einen Seite Freund und Helfer sein zu wollen und sich gleichzeitig den Unmut weiter Teile der Bevölkerung zuzuziehen, wenn sie Castor-Transporte begleiten, Nazi-Aufmärsche beschützen oder bei ungeliebten Großprojekten, wie Stuttgart 21, die Interessen der Politik durchsetzen müssen.[740] Abgesehen von tagespolitischen Einflüssen, regionalen Unterschieden und dem Thema der Fragestellung bleibt das Bild einer Organisation der Polizei, die sich als Dienstleister versteht, der eine gesellschaftliche Aufgabe übernimmt, anstatt die Interessen von Einzelnen zu vertreten, der dabei notfalls auch Zwang anwenden muss und darf (und sich dabei an Regeln und Gesetz halten muss) und der in dieser Kombination eine wichtige Aufgabe in der Gesellschaft wahrnimmt und daraus auch Ansehen und Selbstwertgefühl generiert. Im Hinblick auf die gestärkte Rolle der Polizei im Rahmen der Kriminalitätsverhütung (Präventi-

---

[734] Dams, 2008, S. 14, so auch Ohlemacher, 2005, S. 1ff. und Liebel, 2005, S. 151ff.
[735] Vgl. Jaschke, 2011, S. 3 mit Verweis auf einen FOCUS Bericht vom 29.04.2002
[736] Vgl. Dölling, Feltes, Heinz und Kury, 2003
[737] Zu Differenzierungen siehe Feldmann-Hahn, 2001, S. 6f., oder auch Liebl, 2005, S. 151ff.
[738] Den frühen Stand nationaler und internationaler Forschung dazu zusammenfassend und ergänzend, Feltes, 1990, S. 189ff., siehe auch von Richthofen, 1994, S. 91ff.
[739] Vgl. Ohlemacher, 2005, S. 1-16
[740] Vgl. Reemtsma, 2003, S. 7ff.

on), von der in den nächsten Abschnitten die Rede sein wird, habe sich die Polizei „zwangsläufig zu einer prioritären gesellschaftlichen Instanz" entwickelt und vollziehe damit gleichsam eine Erhöhung des eigenen Status innerhalb der Gesellschaft, die ihr sehr gelegen käme, da sie trotz positiver Umfragewerte nach wie vor an einem Identitätsproblem leide und sich im Rahmen der Entwicklung, um Prävention und *community policing*, ein neues Selbstbild entwickelt hat und darüber neue Profilierungsmöglichkeiten finde, so *Frehsee*.[741]

3.2 Polizei und Kriminalprävention

Im Rahmen eines seit Jahren anhaltenden Booms, Kriminalität auf mehreren Ebenen präventiv zu bekämpfen, hat sich gezeigt, dass dies eine gesamtgesellschaftliche Aufgabe mit mehreren Akteuren ist, wie etwa der Polizei, der Justiz, den Jugendämtern, der Sozialarbeit, den Schulen, Städten und Kommunen. Im Positionspapier der DVJJ wird Kriminalprävention daher auch wie folgt definiert:

„Kriminalprävention umfasst die Gesamtheit aller staatlichen und privaten Bemühungen, Programme und Maßnahmen, welche Kriminalität als gesellschaftliches Phänomen oder als individuelles Ereignis im voraus verhüten, Straftaten in ihrer Anzahl verringern und deren Folgen mindern sollen."[742]

Da es jedoch zu den originären Aufgaben der Polizei gehört, nicht nur repressiv auf bekanntgewordene Straftaten zu reagieren, sondern auch präventiv diese bereits im Vorfeld zu verhindern – so festgelegt in den jeweiligen Polizeigesetzen der Bundesländer – kommt der Polizei automatisch eine führende Rolle bei der Kriminalprävention zu. *Freehse* bezeichnet sie daher als „dominante Instanz" der „sozialen Kontrolle" sowie als den „zentralen Träger präventiver Konzepte",[743] und nach *Breymann* „dominiert (die Polizei: Anmerkung O.J.) tonangebend die Präventionsszene" nicht selten auch dort, wo die bisherigen Akteure sich zurückgezogen haben „und Antworten oft schuldig bleiben."[744] In kriminalpräventiven Arbeitskreisen, Gremien und den gern genannten *Runden Tischen* nehme die Polizei inzwischen eine „konstitutionelle und konzeptionelle Vorreiterrolle ein", so *Emig*.[745] Folgt man *Behr*, dann hat die Einbindung der Polizei als Hilfsinstanz in die kommunale Kriminalprävention ihren Schei-

---

[741] Vgl. Frehsee, 2011, S. 355
[742] Position der DVJJ (Deutsche Vereinigung für Jugendgerichte und Jugendgerichtshilfen e.V) zur Kriminalprävention über die Homepage der DVJJ http://www.dvjj.de/artikel.php?artikel=749 (Download vom 12.08.2011) Inzwischen zu finden unter http://www.dvjj.trilos.de/artikel.php?artikel=749 (Download vom 30.07.2015)
[743] Vgl. Freehse, 2011, S. 354
[744] Vgl. Breymann, 2012, S. 5
[745] Vgl. Emig, 2011, S. 150

telpunkt jedoch bereits wieder überschritten: „Die Rufe nach einer Konzentration auf die Kernaufgaben der Polizei werden lauter, und mit Kernaufgaben meint man natürlich unterm Strich das Streifefahren und die Reaktion auf Notrufe."[746] Gerade in Zeiten knapper Kassen in den Kommunen scheint es verlockend, hier im Rahmen der Kriminalprävention Aufgaben auf die Polizei zu übertragen aus Bereichen, aus denen sich die vormals Zuständigen bereits zurückgezogen haben. Die Polizei präsentiert sich hier im Rahmen von kommunaler Prävention als aktiver Akteur vor Ort auf vielfachen Ebenen, muss aber auch erkennen, was personell und finanziell zu leisten ist. Vor dem Hintergrund der Debatte um die Kernaufgaben der Polizei sehen *Frevel* und *Kuschewski* daher die Notwendigkeit der Kooperation auf der Ebene der Kommunen und die Einsicht im Rahmen der Polizei, nicht alles selber machen zu müssen, nicht alles selber machen zu können, sondern auf die Erfahrungen und Ressourcen anderer Experten und Akteure zu setzen, sollen die polizeilichen Kernaufgaben bewältigt werden.[747] Doch bevor die Chancen und Risiken der Kriminalprävention sowie praktische täter- und opferorientierte polizeiliche Präventionsstrategien betrachtet werden sollen, ein kurzer Exkurs über den Präventionsgedanken an sich.

3.2.1 Die Dynamik des Präventionsgedankens – Chancen und Risiken

Unter dem Oberbegriff der Prävention (lat.: praevenire = zuvorkommen) lassen sich zunächst disziplinübergreifend all jene Aktivitäten bezeichnen, die darauf abzielen, einem als negativ besetzten Ereignis vorzubeugen, es also nicht stattfinden zu lassen, seine Eintrittswahrscheinlichkeit auszuschließen oder zumindest in seiner Auswirkung abzumildern.[748] Der Begriff der Prävention bzw. der der Vorsorge begegnet uns daher in der Alltagswelt im Gesundheitswesen, z.B. mit seiner Krebs-, Zahn- und allgemeinen Gesundheitsvorsorge, wie auch Vorsorgeimpfungen, dem Finanz- und Versicherungswesen, mit seinen Anlagestrategien gegen eine zu geringe staatliche Rente und ein abgesichertes Leben im Alter, Versicherungen, die im Falle von Not und Übel die Kosten übernehmen sollen oder mildern, dem Erziehungsbereich mit seiner Frühförderung und Aufklärung vor den Gefahren des Alkohol- und Drogenmissbrauchs, dem Präventivschlag oder Präventivangriff im Bereich von Politik und Militär sowie dem Bereich der Kriminalitäts- und Gewaltprävention. Die Vorteile der Prävention liegen auf der Hand. Durch Vorbeugung lässt sich später Schlimmeres verhindern, „Prävention agiert, statt zu reagieren",[749] sie ist aktiv und nach vorn gewandt, sucht nach den Ursachen, um diese zu minimieren oder gar „im Keim zu er-

---
[746] Behr, 2012, S. 185, siehe auch Feltes über den Rückzug der Polizei aus der Primärprävention, Vgl. Feltes, 2012, S. 36f.
[747] Vgl. Frevel und Kuschewski, 2007, S. 153ff.
[748] Vgl. Luhmann, 1991, S. 38, siehe auch Lehne, 2002, S. 170
[749] Schieweck, 2010, S. 165

sticken",[750] um so das Ungewollte, das Bedrohliche, das Abweichende zu verhindern, oder um es mit *Hassemer* zu sagen:

„Niemand leuchtet mehr ein, das Kind erst in den Brunnen fallen zu lassen, bevor man mit helfenden Eingriffen reagiert. Man muss, davon sind wir heute überzeugt, den Problemen zuvorkommen und sie beseitigen, bevor sie entstehen. Das ist Prävention: entschlossene Reaktion auf die Erwartung künftiger Schäden."[751]

Der Präventionsgedanke setzt dabei an einer Art Versprechen, für eine sicherere, planbarere und möglichst risikoarme Zukunft, die, wenn man nur bei Zeiten die richtigen Entscheidungen trifft, real werden kann. Nicht vorzusorgen, nicht zu agieren, wäre demnach fahrlässig, müsste man sich doch dem Vorwurf aussetzen, dass man ein Übel durch Prävention hätte verhindern können, ja verhindern müssen. Folgt man *Luhmanns* Ausführungen, so kann man die Gefahr der Umwelt zurechnen, das Risiko, welchem man sich aussetzt, jedoch ein Stück weit durch eigenes Handeln selbst beeinflussen.[752] Schon im Volksmund heißt es *Vorsorge ist besser als Nachsicht*. Der Präventionsansatz ist auf der Hoffnung aufgebaut,[753] die Zukunft beeinflussen, ja beherrschen zu können.[754] Nach *Freehse* hat sich die Prävention zu einem Leitprinzip einer Gesellschaft entwickelt, die geprägt ist von Individualisierung, Konsum, Leistungsfähigkeit, bestmöglicher Selbstverwirklichung und dem Wunsch nach dem größtmöglichen Ausschluss von Gefahren und der Suche nach Sicherheiten in einer Welt, die technisch und medizinisch beherrschbarer geworden ist und gleichsam durch die globalen Gefahren, wie etwa Atomwaffen, Viren, Terrorismus, auch für das einzelne Individuum unkalkulierbar und damit auch riskanter wurde.[755] *Bröckling* skizziert den Präventionsgedanken in seiner Soziologie der Prävention als eine Art von Zukunftsmanagement für zeitgenössische Gesellschaften, in dem es um den Versuch geht, die Zukunft zu bändigen, Risiken zu bannen, aber auch, dass die Wahrscheinlichkeit des Erfolges durch Kosten-Nutzen-Rechnung ökonomisiert wird.[756]

Aus der Logik des Vorbeugens ergeben sich – hier nun konkret im Bereich der Kriminalprävention - weitere Überlegungen: „Kriminalprävention wird gern als Gegenpol zur repressiven Kriminalitätsbekämpfung gesehen. Es werden damit Interventionsstrategien assoziiert, die statt auf Repression und Kontrolle auf Unterstützung, auf die Behebung von Defiziten, ja letztlich auf die Beseitigung der Ursachen von

---
[750] Strasser und van de Brink, 2005, S. 3
[751] Hassemer, 2002, S. 235
[752] Vgl. Luhmann, 1991, zitiert nach Bröckling, 2008, S.40
[753] Vgl. Schieweck, 2010, S. 167
[754] Vgl. Bröckling, 2008, S. 38ff.
[755] Vgl. Freehse, 2011, S. 351. Anmerkung: Freehse nennt Atomkriege, Viren und Terror nicht direkt sondern schreibt unter der angegebenen Quelle von Schädigungs- und Vernichtungspotentialen mit im Versagensfall unbeherrschbaren Risiken von globaler Auswirkung.
[756] Vgl. Bröckling, 2008, S. 38-48

Kriminalität setzen."[757] Demnach ist die Kriminalprävention humaner als die Repression, dem Täter erspart es im Erfolgsfall die Übelzufügung durch die Strafe und dem Opfer wird Leid und Schaden erspart. Die Justiz, die immer nur reagieren kann, sobald eine Straftat begangen wurde, kommt zu spät und auch im Hinblick auf den bereits thematisierten (siehe dazu auch Abschnitt 1.4.2), nur wenig eintretenden Effekt der Rückfallvermeidung nach Strafe entsteht ein deutlich besserer Effekt bei der Vermeidung zukünftiger Straftaten. Kriminalprävention mache auf der Suche nach kriminalitätsfördernden Ursachen auf gesellschaftliche Missstände aufmerksam und sei darüber hinaus kostengünstiger als Repression, so *Ostendorf*, der die Vorteile von Kriminalprävention zusammenfasst.[758]

Jedoch kann Prävention auch repressive Anteile haben. So können zum Beispiel auch zeitintensive pädagogische Maßnahmen oder eine längere Inhaftierung, vom Jugendgericht verhängt, von denen man sich in beiden Fällen eine ausbleibende Rückfälligkeit erhofft, unter das Label der Prävention fallen,[759] werden von den Betroffenen jedoch als repressive Eingriffe erlebt. In größeren Zusammenhängen gedacht, fallen auch der Lauschangriff, die Netzfahndung, eine Vorratsdatenspeicherung oder auch eine vorsorgliche Personenkontrolle unter den Begriff der Prävention, was Kritiker dazu bringt, die Vorverlagerung der polizeilichen Tätigkeiten unter dem Aspekt der Ausweitung der sozialen Kontrolle zu sehen und dem mitunter schmalen Grat zwischen individueller Freiheit und Sicherheit.[760] Auch muss Kriminalprävention nicht zwingend den Anspruch haben, gesellschaftliche Ursachen für Kriminalität zu verhindern, sondern eher deren Symptome zu bekämpfen, womit sie oberflächlich und systemerhaltend wäre. Zwei Quellen, die sich sehr kritisch auch mit möglichen Negativerscheinungen der (Kriminal)Prävention auseinandersetzen, sollen an dieser Stelle genannt werden. Diese könne auch zur „Ausweitung sozialer Kontrolle, Produktion krimineller Karrieren, Selektivität der Kontrolle und Sanktionierung zu Lasten unterprivilegierter Bevölkerungsgruppen, Stabilisierung gegebener Herrschaftsstrukturen, Enteignung von Konflikten und unnötige Leidzufügung in Form von Strafe" beitragen, so, die Debatte dazu zusammenfassend, *Lehne*.[761] Und weiter *Bröckling*:

> „Die Mittel, mit denen sie ihre Ziele erreichen will, sind dagegen ebenso gut repressiver wie produktiver Natur. So wenig ihr Gegenstand *a priori* festliegt, so gegensätzlich ist auch die Wahl ihrer Interventionsformen und Akteure: Prävention straft und belohnt, droht und ermutigt, schreckt ab und belehrt, sammelt und sondert aus, entzieht

---

[757] Lehne, 2002, S. 169
[758] Vgl. Ostendorf, 2005, S. 6
[759] Vgl. Dollinger, 2012, S. 29
[760] Vgl. Lamneck, 2008, S. 276f., siehe auch Singelnstein und Stolle, 2012, S. 66-69
[761] Vgl. Lehne, 2002, S. 173

Ressourcen und teilt sie zu, installiert technische Kontrollsysteme und nutzt soziale Netzwerke"[762] (Hervorhebung im Original).

Die Aussagen von *Lehne* und *Bröckling* werden verständlicher, wenn man sie vor dem Hintergrund der Debatte um die gesellschaftlichen Transformationsprozesse und ihre Auswirkungen betrachtet, in denen sich unsere Gesellschaft und die anderer westlicher Staaten befinden und deren komplexes Zusammenwirken den Präventionsboom bestimmen. Der Abbau des Sozial- und Wohlfahrtsstaates zugunsten einer neoliberalen Wirtschaftpolitik mit einer Deregulierung der Märkte und dem freien Spiel der Kräfte am Markt führte zu massiven ökonomischem wie gesellschaftlichen Veränderungen. Durch technologischen Fortschritt und die Globalisierung werden weniger, dafür aber immer besser qualifizierte Arbeitskräfte gebraucht. Das Versprechen des Wohlfahrtsstaates von Lohnerwerb, sozialer Absicherung und Wiedereingliederung in den Arbeitsmarkt, etwa bei Krankheit oder Arbeitslosigkeit, kann per se nicht mehr eingelöst werden. Im neoliberalen Konzept wird sowohl der Erfolg, aber auch das Scheitern dem Individuum selbst zugeschrieben, Verantwortlichkeiten und Risiken werden privatisiert, verbunden mit einem stärker werdenden Druck auf die Bevölkerungsschichten, die weniger Chancen haben als andere. Desintegration, Abgrenzung und Ausgrenzung sind die Folgen und die Furcht, gerade der Mittelschicht, vor dem Verlust des eigenen Status, verbunden mit einem Wunsch nach immer mehr Sicherheit, Abgrenzung zu „Risikogruppen" und dem Vermeiden von Risiken im Sinne der Präventionslogik. Eng verwoben mit diesen Entwicklungen sind die Zunahmen der Punitivität und der Paradigmenwechsel innerhalb der Kriminalpolitik, der sich weg vom Gedanken der Resozialisierung (wenn auch nicht völlig) zugunsten eines Präventions- und Risikomanagements, verbunden mit verstärkter sozialer Kontrolle orientiert hat.[763] Bereits Franz von Liszt hat es mit seinem vielzitierten Ausspruch auf den Punkt gebracht, wonach eine gute Sozialpolitik die beste Kriminalpolitik ist. Dort, wo der Einzelne und seine Kompetenzen individuell gefördert werden, der Zugang zu Bildung gesichert ist, Ressourcen gerecht verteilt werden, Solidarpakte die Schwachen nicht ausschließen, sondern integrieren, dort kommt es zu einer stärkeren Verinnerlichung gemeinsam geteilter Normen und Werte und damit auch zu weniger Kriminalität.[764] Gruppen am sogenannten Rand der Gesellschaft entstehen, bzw. werden gemacht. Aus der Perspektive der Präventionsdynamik entstehen „Risikogruppen" wie Arme, Drogenabhängige, Ausländer oder eben Jugendliche durch Zuschreibungsprozesse, da durch deren Verhalten oder deren Existenz eine potenzielle Bedrohung für Ordnung und Sicherheit verknüpft wird, aber auch durch steigende soziale Ungleichheit und Konkurrenzdruck unter den Bevölkerungsgruppen. Besonders problematisch wird es für die „bis zu 150.000 jungen Menschen, die jedes Jahr

---
[762] Bröckling, 2008, S. 39
[763] Vgl. Siehe dazu u.a. Kunz, 2001, S. 188ff., S. 357ff. und S. 364ff., Galuske, 2008, S. 9ff., Lutz, 2010, S. 25ff., Bettinger, 2011, S. 441ff., Dollinger, 2011, S. 125ff., Singelnstein und Stolle, 2012, S. 11-60
[764] Vgl. Singelnstein und Stolle, 2012, S. 24, siehe dazu auch Lutz, 2010, S. 25-44

nur eingeschränkt ausbildungsfähig den Arbeitsmarkt erreichen", sowie die ohne Schulabschlüsse, die nahezu chancenlos bleiben.[765] Ein Präventionskonzept, etwa wie *Lehne* es fordert, mit einer Förderung individueller, sozialer Kompetenzen, einer Verbesserung des sozialen Umfeldes und der Lebensbedingungen, verbunden mit einer Stabilisierung des Rechtsbewusstseins durch das Elternhaus und eine positive Generalprävention,[766] muss nun konkurrieren mit der Logik der vorsorglichen Verhütung von Risiken, einer sozialen Kontrolle und Interventionen, die nicht am Individuum ansetzten, sondern daran, welches Risikopotenzial welcher Gruppe zugeordnet wird.[767] Von *Kunz* stammt dazu folgendes Fazit: „Die Kriminalpolitik hat ihren politisch-moralischen Bezug zur Schaffung einer gerechteren Welt aufgegeben und konzentriert sich auf ein technologisch betriebenes Sicherheitsmanagement."[768]

Im Bezug auf die Kriminalprävention stellt sich weiterhin die Frage, wo bei dem Wunsch nach Vorsorge, nach Sicherheit und Beherrschbarkeit der Zukunft, der eng verbunden ist mit individuellen Einstellungen, die Grenzen der Prävention liegen? Wann gibt es genug Sicherheit für die Gesellschaft? Wann wurde genug vorgesorgt? Wer entscheidet, was konformes und gewünschtes Verhalten und was abweichendes und ungewolltes Verhalten ist? Hat man die Adressaten seiner Bemühungen früh genug erreicht? Zu der Logik und Dynamik des Präventionsgedankens gehört die Erkenntnis, dass er „über keine inhärente Stoppregel" verfügt bzw. verfügen sollte, „die stark genug ist, ein Gegengewicht gegen die starke, weil überzeugende Binnenlogik der Prävention zu bilden."[769] Der Logik der Prävention folgend, kann sich ein an sich positiv besetzter Ansatz, unkontrolliert und unreflektiert, auch verselbständigen, eine Eigendynamik entwickeln oder, wie *Mensching* schon konkret in Bezug auf abweichendes Verhalten schrieb:

> „Indem wir unsere Abneigungen gegen abweichendes Verhalten bereits ins Vorfeld der potenziellen Möglichkeiten verlagern, kann es niemals ausreichende Prävention geben, denn man könnte immer noch früher beginnen bzw. einen noch größeren Personenkreis als Zielgruppe der Präventionsarbeit erschließen."[770]

Als eine der positivsten Auswirkungen der Debatte um die Kriminalprävention bleibt aus hiesiger Sicht die Erkenntnis, dass es neben allen punitiven und strafverschärfenden Überlegungen Erkenntnisse und auch den Willen gibt, dass (Jugend)Kriminalität und (Jugend)Gewalt eine gesamtgesellschaftliche Aufgabe ist, die nicht durch einzelne Akteure gelöst werden kann: „Verbindender Grundgedanke ist die Überzeugung, dass Erziehung, Lernen und Kompetenzerwerb gewalttätiges Ver-

---

[765] Henry-Huthmacher, 2013, S. 44
[766] Vgl. Lehne, 2002, S. 172
[767] Vgl. Singelnstein und Stolle, 2012, S. 66f.
[768] Kunz, 2008, S. 90
[769] Schiewek, 2010, S. 169
[770] Mensching, 2005, S. 27

halten von Jugendlichen erfolgreicher vermindern oder verhindern als ausschließlich repressive, kontrollierende Maßnahmen oder Sanktionen."[771]

3.2.2 „Risikogruppe Jugendliche"

Der Übergang von den Lebensabschnitten von Kindheit und Jugend zu der Welt der Erwachsenen bietet Chancen und so manch neue Herausforderungen und Aufgaben, die nicht immer ohne Risiken sind. Im Bereich der im Straßenverkehr getöteten und verletzten Personen nimmt die Gruppe der 15- bis 25 - Jährigen einen besonderen Platz ein. Hier herrscht ebenso eine größere Affinität vor, mit Alkohol und illegalen Drogen zu experimentieren, und auch im Bereich der registrierten Tatverdächtigen ist die Gruppe der Jugendlichen und Heranwachsenden deutlich überrepräsentiert.[772] Wie bereits an anderer Stelle dargestellt, gibt es gerade im Bereich der Täter-Opfer-Konstellation einen deutlichen Zusammenhang von Opfer und Täter, die gerade bei Jugendlichen einem ähnlichen Alter entsprechen (siehe dazu Abschnitt1.1.3) und sich soziale Räume in der Gesellschaft teilen müssen. Kindern, Jugendlichen und Heranwachsenden wird im Bereich der Prävention auf vielfache Weise eine besondere Aufmerksamkeit zuteil. Innerhalb der Kriminalprävention nimmt der Bereich der Kinder- und Jugendkriminalität sogar einen zentralen Platz ein, so dass diese Bevölkerungsgruppe zur Hauptzielgruppe wurde. Hier sind die Erwartungen besonders hoch, da man sich durch gezielte und rechtzeitige Interventionen bei auffälligen Kindern, Jugendlichen und Heranwachsenden erhofft, dass ein späteres Abdriften in kriminelle Karrieren noch verhindert werden kann.[773] Hoffnungen, die auf einer gewissen Logik aufgebaut sind, da die Entwicklung des jungen Menschen, sein Übergang von der Kindheit zur Jugend und letztendlich zum jungen Erwachsenen der geeignetste Zeitpunkt ist, um die Grundlagen für sein (soziales) Verhalten zu legen oder, um es mit dem Volksmund zu sagen: *Was das Hänschen nicht lernt, lernt der Hans nimmermehr.* Freehse begründet das starke Interesse an Jugendlichen als Risikogruppe mit einer, wie er schreibt, dramatisierten und mystifizierten Angstphantasie der Erwachsenenwelt, da Delinquenz von Jugendlichen – gerade im Gewaltbereich – vorzugsweise im öffentlichen Raum stattfinde und damit stärker wahrgenommen werde und jeden treffen könne. Parallelen zum Diskurs über Kriminalitätsfurcht, und der tatsächlichen Wahrscheinlichkeit, Opfer einer Straftat zu werden, dem Kriminalitätsrisiko sind dabei unverkennbar. Darüber hinaus schwinden in Zeiten zunehmenden Strafbedürfnisses Toleranz und Verständnisbereitschaft, zudem gehört die Gruppe der Jugendlichen in der Bevölkerung zu denen mit kaum Macht und wenig

---
[771] Holthusen und Hoops, 2011, S. 13
[772] Vgl. 2. Periodischer Sicherheitsbericht von BMI und BMJ, 2006 Tatverdächtigenbelastung, S. 30f., Drogenproblematik, S. 286ff. und Verkehrsdelikte S. 322f.
[773] Vgl. Holthusen und Hoops, 2012, S. 23

Lobby.[774] *Breymann* kritisiert, dass der Schaden, der der Gesellschaft durch Steuerbetrüger und kriminelle Machenschaften im Wirtschafts- und Bankensektor zugefügt wird, ungleich höher ausfällt, als dies jemals durch das Phänomen der Jugendkriminalität geschehen könnte, dass sich hier jedoch kein vergleichbarer Präventionsboom entwickelt habe, wie dies bei Jugendlichen der Fall sei.[775]

Autoren wie *Holthusen* und *Hoops* warnen vor einem inflationären Gebrauch und einer wenig reflektierten Verwendung des Präventionsbegriffs und kritisieren, dass sich in der Kinder- und Jugendhilfe Tendenzen ausmachen lassen, wonach fast alle Bemühungen auch unter einem kriminalpräventiven Aspekt angepriesen werden – sei es die Arbeit mit jungen Müttern oder Sprachkurse für Migranten, Sportveranstaltungen für Jugendliche etc. – womit der Gefahr der Zuschreibung, der Etikettierung und der Bildung von Risikogruppen Vorschub geleistet wird, was letztendlich zu einem gegenteiligen Effekt führe.[776] Jedoch würde das Versprechen, Probleme bereits im Vorfeld gar nicht erst entstehen zu lassen, „einen vergleichsweise leichten Zugang zu öffentlichen Ressourcen" ermöglichen.[777] Nachdem sich mit den 1990er Jahren die Politik aus Sparzwängen bzw. durch den Abbau des Wohlfahrtsstaates, vielfach aus der Finanzierung der Jugendarbeit zurückzog, was zur Schließung vieler Jugendeinrichtungen und Projekte führte, füllen nun Maßnahmen – die unter dem Label der Prävention, der Kriminalitätsvorsorge angepriesen werden – nicht selten auch unter der Regie der Polizei, diese Lücke. Aus Sicht der Pädagogik wird es jedoch problematisch, wenn man sich um junge Menschen bemüht, nicht weil man sich für diese interessiert, mit diesen gemeinsam etwas erleben und gestalten und diese dabei in ihrer Entwicklung fördern will, sondern weil man in ihnen eine potenzielle Risikogruppe, potenzielle Straftäter sieht, die es rechtzeitig zu erreichen und von möglichen strafbaren Handlungen abzuhalten gilt. Das, was schon immer ein positiver und natürlich auch wünschenswerter Nebeneffekt sozialer Arbeit war und ist, gerät nun zum Hauptziel, so dass es zu einer deutlichen Verschiebung der Prioritäten kommt. Die Sozialarbeit steckt nun in dem Dilemma, dass sie unter dem Druck des Präventionsbooms ihre Angebote danach ausrichten muss, wofür die Geldgeber bereit sind Mittel freizugeben.

„Hier ist es oft eine nackte Existenzfrage, im aktuellen Mainstream mitzuschwimmen, weil unter Bedingungen zunehmender Ökonomisierung der Sozialpädagogik, Effizienzkontrolle, Konkurrenz und Kundenorientierung nicht mehr die Funktion die Tä-

---

[774] Vgl. Freehse, 2011, S. 354
[775] Vgl. Breymann, 2012, S. 5
[776] Vgl. Holthusen und Hoops, 2012, S. 27
[777] Holthusen und Hoops, 2012, S. 24

tigkeit bestimmt, sondern die Nachfrage, wobei die „Kunden" der Jugendarbeit insofern nicht die Jugendlichen sind, sondern die Geldgeber."[778]

Hier gilt es nun, eine ausgewogene Balance zu finden zwischen kriminalpräventiven Projekten, die einen direkten Bezug haben, Kriminalitätsminderung und Rückfallvermeidung, und den anderen, weit gestreuten Aufgaben der Jugendhilfe.

3.2.3 Präventionskonzepte und polizeiliche Präventionsstrategien

Im Diskurs über die Präventionsstrategien begegnet einem zunächst die klassische Einteilung in primäre, sekundäre und tertiäre Präventionskonzepte, eine Einteilung, die auf *Kube* zurückgehen soll.[779] *Primäre Präventionsbemühungen* zielen auf ein gesamtgesellschaftliches Bewusstsein, sich möglichst konform und straffrei zu verhalten. Möglichen Ursachen von Kriminalität soll „über die verschiedenen Sozialisationsstufen hinaus mit vornehmlich erzieherischen Mitteln"[780] begegnet werden. Diese Bemühungen richten sich zunächst an die gesamte Bevölkerung und umfassen die breite Palette von Schul-, Sozial- und Familienpolitik sowie die Wirtschaft, Wohnungsbau und Medienlandschaft, um nur einige Beispiele zu nennen. *Sekundäre Präventionsbemühungen* zielen auf einer Verringerung von Tatanreizen, einer Erhöhung des Entdeckungsrisikos und gehen damit einher mit dem Abschreckungsgedanken einer negativen Generalprävention (siehe dazu auch Abschnitt 1.3.1). Auf Seiten des potenziellen Opfers zielt die Prävention darauf ab, „dieses über mögliche Schutzmaßnahmen gegen Kriminalität aufzuklären,"[781] etwa wenn es um den Schutz vor Einbruchsdiebstählen oder Handtaschendieben geht, etwa durch verstärkte Sicherungsmaßnahmen oder eine erhöhte Wachsamkeit, so dass man hier auch von opferorientierten Präventionsstrategien sprechen kann. Auf Seiten von potenziellen Tätern sollen mitunter durch den Einsatz von pädagogischen Interventionen und Angeboten „gefährdete bzw. tatbereite Personen" von einer Begehung von Straftaten abgehalten werden.[782] Im *tertiären Präventionsbereich* zielen die dortigen Bemühungen auf bereits straffällig gewordene Täter und eine Vermeidung von Rückfälligkeit in ein erneut straffälliges Verhalten. Resozialisierungsprogramme und die Diversion fallen ebenso darunter wie freiheitsentziehende Maßnahmen mit einem spezialpräventiven Ansatz, die die Zeit der Unterbringung im Sinne einer Besserung nutzen. Auf Seiten des Täters fällt der Täter-Opfer-Ausgleich demnach in den Bereich der tertiären Präventionsmaßnahmen, aus der Perspektive der Opfer kann er sekundär-

---
[778] Frehsee, 2011, S. 360f.
[779] Vgl. Kube, 1987, S. 10ff., Kube und Koch, 1993, siehe auch Schwind, 1996, §1, Randnummer 40, S. 12-13
[780] Frevel und Kuschewski, 2007, S. 160
[781] Frevel und Kuschewski, 2007, S. 160
[782] Lehne, 2002, S. 171

präventive Elemente enthalten, etwa wenn es darum geht, sich in Zukunft in vergleichbaren Tatsituationen strategisch anders zu verhalten. Bei Ansätzen der *situativen Prävention* geht es nicht um eine Abschreckung der Täter, vielmehr soll schlichtweg die Durchführbarkeit einer geplanten Tat erschwert oder gar unmöglich gemacht werden, etwa durch Videokameras, bauliche Veränderungen an öffentlichen Plätzen etc. wobei fraglich ist, ob die Kriminalität dadurch nicht nur in andere Räume verdrängt wird oder sich dadurch sogar negative Effekte ergeben, etwa wenn der Diebstahl eines Autos technisch erschwert wird und es dadurch zu Überfällen auf Fahrer *und* Wagen kommt. Der situative Ansatz fällt unter die im angelsächsischen Sprachraum gebräuchliche Unterteilung in tat- und täterbezogene Präventionsansätze, wonach zu den tatbezogenen Ansätzen die Reduzierung bzw. Erschwerung der Tatgelegenheiten gehört, wie auch eine Erhöhung des Entdeckungsrisikos. Gerade im Bereich der sekundären Prävention ist die Polizei verstärkt tätig, indem sie mit ihrem Know-how berät oder mittels Präsenz Straftaten verhindert. Durch die Möglichkeiten, etwa im Jugendstrafverfahren Empfehlungen für erzieherische Maßnahmen an die Justiz abzugeben, oder hier mit der Jugendhilfe zu kooperieren, kann sie auch Einfluss auf den Bereich der tertiären Prävention nehmen, wie es etwa am Vorschlagsrecht für Maßnahmen im Bereich der Diversion deutlich wird.

3.3 Die Rolle der Polizei im Jugendstrafverfahren

Die Rolle der Polizei im Jugendstrafverfahren wird durch den gesetzlichen und normativen Rahmen ihrer Aufgaben bestimmt. Gegenüber der Staatsanwaltschaft ist die Polizei zur Zusammenarbeit verpflichtet. Die strategischen und konzeptionellen Überlegungen der Polizei, im Rahmen der Kriminalprävention im Bereich der Jugendkriminalität erfolgreich Straftaten zu vermeiden, führen darüber hinaus zwangsläufig zu der Notwendigkeit, mit anderen Partnern, die sich um dieselbe Klientel und ähnliche Problemstellungen kümmern, zu kooperieren bzw. eigene adäquate Angebote und geschultes Personal vorzuhalten. Gerade im Bereich der Prävention von Jugendstraftaten kreuzen sich solche Bemühungen zwangsläufig mit den Arbeitsfeldern von Jugendhilfe und Sozialarbeit. In den folgenden Abschnitten wird das Verhältnis von Polizei und Staatsanwaltschaft im (Jugend)Strafverfahren sowie das Verhältnis von Polizei und Sozialarbeit/Soziale Arbeit/Jugendhilfe betrachtet werden, um darüber zu der polizeieigenen Jugendarbeit bzw. Jugendsachbearbeitung zu gelangen und zur Rolle des Täter-Opfer-Ausgleichs in den dort eigenen Konzepten.

3.3.1 Zum Verhältnis von Polizei und Staatsanwaltschaft im (Jugend)Strafverfahren

Der Staatsanwaltschaft kommt eine weitere, wichtige Rolle im Strafverfahren zu, wenn es um Weichenstellungen und Entscheidungen geht, wie mit einem Verfahren umzugehen sei. Ihre Aufgabe im Ermittlungsverfahren besteht zunächst darin, den anfänglichen Tatverdacht der Polizei rechtlich zu bewerten. Die größte Schnittstelle zwischen Polizei und Staatsanwaltschaft ist daher auch im Ermittlungsverfahren zu finden. Die Autoren des zweiten Periodischen Sicherheitsberichtes wiesen darauf hin, dass (am Beispiel der Zahlen des Jahres 2004) etwa jedes vierte polizeiliche Ermittlungsverfahren durch die Staatsanwaltschaft mangels eines hinreichenden Tatverdachtes (§ 170 Abs. 2 StPO) eingestellt wird. Auch anklagefähige Verfahren werden aus Gründen des *Opportunitätsprinzips* durch die Staatsanwaltschaft eingestellt und nicht jeder Angeklagte wird auch verurteilt. So kamen auf 100 durch die Polizei ermittelte Verfahren ungefähr 31 Verurteilungen.[783] Auch wenn es im Hinblick auf die Quote der eingestellten Verfahren von Jahr zu Jahr leichte Schwankungen gibt, so ist dies, mit etwas über einem Viertel aller Verfahren, seit Jahren relativ konstant.[784] Polizei und Staatsanwaltschaft unterliegen dem Legalitätsprinzip, was bedeutet, dass sie bekanntgewordene Straftaten verfolgen müssen (für die Polizei dazu § 163 StPO und für die Staatsanwaltschaft § 152 Abs. 2 StPO), bzw. im Bezug auf die Staatsanwaltschaft, dass diese bewerten muss, ob eine weitere Strafverfolgung notwendig ist (§ 160 StPO). Durch das Opportunitätsprinzip hat die Staatsanwaltschaft jedoch gleichzeitig die Möglichkeit, den Strafverfolgungszwang zu durchbrechen und Verfahren aus dem Bereich der Bagatell- und mittleren Kriminalität, trotz begründetem Anfangsverdacht, nicht zur Anklage zu bringen, etwa wenn der Tatvorwurf gering ist oder eine weitere Strafverfolgung nicht im öffentlichen Interesse ist, etwa wenn Strafanträge nicht gestellt wurden. In Rahmen der empirischen Polizeiforschung befasst man sich unter anderem seit Jahrzehnten mit der Fragestellung, ob nicht auch die Polizei einen Ermessensspielraum besitzt, wenn es darum geht, ob und wenn ja, welche Straftaten weiter verfolgt werden. *Feest* und *Blankenburg* prägten dabei früh den Begriff von der „Definitionsmacht der Polizei" in dem es darum geht, dass die Polizei anhand eigener Kriterien Einfluss darauf nimmt, welche Gruppen stärker als andere unter einen Anfangsverdacht geraten und im Fokus der polizeilichen Aufmerksamkeit stehen (siehe dazu auch Abschnitt 3.7.2).[785] Den Stand der bundesdeutschen Forschung zwischen den 1970er und 1990er Jahren zu dieser Thematik zusammenfassend kommt *Elsner* zu dem Fazit, dass „die Polizei im Rahmen ihrer repressiven Tätigkeit im gesamten Ermittlungsverfahren eine Definitionsmacht (…)" hat und „über einen weitreichenden Handlungs- und Entscheidungsspiel-

---

[783] Vgl. 2. periodischer Sicherheitsbericht, BMJ und BMI, 2006, S. 535
[784] Vgl. Albrecht, 2010, S. 205
[785] Vgl. Feest und Blankenburg, 1972

raum" verfügt und diesen im Bereich der kleinen und mittleren Kriminalität auch nutzt.[786] Die Staatsanwaltschaft sieht sich selbst als die vielzitierte „Herrin des Ermittlungsverfahrens". Die Polizei ist der Staatsanwaltschaft gegenüber weisungsgebunden, unabhängig von ihrer organisatorischen Einordnung in die Innenministerien der jeweiligen Bundesländer, so dass mitunter von der Polizei auch als den Hilfsbeamten der Staatsanwaltschaft die Rede war[787], die ihre Ermittlungsergebnisse „ohne Verzug" der Staatsanwaltschaft zur weiteren Entscheidung übermitteln (§ 163 Abs.2 StPO).

Die Staatsanwaltschaft hat die Möglichkeit, eigene Beschuldigten- und Zeugenvernehmungen vorzunehmen, was in der Praxis jedoch mehr die Ausnahme als die Regel darstellen dürfte und eher im Bereich von Wirtschaftsstraftaten und Steuerhinterziehungen anzutreffen ist, als etwa im Jugendstrafverfahren. Im Hinblick auf die Praxis entwickelte sich immer mehr die Erkenntnis, dass die Staatsanwaltschaft in Bezug auf die Beschaffung von Informationen und die Aufklärung von Sachverhalten im Vorverfahren diese Aufgabe fast komplett in die Hände der Polizei gegeben hat, da diese über die notwendigen personellen Ressourcen und technischen Möglichkeiten dazu verfügt.[788] *Roxin* prägte den Begriff von der Staatsanwaltschaft als *Kopf ohne Hände*.[789] *Albrecht* spricht davon, dass die Staatsanwaltschaft *de facto* nicht mehr die Herrin des Ermittlungsverfahrens sei und dass die Polizei diese Rolle übernommen habe.[790] Das, was die Staatsanwaltschaft an Macht gegenüber der Polizei verloren habe, würde sie jedoch in anderer Richtung gegenüber dem Gericht wieder wettmachen, da sie durch die Möglichkeiten, die ihr die Diversion und vor allem der § 45. Abs. 2 JGG geben, hier selbst neue Handlungsspielräume erhalten habe, was ihr mitunter die Kritik einbrachte, hier als „Richter vor dem Richter" zu agieren (siehe dazu auch Abschnitt 1.3.4).[791]

Ähnlich wie bei der Polizei mit ihren Jugendsachbearbeitern und Diversionsbeauftragten und der Jugendgerichtshilfe als spezialisiertem Teil des Jugendamtes, gibt es auch bei der Staatsanwaltschaft eigene Jugendabteilungen mit Jugendstaatsanwälten, die im Jugendgerichtsverfahren tätig werden sollen (§ 36 Abs. 1 JGG). Als problematisch angesehen wird es, das die Stelleninhaber nicht automatisch über besondere Fähigkeiten und Kenntnisse im Hinblick auf die Phänomene der Jugendkriminalität und die Entwicklungsphase der Jugend verfügen, so wie es im § 37 JGG vorgesehen ist. *Helmken* etwa spricht davon, dass „die wenig prestigeträchtigen Jugendstaatsanwaltsstellen vor allem mit den jungen *„Durchlauferhitzern"*,

---

[786] Elsner, 2008, S. 45
[787] Mit dem ersten Justizmodernisierungsgesetz vom 01.09.2004 wurde der Begriff des Hilfsbeamten durch den Begriff der Ermittlungsperson ersetzt.
[788] Vgl. Elsner, 2008, S. 47
[789] Roxin, 1969, S. 385 zitiert nach Elsner, 2008, S. 48
[790] Vgl. Albrecht, 2010, S. 202. Den Stand der Diskussion dazu zusammenfassend und mit gleichlautendem Ergebnis siehe auch Elsner, 2008, S. 23ff. und Fußnote
[791] Vgl. Albrecht, 2010, S. 202f.

sprich: Berufsanfängern, besetzt werden und dass erfahrene Jugendstaatsanwälte in der Praxis eher selten zu finden sind" (Hervorhebung im Original).[792] Weniger Fluktuation bei den Stellen sowie die Verpflichtung über „fortlaufende Fortbildungen auf den Gebieten der Jugendkriminologie, der Entwicklungspsychologie und der Pädagogik" sollen die Lage verbessern, so *Helmken* aus der Perspektive eines Jugendrichters.[793]

3.3.2 Gemeinsamkeiten und Grenzen von Polizei und Sozialarbeit /Sozialer Arbeit

An dieser Stelle sollen daher das wechselhafte Verhältnis von Polizei und Sozialarbeit sowie Gemeinsamkeiten und Unterschiede betrachtet werden, wie auch Tendenzen in der Entwicklung der Polizei, im Zuge der Präventionsdebatte Themen und Methoden der Sozialarbeit für die polizeiliche Praxis zu adaptieren bzw. originäre Felder der Sozialarbeit zu besetzen. Dass sich die Polizei unter anderem mit Themen wie dem Täter-Opfer-Ausgleich beschäftigt, hängt ein großes Stück weit mit dieser Entwicklung zusammen.

Im Verhältnis von Polizei und Sozialer Arbeit / Sozialarbeit in den letzten Jahrzehnten lassen sich sowohl starke Widerstände, vorsichtige Annäherungen, Zweckbündnisse und Kooperationen ausmachen, die hier skizziert werden sollen. In den 1970/80er Jahren herrschte laut *Feltes* eine „echte Konfrontationslinie" zwischen den Professionen,[794] welche durch eine Ablehnung und den Wunsch, sich klar voneinander abzugrenzen, sowie einen Sprachgebrauch, der eher an Kriegsberichterstattung erinnert, geprägt war. Exemplarisch deutlich wird dies unter anderem, wenn man die Zusammenfassung von *Rothschuh* und *Schütz* zur damaligen Diskussion um die Jugendpolizei und das 1979 in Hannover gegründete „Präventionsprogramm Polizei/Sozialarbeiter (PPS)" bzw. die Kooperation von Sozialarbeitern und Polizei betrachtet, wo von *Kämpfen* im Grenzbereich von Sozialarbeit und Polizei, die Rede ist, sowie dem *Eindringen* der Polizei in den Bereich der Sozialarbeit, der jedoch erfolgreich *abgewehrt* werden konnte.[795] *Kunath* erinnert sich in seinem Rückblick über die Entwicklung der polizeilichen Jugendsachbearbeitung an eine Episode aus den 1970er und 80er Jahren, wonach sich in Hamburg die Mitarbeiter von Jugendhilfe und Polizei wechselseitig Hausverbote erteilten.[796] Auch *Möller* spricht rückblickend von *Grabenkämpfen* und *Grenzziehungen,* die auf das Dogma hinausliefen, dass es

---
[792] Vgl. Helmken, 2008, S. 147f.
[793] Vgl. Helmken, 2008, S. 148
[794] Vgl. Feltes, 2012, S. 39
[795] Vgl. Rothschuh und Schütz, 1986, S. 117
[796] Vgl. Kunath, 2012, S. 427

nur „Polizei *oder* Sozialarbeit" (Hervorhebung im Original) geben könne, aber auch von einer inzwischen merklichen Akzeptanz, Dialog- und Kooperationsbereitschaft zwischen den Berufsgruppen, so dass man heute eher von „Polizei *und* Sozialarbeit" (Hervorhebung im Original) sprechen kann, die im Rahmen von diversen Projekten auf kommunaler Ebene gemeinsame Gewaltprävention betreiben.[797] Beide Berufsgruppen haben ähnliche Aufgaben, ausgerichtet zwischen den beiden Polen - Hilfe und Kontrolle – sowie eine Arbeit mit einer nahezu identischen Klientel, geht es doch um: „Jugendliche im öffentlichen Raum, Straftäter aller Altersgruppen, Wohnungslose, Stricher, Prostituierte, Drogengebraucher, Fußballfans, politisch motivierte Jugendszenen (...)" sowie „sehr viele einzelfallbezogene Interventionen, die vom Umgang mit psychisch Kranken bis zum Krisenmanagement in familiären Kontexten reichen."[798] Beide Gruppen sind dabei eingebunden in institutionelle Zwänge und Bürokratien,[799] abhängig von Kriminalpolitik und dem gesellschaftlichen Diskurs, der starken Einfluss auf Aufgabenstellung und Finanzierung hat. Beide Berufsgruppen, Polizei und Soziale Arbeit/Sozialarbeit, würden sich, so paradox dies klingt, selbst entbehrlich machen, würden sie restlos erfolgreich sein und all ihre Bemühungen dazu führen, dass es kein abweichendes, kein delinquentes Verhalten mehr gibt. Trotz gewisser Gemeinsamkeiten haben beide Berufsgruppen unterschiedliche Zielsetzungen und Arbeitsaufträge, die sich an manchen Stellen deutlich voneinander unterscheiden. Die Polizei soll, wie bereits dargestellt, Straftaten verfolgen, Täter ermitteln und diese der Justiz zuführen, sowie Gefahren abwehren und dabei präventiv tätig werden. Die Aufgaben der Sozialen Arbeit lassen sich beschreiben als Hilfestellung zur selbstständigen Lebensbewältigung und damit zur sozialen Integration des Einzelnen sowie zur Förderung individueller Kompetenzen. Strategien und methodisches Handeln haben ebenso einen präventiven, vorbeugenden Charakter wie einen intervenierenden, wenn es etwa um die Veränderung des sozialen Umfeldes oder um den Weg aus sozialer Notsituation heraus geht, wobei meist ein Schwerpunkt auf den Eigenanteil des Einzelnen gelegt wird,[800] jedoch auch Druck ausgeübt werden kann. Der deutlichste Unterschied in den Arbeitsprinzipien von Polizei und Sozialer Arbeit wird anhand des *Legalitätsprinzips* deutlich, dem die Polizei unterliegt, wonach alle bekanntgewordenen Straftaten verfolgt werden müssen, wohingegen die Soziale Arbeit stark an einem Vertrauensverhältnis zu ihrer Klientel arbeitet, diese zu schützen versucht und auch keinem Strafverfolgungszwang unterliegt.[801]

---

[797] Vgl. Möller, 2010, S. 9, siehe dazu auch die Seminarreihe „Polizei & Sozialarbeit" der Deutschen Vereinigung für Jugendgerichte und Jugendgerichtshilfen (DVJJ)
[798] Simon, 2010, S. 231
[799] Vgl. Feltes, 2012, S. 35
[800] Über den Auftrag Sozialer Arbeit siehe Möller, 2010, Böhnisch, 2008, Böhm, 1988, S. 546f.
[801] Über Möglichkeiten und Grenzen der Kooperation von Polizei und Jugendhilfe siehe auch Fritsch, 2011, S. 393-399

3.3.3 Polizisten als neue Sozialarbeiter, Sozialarbeiter als Akteure der sozialen Kontrolle?

Es wäre nun jedoch eine vorschnelle Schlussfolgerung zwischen der „guten" Sozialarbeit und der „bösen" Polizeiarbeit zu unterscheiden, wie etwa *Feltes* solch ideologisch geprägte Grenzziehungen kritisiert.[802] So wie die Polizei die Doppelfunktion von Hilfe und Repression in ihrem Arbeitsbereich miteinander vereinen muss, so gehört die Balance von Hilfe und Kontrolle zum Aufgabenspektrum der Sozialen Arbeit. Ähnlich wie die Polizei, so muss sich auch Sozialarbeit, Jugendhilfe und Schule vor dem Hintergrund der Debatte um Etikettierung, Stigmatisierung und sozialer Kontrolle ihren kontrollierenden und sanktionierenden Anteilen stellen.[803] In der Zeit, als die marxistisch geprägte Debatte um die Polizei als Produzent von kriminellen Karrieren und ihre Rolle im Gefüge des Machterhalts der Oberschicht geführt wurde, stand auch die Sozialarbeit nicht außerhalb der teils harschen Kritik einiger Sozialwissenschaftler, wie etwa *Haferkamp, Meier* oder *Roth,* die in der Sozialarbeit nichts anderes sahen als eine Sozialisationsagentur, die Abweichler von den gesellschaftlichen Normen zu eben jenen zurückführen soll, wobei der Erhalt der Arbeitskraft der Unterschicht das eigentliche Interesse der Machteliten sei.[804] Nachdem die Debatte über die kontrollierenden Anteile von Sozialarbeit und Jugendhilfe danach lange Zeit in den Hintergrund geriet, rückt das Thema, nun ideologisch befreit, wieder verstärkt in den Vordergrund. *Lutz* etwa beschreibt eine repressive Wende innerhalb der Sozialen Arbeit, die „mit der Verabschiedung des Resozialisierungsideals zu Gunsten eines selektiven Risikomanagements" zusammenhängend, eine Neuausrichtung der eigenen Parameter erfährt und, sich auf einen breiten gesellschaftlichen Konsens stützend, die Ideale eines aktivierenden Staates umsetzt, der die Klientel der Sozialen Arbeit *fördert,* von denen aber auch Leistung und Anpassung ein*fordert* und, sollte das Ziel verfehlt werden, auch *fallen* lässt.[805] Sozialarbeit und Jugendhilfe befinden sich, wie bereits beschrieben (siehe dazu auch Abschnitt 3.2.2), in dem Dilemma, sich innerhalb des schwierigen Balanceaktes zwischen den Bedürfnissen des Einzelnen, der aktuellen Präventionsdebatte, der Verteilung finanzieller Ressourcen und einem sich ausweitenden Engagement der Polizei zu positionieren und eine angemessene Strategie zwischen notwendiger Kooperation und selbstbewusster Abgrenzung zu finden und sich gleichzeitig den kontrollierenden und sanktionierenden Anteile in manchen Bereichen der eigenen Arbeit bewusst zu werden. *Lindenberg* formulierte die große Versuchung der Sozialen Arbeit, dass sie der Verheißung folgen könnte, um „das ewige Scheitern zu umgehen", ihre Erfolgsmomente in der Kon-

---

[802] Vgl. Feltes, 2012, S. 38
[803] Über Pädagogische Arbeitsfelder und soziale Kontrolle, siehe etwa Böhnisch, 2010, S. 165ff.
[804] Den Stand der damaligen Diskussion zusammenfassend, Peters, 2002, S. 214
[805] Vgl. Lutz, 2012, S. 158, über eine „zunehmende Härte" im Umgang mit devianten Jugendlichen auf der Basis eines Common Sense, siehe dazu auch Oelkers und Ziegler, 2009, S. 40

trolle, weniger in der Hilfe ihrer schwierigsten Klientel zu suchen, auch wenn damit das zentrale Ziel Sozialer Arbeit aufgegeben würde.[806]

Im Rahmen der Aktivitäten der Polizei unter der Überschrift der Prävention sieht *Freehse* die Jugendarbeit in der Verdrängung von ehemals originären Arbeitsfeldern befindlich. *Freehse* beschreibt die 1970er und 1980er Jahre als Blütezeit der Sozialpädagogik, in der im Rahmen der Reform des Jugendgerichtsgesetzes (siehe dazu Abschnitt 1.3.2) ein merklicher Wechsel in der Herangehensweise an das Thema Jugendkriminalität stattgefunden hat und in der die ambulanten Maßnahmen und alternative Betreuungsmodelle mit einer klientenzentrierten und emphatischen Jugendarbeit in die Praxis Einzug gehalten haben.[807] *Freehse* bezeichnet diesen Zeitabschnitt als „Ära der Sozialpädagogik", die jedoch mit den 1990er Jahren von einer „Ära der Polizei" abgelöst wurde.[808] „Inzwischen engagieren sich Polizeibeamte in Kindergärten, Schulen und der offenen Jugendarbeit, veranstalten Gesprächskreise, Discos, Streetballmeetings, Streetsoccer, Kampfsportturniere und sonstige Sportveranstaltungen und akquirieren dafür Sponsorengelder." Und weiter: „Sukzessive drängt sich die Polizei in die originären Felder der Pädagogik und Sozialpädagogik. (...) Es scheint sich die Meinung zu verbreiten: Was ein Sozialpädagoge kann, kann ein Polizist schon lange."[809] Vorwürfe wie der Letztgenannte finden in der Praxis reichlich Nahrung. *Dietsch* und *Gloss* etwa beschreiben in ihrem Handbuch der polizeilichen Jugendarbeit die Übernahme des sogenannten *heißen Stuhls* aus dem Setting eines stationären Anti-Gewalt-Trainings für die Vernehmungspraxis des Jugendsachbearbeiters und geben weiterhin Tipps für Erziehungsgespräche mit Eltern oder ein Mediationsverfahren.[810] Gerade das bewusst provokante Verhalten und die Vernehmung von zwei Beamten gegenüber einem Jugendlichen (zu dem in aller Regel keine langfristige persönliche Beziehung aufgebaut wurde) der sich im Vernehmungszimmer auf einen alleinstehenden Stuhl setzen muss und der sehr direkt mit seinen Taten konfrontiert wird, kann schnell dazu führen, dass dieser dies als massive Einschüchterung und nicht als „Hilfsangebot" einer methodisch durchdachten pädagogischen Intervention auffassen muss.[811] Das was im Rahmen einer berufsbegleitenden Ausbildung, durch jahrelange Erfahrung, in der Regel aufbauend auf einem Studium der Sozialpädagogik (der Erziehungswissenschaften) und mit viel Fachwissen und vor allem Feingefühl in der sozialpädagogischen Praxis zur Anwendung kommt, wird hier stark verkürzt wiedergegeben und in der Regel den Beamten

---

[806] Vgl. Lindenberg, 2012, S. 414
[807] Vgl. Frehsee, 2011, S. 358f.
[808] Vgl. Frehsee, 2011, S. 358f., über eine Positionsbestimmung Sozialer Arbeit im Post-Wohlfahrtsstaat siehe auch die Beiträge von Galuske, 2008, S. 9ff. und Bütow, Chassé und Hirt, 2008, S. 223ff.
[809] Frehsee, 2011, S. 359
[810] Vgl. Dietsch und Gloss, 2005, S. 156-176. An anderer Stelle ihres Buches beschreiben die Autoren, dass etwa Maßnahmen wie ein AGT erfahrenen Trainer aus dem Bereich der Sozialarbeit vorbehalten sein sollte und den Rahmen der Polizeiarbeit sprängen würde.
[811] Vgl. Kritisch zu einschüchternden und gegen den § 136a StPO verstoßende Befragungsmethoden dazu Zieger, der sich auf seine Erfahrungen als Strafverteidiger im (Jugend)Strafrechts bezieht. Vgl. Zieger, 2008, S.113f.

in Form von kurzen Seminaren dargebracht.[812] Hier kann sicherlich die Sensibilität für das höchst komplexe Thema Jugend und Jugendkriminalität geweckt, wie auch die eine oder andere kommunikative Technik vermittelt werden, jedoch kann dies kein Ersatz für Studium und Berufspraxis im Feld der Sozialarbeit sein. Die Polizei sollte „im Zuge ihrer Neupositionierung" ihre Intentionen nicht überdehnen, die Persönlichkeitsrechte ihrer jugendlichen Klientel nicht gefährden, indem sie sich „in Arbeitsfeldern ergeht, für die sie *weder Befugnisse noch geeignete Kompetenzen* mitbringt und in denen sich zudem professionell ausgebildete Kräfte der Sozialen Arbeit bewegen" (Horvorhebung im Original).[813] Es wäre jedoch unrealistisch, wenn nicht gar überheblich, der Polizei allgemein soziale Kompetenzen abzusprechen, sind doch in der Regel sie es, die als erste zu einem Familienkonflikt gerufen werden oder auch verstärkt von Schulen hinzugezogen werden, wenn es dort zu gewalttätigen Konflikten kommt. Die Kritik, dass Polizei sich Methoden und Techniken aus der Gesprächsführung und der Sozialen Arbeit aneignet, um letztendlich über einen besseren Zugang zur Klientel auch eine bessere Aufklärungsquote zu bekommen, greift spätestens an den Stellen zu kurz, an denen diese Kenntnisse in der Praxis dazu führen, Konflikte zu deeskalieren, ein besseres Gesprächsklima im Kontakt zum Kunden – den Bürgerinnen und Bürgern – herzustellen oder konkret, sensibel und stützend sich als Erstkontakter um Opfer von Straftaten zu kümmern.[814]

Sozialarbeit und Polizei unterscheiden sich und haben dennoch miteinander zu tun. Sie müssen an den Schnittstellen ihrer Aufgabenbereiche zusammenarbeiten, ohne dass dabei die Konturen der eigenen Profession verwischen. Zur Kooperation gehört der gemeinsame Dialog, die wechselseitige Akzeptanz, der Erfahrungsaustausch, aber auch die Begrenzung des jeweils eigenen Wirkens auf die originären Aufgaben. Oder um es mit *Lindenberg* zu sagen: Polizisten leisten keine Sozialarbeit, sondern Polizeiarbeit und Sozialarbeiter sind keine Sheriffs, sondern Sozialarbeiter, die Soziale Arbeit leisten.[815] Was bleibt, ist die Erkenntnis, dass sich die Polizei im Rahmen der Präventionsdebatte stärker in Bereichen engagiert, die vormals ausschließlich der Sozialarbeit vorbehalten waren.

---

[812] Gloss spricht an anderer Stelle davon, das Jugendsachbearbeiter sich „entwicklungspsychologisches Grundwissen und eine gewisse pädagogische Grundbildung" selbst aneignen müssen, „weil entsprechende Aus- und Fortbildungen fehlen." Gloss, 2007, S. 281
[813] Vgl. Möller, 2010, S. 22
[814] Über Hilfsangebote der Polizei an Opfer häuslicher Gewalt siehe Kavemann und Lehmann, 2010, S. 111ff. zu den Aufgaben den Opferschutzbeauftragten der Berliner Polizei siehe auch Linke, 2010, S. 147ff.
[815] Vgl. Lindenberg, 2012, S. 412

3.4 Polizeiliche Jugendarbeit

Durch die weitgestreute Debatte über die Reform des Jugendstrafrechts, die Wirkung von Strafe und die Rolle und die Belange des Opfers im Strafverfahren entwickelte sich eine Sogwirkung, die Einfluss auf alle am (Jugend)Strafverfahren beteiligten Akteure ausübte. Für die Rolle der Polizei im Jugendstrafverfahren, die schon immer an vielen Punkte ihrer Tätigkeiten auch mit Kindern, Jugendlichen und Heranwachsenden zu tun hatte, beschrieb *Kunath* den 22. Jugendgerichtstag in Regensburg im Jahre 1992 als wichtigen Wendepunkt, hin zu einer modernen, an den Ergebnissen von Kriminologie, Viktimologie und Jugendforschung ausgerichteten Handlungskonzept der Polizei:

> „Der 22. Jugendgerichtstag in Regensburg war ein ganz besonderes Ereignis; er war für die Polizei ein Paukenschlag. Von ihm ging eine Aufbruchsstimmung aus, die durchaus auch die politischen Entscheidungsträger und hohen Leitungsebenen der Polizei erreichten. Die Polizei veränderte sich im Bereich polizeilicher Jugendarbeit. Dadurch fand sie erheblich mehr Akzeptanz bei den anderen Verfahrensbeteiligten einerseits und in der Öffentlichkeit andererseits."

Der Begriff polizeiliche Jugendarbeit, die damit verbundenen Intentionen und Tätigkeiten bedürfen einer genaueren Betrachtung, da der Begriff der Jugendarbeit bereits besetzt ist und allgemein pädagogische Maßnahmen, Freizeit-, Bildungs- und Erholungsmaßnahmen für Jugendliche und Heranwachsende außerhalb von Familie, Schule und Beruf zum Inhalt hat.[816] Freizeit- und Erholungsmaßnahmen sind jedoch nicht Bestandteil polizeilicher Jugendarbeit. „Polizeiliche Jugendarbeit umfasst alles, was in irgendeiner Form mit jungen Menschen und Polizei in Verbindung zu bringen ist. Junge Menschen werden in diesem Zusammenhang als Kinder, Jugendliche, Heranwachsende und zum Teil auch Jungerwachsene (21 bis 25 Jahre) definiert."[817] Und ergänzend dazu *Gloss*: „Hierbei handelt es sich um den, gemessen an der Alterskohorte durchaus überschaubaren Anteil der Kinder, Jugendlichen und Heranwachsenden, die mit der Polizei in Kontakt kommen, weil sie auffällig geworden sind."[818] Zielgruppe polizeilicher Jugendarbeit ist – und hier wird erneut der Unterschied zur Sozialarbeit deutlich – demnach vorrangig die jugendliche Klientel, die mit strafbaren Handlungen auffällig geworden ist (Stichwort Repression) bzw. die in Gefahr steht, kriminelle Handlungen zu begehen (Stichwort Prävention). Da zur polizeilichen Jugendarbeit jedoch auch der Jugendschutz (ebenfalls Stichwort Prävention) gehört, richten sich diese Bemühungen an alle Kinder- und Jugendlichen, die hier gefährdet sein könnten. Polizeiliche Jugendarbeit findet demnach in vielen unter-

---

[816] Vgl. Jugendarbeit, Wörterbuch der Pädagogik, Böhm, 1988, S. 302f.
[817] Hübner, Kerner, Kunath und Planas, 2012, S. 431
[818] Gloss, 2007, S. 278

schiedlichen Bereichen der Polizei statt. *Gloss* merkt an, dass es für die, die diese Arbeit bei der Polizei leisten, eine Vielzahl von Bezeichnungen gibt, etwa: „Jugendbeauftragter, Schulverbindungsbeamter, Jugendsachbearbeiter, Präventionsbeamter, Kontakt- oder Jugendkontaktbeamter (...)".[819] Ebenso uneinheitlich wie die Bezeichnung seien auch die Konzepte in den einzelnen Regionen, was *Gloss* jedoch nicht als nachteilig empfindet, da hieraus durchaus auch Innovationen erwachsen können.[820] Als verbindliche Richtlinie gilt jedoch die **Polizeidienstvorschrift PDV 382** in ihrer Fassung von 1995, die die vorher gültige Version von 1987 außer Kraft setzte und in überarbeiteter Form bis heute gültig ist. „Die Qualität der PDV 382 besteht in der allgemeinen Gültigkeit, die für alle Polizeivollzugsbeamten in der Bundesrepublik verbindlich ist."[821] Sie gibt den Rahmen der polizeilichen Bearbeitung von Jugendsachen vor, wobei es landeseigene Ergänzungen bzw. Verfahrensregeln etwa zur Anwendung des Diversionsverfahrens oder des Täter-Opfer-Ausgleichs gibt,[822] die in diesem Abschnitt ebenfalls Erwähnung finden. Im Vorwort der PDV 382 werden ihre Kernelemente und damit die der polizeilichen Jugendarbeit auf den Punkt gebracht: Demnach bildet sie die „Grundlage für moderne polizeiliche Jugendarbeit, die auch neueste kriminologische Erkenntnisse berücksichtigt." „Prävention geht vor Repression", wobei eine enge Zusammenarbeit „mit anderen (originär) zuständigen Stellen" vorgesehen ist. In der Umsetzung des polizeilichen Handelns im Jugendbereich sollen sowohl der Erziehungsgedanke, als auch die Besonderheiten des Jugendstrafrechts berücksichtigt und mitgedacht werden.[823] *Gloss* leitet aus der PDV 382 die „drei großen Handlungsfelder" für die Praxis der polizeilichen Jugendarbeit ab: Die verhaltensorientierte Prävention, eine spezialisierte Jugendsachbearbeitung und eine aufsuchende Jugendkontaktarbeit.[824] Seine Kollegen *Clages* und *Nisse* sehen die wesentlichen Tätigkeitsfelder jedoch in: Der Kriminalprävention, dem Jugendschutz durch die Abwehr potenzieller Gefahren und der Bekämpfung der Jugenddelinquenz durch Strafverfolgung.[825]

3.4.1 Jugendsachbearbeitung

In einigen der Diversionsrichtlinien der Bundesländer wird darauf hingewiesen, dass die Arbeit mit Kindern, Jugendlichen und Heranwachsenden, soweit sie das Polizeiliche Aufgabenspektrum betrifft, durch speziell geschulte und dafür geeignete Jugendsachbearbeiter durchgeführt werden soll (siehe dazu Abschnitt 3.5.3). Dies solle

---

[819] Gloss, 2007, S. 278
[820] Vgl. Gloss, 2007, S. 279
[821] Gloss, 2007, S. 279
[822] Vgl. Clages und Nisse, 2009, S. 61
[823] Vorwort zur PDV 382, DVJJ-Journal 1/1997 (Nr.155); S. 5
[824] Vgl. Gloss, 2007, S. 279
[825] Vgl. Clages und Nisse, 2009, S. 59

auch die erklärte Absicht der Polizei sein, so *Clages* und *Nisse*, die jedoch auch feststellen müssen, dass dies in der Praxis nicht immer der Fall ist: „Die Besonderheiten des Polizeidienstes bringen es jedoch zwangsläufig mit sich, dass in Jugendsachen ausgebildetes Personal nicht jederzeit zur Verfügung steht."[826] *Kunath* bemängelt in seiner Rückschau auf die Entwicklung der polizeilichen Jugendarbeit, dass aufgrund personeller Engpässe die Seminare für Jugendsachbearbeiter nicht in der Intensität wahrgenommen werden, wie es für die Entwicklung der Sache wünschenswert wäre.[827]

3.4.1.1 Aus- und Fortbildung

In Bezug auf die Polizeiliche Grundausbildung wünschen sich *Hübner, Kerner, Kunath* und *Planas* in ihren Überlegungen zu polizeilichen Mindeststandards, dass kriminologische, soziologische, psychologische, pädagogische und rechtliche Aspekte im Hinblick auf das Thema Jugendkriminalität bereits berücksichtigt werden und grundlegende Begriffe wie Diversion und Täter-Opfer-Ausgleich in der Ausbildung erörtert werden. Jedoch würden Spezifika der Jugendsachbearbeitung die Ausbildungssituationen überfordern, so dass diese auch eher Inhalte von Fort- und Weiterbildungen sind. Aufgrund des komplexen Themas Jugendkriminalität machen sich die Autoren dafür stark, dass „polizeiexterne Fachleute" zu diesen Seminaren hinzugezogen werden sollen, damit das weite Spektrum der Themen authentisch und nicht im Rahmen eines „so genannten Dienstunterrichts" behandelt und nicht abgearbeitet wird.[828] Im Hinblick auf die pädagogischen Elemente im Umgang mit dem Thema Jugendkriminalität bzw. Jugendgewalt ginge es jedoch nicht darum, aus Polizisten Sozialarbeiter und Erzieher zu machen: „Vielmehr muss eine Befähigung und eine Erfahrung zum Umgang mit jungen Menschen erwartet werden, die es den in diesem Bereich eingesetzten Beamten ermöglicht, alters- und problemangemessen auf Lebenssituationen, Sprache und Bedürfnisse zu reagieren."[829]

3.4.1.2 Aufgaben und Anforderungen

„Jugendsachbearbeitung umfasst alle ermittelnden Tätigkeiten, die in Zusammenhang mit Anzeigen, Vermisstenvorgängen und sonstigen polizeilichen Verfahren stattfinden, an denen Kinder, Jugendliche und/oder Heranwachsende beteiligt sind",

---

[826] Clages und Nisse, 2009, S. 61
[827] Vgl. Kunath, 2012, S. 428
[828] Vgl. Hübner, Kerner, Kunath und Planas, 2012, S. 434
[829] Hübner, Kerner, Kunath und Planas, 2012, S. 431

wobei die „Mehrzahl der zu bearbeitenden Jugendsachen" Vorgänge betreffe, in denen die Polizei gegen Jugendliche als Tatverdächtige ermittelt,[830] so dass nicht außer Acht gelassen werden darf, dass polizeiliche Jugendsachbearbeitung eindeutig repressive Anteile hat, auch wenn zu ihrem Aufgabenspektrum Delikte gehören, „bei den Kinder und Jugendliche als Opfer betroffen sind."[831] Zu den vielfachen Aufgaben der Jugendsachbearbeiter bzw. den Jugendbeauftragten auf der Ebene des Stabes und der Mitglieder spezieller Jugendkomissariate gehören: Die Auswertung über Erkenntnisse zu aktuellen Themen und Brennpunkten im Bezug auf Jugendkriminalität, die Entwicklung entsprechender Gegenmaßnahmen, die Koordinierung von präventiver und repressiver Jugendarbeit, Informationssammlung und gezielte Bearbeitung im Bereich der Intensiv- und Mehrfachtäter, die Beratung von Führungskräften und anderen Dienststellen in Fragen der Kinder- und Jugenddelinquenz, der Aufbau von Netzwerken und die Kooperation mit anderen Akteuren im Bereich der Schule, Jugendamt, Justiz und freien Trägern der Jugendhilfe, die Mitarbeit in entsprechenden Arbeitsgruppen, sowie die Gestaltung einer eigenen Öffentlichkeitsarbeit.[832] Anschaulich stellt *Gloss* die Tätigkeiten des Jugendsachbearbeiters/des Jugendbeamten vor: „In der Fläche wird ein Jugendbeamter häufig den Vormittag an der Schule verbringen, nachmittags die Beschuldigtenvernehmung eines Jugendlichen durchführen und in den Abendstunden am Festplatz die angekündigte Schlägerei zwischen zwei Jugendgruppen schlichten."[833] Auch wenn in diesem Beispiel bei weitem nicht alle Aspekte, vor allem die administrativen und koordinierenden, enthalten sind, bietet es jedoch eine plastische Vorstellung vom Alltag der Polizeipraxis im Bereich der polizeilichen Jugendarbeit.

3.4.1.3 Stellenwert polizeilicher Jugendarbeit

Bei der Frage nach dem Stellenwert der Jugendarbeit und Jugendsachbearbeitung im gesamten Kontext der Aufgaben der Polizei und ihrer Organisation werden Diskrepanzen zwischen den offiziellen Selbstdarstellungen und den erlebten Erfahrungen sichtbar, auch wenn solche Aussagen schwer verallgemeinerbar sind und sicher nicht den gesamten Bereich der polizeilichen Jugendarbeit betreffen. *Hübner, Kerner, Kunath* und *Planas* kommen, mit ihrem Einblick in die Polizeipraxis, jedoch zu einem kritischen Resümee:

---

[830] Vgl. Hübner, Kerner, Kunath und Planas, 2012, S. 431
[831] Vgl. Gloss, 2007, S. 280
[832] Über die vielfachen Aufgaben siehe Dietsch und Gloss, 2005, S. 131ff., Clages und Nisse, 2009, S. 60-73, Hübner, Kerner, Kunath und Planas, 2012, S. 432
[833] Gloss, 2007, S. 280

„Bedienstete im Bereich der Polizeilichen Jugendarbeit müssen sich regelmäßig mit einer gewissen Geringschätzigkeit gegenüber der von ihnen geleisteten Arbeit auseinandersetzen. Polizeiliche Jugendarbeit sei – wie das polizeiliche Klientel schon deutlich mache – eben „Kinderkram", also keine richtige Polizeiarbeit. Auch wenn eine solche Bewertung in spektakulären Anlässen nicht deutlich wird, latent ist sie existent."[834]

Eine Grundhaltung, die sich, so die Autoren, durch fehlende Aus- und Fortbildungen, eine schwache personelle Ausstattung, eine vergleichsweise ungünstige Besoldung und geringe Aufstiegschancen deutlich machen würde.[835] Da der Umgang mit dem Thema Jugenddelinquenz und Jugendgewalt, wie dargestellt, eine wichtige Rolle im gesamten Diskurs der Kriminalprävention einnimmt, kann jedoch auch von einem allmählich steigenden Imagezuwachs für die polizeiliche Jugendarbeit ausgegangen werden, sowohl was die Außenansicht, als auch die Bewertung auf der Ebene der Kollegenschaft angeht. Jedoch muss die Organisation der Polizei und ihre Führungsebene diese *zarte Pflanze* Jugendarbeit pflegen und ihr mit Förderung und Wertschätzung begegnen, um ihren Stellenwert zu erhöhen.

3.4.1.4 Die Rolle des Täter-Opfer-Ausgleichs für die polizeiliche Jugendsachbearbeitung

In den wenigen Artikeln und Sachbüchern, die zum Thema polizeiliche Jugendarbeit und Jugendsachbearbeitung vorliegen und deren Autoren in aller Regel aus dem Arbeitsfeld der Polizei kommen, findet der Täter-Opfer-Ausgleich Erwähnung. *Clages* und *Nisse* etwa erwähnen ihn im Zusammenhang mit dem Diversionsverfahren sowie der damit zusammenhängenden Aufgabe der Polizei, der Staatsanwaltschaft über den Weg des polizeilichen Schlussberichtes die notwendigen Entscheidungshilfen an die Hand zu geben.[836] Ein Aspekt, der in den folgenden Abschnitten noch eingehender betrachtet werden wird. *Dietsch* und *Gloss* erwähnen ihn in ihrem Handbuch der polizeilichen Jugendarbeit ebenfalls im engen Zusammenhang mit dem Diversionsverfahren und geben praktische Fallbeispiele für Schadenswiedergutmachung und Konfliktschlichtung im Rahmen eines Täter-Opfer-Ausgleichs.[837] Und auch *Hübner, Kerner, Kunath* und *Planas* verweisen auf die Möglichkeit der Polizei, hier bereits erste Weichen zu stellen, damit geeignete Maßnahmen angebahnt und weitere Instanzen wie die Jugendgerichtshilfe und die Staatsanwaltschaft tätig werden können, wobei die Diversionsstrategien und der Täter-Opfer-Ausgleich eine nicht

---

[834] Hübner, Kerner, Kunath und Planas, 2012, S. 435
[835] Vgl. Hübner, Kerner, Kunath und Planas, 2012, S. 435
[836] Vgl. Clages und Nisse, 2009, S. 49f. und S. 58f und S. 100
[837] Vgl. Dietsch und Gloss, 2005, S. 235ff.

unbedeutende Rolle spielen.[838] Wohl am eindeutigsten positioniert sich *Habschick:* „Im Jugendstrafverfahren haben die Bestimmungen der §§ 45 und 47 JGG absoluten Vorrang. Wer Diversion und damit auch den (...) anerkannten Täter-Opfer-Ausgleich nicht akzeptieren kann, gehört nicht in die Jugendsachbearbeitung."[839] Es kann davon ausgegangen werden, dass die größten Schnittstellen für eine Zusammenarbeit von TOA-Fachstellen und der Polizei im Bereich der polizeilichen Jugendarbeit und Jugendsachbearbeitung liegen.

3.5 Die Beteiligung der Polizei am Prozess eines Täter-Opfer-Ausgleichs

3.5.1 Die ersten Modellprojekte über die Zusammenarbeit von Polizei, Justiz und TOA-Fachstellen

Im Jahr 1980 führte *Albrecht*[840] sieben Gruppendiskussionen durch, jeweils drei mit Vertretern der Polizei (zwei Gruppen aus Großstadt-Polizeipräsidien aus Süddeutschland und eine Gruppe aus Norddeutschland) und drei Gruppen mit Vertretern der Sozialarbeit (freie Träger, wie auch Bewährungshilfe und Soziale Dienste), die ergänzt wurde durch eine Gruppe Juristen, jeweils durchschnittlich zehn Personen pro Gruppe.[841] Ziel seines Forschungsvorhabens war es, die Bewertungen und Einschätzungen einer Übernahme des Diversionsmodells nach amerikanischem Vorbild in der Bundesrepublik sowie die Bewertung von Kooperationsmöglichkeiten und -grenzen der Berufsgruppen untereinander, in Erfahrung zu bringen. *Albrecht* verband dabei den Begriff der Kriminalprävention eng mit dem Diversionsbegriff. Der Täter-Opfer-Ausgleich war zu diesem frühen Zeitpunkt noch kein Thema der Befragung bzw. als solcher nicht existent, jedoch enthalten die Ergebnisse von *Albrecht* erste Anzeichen für eine gewisse Akzeptanz, bzw. auch Nicht-Akzeptanz des Diversionsgedankens, gerade im Hinblick auf Konfliktschlichtungen und Konfliktlösungen. In den Gruppen von Sozialarbeitern und Polizei war eine Übereinstimmung auszumachen, die sich für eine Vermeidung von unnötiger Kriminalisierung jugendlichen Verhaltens, einer Ableitung von dem Kriminaljustizsystem sowie „Konfliktschlichtungen auf polizeilicher Ebene mit Hilfe sozialarbeiterischer Vermittlung"[842] aussprachen.

---

[838] Hübner, Kerner, Kunath und Planas, 2012, S. 431
[839] Habschick, 2010, S. 201
[840] Anmerkung: In diesem Fall P.A. Albrecht nicht G. Albrecht
[841] Vgl. zur Beschreibung des methodischen Vorgehens, Albrecht, 1983, S. 83ff.
[842] Albrecht, 1983, S. 281

Während die eine Hälfte der befragten Polizisten überwiegend für den Diversionsgedanken plädierte, zeigte die zweite Hälfte eher Skepsis und bewies damit eine größere Nähe zu den Ansichten der Juristen (deren Ablehnung aber stark gebunden war an eine Polizei-Diversion nach amerikanischem Vorbild, welches als Grundlage und Diskussionsanreiz diente). *Albrecht* schlussfolgerte: „Je weiter Entscheidungsträger von sozialen Konflikten entfernt sind, desto geringer ist ihre Neigung, nicht-förmlicher Konfliktregulierung zuzustimmen."[843] *Albrecht* sprach sich dafür aus, das Legalitätsprinzip, auch vor dem Hintergrund der damals geführten Labeling-Debatte über Macht und Zuschreibung von Kriminalität, „in bestimmten Delikt- und Konfliktbereichen" zu begrenzen. Kein rechtsfreier Raum solle entstehen, jedoch könnten Polizei und Sozialarbeiter „die Voraussetzungen von Verfahrenseinstellungen abklären" und „im Zuge von Krisenintervention konfliktschlichtend tätig sein" sowie „Folgereaktionen, die an Verfahrenseinstellungen anknüpfen, mit Tatverdächtigen und Opfern aushandeln."[844] Die Arbeit von *Albrecht* zeigte damit unter anderem die Ambivalenz in der Berufsgruppe der Polizei auf, in der sowohl Zustimmung als auch Skepsis zu finden war. In den Ergebnissen finden sich jedoch auch erste Grundlagen für eine Zusammenarbeit von Polizei und Sozialarbeit, wie sie besonders in der inzwischen praktizierten Diversionspraxis der Fall ist.

Bereits 1986 wurde das Konzept des TOA-Modellprojektes der Jugendgerichtshilfe Braunschweig dahingehend erweitert, dass die Polizei stärker als bisher in die Fallakquise eingebunden wurde. Die Zuweisung zum Täter-Opfer-Ausgleich erfolgte hier ausschließlich über die zuständige Staatsanwaltschaft, die geeignete Fälle der Jugendgerichtshilfe zum TOA zuwiesen. In vielen Verfahren, die jedoch geeignet gewesen wären, wurde Anklage erhoben, so dass die JGH meist kurz vor dem Verhandlungstermin eingeschaltet wurde mit einem zu kurzen Zeitraum für die Durchführung eines Täter-Opfer-Ausgleichs.[845] Mit dem Abschluss des polizeilichen Ermittlungsergebnisses ging nun eine Kopie davon an die Staatsanwaltschaft und eine an die JGH, in Verbindung mit einem Anregungsbogen zum TOA, so dass die Jugendgerichtshilfe nun schneller Kenntnis erhielt und sich in den betreffenden Verfahren mit der Staatsanwaltshaft absprechen konnte. *Schmitz* ergänzt, dass die JGH ihrerseits eine kurze Rückmeldung an die Polizei verschickte, um hier den jeweiligen Anreger über den Verlauf der TOA-Fälle zu informieren.[846] *Pfeiffer* verweist in seiner Zusammenfassung[847] der Begleitforschung, mit dem Schwerpunkt der Einbeziehung der Polizei im Rahmen des Modellprojektes darauf, wonach die Initiatoren von der These ausgingen, dass Polizeibeamte aufgrund ihrer Erfahrungen und ihrem sehr

---

[843] Albrecht, 1983, S. 281
[844] Albrecht, 1983, S. 284
[845] Vgl. Pfeiffer, 1990, S. 62, siehe auch zu erst Pfeiffer, 1988, S. 87-97. (Anmerkung: In diesem Fall handelt es sich um Hartmut Pfeiffer, nicht um Christian Pfeiffer. Letztgenannter begleitet die Begleitforschung des Modellprojektes. Hartmut Pfeiffer übernahm die Begleitforschung ab 1987 im Hinblick auf die Einbeziehung der Polizei. Vgl. Viet, 1990, S. 55
[846] Vgl. Schmitz, 1990, S. 563
[847] Vgl. Pfeiffer, 1990, S. 61-71

zeitnahen Umgang nach der Tat, sowohl mit Opfern als auch Tätern, über ein großes und für den TOA bisher ungenutztes Potenzial verfügen, um die Angemessenheit eines Täter-Opfer-Ausgleichs erkennen zu können. Diese These stützt sich weiterhin auf die Annahme, dass der Konfliktschlichtung innerhalb der Polizeiarbeit eine große Bedeutung zukommt[848] und dass sich die Polizei der Vernachlässigung der Opferbelange im Strafverfahren durchaus bewusst ist, so dass von einer Akzeptanz für eine Maßnahme wie den Täter-Opfer-Ausgleich, der die Bedürfnisse von Opfern berücksichtigt, ausgegangen werden könne.

Inhaltlich kam *Pfeiffer* zu der Einschätzung, dass es nach zunächst sehr zögerlichen Anregungen durch die Polizei und nach Ablauf des ersten Jahres (die Rede ist hier von Anfang 1987 bis Anfang 1988) zu einem verstärkten Umfang von polizeilichen Stellungnahmen kam, sowohl aus dem Bereich der Kriminalpolizei als auch der Schutzpolizei:

„Bemerkenswert ist (...) daß die Polizeibeamten zunehmend auch Fälle, die in den Bereich der mittleren bis schweren Kriminalität einzuordnen sind - z.B. Raub, Sexualdelikte, Einbruchdiebstahl, schwere Körperverletzung-, als für Täter-Opfer-Ausgleich geeignet klassifizierten und als adäquate Maßnahme empfehlen. Im Rahmen der Projektbegleitung wurden regelmäßig Polizeibeamte von den Begleitforschern nach ihrer Ansicht zu dem Modellprojekt Täter-Opfer-Ausgleich und der Aufgabenstellung der Polizei im Rahmen dieses Projekts befragt. Danach scheint die große Mehrheit der Polizeibeamten in Braunschweig die Maßnahme Täter-Opfer-Ausgleich und ihre Einbindung in das Modellprojekt grundsätzlich positiv zu bewerten."[849]

Als problematisch anzusehen ist jedoch, dass in dieser frühen Befragung von Polizisten zu ihrem Verhältnis zum Täter-Opfer-Ausgleich nicht klar benannt ist, *wie* diese Befragung erfolgte, ob durch Fragebögen, Interviews oder eher im Rahmen von regelmäßigen Arbeitstreffen. Die gesamte Praxis scheint die Phase eines Modellprojektes nicht überstanden zu haben. In der vorhandenen Fachliteratur verliert sich die Spur über Publikationen zur Einbeziehung der Polizei in eine frühe Phase des Täter-Opfer-Ausgleichs anhand des Braunschweiger Modellprojekts. Eine Rechercheanfrage im Jahr 2011 bei der JGH Braunschweig ergab, dass hier zwar noch der TOA im Jugendbereich angeboten wird, die Anregungsbögen der Polizei aber schon seit Beginn der 1990er Jahre nicht mehr gängige Praxis sind. Übrig bleiben erste Eindrücke über eine deutliche „Begeisterungsfähigkeit" von Polizeibeamten, nach einer anfänglichen Phase der Skepsis, für die Idee des Täter-Opfer-Ausgleichs sowie ein praktischer Vorschlag, sowohl Staatsanwaltschaft als auch Vermittler, in dem Fall die Vermittler der JGH, frühestmöglich und gleichzeitig auf ein geeignetes Verfahren hinzuweisen.

---

[848] Vgl. Pfeiffer, 1990, S. 68 mit direktem Verweis auf Feltes, 1984, S. 11-24
[849] Pfeiffer, 1990, S. 70

3.5.2 Die Rolle der Polizei in den Verwaltungsvorschriften der Bundesländer zum TOA

In den Verwaltungsvorschriften, TOA-Richtlinien, Runderlassen und Rundverfügungen der Bundesländer (siehe Abschnitt 1.2.5.3) werden die Aufgaben sowie die Zusammenarbeit und die Rahmenbedingungen der am Prozess eines Täter-Opfer-Ausgleichs involvierten Institutionen beschrieben, sowohl was den TOA im Erwachsenen- als auch im Jugendbereich anbelangt. *Reuber* und *Rössner* veröffentlichten 2003 eine Aufstellung von Verwaltungsvorschriften, aber auch Diversionsrichtlinien der Bundesländer und verglichen diese inhaltlich mit einer ersten Bestandsaufnahme von 1995.[850] Die ihnen zu diesem Zweck durch die jeweiligen Landesjustizverwaltungen übermittelten Vorschriften geben ungefähr den Stand des Jahres 2002 wieder und sind damit nicht durchgängig aktuell. Einige der Richtlinien wurden inzwischen ergänzt, überarbeitet und leicht verändert, andere sind seitdem unverändert gültig. Da die Verwaltungsvorschriften nach Ablauf ihrer Gültigkeit neu beschlossen und mitunter auch verändert werden, diese jedoch, wie auch *Reuber* und *Rössner* bereits feststellten, nicht ohne weiteres zugänglich sind,[851] stellt die folgende Aufstellung einen Ausschnitt aus alten und neuen Fundstücken dar, wobei speziell die Beschreibung der Rolle der Polizei im Mittelpunkt des Interesses steht.

Das Bundesland *Bremen* setzte die alten Richtlinien von 2001 außer Kraft und ersetzte diese durch die seit November 2010 gültige Version.[852] Dort wird unter anderem aufgeführt (I. Allgemeines, Punkt 3.), dass die Polizei in geeigneten Fällen den TOA als Diversionsmaßnahme möglichst frühzeitig anregen soll. „Die Polizei, die Jugendgerichtshilfe oder die Gerichtshilfe für Erwachsene sollen in geeigneten Fällen den Täter-Opfer-Ausgleich anregen und dies unverzüglich der Staatsanwaltschaft mitteilen. Sie händigen den Beteiligten ein Merkblatt zum Täter-Opfer-Ausgleich aus, das Auskunft über die Beratungsangebote gibt." (Ebenda, II. Verfahrensgrundsätze im Ermittlungsverfahren, Punkt 2). Die Entscheidung über die Durchführung eines TOA obliegt hier der Staatsanwaltschaft, wobei die ausdrücklichen Wünsche von Täter oder Opfer berücksichtigt werden sollen.

Die Richtlinie des *Saarlandes* zum Täter-Opfer-Ausgleich bei Jugendlichen und Heranwachsenden existiert in der Version vom 07. August 2001 und hat ihre Gültigkeit bis zum 18. März 2015. Unter Punkt 3 wird hier das Verfahren erläutert, wonach unter Punkt 3.1 die Polizei im Rahmen der Vernehmungen abklären soll, „ob zwischen den Betroffenen bereits informell ein Schadensausgleich oder eine Konflikt-

---
[850] Vgl. Reuber und Rössner, 2003
[851] Vgl. Reuber und Rössner, 2003, S. 4
[852] Vgl. Gemeinsame Richtlinie des Senators für Justiz und Verfassung, der Senatorin für Arbeit, Frauen, Gesundheit, Jugend und Soziales, des Senators für Inneres und Sport und der Senatorin für Bildung und Wissenschaft zur Förderung des Täter-Opfer-Ausgleichs im Lande Bremen. Vom 17.11.2010 – www.toa-bremen.de (Download vom 15.05.2014)

lösung erfolgt ist oder angestrebt wird und vermerkt dies in den Akten. In diesem Zusammenhang erläutern die Polizeibeamten/Innen den Beschuldigten, Geschädigten sowie gegebenenfalls deren Erziehungsberechtigten das Verfahren und den Ablauf des Täter-Opfer-Ausgleichs." Kommt die Polizei weiterhin zu der Erkenntnis, dass ein Täter-Opfer-Ausgleich möglich ist, so „spricht sie eine entsprechende Anregung aus und vermerkt dies in den Akten" (Punkt 3.2), die für die schnellere Bearbeitung wiederum mit dem Aufdruck TOA versehen werden sollen, damit letztendlich Staatsanwaltschaft und Gericht ihrerseits das Verfahren auf seine Eignung für einen TOA hin prüfen können[853] (Punkte 3.3 und 3.4).

In den *gemeinsamen Verwaltungsvorschriften der Ressorts Justiz, Inneres, Soziales, Gesundheit und Familie im Bundesland Sachsen*, gültig seit dem 01. September 2001, sollen unter römisch IV. Verfahren Unterpunkt 3 die Polizei und die JGH eine Entscheidung der Staatsanwaltschaft herbeiführen, sofern sie einen TOA für angezeigt halten, ohne dass dies weiter ausgeführt wird, wie das zu geschehen hat.[854]

Die Gemeinsamen Verwaltungsvorschriften zur Förderung des Täter-Opfer-Ausgleichs im Rahmen staatsanwaltschaftlicher Entscheidungen (TOA-Verwaltungsvorschriften) des Landes Berlin beziehen sich sowohl auf den TOA im Erwachsenenstrafverfahren als auch auf das Jugendstrafverfahren. Nach einer Überarbeitung ist die neue Version seit dem 16. Januar 2014 in Kraft und ist bis 2018 gültig. Die Rolle der Polizei wird im Abschnitt römisch VI. Verfahren, im Unterabschnitt 1. - Aufgaben der Polizei benannt. Demnach sollen die ermittelnden Beamten dem Beschuldigten zusammen mit der Ladung zur Vernehmung ein Merkblatt über den Verlauf eines TOA-Verfahrens zukommen lassen. Dem Opfer wiederum ist ein solches Merkblatt in der Vernehmung auszuhändigen, sollte der Beamte den Fall für den TOA geeignet halten. Bereitschaft oder Ablehnung des Opfers sind aktenkundig zu machen.[855] Weitere Hinweise über Absprachen mit der Staatsanwaltschaft oder der Jugendgerichtshilfe im Hinblick auf einen TOA fehlen. Durch Einblicke in die Berliner Praxis sei an dieser Stelle angemerkt, dass Polizisten, im Rahmen von gemeinsamen Veranstaltungen zu diesem Thema befragt, diesen Passus oft nicht kennen bzw. ihn auch als nicht praktikabel erachten, da sie vorab nicht einschätzen können,

---

[853] Gemeinsame Richtlinie des Ministeriums der Justiz, des Ministeriums für Inneres und Sport und des Ministeriums für Frauen, Arbeit, Gesundheit und Soziales zum Täter-Opfer-Ausgleich bei Jugendlichen und Heranwachsenden. Stand vom 07. August 2001, S. 2 Abschnitte 3.1 bis 3.5
[854] Vgl. Sächsisches Staatsministerium der Justiz. Gemeinsame Verwaltungsvorschrift des Sächsischen Staatsministeriums der Justiz, des Sächsischen Staatsministeriums des Inneren und des Sächsischen Staatsministeriums für Soziales, Gesundheit und Familie über den Täter-Opfer-Ausgleich im Rahmen staatsanwaltschaftlicher Entscheidungen und Maßnahmen der Jugendgerichtshilfe im Jugendverfahren (VwV Täter-Opfer-Ausgleich) Stand 30. April 1997, ergänzt und mit neuer Gültigkeit ab dem 01.09.2001
[855] Vgl. Gemeinsame Verwaltungsvorschriften zur Förderung des Täter-Opfer-Ausgleichs im Rahmen staatsanwaltschaftlicher Entscheidungen (TOA-Verwaltungsvorschriften), vom Januar 2014, im Amtsblatt Nr.5/31.01.2014, S. 228ff.

ob sie den Beschuldigten für geeignet halten und daher auch lieber das Vernehmungsgespräch abwarten.

Der Leitfaden für den Täter-Opfer-Ausgleich in Verfahren nach dem Jugendgerichtsgesetz des Landesjugendamtes Hessen vom Februar 1996, ist ausgesprochen ausführlich gestaltet und benennt alle organisatorischen und rechtlichen Voraussetzungen, die notwendige Ausgestaltung der TOA-Fachstelle, wie auch die TOA bezogenen Schnittstellen zu den anderen Verfahrensbeteiligten. Unter Absatz 4.4. Polizei wird aufgeführt, dass die Polizei den TOA anregen kann, „wenn sich im Laufe der Ermittlung Hinweise darauf ergeben, daß zwischen Täter und Opfer ein Ausgleich in Betracht kommt." Ist dass der Fall, dann ist die Akte mit dem entsprechenden Stempel bzw. Aufkleber kenntlich zu machen.[856]

3.5.3 Die Rolle der Polizei in den Diversionsrichtlinien der Bundesländer

Wie auch die Verwaltungsvorschriften zum Täter-Opfer-Ausgleich, sind die Diversionsrichtlinien (siehe 1.2.5.3) Ländersache und daher unterschiedlich gestaltet und ausformuliert. Bis auf das Bundesland Bayern verfügen alle Bundesländer über eigene Diversionsrichtlinien, die auch unterschiedliche Laufzeiten haben, nach denen sie verlängert oder verändert werden können.[857] Die Richtlinien enthalten in der Regel einen Bezug auf den Erziehungsgedanken im Jugendstrafrecht, kriminologische Erkenntnisse über das strafbare Fehlverhalten von Jugendlichen und Heranwachsenden, einen Bezug auf die Rechtsgrundlage (hauptsächlich auf die §§ 45. Abs. 1, 2 und 3 sowie vereinzelt auch auf § 47 JGG), überwiegend auch einen Katalog von Delikten, die als besonders geeignet scheinen für eine Diversionsmaßnahme, sowie die Zuständigkeiten der im Diversionsverfahren involvierten Professionen – Polizei, Jugendgerichtshilfe und Staatsanwaltschaft - meist in Verbindung mit einem Verweis auf die letztendliche Entscheidungsgewalt der Staatsanwaltschaft über den Verlauf des Strafverfahrens.

In *Rheinland-Pfalz* wird auf den Zusammenhang von Diversion und dem Erziehungsgedanken im Jugendstrafrecht verwiesen. Im Bezug auf die Rolle der Polizei wird hier die „Schlüsselfunktion" der Jugendsachbearbeiter benannt, die in der

---

[856] Leitfaden für den Täter-Opfer-Ausgleich in Verfahren nach dem Jugendgerichtsgesetz, des Landesjugendamtes Hessen, Stand Februar 1996 in Reuber und Rössner, 2003, ohne Seitenangabe.
[857] Als Basis für die eigene Recherche diente hier die Homepage der DVJJ die eine Übersicht der Diversionsrichtlinien mit einem Recherchestand vom 27.06.2007 abrufbar bereithält. http://www.dvjj.de/artikel.php?ebene=29,211&artikel=765, (Download 10.04.2013). Eine bis dato aktuelle Aufstellung findet sich auch im Anhang an die Dissertation von Heinemann über das juristische Pro&Contra zum Diversionsgedanken, vgl. Heinemann, 2010. Elsner analysiert in ihrer Dissertation u.a. die Rolle der Polizei im Hinblick auf ein Vorschlagsrecht zum TOA gegenüber der Staatsanwaltschaft, vermischt in ihrer Analyse jedoch Diversionsrichtlinien mit Verwaltungsvorschriften, vgl. Elsner, 2008, S. 96ff.

Regel einen ersten Kontakt zum Beschuldigten haben (dort 1.4 b). Ihnen kommt die Aufgabe zu, sich im Rahmen der Ermittlung einen ersten Eindruck von der Eignung zum Diversionsverfahren zu machen, eine „Vorauswahl" zu treffen und danach schnellstmöglich das Jugendamt und die Staatsanwaltschaft zu unterrichten (dort 2.1.1), wobei vermehrt auf die Eignung zu sozialen Trainingskursen und zum Täter-Opfer-Ausgleich geachtet werden soll.[858]

Die Diversionsrichtlinie von *Nordrhein-Westfalen* bezieht sich auf die Notwendigkeit, die persönliche Entwicklung, Lebensumstände und nähere Umstände der Tat vor dem Hintergrund des Erziehungsgedankens bei Jugendlichen zu prüfen (dort 1.1). Die Diversionsrichtline enthält eine Aufstellung der für die Diversion besonders geeigneten Deliktarten (dort 1.4). Die Rolle der Polizei wird hier beschrieben als die staatliche Stelle, die als erstes von Straftaten von Jugendlichen und Heranwachsenden erfährt und – unter Berücksichtigung der PDV 382 – alle wesentlichen Umstände ermittelt, um sie der Staatsanwaltschaft zu einer weiteren Entscheidung zukommen zu lassen (dort 2.2). Gegenüber der Staatsanwaltschaft kann die Polizei aufgrund der gewonnenen Erkenntnisse in den Vernehmungen eine Empfehlung zur Diversion aussprechen. Der Täter-Opfer-Ausgleich wird in der Diversionsrichtlinie dieses Bundeslandes nicht explizit erwähnt.[859]

Brandenburg bezieht sich auf den Erziehungsgedanken sowie auf die Notwendigkeit, auf Straftaten von Jugendlichen und Heranwachsenden pädagogisch sinnvoll zu reagieren und diese Reaktion zu beschleunigen. Die Richtlinien enthalten umfangreiche Vorschläge, welche Delikte sich insbesondere eignen, um im Wege der Diversion und im Hinblick auf eine Verfahrenseinstellung nach § 45 Abs. 1 JGG sowie § 45 Abs. 2 JGG bearbeitet zu werden. „Besonders geschulte Polizeibeamte (Jugendsachbearbeiter)" sollen alle wesentlichen Informationen sammeln, die für eine Einstellung nach §§ 45, 47 JGG notwendig sind, unterrichten das Jugendamt und können auch Erziehungsmaßnahmen anregen (dort III 1.). „Eine sofortige Entschuldigung beim Opfer" sowie „eine sofortige Schadenswiedergutmachung" kann die Polizei an Ort und Stelle anregen, ohne dass dies weiter ausgeführt wird. Kommt die Polizei zu dem Ergebnis, dass ein „förmlicher Täter-Opfer-Ausgleich" angebracht erscheint, unterbreitet sie diesen Vorschlag der Staatsanwaltschaft und bespricht die Maßnahme mit den Erziehungsberechtigten des beschuldigten Jugendlichen, wobei

---

[858] Diversionsstrategie für die Praxis des Jugendstaatsanwalts nach § 45 JGG. Gemeinsames Rundschreiben des Ministeriums der Justiz (4210-4-18/87) des Ministeriums des Inneren und für Sport (349/441-01/410) und des Ministeriums für Soziales und Familie (637-75 766-1) mit Wirkung vom 15. September 1987 und einer Ergänzung zum Täter-Opfer-Ausgleich vom 1. April 1993
[859] Vgl. „Richtlinien zur Förderung der Diversion im Jugendstrafverfahren (Diversionsrichtlinien)" – Gemeinsamer Runderlass des Justizministeriums – 4210 – III. 79 - , des Innenministeriums – 42 – 6591/2.4 -, des Ministeriums für Schule, Jugend und Kinder – 322 – 6.08.08.04 – 7863 – und des Ministeriums für Gesundheit, Soziales, Frauen und Familie – III 2 – 1122 – vom 13. Juli 2004 – JMBl. NRW S. 190

deutlich zu machen ist, dass es sich durch die polizeiliche Anregung eben nur um eine „Anregung", „nicht um eine staatliche Anordnung" handelt.[860]

Die *Berliner* Diversionsrichtlinie gehört im Vergleich der Bundesländer zu den ausführlicheren Richtlinien. Neben den Anwendungsvoraussetzungen enthält auch sie Aufstellungen, welche Tatbestände sich besonders für ein Diversionsverfahren eignen bzw. eher ungeeignet sind. Besonders geschulte Beamte prüfen aufgrund dieser Vorgaben, ob ein Verfahren für die Diversion und damit für eine Verfahrenseinstellung nach den § 45. Abs. 1 JGG bzw. § 45 Abs. 2 JGG geeignet ist und nehmen im Zweifelsfall Rücksprache mit dem zuständigen Ansprechpartner der Staatsanwaltschaft (dort C.I.). Bereits erbrachte Wiedergutmachungsleistungen gegenüber dem Geschädigten, Entschuldigungen, Schmerzensgeldzahlungen etc. sowie „das Bemühen um einen Tat- oder Täter-Opfer-Ausgleich" sollen in der Vernehmung erfragt und aktenkundig gemacht werden, wie ebenso die Bereitschaft des Jugendlichen „für einen Tat- oder Täter-Opfer-Ausgleich (dort 2c). Sofern noch keine erzieherische Maßnahme stattgefunden hat, der Beamte dies aber für erforderlich hält, schlägt er dies dem zuständigen Diversionsstaatsanwalt vor, der nach Schilderung des Sachverhaltes entscheidet, ob eine Diversion in Frage kommt und ob ein Diversionsmittler eingeschaltet werden soll. Dieser wiederum prüft, welche erzieherischen Maßnahmen geeignet sind und führt diese innerhalb von zwei Monaten entweder selbst durch oder schlägt mittel- und langfristige Maßnahmen vor und berichtet danach Staatsanwaltschaft und Polizei über das Ergebnis (dort II. 1 a und b). Der Täter-Opfer-Ausgleich wird als Aufgabe der Diversionsmittler nicht explizit benannt. Zu den Aufgaben gehört jedoch in geeigneten Fällen ein „Tatausgleich unter Berücksichtigung der Geschädigtenperspektive und interessen." [861] Dort, wo eine Begegnung von Opfer und Täter nicht in den Rahmen des Diversionkonzeptes passt, können die Diversionsmittler jedoch einen Täter-Opfer-Ausgleich anregen.

Auch *Baden-Würtenberg* verfügt über eine sehr ausführliche Diversionsrichtline, die sich auf Erkenntnisse der Kriminologischen Forschung, den Erziehungsgedanken im Jugendstrafrecht und die gesetzliche Grundlage bezieht. Der Täter-Opfer-Ausgleich wird hier als erzieherische Reaktion und Diversionsmaßnahme beschrieben, die jedoch auch außerhalb der Diversion Anwendung finden soll, da man ihm für Jugendliche und Heranwachsende einen großen erzieherischen Wert beimisst (dort 2.2). "Zur Vermeidung förmlicher Gerichtsverfahren und förmlicher Verurteilungen" soll die Polizei alle Informationen sammeln, die der Staatsanwaltschaft eine „zeitnahe Entscheidung" ermöglichen. Die Polizei führt in der Vernehmung „normenverdeutli-

---

[860] Vgl. Einstellung von Jugendstrafverfahren nach §§ 45, 47 JGG (Diversion). Gemeinsamer Runderlass des Ministerium der Justiz und für Europaangelegenheiten, des Ministeriums des Inneren und des Ministeriums für Bildung, Jugend und Sport. Vom 22. Dezember 2000 (JMBl. 2001 S. 23) geändert durch Gemeinsamen Runderlass vom 6. Februar 2003 (JMBl. S. 30) (4210-III.1)
[861] Vgl. Gemeinsame Allgemeine Verfügung über die vermehrte Anwendung des § 45 JGG im Verfahren gegen Jugendliche und Heranwachsende (Diversionsrichtlinie) vom 2. Oktober 2014 – JustV III CS 3 – InnSport III B 2 – BildJugWiss III G 12

chende Gespräche" durch die eine Einstellung des Verfahrens durch die Staatsanwaltschaft nach § 45. Abs. 1 zur Folge haben können. Im Hinblick auf eine Einstellung nach § 45. Abs. 2 soll die Polizei unter anderem aktenkundig machen, „ob ein Täter-Opfer-Ausgleich möglich und sinnvoll erscheint", wobei „in geeigneten Fällen" Beschuldigte und Geschädigte auf ihre Bereitschaft zur Mitwirkung zu befragen sind. Das Ergebnis soll durch den Staatsanwalt aufgegriffen werden, der eine „entsprechende Entscheidung" herbeiführen soll (dort 3.1.3).[862]

In den Diversionsrichtlinien *Hamburgs* wird auf die Rolle der Polizei nicht in einem eigenen Abschnitt eingegangen und ergibt sich nur indirekt aus den Grundlagen, auf denen die abschließenden Entscheidungen der Staatsanwaltschaft beruhen. Der Bedarf nach erzieherischen Maßnahmen soll demnach aus den Vernehmungsprotokollen der Polizei ersichtlich werden, die über bereits erfolgte Maßnahmen berichten soll, selbst jedoch keine solchen vorschlagen (dort E.2.a). Der Täter-Opfer-Ausgleich ist in dieser Diversionsrichtlinie stark im Zuständigkeitsbereich der JGH, in Abstimmung mit der Staatsanwaltschaft, eingebunden und wird hier – im Vergleich zu den anderen Richtlinien der Bundesländer – recht ausführlich dargestellt (dort 2. B und c).[863]

Auch im Bundesland *Niedersachsen* werden der Anwendungsbereich, die gesetzlichen Grundlagen sowie die Zusammenarbeit von Polizei, Staatsanwaltschaft und Jugendgerichtshilfe im Diversionsverfahren benannt. Die Polizei soll hier die Möglichkeiten einer „informellen Verfahrenseinstellung" prüfen und diversionsentscheidende Umstände „erfragen und aktenkundig" machen, unter anderem, ob bereits eine Entschuldigung erfolgt ist bzw. ein Schadenersatz an den Geschädigten geleistet wurde. „In geeigneten Fällen sind Beschuldigte und Geschädigte – soweit sie Anzeige erstattet haben – zu befragen, ob sie an einem Täter-Opfer-Ausgleich mitwirken wollen." Ein Ergebnis hieraus ist der Staatsanwaltschaft mitzuteilen. Ob sich daraus auch ein Vorschlagsrecht der Polizei zum Täter-Opfer-Ausgleich ableiten lässt, wird aus dem vorliegenden Text nicht eindeutig. Die Diversionsrichtlinie enthält ebenfalls einen Katalog von Delikten, der der Polizei als „Orientierungshilfe" dienen soll.[864]

---

[862] Vgl. Gemeinsame Verwaltungsvorschrift des Justizministeriums, des Innenministeriums und des Sozialministeriums zur Förderung von Diversionsmaßnahmen und zur Zusammenarbeit von Staatsanwaltschaft, Polizei und Jugendhilfe bei Straftaten jugendlicher und heranwachsender Beschuldigter sowie delinquentem Verhalten von Kindern (Zusammenarbeits- und Diversionsrichtlinien) vom 1. Januar 2012 mit Bezug auf: VwV d.JuM vom 13. Dezember 2011 (Az.: 4210/0091) JuM, 3-1210/40/362 IM, 22-6940-3 SM) - Die Justiz-2012 S. 7 – Bezug: VwV d.JuM vom 20. Dezember 2004 (Az.: 4201/0017 JuM, 3-0522.015 IM, 42-6901-0552-1 SM) – Die Justiz – 2005 S. 72
[863] Vgl.: -421.31 – Sammlung Diversion Rundschreiben an alle Dezernenten Betr.: Bearbeitung von Verfahren im Rahmen von § 45 JGG (Diversion) vom 02.01.2001
[864] Vgl. Richtlinien für die Bearbeitung von Ermittlungsverfahren in Jugendstrafsachen bei jugendtypischen Fehlverhalten (Diversionsrichtlinien) Gem. RdErf. d.MJ, d. MS u.d. MI v.15.01.2007 (Nds.MBl Nr6/2007 S. 115) – VORIS 33310 -

Die Polizei im Bundesland *Mecklenburg-Vorpommern* hat laut dortiger Diversionsrichtlinie die Aufgabe, sich im persönlichen Kontakt mit den Beschuldigten sowie auf der Grundlage weiterer Informationen und Erkenntnisse einen Eindruck zu verschaffen, ob Grundlagen für eine spätere Verfahrenseinstellung nach §§ 45. Abs. 1 bzw. Abs. 2 vorliegen und diese Einschätzung mit dem Jugendamt und der Staatsanwaltschaft zu kommunizieren. Bereits erfolgte Schadensersatzleistungen und Entschuldigungen von Seiten des jugendlichen Beschuldigten sind zu erfragen und aktenkundig zu machen, ebenso die Einschätzung der Polizei, wenn die Durchführung eines förmlichen Täter-Opfer-Ausgleichs sinnvoll erscheint. Erzieherische Maßnahmen die die Polizei gegenüber den Beschuldigten und ihren Erziehungsberechtigten vorschlägt, sollen vorab mit der Staatsanwaltschaft abgesprochen werden und gegenüber den Beteiligten als Anregungen, nicht als Anordnungen deutlich gemacht werden (dort C.I und C.II.). Aufgrund des vorliegenden Textes kann von einem Vorschlagsrecht der Polizei gegenüber der Staatsanwaltschaft – in Form eines Aktenvermerks oder durch telefonische Kontaktaufnahme - in Bezug auf den Täter-Opfer-Ausgleich ausgegangen werden.[865]

Die Diversionsrichtlinie des Bundeslandes *Sachsen-Anhalt* enthält neben der Beschreibung des Anwendungsbereiches, der gesetzlichen Grundlagen ebenfalls eine Aufzählung, welche Delikte sich besonders für eine Diversion eignen bzw. hiervon ausgeschlossen werden. Die Polizei kann der Staatsanwaltschaft Vorschläge unterbreiten im Hinblick auf eine mögliche Verfahrenseinstellung nach § 45. Abs 1 oder Abs. 2, nachdem sie sich einen persönlichen Eindruck vom beschuldigten Jugendlichen gemacht hat. Ein bereits geleisteter Schadenersatz, eine bereits erfolgte Entschuldigung an den Geschädigten soll dabei ebenso erfragt und aktenkundig gemacht werden, wie die Bereitschaft des Beschuldigten zu einem Täter-Opfer-Ausgleich (dort I. 1 d).[866]

Die Diversionsrichtlinie des *Saarlandes* verweist unter anderem auf die Schlüsselrolle der Polizei im Diversionsverfahren, bedingt durch die erste Kontaktaufnahme zum Betroffenen. Wie auch die Jugendgerichtshilfe, so kann die Polizei hier Anregungen zu erzieherischen Maßnahmen geben, ohne diese jedoch von sich aus einleiten zu können (dort 1.4 und 1.5b). Dem (Jugend-)Sachbearbeiter der Polizei kommt die Aufgabe zu, „die erste Vorauswahl der für die Diversion geeigneten Jugendlichen oder Heranwachsenden zu treffen" (dort 2.1). Im Hinblick auf eine spätere Verfahrenseinstellung nach §§ 45. Abs. 1 und 2 kann die Polizei der Staatsan-

---

[865] Vgl. Richtlinie zur Förderung der Diversion bei jugendlichen und heranwachsenden Beschuldigten für das Land Mecklenburg-Vorpommern. Gemeinsame Verwaltungsvorschrift des Justizministeriums, des Innenministeriums und des Sozialministeriums. Vom 23. Januar 2004 – III 320/4210 – 2 SH – (Amtsblatt M-V 2004, S. 406ff.)

[866] Vgl.: Anordnung des Ministeriums der Justiz. Richtlinien und Empfehlungen für die Bearbeitung von Jugendstrafsachen gemäß §§ 45 und 47 des Jugendgerichtsgesetzes (Diversionsrichtlinien). Gem. RdErl. des MJ, MI und MS vom 13.12.2002 – 4214 - 207.4 -

waltschaft Vorschläge unterbreiten. Der Täter-Opfer-Ausgleich wird in den Diversionsrichtlinien des Saarlandes weder inhaltlich noch namentlich erwähnt.[867]

Den Diversionsrichtlinien des Bundeslandes *Sachsen* nach sollen für die Jugendsachbearbeitung besonders geschulte Polizeibeamte beauftragt werden, die alle wesentlichen Informationen für eine Entscheidung über ein Diversionsverfahren zusammentragen. Als Voraussetzung für eine Einstellung nach § 45 Abs. 2 gehört hier unter anderem in Erfahrung zu bringen, ob und wenn ja welche erzieherischen Maßnahmen bereits eingeleitet wurden und ob ein Schadensausgleich, Entschuldigung bzw. Täter-Opfer-Ausgleich stattgefunden hat (dort 1, c, bb und dd). Die letztendliche Prüfung, ob ein noch zu erfolgender Ausgleich sinnvoll ist und als solcher vorgeschlagen wird, obliegt der Jugendgerichtshilfe, die wiederum durch die Staatsanwaltschaft mit dessen Umsetzung betraut wird. Da die Polizei hier ein Vorschlagsrecht gegenüber der Staatsanwaltschaft besitzt, kann davon ausgegangen werden, dass sie in geeigneten Fällen auch Vorschläge zum Täter-Opfer-Ausgleich machen kann, auch wenn dies in den Richtlinien nicht explizit erwähnt wird.[868]

In der Diversionsrichtlinie von *Thüringen* wird ausdrücklich die „verfahrensleitende Stellung des Staatsanwaltes im Ermittlungsverfahren" hervorgehoben. Die Polizei darf hier entsprechende Empfehlungen an die Staatsanwaltschaft weiterleiten, ohne ihr jedoch Vorschriften zu machen, gegenüber dem Beschuldigten erzieherische Maßnahmen anzuordnen oder diesem gar „Zusagen im Hinblick auf eine Einstellung des Verfahrens" zu machen (dort 2.2). Der Staatsanwalt zieht für seine Entscheidung die Niederschriften und Vermerke der Polizei sowie die Auskünfte der Jugendgerichtshilfe heran. Der Täter-Opfer-Ausgleich wird in dieser Diversionsrichtlinie nicht namentlich erwähnt und taucht nur indirekt im Zusammenhang mit einer Einstellung nach § 45 Abs. 2 durch die Staatsanwaltschaft auf, der im direkten Gespräch mit dem Jugendlichen eine Schadenswiedergutmachung oder Entschuldigung anregt (dort 3.2).[869]

Hält die Polizei in *Schleswig-Holstein* einen Täter-Opfer-Ausgleich als erzieherische Maßnahme für sinnvoll, dann soll sie dies „möglichst telefonisch" mit dem zuständigen Staatsanwalt absprechen. Nach erfolgter Zustimmung bespricht er die Maßnahme mit dem Beschuldigten und seinen Erziehungsberechtigten, wobei er

---

[867] Vgl. Richtlinie für Diversionsverfahren im Saarland. Gemeinsamer Erlass des MdJ, MdJ und MFAGS vom 3. Januar 1992. (Amtsbl. S. 62), zuletzt geändert durch Gem. Erlass vom 18. Juni 1996 (GMBl. S.220) (4213-4) – Stand vom 20.01.2005
[868] Vgl. Gemeinsame Verwaltungsvorschrift der Sächsischen Staatsministerien der Justiz, des Inneren, für Soziales, Gesundheit und Familie sowie für Kultus zur Förderung der Diversion bei jugendlichen und heranwachsenden Beschuldigten (VwV Diversion). Vom 27. August 1999 (Geändert durch VwV vom 29. September 2001 (SächsABl. S.1156)
[869] Vgl. Einstellung von Jugendstrafverfahren nach den §§ 45, 47 des Jugendgerichtsgesetzes (JGG) – Diversion – Verwaltungsvorschrift des Thüringer Ministeriums für Justiz und Europaangelegenheiten vom 25. April 1996 (4210 – 1/95)

klarstellen soll, dass es sich dabei um eine Anregung, keine staatliche Anordnung handelt (dort 3.1.1.2).[870]

In den Diversionsrichtlinien des Stadtstaates *Bremen* wird die Rolle der Polizei nicht durch einen eigenen Unterpunkt aufgeführt. Der Täter-Opfer-Ausgleich findet hier nur Erwähnung in der Zusammenarbeit von Staatsanwaltschaft und den Jugendämtern der beiden Stadtgemeinden. Die Polizei soll den Beschuldigten rechtliches Gehör verschaffen und die gesetzlichen Vertreter, über das Strafverfahren informieren. Weder die gesetzlichen Vertreter, noch die Staatsanwaltschaft werden hier durch die Polizei auf die Möglichkeit eines Täter-Opfer-Ausgleichs hingewiesen.[871]

Zusammenfassend lässt sich feststellen, dass die Rolle der Polizei im Hinblick auf den Täter-Opfer-Ausgleich sehr unterschiedlich beschrieben wird. Durch ihre Schlüsselfunktion im Strafverfahren soll sie jedoch eine erste Vorauswahl treffen und für eine weitere Entscheidung der Staatsanwaltschaft Informationen sammeln und dokumentieren. Die Spannbreite reicht hier von direkten Empfehlungen – natürlich ohne Weisungscharakter – an die Staatsanwaltschaft (z.B. in *Brandenburg*, *Berlin*, *Schleswig-Holstein*, *Thüringen* und mit Einschränkung auch in *Sachsen*, *Mecklenburg-Vorpommern* und *Rheinland-Pfalz*) über Aktenvermerke, aus denen der Staatsanwalt bei Bedarf eine Eignung zum TOA ableiten kann (z.B. in *Hamburg* und *Rheinland-Pfalz*) bis hin zu keiner inhaltlichen oder namentlichen Erwähnung des Täter-Opfer-Ausgleichs (z.B. in *Nordrhein-Westfalen*, im *Saarland* und in *Bremen*). Einige Diversionsrichtlinien weisen auf die Notwendigkeit hin, dass besonders geschulte Polizeibeamte bzw. Jugendsachbearbeiter zum Einsatz kommen sollen (z.B. *Berlin*, *Brandenburg*, *Sachsen* und *Rheinland-Pfalz*). Die Bereitschaft der beschuldigten Jugendlichen und Heranwachsenden – und von deren Eltern – soll erfragt werden (z.B. in *Berlin*, *Brandenburg*, *Mecklenburg-Vorpommern* und *Sachsen-Anhalt*), wobei in der Diversionsrichtlinie des Landes *Niedersachsen* als einziger Richtlinie auch die Geschädigten benannt werden, deren Zustimmung ebenfalls erfragt werden soll.

---

[870] Vgl.: Richtlinien zur Förderung der Diversion bei jugendlichen und heranwachsenden Beschuldigten. Gem. Erl. d. MJBE, d. IM u. d. MFJWS v. 24.06.1998 – II 310/4210 – 173 SH - /1V 423 – 32.-11/V 350 – 3625.32 (SchlHA S:204)
[871] Vgl. Gemeinsame Richtlinien des Senators für Justiz und Verfassung, des Senators für Inneres und Sport und der Senatorin für Arbeit, Frauen, Gesundheit, Jugend und Soziales zur Anwendung des § 45 Jugendgerichtsgesetz bei jugendlichen und heranwachsenden Beschuldigten. Vom 1. Mai 2010

3.6 Die Möglichkeiten der Polizei, einen Täter-Opfer-Ausgleich „anzuregen"

Aus den Verwaltungsvorschriften, Diversionsrichtlinien, Runderlassen und Richtlinien zur Förderung des Täter-Opfer-Ausgleichs, sowohl im Allgemeinen als auch im Jugendstrafrecht, lassen sich im Hinblick auf die Aufgaben der Polizei klar zwei Handlungsstränge ableiten. Hiernach soll auf für einen TOA geeignete Strafverfahren geachtet und auf diese gegenüber der Staatsanwaltschaft hingewiesen werden. Ebenfalls sollen die Beteiligten selbst auf die Möglichkeit eines Täter-Opfer-Ausgleichs hingewiesen bzw. mit Informationsmaterial versorgt werden, um eigenständig einen Kontakt zu einer TOA-Fachstelle herstellen zu können. Die Rolle der Polizei als erste „Weichensteller" im Strafverfahren wird hier ebenso deutlich, wie deren Vorschlagsrecht im Hinblick auf ein weiteres, mögliches Vorgehen im Strafverfahren. In Bezug auf einen Täter-Opfer-Ausgleich kann die Polizei eine solche Maßnahme „anregen" – jedoch nicht anordnen und auch die Staatsanwaltschaft kann gegenüber dem Beschuldigten eine solche Vorgehensweise „anregen", jedoch nicht anordnen. Es herrscht demnach eine Anregungskompetenz, keine Anordnungskompetenz. Gliedert man die Möglichkeiten der Polizei, auf einen TOA hinzuweisen bzw. somit im weitesten Sinne „anzuregen" auf, dann ergeben sich die folgenden vier Varianten.

3.6.1 Die Anregung gegenüber der Staatsanwaltschaft

Gegenüber der Staatsanwaltschaft kann die Polizei über einen Telefonanruf bzw. über einen Aktenvermerk, etwa am Ende des polizeilichen Schlussberichtes, ihre Einschätzung, ob ein Verfahren für einen TOA geeignet ist, deutlich machen.[872] Mitunter werden die Akten durch spezielle Aufkleber oder Vermerke als potenzielle TOA-Verfahren gekennzeichnet. Das Vorschlagsrecht der Polizei zum Täter-Opfer-Ausgleich, besonders im Hinblick auf eine mögliche Verfahrenseinstellung durch die Staatsanwaltschaft nach § 45 Absatz 2 JGG, wird aus den Diversionsrichtlinien und Verwaltungsvorschriften deutlich.

3.6.2 Die Anregung gegenüber der Jugendgerichtshilfe

Mit dem Ende der polizeilichen Ermittlungen geht eine Kopie des polizeilichen Schlussberichtes sowohl an die Staatsanwaltschaft als auch an die Jugendgerichts-

---
[872] Vgl. Clages und Nisse, 2009, S. 100

hilfe, als spezialisiertem Teil des Jugendamtes, damit diese frühzeitig Kenntnis erhält, dass gegen Jugendliche und Heranwachsende aus ihrem jeweiligen Zuständigkeitsbereich ein Ermittlungsverfahren geführt wird. Die Jugendgerichtshilfe kann den Vermerk der Polizei im Hinblick auf die Eignung des Falles für einen TOA-Versuch aufgreifen beziehungsweise auch *unabhängig* davon den Versuch eines Täter-Opfer-Ausgleichs in Auftrag geben. „Aufgabenbedingt ist die Jugendhilfe im Strafverfahren Initiator, Koordinator und Multiplikator für vernetzende lokale Hilfsangebote und Ausgangspunkt vielfältiger Kooperationen (...),"[873] so dass hier eine Schnittstelle zur Polizei deutlich wird.

3.6.3 Die Anregung gegenüber Opfern und Tätern

Sowohl die zuvor aufgeführten Diversionsrichtlinien der Bundesländer als auch die Verwaltungsvorschriften zum TOA enthalten Passagen, wonach die Beteiligten selbst, Opfer wie Täter, über die Möglichkeit eines TOA informiert werden können (bzw. sollen), etwa auch in Verbindung mit polizeieigenen Informationsbroschüren oder Infomaterial der entsprechenden lokalen TOA-Fachstelle. Die Beteiligten können dann eigenständig darüber den Kontakt herstellen. Die TOA-Standards (siehe dazu Abschnitt 1.2.5.2) haben dies berücksichtigt und vermerken unter der Rubrik *Falleignungskriterien*, dass keine Zurückweisung von sogenannten „Selbstmeldern" erfolgen soll.[874] *Beyer* und *Hentschel* berichten anhand der Zusammenarbeit von TOA-Fachstelle und der Polizeidirektion Chemnitz/Erzgebirge, dass im Rahmen der Zusammenarbeit Flyer und Poster übergeben wurden, die in der Polizeidienststelle sichtbar platziert wurden. Die Flyer sollen in den Vernehmungen durch die Beamten ausgehändigt werden, um darüber das Interesse der Beteiligten an einem Täter-Opfer-Ausgleich zu wecken,[875] eine Praxis, die stellvertretend auch in anderen Regionen praktiziert wird bzw. ausbaufähig ist. Mit Blick auf den Beschuldigten regelt der Paragraph 163a der Strafprozessordnung, welche Hinweise die Polizei im Rahmen von Vernehmungen dem Beschuldigten im Hinblick auf seine Rechte zu geben hat. Hier wird dazu auch auf den Paragraphen 136 Absatz 1. Satz 4 verwiesen, wonach in geeigneten Fällen der Beschuldigte auf die Möglichkeit eines Täter-Opfer-Ausgleichs hinzuweisen ist. Dass Hinweise auch den Geschädigten gegeben werden

---

[873] Mollik, 2012, S. 106
[874] Vgl. TOA-Standards, 2009, S. 8
[875] Vgl. Beyer und Hentschel, 2008, S. 137. Über die Weitergabe von Infomaterial über den TOA an Tatverdächtige durch die Polizei, mit dem damit verbundenen Potenzial für die Fallsteigerung anhand der Praxis der „Brücke e.V." in München siehe auch Heimpel, 1994, S. 210. Über die parallel laufende Information von TOA-Fachstelle und Staatsanwaltschaft durch die Polizei, die Weitergabe der für die Kontaktaufnahme notwendige Daten, sowie die Abfrage der Bereitschaft dazu auf Seiten der Geschädigten siehe auch Henning aus dem Bereich Bernau. Henning, 2000, S. 207

sollen, ergibt sich aus den Diversionsrichtlinien und Verwaltungsvorschriften zum TOA.

3.6.4 Die Anregung gegenüber einer TOA-Fachstelle

Im Prinzip ist es auch möglich, dass die Polizei direkt eine TOA-Fachstelle über ein zum TOA geeignetes Verfahren informiert, zum Beispiel im Anschluss an ein Vernehmungsgespräch mit Täter oder Opfer, aus dem die Idee dazu entstand und die Betreffenden ihr Einverständnis dazu gegeben haben. Dies sollte jedoch parallel zu dem entsprechenden Vermerk im polizeilichen Schlussbericht an die Staatsanwaltschaft erfolgen, damit diese ebenfalls informiert ist, bzw. die weitere Abstimmung über die TOA-Fachstelle erfolgt. Im Hinblick auf die Praxis und das Thema Datenschutz an dieser Stelle *Bodenburg*:

> „Aus polizeilicher Sicht bestehen keine datenschutzrechtlichen Bedenken, wenn im Rahmen der Ermittlungen Opfer und Geschädigter (sic.) ihre Bereitschaft zum TOA bekundet haben und mit einer Weitergabe an die durchführende Stelle einverstanden sind. In diesen Fällen spricht aus mehrheitlicher Sicht (…) nichts gegen eine gleichzeitige Meldung durch die Polizei an die TOA-Stelle und die Staatsanwaltschaft. Dies geschieht z.B. in einigen Bereichen des Landes Niedersachsen und ist mit den zuständigen Staatsanwaltschaften abgesprochen."[876]

Aus der Perspektive der polizeilichen Praxis (für das Land Hessen) schreibt *Habschick* in seinem Werk über erfolgreiches Vernehmen dazu: „Praktiker erleben auch im Täter-Opfer-Ausgleich immer wieder frustrierende Situationen, in denen sich Ansprechpartner auf die Bestimmungen des Datenschutzes zurückziehen und notwendige Auskünfte verweigern."[877] Seiner Ansicht nach ist das Einverständnis der Eltern (die Rede ist hier von der Vernehmung Jugendlicher) zur Weitergabe von Daten an eine TOA-Fachstelle der einfachste Weg, der weitere formelle Wege überflüssig macht. Im Umgang mit den Daten gelte es das *schützenswerte Interesse* der Beteiligten zu wahren und dies wäre in diesem Fall das Zustandekommen des Täter-Opfer-Ausgleichs.[878] Während die Weitergabe personenbezogener Daten zwischen der Justiz und einer TOA-Fachstelle, wie auch die Weitergabe personenbezogener Daten durch das Jugendamt an eine TOA-Fachstelle geregelt und abgesichert ist (siehe dazu auch Abschnitt 2.4.5), bleiben im Bereich Polizei und TOA-Fachstelle offene Fragen, die damit zusammenhängen, was die Polizei hier darf und was nicht. Daher sollte man sich hüten, aus den Stellungnahmen von *Bodenburg* und *Hab-*

---
[876] Bodenburg, 2004, S. 27
[877] Habschick, 2010, S. 529f.
[878] Habschick, 2010, S. 529f.

schick eine allgemein gültige Regelung abzuleiten, da gerade das Thema Datenschutz sehr komplex ist und Auslegungssache der jeweils zuständigen Stellen. In Berlin wurde im Jahr 2013 eine Anfrage der dortigen TOA-Fachstelle im Jugendbereich im Hinblick auf die Möglichkeit einer verstärkten Förderung der Selbstmelder, über einen Erstkontakt der Polizei, mit Verweis auf den Datenschutz und die Zuständigkeiten von Jugendgerichtshilfe und Staatsanwaltschaft, abgelehnt.

3.6.5 Polizei und Diversion oder „Polizeidiversion"

Wie bereits im Abschnitt über den Diversionsgedanken im Jugendstrafrecht thematisiert, hat der Grundgedanke der Diversion, wie auch der damit verbundene Kompetenzgewinn der Staatsanwaltschaft, auch Kritik hervorgerufen (siehe dazu auch 1.3.4). Auch dort, wo der Gedanke der Diversion an sich positiv aufgenommen wird, gibt es Kritik im Hinblick auf die Formen der praktischen Umsetzung. Die Polizei ist, wie dargestellt, angehalten, gegenüber der Staatsanwaltschaft auf für eine Erledigung im Rahmen der Diversion geeignete Verfahren hinzuweisen und die Staatsanwaltschaft mit Informationen zu beliefern, die dieser eine Entscheidungsgrundlage geben. Die Polizei unterstützt damit die Diversion im Jugendstrafverfahren, diese Praxis gehört zu den Aufgaben der polizeilichen Jugendsachbearbeitung. Diese polizeilichen „Vorarbeiten für Verfahrenseinstellungen durch die Staatsanwaltschaft oder das Gericht haben mit Polizeidiversion nichts gemein."[879] Unter dem Begriff der *Polizeidiversion* finden sich innerhalb des juristisch, kriminologisch geführten Diskurses jedoch all jene Befürchtungen wieder, die mit einer falsch verstandenen, weil Kompetenzen überschreitenden Vorgehensweise der Polizei in Verbindung gebracht werden. *Ostendorf* kritisiert unter dem Stichwort der Polizeidiversion, dass es durch eine Verlagerung der Kompetenzen zu einer Gefährdung der Gewaltenteilung kommen kann, wenn eine Diversionsmaßnahme eingeleitet wird, ohne dass die Schuldfrage justiziell geklärt wurde (siehe dazu den Abschnitt 1.3.8.1 über die Unschuldsvermutung und das Prinzip der Freiwilligkeit).[880] Da in der Diversionspraxis jeder Fall von der Staatsanwaltschaft geprüft werden muss, ließe sich diese Befürchtung noch entkräften,[881] problematisch wird es jedoch, wenn unter dem Druck des Strafverfahrens, bei gleichzeitigem Hinweis auf den Ausweg über die Diversion und eine Einstellung des Verfahrens Geständnisse zustande kommen, die der Not des Jugendlichen entsprungen sind, dem Gefühl chancenlos zu sein, da man seiner Unschuld keinen Glauben schenkt.[882] Aus Sicht eines Strafverteidigers sieht auch *Zieger* hier ein

---

[879] Grote, 2006, S. 66
[880] Vgl. Ostendorf, 2009, Kommentar zur Praxis des § 45, JGG, Rdnr. 16, S. 297
[881] Vgl. wie etwa durch Hausstein und Nithammer zur Praxis des Berliner Diversionsprojektes, 2001, S. 5
[882] Vgl. Ostendorf, 2009, Kommentar zur Praxis des § 45, JGG, Rdnr. 16, S. 297

ernsthaftes Problem.[883] Und nicht weniger kritisch dazu *Grote*: „Die Grenze zu illegalen Vernehmungsmethoden ist schnell überschritten. Wenn dem Beschuldigten zum Beispiel erklärt würde, ein Geständnis werde zu einer Verfahrenseinstellung führen (...)."[884] Gezielte Schulungen, die die besondere Beeinflussbarkeit von jungen Menschen sowie den schmalen Grat zwischen Hilfe und Druck thematisieren, könnten hier jedoch Abhilfe schaffen.[885] Stellvertretend für Viele kommen *Meier, Rössner* und *Schöch* zu dem Ergebnis, „(...) dass die Polizei nicht selbstständig über die gegen den Jugendlichen zu ergreifenden Maßnahmen entscheiden oder diese gar zwangsweise durchsetzen darf." Die Anregungen, die gegenüber der Staatsanwaltschaft gemacht werden, sind für diese keinesfalls bindend, da nur sie entscheidet, was aus dem Verfahren werden soll, was sich mitunter auch in der bereits benannten Diskrepanz von polizeilich ermittelten und tatsächlich von der Staatsanwaltschaft weiter verfolgten Verfahren widerspiegelt. „Dies alles schließt es jedoch nicht aus, dass die Polizei den Jugendlichen schon in frühen Verfahrensstadien auf die vielfältigen Möglichkeiten zur freiwilligen Teilnahme an geeigneten Angeboten der Jugendhilfe oder zur freiwilligen Schadenswiedergutmachung hinweisen (...)" darf.[886]

3.6.6 Fazit

Die Polizei hat bereits in einem frühen Stadium des Verfahrens, dem Ermittlungsverfahren, die Möglichkeit, die Verfahrensbeteiligten (Täter, Opfer, Jugendgerichtshilfe, Justiz) auf die Option eines Täter-Opfer-Ausgleichs hinzuweisen und damit auch eine erste, eigene Einschätzung über die Eignung eines Verfahrens zu treffen.[887] Im Hinblick auf die Eignung eines Falles wird diese im weiteren Verlauf durch die Einschätzung der Staatsanwaltschaft (etwa über die Eignung des Verfahrens für eine Diversion bzw. die Würdigung des TOA-Ergebnisses im Hinblick auf eine Verfahrenseinstellung oder Strafminderung) sowie auch durch die Einschätzung der ausführenden TOA-Fachstelle ergänzt, wobei es zu Übereinstimmungen, aber auch unterschiedlichen Ansichten kommen kann. Bleibt man bei dem Bild der Polizei als Weichensteller für das weitere Strafverfahren, dann muss immer auch klar sein, dass der Zug dem Schienenweg folgen kann, nicht muss. Maßgeblich ist nach wie vor die Bereitschaft von Opfer und Täter, die letztendlich entscheiden, ob es einen TOA gibt oder nicht. Der bloße Hinweis auf die Existenz und die Möglichkeiten eines TOA sind schadlos, da sie nichts mit einer befürchteten Ausweitung der sozialen Kontrolle durch die Polizei zu tun haben. Den Beteiligten, Opfern wie Tätern, werden Informa-

---

[883] Vgl. Laubenthal und Baier, 2007, S. 66 Rdnr.156
[884] Grote, 2006, S. 74
[885] Vgl. Streng, 2008, S. 68, Rdnr.124
[886] Meier, Rössner und Schöch, 2013, S. 150
[887] Vgl. Elsner, 2008, S. 98

tionen in die Hand gegeben die deren Handlungsspielraum erweitern und die diese, jederzeit auch nach Rücksprache mit einem Rechtsvertreter, nutzen oder verwerfen können. Der Hinweis gegenüber der Staatsanwaltschaft erweitert hier ebenfalls deren Handlungsoptionen, die sie ebenso nutzen oder auch verwerfen kann. Die Weitergabe von Informationen an Beschuldigte und Geschädigte, wie etwa die nächstgelegene TOA-Fachstelle zu erreichen ist, sowie erste allgemeine Erläuterungen über Sinn und Ablauf eines TOA, auch unabhängig davon, ob das Verfahren im Rahmen der Diversion eingestellt wird oder doch zur Anklage kommt, berührt die polizeilichen Aufgaben von Prävention und Opferschutz.

3.6.7 Die Rolle der Polizei in der bundesweiten TOA-Statistik

Wie viele Verfahren letztendlich zu einer TOA-Fachstelle gelangen, weil eine erste Einschätzung durch die Polizei diese dafür geeignet hielten, ist nahezu unbekannt. Die Entwicklung, der Rahmen und die Ergebnisse der TOA-Statistik für Deutschland wurden bereits dargestellt (siehe dazu Abschnitt 1.2.6). Die Rolle der Polizei für den TOA, die sich auch in der TOA-Statistik ein Stück weit widerspiegelt, soll hier gesondert betrachtet werden. Neben den dominierenden Anregungen aus dem Bereich von Staatsanwaltschaft und Amtsanwaltschaft existiert in der TOA-Statistik die Rubrik der „Summe aller Übrigen", in der die Anreger zu einem TOA zusammengefasst sind, die nicht aus dem Bereich Staatsanwaltschaft bzw. Jugendgerichtshilfe stammen. In dieser Gruppe befindet sich neben Selbstmeldern (Geschädigte wie Beschuldigte) das Gericht, die Gerichts- und Bewährungshilfe, Rechtsbeistände und Sonstige, auch die Polizei. Obwohl die Polizei, mit Blick auf die dort verwendeten Graphiken noch die größte Gruppe ausmacht, so habe sie dennoch „statistisch an Bedeutung verloren, während die Rolle der sonstigen Beteiligten (…) entweder gleich geblieben ist oder leicht schwankte. Bis 2006 stieg der Anteil der Polizei als Fallanreger kontinuierlich bis auf 12,4 % an." [888] Seit dem Jahr 2007 sank der prozentuale Anteil der durch die Polizei „angeregten" Verfahren stetig. Mit dem niedrigen Wert von 2009 scheint hier jedoch vorerst eine Talsohle erreicht zu sein, da bereits 2010 die Werte wieder auf 6,3 % bzw. 2011 auf 8,8 % und 2012 7,9 % anstiegen.[889]

---

[888] Hartmann, Haas, Eikens und Kerner, 2014, S. 16f.
[889] Vgl. Hartmann, Haas, Eikens und Kerner, 2014, S. 17

1993	1994	1995	1996	1997	1998	1999	2000	2001	2002
2,9%	6,4%	2,9%	1,6%	1,7%	2,6%	5,9%	5,6%	2,6%	4,6%

2003	2004	2005	2006	2007	2008	2009	2010	2011	2012
4,7%	9,5%	9,8%	12,4%	7,7%	6,8%	2,6%	6,3%	8,8%	7,9%

Abbildung 1: Die Quote der durch die Polizei „angeregten" Verfahren auf der Basis der bundesweiten TOA-Statistik[890]

Die Autoren der TOA-Statistik weisen regelmäßig in den Kommentierungen ihrer Ergebnisse darauf hin, dass die Rolle der Polizei im TOA über den Weg der Statistik nur unzureichend widergespiegelt werden kann. Da die Polizei selbstständig keine Diversionsmaßnahmen einleiten dürfe, ist ihre Rolle als Fallanreger etwas komplexer zu betrachten. Die Autoren der TOA-Statistik konstatieren jedoch an dieser Stelle ihrer Betrachtungen, dass aus dem Bereich der Polizei Anregungen zum TOA zu bemerken sind, die sich auf die Fallzahlen auswirken:

> „Es wird jedoch in der Praxis zunehmend aufgrund von Eigeninitiative von Polizeibeamten, aufgrund von Fortbildungsmaßnahmen und in manchen Bezirken auch durch entsprechende Verfügungen oder Erlasse ein Klima geschaffen, das neben einer stärkeren Opferorientierung der Alltagsarbeit auch den Täter-Opfer-Ausgleich bzw. die Schadenswiedergutmachung befördert."[891]

Die Polizei stellt somit eine unbekannte Größe im Hinblick auf die Initiierung eines TOA-Versuchs dar, da es nicht in Zahlen zu fassen ist, wie viele Anregungen durch die Polizei ausgesprochen werden bzw. wie viele davon durch die Staatsanwaltschaft aufgegriffen und dann, als durch die Staatsanwaltschaft im Vorverfahren angeregte TOA-Fälle, in der Statistik der Staatsanwaltschaft zugeschrieben werden. Auch bei den anderen Gruppen, die in der TOA-Statistik unter der Rubrik der *Summe aller Übrigen* zusammengefasst werden, können Verfahren sein, in denen sich Opfer und Täter, deren Rechtsanwälte, sowie die Gerichtshilfen aufgrund einer Anregung durch die Polizei, sei es im direkten Gespräch oder aufgrund eines entsprechenden Vermerks im polizeilichen Schlussbericht, bei einer TOA-Fachstelle melden.

---

[890] Die Tabelle existiert in dieser Form <u>nicht</u> in den Veröffentlichungen zur bundesweiten TOA-Statistik, die Werte wurden aber den hier bereits erwähnten Publikationen (siehe dazu den Abschnitt 1.2.6 zur bundesweiten TOA-Statistik) entnommen und zusammengefügt.
[891] Hartmann, Haas, Eikens und Kerner, 2014, S. 17

3.7 Polizei im Focus der Wissenschaften: Annäherung an ein Forschungsfeld

3.7.1 Polizeiforschung in Deutschland

Folgt man *Reichertz*, dann wird der Polizei und dem *was sie tut* und dem *wie sie es tut* weltweit noch nicht allzu lange Zeit Aufmerksamkeit gewidmet, und erst seit ca. 50 Jahren wird diese systematisch beforscht.[892] Wenn man die wissenschaftlichen Disziplinen betrachtet, die sich aus unterschiedlichen Perspektiven auch mit der Arbeit der Polizei befassen, dann ergibt sich hier ein weites Feld.[893] Für die direkte Arbeit der Polizei hat die *Rechtswissenschaft* eine bedeutende Rolle inne, da hier eine Auseinandersetzung mit dem normativen Rahmen der Polizeiarbeit stattfindet, wie es an Themen wie dem Eingriffsrecht, der legitimierten Anwendung von Gewalt, dem Polizeirecht oder dem Datenschutz deutlich wird. Die *Politikwissenschaft* untersucht die Rolle der Polizei im Rahmen der Debatte um die innere Sicherheit, bei der auch die Bereiche der Justiz- und der Kriminalpolitik einbezogen werden, da an jenen Schnittstellen die (Neu)Justierung der polizeilichen Aufgabenstellung, deren Ausstattung sowie das Leitbild des polizeilichen Handelns entstehen und somit auch beforscht werden. *Frevel* führt an, dass hier aber auch „*die Polizei als Subjekt in der Kriminal- und Justizpolitik* untersucht" (Hervorhebung im Original) werde, „so wird etwa analysiert, wie sie zu Strafen und Strafrahmen, Kriminalisierung bzw. Entkriminalisierung von Verhaltensweisen oder zur Strafverfolgung steht."[894] Über die *Geschichtswissenschaften* wird die Rolle der Polizei im Wandel der Zeit und vor dem Hintergrund verschiedener Epochen, wie etwa der Weimarer Republik, des Nationalsozialismus oder der beiden deutschen Staaten vor der Wiedervereinigung, analysiert.

Die *Soziologie* mit ihren Arbeiten zur Polizeiforschung widmet sich dem Handeln der Polizei auf wissenssoziologischem und kultursoziologischem Weg, um unter anderem auf Widersprüche in der polizeilichen Außendarstellung und bestimmte Handlungen in der polizeilichen Alltagspraxis einzugehen. Im Zentrum des Interesses steht der nicht immer unproblematische Umgang mit dem Gewaltmonopol, aber auch die Integration von Migranten, die Rolle der Frau in der Polizei, die Motivationen zur Berufswahl, wie auch Zugehörigkeitsgefühl zur Organisation der Polizei sind hier Themen des Forschungsinteresses. Die *Psychologie* wiederum liefert mit ihren Ergebnissen und Analysen Verbesserungsvorschläge und praktische Hilfen für den

---

[892] Vgl. Reichertz, 2011, S.1 zitiert nach Heidorn, 2011, S. 33
[893] Vgl. Einen Überblick bieten u.a. Frevel, 2008, S. 5ff. sowie Lange, 2011, S. 32ff.
[894] Frevel, 2008, S. 5

Umgang und die Verarbeitung von belastenden Einsätzen, dem Überbringen von Todesnachrichten, aber auch Rüstzeug für Kriseninterventionen, etwa bei Geiselnahmen, der Deeskalation von Konflikten, dem Umgang mit Menschenmassen, etwa bei Großveranstaltungen oder eine zielgerichtete Vernehmungstechnik durch ein verbessertes Wissen über die Psyche bestimmter Verdächtiger.

Ende der 1960er und mit dem Beginn der 1970er Jahre rückte die Polizei verstärkt in das Interesse der Sozialforschung, wobei die Rolle der Polizei, ihre Organisation und ihre Aufgabe in der Gesellschaft vor dem Hintergrund der damals aktuellen Diskussion über gesellschaftliche Machtverhältnisse sowie der in der Kriminologie geführten *Labeling Approach* Debatte kritisch betrachtet wurden. Aus jener Zeit stammen unter anderem die inzwischen als „Klassiker" der empirischen Polizeiforschung in Deutschland geltenden Arbeiten von *Fest* und *Blankenburg* aus dem Jahr 1972 sowie die Arbeit von *Brusten* aus dem Jahr 1971. *Fest* und *Blankenburg* fanden anhand teilnehmender Beobachtungen heraus, stark vereinfacht zusammengefasst, dass es eine Diskrepanz zwischen dem Anspruch des Legalitätsgrundsatzes und der tatsächlichen Möglichkeit der Beamten gibt, allen Straftaten mit der gleiche Intensität nachzugehen, so dass sich Selektionsmechanismen und Definitionsprozesse herausbilden würden, die zu einer Ungleichbehandlung des „polizeilichen Gegenübers" führen würden.[895] *Brusten* sah anhand seiner Untersuchung „Unterschichtangehörige" durch eben jene Selektionsmechanismen durch die Polizei als benachteiligt an. Die Polizei mit ihren Aufgaben und ihren Handlungen wurde daraufhin im Diskurs als „Instrument der Herrschaftssicherung", „Gesellschaftliche Kontrollinstanz" oder „Institution öffentlicher Gewalt" bezeichnet.[896] Die Sozialwissenschaftler *Brusten*, *Feest* und *Blankenburg*, die sich kritisch mit der Polizei auseinandersetzen, verbanden mit ihren Arbeiten den Anspruch und die Hoffnung, die Arbeit der Polizei transparenter zu machen und diese auf dem Weg zu einer Demokratisierung der Polizei und einer stärkeren Integration der Polizei in die Gesellschaft zu unterstützen. Mit ihren kritischen Ansätzen ernteten sie jedoch ablehnende Reaktionen bei den von ihnen Beforschten, der Polizei, was für längere Zeit zu einer Art Eiszeit zwischen Polizei und Sozialforschung führte und interessierten Forschern, außerhalb des Polizeibetriebs, den Zugang zum Forschungsfeld der Polizei stark erschwerte bzw. unmöglich machte. Die Polizei wurde zur „terra incognita" für externe Wissenschaftler.[897] Die Nachwirkungen dieses ersten Aufeinandertreffens von Polizei und Soziologie waren noch in den 1990er Jahren spürbar, als sich *Pick* 1995 in einem Artikel äußerte, dass es den Soziologen nicht darum ginge, Sachverhalte zu erforschen, sondern die Polizei

---

[895] Vgl. Ohlemacher, 1999, S. 5, im Original Fest und Blankenburg, 1972, S. 19f., über Selektionsmechanismen von Polizisten bei der Behandlung von delinquenten Jugendlichen, anhand deren äußerlichem Erscheinungsbildes bzw. ob sich diese gegenüber den Beamten respektvoll verhalten, siehe auch Piliavin und Briar, in Lüdersen und Sack, 1977, S. 93f. Einen Überblick über Forschungen zu diesem Thema bietet Elsner, vgl. Elsner, 2008, S.26ff.
[896] Vgl. Ohlemacher, 1999, S. 6
[897] Vgl. Funk, 1990, S. 105

und ihre Arbeit zu diffamieren und dabei falsche und unbewiesene Ergebnisse zu produzieren, die dem Ansehen der Polizei Schaden zugefügt haben, so dass eine Abschottung gegen das Forschungsanliegen der Soziologie nur eine natürliche Folge wäre. Forschungen für die Polizei sollen dieser „Innovationsimpulse" und „Hilfestellungen" geben und keine „Moralischen Belehrungen und Besserwisserei."[898] In ihrer Erwiderung warfen *Donk, Reichertz* und *Schröer, Pick* eine „bemerkenswerte Polemik"[899] sowie eine durchgängige „Neigung zur drastischen Vereinfachung"[900] vor und machten sich dafür stark, dass eine unabhängige empirische Polizeiforschung die polizeiliche Handlungslogik untersucht, ihr aber nicht folgt, bzw. dass ihre Ergebnisse die Polizeiarbeit natürlich bereichern können, dass dies aber eher ein Nebenprodukt und nicht das eigentliche Ziel einer empirischen Polizeiforschung sein kann.[901]

Die Diskussion um Sinn und Zweck einer Polizeiforschung fokussierte sich nun lange Zeit auf die Zielrichtung des jeweiligen Forschungsvorhabens und kann in eine Forschung *der Polizei*, eine Forschung *für die Polizei* und eine Forschung *über die Polizei* unterteilt werden.[902] *Ohlemacher* stellte rückblickend fest, dass bis in den Begin der 1990er Jahre die Forschung *für* die Polizei, ausgeführt durch polizeiinterne Forscher, eindeutig dominierte und die Forschungen *über* die Polizei eher ein Schattendasein führten. *Ohlemacher* betonte jedoch, dass mit einer „internen" oder einer „externen" Forschung nicht auch automatisch Aussagen über deren Qualität getroffen werden können, dass jedoch durch die Zielsetzung der Polizei, eine effektivere Verbrechensbekämpfung zu erreichen, andere die Polizei betreffenden Fragestellungen systematisch ausgeklammert wurden.[903]

Nach dem schwierigen Start einer polizeiexternen Sozialforschung kam es nach den Jahren des Stillstandes zu einer vorsichtigen Annäherung beider Seiten, so dass Autoren wie *Mokros* oder *Behr* den „Neubeginn" einer unabhängigen Polizeiforschung in der Mitte der 1980er Jahre verorten, der vor allem in den 1990er Jahren eine, bis heute anhaltende, verstärkte Forschungstätigkeit auslöste. Das Verhältnis von Polizei und Wissenschaften ist nun von einer größeren Offenheit und einem gegenseitigen Interesse aneinander geprägt, so dass *Ohlemacher* und *Liebel* konstatieren: „Die Kämpfe zwischen „für" vs. „über" sind ge-kämpft, es geht nunmehr um die integrative Forschung „in, für *und* über" die Polizei (Bornewasser) mit dem Ziel eines deutlich kumulierenden Vorgehens" (Hervorhebungen im Original).[904] Weitere, zent-

---

[898] Vgl. Pick, 1995, S. 703
[899] Vgl. Donk, Reichertz und Schröer, 1996, S. 263
[900] Vgl. Donk, Reichertz und Schröer, 1996, S. 264
[901] Vgl. Donk, Reichertz und Schröer, 1996, S. 266
[902] Vgl. Liebl, 2008, S. 148
[903] Vgl. Ohlemacher, 1999, S. 9
[904] Ohlemacher und Liebl im Vorwort zu „Empirische Polizeiforschung. Interdisziplinäre Perspektiven in einem sich entwickelnden Forschungsfeld" mit Verweis auf Bornewasser jedoch ohne weitere Quellenangabe. 2000, S. 10. Reichertz hingegen thematisiert weiterhin die fehlende Offenheit der Polizei, für externe Sozialwissenschaftler, bzw. den erschwerten Zugang zu manchen Forschungsfeldern innerhalb der Polizei. Vgl. Reichertz, 2011, S. 73ff.

rale Diskussionspunkte finden sich jedoch in der Fragestellung nach dem Gegenstand, dem Rahmen der Polizeiforschung. Soll sich die Polizeiforschung, dem Namen folgend, ausschließlich mit der Polizei beschäftigen oder weitere Akteure aus dem Bereich der Sicherheits- und Kontrollorgane berücksichtigen? Unstrittig sei, so *Mokros*, „dass sich die Polizeiforschung mit der Institution „Polizei" befasst." Jedoch würde eine reine Fokussierung auf die Polizeibehörden dem Umfang der Aufgabenstellung nicht gerecht werden, da die Polizei nur ein Akteur bei der Gewährleistung der öffentlichen Sicherheit sei und eine Polizeiforschung daher auch die Kooperationspartner der Polizei mit einbeziehen müsse.[905] *Mokros* vertritt daher den Standpunkt einer weiten Auslegung des Forschungsbereichs über die Institution der Polizei hinaus, was sich in seiner Definition des Begriffs Polizeiforschung widerspiegelt, der hier gefolgt wird:

> „Nach der hier vertretenen Auffassung ist Gegenstandsbereich der Polizeiforschung zum einen die **Polizei als Institution** und zum anderen das **Polizeihandeln**. Einbezogen werden dabei auch solche Organisationen, die neben oder an Stelle der Polizei für die Gewährleistung der Inneren Sicherheit zuständig sind oder die Polizei bei ihrer Aufgabenerfüllung unterstützen"[906] (Hervorhebungen im Original).

Der Begriff der Polizeiforschung sei berechtigt, so *Mokros*, da die Polizei der zentrale Bezugs- bzw. Ausgangspunkt der Forschung sei.[907]

3.7.2 Empirische Polizeiforschung

Bedingt durch die neue Annäherung entstand eine Vielzahl von empirischen Forschungsarbeiten. Einen guten Überblick über die Themen die bereits beforscht wurden, bzw. über das, was es noch zu erforschen gilt, erhält man bei *Ohlemacher*,[908] *Liebl*,[909] *Reichertz*[910] und *Mokros*.[911] Insgesamt wird ein weites Spektrum an Fragestellungen und Forschungen sichtbar, die sich mit der Arbeit der Polizei, der Einstellung der beforschten Beamten zu diversen Themen, der Organisation der Polizei sowie mit einzelnen Handlungsmustern befassen. Aus dem Gegenstandsbereich der bisherigen Forschung lässt sich die Definition von *Reichertz* ableiten, die sich an Zweck und Ziel von Polizeiforschung orientiert: „Die „Empirische Polizeiforschung" untersucht das polizeiliche Handeln (sowohl die institutionellen Vorgaben als auch

---

[905] Vgl. Mokros, 2009, S. 9
[906] Mokros, 2009, S. 10
[907] Vgl. Mokros, 2009, S. 10
[908] Vgl. Ohlemacher, 1999, S. 14ff.
[909] Vgl. Liebl, 2008, S. 149ff.
[910] Vgl. Reichertz, 2011, S. 74f.
[911] Vgl. Mokros, 2009, S. 37ff.

die darin eingelassenen Handlungsroutinen) und dessen Auswirkungen (auf Polizisten/innen, Täter, Opfer, Zeugen, Bevölkerung, Gesellschaft) ebenso wie die politischen Rahmenbedingungen und Zielsetzungen polizeilicher Arbeit."[912]

Mitte der 1980er Jahre gründeten Wissenschaftler die Projektgruppe „Empirische Polizeiforschung" und im Jahr 1999, auf Initiative von *Liebl* und *Ohlemacher,* den „*Arbeitskreis Empirische Polizeiforschung*", in dem sich Forschende und Lehrende der bundesweiten Fachhochschulen der Polizei und der öffentlichen Verwaltungen zusammenfanden. Der „*Arbeitskreis Innere Sicherheit*" AKIS entstand im Jahr 1996, deren Mitglieder es sich zur Aufgabe machten, bestehende und geplante Forschungsvorhaben zu diskutieren, zu vernetzen und zu publizieren, um vorhandene Forschungslücken zu schließen und den Bestand bisherigen Wissens zu strukturieren. So kann die empirische Polizeiforschung in Deutschland inzwischen unter anderem auf die Schriftenreihe "Schriften zur Empirischen Polizeiforschung" sowie die Publikationen im „Verlag für Polizeiwissenschaften", dem Felix Verlag mit seiner Reihe zur Empirischen Polizeiforschung, dem VS-Verlag sowie eine beachtliche Zahl von Dissertationen, Bachelor- und Masterarbeiten zurückgreifen, die auf den Methoden qualitativer Sozialforschung basieren.

„Als empirische Polizeiforschung kann jede im weitesten Sinne sozialwissenschaftliche Auseinandersetzung mit dem Thema Polizei gelten, die basierend auf der Methodologie und Methodik empirischer Sozialforschung theoretisch inspiriert und methodisch kontrolliert Daten erhebt, analysiert und/oder interpretiert. Empirisches Material für solche Analysen bieten nicht nur klassische Befragungen qualitativer oder quantitativer Art. Empirische Polizeiforschung kann auch aus teilnehmender Beobachtung oder Gruppendiskussionen bestehen, sie kann Aktenanalysen, Diskurs oder Inhaltsanalysen anderer Art betreiben."[913]

Die Diskussion über den Gegenstand, die Ziele, das Selbstverständnis und den Focus einer (empirischen) Polizeiforschung ist jedoch bei weitem noch nicht abgeschlossen, gerade auch vor dem Hintergrund einer sich um Eigenständigkeit bemühenden und im Etablieren befindlichen Polizeiwissenschaft.

3.7.3 Auf dem Weg zu einer eigenständigen Polizeiwissenschaft

Erste Ansätze einer *Policeywissenschaft* finden sich im Deutschland des frühen 18. Jahrhunderts mit einem umfangreichen Schrifttum und eigenen Lehrstühlen. Sie be-

---

[912] Reichertz, 2007, S. 137 in Mokros, 2013, S. 31
[913] Ohlemacher und Liebl, 2000, S. 7, zu den Methoden und Themen empirischer Polizeiforschung siehe auch Mokros, 2009, S. 64ff bzw. S. 37ff.

fasste sich im weitesten Sinne mit der Aufrechterhaltung der Ordnung im Staat, verbunden mit einem sehr weit ausgelegten Polizeibegriff,[914] hatte jedoch nur wenig mit der heutigen Polizeiwissenschaft gemein.[915] Nach dem bereits beschriebenen Scheitern der „kritischen" Polizeiforschung und der Phase danach könne man erst in den letzten 20 Jahren von einer modernen bzw. neuen Polizeiforschung sprechen, so Reinartz.[916] Mokros spricht von einem Neubeginn, gar einer Renaissance einer Polizeiwissenschaft in Deutschland, einhergehend mit der Gründung der „Deutschen Hochschule der Polizei" (DHPol)[917] im Jahr 2006. In dem Jahrzehnt zuvor begannen die deutschen Polizeiforscher die Debatte darüber, ob es sich bei der modernen Polizeiwissenschaft um eine eigenständige, akademisch auszurichtende Wissenschaft handle oder nicht. Der Diskurs lässt sich grob unterteilen in die Fragestellungen, was denn der Gegenstand, die Aufgabe und die Adressaten einer eigenständigen Polizeiforschung sind. Demnach stehen sich zwei unterschiedliche Auffassungen gegenüber, was der zentrale Gegenstand der Polizeiwissenschaft sein soll:

„Die erste versteht Polizeiwissenschaft als eng auf die Institution Polizei sowie auf deren Handeln, das Polizieren bezogen. Die zweite Ansicht plädiert für eine begriffliche Erweiterung des Polizierens über die Polizei hinaus auf alle staatlichen und privaten Akteure, deren Handeln der Herstellung und Erhaltung öffentlicher Sicherheit dient."[918]

Bei der Frage um die Adressaten einer Polizeiwissenschaft begegnet man der im Bereich der Polizeiforschung bereits gestellten Frage, ob diese Wissenschaft und die damit verbundene Forschung *für die Polizei* oder *über die Polizei* sein soll, erneut:

„Polizeiforschung solle demzufolge in erster Linie Forschung *für* die Polizei sein und der Optimierung polizeilichen Handelns dienen. Der Gegenposition zufolge sollte Polizeiwissenschaft Forschung über die Polizei sowie über weitere Akteure des Polizierens umfassen: Sie müsse (auch) außerhalb und unabhängig von polizeilichen Institutionen betrieben werden, um ihren Anspruch auf Wissenschaftlichkeit nicht zu diskreditieren"[919] (Hervorhebung im Original).

---

[914] Auf die Historie der Anfänge der Policeywissenschaft soll an dieser Stelle nicht vertiefend eingegangen werden. Siehe dazu Möllers, 2011, S. 15ff. sowie Mokros, 2013, S. 8ff.
[915] Vgl. Feltes, 2011, S. 110
[916] Vgl. Reinartz, 2009, S. 183
[917] Vgl. Mokros, 2013, S. 15
[918] Denkowski und Denkowski, 2011, S. 58. Stock sieht es als Aufgabe der Polizeiwissenschaften, Wissen über die Polizei zu sammeln und für diese nutzbar zu machen. Vgl. Stock, 2000, S. 106. Schneider sieht die Aufgabe in der Erforschung des Polizeihandelns, sowie in der Aus- und Fortbildung der Polizei (vgl. Schneider, 2002, S. 9), wohingegen Autoren wie Feltes (vgl. Feltes, 2011, S. 111ff.), Lange (vgl. Lange, 2002, S. 60) oder Neidhard, 2006 sich für eine weitere Auslegung stark machen, die über den Bereich der Polizei hinausgeht und auch andere Sicherheitsanbieter, sowie die Polizei in ihren gesellschaftlichen Bezügen einbezieht.
[919] Denkowski und Denkowski, 2011, S. 58

Einhergehend mit der Gründung der DHPol machten sich *Birkenstock, Hauff* und *Neidhardt* daran, die Aufgaben einer modernen Polizeiwissenschaft zu beschreiben als „interdisziplinäre, integrativ verstandene Polizeiwissenschaft" und als:

> „das Wissenschaftsgebiet, das die polizeiliche Grundfunktion (Gewährleistung innerer Sicherheit unter Inanspruchnahme des staatlichen Gewaltmonopols), die Polizei als Institution (police) und ihr Verhalten sowie ihre Tätigkeit (policing) – wie sie ist, wie sie sein kann und soll und wie sie nicht sein darf – mit wissenschaftlichen Methoden theoretisch (police theory), empirisch (police research) und systematisch erforscht."[920]

Es wird deutlich, dass eine Wissenschaft, die sich im Kern mit der Polizei und anderen Sicherheitsanbietern beschäftigt, beide Aspekte im Blick haben und bedienen muss. Sie ist eine normative Wissenschaft, die die Verbesserung der polizeilichen Arbeit zur Aufgabe hat, aber ebenso auch eine empirisch-analytische Wissenschaft, die sich dem polizeilichen Handeln und dessen Auswirkungen auf dem Weg der quantitativen und qualitativen Sozialforschung nähert.[921] Zwischen Polizeiwissenschaft und Polizeiforschung besteht ein enges Verhältnis, da beide Bereiche einander brauchen und in einem gehörigen Maß an Abhängigkeit zueinander stehen. Für *Ohlemacher* ist die empirische Polizeiforschung „einer der Bausteine einer sich entwickelnden Polizeiwissenschaft".[922] *Stock* sieht die Polizeiwissenschaft als notwendiges Sammelbecken für die in der Polizeiforschung gewonnenen Erkenntnisse und sieht in einer eigenständigen Polizeiwissenschaft „die konsequente Weiterentwicklung der multidisziplinären Polizeiforschung"[923] und auch *Feltes* sieht die Notwendigkeit eines eigenständigen wissenschaftlichen Überbaus, da „eine Polizeiforschung ohne eigene Polizeiwissenschaft auf Dauer sekundär und rudimentär" bleiben müsse.[924] *Reinartz* bezeichnet die Polizeiforschung als ein konstitutives Element, da (wie in jeder Wissenschaft) die Forschungsergebnisse die Basis einer Polizeiwissenschaft bilden.[925] Die Polizeiwissenschaft in Deutschland ist eine noch vergleichsweise junge Disziplin, die „hierzulande keine wirklich etablierte und akzeptierte polizeiwissenschaftliche Forschungstradition" besitzt, so *Kersten*.[926] Und auch die Aufgaben, der Rahmen und der Sinn und Zweck einer eigenständigen Polizeiwissenschaft werden „(...) Innerhalb des relativ kleinen Zirkels, der sich mit der Polizei und dem Polizieren befassen Wissenschaftler (...) kontrovers diskutiert (...)".[927] Eine Diskussion, die hier nur in Fragmenten wiedergegeben werden kann und soll. *Lange* konstatierte einen eklatanten Theoriemangel in der Polizeiforschung, was zutreffend sei, wenn

---
[920] Birkenstock, Hauff und Neidhardt, 2005, S. 134
[921] Vgl. Neidhardt, 2007, S. 13
[922] Ohlemacher, 2006, S. 219
[923] Stock, 2000, S. 101
[924] Feltes, 2002, S. 245
[925] Vgl. Reinartz, 2009, S. 181
[926] Vgl. Kersten, 2012, S. 5
[927] Frevel, 2008, S. 6 siehe auch Feltes, 2008, S. 965

man den Anspruch erhebe, dass „eine verbindende und auch verbindliche Theorieperspektive" zu Grunde liegen müsse, was aus seiner Sicht aber auch in anderen Einzeldisziplinen wie etwa der Politikwissenschaft, der Soziologie oder der Kriminologie nicht gegeben sei.[928] *Weiss* vertritt daher den Standpunkt, „dass es sich hierbei um ein interdisziplinäres Fach handelt, das somit zwangsläufig keine eigenen Methoden und Theorien entwickeln muss, sondern je nach zu untersuchendem Themenbereich die sinnvollsten Methoden und Theorien aus dem allgemeinen Kodex auszuwählen hat."[929]

Inzwischen gibt es in Deutschland vereinzelte Lehrstühle für Polizeiwissenschaft, wie etwa an der Deutschen Hochschule der Polizei in Münster oder der Lehrstuhl an der baden-württembergischen Ruhr-Universität Bochum für Kriminologie, Kriminalpolitik und Polizeiwissenschaft und auch an anderen Instituten, wie dem Kriminologischen Forschungsinstitut Niedersachen in Hannover oder den Fachhochschulen der Bundesländer, die für die Ausbildung zum gehobenen Polizeidienst zuständig sind, beschäftigt man sich unter anderem mit Themen der Polizeiforschung. Zusammen mit den bereits erwähnten Arbeitskreisen und einem schon recht beachtlichen Bestand an Forschungsarbeiten bildet dies die Wissenschaftslandschaft, in der sich eine Polizeiwissenschaft weiter entwickeln könnte. Auf dem Weg dorthin gilt es jedoch noch viele Hürden zu nehmen. Dazu gehört, die Konturen einer Polizeiwissenschaft stärker herauszuarbeiten, sich gegenüber etablierten Disziplinen behaupten zu müssen und gleichsam offen zu sein für die Erkenntnisse und Methoden eben jener verwandten Nachbardisziplinen, eine unabhängige Position in Forschungsfragen einzunehmen, weitere Lehrstühle ins Leben zu rufen und auch im Hinblick auf die Adressaten eines solchen Studienfaches Antworten parat zu haben, denn, so *Lange*, wenn es darum geht, polizeirelevante Managementqualitäten und weitere Fertigkeiten auf einem universitären Niveau zu vermitteln, wer könnte damit außerhalb der Berufsgruppe der Polizei etwas anfangen?[930] Betrachtet man den Diskurs, der über Aufgaben, Inhalte und Adressaten von Polizeiwissenschaft und Polizeiforschung geführt wird, dann ergibt sich ein Bild eines dynamischen Prozesses, dessen Beginn sich zeitlich zwar lokalisieren lässt, der aber bei weitem noch nicht abgeschlossen ist. Ob sich am Ende dieses Prozesses eine eigenständige, sich selbstbewusst gegenüber den bereits bestehenden Wissenschaften behauptende Polizeiwissenschaft etablieren kann, bleibt abzuwarten. Je nach der Wahl der Perspektive ließe sich hinter der Überschrift dieses Absatzes auch ein Fragezeichen oder ein Ausrufezeichen setzen.

---

[928] Vgl. Lange, 2011, S. 36
[929] Weiss, 2007, S. 37
[930] Vgl. Lange, 2011, S. 42

3.7.4 Vorüberlegungen zum TOA in der polizeilichen Alltagspraxis

Über das Verhältnis von Polizeibeamten zum Täter-Opfer-Ausgleich liegen kaum Befragungen vor und auch die Publikationen, die sich mit der Thematik Polizei und Täter-Opfer-Ausgleich befassen, sei es nun aus der Perspektive der Polizeiforschung oder aber der TOA-Begleitforschung, sind gering an der Zahl. Dieser Abschnitt der Arbeit fasst daher Fragmente des Wenigen zusammen, was bisher darüber geforscht und geschrieben wurde. Dabei geht es um die Ergebnisse der wenigen Befragungen, die sich mit der Einstellung und Haltung von Polizeibeamten zum TOA, aber auch artverwandten Themen, wie der Diversion oder der Einstellung zu Reaktions- und Strafvorstellungen im Hinblick auf (Jugend)Kriminalität, befasst haben. *Ob* und wenn ja, *wie* der Täter-Opfer-Ausgleich auf der Ebene der Polizeibasis angekommen ist, sich dort mit einem polizeilichen Habitus vereinbaren lässt und ob sich bestimmte Handlungsmuster und Handlungspraktiken ausmachen lassen, die dafür verantwortlich sind, wie der TOA als *Handwerkzeug* der Basisbeamten, die sich mit dem Thema Jugendkriminalität beschäftigen genutzt wird, dazu existiert bisher kaum empirisches Material, so dass von einem explorativen Charakter der eigenen Arbeit ausgegangen werden kann. Auf der Basis der hier entworfenen Skizze entwickelten sich die Überlegungen und die Herangehensweise der im nächsten Abschnitt folgenden eigenen empirischen Untersuchung.

3.7.4.1 Habitus und Handlungsmuster polizeilichen Handelns

In den vorangegangenen Abschnitten wurden unter anderem der Wandel der Polizei in den letzten Jahrzehnten beschrieben wie auch Entwicklungen skizziert, die dazu führten, dass die Polizei sich dem theoretischen, akademischen Wissen von Kriminologie und Sozialforschung geöffnet und hier gewonnene Erkenntnisse in neue Handlungsstrategien umgesetzt hat, wie gerade am Beispiel der Prävention, speziell dem Bereich der Interventionen im Jugendbereich deutlich wird. Doch wie reagieren Polizisten auf das Thema Täter-Opfer-Ausgleich, jenseits von Leitbildern, Diversionsrichtlinien und Arbeitsanweisungen? Passt die Vorstellung, dass Täter und Opfer erneut zusammengeführt werden sollen und damit meist auch eine juristische Besserstellung des Täters einhergeht in das Wertesystem und die Vorstellungen von Polizisten und das, was sie als ihre eigene berufliche Aufgabe verstehen? Neben dokumentierten positiven Erfahrungen aus dem Bereich der Modellprojekte (siehe dazu Abschnitt 3.5.1) im Hinblick auf Zusammenarbeit und Akzeptanz finden sich auch kritische Stimmen. *Habschick* machte in seinen Schriften darauf aufmerksam, dass durch die enge Verknüpfung von Diversion und Täter-Opfer-Ausgleich dieser, mit dem Beginn der Umsetzung der Diversion in der polizeilichen Arbeitspraxis, zum Teil auch heute noch einen schweren Stand habe. Die Diversion – und damit auch Stück weit der Täter-Opfer-Ausgleich - wird zum „Feindbild" wenn sie als „am Strafverfahren vorbei" wahrgenommen wird und daher vom „Polizeibauch", dem Bauchgefühl des Polizisten, „vielfach dem persönlichen wie institutionellen polizeilichen Selbstverständnis" widerspreche.[931]

„Über Jahrzehnte lernten und verinnerlichten alle Polizeibeamten und Polizeibeamtinnen durch Aus- und Fortbildungen die traditionelle Zielsetzung ihrer Arbeit: Die Polizei hat – neben der Aufgabe der Gefahrenabwehr – Straftaten zu verfolgen und die ermittelten Straftäter der Justiz und damit ihrer ‚gerechten Strafe' zuzuführen."[932]

Diesem *Bauchgefühl* des Polizisten sowie einem persönlichen, vor allem aber auch kollektiv geteilten Selbstverständnis der polizeilichen Rolle, aus dem Handlungsmuster und Handlungspraxen erwachsen, soll hier weiter nachgegangen werden. Unverzichtbar an dieser Stelle der Verweis auf die Arbeiten des französischen Soziologen Pierre *Bourdieu* und dessen Habitus-Konzept, welches uns auch im nächsten Abschnitt wiederbegegnen wird. Der Mensch entwickelt demnach, stark vereinfacht dargestellt, schon früh ein Bild von sich selbst, welches sich über die gesamte Lebensspanne immer wieder neu modifizieren kann, im Kern aber schon in der Kindheit und Jugend festgelegt wird. Der Habitus des Einzelnen beschreibt dessen Einstellung zu sich selbst und der Welt, die ihn umgibt. Der Habitus umfasst dabei Gewohnheiten, die sich durch Lernen entwickelt haben und die reproduziert werden – oder anders gesagt, man handelt, wie man es gelernt hat und man tut etwas so, wie man es schon zuvor getan hat.[933] Der Habitus beeinflusst das Denken und das soziale Handeln, die Vorstellungskraft sowie die Art und Weise, sich zu präsentieren und zu verhalten. Oder um es mit *Lenger, Schneikert* und *Schumacher* zu sagen, die sich auf *Bourdieu* beziehen: „In seinen Worten steht Habitus für die „Wahrnehmungs-, Denk- und Handlungsschemata" eines Menschen, in dem sämtliche inkorporierten, früheren sozialen Erfahrungen zum Ausdruck kommen. (…) Dabei ist der Habitus vor allem durch die spezifische gesellschaftliche Position geprägt, die Angehörige einer sozialen Gruppe innerhalb einer Sozialstruktur einnehmen."[934] Mit Blick auf Organisationskulturen helfen berufsspezifische Habitusformen, um Zugang zu einer Berufsgruppe zu erlangen, die den eigenen Vorstellungen und Haltungen entspricht, um dort Akzeptanz zu erfahren und sich als Teil einer Gemeinschaft zu etablieren. Neue Mitglieder müssen sich erst bewähren und lernen im Rahmen ihrer beruflichen Sozialisation sich innerhalb der existierenden Normen-, Wahrnehmungs- und Handlungsmuster zu orientieren, so dass sich im Habitus kollektiv geteilte Wertvorstellungen

---

[931] Vgl. Habschick, 2010, S. 187
[932] Habschick, 2010, S. 186
[933] Vgl. Fröhlich und Rehbein über den Habitusbegriff bei Bourdieu, 2014, S. 111
[934] Lenger, Schneikert und Schumacher, 2013, S. 14 mit direktem Bezug auf Bourdieu, 1970 (1967), S. 153, 1987 (1980), S. 101

und Mentalitäten wiederfinden.[935] Jedoch war es nicht *Bourdieu* allein, der sich des Begriffs des Habitus annahm und ihn prägte, auf eine Ausführung zur Entwicklung des Begriffs an dieser Stelle soll aber verzichtet werden. *Elias* sprach vom Habitus als ein Gepräge, in dem der Einzelne persönliche Merkmale entwickelt, die ihn von den anderen Gesellschaftsmitgliedern unterscheiden, gleichsam aber auch die Merkmale von Gruppen in sich trägt, die er sich im Laufe seiner Entwicklung aneignet.[936]

In der Polizeiforschung gibt es eine Anzahl von Arbeiten, die sich bestimmten Phänomenen, Praktiken und Veränderungen in der Organisation der Polizei nähern, indem sie darauf abzielen, über individuelle Dispositionen hinaus, bestimmte, kollektive Handlungsmuster auszumachen und darüber Aussagen über die gelebte Alltagspraxis der Polizei treffen zu können.[937] Den Grundstein für einen Blick auf die Polizeipraxis jenseits der offiziellen Selbstdarstellung der Polizei legte *Behr* mit seinen Arbeiten zur Polizeikultur und zur Kultur der Polizisten (Cop Culture). Die Polizei ist nur auf den ersten Blick ein einheitliches Gebilde. Bei genauem Hinsehen wird deutlich, dass es sich dabei um eine *Gruppe von Gruppen*[938] handelt, die ganz unterschiedliche Aufgabengebiete haben, über unterschiedliche Spezialisierungen verfügen und mitunter nicht viel miteinander zu tun haben oder in Konkurrenz - Schutzpolizei (Schupo), Kriminalpolizei (Kripo) und Bundespolizei - zueinander stehen, wenn es um Kompetenzen und Zuständigkeiten geht. Den Rahmen der Organisation Polizei bilden jedoch Dienstvorschriften, Leitbilder, Dienstanweisungen, ein Beamtenrecht, Dienstgrade etc. sowie ein äußeres Erscheinungsbild, bestimmt durch Uniformen, Einsatzwagen, Polizeiwachen, dem Tragen von Waffen und dem Gewaltmonopol im Staate. Als Gegenentwurf zu dieser Polizeikultur skizzierte *Behr* die Kultur der Polizisten, mit ihren Routinen, Ritualen und Handlungspraktiken, also eine Polizistenkultur oder auch Cop-Culture. *Behr*, dessen Theorien auf intensiven teilnehmenden Beobachtungen des polizeilichen Alltagshandelns und Reflexionen über die Organisation der Polizei beruhen, richtet sein Interesse auf gerade jenes Alltagshandeln, welches die Cop-Culture ausmacht, mehr noch als ein Leitbild, welches bei all seiner politischen Korrektheit nur wenig darüber aussagen würde, wie die Praxis gelebt wird. Polizeikultur und Polizistenkultur sind ein Stück weit vergleichbar mit dem *Ist*- und dem *Soll*-Zustand polizeilichen Handelns, die in der Praxis identisch sein können, aber auch voneinander abweichend, so dass es diese Bereiche sind, die die Neugierde der Polizeiforscher wecken, gerade wenn es um nichts Geringeres als den nicht immer konfliktfreien Umgang mit dem Gewaltmonopol geht.

---

[935] Vgl. Schöne, 2011, S. 406
[936] Vgl. Liebsch, mit direktem Bezug auf Elias, 2003
[937] Vgl. Behr, 2008, S. 200
[938] Vgl. Weick 1985, zitiert nach Schöne, 2011, S. 407

Wie ein Polizist sich zu verhalten habe, was richtig oder falsch ist, mit Lob oder Tadel bedacht wird, lernt dieser vor allem in der Praxis. Er orientiert sich dort an diesen Erfahrungen und an dem Verhalten der Kollegen oder, um es mit *Behr* zu sagen: „Handlungsmuster werden in der Dienstgruppe, während der Streifenfahrt oder beim Warten im Gruppenwagen während eines Einsatzes vermittelt, nicht etwa durch Gesetze, Vorschriften, Dienstanweisungen."[939] Und auch bereits vorab in der polizeilichen Ausbildung an den Polizeischulen galt der Grundsatz, *Polizisten lernen von Polizisten, was diese von Polizisten gelernt haben*. Nach *Behr* bilden polizeiliche Handlungsmuster „ein Sortiment kollektiver Erfahrungen",[940] die Routinen schaffen, aber auch ein Grundvertrauen, um *richtig* und *falsch* voneinander unterscheiden zu können. Sie bilden die Kapitel einer „ungeschriebene *Schutzmanns-Fibel*" die ein Gegengewicht zum theoretisch vermittelten Wissen darstellt (Hervorhebung im Original). „Handlungsmuster sind das Rüstzeug des Schutzmannes, mit ihrer Hilfe bewältigt er seinen Job eindeutiger als mit diffusen wissenschaftlichen Erkenntnissen."[941] Anders als bei *Einstellungen* oder einer inneren *Haltung* zu einem bestimmten Thema, die nicht zwangsläufig ausagiert werden müssten, stünden „Handlungsmuster stets in Verbindung mit *Interventionen in realen Situationen*" (Hervorhebung im Original)[942] und würden sich im Falle der Polizeipraxis in der Regel an den Kriterien *Legitimität*, *Konformität* und *Pragmatismus* orientieren (Hervorhebung im Original).[943]

Der Blick *Behrs* auf die Kultur der Polizisten richtet sich auf die in der Polizei existenten hegemonialen Muster von Männlichkeit sowie die bereits erwähnten Handlungsmuster und damit die habituellen Grundlagen der Polizeiarbeit.[944] Ähnlich wie *Behr* machen auch *Schweer* und *Strasser* dabei Subkulturen von Angehörigen der Polizei aus, die entsprechend ihrem Handlungsfeld, eigene Handlungsmuster und einen eigenen Habitus entwickeln, und fassen diese am Beispiel der operativen Kräfte zu „idealtypischen Organisationskulturen" zusammen, wie etwa: den Jägern, den Regulatoren, den Sammlern und den Kriegern.[945] Auch *Hüttermann* beschäftige sich mit dem polizeilichen Habitus am Beispiel von Auftreten und Haltung des *Street Corner Polizisten* seinem „polizeilichen Gegenüber", etwa in Szenen polizeilicher Alltagspraxis (z.B. einer Verkehrskontrolle), Konfliktsituationen (Provokationen gegenüber den Beamten) oder in, als Problemfelder gekennzeichneten Einsatzgebieten (am Beispiel Duisburger Stadtteile).[946] *Mensching* hingegen widmete sich mit ihrer Arbeit zu den „gelebten Hierarchien" in der Alltagspraxis der Polizei einem Binnenthema der Polizeikultur und richtete ihren Blick auf die hier praktizierten und „geleb-

---
[939] Behr, 2008, S. 199, so auch Schweer und Strasser, 2008, S. 20
[940] Behr, 2008, S. 197
[941] Behr, 2008, S. 199
[942] Vgl. Behr, 2008, S. 200
[943] Vgl. Behr, 2008, S. 200
[944] Vgl. Behr, 2000, S. 15ff.
[945] Vgl. Schweer und Strasser, 2008, S. 14ff., siehe auch Behr, 2008, S. 91ff.
[946] Vgl. Hüttermann, 2004, S. 225ff., siehe auch Hüttermann, 2000, S. 7ff.

ten" Hierarchiebeziehungen als Teil der Organisationskultur der Polizei,[947] wie auch *Dudek*, die sich mit dem Thema Frauen und Migrationshintergrund am Beispiel der Berliner Schutzpolizei befasste,[948] oder auch *Hunold*, die sich mit ihrer Arbeit unter anderem der Einstellungspraxis von Migranten bei der Polizei widmete.[949] *Löbbecke* hingegen versucht über die Befragung von Polizisten über deren Berufsbilder und Motive der Berufswahl unter anderem ein typisches Berufsbild zu skizzieren, von dem sich Handlungsmuster der Polizeiarbeit ableiten lassen,[950] wobei hier natürlich nicht alle Beispiele genannt werden konnten, die sich mit der Thematik von Handlungsmustern und polizeilichem Habitus befassten. *Schöne* weist in seiner Arbeit, in der er sich aus der Perspektive der Theorien Bourdieus mit der Institution Polizei, deren Aufgaben, Interaktionen mit Staat und Gesellschaft, sowie deren Handlungen befasst, auf die Schwierigkeiten hin, aufgrund des heterogenen Charakters der polizeilichen Praxis und ihrer vielen unterschiedlichen Akteure, so etwas wie einen generellen Habitustyp zu entwerfen, wie etwa *Behr*, *Hüttermann* oder auch *Löbbecke* es mit ihren Arbeiten versuchen würden, nicht ohne jedoch auch von einem existierenden, vorstrukturierten polizeilichen „Habitusfundament" auszugehen.[951]

Der Täter-Opfer-Ausgleich ist eine Interventions- und Präventionsmaßnahme, mit der auch eine bestimmte kriminalpolitische Grundhaltung des Gesetzgebers verbunden ist und die als Maßnahme von außen an die Polizei herangetragen wurde und dann dort durch diese selbst in konzeptionelle Überlegungen integriert wurde, in beiden Fällen jedoch über die Hierarchien der Polizei quasi „von oben nach unten" in den Alltag der Polizeipraxis gelangte. Ein Akt, der nicht immer ohne Reibung abgelaufen sein wird, betrachtet man *Behrs* Theorie von einer handarbeitenden, an Handlungsmustern ausgerichteten Polizeibasis, die an ihrer Schnittstelle auf einen bürokratischen, an wissenschaftlichen Theorien und Leitbildern orientierten Mittelbau und eine ebensolche Führungsebene der Organisation trifft, quasi der Gegensatz von *Handarbeit* zu *Kopfarbeit*.[952] *Christe-Zeyse* beschreibt in seinen Betrachtungen über die Polizei im Wandel seit den 1960er Jahren bis heute, dass es neben organisatorischen Umgestaltungen und technischen Neuerungen auch Veränderungen in der Praxis der Polizei gegeben habe, die grundsätzlicher Natur seien, da sie das berufliche Selbstverständnis der Polizisten berühren. Es würden von den Organisationsmitgliedern mitunter Anpassungsleistungen abverlangt, die zumindest teilweise im

---

[947] Vgl. Mensching, 2008
[948] Vgl. Dudek, 2009
[949] Vgl. Hunold, 2008
[950] Vgl. Löbbecke, 2004
[951] Vgl. Schöne, 2011, S. 362
[952] Vgl. Behr, 2008, S. 250. An dieser Stelle begegnet uns die Diskussion aus dem vorangegangenen Abschnitt wieder, wie viel Theorie und wie viel Praxis für die Ausübung des Polizeiberufes nötig ist. Siehe dazu u.a. Asmus, 2012, S. 41ff. Diese Thematik ebenfalls berührend siehe auch die Arbeiten von Christe-Zeyse zu den unterschiedlichen Denk- und Handlungslogiken (Einsatzhandeln, Sachbearbeiter- und Bürokraten-Ebene), 2007, sowie die Arbeit von Mensching zu den gelebten Hierarchien in der Organisation und im Alltag der Polizei, 2008. Über das nicht immer spannungsfreie Verhältnis von Basis und Führungsebene siehe auch Jaschke, 2006, S. 135ff., in seinen Anmerkungen über Management Cops als polizeiliche Funktionselite.

Widerspruch zu dem stehen, wie die Organisationsmitglieder beruflich sozialisiert wurden und was sie bis dahin als selbstverständlich angesehen haben.[953]

Die Tatsache, dass Neuankömmlinge in der Organisation der Polizei sich dort bewähren, sich ein- und unterordnen müssen, um als Teil der Gruppe akzeptiert zu werden, sowie die Fragen nach gewissen Grundhaltungen, die in der Berufsgruppe der Polizei stärker ausgeprägt sind als in anderen, führte zu folgenden zwei Überlegungen: Erstens, wandeln sich Einstellungen und Haltungen im Laufe der Dienstjahre? Und zweitens, handelt es sich bei der Berufsgruppe der Polizei nicht eh um eine eher an konservativen Werten und politischen Haltungen orientierte Berufsgruppe,[954] deren Mitglieder, ähnlich wie in den bereits erwähnten Befragungen von Strafjuristen und Jura-Studenten (siehe dazu 1.3.7), eine verstärkte Affinität zu Bestrafungen (Punitivität) haben, so dass Konzepte zu Wiedergutmachung, Versöhnung, Resozialisierung etc. hier generell einen schwereren Stand haben müssten? Dies ließe sich durch den täglichen Umgang mit Straftaten, Straftätern, deren Opfern sowie einer berufsbedingt erhöhten Wahrscheinlichkeit (zumindest bei den operativen Kräften), selbst Opfer von Gewalt zu werden, plausibel begründen. Diese Fragen führen zwangsläufig zu der Arbeit von *Ellrich*. Diese widmete sich der Untersuchung der Einstellung von Polizisten im Vergleich zur Allgemeinbevölkerung im Hinblick auf ein Strafbedürfnis und stützte sich dabei auf zwei separate Untersuchungen des KFN (Baier et al. 2011 und Ellrich et al. 2010). Zunächst ergab sich hier jedoch, dass Polizeibeamte im Vergleich zur Allgemeinbevölkerung eine geringere Punitivität aufwiesen, was *Ellrich* in diesem Fall jedoch mit einem höheren Bildungsgrad der befragten Polizisten im Vergleich zu den befragten Nicht-Polizisten erklärte, so dass hier Anpassungen vorgenommen wurden, um die Gruppen genauer vergleichen zu können (es wurde von einem Zusammenhang von Bildungsniveau und Strafvorstellungen ausgegangen).[955] Dennoch blieb es bei dem Ergebnis, wonach Polizeibeamte weniger punitiv eingestellt waren als die Allgemeinbevölkerung. Mit Blick auf die demographischen Daten wurde deutlich, dass das Alter der Befragten hier von entscheidender Bedeutung war. Demnach gab es bei den unter 30-Jährigen in beiden Gruppen kaum Unterschiede. Jedoch sinke mit zunehmendem Alter der Polizeibeamten die Punitivität, bei der Allgemeinbevölkerung aber nicht. Höhere Werte würden sich jedoch bei jenen Polizeibeamten finden, die in der Ausübung ihres Berufes selbst Opfer von Gewalt wurden. Mit Blick auf ihre Ergebnisse und die Unterschiede im Alter der Polizeibeamten unterteilte *Ellrich* die Karriere eines Polizisten in vier wesentliche, aufeinander folgende Phasen: Idealismus, Realismus, Zynismus und Resignation:[956]

---

[953] Vgl. Christe-Zeyse, 2006, S. 10
[954] Vgl. Fielding und Fielding, 1991
[955] Vgl. Ellrich, 2012, S. 93 mit Verweis auf Ellrich et al., 2011
[956] Vgl. Ellrich, 2012, S. 98 die sich dabei auf Kury et al., 2009, bezieht

"Es ist demnach anzunehmen, dass Polizeibeamte gerade zu Beginn ihrer Tätigkeit von der idealen Vorstellung geprägt sind, dass ihr Tun (Verhaftung von Tätern und deren Zuführung zur Bestrafung) die Bürger schützt und ihre Arbeit zur Reduktion von Kriminalität in der Gesellschaft beiträgt (Ellrich et al., 2011). Sie vertreten dann häufiger die Ansicht, dass harte Strafen diesem Ziel zuträglich sind, weil der Täter dadurch von der Begehung weiterer Delikte abgeschreckt wird. Mit zunehmender Diensterfahrung werden die Beamten realistischer und erkennen, dass ihr Handeln nur bedingt Einfluss auf die Kriminalität nehmen kann."[957]

Die Ergebnisse von *Ellrich* überraschen, sofern man automatisch Polizei mit Strafe gleichgesetzt hat und laden erneut zu einem differenzierteren Blick auf die Mitglieder der Polizei ein. Jedoch kommt auch *Ellrich* nicht umhin, an dieser Stelle anzumerken, dass die letztendlich begrenzten Möglichkeiten, Kriminalität zu verhindern, auch zu eben jener Resignation und Zynismus führen, so dass nicht nur der Sinn der eigenen Tätigkeit in Frage gestellt wird, sondern dass dies auch zu einer ablehnenden Haltung gegenüber der eigenen Klientel und einem anhaltenden Misstrauen gegenüber dem Bürger, der Politik[958] und mitunter der Ebene der Vorgesetzten führen kann.[959]

Eine weitere Facette dessen, wie aus der Sicht der Polizeibasis auf Straftaten reagiert werden sollte beschreibt *Behr*, der sich unter anderem mit den Gerechtigkeitsvorstellungen der von ihm bevorzugt behandelten Street Cops und der Frage, wie aus deren Sicht auf eine Straftat reagiert werden sollte, befasste:

"Danach muss eine Straftat *angemessen* sanktioniert werden, und zwar, wenn möglich, an Ort und Stelle. Die Bestrafungswünsche gelten als typische *männliche* Wünsche, wohingegen Verzeihen, noch eine Chance geben, Geduld haben, eher als *weibliche* Eigenschaften gelten. In den Augen der Polizisten repräsentiert *die* Justiz diese Eigenschaften immer mehr. Sie ermahnt, droht an, gibt Bewährung, setzt Strafen aus, kompensiert, mediatisiert, gleicht widerstreitende Interessen aus (z.B. im Täter-Opfer-Ausgleich). Dagegen richtet sich der Vorwurf vieler Polizisten. Es ist ein Vorwurf der *Polizei-Männlichkeiten* gegenüber der *weiblichen Justiz*, da sie sich als zu weich, zu nachsichtig, zu inkonsequent, zu schwach erweist und nicht mit den

---

[957] Ellrich, 2012, S. 98f. mit dem dort erwähnten Verweis auf Ellrich et al. 2011, Über die (vereinzelten) Erkenntnisse von Polizisten, soziale Probleme nicht mit strafrechtlichen Sanktionen beikommen zu können siehe auch Feltes, 2010, S. 33f.
[958] Lüdemann und Ohlemacher sprechen hier von der Polizei als verunsicherte Organisation. Vgl. Lüdemann und Ohlemacher, 2002, S. 182ff.
[959] Vgl. Jaschke, 2006, S. 135ff., zum „schweren Stand des Vertrauens in einer strukturell misstrauischen Organisation", siehe auch Christe-Zeyse, 2006, S. 191-216 sowie im Hinblick auf hierarchiebedingte Widerstände, 2007, S. 175-202, wie auch die Überlegungen zu einer misstrauischen Grundhaltung nach außen und innen, Schöne, 2011, S. 233-243, über „individuelle Schutzschilder", Frustration und Zynismus im Angesicht der schwierigen Basisarbeit der Polizei und der begrenzten Möglichkeiten zur Veränderung bereits auch Feltes, 1998, S. 307f.

männlichen Phantasien von Vergeltung, Rache, Bestrafung, Unterwerfung, Einsperrung und der Vertreibung kompatibel ist "[960] (Hervorhebungen im Original).

Habschick verweist darauf, dass in der modernen Polizeiausbildung die Polizeischüler auch auf ein „akutes Konfliktmanagement im Vorfeld juristischer Entscheidungen" vorbereitet werden, dass jedoch auch jahrzehntelang die Strafverfolgung die dominierende Aufgabe der Polizei gewesen sei, was „das Denken ganzer Generationen von Polizeibeamten" geprägt habe.[961] Auch Behr sieht durch eine Verschiebung der Prämissen, weg von der reinen Strafverfolgung hin zur Prävention, die Notwendigkeit, dass sich gerade die Generation der jüngeren Polizisten mit sozialen Kompetenzen, wie Empathie, Kommunikation, Mediation etc. befassen, um den neuen Aufgaben gerecht zu werden, für die sich die Polizei zuvor noch gar nicht zuständig gefühlt hat,[962] zeigt sich aber ebenfalls kritisch, ob die Veränderungen in der Polizeiausbildung ausreichend sind, um existente Grundeinstellungen zu ändern:

> „Auch die sog. polizeiliche Basis unterscheidet häufig eindeutig: gut und böse, Recht und Unrecht, richtig und falsch. Schon als Polizeischüler lernt man nach wie vor, Normverletzungen als etwas zu betrachten, was schlechte, mindestens aber defizitäre Menschen tun. Die Analyse komplexer sozialer Situationen, in denen Menschen nun einmal handeln, die Determiniertheit sozialer Praxen, wird nicht überzeugend vermittelt. Folgerichtig führt die Ablehnung der Tat automatisch zur Ablehnung des Täters (obwohl letzteres – oft zähneknirschend – in den offiziellen Diskursen unterdrückt wird). (...) Nach wie vor dominieren (in der polizeilichen Ausbildung - Anmerkung O.J.) (...) die Rechtskundefächer, und Polizisten werden – aller Reformrhetorik zum Trotz – weiterhin vornehmlich zu Rechtsdurchsetzern, nicht zu Konfliktmanagern erzogen (...) "[963] (Hervorhebung im Original).

Schiewek befasste sich mit dichotomen Weltbildern, mit denen sich die Sicht auf die Welt klar in „gut" und „böse" unterteilen lasse, Muster, die sich seiner Erfahrung nach häufig bei der Polizei finden lassen würden. Dichotome Weltbilder hätten für die Ausübung des Polizeiberufes aber einen direkten Nutzen, da sich durch diese komplexe Zusammenhänge effizient und effektiv reduzieren lassen, dies wäre notwendig, um in schwierigen Situationen schnell handeln zu können, anstatt sich zunächst mit eher kriminologisch ausgerichteten warum-Fragen zu beschäftigen, was diese dichotomen Weltbilder für die Ausübung des Polizeiberufes, gerade bei den operativen Kräften, besonders attraktiv machen würde.[964] Andererseits würde dieser Wunsch nach klaren Weltbildern auch zu einer verstärkten Skepsis gegenüber Theorien und deren

---
[960] Behr, 2008, S. 205
[961] Habschick, 2010, S. 187
[962] Vgl. Behr, 2012, S. 189
[963] Behr, 2006, S. 70
[964] Vgl. Schiewek, 2006, S. 107

Argumentationsmustern führen und der Forderung, dass diese in der polizeilichen Praxis universell anwendbar und effektiv sein müssten, um Akzeptanz zu finden.[965] Das polizeiliche Handeln sei stark auf das „Hier und Jetzt" ausgerichtet, mit einem starken Wunsch nach schnellen und sichtbaren Ergebnissen. Fragen nach dem „Was-war-gewesen" und dem „Was-wird-werden" würden eher zu den „Randbedingungen polizeilichen Handelns" gehören, so *Schiewek*. Jedoch würden bei Fragen des Opferschutzes oder der Prävention gerade auch diese Betrachtungen notwendig, was mitunter dazu führen kann, dass dies an der Basis als nicht zum polizeilichen Kerngeschäft und den eigenen Kernkompetenzen zugehörig angesehen wird.[966]

3.7.4.2 Reflexionen aus dem Bereich der polizeilichen Jugendsachbearbeitung

Habschick beschrieb die Ambivalenz seiner Kollegen, die den Täter-Opfer-Ausgleich zum einen als Vergünstigung für den Täter sehen und ihm von daher mit Skepsis gegenübertreten, die zum anderen aber auch die Vorteile für die Geschädigten erkennen, gerade wenn es um eine schnelle und unbürokratische Wiedergutmachung geht. Aufgrund seiner Erfahrung in Lehrgängen bildete sich für *Habschick* die Erkenntnis aus, dass der Täter-Opfer-Ausgleich dort zunehmend an Akzeptanz gewinnt, sobald er aus der zwischenmenschlichen Ebene heraus und vor dem Hintergrund der vorhandenen – meist mangelhaften – Alternativen als Chance für Opfer und Täter betrachtet wird. Mehr Fachwissen, positive Erfahrungen und förderliche Strukturen innerhalb der Behörde hätten zu mehr Interesse, Akzeptanz und eigener, polizeilicher Nachfrage an dem Angebot TOA geführt.[967] Zwei für ihn wichtige Grundlagen im Hinblick auf eine Akzeptanz des TOA durch die Polizei benennt der Autor wie folgt: Für den Polizeibeamten darf nicht der Eindruck entstehen, dass es sich auf Vermittlerseite um eine täterzentrierte Herangehensweise handelt, in der das Opfer nur Mittel zum Zweck ist, und dass die Akzeptanz des Täter-Opfer-Ausgleichs stark davon abhängig ist, inwieweit die Diversion als Ganzes als sinnvoll erachtet wird.[968] Als einen der entscheidenden Punkte, ob sich der Täter-Opfer-Ausgleich langfristig im Arbeitsalltag der Polizei etablieren kann, benennt *Habschick* die Notwendigkeit einer Rückmeldung an die Beamten, damit für sie nachvollziehbar ist, ob ihre Anregung aufgenommen wurde und vor allem, was daraus wurde:

---

[965] Vgl. Schiewek, 2006, S. 113
[966] Vgl. Schiewek, 2006, S. 112
[967] Vgl. Habschick, 2010, S. 199
[968] Vgl. Habschick, 2010, S. 201

"Das Fehlen solcher Ergebnismeldungen führt zu Unsicherheit, Frustration sowie mangelnder Identifizierung mit dem Verfahren. Für die das jeweilige TOA-Verfahren anregenden Jugendsachbearbeiter ist nicht nachvollziehbar, ob ihre Anregung sinnvoll war und ob sie überhaupt umgesetzt wurde. Das Wissen darum kann für zukünftige Entscheidungen bedeutsam sein."[969]

Habschick beschreibt, dicht an der Alltagspraxis und damit auch am Puls seiner Kollegen, wie der Täter-Opfer-Ausgleich in enger Anlehnung an den Diversionsgedanken Einzug in die polizeiliche Arbeitspraxis (vornehmlich die der Jugendsachbearbeitung) gefunden hat und sich dort behaupten muss, da er auf den ersten Blick einem klassischen polizeilichen Denken und Handeln zu widersprechen scheint.[970] Die Einstellungen und Haltungen des Einzelnen wie auch die der Gruppe entscheiden dabei über Erfolg oder Misserfolg. Auch wenn sich im Bereich der Jugendsachbearbeitung eine steigende Form von Akzeptanz gegenüber dem Täter-Opfer-Ausgleich abzeichnet (siehe dazu auch den Abschnitt 3.6.1 über Modellprojekte und Kooperationen von Polizei und TOA), so kann in der Fläche der Polizei nicht davon ausgegangen werden, hier automatisch auf Zustimmung und Akzeptanz zu stoßen, was jedoch auch viel mit Unwissenheit oder schlichtweg der Tatsache zu tun hat, dass es hier vielfach um Arbeitsbereiche geht, die mit einem Täter-Opfer-Ausgleich nichts zu tun haben.

3.7.4.3 Befragungen von Polizisten zum TOA – Stand der Forschung

Im Bereich der Vorüberlegungen zur eigenen empirischen Arbeit darf die Betrachtung der einzigen Arbeit, in der Polizisten über ihr Verhältnis zum Täter-Opfer-Ausgleich befragt wurden, natürlich nicht fehlen. Die Untersuchung von *Gutsche* und seinem Team richtete sich auf den Stand der Entwicklung des Täter-Opfer-Ausgleichs in den Bundesländern Brandenburg und Sachsen-Anhalt anhand einer Begleitforschung zwischen 1996 und 1998. Auf der Basis von 80 problemzentrierten Interviews, die nur im geringen Umfang mit Fragebögen ergänzt wurden, befragte das Team von *Gutsche* Rechtsanwälte, Staatsanwälte, Konfliktschlichter, Täter und Opfer und Polizeibeamte zu ihren Einstellungen, Vorstellungen und Erfahrungen im Hinblick auf den Täter-Opfer-Ausgleich. Von den Befragten waren acht Polizisten, jeweils vier aus Brandenburg und vier aus Sachsen-Anhalt, wobei sechs davon sich mit Jugendstrafsachen, zum Teil mit Spezialaufgaben wie etwa, Gruppendelikte, Intensivtäter, etc. befassten und sieben der acht aus leitenden Positionen kamen.[971]

---

[969] Habschick, 2010, S. 201, so auch bereits Bodenburg, 2004, S. 27f.
[970] Vgl. Habschick, 2010, S. 186ff.
[971] Vgl. Gutsche, 2000, S. 93

Als Methode entschieden sich *Gutsche et al.* für problemzentrierte Interviews mit einem groben Leitfaden, der, je nach befragter Berufsgruppe aus einer entsprechenden Eingangsfrage und einer Reihe von Nachfragen bestand, um einen weitgehend frei gestaltet Gesprächsverlauf zu ermöglichen. „Im Wesentlichen sollen die Erfahrungen und Einstellungen zum Täter-Opfer-Ausgleich frei und selbständig dargelegt werden, was allerdings besonders bei Staatsanwälten, Polizisten und Rechtsanwälten immer dann auf Grenzen stieß, wenn kaum Erfahrungen (oder einfach Wissen) zum Täter-Opfer-Ausgleich vorlagen."[972] Während sich die Autoren in der Darstellung ihrer Befragungsmethode auf *Witzel* und *Mayring* berufen, so beschreiben sie die Auswertung als eine „nicht formalisierte intensive Inhaltsanalyse" bei der sie sich nach der „ (...) Häufigkeit und Gewichtung der Probleme durch die Interviewpartner" richten, um hier ihre Aussagen zu generieren.[973]

Die hier befragten Polizisten äußerten sich nach *Gutsche* generell positiv zum Täter-Opfer-Ausgleich, da sie ihn mit einer ausbleibenden Kriminalisierung von Erst- und Einmaltätern in Verbindung brachten,[974] aber auch, weil sie mit ihm ihre positiven Erfahrungen mit den Schiedskommissionen der DDR verbanden.[975] *Gutsche* kritisierte zum letztgenannten Aspekt, dass bei diesem Vergleich der mediative Charakter des Täter-Opfer-Ausgleichs zu kurz kommt. Als besonders geeignet wurde der Täter-Opfer-Ausgleich eingeschätzt, sofern es sich um Ersttäter ohne Vorstrafen handelt und um kleinere Delikte, wobei die Wiedergutmachung für das Opfer als Kriterium keine Rolle spielte.[976] *Gutsche* stellt fest, dass eine positive Einstellung zum TOA immer nach der individuellen Einstellung und dem Verhalten in der Praxis zu bewerten ist, das bedeutet, dass eine positive Einstellung zum Täter-Opfer-Ausgleich nicht zwangsläufig bedeuten muss, dass der Beamte, der diese Einstellung hat, auch besonders viele oder besonders geeignete Verfahren zum Täter-Opfer-Ausgleich anregt. Hält der Befragte einen TOA zum Beispiel nur im Zusammenhang mit Bagatellen für angebracht, dann wird er dementsprechend seinen Blick nur auf solche Verfahren lenken. Auch sei es wichtig, die Position des Befragten zu kennen und ob dieser in seinem Arbeitsalltag mit dem Thema Täter-Opfer-Ausgleich überhaupt in Berührung kommt oder nicht. Resümierend stellt *Gutsche* fest, dass der Täter-Opfer-Ausgleich im Denken und Handeln der von ihm Befragten noch nicht so verankert sei, wie er es sein könnte, ja teilweise „nur widerstrebend angenommen und als verordnet angesehen wird".[977] Als mögliche Gründe dafür zeichnen sich eine mangelnde Praxis, fehlendes Wissen, Probleme in der Kommunikation zwischen Polizei, Staatsanwaltschaft und freiem Träger sowie eine nach wie vor recht täterzentrierte und am Diversionsgedanken ausgerichtete Betrachtungsweise ab.

---

[972] Vgl. Gutsche, 2000, S. 43
[973] Vgl. Gutsche, 2000, S. 43
[974] Vgl. Gutsche, 2000, S. 97
[975] Vgl. Gutsche, 2000, S. 97
[976] Vgl. Gutsche, 2000, S. 99
[977] Gutsche, 2000, S. 100

3.7.5 Fazit

Am Ende der Betrachtungen angelangt, bietet sich ein buntes Bild anstelle eines Schwarz-Weiß-Bildes, in dem Platz ist für ein eher klassisches Selbstverständnis von Polizeiarbeit, wonach es darum geht, die Straftäter zu fassen und sie ihrer „*gerechten*" Strafe zuzuführen (was immer darunter verstanden werden mag), ein Denkmodell, in dem eine Maßnahme wie der Täter-Opfer-Ausgleich es eher schwer haben dürfte, sofern er ausschließlich unter dem Aspekt einer Besserstellung für den Täter eingeordnet wird und nicht als etwas, was auch für das Opfer hilfreich sein kann.

Es finden sich aber auch Ansätze, die darauf hinauslaufen, im TOA etwas Positives für Opfer und Täter zu sehen und ihn daher in das eigene polizeiliche Denken und Handeln zu integrieren. Auch die Rolle der Diversion scheint hier aus zweierlei Blickwinkeln betrachtet zu werden. Zum einen als Vergünstigung für den Täter und damit nicht mit der Polizeiarbeit vereinbar, zum anderen als probates Mittel im Umgang mit jugendlichen Ersttätern. Damit eine Maßnahme wie der TOA, der aus der Welt der kriminologischen und viktimologischen Theorien erwuchs und über die Hierarchie der Polizei in diese gelangte, für die Polizeibasis zur Praxis werden kann, muss er dort erlebt, als nützlich angesehen werden und diese Erfahrungen mit den Kollegen geteilt werden, um eine Chance zu haben, als sinnvoll und nicht gegen das *polizeiliche Bauchgefühl* gerichtet, akzeptiert zu werden. Die Praxis der Polizeibasis mit deren Alltagshandlungen ist weiterhin durchdrungen von Faktoren wie etwa dem Kontrast von Alt und Jung, Männern und Frauen, Oben und Unten, Idealismus, Realismus, manchmal auch Resignation, Leitbildern und Dienstanweisungen und einer Cop Culture der polizeiinternen Subkulturen.

Um dennoch so etwas wie kollektive Einstellungen, Orientierungen, Handlungsmuster und Handlungspraktiken im Hinblick auf den Täter-Opfer-Ausgleich zu rekonstruieren und damit sichtbarer zu machen, bedarf es einer methodisch-methodologischen Herangehensweise, mit der sich dies bewerkstelligen lässt.

4 Empirische Analyse Teil I: Rekonstruktion kollektiver Orientierungen und Handlungspraktiken von Polizeibeamten

4.1 Forschungsinteresse, Fragestellung und Ziel der Untersuchung

Bedingt durch eine verstärkte Hinwendung der Polizei zu den Gedanken von Prävention und Diversion sowie den entsprechenden Erkenntnissen aus Kriminologie und Viktimologie, gelangte automatisch auch das Thema Täter-Opfer-Ausgleich in das Blickfeld der Behördenleitungen, was sich nun wiederum in Richtlinien und Weiterbildungen für die eigenen Mitarbeiter niederschlug. Wie im Kapitel über die Polizei bereits dargestellt (siehe dazu Abschnitt 3.6), hat die Polizei verschiedene Möglichkeiten, bereits in einem frühen Stadium des Verfahrens auf die Eignung eines Falles für einen TOA-Versuch aufmerksam zu machen, sei es gegenüber den Beteiligten selbst und/oder gegenüber der Staatsanwaltschaft. Die Beamten *können* auf den TOA als Maßnahme hinweisen, sie müssen es jedoch nicht. Zieht man ein Fazit aus den Richtlinien für die Polizei, dann ist der entscheidende Satz, ähnlich wie beim § 155a StPO für die Juristen: *In geeigneten Fällen soll auf einen TOA hingewirkt werden!* Doch was wird an der Basis als geeignet angesehen?

Wie ebenfalls dargestellt (siehe dazu Abschnitt 3.6.7), gibt es kaum aussagekräftige und vor allem flächendeckende Zahlen darüber, wie oft die Polizei von ihrem Vorschlagsrecht zum TOA Gebrauch macht bzw. in welchem Umfang von dort gemachte Vorschläge durch die Staatsanwaltschaft aufgegriffen und in Form von Arbeitsaufträgen zu TOA-Fachstellen zugewiesen werden oder in welchem Umfang die Polizei die eigentlich Betroffenen auf die Existenz und die Möglichkeit eines Täter-Opfer-Ausgleichs hinweist. Nimmt man die Zahlen der bereits erwähnten bundesweiten TOA-Statistik zur Grundlage, dann kann man schlussfolgern, dass der Einfluss der Polizei, im Gegensatz zu den anderen dort erwähnten Berufsgruppen im Strafverfahren, für den Täter-Opfer-Ausgleich eher gering ausfällt. Über eine quantitative Herangehensweise könnte versucht werden, etwa über Fragebögen und/oder Aktenanalysen Aussagen zu treffen darüber, welchen Stellenwert der TOA in der Praxis der Polizei hat und wie er an der Basis bewertet wird: Kennen Sie den TOA? Bei welchen Delikten oder Opfer-Täter-Konstellationen halten Sie ihn für angebracht? Wie oft haben Sie schon einen TOA angeregt und wenn nicht, warum nicht etc. Auch wenn man mit einem gut durchdachten und gut gemachten Fragebogen viel erreichen kann, so wären jedoch diese Ergebnisse aus meiner Sicht von begrenzter Aussagekraft, da die Chance der Nachfrage, sowohl für den Forscher als auch für den Befragten, nicht existiert. *Lamnek* macht mit einem Beispiel deutlich, dass ein Kreuz auf einem Fragebogen in der Kategorie „weiß nicht" mehrere Ursachen haben kann, etwa weil die Frage nicht verstanden wurde, der Befragte die Antwort tatsächlich nicht weiß, sich mit einer Antwort nicht auseinandersetzen will oder sie nirgends einordnen kann bzw. Nachfragen dazu hätte, wie die Frage gemeint ist.[978] Auch wenn dies kein grundsätzliches Statement für oder gegen eine der beiden großen Forschungsansätze – quantitativ oder qualitativ sein soll, so jedoch die Begründung für die Entscheidung, für die eigene Fragestellung ein qualitatives Forschungsdesign zu wählen.

Das Forschungsinteresse zielt darauf ab, dem Verhältnis der Polizisten, die sich berufsbedingt mit dem TOA beschäftigen bzw. jenen, an die sich die Richtlinien wenden, mehr Konturen zu verleihen. Welche Delikte, welche Beschuldigte, welche Opfer-Täter-Konstellationen, werden als *geeignete Fälle* angesehen? Auf welchen Erfahrungen basiert die Entscheidung, wann ein TOA thematisiert bzw. vorgeschlagen wird und wann nicht? Was verbinden die Beamten an der Basis mit der Idee einer erneuten Begegnung von Opfer und Täter? Was lässt sich aus den Erzählungen aus der Praxis herausarbeiten? Wie sieht es mit der Haltung zu einer Maßnahme wie dem Täter-Opfer-Ausgleich aus? Wird er als Hilfe für die Opfer gesehen, als Erziehungsmaßnahme für den jugendlichen Täter oder als Mittel zum Zweck, um sich als Beschuldigter eine Straferleichterung zu verschaffen? Wie lässt sich der Täter-Opfer-Ausgleich mit der Vorstellung der eigenen beruflichen Rolle und Identität vereinbaren? Auf welchen habitualisierten Handlungsmustern basieren Entscheidungen an der Basis, auf die Option eines Täter-Opfer-Ausgleichs zu verweisen oder nicht? Finden sich die von *Behr* herausgearbeiteten Unterschiede zwischen der Polizeikultur und der Kultur der Polizisten auch im Hinblick auf das Thema Täter-Opfer-Ausgleich im Handeln und Denken der zu beforschenden Sachbearbeiter und ihren Kollegen wieder?

Die Rekonstruktion wesentlicher Erfahrungen der beforschten Beamten, ihrer Haltungen und der daraus resultierenden handlungsleitenden Orientierungen steht

---

[978] Lamnek, 2010, S. 7

im Mittelpunkt des Forschungsinteresses, da diesen eine zentrale Bedeutung beigemessen wird, wenn es um die Frage geht, *ob* und, wenn ja, *wie* der Täter-Opfer-Ausgleich in der polizeilichen Fallpraxis eine Rolle spielen kann! Zentrale Frage ist, *wie* das Thema Täter-Opfer-Ausgleich in der polizeilichen Praxis behandelt wird. Dies bildet den *modus operandi* der eigenen Untersuchung.

Hierfür gilt es, den Entscheidungsprozess des Einzelnen transparent zu machen, ja mehr noch, sich über die Grundhaltungen und Einstellungen des Einzelnen hinaus auf die Suche nach dem Kollektiven zu machen, die verschiedenen Orientierungen der beforschten Beamten darzustellen und zu analysieren mit dem Ziel, eine über die individuellen Ansichten und unterschiedliche Gruppen hinaus geteilte Kernaussage zum Thema Täter-Opfer-Ausgleich herauszukristallisieren, die auf kollektiv geteilten Erfahrungen, Vorstellungen und Wertmustern basiert. Nentwig-Gesemann weist darauf hin, dass es sich bei handlungsleitenden Orientierungen „sowohl um explizite Einstellungen und Deutungsmuster als auch um habitualisierte Denk- und Handlungsmuster, um ein häufig nicht reflexiv zugängliches Erfahrungswissen" handelt.[979] Dies gilt sowohl für die Beforschten wie auch für die Forscher, die sich einen Zugang schaffen müssen zu den Erfahrungsräumen und den daraus resultierenden Werten und Handlungen derselben. Dazu *Przyborski und Wohlrab-Sahr*: „Diese Sinnmuster sind in Handlungen eingelassen und werden nicht explizit in Form von Themen angesprochen. Diejenigen, denen Orientierungen auf der Grundlage eines gemeinsamen Erfahrungsraumes gemeinsam sind, (...) beziehen sich unmittelbar und selbstverständlich darauf, sie verstehen einander, ohne einander explizit zu interpretieren."[980] Das Problem der verschiedenen Motivationsebenen mit ihrer unterschiedlichen Sichtbarkeit aufgreifend, dazu auch *Bohnsack*: „Im Unterschied zu den expliziten *Bewertungen*, die der theoretisch-reflexiven Ebene zugehören und somit der empirischen Forschung leicht zugänglich sind, sind die *Wertorientierungen* oder *Werthaltungen* auf der Ebene des impliziten handlungsleitenden Wissens angesiedelt"[981] (Hervorhebungen im Original). *Behr*, der sich intensiv mit dem polizeilichen Handeln in unterschiedlichen polizeilichen Praktiken beschäftigte, kommt zu dem Fazit, dass es erfolgversprechender sei, nicht danach zu fragen „*warum* Polizisten so handeln, *wie* sie handeln", sondern sich auf der Suche nach Antworten auf das eigene Forschungsinteresse eher über „Wie-Fragen" zu nähern, die „das Zustandekommen solcher Handlungen" beschreiben. Denn (...) Handlungsmuster müssen den Akteuren als solche überhaupt nicht bewusst oder sprachlich präsent sein. Sie werden in der Alltagssprache verhandelt, oft *schleichen sie sich in das Handlungsrepertoire ein*, ohne explizit als Handlungsmuster bezeichnet zu werden"[982] (Hervorhebun-

---

[979] Nentwig-Gesemann, 2013, S.12 (Fußnote)
[980] Przyborski und Wohlrab-Sahr, 2014, S. 295
[981] Bohnsack, 2010, S. 31 mit Bezug auf Luhmann, S. 1997, S. 343
[982] Behr, 2008, S. 195f.

gen im Original).[983] Aus diesen Überlegungen sowie den Vorüberlegungen auf der Grundlage der wenigen zur Verfügung stehenden Texte zum Verhältnis von Polizei zum Thema TOA (siehe dazu Abschnitt 3.7.4) entstand die Erkenntnis, dass es notwendig ist, eine Erhebungs-und Analysemethode zu finden, mit der sich kollektiv geteilte Einstellungen, ein kollektives Wissen, wie auch habitualisierte und auf Werten basierende Handlungsorientierungen herausarbeiten – zur Explikation bringen lassen - und somit *sichtbar* und interpretierbar werden.

4.1.1 Gruppendiskussionsverfahren und dokumentarische Methode als Erhebungs- und Auswertungsmethode rekonstruktiver Sozialforschung

Als Erhebungsmethode fiel die Wahl auf das *Gruppendiskussionsverfahren* als festen Bestandteil einer qualitativen, rekonstruktiven Sozialforschung, da über dieses Instrument kollektive Orientierungen, habituelle Handlungsmuster und -praktiken sowie Wissensbestände der Beteiligten erhoben werden können. Die Aufgabe des Forschers ist es nun, diese in Form eines methodisch kontrollierten Fremdverstehens[984] zu rekonstruieren und zu analysieren. Für diese Aufgabe fiel die Wahl auf die *dokumentarische Methode* als Instrument der Auswertung, die zunächst als Interpretationsmethode für die Auswertung des Gruppendiskussionsverfahrens entwickelt wurde, inzwischen aber in einer Vielzahl von Anwendungsfeldern zum Einsatz kommt. Die folgenden Abschnitte widmen sich der ersten von zwei qualitativen Untersuchungen, die dieser Arbeit zu Grunde liegen. Beide, sowohl das Gruppendiskussionsverfahren als auch die dokumentarische Methode, werden anhand der eigenen Arbeit dargestellt, wie auch der Aufbau und der Verlauf der eigenen Forschung(en) transparent und nachvollziehbar gemacht werden. Die dokumentarische Methode bildet ebenfalls das Instrument für die Auswertung der Experteninterviews im zweiten empirischen Teil dieser Arbeit.

Die Befragung von Gruppen bzw. die *Gruppenbefragung*, vor dem Hintergrund eines speziellen Erkenntnisgewinns, kann vor allem in der Marktforschung auf eine gewisse Tradition zurückgreifen. Im Laufe der Zeit haben sich hier unterschiedliche Begrifflichkeiten entwickelt, die zunächst eine differenzierte Unterscheidung notwendig machen. Im angelsächsischen Sprachraum entwickelte sich über die Arbeiten von *Merton, Fiske* und *Kendall* der Begriff der „focus group".[985] Obwohl hier mehrere Personen gleichzeitig, etwa in Form von Fragebögen, zu einem Thema befragt werden, stehen die Äußerungen des Einzelnen im Interesse. „Die Gruppe als solche wird

---
[983] Anmerkung: Behr bezieht sich dabei nicht direkt auf die dokumentarische Methode, skizziert aber eines ihrer wesentlichen Merkmale.
[984] Vgl. Bohnsack, 2010, S. 19 (zu erst 1991 und 1993)
[985] Vgl. Merton, Fiske und Kendall, 1956, die Zuschauerreaktionen auf Propagandafilme erforschten.

weder methodisch noch methodologisch als Gegenstand der Erhebung konzipiert. Eine ausführliche Diskussion der Befragten untereinander ist nicht intendiert."[986] Die Zusammenstellung der Gruppe folgt hier lediglich einer „Ökonomisierung der Erhebungssituation."[987] Unter dem Begriff „group diskussions" entstand im Center for Contemporary Cultural Studies in Birmingham eine Variante, die es sich zum Ziel machte, nicht das individuelle Verhalten der Gruppenmitglieder, sondern Interaktionen im sozialen Kontext herauszuarbeiten, so dass die Diskussionsgruppen als Repräsentanten ihrer Gesellschaftsschicht (Klassen) Auskunft über eben diese geben sollen, was die Bildung von homogenen Gruppen notwendig machte. In der Variante der *Gruppengespräche*, natürlich zustande gekommene Gespräche, denen der beobachtende Forscher, etwa Ethnologen und Ethnografen, beiwohnt, geht es diesem hingegen um das Sammeln von Informationen und typische Muster von Gesprächsabläufen.[988] Der Ansatz geht davon aus, „(...) dass Meinungen, Einstellungen und Orientierungen sich überwiegend erst situativ innerhalb des Gruppendiskussionskontextes ausbilden" was ihm Kritik im Hinblick auf die Aussagekraft und die Reproduzierbarkeit der gewonnenen Erkenntnisse einbrachte.[989]

Das Gruppendiskussionsverfahren, wie es im deutschen Sprachraum genannt wird, hat seinen Ausgangspunkt in empirischen Arbeiten des Frankfurter Instituts für Sozialforschung in den 1950er Jahren der noch jungen Bundesrepublik. *Pollock* benutzte Gruppendiskussionen, um die Inhalte von Äußerungen in Gruppensituationen zu erforschen.[990] Mit der Arbeit, die *Mangold* 1960 vorlegte, erfolgte ein Paradigmenwechsel, da die Gruppendiskussion nun nicht mehr nur als eine Ansammlung von Einzelmeinungen angesehen wurde, die unter den Bedingungen eines Gruppenkontextes zustande kamen. *Mangold* vertrat dagegen den Ansatz, dass es kollektiv geteilte Orientierungen gibt, die er als *informelle Gruppenmeinungen* bezeichnete und die er anhand von Diskussionsgruppen mit Bauern, Bergarbeitern und Kriegsflüchtlingen herausarbeitete.[991] *Mangold* machte sich auf die Suche nach dem Kollektiven, indem er individuelle und kollektive Meinungen in ihren Wechselbeziehungen beobachtete und zu der Erkenntnis gelangte, dass sich Gruppenmeinungen bereits zuvor gebildet haben und in der gemeinsamen Diskussion über ein bestimmtes Thema manifestieren, wobei diese nicht die Ansammlung von Einzelmeinungen seien, sondern eher das Produkt kollektiver Interaktionen, womit er „das Terrain für die *Erforschung verankerter Orientierungen(...)*" bereitete (Hervorhebung im Original).[992] Auch wenn *Mangold* sich natürlich Gedanken machte über die Auswertung von Gruppendiskussionen und die Art, wie die hier gewonnenen Erkenntnisse zu inter-

---
[986] Loos und Schäfer, 2001, S. 12
[987] Przyborski und Wohlrab-Sahr, 2014, S. 89
[988] Vgl. Loos und Schäfer, 2001, S. 12 mit Verweis auf die Arbeiten von Sacks, 1995, Luckmann, 1986, Bergmann, 1987
[989] Schäffer, 2006, S. 76, der im Hinblick auf die Kritik auf Lamnek, 1998 verweist.
[990] Vgl. Pollock, 1955
[991] Vgl. Mangold, 1960
[992] Loos und Schäfer, 2001, S. 21

pretieren seien,[993] so fehlte es jedoch dafür noch an einer fundierten Methode, die den Kriterien einer qualitativen Sozialwissenschaft gerecht wurde und den Kritikern dieses Ansatzes Paroli bieten konnte. Abschließend zu der Entwicklung des Gruppendiskussionsverfahrens in Deutschland sei auf die unterschiedlichen Schwerpunkte verwiesen, die man im Laufe der Zeit mit dem Gruppendiskussionsverfahren verband. Demnach stand in den 1950er Jahren das *Individuum* in seiner Interaktion mit der Öffentlichkeit im Mittelpunkt des Interesses, in den 1960er Jahren dann die *informellen Gruppenmeinungen* und seit den 1980er Jahren die *kollektiven Orientierungsmuster*.[994]

Bohnsack knüpfte in den 1980er Jahren an die Arbeiten von *Mangold* an und entwickelte mit diesem zusammen, dann fast im Alleingang, später dann mit anderen Mitstreitern, die dokumentarische Methode zu einer Forschungsmethode weiter, die mit Standards zur Interpretation (siehe dazu Abschnitt 4.3) ein methodisches Fundament erhielt und damit einen festen Platz in der qualitativen Sozialforschung.[995] Sein Standardwerk *Rekonstruktive Sozialforschung – Einführung in die qualitativen Methoden* erschien 2010 in der, im Laufe der Zeit mehrfach erweiterten, 9. Auflage.[996] Die dokumentarische Methode nach *Bohnsack* stand zunächst im engen Zusammenhang mit dem Gruppendiskussionsverfahren und seiner Jugendstudie aus dem Beginn der 1980er Jahre.[997] Im Vergleich von Lehrlingen und Gymnasiasten im Hinblick auf ihre berufliche Orientierung zeigte sich, dass die Gymnasiasten berufsbiografische Verläufe mit der Sicherung des Lebensunterhalts, aber auch mit individueller Unabhängigkeit verbanden, wohingegen sich in den Gesprächen mit den Lehrlingen die Enttäuschung über einen, als unerträglichen empfundenen Berufsalltag dokumentierte, die mit einer Weiterbildung eher einen möglichen Ausweg aus dieser Situation verbanden, als eine geplante berufliche Karriere.[998]

Im weiteren Verlauf fand die dokumentarische Methode ihre Anwendung auch im Bereich der leitfadengestützten und biografischen Interviews. Als bisher letzter Entwicklungsschritt wurde damit begonnen, mit der dokumentarischen Methode auch Bilder, Videos und Filme zu interpretieren. *Bohnsack* beginnt einen Rückblick auf die Entwicklung der dokumentarischen Methode mit einer beeindruckenden Aufzählung von Forschungsfeldern, in denen die dokumentarische Methode bereits zur Anwendung gelangte, wie etwa den Sozial- und Erziehungswissenschaften, der Jugend- und Devianzforschung, der Gender-Forschung, der Kleinkindpädagogik, der Familienforschung, der Organisations- und Kulturforschung, der Migrationsforschung, der Bildungsforschung, der Erforschung der Sozialarbeit, der Religionsforschung, der

---
[993] Vgl. Mangold, 1960, S. 123ff.
[994] Vgl. Bohnsack, Przyborski und Schäfer, 2010, S. 7
[995] Vgl. Przyborski und Wohlrab-Sahr, 2014, S. 91
[996] Vgl. Bohnsack, 2010, (zuerst 1991)
[997] Vgl. Mangold und Bohnsack 1983 und 1988, sowie Bohnsack, 1989 mit seiner Habilitationsschrift: *Generation, Milieu und Geschlecht. Ergebnisse aus Gruppendiskussionen mit Jugendlichen.*
[998] Vgl. Weller und Pfaff, 2013, S. 59f.

Medizinsoziologie, der Leistungs- und Werteforschung, der Ritualforschung, der Marktforschung, der Evaluationsforschung und der Polizeiforschung.[999]

Bohnsack ließ sich bei der Weiterentwicklung der dokumentarischen Methode wesentlich durch den Ansatz von *Mannheim* inspirieren,[1000] der sich gegen eine Übertragung einer naturwissenschaftlichen Methodologie auf humanwissenschaftliche Fächer aussprach und mit der Wissenssoziologie in den 1920er Jahren eine alternative Erkenntnislogik begründete.[1001] *Mannheim* unterschied zwischen einem kommunikativ-generalisierenden und einem konjunktiven Wissen. Im ersten Fall handelt es sich um eine theoretische, den Beforschten zur Verfügung stehende und ihnen reflexiv zugängliche Form von Wissen. Das eigene Handeln und das damit verbundene Selbstbild werden zum Ausdruck gebracht. Beim konjunktiven Wissen handelt es sich hingegen um ein *atheoretisches* und *implizites* Wissen, welches sich im Laufe der Sozialisation auf der Grundlage geteilter Erfahrungen gebildet hat. Die Intention des sozialwissenschaftlichen Forschers zielt nach *Bohnsack* nun darauf ab, „dieses implizite oder atheoretische Wissen als ein den Erforschten bekanntes, von ihnen aber selbst nicht expliziertes handlungsleitendes (Regel-) Wissen – abduktiv – zur (begrifflich-theoretischen) Explikation zu bringen (…) "[1002] (Hervorhebungen im Original). Im Rekurs auf *Mannheim* lässt sich das, was Menschen von ihren Erfahrungen berichten, auf dessen *immanenten Sinngehalt* (einen wörtlichen Sinngehalt) hin untersuchen. Zumindest der objektive Sinngehalt lässt sich empirisch erfassen und thematisch identifizieren darüber, *was* gesagt wird. Die dokumentarische Methode nimmt nun jedoch „einen Wechsel der Analyseeinstellung vom Was zum Wie" vor, indem herausgearbeitet wird, *wie* etwas gesagt wird, welche Orientierungsrahmen sich dabei herausgebildet haben und durch die Rekonstruktion des Herstellungsprozesses.[1003] Dies schlägt sich in der Praxis der Interpretation in den beiden wesentlichen Arbeitsschritten der *formulierenden* und der *reflektierenden Interpretation* nieder (siehe dazu ausführlicher die beiden Abschnitte 4.3.1 und 4.3.2). Weitere Einflüsse sind bei *Garfinkel* zu finden, der in den USA den Begriff der dokumentarischen Methode im Zusammenhang mit dem der Ethnomethodologie weiter verfolgte. Äußerungen in Alltagssituationen etwa wurden hier als Dokumente für dahinterliegende Muster angesehen. Weitere Einflüsse finden sich bei den Vertretern der Chicagoer Schule, der Phänomenologischen Soziologie nach *Schütz* sowie der Kultursoziologie *Bourdieus* und dessen Arbeiten zum Habitus, jedoch nicht, ohne sich in entscheidenden Details von diesen auch abzugrenzen bzw. hier einen eigenen Weg zu be-

---

[999] Vgl. Bohnsack, 2010, S. 31f. hier ausführlicher mit Namen der Forscher und Jahreszahlen der Veröffentlichungen, siehe dazu auch Bohnsack, Nentwig-Gesemann und Nohl, 2013, S. 18
[1000] Die Quellen zur Entwicklung der dokumentarischen Methode nach Bohnsack sind vielfach an der Zahl und sind, wie auch in dieser Arbeit, ein fester Bestandteil jeder Forschungsarbeit, die sich der dokumentarischen Methode bedient. Daher sei im Bezug auf Einflüsse und Entwicklungsstränge an dieser Stelle auf Bohnsack selbst verwiesen (2010, S. 9ff.) wie auch auf die Würdigung seiner Arbeit durch Nohl et al., 2013, S. 9ff.
[1001] Vgl. Przyborski und Wohlrab-Sahr, 2014, S. 277
[1002] Bohnsack, 2006, S. 41
[1003] Vgl. Nohl, 2009, S. 8ff.

schreiten. Mit der Hinwendung der dokumentarischen Methode zur Interpretation von Bildern kamen Einflüsse über die Arbeiten des Kunsthistorikers *Panofski* dazu.

Zentraler Gedanke der dokumentarischen Methode ist die Rekonstruktion der Praxis der Beforschten, der Zugang zu eben jenen Handlungsebenen, Handlungspraktiken, dem jeweils milieuspezifischen Orientierungswissen, die sich, wie im Fall der Gruppendiskussionen, über das gesprochene Wort *dokumentieren*. Die dokumentarische Methode strebt dabei, wie auch andere Methoden in der Sozialforschung, eine Generalisierung des Erforschten an, was hier in Form einer *Typenbildung* vorgenommen wird (siehe dazu konkret am Beispiel dieser Arbeit Abschnitt 4.3), die mehrschichtig angelegt werden kann, so dass sowohl Orientierungsmuster, als auch sich überlagernde Orientierungen (Milieu, Gender, Alter, Migration etc.) herausgearbeitet werden können. Der der Sozialwissenschaft ureigenen Problematik der Standortgebundenheit des Forschers, der mit seiner Sicht auf die Welt und seinen eigenen Theorien und Vorüberlegungen im Verlauf seiner Interpretation einen maßgeblichen Einfluss ausübt, begegnet die dokumentarische Methode unter anderem mit dem Einsatz einer komparativen Analyse, die dabei hilft, den Standort des Forschers im Laufe der Analyse immer mehr durch die Standorte der Beforschten zu ersetzen (siehe dazu Abschnitt 4.3.3). Die Herangehensweise der dokumentarischen Methode unterscheidet sich damit von einer Typenbildung im Sinne des *Common Sense*, so dass Bohnsack und andere Vertreter der dokumentarischen Methode diese im Kontext einer praxeologischen Wissenssoziologie verorten, die sich methodisch-methodologisch einer qualitativen und rekonstruktiven Sozialforschung zuordnen lässt.

In der Kombination von Gruppendiskussionsverfahren als Erhebungsinstrument und der dokumentarischen Methode, als methodischer Grundlage erprobter und bewährter Interpretationsschritte, können beide auf eine breite Basis an Erfahrung aus der Forschungspraxis zurückblicken. Mit Blick auf die eigene Arbeit und das mit ihr verbundene Forschungsinteresse und –Ziel – dem Zugang zu den handlungsleitenden Orientierungen der Polizeibasis im Hinblick auf das Thema Täter-Opfer-Ausgleich – bietet sich diese Kombination förmlich an, da sie dem eigenen Forschungsziel am ehesten gerecht wird. Über die Vorteile der dokumentarischen Methode (natürlich nicht nur auf das Feld der Polizeiforschung bezogen) dazu *Bohnsack*, *Przyborski* und *Schäffer*: „Die Stärken der Methode liegt u.E. vor allem in der Möglichkeit der Rekonstruktion *kollektiver Orientierungen* (Hervorhebung im Original), also des milieu- und kulturspezifischen Orientierungswissens innerhalb und außerhalb von Organisationen und Institutionen. Die handlungsleitende Qualität dieses Orientierungswisssens eröffnet den Zugang zur Handlungspraxis."[1004] *Loos* und *Schäfer* sehen den Vorteil im Gruppendiskussionsverfahren darin, dass hier eben

---

[1004] Bohnsack, Przyborski und Schäffer, 2010, S. 7

jene kollektiven Orientierungen, wie auch individuelle Orientierungen und deren Einbettung in kollektive Zusammenhänge, quasi in *statu nascendi* (im Augenblick der Entstehung, im Werden begriffen) herausgearbeitet werden können.[1005] Ergänzend dazu *Mensching*, die aus einer weiteren Perspektive den Bezug auf das Kollektive betont, da über das Gruppendiskussionsverfahren ein Zugang geschaffen wird „auf die dahinter liegenden, milieuspezifischen Orientierungen", der „über die konkreten Interaktionen der anwesenden Diskussionsteilnehmer hinausgeht." Und weiter: „In deren Redebeiträgen und ihrem Bezug untereinander dokumentiert sich etwas über die den Interaktionen zugrunde liegenden Erfahrungen. Die Gruppendiskussionsteilnehmer sind in diesem Sinne Milieuträger und Angehörige jeweils gleicher oder verschiedener Erfahrungsräume (...)."[1006]

Obwohl sich die Kombination von Gruppendiskussionen und dokumentarischer Methode für den Bereich der empirischen Polizeiforschung geradezu anbietet, wird hier noch weitgehend Neuland betreten. Mit den Arbeiten von *Mensching* (Gelebte Hierarchien. Mikropolitische Arrangements und organisationskulturelle Praktiken am Beispiel der Polizei) sowie von *Dudek* (Diversity in Uniform? Geschlecht und Migrationshintergrund in der Berliner Schutzpolizei) wurden jedoch erste aussagekräftige Arbeiten vorgelegt.[1007]

4.2 Planung und Durchführung der Gruppendiskussionen

Der Zugang zum Forschungsfeld erfolgte über den dafür innerhalb der Behörde vorgesehenen Antragsweg über den Stab des Polizeipräsidenten des Landes Berlin, der den schriftlichen Antrag und das damit verbundene Forschungsvorhaben auf der Grundlage eines ersten „Arbeitstitels" prüfte und genehmigte. Im weiteren Verlauf wurden von Seiten der Behörde mehrere Ansprechpartner benannt, die für die teilnehmenden Direktionen Gesprächsgruppen zusammenstellten, die Termine für die Gruppendiskussionen ausmachten und diese letztendlich als Teilnehmer der Gruppen auch begleiteten. Alle Gruppendiskussionen wurden im Jahr 2011 geführt und aufgezeichnet.

[1005] Loos und Schäfer, 2001, S. 11
[1006] Mensching, 2008, S. 95
[1007] Vgl. Mensching, 2008 und Dudek, 2009

4.2.1 Zusammenstellung der Diskussionsgruppen

In der Literatur zur Methode des Gruppendiskussionsverfahrens wird geraten, sich bei der Zusammenstellung der Gruppen an real existierenden Gruppen, sogenannter *Realgruppen,* zu orientieren, da sich hier am ehesten kollektive Orientierungen und Werthaltungen ausmachen lassen, diese „in der Regel über eine gemeinsame Erfahrungsbasis" verfügen und somit größere Chancen für eine selbstläufige Diskussion und brauchbares Material ergeben.[1008] *Schäfer* und *Loss* berichteten anhand eines Beispiels aus der Jugendforschung über die Probleme, die entstanden, wobei in einer Gruppe Jugendlicher, die im Hinblick auf Bildungsstand und Sozialmilieu sehr unterschiedlich aufgestellt war, keine selbstläufige Diskussion zustande kam, da diese, außer einem ähnlichen Alter, über sehr unterschiedliche Erfahrungsräume verfügten und sich untereinander nicht viel zu sagen hatten.[1009] Der Begriff der Realgruppen bedeutet jedoch nicht, dass sich die Teilnehmer einer Diskussionsgruppe zwangsläufig bereits kennen müssten, um sich über gemeinsam geteilte Erfahrungen austauschen zu können. Bereits die Arbeit von *Mangold* zeigte, dass konjunktive Verständigung auch innerhalb von Berufsgruppen möglich ist,[1010] da hier, so *Przyborski,* die Beschreibungen und Erzählungen verstanden werden und die Teilnehmer der Gruppe über Wissens- und Bedeutungsstrukturen aus einem vergleichbaren Erfahrungsraum verfügen.[1011] In der eigenen Untersuchung handelt es sich um „Quasi-Realgruppen".[1012] Im Hinblick auf das Ziel der eigenen Untersuchung, übergreifende Erfahrungen und Orientierungsmuster am Beispiel der Berliner Polizei aufzuspüren und herauszuarbeiten, wurde darauf verzichtet, die Orientierungen einzelner Teams, einzelner Abschnitte herauszuarbeiten, so dass die Teilnehmer nicht zwangsläufig im Arbeitsalltag eine Realgruppe bilden müssen. Die diskutierenden Beamten teilen sich jedoch eine ähnliche berufliche Sozialisation, die Zugehörigkeit zur Berufsgruppe der Polizei, den gleichen Dienstherren sowie praktische Erfahrungen in der alltäglichen Polizeiarbeit. *Przyborski* und *Wohlrab-Sahr* weisen unabhängig von der hier beforschten Berufsgruppe der Polizei darauf hin, dass die Befragten diese Erfahrungen nicht zwangsläufig gemeinsam machen mussten, sich nicht zwangsläufig kennen müssen und die Erfahrungen auch nicht zur gleichen Zeit und am gleichen Ort gemacht haben müssen, sondern dass es darum ginge, Teilnehmer mit gewissen existenziellen Gemeinsamkeiten zusammenzuführen, die sich demnach kennen können, aber es nicht zwangsläufig müssen.

In der Vorbesprechung der Termine wurden daher Wünsche im Hinblick auf die Zusammenstellung der Gruppen geäußert, die von Seiten der Behördenvertreter

---
[1008] Przyborski und Wohlrab-Sahr, 2014, S. 96
[1009] Vgl. Loos und Schäfer, 2001, S. 44
[1010] Vgl. Mangold, 1960, S. 42ff.
[1011] Vgl. Przyborski, 2004, S. 29
[1012] Der Begriff wird hier in Anlehnung an die Arbeit von Mensching verwendet, die ebenfalls Gruppendiskussionen mit Polizisten durchführte. Mensching, 2008, S. 100

aufgenommen wurden. So erschien es sinnvoll, dass die Teilnehmer aus einem Bereich kommen, in dem sie sich mit dem Thema Jugendkriminalität beschäftigen oder beschäftigt haben und hier über Erfahrungen in Theorie und Praxis verfügen und nicht etwa aus den Bereichen wie etwa der Wasserschutzpolizei, der Sondereinsatzkommandos, der Spurensicherung oder der Verwaltung kommen. Bereits mit Blick auf die spätere komparative Analyse und eine Typenbildung wurde hier bewusst um jene Beamte als Teilnehmer gebeten, die aufgrund ihrer alltäglichen Arbeit auch eine gewisse Nähe zum Thema Täter-Opfer-Ausgleich haben, wie etwa die Jugendsachbearbeiter, die Präventions-, Diversions- und Opferschutzbeauftragten. Aufgrund der Aussagen von *Habschick* ließe sich schlussfolgern, dass, wenn Polizisten eine Einstellung zum Täter-Opfer-Ausgleich haben, diese wohl am ehesten im Bereich dieser spezialisierten Gruppen innerhalb der Polizei zu finden sind, da es gerade jene Gruppen sind, die aufgrund ihres Arbeitsfeldes und der praktischen Möglichkeiten, die sich ihnen dort bieten, am ehesten in der Praxis mit dem Thema Täter-Opfer-Ausgleich konfrontiert werden (siehe dazu Abschnitt 3.4.1.4). So dominieren bei den Teilnehmern die Jugendsachbearbeiter, es finden sich aber auch Teilnehmer in den Gruppen, die bei der Erhebung der personenbezogenen Daten in der Kategorie „Besondere Aufgaben bzw. Spezialisierung" folgende Angaben machten: Kripo/Sachbearbeitung, Präventionsbeauftragter, Opferschutzbeauftragter, Disziplinarangelegenheiten/Schutzpolizei, Delikte am Menschen, Streifendienst, Häusliche Gewalt und Stalking.

Es wurden vier Gruppen mit jeweils 8 Personen[1013] aus vier von insgesamt sechs Berliner Polizeidirektionen gebildet. Die Gruppendiskussionen wurden ergänzt um eine Gruppe von jungen Polizisten, die an der HWR[1014] im 4. Semester ein Studium zum gehobenen Dienst absolvierten, darüber hinaus aber in die Arbeitspraxis ihrer Dienststellen eingebunden sind. Die Teilnehmer einer jeden Gesprächsrunde stammten aus unterschiedlichen Abschnitten ihrer Direktionen und kannten sich, etwa im Rahmen von regelmäßigen Abschnittsübergreifenden Arbeitsrunden, bzw. sahen sich im Rahmen der Gruppendiskussion zum ersten Mal. Bei den Auswertungen der Interviews wurde deutlich, dass sich manchmal zwei Kollegen aus dem alltäglichen Arbeitskontext heraus kannten (*„mein Kollege hier neben mir und ich, wir kommen vom selben Abschnitt"*) oder in der Gruppendiskussion auf für sie mal mehr, mal weniger unbekannte Kollegen aus anderen Abschnitten (*„darf ich fragen woher du kommst? – Ich komme vom Abschnitt xy"*) trafen. Anders verhält es sich natürlich im

---

[1013] Mangold sprach sich für eine Gruppengröße von 7 bis max. 10 Teilnehmern aus, da bei kleineren Gruppen die „individuellen Besonderheiten einzelner Teilnehmer zu stark ins Gewicht fallen bzw. bestehende Meinungsverschiedenheiten zwischen sozialen Untergruppen zugedeckt werden; in größeren Diskussionsgruppen wiederum wird der >>informelle<< Charakter der Gesprächssituation gestört." Mangold, 1960, S. 114
[1014] HWR=Hochschule für Wirtschaft und Recht, vormals für Verwaltung und Rechtspflege, die den Studiengang Sicherheitsmanagement anbietet.

Rahmen der Anwärter für den gehobenen Dienst, die sich im Rahmen ihres Studiums regelmäßig begegnen.

Im Rahmen von Dienstbesprechungen und per Mail wurden die Teilnehmer durch die Ansprechpartner in den einzelnen Direktionen über die Anfrage zu den Gruppendiskussionen und das damit verbundene Forschungsvorhaben informiert und geworben. Dezente Fragen in der Phase des „warming-up" sowie die Angaben der Organisatoren lassen darauf schließen, dass auch hier das Prinzip der Freiwilligkeit gewahrt blieb und keiner der Teilnehmer zur Teilnahme dienstverpflichtet wurde. Vielmehr blieb der Eindruck zurück, dass es den Teilnehmern um das Thema Täter-Opfer-Ausgleich ging, die Chance, dazu einen Beitrag beizusteuern, sowie um eine, nennen wir es kollegiale Gefälligkeit dem Gruppenleiter gegenüber, der die Anfrage dazu verschickt hatte. Die Anwesenheit von ranghöheren Kollegen bzw., wie in einem Fall die Anwesenheit des direkten Vorgesetzten, schien keinen merklichen Einfluss auf die Bereitschaft sich zu äußern gehabt zu haben. Es waren vereinzelte Bemühungen der Gruppenleiter[1015] auszumachen, auch positive Statements und Zusammenfassungen beizusteuern, die den offiziellen Standpunkt der Behördenleitung widerspiegeln. Es gab jedoch zu keinem Zeitpunkt innerhalb der Gruppendiskussionen Interventionen oder gar Maßregelungen der Teilnehmer durch einen Vorgesetzten. Es wird davon ausgegangen, dass es sich mit der Wahl des Themas „Einstellungen und Erfahrungen zum Täter-Opfer-Ausgleich" um ein für die Polizei unproblematisches Thema handelt, zu dem kontroverse Haltungen durchaus möglich sind und auch zugelassen werden, anders vielleicht wie etwa bei Themen über Probleme mit Vorgesetzten, Fremdenfeindlichkeit bei der Polizei oder Gewaltanwendung durch Polizeibeamte.

[1015] Der Begriff der Gruppenleiter ist hier nicht immer identisch mit dem einer bestimmten Position oder Aufgabe innerhalb der polizeilichen Hierarchie, sondern eher identisch mit den Ansprechpartnern die von Seiten der Polizei zur Verfügung gestellt wurden, also jene, die die einzelnen Gruppen für den Diskussionsrunden zusammen gestellt hatten.

Gruppendiskussionen	5
Teilnehmer insg.	39
davon männlich	25
davon weiblich	14
jüngster Teilnehmer	20
ältester Teilnehmer	60
durchsch. Alter	41
durchsch. Dienstalter	24
Dienstgrade	POM, POK, PHK, KHK, KHM,

Abbildung 2: Qualitatives Sample

4.2.2 Die Durchführung der Gruppendiskussionen

Mit Ausnahme der Gruppe von der HWR fanden alle Gruppendiskussionen in Diensträumen der Polizei statt. Die Organisatoren vor Ort hatten ausnahmslos für separate Gesprächsräume gesorgt, die weitgehend frei von Umgebungslärm und Störungen waren, was für die Aufzeichnungen von Vorteil war. Die Teilnehmer hatten Getränke und Süßigkeiten bereitgestellt, was wiederum für eine ungezwungene Atmosphäre sorgte. Die Gespräche begannen zunächst mit einer kurzen Vorstellung zur eigenen Person, zum Forschungsvorhaben, dem Rahmen, in den dieses eingebunden war, sowie dem Hinweis, unabhängig von Institutionen zu arbeiten. Auch wurde darauf hingewiesen, dass ich zwar ab und an Fragen stelle, jedoch nicht mitdiskutiere, da der Sinn dieser Methode darin besteht, dass die Teilnehmer selbstständig miteinander über ein Thema diskutieren und hier weitgehend die Richtung und den Verlauf bestimmen sollen, dass ich aber im Anschluss an die Aufzeichnung auch noch für Fragen zur Verfügung stehe oder eine eigene Stellungnahme abgebe, sollte dies gewünscht sein.

Auf einem kurzen Formular vermerkten die Teilnehmer anonymisiert ihr Alter, ihr Geschlecht, ihre Dienstzugehörigkeit nach Jahren, den Dienstgrad, zusätzliche

Spezialisierung bzw. momentaner Tätigkeitsschwerpunkt sowie wie sie zu diesem Gespräch „geworben" wurden. Gleichzeitig fertigte ich eine Skizze des Gesprächstisches an, auf der im Uhrzeigersinn die einzelnen Personen vermerkt und maskiert wurden (zum Beispiel: Am, Bm, Cw, wobei das kleine m für männlich und das kleine w für weiblich steht). Ich fügte für mich kurze Merkmale für die einzelnen Teilnehmer hinzu (z.B. Frau mit schicker Brille, junge Frau in Uniform, älterer Beamter mit grauem Haar..), was sich beides zusammen beim späteren Transkribieren und Zuordnen der Redebeiträge als große Hilfe erwies, da ich nun über die Erinnerung, die Stimmen auf dem Digitalrecorder und den Sitz-Plan über mehrere Möglichkeiten verfügte, die Beiträge ihren Sprechern zuzuordnen. Auch machte ich mir während des Gesprächs vereinzelt Notizen zu markanten Aussagen und Notizen für Rückfragen zu einem späteren Zeitpunkt der Gruppendiskussion. Im Anschluss an jede Gruppendiskussion wurde ein kurzes Protokoll angefertigt, das Eindrücke und Ideen zu den einzelnen Runden festhielt. Auf eine zusätzliche Videoaufzeichnung, wie bei manchen Gruppendiskussionen nicht unüblich, wurde gleich aus mehreren Gründen verzichtet, wobei die Hauptgründe waren, dass sich für das Thema des eigenen Forschungsinteresses hieraus kein Mehrgewinn ergeben hätte und dass ein solch technischer Einsatz schnell auch zu Blockaden bei den Teilnehmern hätte führen können. Die Aufzeichnung der Gespräche erfolgte durch einen Olympus DM-450 Digital Voice Recorder. Vor jeder Aufzeichnung wurde erneut das Einverständnis aller Anwesenden dazu eingeholt und der Start, wie auch später die Beendigung der Aufzeichnung, deutlich gemacht.

4.2.3 Diskussionsleitfaden, Grundreiz und Prinzipien bei der Durchführung von Gruppendiskussionen

Zum Gesprächseinstieg wurde als *Grundreiz*[1016] ein kurzer Text vorgetragen, in dem darauf hingewiesen wurde, dass es den TOA in Deutschland nun seit ca. 25 Jahren gibt und dass es sich dabei im Kern um die erneute Begegnung von Opfer und Täter unter der Mithilfe eines dafür ausgebildeten Dritten handelt. Die Teilnehmer sind durch ihre Rolle als Polizisten oftmals die einzige Berufsgruppe, die beide Seiten, Opfer wie Täter, kennenlernt und die durch ihre Position im Strafverfahren erste Weichen stellen kann. Ziel der Diskussionsrunde sei es, mehr über die Erfahrungen, positive wie negative, Ansichten und Einstellungen der Teilnehmer zu erfahren. Im An-

---

[1016] Loos und Schäfer nennen hier als Möglichkeit, einen kuren Zeitungsartikel oder einen Film zu zeigen, um einen Grundreiz zu liefern, über den, in Verbindung mit einer Eingangsfrage in die Diskussion eingestiegen werden kann. Loos und Schäfer, 2001, S. 51. Mensching z.B verwendete einen frei vorgetragenen Text, der das Anliegen ihrer Forschung umreist, um darüber die Diskussion zu initiieren, begleitet von einer schriftlich formulierten Fragestellung, die den Teilnehmern als Anreiz zum Nachdenken vorgelegt wurde. Mensching, 2008, S. 105

schluss an den vorgetragenen Text wurde dazu den Teilnehmern eine zweigeteilte Eingangsfrage gestellt, über die sie dann eigenständig mit der Diskussion beginnen konnten. Durch diese Vorgehensweise sollte sichergestellt werden, den Rahmen des Themas und das Forschungsinteresse grob zu umreißen, gleichzeitig den Teilnehmern auch die größtmögliche Freiheit zu geben, selbst die Akzente zu setzen und die Richtung zu bestimmen, in die die Diskussion gehen soll. Im Vorfeld der Gruppendiskussionen hatte ich einen Diskussionsleitfaden erstellt, der neben dem bereits erwähnten Text und der zweigeteilten Eingangsfrage noch weitere Fragen enthielt, die mir wichtig schienen, sie im Zusammenhang mit dem eigenen Forschungsinteresse zu stellen. Die Fragen wurden jedoch nicht sklavisch abgearbeitet, sondern bildeten vielmehr ein Grundgerüst zur eigenen Orientierung. In den meisten Fällen reichten der Grundreiz und die zweigeteilte Eingangsfrage aus, um einen lebhaften Diskurs zu initiieren, der von den Teilnehmern weitgehend selbst bestimmt wurde. Eine Gruppe diskutierte fast 45 Minuten lang, bis dann von hier aus der Wunsch nach einer weiteren Frage geäußert wurde. Im Durchschnitt dauerten die Gruppendiskussionen eine Stunde, wobei eine Gruppendiskussion fast zwei Stunden dauerte.

Bohnsack beschreibt Gruppendiskussionen als eine „methodisch kontrollierte Verschränkung zweier Diskurse", nämlich die der zu Erforschenden untereinander und die zwischen Forscher und Erforschten, die es in der Phase der reflektierenden Interpretation (siehe dazu Abschnitt 4.3.2) zu rekonstruieren gilt.[1017] „Bei der Durchführung von Gruppendiskussionen stehen Forscher und Forscherin vor der – in gewissem Sinne paradoxen – Aufgabe, einen Diskurs (denjenigen der Erforschten untereinander) zu initiieren, ohne diesen nachhaltig zu strukturieren."[1018] Bei der Durchführung einer Gruppendiskussion sei es daher das erklärte Ziel, hier ein größtmögliches Maß an Selbstläufigkeit herzustellen.[1019] Die Teilnehmer der Gruppe sollen nach Möglichkeit „so miteinander sprechen, wie sie das ansonsten innerhalb ihrer Alltagskontexte auch" tun würden.[1020] Dass dies natürlich nie ganz der Fall sein wird, solange ein oder zwei Außenstehende mit einem Aufnahmegerät (Videokamera) anwesend sind, versteht sich von selbst. Im Idealfall gerät ihre Anwesenheit zur Nebensache und es entwickelt sich ein Diskurs der dicht an einer für die Teilnehmer gewohnten Gesprächssituation ist.

Um dieses Ziel zu erreichen, orientierte sich die Gesprächsführung an den von *Bohnsack* formulierten Prinzipien, die es bei der Durchführung von Gruppendiskussionen zu beachten gilt. Demnach ist zu beachten, dass sich die Diskussionsleitung mit Fragen nicht nur an einzelne Teilnehmer, sondern dass sich diese jederzeit an die ganze Gruppe richtet. Es soll damit vermieden werden, dass die Forscher einen

---
[1017] Bohnsack, 2010, S. 207, zu den Prinzipien bei der Durchführung von Gruppendiskussionen siehe auch Przyborski und Wohlrab-Sahr, S. 96ff., 2014
[1018] Bohnsack, 2010, S. 208
[1019] Vgl. Bohnsack, 2010, S. 208
[1020] Vgl. Loos du Schäfer, 2001, S. 51

Einfluss auf die Anteile der Redebeiträge der Teilnehmer nehmen. Des Weiteren sei es wichtig, durch den Grundreiz sowie durch Nachfragen nur ein Thema zu initiieren, jedoch keine Propositionen vorzugeben, die die Diskussion bewusst in eine bestimmte Richtung lenken. Auch sollen die Fragen an die Gruppe „demonstrativ" vage gehalten werden. Der Forscher zollt den Beforschten seinen Respekt, indem er anerkennt, dass diese sich am ehesten in ihrer eigenen Erfahrungswelt auskennen und dem Forscher in seiner relativen Unwissenheit helfen, diese Unwissenheit zu verringern. Die Fragen und Nachfragen des Forschers sollten so gestaltet sein, dass die Beforschten zu detaillierten Beschreibungen animiert werden und vor allem auch Erzählungen generieren können, weil hierin der Zugang zur Handlungspraxis liegt „und dem ihr zugrunde liegenden modus operandi, dem (kollektiven) Habitus."[1021] Bereits an der zweigeteilten Eingangsfrage des eigenen Diskussionsleitfadens wurde auf einen erzählgenerierenden Einstieg geachtet: „Erzählen Sie bitte, bei welchen Gelegenheiten Ihnen das Thema Täter-Opfer-Ausgleich in ihrer Arbeit begegnet?" Und: „Wann ist Ihnen das Thema Täter-Opfer-Ausgleich zum ersten Mal begegnet, können Sie sich an den Anlass erinnern und was Sie damals mit dem Begriff Täter-Opfer-Ausgleich verbunden haben?"

Für den weiteren Verlauf der Gruppendiskussion sowie den Umgang mit Fragen durch die Diskussionsleitung empfiehlt *Bohnsack* die Zweiteilung in immanente und exmanente Nachfragen. Erstgenannten soll dabei zunächst eine Priorität eingeräumt werden, da diese sich auf ein Thema beziehen, welches bereits durch die Gruppe angenommen und diskutiert wird. Die Nachfragen sollen helfen, Details sowie den gemeinsamen Orientierungsrahmen deutlicher zu machen. Exmanente Nachfragen zielen hingegen auf die Initiierung eines neuen Themas ab und sollten nach *Bohnsack* am besten dann zum Einsatz kommen, wenn „der dramaturgische Höhepunkt der Diskussion überschritten ist und somit die für die Gruppe selbst zentralen Themen (Fokussierungsmetaphern) abgearbeitet worden sind, nun systematisch in exmanenter Weise die für die Forschenden selbst relevanten und bisher nicht behandelten Themen eingebracht" werden können.[1022]

4.2.4 Vermittler vs. Forscher: Selbstreflexion über Distanz und Nähe zum Forschungsfeld

Durch meine eigene gleich doppelte berufliche Nähe zum Forschungsfeld TOA und zur Berufsgruppe der Polizei halte ich es für dringend angebracht, die eigene Rolle im Forschungsprozess kritisch zu reflektieren. Durch meine nunmehr mehr als

---
[1021] Bohnsack, 2010, S. 210
[1022] Bohnsack, 2010, S. 210

Empirische Analyse Teil I

15jährige Tätigkeit als TOA-Vermittler habe ich natürlich eine eigene Haltung zum Thema TOA entwickelt, die nicht nur auf der vorhandenen Literatur und dem daraus entnommenen Wissen, sondern auch vielen praktischen Erfahrungen basiert. Zu meinen beruflichen Aufgaben gehört es unter anderem, im Jahr 6 bis 8 Informationsveranstaltungen zum Thema Täter-Opfer-Ausgleich für Berliner Polizisten durchzuführen. Diese bilden sich in aller Regel weiter in den Bereichen der Jugendsachbearbeitung, der Opferschutz- und Präventionsbeauftragten. Treffe ich bei diesen Informationsveranstaltungen auf Polizeibeamte, dann geht es darum, diese zu informieren, mit ihnen zu diskutieren und natürlich auch für den Täter-Opfer-Ausgleich als Ganzes sowie die Arbeit der eigenen TOA-Fachstelle zu werben. Um Missverständnissen vorzubeugen, aber wohl um mich selbst zu ermahnen, habe ich auf meine Rolle als Forscher zu Beginn der Gruppendiskussionen hingewiesen. Für die Teilnehmer, die ich dazu befragte, schien es unproblematisch zu sein bzw. außerhalb des Interesses, dass ich in meinem Hauptberuf als TOA-Vermittler tätig bin.[1023] Spätestens in der Phase der Auswertung des Materials wurde deutlich, dass ich mich dazu von der Tätigkeit des TOA-Vermittlers lösen musste, um einen möglichst unvoreingenommenen Blick von außen auf mein Material zu erhalten, um Kritik am TOA oder Passagen mit sachlich falschen Inhalten nicht ausschließlich als Wissenslücken bei den Befragten zu sehen und um den Blick in Richtung auf Typologien und nicht auf Stereotypen zu lenken.[1024] Die komparative Analyse als Teil der dokumentarischen Methode nach *Bohnsack* (siehe dazu auch Abschnitt 4.3.3) war dabei sehr hilfreich. In den folgenden Abschnitten wird dargestellt werden, wie das hier gewonnene Material verarbeitet wurde und wie sich im Verlauf dieses Prozesses Erkenntnisse daraus generieren ließen.[1025]

[1023] In der TOA-Begleitforschung finden sich immer wieder Forschungsarbeiten, die von Personen geschrieben wurden, die als TOA-Vermittler tätig waren oder es immer noch sind, bzw. die vorab eine deutliche Affinität zur „TOA-Scene" hatten, wie etwa Hartmann, Netzig, Lindner, Winter, Lippelt, Taubner etc. die ihr Forschungsinteresse aus den Erfahrungen in der Praxis heraus entwickelten.
[1024] Das Feedback von Prof. Bohnsack und den Teilnehmern der Forschungswerksatt war dabei sehr hilfreich, hier noch einmal einen anderen als den gewohnten Blick auf das eigene Material zu erhalten.
[1025] Exemplarische Interpretationen nach der dokumentarischen Methode finden sich unter anderem bei Bohnsack, (zuerst 1991), 1993, S. 34ff. Przyborski, 2004, Bohnsack und Nohl, 2013 (zuerst 2001) S. 325ff., Nohl, 2009 (zuerst 2006), S. 65ff., Bohnsack und Schäffer 2013 (zuerst 2001), S. 331ff. wobei diese Aufzählung nur Beispiele nennt und nicht abschließend ist.

4.3 Transkription, Interpretation und Typenbildung

4.3.1 Die Formulierende Interpretation

Beim Abhören der Aufzeichnung verschafft sich der Forscher einen ersten Überblick über den Verlauf der Diskussion und macht sich Notizen, ob ein Thema von der Gruppe selbst oder der Diskussionsleitung eingebracht wurde. Nun werden jene Passagen ausgewählt und transkribiert,[1026] die über eine „thematische Relevanz" für die Fragestellung der eigenen Arbeit verfügen als auch eine „thematische Vergleichbarkeit mit Passagen aus anderen Diskussionen" aufweisen, sowie Passagen, die, unabhängig von dem Thema, sich durch eine „besondere interaktive und metaphorische Dichte auszeichnet."[1027] Die so erzeugten Passagen werden nach Ober- und Unterthemen (OT und UT) gegliedert. In der eigenen Arbeit zeichneten sich, mit Hinblick auf die thematische Relevanz, zum Beispiel jene Passagen ab, in denen die Teilnehmer der Gruppen darüber diskutierten, welche Erfahrungen und Entscheidungskriterien sie zu Grunde legen, wenn es darum geht, ob ein Fall, ein Täter, geeignet sei für einen Täter-Opfer-Ausgleich. Als Ort und Zeitpunkt dieser Entscheidungsfindung kommt dabei gerade dem Vernehmungsgespräch mit den beschuldigten Jugendlichen eine zentrale Bedeutung zu. Bei der formulierenden Interpretation der ausgewählten Passagen geht es nun darum, sich einen Überblick zu verschaffen über das >Was< wird hier gesagt, um dies in möglichst einfachen Worten und noch ohne jedwede Interpretation[1028] oder eigene Kommentierung im Hinblick auf einen Wahrheits- oder Realitätsgehalt zusammenzufassen, also eine Formulierung „des generalisierenden, sozusagen allgemein verständlichen Sinngehalts."[1029] Dadurch wird dem ausgesuchten Text eine thematische Struktur gegeben und die Grundlage für den nächsten Arbeitsschritt geschaffen, da erst wenn man verstanden hat, *worüber* gesprochen wurde, man sich daran machen kann zu analysieren, *wie* etwas gesagt wurde, *wie* die Akteure ein Thema behandelt haben und welche tieferliegenden Orientierungen und Handlungsmuster sich über das Gesagte dokumentieren lassen.

[1026] In der eigenen Arbeit wurde mit Totaltranskriptionen, also der Verschriftlichung der Gruppendiskussionen in voller Länge gearbeitet, da ich dadurch einen besseren Überblick über das eigene Material erlangen konnte.
[1027] Bohnsack, 2010, S. 135
[1028] Genau genommen handelt es sich bereits um einen Schritt der Interpretation, „da ja hier etwas begrifflich-theoretisch expliziert wird, was im Text implizit bleibt." Bohnsack, 2010, S. 134, siehe auch dazu Loos und Schäfer, 2001, S. 61
[1029] Przyborski, 2004, S. 53

4.3.2 Die Reflektierende Interpretation

Nachdem es bei der formulierenden Interpretation darum ging, >Was< gesagt wurde, geht es nun bei der reflektierenden Interpretation um die Frage >Wie< es gesagt wurde. Der Forscher muss herausarbeiten „was sich in dem, *wie* etwas gesagt wird, über den dahinterstehenden konjunktiven Erfahrungsraum, die kollektive Handlungspraxis, *dokumentiert*" (Hervorhebungen im Original). [1030] Ziel der reflektierenden Interpretation ist es daher, sich einen Zugang zu eben jenen *konjunktiven Erfahrungsräumen* zu verschaffen. Im Mittelpunkt steht dabei die Suche nach Orientierungsrahmen und Orientierungsmustern in denen das Thema behandelt wird. „Das Sinnmuster des handlungsleitenden Wissens, welches sich aus den Relationierungen oder Kontextuierungen konstituiert, bezeichnen wir als Orientierungsrahmen bzw. als Habitus."[1031] Neben der Suche nach Orientierungsrahmen bildet die Analyse des Diskursverlaufes eine weitere Möglichkeit der Analyse, wie die Gruppe mit dem Thema umgegangen ist. Hier geht es um dramaturgische Höhepunkte und ob ein Thema durch den Forscher hereingegeben oder durch die Gruppe aufgeworfen wurde. Anhand eigener Fachtermini[1032] wird das Gesagte analysiert und beschrieben. Eine Stellungnahme zu einem Thema etwa ist eine *Proposition*, womit ein erster Orientierungsrahmen vorgegeben wird, meist gefolgt von einer *Elaboration*, eine Aus- und Weiterbearbeitung eines Orientierungsrahmens, was in Form von Beispielen, Erzählungen oder Beschreibungen erfolgen kann. Hierbei werden Horizonte und Gegenhorizonte in positiver wie negativer Art deutlich, etwa wenn eine eingebrachte Proposition auf Zustimmung stößt (*Validierung*) bzw. Widerstand und die Darstellung eines Gegenbeispiels bzw. eine differenziertere Darstellung auslöst. „*Negative* und *positive Gegenhorizonte* sowie deren *Enaktierungspotentiale* sind wesentliche Komponenten des Erfahrungsraumes einer Gruppe. Sie konstituieren den Rahmen dieses Erfahrungsraumes. Zwischen diesen Komponenten bzw. innerhalb dieses Rahmens ist die von diesem Erfahrungsraum getragene Orientierungsfigur gleichsam aufgespannt"[1033] (Hervorhebungen im Original). *Bohnsack* weist darauf hin, dass sich die Erfahrungsräume innerhalb der Gruppe überlagern können, etwa in Form von Milieu, Generation (Alter), Geschlecht und spezifischer Entwicklung. So kann zum Beispiel ein älterer Polizeibeamter, der auf Jahrzehnte der Berufserfahrung zurückblicken kann und der etwa im Rahmen einer Arbeiterfamilie in den 1950er Jahren aufwuchs, auf andere Erfahrungsräume zurückgreifen als etwa seine vielfach jüngere Kollegin, die in den 1980er Jahren im Rahmen einer Akademiker-Patchworkfamilie aufwuchs. Jedoch gilt es, um bei *Bohnsack* zu bleiben, die gemeinsame Orientie-

---

[1030] Loos und Schäfer, 2001, S. 63
[1031] Bohnsack, 2010, S. 56
[1032] Fachtermini, mit ausführlicher Erläuterung finden sich bei Loos und Schäfer, 2001, S. 66ff., Przyborski, 2004, S. 61ff., sowie bei Przyborski und Wohlrab-Sahr, 2014, S. 295ff. (Anmerkung: Mit Enaktierungspotential ist die tatsächliche Umsetzbarkeit einer Proposition in die Praxis, das alltägliche Leben gemeint).
[1033] Bohnsack, 2010, S. 136

rungsfigur „bzw. die sie konstituierenden Gegenhorizonte" in den sich überlagernden Erfahrungsräumen zu finden, an der der Rahmen der Orientierung sichtbar wird.[1034] Die Aufgabe des Arbeitsschrittes der reflektierenden Interpretation zusammenfassend dazu *Przyborski* und *Wohlrab-Sahr*: „In diesem Interpretationsschritt werden Handlungsorientierungen und Habitusformen rekonstruiert. Mit Orientierungen sind Sinnmuster gemeint, die unterschiedliche (einzelne) Handlungen hervorbringen. Es handelt sich somit um Prozessstrukturen, die sich in homologer Weise in unterschiedlichen Handlungen, also auch in Sprechhandlungen und Darstellungen, reproduzieren."[1035] Die Suche nach den Homologien, die über Gemeinsamkeiten und Unterschiede hinweg deutlich werden, bildet die Grundlage für den nächsten Arbeitsschritt, eine Typenbildung. „Eine Typenbildung beginnt dort, wo der Orientierungsrahmen als homologes Muster an *unterschiedlichen* Fällen identifizierbar ist, sich also von der fallspezifischen Besonderheit gelöst hat" (Hervorhebung im Original).[1036]

4.3.3 Komparative Analyse und Typenbildung

In der Sozialforschung werden Phänomene beschrieben, analysiert und interpretiert und unabhängig davon, ob es sich um eine quantitative oder eine qualitative, eine hypothesenprüfende oder eine hypothesengenerierende Herangehensweise handelt, wird eine *Klassifizierung*, eine *Generalisierung*, eine *Typisierung* angestrebt, um über die Erkenntnisse des Einzelfalles hinaus, übergreifende, verallgemeinerbare, möglichst valide und gültige Aussagen zu den jeweiligen Forschungsfragen treffen zu können. Überlegungen im Rahmen der Sozialforschung zum Thema der Typenbildung führen unweigerlich zum *Idealtypus* von *Weber* und dessen Ausführungen dazu. Basierend auf Überlegungen, wie das soziale Handeln und die dazugehörigen Motive zu fassen seien, unterschied *Weber* zwischen *zweckrational*, *wertrational*, *affektuell* und *traditional* und sogenannte reine Typen, die in der Realität aber eher vermischt und überlagert als klar trennbar zu finden sind.[1037] Um dieser Erkenntnis gerecht zu werden, ging *Weber* mit dem Entwurf des Begriffs des Idealtypus quasi einen Schritt weiter auf eine Metaebene, da dieser für ihn ein wichtiges „gedankliches Mittel zum Zweck der geistigen Beherrschung des empirisch Gegebenen" darstellt.[1038] Der Idealtypus als ein Konstrukt dessen, was dem Wissensstand des Forschers entsprechend als logische Schlussfolgerung und damit *ideal* erscheint. Der Idealtypus sei jedoch keine Hypothese, wolle aber einer "Hypothesenbildung die Richtung weisen." Er sei „auch keine Darstellung des Wirklichen", wolle aber der

---

[1034] Bohnsack, 2010, S. 136
[1035] Przyborski und Wohlrab-Sahr, 2014, S. 295
[1036] Bohnsack, 2010, S. 56
[1037] Vgl. Amann, 1996, S. 50, mit direktem Bezug auf Weber, 1922, S. 12
[1038] Weber, 1922, S. 191

Darstellung eindeutige Ausdrucksmittel verleihen."[1039] Nach *Tippelt* machen typologische Analysen dort einen Sinn, wo es gilt, Struktur in ein „umfangreiches exploratives Datenmaterial" zu bringen, wobei eine notwendige Reduzierung des Materials mit einem Wissensgewinn einhergeht. Mehrere möglichst trennscharf voneinander zu unterscheidende Typen bilden dabei eine Typologie.[1040]

„Die Typenbildung der dokumentarischen Methode knüpft (...) an das idealtypische Verstehen von Max *Weber* an",[1041] unterscheidet sich jedoch auch ganz wesentlich davon. *Bohnsack* und andere Vertreter der dokumentarischen Methode unterscheiden daher zwischen einer Typenbildung des *Common Sense* und einer *praxeologischen Typenbildung*. Erstgenannte orientiert sich an *Weber* sowie an der Rezeption seiner Arbeiten durch *Schütze*. Die praxeologische Typenbildung hingegen basiert auf Anknüpfungspunkten zu den Wissens- und Kultursoziologien *Mannheims* und *Bourdieus* sowie auf empirischen Arbeiten von Vertretern der Chicagoer Schule.[1042] Beide Wege der Typenbildung haben jedoch eine verbindende Gemeinsamkeit, da beide einen rekonstruktiven Charakter haben, der darin besteht, dass auf wissenschaftlichem Wege die Alltagskonstruktionen der Beforschten rekonstruiert werden.[1043] Der Unterschied besteht jedoch darin, dass bei der Herangehensweise des Common Sense der Forscher über bereits gebildete Theorien, gestützt auf gesammeltes Vorwissen, mit dem eigenen Blick auf die Dinge dieser Welt sowie auf die kommunikative Ebene eben dessen, was die Beforschten selbst zur Explikation bringen, Konstruktionen schafft und darüber seine Schlüsse zieht, wobei das Handeln der Beforschten durch „Unterstellungen von Intentionen, von subjektiven Entwürfen" interpretiert würde, so dass eine solche Typenbildung „eher Aufschlüsse über das Relevanzsystem des Interpreten als über die Relevanzen der Erforschten" hergibt, so *Bohnsack* dazu kritisch.[1044] „Die Methodologie einer praxeologischen Interpretation und Typenbildung" dagegen „folgt nicht dem Prinzip der Zuschreibung von Intentionen und Motiven", da die Interpretation der Handlungen im engen Kontext mit der von den beforschten Akteuren selbst dargestellten Handlungspraxis steht.[1045] Der Begriff der praxeologischen Typenbildung basiert daher auf den Tatsachen, dass zum einen die Rekonstruktion auf die Praxis der Erforschten abzielt, zum anderen *über* die Praxis und *in* der Praxis dieser Herangehensweise entstand und entwickelt wurde.[1046] Resultierend aus dem Methodisch-Methodologischen Fundament, auf dem die dokumentarische Methode aufgebaut ist, ergeben sich für die praktische Herangehensweise im Forschungsprozess die bereits dargestellten Arbeitsschritte

---
[1039] Vgl. Tippelt, 2010, S. 117, mit direktem Bezug auf Weber, 1922, S. 191
[1040] Vgl. Tippelt, 2010, S. 115
[1041] Nentwig-Gesemann, 2013, S. 299
[1042] Nentwig-Gesemann, 2013, S. 294, zum Begriff der Chicagoer Schule und der damit verbundenen Forschungstradition und ihren empirischen Arbeiten siehe Riemann, 2006, S. 26ff.
[1043] Vgl. Bohnsack, 2010, S. 48
[1044] Bohnsack, 2010, S. 50
[1045] Bohnsack, 2010, S. 55
[1046] Vgl. Bohnsack, 2010, S. 67

der formulierenden und der reflektierenden Interpretation, über die auch auf die Ebene des atheoretischen und impliziten Wissens mit den darin eingelassenen Handlungsmustern zugegriffen werden kann. Zum Anderen wird über den Weg der *komparativen Analyse* das Problem der Standortgebundenheit des Forschers minimiert.

Bereits in der Phase der reflektierenden Interpretation beginnt parallel dazu die komparative Analyse, die für die dokumentarische Methode und die mit ihr angestrebte Typenbildung von zentraler Bedeutung ist. Es wird dabei nach Gemeinsamkeiten und Unterschieden sowohl im einzelnen Fall, aber auch in anderen Fällen gesucht. „Je weiter der Vergleich fortgeschritten ist, desto genauer und detaillierter lassen sich bestimmte Orientierungsfiguren und ihnen unterliegende Erfahrungsdimensionen an dem Fall aufzeigen, voneinander abgrenzen und typifizieren."[1047] Die Interpretation der Ergebnisse ist dabei zunächst stark abhängig von der eigenen Standortgebundenheit des Forschers. „Bei der Interpretation eines einzigen (ersten) Falles interpretieren die Forschenden den Text vor dem Hintergrund ihrer eigenen, durch Erfahrungen, Gedankenexperimente, (Alltags-)Theorien und/oder frühere empirische Forschungen zustande gekommenen Normalitätsvorstellungen."[1048] Diesen ersten Standpunkt der Betrachtung gilt es im weiteren Verlauf der Auswertung immer mehr durch Vergleichshorizonte zu ersetzen, die sich aus dem Datenmaterial empirisch generieren ließen und somit aus den Standorten der Beforschten. Dazu *Bohnsack*: „Ein Ausstieg aus der Standortgebundenheit bzw. deren Kontrolle ist dem Beobachter zwar nicht prinzipiell möglich. Gleichwohl lässt sich diese Kontrolle methodisieren, indem an die Stelle der impliziten Vergleichshorizonte zunehmend empirisch beobachtbare Vergleichsfälle treten."[1049]

Dabei wird verglichen, *„wie* die verschiedenen Gruppen dasselbe Thema unterschiedlich behandeln. Es geht also letztendlich nicht darum, wie die einzelnen Gruppen inhaltlich ein bestimmtes Thema *bewerten*, ob sie ihm bspw. positiv oder negativ gegenüberstehen, sondern *wie* sie es *behandeln*" (Hervorhebungen im Original).[1050] Das gemeinsame Thema, das in den ausgesuchten Textpassagen behandelt wird, ist über den wörtlichen Sinngehalt identifizierbar und erhält somit in dieser Phase der komparativen Analyse die Funktion des *Tertium Comparationis* und damit die Funktion eines strukturierenden, über den Einzelfall hinausgehenden Dritten. In der eigenen Arbeit sind dies vor allem Themen über die Perspektive des Opfers im TOA, die Frage nach der Motivation der Täter zu einem TOA und die Frage nach der Nachhaltigkeit einer solchen Maßnahme, wie auch die Rolle des TOA in der eigenen, polizeilichen Arbeitspraxis. „Im Vergleich unterschiedlicher – aber thematisch ähnlicher – Kontexte, also etwa thematisch ähnlicher Passagen von Gesprächen, wird in

---

[1047] Nohl, 2006, S. 101 mit direktem Bezug auf Bohnsack, 2001b
[1048] Nohl, 2009, S. 54
[1049] Bohnsack, 2013, S. 252
[1050] Loos und Schäfer, 2001, S. 63

der fallinternen und fallübergreifenden komparativen Analyse ein gemeinsamer Orientierungsrahmen herausgearbeitet."[1051] Dabei geht es jedoch *nicht* darum, die Themen nach ihrer statistischen Häufigkeit zu sortieren und ihnen je nach der Zahl ihres Auftretens eine bestimmte Wertigkeit zuzuordnen und die Aussagen damit zu kategorisieren.[1052] Vielmehr geht es darum, eine Art Grundstruktur, einen sprichwörtlichen roten Faden zu finden, der sich durch Gemeinsames wie Unterschiedliches zieht und dort sichtbar wird. „Durch die Suche nach minimalen und maximalen Kontrasten kann so jeder einzelne Typ oder Typus von anderen unterschieden werden."[1053]

Im Rahmen der dokumentarischen Methode wird zwischen einer *sinngenetischen* und einer *soziogenetischen* Typenbildung unterschieden. „Auf der Grundlage beoabachteter oder erzählter Handlungspraxis werden zentrale Orientierungsfiguren oder (Sinn-) Muster herausgearbeitet und im fallübergreifenden wie fallinternen Vergleich abstrahiert bzw. spezifiziert."[1054] Sinn und Zweck einer sinngenetischen Typenbildung ist es, eben jene Orientierungsrahmen herauszuarbeiten, die deutlich machen, wie die Beforschten die Problemstellungen behandeln, die das Forschungsinteresse ausmachen. „Sobald der rekonstruierte Orientierungsrahmen nicht mehr nur auf einer fall*internen* komparativen Analyse basiert, sondern auch eine fall*übergreifende* umfasst, sich also von der fallspefifischen Besonderheit löst, reden wir von Typus (...)"[1055] (Hervorhebungen im Original). Die sinngenetische Typenbildung kann „(...) aber nicht deutlich machen, in welchen sozialen Zusammenhängen und Konstellationen die typisierten Orientierungsrahmen stehen."[1056] Die soziogenetische Typenbildung baut auf den Erkenntnissen einer sinngenetischen Typenbildung auf, geht aber einen Schritt weiter, indem sie diese Orientierungsrahmen vor dem Hintergrund sich überlagernde Typiken wie etwa Geschlecht, Bildung oder Generation (Alter) betrachtet. In der Forschungspraxis kommt es auf die eigene Forschungsfrage an, die eigene Herangehensweise, das eigene Material, welcher Weg beschritten werden soll. So ist es anhand der dokumentarischen Methode möglich, „nur" die Orientierungen herauszuarbeiten. Oder man geht einen Schritt weiter und bildet Typen, die es immer mehr zu spezifizieren gilt, bis hin zur Bildung einer *Basistypik*, in der sich, bei allen Unterschieden, eine Art Grundproblematik darstellt. Dies ist sowohl für die sinngenetische als auch eine soziogenetische Typenbildung möglich. Eine, durch eine zunächst sinngenetische und dann darauf aufbauende soziogenetischen Ty-

---

[1051] Bohnsack, 2010, S. 58
[1052] Vgl. Loos und Schäfer, 2001, S. 11
[1053] Nentwig-Gesemann, 2013, S. 297
[1054] Nentwig-Gesemann, 2013, S. 297
[1055] Bohnsack, 2010, S. 58, ausführlicher Bohnsack, 2007
[1056] Nohl, 2009, S. 58

penbildung herausgearbeitete Basistypik wird in ihrer Aussagekraft umso valider, wenn sie auch in anderen Erfahrungsräumen wiederzufinden ist.[1057]

In der eigenen Arbeit wurde eine sinngenetische Typenbildung angestrebt, die darauf abzielt, Erfahrungen, Einstellungen und Wertorientierungen deutlich zu machen, die die Basis für individuelle – *vor allem aber kollektive* – Handlungsmuster bilden, wenn es auf der Ebene der Basisbeamten um das Thema Täter-Opfer-Ausgleich geht. Eine Aufgabenstellung, die sich als komplex und arbeitsintensiv erwies. Mögliche Zusammenhänge von Alter, Geschlecht, Sozialisation, Migrationshintergrund wären jedoch im Hinblick auf das Unterthema dieser Arbeit – *die Chancen und Grenzen der Zusammenarbeit von TOA und der Polizei* - wenig zielführend. Ob es nun die jüngeren, oder doch eher die älteren, erfahrenen Beamten sind, die eine größere oder geringe Affinität zum Thema TOA haben, welche Rolle die Sozialisation, der Bildungsgrad oder das Geschlecht dabei spielt, wäre für die bestehende Praxis nahezu bedeutungslos, da die Arbeitsgruppen an den Polizeiabschnitten nicht nach solchen Kategorien besetzt werden und auch die Kooperationsbemühungen von TOA-Fachstellen sich nicht an solchen Erkenntnissen orientieren könnten. Mit einem Blick auf die, in dieser Arbeit entwickelten Basistypik (siehe dazu die Ergebnisse der Auswertung der Gruppendiskussionen im Abschnitt 4.4.10), wäre es im Rahmen der empirischen Polizeiforschung dennoch von Interesse, diese Basistypik auch vor dem Hintergrund weiterer, mit der Ausübung des Polizeiberufs in Zusammenhang stehenden Fragestellungen, zu prüfen.

4.3.4 Kontextwissen zu den Gruppendiskussionen

Manche Äußerungen aus den Gruppendiskussionen sind für Außenstehende nur verständlich, wenn man sie im Kontext mit den Berliner Verhältnissen und den organisatorischen und institutionellen Gegebenheiten vor Ort in Verbindung bringt. Der folgende Abschnitt gibt einen kurzen Überblick über den TOA in Berlin, dessen Entwicklung und seine Akteure.

Die Gruppendiskussionen wurden, wie bereits erwähnt, mit Berliner Polizeibeamten durchgeführt. Diese stehen als Vertreter ihrer Berufsgruppe im Mittelpunkt des Forschungsinteresses, jedoch soll es keine vordergründig „Berliner" Untersuchung sein. **Die Berliner Polizei** untersteht auf der Führungsebene dem Polizeipräsidenten und seinem Stab (PPrSt). Die Berliner Bezirke sind in sechs Direktionen aufgeteilt die wiederum aus sechs Abschnitten (mit Ausnahmen der Direktion 4, da sind es sieben Abschnitte) bestehen. Präventions- und Diversionsbeauftragte im Bereich der

---

[1057] Vgl. Bohnsack, 2010, S. 60f. hier am Beispiel einer Migrationstypik

Jugendkriminalität sind hier vor Ort. Neben der Direktion Zentrale Aufgaben, (Dir ZA) der etwa die Bereitschaftspolizei, die Wasserschutzpolizei, der zentrale Objektschutz etc. unterstellt sind, gibt es noch die Zentrale Serviceeinheit (ZSE) sowie das Landeskriminalamt (LKA) mit einem eigenen Stab. Die Abteilungen des LKA sind zuständig für Bereiche der organisierten Kriminalität, Delikte am Menschen, Polizeilichen Staatsschutz etc. Hier ebenfalls organisatorisch verortet ist die Abteilung für Prävention (LKA Präv 1 und 2).

Beeinflusst durch die Entwicklung der TOA-Bewegung in anderen Städten, gründete sich im März 1985 in Berlin eine Arbeitsgruppe „Täter-Opfer-Ausgleich" (TOA) aus Vertretern der Jugendgerichtshilfen, hauptsächlich der JGH Wedding und der Justiz, um zunächst Fälle aus der Praxis auf ihre Umsetzung im Täter-Opfer-Ausgleich zu prüfen und zu diskutieren, jedoch ohne dies auch praktisch anzugehen.[1058] In der Voraussicht, dass es nur eine Frage der Zeit sein würde, bis die ersten TOA-Bemühungen in Form von Vermittlungstätigkeit stattfinden würden, wurde Mitte Mai 1989 die Idee zum Berliner Opferfonds geboren, der mit einem Grundkapital in Höhe von 15.000 DM der Berliner Sparkasse seit dem 19.12.1989 existent war. Mit dem Opferfonds wurde ein wichtiges Instrument geschaffen, um mittellosen Tätern die Möglichkeit einer aktiven Wiedergutmachung zu geben, von der in erster Linie die Geschädigten profitieren konnten, für die eine materielle Wiedergutmachung gedacht war.[1059] Seit seinem Bestehen und bis zu seinem 25-jährigen Jubiläum im Jahr 2014 hat der **Opferfonds der Integrationshilfe** über 1,5 Millionen Euro an Geschädigte auszahlen können. Im Jahr 2004 kam der Schadensfonds dazu. Dieser ermöglicht es der Berliner Jugendrichterschaft, in der Verhandlung Wiedergutmachungen durch den Täter zu beschließen, so dass hier ebenfalls durch gemeinnützige Arbeitsleistungen eine Wiedergutmachung für die Opfer erarbeitet wird, die das Geld dann direkt aus dem Schadensfonds erhalten. In einzelnen Jugendgerichtshilfen im Westteil der bis zur Wiedervereinigung noch geteilten Stadt wurde teilspezialisiert Täter-Opfer-Ausgleich im Jugendbereich angeboten. Die Jugendgerichtshilfe Reinickendorf betrieb ein bezirkseigenes TOA-Projekt, das mit zwei Honorarstellen ausgestattet war. Das Projekt „TOA-Nord" wurde aufgrund mangelnder Fallzahlen nach einigen Jahren eingestellt. Bereits Mitte der 90er Jahre führte keine JGH mehr eigenständig den TOA durch. Der Grund dafür mag zum einen in der Zusammenführung der Berliner Bezirke und den damit zusammenhängenden neuen Aufgaben und den organisatorischen Arbeitsbelastungen gelegen haben, zum anderen an der in der TOA-Fachliteratur geäußerten Kritik, dass selbst ein noch so gut vorbereiteter Ausgleichsversuch sich nur schwer mit dem täterzentrierten Arbeitsauftrag der Jugendgerichtshilfe und dem vom Vermittler geforderten Prinzip der Allparteilichkeit vereinbaren lässt. Im August 1991 nahm die **Integrationshilfe Berlin e.V.** ein Ange-

---

[1058] Vgl. Kämmerer, 2001, S. 232 siehe auch Ertelsberger 2001, S. 242
[1059] Näheres zum Opferfonds in diesem Kapitel, zur Geschichte des Opferfonds vgl. Ertelsberger 2001, S. 242-247

bot der Senatsverwaltung für Jugend und Familie an, das Projekt „Täter-Opfer-Ausgleich" aufzubauen. Das Projekt wurde zunächst mit einer Sozialarbeiterstelle ausgestattet und begann so im Verlauf des Jahres 1992 mit der Fallarbeit. Mit steigenden Fallzahlen und wachsender Akzeptanz wurden die Mitarbeiterstellen auf nunmehr fünf Stellen aufgestockt. Das „Projekt" hat sich seitdem weiterentwickelt und hat einen festen Platz in der Berliner Landschaft der ambulanten Maßnahmen.[1060] In der Fachstelle werden Fälle aus dem Bereich der Diversion bearbeitet, rund 50 % der Fälle stammen jedoch aus dem Umfeld einer Gerichtsverhandlung, da hier bereits Anklage erhoben wurde. Zwischen 10 und 20 % der Fälle stammen dabei aus den Deliktbereichen räuberische Erpressung, Raub und sogar schwerer Raub. Die TOA-Fachstelle in Berlin gehört zu den wenigen bundesweit zertifizierten Einrichtungen, die das Gütesiegel der Bundesarbeitsgemeinschaft für Täter-Opfer-Ausgleich und Konfliktschlichtung tragen dürfen. Im Jahr 2005 fusionierte die Integrationshilfe, mit ihren Projekten *Brücke*, *Täter-Opfer-Ausgleich* und *Opferfonds* mit der EJF-Lazarus gAG. Nach einer Trennung von EJF, dem Evangelischen Jugend- und Fürsorgewerk und der Lazarus Gesellschaft firmiert die TOA-Fachstelle seither als **Täter-Opfer-Ausgleich der Integrationshilfe/EJF gAG**. Im Jahr 2014 kam die TOA-Fachstelle des TOA in Potsdam zum EJF, die seit dem Jahr 1996 den TOA für Jugendliche und Heranwachsende für Potsdam und Teile Brandenburgs anbietet, so dass der Träger seitdem über zwei etablierte TOA-Fachstellen verfügt.

Im Jahr 1998 wurden nach Angaben der Staatsanwaltschaft nur 4 % der Jugendstrafverfahren nach § 45 Abs. 2 JGG eingestellt wobei nach Schätzung von Experten sich mindestens die Hälfte aller Jugendstrafverfahren für eine Diversionsmaßnahme eignen würde.[1061] Um die Möglichkeiten der Diversion besser zu nutzen, wurde 1999 die „Gemeinsame Anordnung der Senatsverwaltung für Justiz, für Inneres und für Schule, Jugend und Sport zur vermehrten Anwendung des § 45 JGG im Verfahren gegen Jugendliche und Heranwachsende" (Diversionsrichtlinie) erlassen.[1062] Im April 1999 wurde das Projekt **„Berliner Büro für Diversionsberatung und -vermittlung"** gegründet. Träger des Projekts ist das Sozialpädagogische Institut Berlin (Stiftung **SPI**). In zunächst drei der sechs Berliner Polizeidirektionen wurden Mitarbeiter installiert, zu deren Aufgaben es seither gehört, den Diversionsgedanken im Bereich der Polizei zu verbreiten, erzieherische Gespräche mit Jugendlichen zu führen, bei Bedarf auf weitere Jugendhilfeangebote zu verweisen und „Unterstützung beim Schadensausgleich, zum Beispiel bei Entschuldigungen, Wiedergutmachungsleistungen, Schadenersatz", zu geben, wobei hier zunächst an vorrangig materielle Wiedergutmachungen an nicht persönliche Personen, wie etwa von Jugendstraftaten stark betroffene Kaufhäuser gedacht wurde.[1063] Daraus entstand im

---
[1060] Vgl. Kämmerer, S. 232-233
[1061] Vgl. Hausstein und Nithammer, 2001, S. 173
[1062] Vgl. Veröffentlichung im Amtsblatt von Berlin Nr. 25/1999
[1063] Vgl. Hausstein und Nithammer, 2001, S. 174 auch S. 179

Laufe der folgenden Jahre eine Form des Täter-Opfer-Ausgleichs, auch mit persönlich geschädigten Personen, auf der Grundlage des reinen Diversionsgedankens, bei dem die Verfahrenseinstellung des beschuldigten Jugendlichen das vorrangige Ziel ist. Der Versuch einer solchen Diversionsmaßnahme, im Rahmen des Diversionsprojektes, ist abhängig von der Zustimmung des Diversionsstaatsanwaltes, der bei einer Weiterführung des Strafverfahrens nicht identisch ist mit dem dann zuständigen Staatsanwalt, sondern zunächst als Ansprechpartner für die Polizei fungiert. In der Praxis prüft der zuständige Polizeibeamte, ob die Möglichkeit einer Einstellung nach § 45 Abs. I bzw. § 45 Abs. 2 JGG gegeben sein könnte. Ist er der Meinung, dass eine Eignung vorliegt, dann „führt er mit dem beschuldigten Jugendlichen ein normverdeutlichendes Gespräch" und telefoniert mit dem zuständigen Staatsanwalt, um ihm den Sachverhalt zu schildern."[1064] Teilt der Diversionsstaatsanwalt dessen Auffassung und gibt dieser seine Zustimmung, dann stellt der Sachbearbeiter einen Kontakt zwischen dem Jugendlichen und einem Diversionsmittler her, bzw. der Jugendliche bekommt eine Woche Zeit, sich dort eigenständig zu melden. „Nach Abschluss der Maßnahme schreibt der Diversionsmittler einen Bericht an den Staatsanwalt, der der polizeilichen Akte beigefügt wird. Die Entscheidung, ob das Verfahren tatsächlich eingestellt wird, trifft der zuständige Staatsanwalt erst im Nachhinein nach Aktenlage."[1065] Inzwischen gibt es seit dem Jahr 2000 Diversionsmittler in allen Direktionen der Berliner Polizei. Die Diversionsmittler profitieren von der Clearingstelle des SPI, welche als Ansprechpartner und Organisator an der Schnittstelle von Sozialarbeit, Polizei und Justiz fungiert. Auch durch die räumliche Nähe, die Diversionsmittler arbeiten direkt in den Direktionen, ist den meisten Polizeibeamten der Täter-Opfer-Ausgleich ausschließlich in Verbindung mit dem Diversionsgedanken ein Begriff. Vergleicht man die Arbeit der TOA-Fachstelle und die der Diversionsmittler, dann wird deutlich, dass es zwischen beiden Projekten viele Gemeinsamkeiten aber auch Unterschiede gibt. So steht bei den Diversionsmittlern die Diversion im Vordergrund, mit einer zeitnahen, erzieherischen Reaktion auf Seiten des jugendlichen Täters, die bei Erfolg die Verfahrenseinstellung vorbereiten soll. Der Gedanke des TOA hingegen integriert den Diversionsbereich und geht darüber hinaus. Sein Schwerpunkt liegt in der Konfliktschlichtung und stärker beim Opfer.

In Berlin wird der Täter-Opfer-Ausgleich im Erwachsenenbereich von den Mitarbeitern des Projektes **DIALOG** bei den **Sozialen Diensten der Justiz** durchgeführt. Bereits 1987 wurde die Einführung des TOA-Gedankens im Erwachsenenbereich kontrovers diskutiert. Im folgenden Jahr wurde zunächst ein Gerichtshelfer als Ansprechpartner für mögliche Anfragen der Amtsanwaltschaft benannt, dieser „befaßte sich nur zu einem verschwindend geringen Teil mit dem Täter-Opfer-

---

[1064] Haustein und Nithammer, 2001, S. 175
[1065] Haustein und Nithammer, 2001, S. 176

Ausgleich."[1066] Gegen anfängliche Widerstände wurde eine eigenständige Arbeitsgruppe von anfangs drei Mitarbeitern gegründet, die seit 1991 konzeptionell zum Täter-Opfer-Ausgleich arbeitete. Getragen von der allgemeinen kriminalpolitischen Diskussion zu dieser Zeit, wuchsen Akzeptanz und Fallzahlen. In den letzten Jahrzehnten sind es überwiegend zwei feste Stellen, die für den Täter-Opfer-Ausgleich im Erwachsenenbereich vorgehalten werden. Ähnlich wie bei der Amtsanwaltschaft gibt es auch bei der Staatsanwaltschaft sogenannte **TOA-Beauftragte**. Die Staatsanwaltschaft Berlin ist in acht Hauptabteilungen mit insgesamt 37 Abteilungen aufgeteilt, die in verschiedene Dezernate unterteilt sind. Mit knapp 1.000 Mitarbeitern ist sie die größte Staatsanwaltschaft der Bundesrepublik Deutschland, wobei ca. 300 davon Staatsanwälte und Staatsanwältinnen sind. Insgesamt sind acht Abteilungen mit rund 20 Dezernaten für die Verfahren gegen Jugendliche und Heranwachsende zuständig. Die acht Jugendabteilungen stellen jeweils einen TOA-Beauftragten, der innerhalb seiner Behörde und seiner Abteilung als Ansprechpartner und Multiplikator für den TOA-Gedanken fungieren soll.

4.4 Rekonstruktion von konjunktiv geteilten Orientierungen und Handlungspraktiken in Bezug auf den Täter-Opfer-Ausgleich in der polizeilichen Fallpraxis

Die Einstellungen der befragten Diskussionsgruppen zum Thema Täter-Opfer-Ausgleich und Polizei zeigten sich auf mehreren Ebenen. Die Diskussionen in den verschiedenen Gruppen und die sich darüber dokumentierten handlungsleitenden Orientierungen sowie Erfahrungen und Werthaltungen zeigten sich fallübergreifend in verschiedenen Modi im Bezug auf den Umgang mit dem Thema TOA in der Praxis. Die Diskussionsgruppen hatten dabei ihre ganz eigenen Diskussionsdynamiken und Arten, sich mit dem Thema Täter-Opfer-Ausgleich auseinanderzusetzen. Hier, im Abschnitt der Präsentation der eigenen Ergebnisse, wird dieser Prozess nachvollziehbar dargestellt. Grundlage der eigenen Erkenntnisse bilden die Transskripte, die daraus ausgewählten 16 Passagen, die über die dargestellten Arbeitsschritte einer *formulierenden* und einer *reflektierenden Interpretation* sowie einer *fallübergreifenden komparativen Analyse* bearbeitet wurden, unterstützt von Zusammenfassungen der einzelnen Passagen sowie von Protokollen und Notizen im Anschluss an die Diskussionsrunden. Die verschiedenen handlungsleitenden Orientierungen und praktischen Probleme im Bezug auf den Täter-Opfer-Ausgleich in der Praxis der Basisbeamten werden zunächst dargestellt, unterstützt durch die Verwendung einzelner, da-

---
[1066] Vgl. Degen, 1993, S. 136 siehe auch ebenda S. 134-144 zur Entwicklung des TOA im Erwachsenenbereich in Berlin

zu passender Passagen und Zitate aus den bearbeiteten Transskripten, um dann auf der Ebene einer *sinngenetischen Typenbildung* in drei Typen und eine *Basistypik* überführt und dargestellt zu werden.

Die verschiedenen Diskussionsgruppen haben sich, bedingt durch den Grundreiz und eine Eingangsfragestellung, mehr aber noch über ihre eigene Schwerpunktsetzung an dem Thema Täter-Opfer-Ausgleich abgearbeitet. Ein in allen Gruppen wiederkehrendes Thema war die Frage, in welchen Fällen ein Täter-Opfer-Ausgleich als geeignete Maßnahme erachtet und in Betracht gezogen würde und wann nicht? Die Diskussionen gingen dabei jedoch über die Aufzählung von bestimmten Delikten und Opfer-Täter-Konstellationen weit hinaus. Weitere zentrale Themen waren die Rolle des Opfers und eine Wiedergutmachung zu dessen Gunsten, die Position des TOA in der Polizeipraxis sowie die eigene Haltung, als auch die der in der Diskussion nicht anwesenden Kollegen zum TOA. Über den Umgang mit den Themen wurden Einblicke in *habitualisierte, handlungsleitende Orientierungsmuster* gewährt und Fragmente eines polizeilichen Selbstbildes deutlich, die es nun zu rekonstruieren und damit sichtbar zu machen galt.

Die Teilnehmer der Gruppe *Blau*, bestehend aus 4 Männern und 3 Frauen aus den Bereichen Kriminalpolizei, Jugendsachbearbeitung und Schutzpolizei, kamen aus Polizei-Abschnitten aus dem Innenstadtbereich und näherten sich dem Thema TOA unter anderem über die Diskussion nach der geeigneten Zielgruppe für eine solche Maßnahme. Zum Beispiel wurde nach der Erzählung einer Beamtin über eine positive Erfahrung eines Familienmitglieds mit dem TOA, das eigene Klientel, die Mehrfach- und Intensivtäter als negativer Gegenhorizont entgegengestellt, gesteigert zusammengefasst in dem Begriff *des Kiezes*, Erfahrungsraum, tägliches Betätigungsfeld und zugleich die Beschreibung der dort dominierenden Klientel und deren Mentalität, die nicht in Verbindung mit der Idee des Täter-Opfer-Ausgleichs gebracht werden konnte. In dieser Gruppe herrschte ein Konsens darüber, dass man sich aufgrund des geteilten Erfahrungshintergrundes einig war, zu wissen, wie es in der Gesellschaft und der Polizeipraxis aussieht und dass nur bei einer sehr kleinen Gruppe der eigenen Kundschaft die Aussicht auf eine positive Wirkung durch den Versuch eines Täter-Opfer-Ausgleichs bestehen würde.

In der Gruppe *Grün* hingegen, bestehend aus 5 Männern und 3 Frauen, die verteilt über Polizei-Abschnitte im südlichen Stadtgebiet ihren Dienst tun und als Aufgabenschwerpunkt überwiegend die Jugendsachbearbeitung angegeben hatten, beherrscht ein weitgehend antithetischer Diskurs den Diskussionsverlauf. Der Aushandlungsprozess über die Frage, *ob* und wenn ja, *wem* der TOA etwas nützt, wurde hier an einer Konfrontation zwischen den jüngeren und den dienstälteren Teilnehmern sichtbar, wobei die Letztgenannten auf ihr Mehr an Erfahrung und Dienstjahren bauten und dies als Argument ins Feld führten. Die jüngeren Teilnehmer (die immerhin auch beide über mehr als ein Jahrzehnt an Berufserfahrung verfügen) hielten mit ihren Ansichten dagegen. Das, was sich auf den ersten Blick als eine Positionierung von Pro und Contra zum Thema Täter-Opfer-Ausgleich andeutete, zeigte sich nach ausführlicher Analyse jedoch als weiterer Aushandlungsprozess über das Thema, *welche* Klienten überhaupt für einen TOA in Frage kommen und ob es nach eigenem Ermessen überhaupt ausreichend davon gibt und welche möglichst nachhaltige Wirkung man mit einer Maßnahme wie dem TOA verbindet – hier stark fokussiert auf die materielle Verantwortungsübernahme durch die Täter.

In der Gruppe *Rot*, bestehend aus 4 Männern und 4 Frauen mit dem überwiegenden Tätigkeitsschwerpunkt der Jugendsachbearbeitung, tätig in einem Stadtgebiet in einer Stadtrandlage mit ausgewiesenen Problemfeldern, näherte sich die Gruppe der Frage nach der Eignung eines Täter-Opfer-Ausgleichs für die eigene Fallarbeit über die Aushandlung von bestimmten Kriterien, ja Grundvoraussetzungen, die für das Gelingen eines TOA, aber auch dafür, dass man ihn als Maßnahme in Betracht zieht, vorhanden sein müssten. Die Zielgruppe muss stimmen, dann könnte auch ein TOA wirkungsvoll sein, sonst nicht.

Die 5 Männer und 3 Frauen der Gruppe *Gelb* waren ausnahmslos aktive Jugendsachbearbeiter und Jugendsachbearbeiterinnen, die in einem großflächigen Einsatzgebiet im Osten der Stadt tätig sind. Diese schienen ihre Haltung zum Thema TOA bereits gefunden zu haben. Die Diskussion wurde dazu genutzt, sich selbst anhand von Erzählungen und Beispielen in der Sinnhaftigkeit des eigenen Handelns, sowohl für sich selbst als auch für die eigene Klientel zu bestärken und dies ein Stück weit auch dem Forscher zu präsentieren. Der Rahmen, der das Vorgehen in der Praxis wie auch die Zielgruppe zusammenfasst, wurde stark durch den Diversionsgedanken geprägt, da man dadurch die beste Wirkung für die Klientel und die eigene Arbeit ausmachte.

Die Gruppe *Pink* letztendlich bestand aus 7 Männern und 1 Frau, deren Mitglieder aus Abschnitten aus dem ganzen Stadtbereich kamen und die sich im Rahmen des Studiums für eine angestrebte höhere Dienstlaufbahn zum Zeitpunkt der Gruppendiskussion im 4. Semester befanden. In dieser Gruppe dominierte ein Aushandlungsprozess, in dem die Teilnehmer fehlende Informationen im Rahmen ihrer Ausbildung und mangelnde Erfahrungen aus der eigenen Praxis ersetzten durch ihre theoretischen Vorstellungen und eigene Positionen zum Thema TOA und diese zusammentrugen.

Zum besseren Verständnis sei zum Lesen der Passagen Folgendes angemerkt: Bei der Wiedergabe des gesprochenen Wortes ist der Berliner Dialekt, der hier stark verwendet wurde, beibehalten worden, da das Gesprochene so authentisch wie möglich wiedergegeben werden soll. Auch mit der Zeichensetzung wurde im Sinne der dokumentarischen Methode sparsam umgegangen, da hier Punkte, Kommata und Fragezeichen normalerweise verwendet werden, um Auskunft über die Intonation des Gesagten zu machen.[1067] Die einzelnen Passagen haben Namen erhalten, die sich im Verlauf der Komparativen Analyse entwickelt haben und zunächst dazu dienten, im Vergleich der Fälle den Überblick zu behalten. Für eine bessere Strukturierung des folgenden Abschnitts wurden die Namen beibehalten. Wie bereits beschrieben, wurden die Teilnehmer anonymisiert und mit Buchstabenkombinationen versehen, die nun in jeder Gruppe vorkommen, der Bm der Gruppe *Blau* ist daher nicht identisch mit dem Sprecher Bm der Gruppe *Grün* etc. Jede Passage verfügt über Zeilennummerierungen, über die man eine ungefähre Vorstellung erhalt, aus welchem Stadium der jeweiligen Gruppendiskussion die Passage stammt, sofern dies nicht vorab sogar explizit angekündigt wurde. Bei der Interpretation wurde dicht am Text der reflektierenden Interpretation gearbeitet, da die Dynamik und der Verlauf des Diskurses beibehalten und dargestellt werden soll. Stellenweise wird über Querverweise Bezug genommen auf Textpassagen aus den vorangegangenen Kapiteln. Nach intensiven Überlegungen wurde darauf verzichtet, *jedes* Unterthema aus *jeder* Gruppe im gleichen Ausmaß darzustellen, da dies den Text stark in die Länge gezogen und unübersichtlich hätte werden lassen. Ebenso wurde darauf verzichtet, die Darstellung der eigenen Ergebnisse anhand einiger weniger Passagen, orientiert an den kleinstmöglichen bzw. größtmöglichen Kontrasten zu gestalten, da dadurch viele wichtige Informationen aus den Gruppendiskussionen vernachlässigt worden wären.

4.4.1 Täter-Opfer-Ausgleich, ein Thema für die Polizei? Erste Orientierungen

Die Eingangspassage, hier im Bereich des ausgewählten und präsentierten Materials, stammt aus den ersten Minuten des Diskussionsverlaufes der Gruppe *Pink*, den jungen Anwärtern auf den gehobenen Dienst. Die Teilnehmer dieser Gruppe, hier die aktiven Sprecher dieser Passage Gm, Bm, Em und Hm, beginnen mit einem Aushandlungsprozess über die Frage, *ob* und wenn ja, *wie* es die Aufgabe der Polizei ist, sich zum Thema Täter-Opfer-Ausgleich zu engagieren bzw. wie weit es die Aufgabe der Polizei ist, sich um die Belange des Opfers zu kümmern. Hat die Polizei hier eine eigene Verantwortung oder reicht es aus, auf die Maßnahmen hinzuweisen? In der kurzen Passage bringt jeder der Sprecher seine Ansichten zum Ausdruck und gleichzeitig deutet sich eine Vielzahl von Unterthemen an, die uns in den kommenden Passagen in unterschiedlichen Formen und Ausprägungen wiederbegegnen werden. Die Passage wurde ausgewählt, da sich über sie die Vielzahl der Standpunkte andeutet, mit denen sich die Teilnehmer aller Diskussionsgruppen zu diesem Thema befasst haben. Da wären als Beispiele zu nennen die Perspektive des Op-

---
[1067] Vgl. Bohnsack, 2010, S. 236

fers, die Perspektive des Täters, die Perspektive der praktischen Umsetzung in der polizeilichen Fallarbeit, wie auch die eigenen Erfahrungen und Haltungen zu dem Thema. Durch die Auseinandersetzung mit dem Thema wurden in allen Gruppen gemeinsame Positionen erarbeitet, bzw. bereits bestehende Orientierungen und Haltungen manifestieren sich über die Diskussionsverläufe. Es wurden Kontroversen deutlich, die an einem Thema wie dem Täter-Opfer-Ausgleich entstehen. Einer der sprichwörtlichen *roten Fäden,* die sich durch die Diskussionen ziehen, lässt sich mit einer Form des Hin- und Hergerissenseins beschreiben: Den Opfern soll geholfen werden, doch wer ist dafür zuständig? Eine Wiedergutmachung durch den Täter ist per Gesetz mit seiner Besserstellung bzw. einer Straferleichterung im Verfahren verbunden, doch will man als Polizist daran mitwirken? Ist der TOA ein wirkungsvolles Instrument, um auch einen erzieherischen Einfluss auf die jugendlichen Täter zu nehmen oder eher nicht? Für den Täter soll eine Verantwortungsübernahme mit einer Wiedergutmachung verbunden werden, doch kann man sich sicher sein, dass die Beschuldigten nicht nur taktieren und Reue und Einsicht vortäuschen? Sind es eher viele oder eher wenige delinquente Jugendliche, die man für geeignet hält für den Versuch eines Täter-Opfer-Ausgleichs – bei denen also eine solche Maßnahme noch Wirkung zeigen könnte?

4.4.1.1 Passage: „*Zuständigkeit*" (Zeile 11-71) Gruppe Pink

```
11  Gm:   Ja ich würd´ beginnen und zwar zur Frage vier, wie bewerten sie die Rolle
12        der Polizei im Zusammenhang mit dem Täter-Opfer-Ausgleich. Also für
13        mich ist die Polizei doch eher so eine präventive und repressive ähm ja
14        Behörde und für mich ist der Täter-Opfer-Ausgleich eher was für den
15        Weissen Ring zum Beispiel also wirklich für Opferhilfen, die sich dann auch
16        mit dem Opfer richtig auseinandersetzen können und ähm dann eben äh
17        sich ja auch mit dem Täter in Verbindung setzen können, so dass es
18        wirklich zum Gespräch kommt wenn es wie hier in dem Fall, auch ein Fall
19        ist der (1) oder ne Situation die eben ähm ja auch dafür geeignet ist, weil
20        ich glaube gewisse ähm Straftaten schwerere Straftaten finde ich sind mit
21        nem Täter-Opfer-Ausgleich nicht mehr zu händeln (2) weil dann einfach
22        das Opfer dermaßen ja gelitten hat (1) dass dann einfach ne sogenannte
23        Entschuldigung oder Reue vom Täter dem Opfer wenig bringt
24  Em:                                                          L da wäre ich
25        aber ganz vorsichtig (1) also meiner Meinung nach ist die Polizei (1) als äh
26        erster Kontakt quasi für den Opfersicht sag ich mal (1) äh der Schutz
27        sucht oder zumindest ne Hilfe erwartet kann, man denn muss (1) also ich
28        bin der Meinung dass der Täter-Opfer-Ausgleich denn auch bei der Polizei
29        angesiedelt sein muss, weil es ist die erste Anlaufstation wo quasi die
30        öffentliche Hand äh dem Opfer hier hilft und wenn es da nicht ähm Hilfe
31        erfährt bzw. der Täter-Opfer-Ausgleich von der Seite angestrebt wird dann
32        denke ich (1) ähm (2) kann man (1) können solche Leute schon am
```

33	Rechtssystem anfangen zu zweifeln, weil da kann man mehr erwarten als
34	nur die äh bloße Abfertigung äh des Opfers (2) also das ist meine (1)
35	Auffassung dazu
36 Bm:	∟ wobei das Opfer wird nicht von vornherein sagen, Täter-
37	Opfer-Ausgleich das will ich unbedingt haben, das muss man dem Opfer
38	doch auch erst schmackhaft machen (1) deswegen weiß ich nicht, äh ob es
39	von unserer Seite ausreicht, wenn wir darauf äh nur hinweisen wir
40	müssten dann ja konkret erklären wie das Ganze dann abläuft und ich
41	denke das geht dann doch schon mehr in die Tiefe, also man könnte
42	darauf hinweisen und denn halt auf den Weissen Ring oder so verweisen
43	(1) letztendlich finde ich es denn auch äh (1) na ja teilweise schwachsinnig
44	den Täter darauf hinzuweisen (1) was ja eigentlich auch von unserer Seite
45	aus gemacht werden sollte dass dann Täter-Opfer-Ausgleich in diesem
46	Rahmen des der Straftat zum Beispiel möglich ist (2) das geht *mir* ehrlich
47	gesagt zu weit.
48	(2)
49 Em:	Ich finde man sollte es aber auch nicht von den (1) man ist natürlich
50	immer bestrebt hier äh äh aus Kostengründen so wenig wie möglich in der
51	Behörde zu machen (2) aber wenn man jetzt, sag ich mal davon absieht
52	(1) bin ich wirklich trotzdem der Meinung man muss das bei der Polizei (1)
53	vielleicht nicht in ausschließlicher Hand geben aber zumindest, dass der äh
54	erste Anlauf äh von der Seite zumindest kommt (3) also (1) ich red jetzt
55	immer nur von der Opferseite von Täter (3) also ich finde wir man (1) die
56	Polizei muss sich schon mehr dem Opfer zuwenden, einfach halt aus dem
57	Gefühl, halt das der halt Hilfe und Unterstützung bekommt (3) und das der
58	halt nicht an dem Rechtssystem äh zweifelt sondern sich auch äh dort
59	sicher aufgehoben fühlt
60 Bm:	∟ na ja aber der Täter-Opfer-Ausgleich ist doch
61	nicht so wirklich Hilfe für das Opfer oder (1) also so nach dem Verständnis
62	was ich darüber habe
63 Hm:	∟ das würde ich nicht unterschätzen, weil das Opfer
64	ja in eine Konfrontation tritt mit dem Täter (2) Gesicht zu Gesicht man
65	sitzt sich gegenüber und ähm (2) tritt in eine Konfrontation in der das
66	Opfer in einer gehobenen Stellung gegenüber dem Täter ist (1) und ähm
67	geschützt ist durch die anwesenden Personen, die ja entweder das
68	Gespräch leiten oder (2) entsprechendes Personal und dadurch ist man in
69	einer sehr starken Position als Opfer und erfährt im Grunde mindestens
70	genauso viel Genugtuung, wie als wenn der Täter verurteilt wird vor
71	Gericht (1) so sehe ich das.

Gm eröffnet die Diskussion. Er bezieht sich auf eine der Fragen, die von Y1 als Impuls geliefert wurden und gibt mit seiner Proposition zum Thema zunächst den Rahmen vor. Gm entwirft einen Kontrast von der Polizei als einer präventiv, repressiv orientierten Organisation auf der einen Seite und Opferhilfsorganisationen auf der anderen Seite, die letztendlich für Opfer zuständig sind. Y1 hatte ein Fallbeispiel beschrieben, auf welches Gm sich nun bezieht. Dabei ging es um eine Körperverletzung nach einem Streit im öffentlichen Nahverkehr. Dieses Beispiel hält er für geeignet, wohingegen er schwere Straftaten ausschließen würde, da eine Entschuldigung einem Opfer, was zuvor leiden musste, dann auch nichts mehr nützt. Em geht nun in

Opposition zu dieser Aussage und skizziert seine Einstellung zu dem Thema, wobei er sich der Frage der Zuständigkeit widmet. Seiner Meinung nach ist die Polizei die erste Anlaufstelle für Opfer von Straftaten. Der TOA sollte daher auch bei der Polizei angesiedelt sein, wobei Gm nicht weiter ausführt, ob er hier nur thematisch angedockt werden oder durch die Polizei gleich selbst durchgeführt werden sollte. Opfer sollten nicht nur „abgefertigt" werden, damit diese nicht beginnen am Rechtssystem zu zweifeln. Bm erwidert, dass Geschädigte kaum von sich aus eine Maßnahme wie den TOA einfordern werden, so dass die Polizei sie erst darauf aufmerksam machen und die Idee dieses Angebots erklären muss. Den Täter auf ein solches Angebot aufmerksam zu machen, empfindet er wörtlich als „schwachsinnig", da ihm dies zu weit geht und sich nicht mit seiner Rolle vereinbaren lässt. Vermutlich weil er es nicht als Aufgabe der Polizei sieht, dem Täter ebenfalls Hilfsangebote zu machen. Em schaltet sich in die Diskussion ein. Er überlegt kurz, ob man das Thema auch aus der Perspektive der Kosten für die Behörde betrachten sollte, die möglichst Kosten sparen soll, entscheidet sich dann jedoch für eine Position, wonach die Polizei nicht alles selbst machen sollte, sondern Aufgaben delegiert. Unabhängig davon sollte sie sich seiner Meinung nach aber mehr den Bedürfnissen des Opfers zuwenden. Bm geht nun in Opposition zu dieser Aussage, da aus seinem Verständnis heraus der Täter-Opfer-Ausgleich nicht wirklich eine Hilfe für das Opfer darstellt. Orientiert man sich am Namen, Täter-Opfer-Ausgleich, dann würde nun nur noch der Täter übrig bleiben, dem Hilfe zuteilwird. Hm mischt sich ein und erweitert die Diskussion um eine weitere Perspektive. Im Beisein von Fachpersonal würde das Opfer dem Täter in einer gestärkten Position gegenübertreten. Aus dieser Form der Konfrontation mit dem Täter ziehe es ebenso viel Genugtuung wie aus einer Gerichtsverhandlung, woraus sich schließen lässt, das Hm den TOA eher als Hilfe für die Opfer empfindet.

4.4.1.2 Passage: „Mc Donalds" (Zeile: 49 – 119) Gruppe Gelb

In der folgenden Passage der Gruppe *Gelb*, die ebenfalls den Beginn dieser Gruppendiskussion darstellt, diskutieren ausnahmslos Jugendsachbearbeiter, im Beisein ihres Vorgesetzten, über das Thema Täter-Opfer-Ausgleich. Die Frage nach einer Zuständigkeit der Polizei stellt sich hier nicht mehr, vielmehr geht es um bereits gelebte Praxis. Die aktiven Sprecher dieser Passage, Fm, Em, Gm und Bf, schildern ihr Vorgehen und ihre Erfahrungen aus den Bereichen der Präventionsarbeit und Jugendsachbearbeitung, wobei eine deutliche Ausrichtung auf eine Kooperation mit dem lokalen Diversionsprojekt sichtbar wird. Die Berliner Besonderheit, dass es ein Diversionsprojekt und eine TOA-Fachstelle gibt, die im Bereich von Konfliktschlichtungen und vermittelten Wiedergutmachungen Überschneidungen aufweisen (siehe dazu Abschnitt 5.3.4), führt zu der Unterscheidung von einem großen TOA (bei der

Fachstelle) und einem sogenannten kleinen TOA (beim Diversionsprojekt). Wenn die Beamten davon sprechen, dass sie viel mit dem Diversionsprojekt zusammenarbeiten, dann ist dies auch eine Aussage über die Zufriedenheit mit der dort praktizierten Form des Täter-Opfer-Ausgleichs, der hier eingebunden ist in erzieherische Interventionen auf Seiten der delinquenten Jugendlichen. Die Perspektive der Opfer wird dennoch auch in dieser Gruppe mehrfach angesprochen, wie etwa in der hier dargestellten Passage „Arbeitszufriedenheit" (4.4.8.2).

49	Fm:	Na gut versuch ich mal fang fang ich mal an also in äh dem Bereich
50		unserer Jugendsachbearbeitung nimmt er schon einen gewissen
51		Stellenwert ein der Täter-Opfer-Ausgleich, es ist nicht die Hauptmasse,
52		weil mein Kollege und ich wir zwei sind ja noch aktiv im Bereich der
53		Prävention, das heißt wir haben sieben Verträge Kooperationsverträge mit
54		Schulen und da haben wir auch eine relativ große Anzahl von Straftaten
55		und für bestimmte Straftaten die in den Bereich der Diversion 45.1 unter
56		das erzieherische Gespräch fällt binden wir diese Täter-Opfer-Ausgleiche
57		mit ein aber das Bestandteil ist dass die Beschuldigten in der Regel sind
58		das fast immer Schüler unserer Schulen von sich auf also von sich aus auf
59		diese Thematik stoßen und zwar ich würde gerne was gutmachen indem
60		ich äh, Bestandteil unseres Unterrichts ist ja auch, im Verhalten
61		miteinander, wenn ich was gemacht habe was einen strafbaren
62		Hintergrund darstellt(1) dass ich eventuell dem Opfer gegenüber was
63		gutzumachen haben (1) und wenn diese Schüler (1) wir werden das
64		Thema in der Vernehmung auch noch mal ansprechen die sind na
65		geständig von sich aus ansprechen was kann ich denn machen um denen
66		zu helfen dann behalten wir als Polizisten (1) mit die Möglichkeit dass sie
67		dafür (1) und nicht selten ist es passiert dass es dann zu naja wir haben
68		viele Delikte der Beleidigung gegenüber Lehrer dass dann wie gesagt an
69		den Schulen dann ein Gespräch stattfindet, die Schüler haben dann nen
70		Blumenstrauß überreicht oder unter Mitschülern gab es dann Kinokarten
71		oder bei McDonalds wurde (2) mal eingekehrt, ja das haben wir dann
72		gemeinsam mit den Eltern so vermittelt, aber der Großteil des Täter-
73		Opfer-Ausgleichs machen nach wie vor die Diversionsmittler
74		(2)
75	Em:	Na wozu ich anmerken möchte gerade mit den Kinokarten bzw. McDonalds
76		das wurde im Rahmen 45.2 Verfahrens wurde es durch die
77		Diversionsmittler angeregt
78	Y1:	L Mhm
79	Em:	L also jetzt nicht durch uns in irgend ner
80		Form sondern Entschuldigungs äh Gesten gehören natürlich von den
81		Schülern selber äh (1) ja äh (1) angedacht (1) aber gerade so ne
82		Sachleistung etc. die werden natürlich durch die Diversionsmittler dann (1)
83		rübergebracht
84	Gm:	Auf den ersten Teil der Frage möchte ich erst noch mal antworten wann
85		bin ich zum ersten Mal mit dem Täter-Opfer-Ausgleich in Berührung
86		gekommen das war im Jahr 2001 da hatte ich so einen fünftägigen ähh
87		Polizeilehrgang zum qualifizierten Jugendsachbearbeiter und ein Teil dieser
88		dieses Lehrgangs war eben halt auch der Täter-Opfer-Ausgleich ähh
89		momentan als Jugend und Diversionsbeauftragter komme ich äh mit dem
90		Täter-Opfer-Ausgleich nur sekundär in Berührung weil ich sämtliche äh

91		*Vorgänge mit Jugendlichen Heranwachsenden noch mal qualitativ äh*
92		*überfliege und äh habe auch festgestellt das der große Täter-Opfer-*
93		*Ausgleich über die Integrationshilfe oder äh eher äh weniger ist sondern*
94		*dass es von den Diversionsmittlern im Nachhinein angeregt wird wenn die*
95		*Diversionsmittler mit dem Umfang also mit so nem komplexen Vorgang*
96		*überfordert fühlen dass die das dann weiter vermitteln, ja äh hat aber*
97		*auch den Grund dass die Jugendsachbearbeiter generell bei der Polizei*
98		*sehr auf Diversionssachbearbeitung äh geprägt sind und das dort äh*
99		*schwerere Straftaten ähhhh (1) kaum übrig bleiben muss ich auch sagen*
100		*bei der Jugendsachbearbeitung schwere äh Sach- äh übrig blieben und das*
101		*da ich weiß nicht ob es am Ende vergessen wird oder äh ob es wirklich so*
102		*wenig Vorgänge sind die dort direkt von der Polizei über die*
103		*Staatsanwaltschaft an den Täter-Opfer-Ausgleich vermittelt werden*
104		*können*
105		*(3)*
106	Bf:	*Also ick sag mal wir bearbeiten ja Kleinstkriminalität dit sind wirklich die*
107		*geringeren Delikte ehm und natürlich frage wir natürlich erst mal ab ob*
108		*überhaupt im Vorfeld schon was gelaufen ist wenn dit so Sachen sind an*
109		*Schulen äh oftmals sind die Schulen auch ja auch selber sehr eigeninitiativ*
110		*tätig und eh haben dort eh schon Maßnahmen in die Wege geleitet eh wo*
111		*Opfer und Täter sich noch mal begegnen und einen Ausgleich schaffen in*
112		*welcher Art auch immer oder in den Familien hat einiges stattgefunden,*
113		*dass die sich untereinander sozusagen ausgetauscht haben kommt*
114		*natürlich immer auf das Grunddelikt drauf an sag ick mal und ansonsten*
115		*haben wir natürlich viel mit der Diversion mit den Diversionsmittlern zu*
116		*tun*
117	Y1:	∟ *Mmm*
118	Bf:	∟ *die dann letztendlich dort ne Art Täter-Opfer-Ausgleich schaf-*
119		*fen (2)*

Fm eröffnet mit einer Beschreibung der Arbeitspraxis die Passage wie auch den Diskussionsverlauf der Gruppe Gelb. Für ihn und seinen Kollegen bildet der Täter-Opfer-Ausgleich ein Instrument mit einem gewissen Stellenwert, auch wenn dies nicht die Hauptmasse ihrer Betätigung ausmache. In den Schulen, mit denen die Polizei Kooperationsverträge hat, würden die Schüler von sich aus Konfliktschlichtungen nachfragen, bzw., er und seine Kollegen sind bestrebt, diese in erzieherische Gespräche, die in geeigneten Fällen eine Verfahrenseinstellung nach § 45 Absatz 1 JGG durch die Staatsanwaltschaft nach sich ziehen können, einzubinden. Wenn das Thema Wiedergutmachung von den Schülern selbst thematisiert wird, diese es „*von sich aus ansprechen*", dann würde man als Polizei Hilfestellungen geben. Es folgt eine Darstellung erlebter Fallkonstellationen, Schlichtungsergebnisse und Gesten der Wiedergutmachung, die in verkürzten Sätzen präsentiert werden, wie etwa Lehrer als Opfer von Beleidigungen, sowie Blumensträuße, Kinokarten oder ein Essen bei McDonalds. Em, in diesem Fall der von Fm bereits erwähnte Kollege, ergänzt, dass diese Idee dazu „*jetzt nicht durch uns in irgend ner Form*" eingebracht wurde, sondern durch die als Vermittler zuständigen Diversionsmittler. Em scheint, wie auch sein Kollege Fm sehr darum bemüht, jeden Eindruck zu vermeiden, dass sie als Polizisten zu sehr Einfluss nehmen könnten auf das Ergebnis einer Konfliktschlichtung im Umfeld *ihrer* Schulen.

Gm erinnert sich, dass er mit dem Thema TOA zum ersten Mal im Rahmen seiner Weiterbildung zum Jugendsachbearbeiter in Kontakt kam. Zum Jugend- und Diversionsbeauftragten in seinem Bereich avanciert, hat er mit der praktischen Seite eines TOA nichts mehr zu tun. Er prüft jedoch qualitativ noch einmal sämtliche Vorgänge, die mit Jugendlichen und Heranwachsenden zu tun haben und stellt fest, dass die polizeiliche Jugendsachbearbeitung generell stark mit dem Diversionsgedanken verbunden ist. Nur bei komplexen Vorgängen, die die Diversionsmittler überfordern, würden sie diese an die lokale TOA-Fachstelle abgeben, was er hier als den großen Täter-Opfer-Ausgleich bezeichnet. Eine Bezeichnung, die von der Gruppe während der gesamten Diskussion beibehalten wird, die konsequenterweise die Bemühungen im Diversionsbereich als den kleinen Täter-Opfer-Ausgleich bezeichnet. Gm verbindet nun den TOA mit schweren Straftaten, die im Bereich der Jugendsachbearbeitung nicht anfallen, weil dieser Bereich stark mit dem Diversionsbereich verbunden ist oder aber es schlichtweg vergessen wird, auch in diesem Bereich die Staatsanwaltschaft auf geeignete Fälle hinzuweisen. Nach einer kurzen Pause nimmt Bf das Thema Schule erneut auf. Hier würden die Schulen eigene Initiative entwickeln und sich um Konfliktschlichtungen kümmern. Dies und die Tatsache, dass sie, die Jugendsachbearbeiter der Polizei, viel mit den Diversionsmittlern zusammenarbeiten, die *„ne Art Täter-Opfer-Ausgleich"* machen, führt Bf als Erklärungen an, warum für einen TOA wenig Fälle übrig bleiben.

4.4.2 Einsicht auf Seiten der Täter und Nachhaltigkeit der Maßnahme (Rückfallvermeidende Wirkung)

Wie im Abschnitt über die Polizei in dieser Arbeit dargestellt, gehört es zu den elementaren Aufgaben der Polizei, Straftaten zu erforschen und neue Straftaten nach allen Möglichkeiten zu verhindern und dadurch Opfer zu schützen (siehe dazu Abschnitt 3.1.2). Von großem Interesse war es daher anhand der Diskussionen zu betrachten, wie die Diskussionsteilnehmer mit diesem Aspekt ihrer Arbeit umgehen, ob er in den Gruppen überhaupt thematisiert wird und wenn ja, wie und vor allem, welche spezialpräventive Wirkung hierbei gerade dem Täter-Opfer-Ausgleich zugemessen wird. Exemplarisch wurde dazu die Passage *„Kleinkriminalität"* aus der Gruppe *Grün* ausgesucht, die sich im Kontext der Gesamtdiskussion dieser Gruppe im vorderen Drittel verorten lässt. Im weiteren Anschluss daran folgt dazu eine Passage, genannt *„Stammkunden"* aus der Gruppe *Blau*, hier ebenfalls aus der ersten Hälfte des Diskussionsverlaufes. Hier geht es ebenso um die Frage der Nachhaltigkeit, aber auch um ein auch in den anderen Gruppen wahrzunehmendes Dilemma, welches die richtige Zielgruppe für eine Maßnahme wie dem TOA sein könnte, eine Frage, die auch in der Passage der Gruppe *Grün* von Bedeutung ist.

4.4.2.1 Passage: „*Kleinkriminalität*" (Zeile 262 – 359) Gruppe Grün

```
262   Af:   Ich glaube dass die Ängste vielmehr in dem Opfer drin schlummern wenn
263         er jetzt das nächste Mal wieder ne Gruppe begegnet oder so und da finde
264         ich das schon gut wenn so nen Opfer sich auch mal aussprechen kann und
265         letztendlich muss auch die Professionalität von den Täter-Opfer-Ausgleich
266         Berater da sein dass er eben nen gutes Gespräch mit dem Opfer im
267         Vorgespräch auch führen kann gut wäre wenn der diss Opfer anrufen
268         würde vom Täter-Opfer-Ausgleich diss es nen Vorgespräch gibt was ja
269         eigentlich auch passiert (1) und dass man denn beidet zusammenführt
270         ähm die Täter sind ja hinterher auch besonnen nicht alle aber
271   Fm:                                                                    L was
272   Gm:                                                                   L Watt
273   Af:   Gibt es na klar
274   Bm:                 L HmHm
275   Fm:                         L Du hast
276   Af:                                  L es sind nicht alles Täter die hinterher
277         noch sagen den haue ich wieder auf
278   Fm:                               L du hast dit Wort du hast dit Wort
279         meist eben genommen (1) also zu einem verschwindend geringen Teil
280   Af:                                                                        L
281         also aus meiner Erfahrung
282   Fm:                            L dann wäre der Satz richtig
283   Af:                                                        L    Moment    ich
284         bearbeite Kleinstkriminalität möchte ick ja nur mal sagen
285   Gm:                                                           L Jut dit is o.k.
286   ?m:   L @(   )@
287   Af:            L ich bin vom Abschnitt
288   Fm:                                  L ich auch
289   Af:                                            L und ich bearbeite kleine Kör-
290         perverletzungen und den vielleicht mal nen Diebstahl oder so ich muss
291         schon sagen die meisten Täter die dann irgendwann bei mir am Schreib-
292         tisch sitzen (2) sind (2) überwiegend dann eigentlich dann schon mal ir-
293         gendwo einsichtig und würden dem auch so mit dem Opfer so´n Gespräch
294         führen
295   ?m:         L für die nächsten zwei Wochen
296   Af:                                      L dass ihr ganz andere Erfahrungen
297         habt das weiß ich auch aber bei uns auf dem Abschnitt Kleinstkriminalität
298   Fm:   L ich bin vom Abschnitt
299   Af:                          L Kleinkriminalität ist schon so
300   Fm:   warte
301   Af:        L dass die meisten Täter sagen ja war Scheisse (2) ne
302   Gm:                                                            L Unterschied
```

303	Af:	Ne da kann ick mir vorstellen dass dit problematisch ist
304	Gm:	L na ick sag ja
305		gleich watt ick lass euch erst mal alle reden weil ick habe zu dem Thema
306	Af:	L aber es gibt welche die sind
307	Gm:	L ne ganz tolle Meinung
308	Af:	L überhaupt nicht
309		einsichtig aber viele die aus der Gruppe agiert haben und denn bei dir am
310		Schreibtisch sitzen sag ich mal sechzig siebzig Prozent sind schon denn ir-
311		gendwann mal einsichtig
312	Ef:	L weil se bei uns am Schreibtisch sitzen
313	Gm:	L weil die
314		Eltern daneben sitzen und den Daumen drauff haben
315	Ef:	L genau
316	Gm:	L deswegen sind
317		se einsichtig
318	Ef:	L oder so lange sie bei uns am Schreibtisch sitzen
319	Gm:	L genau
320	Af:	Ja manchmal sind die Eltern auch nicht dabei und sie kommen alleine und
321		sagen selber schon das war richtig scheisse und was kann man äh machen
322		und nen Diversionsverfahren finde ich schon wenn du nachher die Berichte
323		liest was daraus geworden ist schon irgendwie was bringt
324	Bm:	L also ich muss
325		dem auch recht geben
326	Af:	L aber nicht alle
327	Bm:	ich muss dem auch recht geben
328	Af:	L aber
329		nicht alle
330	Bm:	L wir haben ganz viele ja auch die Erst- Zweittäter oder so sind
331	Af:	L richtig
332	Bm:	L und äh die (1) sag ich mal vielleicht wirklich noch zu den
333		klassischen Jugendlichen gehören die sich vielleicht wirklich mal
334		übertrieben ausprobiert haben (1) vielleicht auch aus
335		gruppendynamischen Prozessen tätig wurden und äh bei den kann dit
336		schon wirken das sind dann vielleicht auch noch wirklich die klassischen
337		Jugendstraftaten und nicht unbedingt also wo ich
338	Ef:	L spätestens wenn du ihn
339		wiederhast
340	Bm:	Ja dann hat er nämlich (1) ich hab aber auch
341	Ef:	L da schon das Erste
342	Bm:	L ich hab
343		aber auch schon Erfahrungen gemacht äh da bin ich später Jugendlichen
344		und Eltern über den Weg gelaufen und äh die sind auch ganz die sind auf
345		mich zugekommen waren haben vielleicht noch mal den Fall von damals
346		aufgegriffen haben darüber geredet noch mal mit mir und äh es war raus
347		zuhören dass sie anscheinend schon das (1) daraus gelernt haben und ich
348		sag mal
349	Ef:	L das meine ich ja wenn du die denn
350	Bm:	L ich
351	Ef:	L das nächste Mal bei dir
352		und ausgerechnet bei dir auch wieder landen
353	Bm:	L Hm
354	Ef:	L da sehe ich auch
355		immer einen wichtigen Aspekt dass man sagt oh (2) das letzte Mal hab ich

356	dem das so und so und hab das und das gesagt wenn es selbst wenn es
357	vorgegaukelt war(1) angenommen jetzt mal mit der Geschichte kann ich
358	dem jetzt nicht noch mal kommen ne und das finde ich ist auch ein ganz
359	wichtiger Aspekt der ja leider nicht immer einzuhalten geht.

Af begründet ihren Standpunkt gegenüber der Gruppe mit einer Erklärung der Situation der Opfer, die nach der Tat Ängste haben, die etwa durch die Begegnungen mit einer Gruppe potenzieller Täter ausgelöst werden können. Sie begrüßt es daher, wenn Opfer sich professionelle Hilfe holen und sich über das Erlebte aussprechen können. Durch den folgenden Hinweis auf „*die Professionalität*" des Beraters im Täter-Opfer-Ausgleich macht Af deutlich, dass dies auch ein wichtiger Aspekt im Hinblick auf „*nen gutes Gespräch*", ergänzend – „*nen Vorgespräch*", ist, so dass man „beidet" (demnach Täter und Opfer) „*zusammenführt*", zumal die Täter „*ja hinterher auch besonnen*" sind und relativiert dies schnell durch die Ergänzung „*nicht alle aber*". Der letzte Teil ihrer Ausführungen führt zu stark reduzierten, aber deutlichen Einwänden von Fm („*was*") und Gm („*watt*"), die damit zum Ausdruck bringen, über andere Erfahrungen und andere Sichtweisen zu verfügen. Af bekräftigt daher ihren Standpunkt mit der Aussage „*gibt es na klar*" und dass „*es nicht alles Täter*" sind, „*die hinterher noch sagen den haue ich wieder auf.*" Fm wirft ein, dass diese Aussage nur auf einen „*verschwindend geringen Teil*" der Beschuldigten zuträfe, wobei die Wahl des Wortes verschwindend auch noch auf eine weiterhin abnehmende Tendenz derer hinweist, die aus seiner Sicht einsichtig sind und ihr Verhalten durch einen Täter-Opfer-Ausgleich ändern. Gleichzeitig stimmt er Af jedoch durch diese Aussage zu, dass es zumindest einen Teil gibt, auf den auch aus seiner Sicht die Aussage von Af zuträfe „*dann wäre der Satz richtig.*" Beide Positionen unterscheiden sich also nur in der Frage, wie viele straffällig gewordene Jugendliche tatsächlich einsichtig sind.

Af macht darauf aufmerksam, dass sie „*Kleinstkriminalität*" bearbeite, so dass man wohl ihre Aussagen vor diesem Hintergrund bewerten solle. Gm quittiert dies zustimmend mit einem „*Jut dit is o.k.*" und löst damit Gelächter bei einem männlichen Teilnehmer der Gruppe aus. Af konkretisiert ihren Aufgabenbereich durch ihre Verortung in der Organisation der Polizei durch die Angabe „*ich bin vom Abschnitt*" – worauf Fm mit einem „*ich auch*" reagiert – um dann (Af nicht Fm) ihr Aufgabenspektrum anhand von Delikten zu konkretisieren „*ich bearbeite kleine Körperverletzungen und vielleicht mal nen Diebstahl.*" In diesem Bereich sind aus ihrer Erfahrung heraus die „*meisten Täter*" „*schon mal irgendwo einsichtig*" und bereit, mit den Opfern ein Täter-Opfer-Ausgleichsgespräch „*so'n Gespräch*" zu führen. Ein nicht zu identifizierender Teilnehmer (jedoch weder Fm noch Gm) wirft ein, dass die Einsicht „*für die nächsten zwei Wochen*" hält und macht seine Skepsis gegenüber dem Standpunkt von Af deutlich. Af betont erneut, dass im Bereich der Kleinstkriminalität und in ihrem Arbeitsbereich – dem Abschnitt, es so wäre: „*Kleinstkriminalität ist schon so.*" Fm bemerkt erneut, dass auch er vom Abschnitt ist und dass er seine Erfahrungen einbringen will „warte". Af bekräftigt ihren Standpunkt erneut mit der Aussage „das die meisten Täter sagen ja war Scheisse (2) ne" womit die Einsicht in eigenes Fehlverhalten und in die Situation des Opfers gemeint sein kann, wie auch die Tatsache, nun ein Strafverfahren anhängig zu haben. Gm kündigt an, dass er erst „mal alle reden lasse", weil er eine „ganz tolle Meinung" zu dem Thema habe. Gm sichert sich damit die gesteigerte Aufmerksamkeit der anderen Teilnehmer und gibt seiner Meinung damit eine gewisse Wichtigkeit.

Diese Ankündigung wird von einer unbeirrten Af in zwei Teile geteilt, die dazwischen einwirft, dass es welche gäbe, die „überhaupt nicht einsichtig" sind, aber „viele die aus der Gruppe agiert haben" und bei „dir (also bei ihr) am Schreibtisch sitzen", sie schätzt, dass um die 60 – 70 % „schon denn irgendwann mal einsichtig sind." Die hohe Schätzung steht im Kontrast zu einer sich andeutenden Relativierung des eigenen Standpunktes durch den Satzbau: schon – denn – irgendwann – mal – einsichtig sind, wohl weil Af ahnt, dass sie damit einen unpopulären Standpunkt vertritt, der nicht von der ganzen Gruppe geteilt wird. Aus Sicht von Ef hat das Zeigen von Einsicht damit zu tun, dass es dem Rahmen der polizeilichen Vernehmung auf dem Revier geschuldet ist, „weil sie bei dir am Schreibtisch sitzen" und Gm unterstützt und ergänzt „weil die Eltern daneben sitzen und den Daumen druff haben". Die Einsicht in eigenes Fehlverhalten wird im direkten Bezug mit der Gesprächssituation und der Anwesenheit der Eltern gesehen und hält nach Ansicht von Ef nicht über die Gesprächssituation auf den Revier hinaus – hier deutlich gemacht durch die Ergänzung „oder solange sie bei uns am Schreibtisch sitzen". Gm und Ef bestätigen sich gegenseitig in ihren Ansichten durch ein „genau", jeweils im Anschluss der Äußerungen des anderen. Af geht mit ihrer nun folgenden Aussage in Opposition zu den Ansichten von Gm und Ef. Nach den Erfahrungen von Af kommen Jugendliche auch ohne Eltern und zeigen sich einsichtig „war richtig scheisse".

Die Ergebnisse aus den Berichten der Diversionsverfahren bestärken Af in ihrer Sichtweise, dass es „schon irgendwie was bringt", die Unterstützung von Bm erfährt, der sich ihrer Ansicht anschließt und diese stärkt „also ich muss dem auch recht geben". Af macht nun mit lauter Stimme deutlich, dass dies nicht für alle zuträfe, gefolgt von einer erneuten Bestätigung durch Bm sowie der Wiederholung von Af, die zum zweiten Mal betont, „aber nicht alle". Bm konkretisiert seine Vorstellungen von Jugendlichen, die „noch zu den klassischen Jugendlichen gehören", mit den Umständen einer Tatbegehung – „sich vielleicht wirklich mal übertrieben ausprobiert haben" und/oder aus „gruppendynamischen Prozessen tätig wurden", für ihn Konstellationen und Jugendliche, bei „den ditt schon wirken kann." Für Bm also die „klassischen Jugendstraftaten", ohne dass er ausführen kann, wo für ihn seine persönliche Grenze beginnt oder welche Fallkonstellationen ihm als Kontrast dazu einfallen würden, da er von Ef mit dem Einwand unterbrochen wird, „spätestens wenn du ihn wiederhast," die damit das Scheitern der Bemühungen, die fehlende Nachhaltigkeit der

Intervention oder die vorgetäuschte Einsicht meinen kann, was sich durch die erneute Straffälligkeit äußert. Auch Bm deutet mit seiner Antwort „*ja dann hat er nämlich*" an, dass ein solches erneute Aufeinandertreffen zwischen dem Jugendlichen und ihm als Polizist sehr wahrscheinlich durch den Verdacht auf eine neue Straftat zustande kommt und fährt mit seiner Erfahrung fort, dass er auch Jugendliche mit ihren Eltern getroffen habe und aus den Gesprächen über „*den Fall von damals*" den Eindruck gewonnen hat, „*dass sie anscheinend schon das (1) daraus gelernt haben.*"

Über die Frage der Einsichtsfähigkeit der jugendlichen Täter entsteht hier ein antithetischer Disput zwischen den beiden älteren Beamten Fm (30 Dienstjahre) und Gm (40 Dienstjahre) auf der einen Seite und der jüngeren Beamtin Af (19 Dienstjahre), die von ihrem ebenfalls noch jungen Kollegen Bm (15 Dienstjahre) Unterstützung erfährt (wobei anzumerken wäre, dass es sich bei Af und Bm nicht gerade um Berufsanfänger handelt). Die älteren Beamten pochen auf ihre Erfahrungen und die jüngeren halten mit den ihren dagegen. Hier werden unterschiedliche Orientierungsrahmen deutlich, was sich in dieser Gruppe fast durch den gesamten Verlauf der Diskussion fortsetzt. Der zentrale Punkt ist die Frage, wie viele Jugendliche tatsächlich einsichtig und damit auch für einen TOA geeignet wären, wobei es nicht wirklich um genaue Zahlen geht, sondern um das Gefühl, was damit verbunden ist und die Frage, wie wirksam eine Maßnahme wie der Täter-Opfer-Ausgleich sein kann. An dieser Stelle deutet sich ein Kontrast zwischen den Generationen an, mit der Erfahrung von Jahren und einem Stück weit Resignation auf der einen Seite und dem Glauben an die positive Wirkung des eigenen Handelns auf der anderen Seite. In aller Differenz wird ein gemeinsamer Orientierungsrahmen über die Beschäftigung mit „*Kleinstkriminalität*" sowie der räumlichen Verortung „*dem Abschnitt*" gefunden und wieder hergestellt. Ein Teil der Gruppe formuliert ein deutliches Misstrauen gegenüber der durch den jugendlichen Beschuldigten gezeigten Einsicht, die eher der Tatsache geschuldet sei, dass er mit der Polizei zu tun bekommt und weil dessen Eltern mit dabei sind. Ein Misstrauen, welches sich in unterschiedlichen Formen auch in anderen Passagen und anderen Gruppen wiederfindet, etwa in der folgenden Passage „*Stammkunden*" aus dem Diskussionsverlauf der Gruppe *Blau*. An dieser Stelle gehen die Einschätzungen der beiden Gruppen in dieser Passage erneut auseinander. Am Ende der Passage deutet sich an, dass die Tatsache, ob man mit einem delinquenten Jugendlichen erneut in Kontakt gerät, als Indikator angesehen wird, ob dieser etwas gelernt hat oder nicht. Bzw. ob die gezeigte Einsicht des Beschuldigten „echt" war und das in ihn gesetzte Vertrauen damit gerechtfertigt.

Empirische Analyse Teil I 293

4.4.2.2 Passage: „Stammkunden" (Zeile 286 – 414) Gruppe Blau

In der folgenden Passage der Gruppe *Blau* geht es um die Frage der Nachhaltigkeit, wobei diese eingebettet ist in die Themen Diversion und Motivation der Täter. Die Passage beginnt mit einer Proposition, mit der ein Orientierungsrahmen vorgegeben wird, hier durch den Bm dieser Gruppe:

286	Bm:	*Diese Dinge passieren ganz einfach wir haben äh bei einem Raub-*
287		*überfall vor zwei Tagen das erste Todesopfer gehabt ich weiß nicht*
288		*welche Tätergruppierung dahintersteckt ich bin gespannt (1) ich*
289		*glaube es war X-Bezirk gewesen ich habe die ganze Zeit darauf ge-*
290		*wartet das irgendjemand getötet wird*
291	Y1:	*L Hm*
292	Bm:	*L wir haben immer mal*
293		*wieder Fälle gehabt wo nachgeregelt wurde wo ähm in der U-Bahn*
294		*jemand niedergestochen wurde und der ist dann im Herzzentrum*
295		*gerettet worden zum Beispiel (1) den Täter hat man nie gefasst weil*
296		*(1) der ist von seiner Familie außerhalb gebracht worden die ihre*
297		*Kinder dann nach mhh Wien geschickt haben zu Verwandten und äh*
298		*da waren sie der deutschen Justiz einfach nicht mehr greifbar gewe-*
299		*sen*
300	Y1:	*L Hm*
301	Bm:	*L und danach nach Jugoslawien und das ist*
302	Gm:	*L aber dit ist*
303		*doch nicht Pardon*
304	Bm:	*L ja*
305	Gm:	*L wir sind uns da ja ziemlich einig aber dit ist*
306		*doch eh nicht die Zielgruppe für den Täter-Opfer-Ausgleich*
307	Y1:	*L deswe-*
308		*gen mein Wu-*
309	Gm:	*L also die die komplett*
310	Bm:	*L ich gehen vom Täter-Opfer-*
311		*Ausgleich weg*
312	Gm:	*L pardon*
313	Bm:	*L und sehe die Entwicklung*
314	Gm:	*L aber*
315	Bm:	*L und sehe*
316		*die Entwicklung wo sie hingeht*
317	Gm:	*L ja (1) ich bin ja selber ( ) wie*
318		*wahrscheinlich alle am Tisch es gibt ne riesengroße Bandbreite von*
319		*wess ick nicht vierzig Prozent Stammkunden*
320	Bm:	*L Hm*
321	Gm:	*L dit sind aber Mist*
322		*Dreck Dreck ( ) die brauchen so lange auf die Nase bis sie es end-*
323		*lich gescheckt haben wie viel und ob jut und ob die Justiz das nicht*
324		*gebacken kriegt (2)*
325	Bm:	*L um es klar zu machen*
326	Gm:	*L aber es gibt doch auch*
327		*andere oder*
328	Bm:	*L wir fangen mit dem Täter-Opfer-Ausgleich an und wir*

329		sehen die Entwicklung (1) denn ihr habt angefangen mit Täter-
330		Opfer-Ausgleich und wenn ihr die jetzt wiederseht fünf Jahre später
331	Df:	L das Gleichgewicht stimmt nicht mehr
332	Bm:	Da sind sie nicht mehr im Täter-Opfer-Ausgleich sondern du weißt
333		es hat nicht gefruchtet wir haben uns drüber unterhalten vorher
334		(macht eine Geste zu Cm)
335	Y1:	L Hm
336	Bm:	L Cm was hast du gesagt
337	Cm:	Da ging es um Diversion das steht ja jetzt hier nicht so grundlegend
338		zur Debatte
339	Bm:	L aber wie gesagt vergleichbar ne andere Sache (1) du
340		würdest in so´nem Fall nichts mehr empfehlen
341	Cm:	L ne
342	Bm:	L an der Stelle
343		weil (1) der Fall den er hatte für sich persönlich erlebt der ist nach-
344		her irgendwann mal
345	Cm:	L rein interessehalber ich hat hatte ´ne Diversi-
346		on angestrebt der hatte dit eines seiner ersten Delikte hatte sich
347		reuig gezeigt (1) und nach ´nen paar Jahren fünf Jahre später guck
348		ich mal rein und was aus dem geworden ist (1) sitzt er wegen ver-
349		suchten Totschlags @ (1) @
350	Y1:	Hm
351	Cm:	L ja weil er weil er mit ´nem Messer gegen den Hals eines sei-
352		nes Opfers gearbeitet hat (1) ja (1) das ist
353	Bm:	L wie gesagt ich möchte
354		nur daran erinnern wir müssen wenn wir solche Dinge machen Tä-
355		ter-Opfer-Ausgleich Diversion all diese Dinge da müssen wir Klartext
356		reden mit den Tätern
357	Y1:	L Hmhm
358	Bm:	L wir müssen ihnen ganz klar irgend-
359		wie rüberbringen (1) dass äh äh sie eine Straftat begangen haben
360		(1) und wirklich ausmalen wie es weitergehen wird und ich glaube
361		gerade die Familie ist die gerade im Bereich der Zuwanderer deswe-
362		gen hatte ich ja vorher die Frage gestellt In- Integrationshilfe äh die
363		den Rückhalt immer wieder gibt (1) die ihm sagt trotzdem du ge-
364		hörst zu uns (1) wir Männergesellschaft (1) wir bestimmen keiner
365		hat was zu sagen nur wir (1) also der Vater (1) also Entschuldigung
366		wenn ich vielleicht über das Thema hinausgeschossen bin.
367	Y1:	Ist o.k. ich muss nur gucken dass wir dann immer wieder @ den
368		Bogen zurück @ knüpfen
369	Bm:	L gut danke
370	Y1:	Und da waren jetzt ja auch ganz viele Sachen an denen man noch
371		ansetzen könnte aber wenn sie jetzt erst mal darauf reagieren wol-
372		len dann stelle ich meine Fragen erst mal zurück.

Bm berichtet über das Todesopfer eines Raubüberfalles sowie über ein Opfer, welches in der U-Bahn niedergestochen wurde und im Herzzentrum gerettet werden konnte. Den oder die Täter habe die Polizei nicht fassen können, da dieser von seiner Familie erst nach Wien und dann nach Jugoslawien „zu Verwandten" gebracht worden war und somit „*der deutschen Justiz*" nicht mehr zugeführt werden konnte. Bm gibt mit diesem Beispiel aus dem Bereich der schweren Gewaltstraftaten einen Orientierungsrahmen vor. Gm interveniert mit „*wir sind uns da ja ziemlich einig*", womit offen bleibt, was genau er damit meint, möglich wäre der gemeinsame Erfahrungsraum der anwesenden Polizisten über Fälle wie diesen oder die Zustimmung zu der von Bm skizzierten Rollenverteilung von dem jugoslawischen Täter und der deutschen Justiz. Mit dem zweiten Teil seines Satzes verweist er auf das Thema der Gruppendiskussion „*aber dit ist doch eh nicht die Zielgruppe für den Täter-Opfer-Ausgleich.*" Auch Y1 lässt sich dazu hinreißen „*deswegen mein Wu-* (nsch)" zu intervenieren, bringt dann aber den Satz nicht zu Ende, um nicht zu regelnd auf den Diskursverlauf Einfluss zu nehmen. Bm betont hingegen zweifach, dass er die Entwicklung sieht „*wo sie hingeht.*" Gm validiert, wenn auch ohne dies auszuführen, ein Stück weit die Proposition von Bm „*ich bin ja selber*", um dann seine nächste Äußerung auf eine Basis eines gemeinsamen Erfahrungsraumes zu stellen „*wie vermutlich alle hier am Tisch*" (der Ansicht), dass es eine Riesenbandbreite (von Tatverdächtigen und Delikten) gibt, wobei es sich dabei um geschätzte „*wees ick nicht*" 40 % „*Stammkunden*", also demnach Mehrfach-, Wiederholungs- und Intensivtäter handle. Eine Aussage, die von Bm mit einem „*Hm*" quittiert wird. Gm steigert die Aussagekraft durch die Bezeichnung „*dit sind aber Mist Dreck Dreck*" wobei die Bezeichnung „*Dreck*" wiederholt wird und dadurch eine zusätzliche Verstärkung erlangt. Nach Ansicht von Gm brauchten diese „*so lange auf die Nase bis sie es endlich gescheckt haben*", wobei er dabei wenig auf die Justiz setzt, die „*das nicht gebacken kriegt*". Bm setzt nun erneut an, seinen Standpunkt zu erläutern, wird dann aber von Gm unterbrochen, der nun relativiert, dass es auch noch andere gibt, wohl als Abschwächung seiner vorherigen Aussage. Bm fährt fort, sein Bild von einer Entwicklung der Jugendkriminalität bzw. der Jugendkriminalpolitik zu erläutern, wobei er sich durch die Verwendung des „*wir*"-Begriffes auf die Gruppe am Tisch, vermutlich auch auf die Polizei als Organisation oder die Gesellschaft als Ganzes bezieht. „*Wir fangen mit dem Täter-Opfer-Ausgleich an und wir sehen die Entwicklung*", nach einer kurzen Pause wechselt Bm vom „*wir*" zu „*denn ihr habt mit dem Täter-Opfer-Ausgleich angefangen*", und distanziert sich damit von dieser Entwicklung. Diese Distanzierung setzt sich am Ende seiner Aussage fort „*wenn ihr die jetzt wiederseht fünf Jahre später.*" Im Letztgenannten deutet sich eine Fallgeschichte an, die Bm und Cm als Beispiel präsentieren werden. Es deutet sich an, dass Bm den TOA als falsches Signal bewertet, da die Täter wieder rückfällig werden und dass die Maßnahme damit nicht gefruchtet hat. Bm zieht daraus seine Gewissheit, will sich aber zur Absicherung eine Aussage bzw. eine Fallschilderung von Cm einholen, über die er vor der Gruppendiskussion mit Cm sprach „*wir haben uns drüber unterhalten vorher.*" Cm macht zunächst einen Unterschied zwischen Diversion und Täter-Opfer-Ausgleich. „*Da ging es um Diversion das steht ja jetzt hier nicht so grundlegend zur Debatte*", nachdem Bm für Cm ein Fazit zieht „*du würdest in so'nem Fall nichts mehr empfehlen*" und nun selbst den Fall darstellen will „*den hatte er für sich persönlich erlebt der* (Täter) *ist nachher irgendwann mal*". Cm übernimmt nun die Schilderung seiner Erfahrung mit einem jugendlichen (Erst) Täter, der sich „*reuig gezeigt*" und für den Cm daher „*interessehalber*" eine „*Diversion angestrebt*" hatte. Nach fünf Jahren stellte Cm zufällig fest, dass der junge Mann inzwischen wegen versuchten Totschlages (Cm begleitet diesen Teil seiner Ausführungen mit einen Lachen, dass aber eher das Unerhörte des Vorfalles unterstreichen soll) im Gefängnis ist, da er „*mit 'nem Messer gegen den Hals seines Opfers gearbeitet hat*".

Bm unterbricht Cm, um die Gruppe darauf aufmerksam zu machen „*ich möchte nur daran erinnern*", dass, wenn man „*all diese Dinge*" macht, mit den Tätern auch „*Klartext*" geredet werden muss. Denn diese hätten „*eine Straftat begangen*", deren Konsequenzen man deutlich machen muss. Bm deutet damit seine Skepsis an, ob dies im Rahmen von Täter-Opfer-Ausgleich und Diversion der Fall ist und bezieht sich „*gerade im Bereich der Zuwanderer*" auf eine Frage, die er vor dem Beginn der Aufzeichnung an Y1 gestellt hatte, als dieser kurz auf seinen Arbeitgeber, hier die Integrationshilfe, zu sprechen kam. Im Rahmen einer solchen Integrationshilfe könne man „*immer wieder*" den Rückhalt geben und dem delinquenten Jugendlichen sagen „*trotzdem du gehörst zu uns*", gleichzeitig eröffnet Bm, wenn auch in stark verkürzten Sätzen, einen Kontrast zu den Regeln innerhalb von Zuwanderer-Familien, in denen nicht die deutsche Justiz die Regeln vorgibt, sondern laut Bm die „*Männergesellschaft*" in der sonst keiner etwas zu bestimmen hat außer dem Vater. Bm bricht hier ab und entschuldigt sich bei Y1 dafür, dass er „*vielleicht etwas über das Thema hinausgeschossen*" ist. Y1 gibt das Thema an die Gruppe zurück mit der Aufforderung, auf das gerade gehörte reagieren zu können. Ef greift das Angebot auf und setzt mit ihrem Beitrag am Thema der Einsichtigkeit an:

```
377  Ef:        Ne ich wollte bloß noch dazu sagen dass ich auch denke (1) dass die
378             Täter (1) (Df oder Ff) meinte ja auch vorhin dass die äh Täter (1)
379             häufiger bereit sind äh sich darauf einzulassen dass sie sich viel-
380             leicht mit diesem Thema so sehr auseinandersetzen sondern einfach
381             (1) ich glaube nicht dass sie jetzt 'nen Reuegedanken haben oder
382             jetzt meinen jetzt muss ich das wiedergutmachen
383  Cm:                                                        L das ist Vermei-
384             dungstaktik
385  Bm:        L ja
386  Ef:              L genau
387  Ff:        L ja
388  Ef:        O.k. das mache ich dann gehe ich denn da mal hin und so
389  Cm:                                                          L richtig
390  Ef:        und dann komme ich mit weniger Strafe und so
391  Ff:                                                    L ja
392  Ef:                                                        L und (1) ja
393  Cm:        Darf  ich  mal  fragen  wie  oft  ihr  den  Täter-Opfer-Ausgleich
394             macht
```

395	Ff:	L ganz selten
396	Cm:	Ich stelle gerade mal für mich fest ick bin zum ersten Mal in der
397		Fachhochschule damit in Berührung gekommen und seitdem gar
398		nicht mehr also das Kommissariat wo ich jetzt bin beziehungsweise
399		(1) seit längerem bin das bietet (1) also delikttechnisch das gar
400		nicht an denn entweder Vermissten Fälle Leichensachen (1) bei
401		Bränden gibt es keinen Beschuldigten (1) was soll man da machen
402		und diese popligen Waffensachen (1) na ja
403	Ff:	L bei mir würde sich das
404		grundsätzlich theoretisch anbieten
405	Df:	L anbieten auf jeden Fall
406	Ff:	L ich per-
407		sönlich in vergangenen drei Jahren
408	Cm:	L o.k.
409	Ff:	L vielleicht sechs Mal ange-
410		regt
411	Cm:	L ich dachte das hört sich jetzt so an als wenn es jeden Tag und
412		jede Woche
413	Ff:	L nein nein du musst ja gucken was bietet sich an
414	Cm:	o.k.

Ef bezieht sich zunächst auf einen vorherigen Redebeitrag, in dem davon gesprochen wurde, „*dass die äh Täter (1) eher häufiger bereit sind äh sich darauf einzulassen*", was jedoch aus ihrer Sicht nicht mit einem „*Reuegedanken*" oder dem Wunsch nach einer Wiedergutmachung gegenüber dem Opfer zu tun habe, sondern, und hier kommt ihr Cm zuvor, der von einer „*Vermeidungstaktik*" spricht, eine Proposition, die nun von Bm, Ef und Ff geteilt, also validiert wird, die dies durch „*ja*", „*genau*" und „*ja*" bekräftigen. Ef erweitert diese Position aus der vermeintlichen Sichtweise der beschuldigten Jugendlichen die „*denn da mal hin*" – gehen, um mit weniger an Strafe davonzukommen. Diese Ausführung findet Zustimmung bei Ff „*ja*" und Cm „*richtig*". Cm stellt an die Runde die Frage, wie oft diese („*ihr*") den Täter-Opfer-Ausgleich machen würden, woraus nicht ersichtlich wird, ob er meint, wie oft sie diesen anregen, oder ob er davon ausgeht, dass der TOA durch die Polizei selbst durchgeführt wird, was auf Unwissen über Rollenverteilung und Abläufe hindeuten würde. Ff antwortet mit „*ganz selten*" und Cm resümiert, dass seine Fälle keinen TOA hergeben würden, da er sich mit „*Vermissten*", „*Leichenfällen*" und den „*popligen Waffensachen*" befassen würde. Ff ergänzt, dass es sich bei ihr „*theoretisch anbieten*" würde, dass sie persönlich in den vergangen drei Jahren „*vielleicht sechs Mal angeregt*" habe", da man gucken müsste, was „*bietet sich an*". Ff ist nach ihren Angaben Jugendsachbearbeiterin und sollte, im tagtäglichen Umgang mit „jugendtypischen" Delikten, eigentlich mehr als nur zwei für einen TOA geeigneten Vorgängen pro Jahr begegnen, so dass die Auseinandersetzung mit dem Thema TOA hier tatsächlich mehr eine theoretische als eine praktische zu sein scheint. Die Passage wird stark geprägt von Bm, der den TOA als etwas sieht, was ein Signal in die falsche Richtung war und ist. Mit den Tätern müsste Klartext gesprochen werden und die Vermutung liegt nah, dass er dies Justiz und Sozialarbeit nicht zutraut. Den Höhepunkt der Passage bildet die starke Übereinstimmung von Bm, Ef, Ff und Cm, die sich darüber einig sind, dass es den beschuldigten Jugendlichen nur darum ginge, Strafe zu vermeiden und nicht der Gedanke um die Opfer. Die Passage zeugt von einem Misstrauen gegenüber den Intentionen auf Täterseite, einem gewissen Maß an Resignation gegenüber der Gruppe der „*Stammkunden*", wie auch der begrenzten Möglichkeiten der Einflussnahme und wiederum der Frage, welche Täter und welche Fälle überhaupt geeignet sind.

4.4.3 Die Frage nach der „richtigen" Zielgruppe

Außer den Informationen, die den bisherigen Passagen zu entnehmen waren, zeichnet sich etwas ab, was an dieser Stelle zunächst als Orientierungsdilemma benannt werden soll. In den Gruppen fanden Aushandlungsprozesse darüber statt, welche Zielgruppen für den Versuch eines Täter-Opfer-Ausgleichs überhaupt in Frage kommen würden und welche nicht. Interessanterweise werden dabei keine behördlichen Richtlinien benannt, die als Orientierungsmarken herangezogen werden, sondern die eigenen Erfahrungen, die eigene Haltung. Während die Gruppe *Grün* sich nicht darauf einigen kann, ob bei ihrer Jugendlichen Klientel *viel* oder *wenig* Einsicht vorhanden ist, ob es sich mengenmäßig um die *meisten* Jugendlichen, oder eher die *wenigsten* Jugendlichen handelt, so wird doch eine gewisse Schnittmenge erreicht über die Art der Fälle – hier die Kleinkriminalität – und die Verortung des Tätigkeits- und damit potenziellen Wirkungsfeldes – dem Abschnitt. In der Passage der Gruppe *Blau* herrscht so weit Einigkeit, dass ihre „*Stammkunden*" nicht zur bevorzugten Zielgruppe für den Versuch einer außergerichtlichen Konfliktschlichtung gehören, die demnach ebenfalls nicht mehr dem Bereich der Ersttäter oder der Kleinkriminalität zuzuordnen sind. In einer weiteren Passage der Gruppe *Blau* wird das Thema, die Frage nach der richtigen Zielgruppe, fortgesetzt und um eine weitere Variante, die einer Verortung der Klientel im großstädtischen Raum, erweitert.

4.4.3.1 Passage: „*Kiez*" (Zeile 474-624) Gruppe Blau

474	Df:	Ich habe ´ne ganz positive Erfahrung gemacht in der Verwandtschaft (1)
475		war aber in Brandenburg gewesen zu diesem Blütenfest kennt ja jeder in
476		x-Dorf war mein Neffe gewesen der damals bei der Bundeswehr war (1)
477		dann haben sie einen (1) über´n Nuckel getrunken und die haben sich da
478		och ein bisschen zusammen getan und dann kam es da auch zu einer

	Auseinandersetzung (1) dann kam Polizei und natürlich war der Widerstand da mit dran gewesen der fand sich dann am nächsten Tag in der Gesa unten wurde och dazu vernommen und hat dementsprechend auch 'ne Vorladung von der Polizei bekommen wurde dazu auch vernommen und man hat ihm auch den Täter-Opfer-Ausgleich angeboten
Gm:	*Zum Widerstand*
Df:	L *zum Widerstand man hat ihm den angeboten er hat den angenommen (1) hat sich mit dem Kollegen getroffen (1) man hat äh sich ausgetauscht da hatte ich ihn malgefragt äh wie die Situation war und dann sagt er na ja (1) ich habe ganz schön Muffensausen gehabt erst mal 'nem Polizisten gegenüber zu sitzen den ich eigentlich an dem Tag überhaupt nicht wahrgenommen habe aufgrund meines Zustandes (1) aber er konnte sich an Sachen erinnern die eben auch nicht in Ordnung waren so wie er (1) er hat sich auch nicht richtig behandelt gefühlt aufgrund der Situation weil waren werden wahrscheinlich och nicht fein mit ihm umgegangen sein (1) aber ist ein sehr positives Gespräch so hat er mir das erzählt abgelaufen weil man hat aufgearbeitet (1) er hat für sich eingeschätzt also das war voll daneben und och der Kollege ist auf ihn zugegangen und hat och gesagt (1) O.k. ich meine ich war auch mal jung also man hat da wirklich versucht abzuwägen und das Gespräch ist eigentlich glaube so hat auch er den Eindruck gehabt sowohl für den Polizisten als für ihn och also für ihn war es ne Lehre (1) er hat gesagt nie wieder also ist wirklich was bei rausgekommen und deshalb stand ich immer auch sehr positiv dem Täter-Opfer-Ausgleich*
Y1:	L *HmHm*
Bm:	L *weißt du*
Df:	L *entgegen wenn wenn immer sachgerecht wenn der Sachverhalt es zulässt*
Bm	*Weißt du eigentlich wo das Gespräch stattgefunden hat hat er das gesagt (1) auf der Dienststelle der Kollegen*
Df:	L *nein nicht auf der Dienststelle das war nicht auf der Dienststelle ich glaube das war bei der Jugendgerichtshilfe war es bei der Jugendgerichtshilfe kann das sein*
Am:	L *oder bei der Einrichtung (1) ist ja immer ein neutraler Raum*
Ff:	L *ja*
Df:	L *genau es war irgendein neutraler Ort (1) und ähm davon berichtet er immer wie er da, also es hat wirklich auch Narben hinterlassen und es hat ihn geläutert also er ist ein ganz passabler junger Mann*
Gm:	*Es gibt aber auch Zielgruppen da klappt es nicht*
Df:	L *da sind wir uns ja einig*

Df bringt eine „*positive Erfahrung*" zum Thema TOA in die Diskussion ein. Ihr Neffe hatte bei einem Baumblütenfest im Berliner Umland zu viel getrunken und kam zusammen mit seinen Kumpels in einen Konflikt mit der Polizei, was ihm als Widerstandshandlung ausgelegt wurde und er sich in der Gesa, der Gefangenensammelstelle, wiederfand. Über den Neffen wird nur so viel in Erfahrung gebracht, dass er zu diesem Zeitpunkt Bundeswehrsoldat war. Vermutlich wählt Df gerade diese Beschreibung seiner damaligen Tätigkeit, um mit ihm als Uniformträger quasi ähnliche positive Charaktereigenschaften zu verbinden wie mit der eigenen Berufsgruppe. Der Neffe erhielt die Chance zu einem TOA in dieser Sache, wobei unklar bleibt, durch wen. Gm vergewissert sich, dass sich das Angebot auf den Tatvorwurf des Widerstandes (gegen Vollstreckungsbeamte) bezieht, was Df bejaht, die nun mit der Exemplifizierung fortfährt. Das Gespräch zwischen dem Neffen und dem Polizisten, dem er sich widersetzt hatte, findet statt und der Beschuldigte hat in der Situation *„Muffensausen"*. Beide Seiten tauschen sich über die Situation zum Tatzeitpunkt aus. Trotz alkoholbedingter Erinnerungslücken kann sich der Beschuldigte an Tatanteile erinnern, in denen er sich nicht richtig verhalten und sich gleichfalls ungerecht behandelt gefühlt hat. Df verstärkt diesen Teil der Erzählung damit, dass sie beifügt, dass die Kollegen *„wahrscheinlich och nicht fein mit ihm umgegangen sein"* werden, womit sie Erfahrungswissen über vergleichbare Einsatzsituationen preisgibt. Der beschuldigte Neffe gesteht sein Fehlverhalten in der Situation ein, war *„voll daneben"*, was Df an dieser Stelle durch eine lautere Sprechweise verstärkt. Auch der Beamte in der Rolle des Geschädigten zeigte sich nachsichtig und verständnisvoll im Hinblick auf die Jugend des Beschuldigten. Für beide, den Neffen wie auch den Beamten, sei das Gespräch positiv gewesen, ja sogar eine Lehre, und der Neffe habe daraus gelernt, *„nie wieder"* in eine solche Situation kommen zu wollen, wobei sowohl die Tat an sich als auch die Konfrontation mit dem Geschädigten und dem eigenen Verhalten dazu zählen könnte. Df beschließt diesen Teil ihrer Ausführungen mit der Position, dass sie für den TOA ist, da *„wirklich was bei rausgekommen sei"*, die Maßnahme also nicht wirkungs- oder ergebnislos blieb.

Bm schickt sich an, eine Verständnisfrage zu klären, in welchem Rahmen das Gespräch stattgefunden habe, was sich soweit klären lässt, dass es nicht bei der Polizei stattfand, was durch einen Einwand von Am ergänzt wird, wonach es sich immer um einen *„neutralen Raum"* handeln soll, eine Aussage, die wiederum durch Df validiert wird, die ebenfalls von einem *„neutralen Ort"* spricht. Eingeflochten in diese kurze Passage über die Klärung des Gesprächsrahmens steht die Aussage von Df, die noch mal bekräftigt, dass es geht (ein TOA), wenn es *„sachgerecht"* ist und *„der Sachverhalt es zulässt."* Df verstärkt ihren Standpunkt erneut, indem sie davon spricht, dass es bei ihrem Neffen *„Narben hinterlassen hat"*, dieser *„geläutert"* und sie abschließend konstatiert, dass er *„ein ganz passabler junger Mann"* sei.

Df legt mit ihrem Beispiel die Messlatte vor. In ihrem Beispiel handelt es sich beim *Opfer* um einen Polizisten, also einen Kollegen, und auch mit dem Tatvorwurf der Widerstandshandlung werden die anwesenden Kollegen etwas anfangen können. Beim *Täter* handelt es sich um einen einsichtigen und geläuterten jungen Mann, der nicht nur Bundeswehrsoldat ist, sondern auch noch der Neffe der Kollegin. Ein Beispiel, welches zunächst wenig Angriffsfläche für Argumente gegen einen TOA bietet, da es sich hier um eine sehr passgenaue Fall- und Opfer-Täter-Konstellation handelt und die Einschätzung der Kollegin, dass es sich bei ihrem Neffen um einen ganz

Empirische Analyse Teil I   301

„passablen jungen Mann" handelt, nicht in Frage gestellt wird. Die Teilnehmer der Gruppe bleiben jedoch nicht bei diesem positiven Beispiel, vielmehr regt sich Widerstand in der Gruppe:

526	Gm:	nicht gerade unsere Stammkundenzielgruppe
527	Ff:	L wollt ich
528	Y1:	L HmHm
529	Df:	L ne aber ich
530		sag ja und gerade dieses Feld sollte man ja auch erreichen
531	Y1:	L Hm
532	Df:	L ja es hat
533		mehr Wirkung als wie wenn er wirklich vielleicht vor´m Richter gestanden
534		hätte und da richtig abgestraft worden wäre sondern es war also ich fand
535		das ganz toll
536	Ff:	Ich denke mal auch dass es Bereiche gibt wo das wirklich sinnvoll
537	Df:	L ja
538	Ff:	L also
539		jetzt mal nicht Bereiche sowohl vom Delikt ich denke mal aber auch
540		Stadtbezirk ich muss ganz ehrlich sagen weil so Kiez
541	Df:	L Mentalität
542	Ff:	L brauchen
543		wir uns glaube ich nicht wirklich darüber unterhalten was im Kiez los ist
544		(2) da finde ich das eigentlich fast gar nicht geeignet ganz ganz selten
545		dass man sagen kann mensch das sind vernünftige wo man sagt die
546		verstehen mich auch jetzt nicht nur von der Sprache her sondern auch
547		vom Intellekt her und muss man einfach dazu sagen
548	Bm:	L Hm
549	Df:	L ja
550	Ff:	L ist natürlich
551		auch ´ne ganz andere Zusammensetzung als
552	Df:	L auf jeden Fall
553	Ff:	L als Jugend-
554		liche in y-Bezirk, x-Bezirk (2) z-Bezirk, Bereiche als man muss sehr wohl
555		gucken wo bei uns auf dem Abschnitt gar nicht geht (1) ist wirklich Kiez
556		und die Wahrscheinlichkeit dass ditt da funktioniert wirklich ganz ganz
557		minimal ist
558	Gm:	Hm na nich nicht verall-
559	Ff:	L nich nich
560	Gm:	L ja ja dit stimmt und ick gloobe xy-
561		Bezirk, und zx-Bezirk sind
562	Ff:	L definitiv
563	Gm:	L halbwegs vergleichbar
564	Ff:	L definitiv ja
565	Gm:	L und
566		wenn ick acht Doofe vor der Nase hab´dann sind dit acht Doofe
567	Ff:	L ja
568	Gm:	L aber
569		du musst halt auch gucken da sind halt och zwee
570	Ff:	L richtig
571	Gm:	L also ne (1) ick
572		kann nicht sagen die ganze (1) alle 60.000 sind abgeschrieben ne

573	Ff:	L ne
574	Gm:	L ja
575		wir haben mehr Doofe aber dit heißt nicht dass sie alle doof sind
576	Ff:	L ne diss
577		nicht (1) das ist ( )
578	Gm:	L da ist die Fingerspitze schon noch bei
579	Ff:	L genau man
580		muss aber sehr sehr genau
581	Gm:	L aber die Quote ist schon ganz schön Hacke
582	Ff:	Die Quote ist einfach unheimlich niedrig und die Wahrscheinlichkeit dass
583		es funktioniert ist einfach wesentlich geringer als mit Sicherheit in anderen
584		Stadtbezirken wo mit Sicherheit das Niveau ein bisschen höher ist und wo
585		dit auch mehr sinnvoll vom Verhältnis her ist
586	Gm:	L einfach mal für´n Perspek-
587		tivwechsel und für Empathie brauche ich ja mal drei aktive Hirnzellen
588	Ff:	L @
589		(1) @ (2) das ist so
590	Gm:	L na sonst klappt es einfach nicht
591	Y1:	Hmhm
592	Gm:	L wenn der dit nicht versteht dass er dem anderen wehtut
593	Ff:	L richtig
594	Gm:	L wenn
595		der dit einfach nicht begreifen will wat soll (1) kann ich mich auch mit der
596		Wand unterhalten
597	Am:	Na ditt soll er ja auch durch´n durch´n Täter-Opfer-Ausgleich lernen so´n
598		bisschen
599	Df:	L genau
600	Am:	L dit dient dann dazu dass er dann dadurch versteht was
601		er mit dem anderen dann gemacht hat wa
602	Df:	L man sollte schon prüfen bei
603		dem Beschuldigten
604	Am:	L das man die nicht zu sehr unterschätzt
605	Df:	L ist er Ersttäter
606	Ff:	richtig (1) natürlich
607	Df:	L und ich glaube deine Kunden (an Ff gewandt)
608		kommen, die kommen sowieso selten dafür in Frage weil Kieztäter
609		bedeutet ja
610	Ff:	L definitiv
611	Df:	L dass die ja im Jahr mehrfach in Erscheinung treten
612		aber wir haben wir können auch nicht alle über einen Kamm scheren
613	Ff:	L richtig
614	Df:	L wir haben wirklich auch viele Ersttäter wobei das auch rückläufig
615		wird mit den Jahren (1) also er war mal Ersttäter und mittlerweile ist er
616		dann eben schon ständig hier bei der Polizei (1) aber es gibt eben auch ich
617		will jetzt nicht sagen Einzelfälle aber es gibt noch viele Fälle wo wir
618		Ersttäter haben und denn sollte man das wirklich beleuchten äh aufgrund
619		seiner Tat die er begangen hat und Ersttäter und dann sollte man das auch
620		nutzen
621	Am:	L ja
622	Df:	L und wie gesagt ich glaube im Zusammenhang mit der
623		Diversion ist das nicht schädlich
624	Ff:	L Hmmm

Gm erwidert, dass es sich bei dem jungen Mann aus dem Beispiel von Df nicht „gerade um unsere Stammkundenzielgruppe handelt", wobei er Zustimmung von Ff erfährt „wollt ich...". Df erwidert ihrerseits, dass man auch andere „Felder", als diese Zielgruppen erreichen sollte und stärkt ihren aufgeworfenen Standpunkt erneut damit, dass ein TOA im Fall ihres Neffen diesem mehr gebracht hätte als dies bei einer Gerichtsverhandlung der Fall gewesen wäre. Ff und Df bestärken sich gegenseitig darin, dass es Bereiche gibt, wo ein TOA sinnvoll ist. Ff relativiert ihren Standpunkt über den Einwand hin, dass es sich nicht bei allen Delikten anbieten würde und auch nicht in allen Stadtbezirken – „im Kiez" nicht anbieten würde. Der Begriff wird hier zunächst nicht weiter definiert. Über eine weitere Exemplifizierung deutet sich jedoch an, dass es hier niemanden gibt, wo Ff das Gefühl hat, sprachlich verstanden zu werden, noch auf den notwendigen Intellekt zu treffen, was auf Kiezbewohner mit einer gewissen Bildungsferne und nicht deutscher Herkunft, also keine Muttersprachler, schließen lässt. Ff ist sich der geteilten Erfahrung der Kollegen und Kolleginnen sicher, da sie ihre Proposition damit begründet, dass man wisse, was im Kiez los sei und sich darüber gar nicht mehr unterhalten müsse. Der Begriff des Kiezes, für den es in Berlin auch positive Assoziationen gibt, wie etwa Nachbarschaft, Ursprünglichkeit und eine Verbundenheit der Bewohner mit ihrem Stadtteil, wird hier eindeutig negativ besetzt. Sie erhält dabei Unterstützung von Df, die auch dem verkürzten Einwand von Ff, dass es sich bei dem vorangegangenen Beispiel um „natürlich auch 'ne ganz andere Zusammensetzung" handelt, was die Beteiligten anbelangt, wobei sie ihrerseits Zustimmung von Df erfährt. Ff nennt als Beispiel drei Berliner Wohnbezirke der vermeintlich besseren Wohngegenden als Beispiel dafür, wo sie sich vorstellen könne, auf geeignete Personen zu treffen, die im Falle eines Falles für einen TOA geeignet wären. Bei ihr auf dem Abschnitt wäre die Quote nur sehr gering. Gm warnt vor einer Verallgemeinerung, führt aber gleichzeitig zwei Wohnbezirke aus dem Berliner Innenstadtbereich an, die er für vergleichbar hält und die als Gegenbeispiele für die besseren Wohngegenden herangezogen werden. Gm greift die Ansichten von Ff auf und spricht von „acht Doofen", die nun mal „acht Doofe" bleiben, wobei er Zustimmung von Ff erfährt, weist jedoch auch darauf hin, dass es auch „zwee" gibt, die vielleicht doch in Frage kommen würden und dass man nicht alle 60.000 Bewohner eines der genannten Wohnbezirke komplett abschreiben dürfe, wobei er auch hierbei Zustimmung von Ff erfährt. Beide stimmen aber darüber überein, dass es mehr Doofe gibt und dass nur Wenige übrig bleiben, hier bildlich beschrieben am Beispiel der „Fingerspitze" und dass man genau hinsehen müsse, um diese zu erkennen. In Stadtbezirken mit mehr Niveau steige die Wahrscheinlichkeit, dass es hier klappen könnte und ergibt somit auch mehr Sinn.

Für die Fähigkeit zur Empathie bedarf es auch der Intelligenz, so Gm, der dies mit „drei aktive Hirnzellen" verbildlicht, wofür er lachende Zustimmung von Ff erfährt. Gm beschreibt seine Proposition anhand eines Beispiels, wonach er sich auch gleich mit einer Wand unterhalten könne, wenn sein Gegenüber nicht verstehe, dass er durch Gewaltanwendung auf der anderen Seite auch Schmerzen auslöst. Am schaltet sich ein der anmerkt, dass ja genau diese Fähigkeit gestärkt werden soll, wobei er Zustimmung von Af erhält „*genau.*" Df spricht sich dafür aus, dass man die Eignung der Beschuldigten prüfen müsse. Am erwidert, dass man die „*nicht zu sehr unterschätzt*", ohne diese Aussage weiter auszuführen. Df und Ff machen die Eignung an der Frage der Ersttäterschaft fest und sind sich einig, dass es im Einsatzgebiet von Ff – „*deine Kunden*" - weniger Geeignete gibt, da diese schon mehrfach strafrechtlich in Erscheinung getreten sind, allerdings nicht ohne einzuräumen, dass man auch diese nicht alle über „*einen Kamm scheren*" dürfe. Df bereitet den Rahmen für eine sich im Anschluss vollziehende Konklusion. Demnach gibt es viele Ersttäter, die jedoch auch zu Mehrfachtätern werden können. Die Fälle der Ersttäter sollen beleuchtet werden und dann könne man das schon nutzen (den TOA). Im Zusammenhang mit der Diversion sei dies „*nicht schädlich*", wobei sie Zustimmung von Am und Ff erhält sowie den Hinweis von Gm, dass es „*auch*" Zielgruppen gäbe, bei denen es nicht klappt, was ebenso seine Zustimmung beinhaltet, dass es Gruppen gibt, bei denen es klappt. Df beschließt diese Passage mit einem, „*da sind wir uns ja einig.*"

Die Passage verdeutlicht einen Aushandlungsprozess innerhalb der Gruppe darüber, welche Voraussetzungen gegeben sein müssten, damit man dem Versuch eines Täter-Opfer-Ausgleichs die Chance auf einen Erfolg einräumt und ihn damit auch überhaupt in Betracht zieht. Anhand des positiven Beispiels von Df wird eine kleine Gruppe von Kunden und Delikten gesehen, bei denen man sich einen Täter-Opfer-Ausgleich vorstellen kann, es überwiegt jedoch die Skepsis, da man mit den Tätern aus der täglichen Praxis, dem eigenen Betätigungsfeld – „*dem Kiez*" – ganz andere Eigenschaften verbindet. Diese sind nicht fähig zur Empathie, beherrschen die Sprache kaum und verfügen über eine andere „*Mentalität*" bzw. sind schlichtweg „*zu doof*". An dieser Stelle wird man sich jedoch der Notwendigkeit einer differenzierten, nicht allzu stark verallgemeinernden Betrachtungsweise bewusst und räumt ein, dass es auch im Kiez sicherlich, wenn auch wenige, potenzielle Beschuldigte gäbe, die für ein Angebot wie den TOA in Frage kommen würden. Der gemeinsame Nenner wird auf der Ebene der Ersttäter gefunden, die noch am ehesten zu erreichen sind. Gleichzeitig zeugt diese Passage von einer gewissen Form der Resignation und Verunsicherung im Hinblick auf die eigene Arbeit, da die Anzahl derer, von denen man glaubt, sie nicht mehr erreichen zu können, deutlich überwiegt. Ganze Stadtteile, die mitunter als Problemzonen bezeichnet werden oder die sich durch bestimmte Sozialdaten negativ hervorheben, und deren Bewohner geraten dabei in den Focus. In der Sequenz, in der Bm seinen Kollegen Cm auffordert, eine bestimmte Geschichte als Beispiel zur Diskussion beizusteuern, zeigt sich exemplarisch das, was an dieser Stelle als ein stark universaler Anspruch benannt werden soll, eine Anspruchshaltung, die sich in unterschiedlichen Modi auch anhand anderer Themen in den Diskussionsrunden ausmachen lässt. So hat Cm *ein Mal* ein Diversionsverfahren angestrebt und stellt *fünf Jahre* danach fest, dass der Jugendliche doch eine weitere, nicht unerhebliche Straftat begangen hat, was ihn und Bm zu der Erkenntnis bringt, dass das ganze Diversionsverfahren nichts taugt, so als wenn die Teilnahme an einem Diversionsverfahren eine lebenslange Garantie darstellen würde, die jegliche erneute Auffälligkeit für immer ausschließt.

4.4.4 Verfahrenseinstellung vs. der Wunsch nach Strafe

Wie im ersten Kapitel dieser Arbeit dargestellt, ist der TOA gerade im Diversionsbereich mit der Option einer Verfahrenseinstellung durch die Staatsanwaltschaft verbunden und auch im Bereich der bereits angeklagten Verfahren muss das Bemühen des Beschuldigten um eine Wiedergutmachung mit „seinem" Opfer durch die zuständige Justiz bewertet und gewürdigt werden. Im Fokus des Forschungsinteresses steht die Frage, wie die Diskussionsteilnehmer dies aus ihrer Perspektive heraus bewerten, da die Polizei zwar mit ihrer Arbeit am Anfang des Strafverfahrens ansetzt, aufgrund der geltenden Gewaltenteilung aber keinen Einfluss mehr auf dessen juristisches Ende hat. In den Gruppen wurde dies nicht direkt abgefragt, vielmehr thematisierten die Teilnehmer es, aus unterschiedlichen Perspektiven und Ausgangssituationen heraus, von sich aus. Hierbei zeigte sich ein komplexes Bild, wonach Verfahrenseinstellungen nach erfolgtem Bemühen des Täters sowohl gebilligt als auch komplett abgelehnt wurden. Darüber hinaus zeigten sich Einstellungen und Haltungen zum Umgang mit den jugendlichen Tätern durch Justiz, Gesellschaft und Sozialarbeit, wie sie auf der Ebene der Polizei wahrgenommen werden. In der folgenden Passage eröffnete sich das Thema über die Frage des Forschers nach der Einschätzung der Anwesenden, wie deren Kollegen eine Maßnahme wie den Täter-Opfer-Ausgleich bewerten.

4.4.4.1 Passage: „*Leihwäscheträger*" (Zeile 1327-1477) Gruppe Rot

327 Y1: *Ähm ich hatte ja eingangs gesagt dass ich auch so´n bisschen Interesse*
328 *daran hab zu gucken, wie sie wie sie es einschätzen können was ihre*
329 *Kollegen davon halten, es ist jetzt natürlich teilweise eine hypothetische*
330 *Frage aber zum Teil kann man das ja über Gespräche, oder wenn man sich*
331 *auf Fachtagen trifft oder was weiß ich in der Kantine oder wie auch immer*
332 *und sagt mensch Täter-Opfer-Ausgleich oder so, haben sie ja schon einen*
333 *Einblick was würden sie sagen halten ihre Kollegen, die jetzt nicht mit am*
334 *Tisch sitzen, was ja nun @ziemlich viele sind@ was halten die, was würden*

1335		die sagen, wenn man das Thema Täter-Opfer-Ausgleich anschneidet.
1336		(3)
1337	Cf:	Ich glaube dass es im ersten Moment viele falsch verstehen nämlich
1338		genauso wie es das Wort hergibt Täter-Opfer-Ausgleich und viele meiner
1339		Kollegen und ich zähle mich eigentlich auch darunter bis vor kurzem dass
1340		es eigentlich darum geht dass der Täter sich noch mal mit dieser Tat
1341		auseinandersetzt und sich beim Opfer entschuldigt und dass gar nicht so
1342		das Opfer gesehen wird was ich jetzt natürlich wo ich mich mit dem
1343		Thema vielmehr auseinandersetze auch ganz anders sehe ich glaube dass
1344		viele meine Kollegen das wirklich auch noch so sehen dass da zu wenig
1345		Aufklärung eigentlich stattgefunden hat
1346	Y1:	∟ HmHm
1347	Cf:	∟ oder zu wenig noch in
1348		dieses Thema reingegangen wurde (1) ich glauben eher dass es wirklich
1349		noch so diesen Blickpunkt hat (2) der Täter soll sich da eigentlich noch mal
1350		beim Opfer darstellen und die Tat auswerten und dass gar nicht so unbe-
1351		dingt das Opfer im Vordergrund steht und das denke ich muss wirklich
1352		sensibilisiert werden und deshalb finde ich auch so´ne Runde heute für
1353		mich jetzt persönlich ganz ganz wichtig und freue mich auch dass ich dar-
1354		an teilnehmen kann weil mir das jetzt wirklich mal auch nen ganz anderen
1355		Blickpunkt gibt ja also auch was du mir jetzt so erzählst (an Ff gewandt) ja
1356		man sieht das anders ich glaub das ist noch nicht so verbreitet in unseren
1357		Reihen.
1358	Ff:	Ich würde sagen so aus meinem äh Gefühl heraus ich kann es ja nur so
1359		gefühlsmäßig sagen ist es glaube ich oft ne Schieflage äh vielleicht trifft es
1360		aber auch zu hm dass gerade Kollegen oft denken naja dann macht der
1361		´nen Täter-Opfer-Ausgleich dann geht er drei Mal Quatschen und das
1362		Strafverfahren fällt hinten runter ich glaube
1363	Cf:	Hm
1364	Bm:	∟ genau
1365	Ff:	∟ das ist auch noch mal so´n ganz schwieriges
1366	Df:	as stimmt auch hm
1367	Ff:	∟ Bild dass man sagt ja denn wird der noch gepampert
1368		und super klasse ne ne der soll mal richtig durch das gesamte
1369		Strafverfahren und alles andere ist hier irgendwie mit nett quatschen ähm
1370		das finde ich auch schwierig deswegen fand ich das was du eingangs
1371		gesagt hast total klasse nach Abschluss des Strafverfahrens den Täter-
1372		Opfer-Ausgleich zu machen das finde ich super klasse weil ich glaube es ist
1373		schwierig auch für Menschen die ähm das berufsmäßig durchführen diesen
1374		Täter-Opfer-Ausgleich (1) doch zu unterscheiden ist der doch so pfiffig zu
1375		unterscheiden na das Ding reiße ich hier mal runter und dann geht das
1376		Strafverfahren nett an mir vorbei wäre jetzt so meine Idee und wenn das
1377		Strafverfahren abgeschlossen ist (1) dann zeigt sich doch wirklich auch
1378		ähm
1379	Bm:	∟ will er das
1380	Ff:	∟ genau ja also das wahre Gesicht sozusagen
1381	Gm:	∟ das wird aber
1382		schwer sein
1383	Ff:	∟ ja natürlich aber die Idee grundsätzlich fand ich super
1384	Gm:	∟
1385		die Idee ist gut
1386	Ff:	∟ die fand ich echt super

387	Gm:	L Es wird aber schwer sein den
388		Täter davon zu überzeugen dass er ( ) weil es sagt ich hab ja jetzt mein
389		Urteil was soll mir das jetzt noch bringen
390	Af:	L Hm
391	Ff:	L Ja man muss das ja
392		getrennt sehen das Eine ist das Strafverfahren das Andere ist der Täter-
393		Opfer-Ausgleich das sind zwei verschiedene Schuhe
394	Df:	L aber daran
395	Ff:	L das ist
396		natürlich
397	Df:	L kannst du ja auch messen wie interessiert der Täter wirklich
398		ernsthaft ist
399	Ff:	Natürlich genau und ich sage mal dass das auch alles in einander spielt
400		dass es auch strafmildernd wirken kann O.k. ähm (3) dann ist es schon
401		wieder schwierig dit im Nachgang zu machen @(3)@
402	Cf:	L und die Zeit die Zeit
403		ist ja auch extrem wie viel Zeit vergeht bis so ´ne Verurteilung da da
404	Ff:	das ist schwierig ja
405	Em:	L gut da müssten die Richter sag ich mal sicherlich auch
406		schneller reagieren
407	Ff:	L HmHm
408	Em:	L aber ist natürlich das Problem ich meine ist
409		klar
410	Ff:	L ja
411	Df:	L Ich glaube dass es oft also so bei meinen Kollegen so auf der
412		Straße draußen täglich zu tun haben so ´ne Streichelmaßnahme darstellt
413	Y1:	Hm
414	Df:	L Da wird so´n bisschen dutschie dutschie gemacht
415	Ff:	L Hm
416	Df:	L und eigent-
417		lich also man muss ja auch glaube ich auch mal sehen (2) da rennt man
418		jemanden hinterher und jagt jemanden hinterher den kriegt man dann und
419		nimmt den fest und dann hört man (1) ah jetzt soll´n bisschen
420		gesprochen werden dann labern die bisschen am Tisch und dann ist die
421		Nummer rund (2) na das geht ja gar nicht (evtl. doch Af)
422	?f:	L @ (2)@
423	Ff:	ja natürlich
424	Df:	L ich hab´s jetzt mit Absicht so lapidar formuliert ja
425	Ff:	L HmHmHm
426	Df:	L weil
427		ich glaube nicht dass da in äh erster Linie äh das Hintergrundwissen und
428		die Denke da ist zu sagen ähm da soll bei beiden was aufgearbeitet
429		werden um vielleicht dass es nie dass der Fall nie wieder eintritt oder dass
430		beiden was bewusst wird sondern da kann man sich ja durchaus die Frage
431		stellen ähm na wofür haben wir denn den Aufwand eigentlich geleistet (1)
432		wofür bin ich über die Mauer gesprungen hab noch Kabolz
433	Ff:	L HmHm
434	Df:	L
435		geschossen und hab mich da geprügelt ähm und das ist glaub´ich wirklich
436		dass es draußen auf der Straße so´n bisschen schwammig immer im
437		Raum steht diese Nummer
438	Ff:	L Obwohl ich glaube würde ich jetzt vermuten
439		gerade so im Jugendbereich würde ich vermuten dass es für den Täter

		eine höhere Belastung ist sich mit diesem TOA aus einanderzusetzen weil
1440		*eine höhere Belastung ist sich mit diesem TOA aus einanderzusetzen weil*
1441		*da muss man von Angesicht zu Angesicht da muss man auch nicht nur*
1442		*einmal hin da muss man zum Vorgespräch und also ich denke bis das*
1443		*rund ist dauert es ein Moment man muss sich da schon mehrfach bewegen*
1444		*und ähm ich sag mal ne große Klappe haben se in der Gruppe haben se*
1445		*auf der Entfernung aber wenn sie sich Aug in Aug gegenübersitzen glaube*
1446		*ich ist es hat es doch noch mal eine ganz andere Wirkung könnte ich mir*
1447		*vorstellen so dass den Vergleich den wir dann sozusagen als*
1448		*Leihwäscheträger anstellen zu sagen da wird nen bisschen milde*
1449		*gequatscht (1) und auf der anderen Seite steht das Strafverfahren wo wir*
1450		*alle wissen im Jugendbereich ist ja nun nix was nun och so dramatische*
1451		*Auswirkungen hat jedenfalls nach meinem Befinden (1) halte ich das für*
1452		*ne ganz schwierige Variante bei jemanden der sich eben nur mit Gewalt zu*
1453		*wehren weiß ne oder überhaupt mit Gewalt durchzusetzen weiß weil der*
1454		*muss dann die Weichspülnummer durchziehen und da muss der öfter hin*
1455		*und das halte ich (1) eigentlich für ′nen wirkungsvolleren Part für den*
1456		*schwierigeren Part gerade auch für den Täter (1) als das Strafverfahren*
1457		*aber das ist natürlich so meine persönliche Einstellung*
1458	Df:	L *genau und ich*
1459		*glaube das muss man*
1460	Ff:	L *natürlich*
1461	Df:	L *in jeden Polizisten hineinzubekommen*
1462		*glaube ich (1) und es gibt och viele die wahrscheinlich ne ganz andere*
1463		*Auffassung einfach haben*
1464	Ff:	L *natürlich*
1465	Df:	L *die sagen ick bin Polizeibeamter aus*
1466		*′ner ganz anderen Gesichtspunkt und da möchte ick wenn ick jemanden*
1467		*festnehme dass der verurteilt wird und dafür haben wir ein Gesetz und*
1468		*Punkt sozusagen je nachdem ganz einfach formuliert (1) der muss ja*
1469		*keene Straftat begehen dann hat er och nicht dit Problem so*
1470	Y1:	L *Hm*
1471	?m:	L *@ (2) @*
1472	Df:	L *und ick seh dit genauso wie du und ich glaube da sind wir alle sitzen ja*
1473		*auch alle an einem Tisch*
1474	Ff:	L *müssen ja nicht alle gleich denken @ (2) @*
1475	Df:	L *aber*
1476		*ich glaube dass es ganz schwierig ist so auf die Masse gesehen (1) weiß*
1477		*ich nicht (1) da werden glaube ich noch ein paar Jahre ins Land gehen.*

Y1 gibt zu einem fortgeschrittenen Zeitpunkt der Gruppendiskussion eine Frage in die Runde. Jedoch keine Proposition, da er keine Orientierung zu diesem Thema zum Ausdruck bringt, sondern das Feld öffnet für die Antworten und Einschätzungen der Gruppe. Cf greift dieses Angebot auf. Durch die Wortwahl Täter-Opfer-Ausgleich entstehe der Eindruck, dass es vorrangig um eine Maßnahme für den Täter geht, nicht um das Opfer. Jetzt, da Cf sich vielmehr mit dem Thema auseinandergesetzt hat, sieht sie das anders, glaubt jedoch, dass viele ihrer Kollegen es nicht so sehen wie sie nun und dass hier noch viel zu wenig Aufklärung stattgefunden hat. Zur Bekräftigung ihres Standpunktes wiederholt sie die Aussage, dass davon ausgegangen wird, dass der Täter im Vordergrund steht und nicht das Opfer. Für sie sei diese

Runde *„ganz ganz wichtig"*, da sie auch einen anderen Blickpunkt erhält, auch durch eine vorangegangene Aussage von Ff und glaubt, *„das ist noch nicht so verbreitet in unseren Reihen"*, wobei sie den letzten Satz betont.

Ff geht nun nicht auf die Perspektive des Opfers ein oder dass dieses vielleicht doch mehr Raum im TOA erhält als angenommen, sondern setzt an am Bild der Kollegen zum TOA, wonach der Täter *„drei Mal quatschen geht"* und dann wird sein Verfahren eingestellt. Durch den Begriff des Quatschens unterstreicht sie die wenig wertschätzende Einstellung der Kollegen zu den dort stattfindenden Gesprächen. Bm bestätigt diesen Standpunkt mit einem *„genau"* und Df mit einem *„Das stimmt auch"*. Ff fährt damit fort das Bild einer Maßnahme zu skizzieren, wo der Täter *„gepampert"* wird, also in Windeln gepackt, die Fürsorge eines Säuglings erfährt und so durch sein Strafverfahren gelangt. Gestärkt durch den Zuspruch greift sie einen Vorschlag auf der von einem der Beteiligten (außerhalb dieser Passage) gemacht wurde, den Täter-Opfer-Ausgleich erst nach Abschluss eines Strafverfahrens und damit außerhalb jeglicher Straferleichterung stattfinden zu lassen. Ff, die zuvor aus der Perspektive der Sichtweise der Kollegen argumentierte, verlässt nun diese Ebene und formuliert dies als eigenen Vorschlag. Da es auch für Menschen, die sich berufsmäßig mit dem TOA befassen schwer ist, die Intentionen des Täters zu durchschauen, zeige sich hier *„das wahre Gesicht"* des Täters, wenn dieser auch noch nach Abschluss eines Strafverfahrens bereit zu einem Ausgleich mit dem Opfer ist, wobei sie erneut von Bm bestärkt wird - *„will er das?"* Gm wirft ein, dass dies schwer umzusetzen sei, wobei Ff ihm zustimmt, jedoch kommen beide überein, dass sie diese Variante favorisieren würden *„aber die Idee grundsätzlich fand ich super"* und Gm dazu *"die Idee ist gut"*. Beide diskutieren über das Problem der Umsetzung. Gm bringt in Form einer schwachen Antithese zu bedenken, dass es dem Täter nach einem Urteil nichts mehr bringt und Ff spricht von einer Trennung von Strafverfahren und Täter-Opfer-Ausgleich als *„zwei verschiedene Schuhe"* und wird dabei bestärkt von Df, die daran das wirkliche Interesse des Täters festmacht.

Ff merkt an, dass *„auch alles ineinander spielt"* und *„dass es auch strafmildernd wirken kann"*, wobei kann betont wird. Ff merkt an dieser Stelle, dass diese Aussage den Gegensatz zu dem darstellt, was sie zuvor gefordert hat und hält kurz inne, und als sie merkt, wie schwierig dann die Umsetzung wird, beendet sie ihre Aussage mit einem Lachen. Cf erweitert das Thema um den Faktor Zeit, da ja auch *„extrem viel Zeit vergeht"*, bis es zu einer Verurteilung kommt und damit auch lange dauern würde bis zu einem TOA nach Abschluss des Strafverfahrens, worin sie durch Ff bestätigt wird *„das ist schwierig ja."* Em fügt hinzu, dass der Richter schneller reagieren müsste. Cf und Em kommen in der Frage, wie ihre Forderungen in die Praxis umzusetzen wären, nicht weiter, eventuell ist das Thema für beide an dieser Stelle auch erschöpft. Df setzt an dieser Stelle an, ihre Sichtweise zur Haltung der Kollegen zum TOA zu explizieren. Bei *„meinen Kollegen so auf der Straße draußen* *täglich"* wird dies als *"Streichelmaßnahme"* wahrgenommen, wo gegenüber dem Täter *"so´n bisschen dutschie-dutschie gemacht"* wird. Zunächst skizziert Df den Rahmen der Kollegen, auf die sie sich bezieht, die, die draußen auf der Straße und an der Basis der Polizeiarbeit täglich und damit direkt mit Tätern und deren Handeln konfrontiert sind. Auch Df verwendet, wie schon zuvor Ff, Beispiele aus der Babysprache – *"dutschie-dutschie"* –, um zum Ausdruck zu bringen, dass mit dem TOA keine richtige Reaktion verbunden und das mit den Tätern zu sanft umgegangen wird. Hier zeigt sich eine weitere Facette des Blicks auf den Täter-Opfer-Ausgleich, wie er im Abschnitt 4.4.7 dargestellt ist.

Df fährt fort und beschreibt einen Blickwinkel aus Sicht der Polizeipraxis, wonach die Beamten einem Täter *hinterherjagen,* diesen kriegen und festnehmen, um dann zu hören, *"mit dem soll´n bisschen gesprochen werden dann labern die bisschen am Tisch und dann ist die Nummer rund."* Df wiederholt nun aus ihrer Erfahrung heraus, wie die Kollegen eine solche Reaktionsweise wahrnehmen und bewerten. Durch die Beschreibung *"bisschen gesprochen"* und *"labern"* wird zum Ausdruck gebracht, dass man der Qualität der Gespräche im Rahmen des TOA nicht viel bzw. kaum Substanz zutraut. Df bekräftigt ihre Ausführungen mit einem klaren Statement *"na das geht ja gar nicht."* Df erntet dadurch ein Lachen einer weiblichen Diskussionsteilnehmerin, die nicht genauer verortet werden konnte, sowie eine Zustimmung durch Ff – *"ja natürlich".* Df fährt fort und führt aus, dass aus ihrer Sicht – *"ich glaube nicht"* – das Hintergrundwissen und die Denkweise bei den Kollegen verbreitet ist, dass hierdurch etwas aufgearbeitet werden soll und weitere Vorfälle vermieden werden sollen und beiden – in dem Fall Täter und Opfer – *"was bewusst wird."* Vielmehr stellt Df die Frage, ob diese Herangehensweise mit einem polizeilichen Selbstverständnis vereinbar ist – *"na wofür haben wir denn den Aufwand eigentlich geleistet (1) wofür bin ich über die Mauer gesprungen hab noch Kabolz (...) geschossen und hab mich da geprügelt."* Anhand eines vom massiven körperlichen Einsatz geprägten Bildes einer Verfolgungsjagd verdeutlicht Df den Aufwand und den Einsatz der Beamten an der Basis und stellt dieses in Kontrast zu dem, was später mit dem Täter passiert, oder eher nicht passiert da man sich für diesen Einsatz, der auch mit Gefahren für die eigene Gesundheit verbunden ist, eine andere Reaktion erwarten würde. Df wechselt dabei vom *"man"* und *"wir"* zum *"ich"*. Df beendet an dieser Stelle ihre Ausführungen mit der Feststellung dass *"diese Nummer"* – in dem Fall der Täter-Opfer-Ausgleich – auf der Straße als *"so´n bisschen schwammig immer im Raum steht",* also für die Kollegen an der Basis schwer greifbar und damit eher negativ besetzt ist.

Ff setzt an dieser Stelle an und vermutet, dass es für den Täter eine weit höhere Belastung darstellt, sich im Täter-Opfer-Ausgleich *"von Angesicht zu Angesicht"* mit der Tat auseinanderzusetzen. Dieser muss zum Vorgespräch und sich *"mehrfach bewegen."* Die *"große Klappe"* in der Gruppe vergeht im Moment, *"wenn sie sich Aug in Aug gegenübersitzen"* – Täter und Opfer. Ff entwirft dabei einen klar gegenläufigen Horizont zu dem, was sie noch kurz zuvor selbst dargestellt hat, der TOA als eine Maßnahme bei der die Täter „*gepampert*" werden. „*Wir*" - die Polizei – als „*Leihwäscheträger*" – jemand der eine Dienstkleidung bekommt und damit auch optisch einer bestimmten Gruppe zugeordnet wird bzw. sich darüber zugehörig fühlt und eine bestimmte Aufgabe zu erfüllen hat - stellen Vergleiche an zwischen dem, was im Bereich des TOA vermutet wird – dem „*nen bisschen milde gequatscht*" - und dem Strafverfahren als Gegenhorizont - „*auf der anderen Seite*" sozusagen. Ff fügt hinzu, wobei sie sich zunächst auf eine kollektiv geteilte Erfahrung beruft – „*wo wir alle wissen*", um dann in den Bereich von „*nach meinem Befinden*" zurückzukehren, dass im Jugendbereich keine „*dramatischen Auswirkungen*" zu erwarten sind, wobei sie wohl das Strafmaß meint bzw. die Reaktionen, die dem Jugendgericht zur Verfügung stehen. Ff wechselt nun zur Perspektive des Täters. Sie stellt es sich schwer vor, dass jemand, der sich sonst nur mit Gewalt durchzusetzen, zu wehren vermag hier im Gespräch bestehen kann und dazu die „*Weichspülernummer durchziehen*" muss, um erfolgreich durch die Prozedur des Täter-Opfer-Ausgleichs zu kommen. Damit kann gemeint sein, dass der Täter gewohnte Pfade seines Verhaltensmusters verlassen muss und sich der ungewohnten Situation der Konfliktlösung im Gespräch stellen muss, aber auch, dass durch die Bezeichnung der „*Weichspülernummer*" angedeutet wird, dass er hier nur eine Einsicht vortäuscht und sich zumindest hier *weichgespült* gibt. Ff schließt ihre längeren Ausführungen mit der Annahme, dass dies alles für den Täter den „*schwierigeren Part*" darstellt, als es im Strafverfahren der Fall wäre. Df validiert diese Aussage mit einem – „*genau und ich glaube das muss man*" - an dieser Stelle unterbrochen durch die Zustimmung von Ff – „*natürlich*", um dann zu differenzieren, dass man diese Sichtweise nicht „*in jeden Polizisten*" hineinbekommt, da es hier auch die Auffassung gibt, dass man Polizeibeamter geworden ist, damit Täter gefasst und dann verurteilt werden. Wer keine Straftaten begeht, bekommt auch keine Probleme. Hierbei erntet sie Lachen durch einen nicht identifizierbaren Gesprächsteilnehmer. Df und Ff versichern sich unter Lachen, dass so wie man hier am Tisch sitzt, nicht alle gleiche Ansichten haben. Df äußert die Vermutung, dass es „*in der Masse*" der Kollegen schwer sein wird und dass da „*noch ein paar Jahre ins Land gehen*", bevor sich daran etwas ändert.

Die Passage wird getragen von dem Diskurs zwischen Cf, Ff und Df, der durch kurze Äußerungen von Em, Gm und Af ergänzt wird. Initiiert durch die Fragestellung von Y1 arbeitet sich die Gruppe an dem Thema ab, wie der Täter-Opfer-Ausgleich von den Kollegen aus ihrem Arbeitsumfeld wahrgenommen wird, wobei eigene und kollektive Orientierungen zu Tage treten. Zentrales Thema ist der skeptische Blick der Beamten an der Basis auf den Täter-Opfer-Ausgleich und auf das, was man erwartet, was dort passiert. Im ersten Teil der Passage gipfelt die Skepsis über die Intentionen des Täters, an einem TOA teilzunehmen, in der Forderung, diesen komplett vom Strafverfahren zu trennen und ihn im Anschluss daran stattfinden zu lassen mit der Konsequenz, ihn auch von jeglicher Strafmilderung zu lösen. Hier würde sich das „wahre Gesicht" des Täters zeigen. Im Diskussionsverlauf merken die Teilnehmer, dass sich dies in der Praxis schwer umsetzen lassen wird, was für einen Moment zu Verunsicherung führt, eine Situation, die über Lachen aufgelöst wird. Über den Text von Df eröffnet diese einen wichtigen Teilaspekt des polizeilichen Selbstbildes und Selbstverständnisses im Hinblick auf die eigene Rolle, wonach Polizisten unter körperlichem Einsatz dafür sorgen, dass Täter gefasst werden und dann unangemessene bzw. zu laxe Reaktionen durch die Justiz damit nicht in Einklang bringen können und wollen, da dadurch die erbrachte Leistung in Frage gestellt wird – wofür dann der Aufwand? Im Schlussteil der Passage wird nun ein Bild entworfen, dass im klaren Kontrast zu den vorherigen Aussagen steht, indem man sich nun Gedanken macht, ob der TOA im Vergleich zum Strafverfahren bzw. der Gerichtsverhandlung nicht doch der „anspruchsvollere Part" ist. Es bleibt jedoch bei den Diskussionsteilnehmern eine spürbare Skepsis zurück, ob und wann sich diese Sichtweise auch innerhalb des Kollegenkreises durchsetzen wird.

4.4.4.2 Passage: „Verfahrenseinstellung" (Zeile 2377-2472) Gruppe Grün

Zum selben Thema passt die folgende Passage aus dem Diskussionsverlauf der Gruppe Grün. Vorangegangen war eine Sequenz, in der die Teilnehmer darüber diskutierten, ob für sie ein TOA in der Rolle des Opfers, sei es nun als Privatperson oder Beamter, in Frage käme. Y1 hatte diese Fragestellung in die Diskussionen eingebracht mit dem Ergebnis, dass dies sowohl auf Zustimmung als auch auf generelle Ablehnung stieß und auf die Tendenz, dass man so eine Entscheidung vom jeweiligen Sachverhalt und der Person des Täters abhängig machen würde.

In der nächsten Passage zeigen sich gleich mehrere Orientierungsrahmen. Hier zeigt sich das Hin- und Hergerissensein im Hinblick auf die Verknüpfung von TOA und einer Verfahrenseinstellung, wie sie im Rahmen der Diversion üblich ist. Durch die Nähe von Diversion und Polizeipraxis wird bei den Beamten die Verfahrenseinstellung mit einem TOA gleichgesetzt, was zu Unmut führt. Der eigenen Werthaltung nach sollte eine Schadenswiedergutmachung normal sein und nicht eine Strafe ersetzen, jedenfalls nicht generell:

2377	Bm:	*Ick muss aber dazu sagen, die Frage war ja etwas anders geartet äh wir*
2378		*reden ja jetzt nur wenn Polizeibeamte wirklich schon zum Opfer kommen*
2379		*und überhaupt angeregt wird Täter-Opfer-Ausgleich, äh zu kriegen, dann*
2380		*beschäftigen sie sich womöglich erst mal mit dem Täter-Opfer-Ausgleich,*
2381		*auch die sonst vorher alles partout abgelehnt hätten und da glaube ich*

```
2382            schon äh, dass man das äh, ein Polizeibeamter der Opfer wird, wenn er
2383            sich erst mal mit diesem Täter-Opfer-Ausgleich beschäftigen muss, (1) das
2384            er dann äh tendenziell vielleicht doch seine Haltung, die er vorher hatte,
2385            die wesentlich negativer war, vielleicht auch in bestimmten Fällen, eher
2386            seine Haltung ändert und dann vielleicht auch ja sagt zum Täter-Opfer-
2387            Ausgleich
2388    Af:            L ja aberimmer mit dem Hintergrund
2389    Bm:                                                    L obwohl er vorher vielleicht
2390            nein gesagt hätte
2391    Af:               L dass du auch denkst dass wenn du das machst das
2392            Verfahren ähm eingestellt wird
2393    ?m:                L genau
2394    Af:                         L manchmal möchte man auch einfach nur nen
2395            Täter-Opfer-Ausgleich machen aber du dann ablehnst weil du nicht
2396            einsiehst dass das Verfahren dann eingestellt wird (1) weil ne Strafe muss
2397            einfach sein und ne Entschuldigung ist eigentlich normale
2398            Wertevermittlung (3) und ich sehe es auch so wenn der nur dahin kommt
2399            und äh nett ist weil das Verfahren eingestellt wird
2400    Cf:                                                L ja es sollte nicht an
2401            eine Verfahrenseinstellung geknüpft sein
2402    Af:                             L nicht immer
2403    Bm:                                       L auf jeden Fall
2404    Cf:                                                             L auch
2405            nicht bei Jugendlichen (1) gelegentlich ja
2406    Af:                               L da gibt es bestimmt auch Ein-
2407            zelfälle
2408    Cf:        L gelegentlich ja auch da Einzelfälle mit Sicherheit aber ansonsten
2409            eher nicht ne
2410    Af:                 L kann nicht sein bei ner KV wenn ein Polizist gehauen wurde
2411            der
2412    Cf.      L das ist das was stattfinden sollte
2413    Af:                                      L der entschuldigt sich und das Ver-
2414            fahren wird eingestellt dit finde ich geht gar nicht
2415    Bm:                                            L und letztendlich ist auch
2416            ne wirtschaftliche Wiedergutmachung des Schadens des entstanden ist
2417            zwischen Täter-Opfer-Ausgleich ja da hat man den Schaden wieder gut
2418            gemacht aber ne Bestrafung gibt es da nicht es ist ist ja nicht nur ein
2419            Schaden entstanden es war ja auch ne kriminelle Handlung (1)
2420    Dm:     genau
2421    Bm:             L und die wird dann eigentlich überhaupt nicht mehr berücksichtigt
2422            und da fehlt dann die Genugtuung darüber hinaus also
2423    Af:                                                        L das andere müss-
2424            te eigentlich normal sein wa Schadenswiedergutmachung und Ent-
2425            schuldigung
2426    Bm:     ja eigentlich müsste die Schadenswiedergutmachung normal sein genau
2427            (3) vielleicht sogar schon vom Gericht wie- wurde vorhin ja auch schon
2428            erwähnt eigentlich schon Bestandteil des Urteiles immer sein zusätzlich zu
2429            dem eigentlichen Urteil
2430    Y1:               L Hm
2431    Bm:                     L und dann kann meinet- (   ) auch ne
2432            Einstellung sein sogar auch bei fünfundvierzigeins sehe ich das
2433            meinetwegen gibt es ne fünfundvierzigeins Einstellung aber äh diese diese
2434            Schadenswiedergutmachung die müsste eigentlich trotzdem
```

Empirische Analyse Teil I   313

2435	Gm:	L ja
2436	Bm:	L stattdes-
2437		sen muss man zivilrechtlich privat dagegen vorgehen
2438	Gm:	L ick nehme mal den
2439		Ball auf
2440	Bm:	L da hat man selbst Kosten selbst Stress ähm da kann man auch verlieren
2441		oder man hat nen Titel in der Hand wo der am Ende der der Täter sagt ha
2442		ha Hartz IV ich brauche nichts bezahlen hier ich hab nix und das das ist ja
2443		auch ne ne sehr ungenü- ein sehr unglücklicher Fall eigentlich
2444	Cf:	L das ist auch
2445		oft das Einzige was sage ich mal denen in ihrem Gedanken wenn wir was
2446		erklären richtig weh tut nämlich äh
2447	Gm:	L der materielle Schaden
2448	Cf:	L ich bin halt
2449		auch als Präventions äh Mitarbeiterin
2450	Gm:	L der muss mal abdrücken
2451	Cf:	L bei Anti-
2452		Gewalt-Veranstaltungen unterwegs ja und wo die wirklich richtig zucken ist
2453		wenn wir denen erklären wenn se zum Beispiel bei der BVG ne Scheibe
2454		zer- äh scratchen ja das die BVG tatsächlich hinterher Forderungen an die
2455		stellen
2456	Gm:	L ja
2457	Cf:	L da wird gezuckt das tut das tut weh ja
2458	Gm:	L das tut weh ja
2459	Cf:	L und ähm
2460	Gm:	L na weil die Eltern ins Spiel kommen weil die haben ja selbst kein
2461	Cf:	L ja
2462	Dm:	L
2463		( ) hört es zu

Bm skizziert ein Bild, wonach ein Polizeibeamter, der in der Rolle des Opfers sich mit dem Thema Täter-Opfer-Ausgleich befassen muss, hier vielleicht doch seine Meinung von einer vormals ablehnenden Haltung hin zu einer positiven Haltung ändert. Bm trägt diesen Standpunkt jedoch abgeschwächt vor, da er mehrmals das Wort „vielleicht" benutzt. Af verlagert den Schwerpunkt der Diskussion auf die Problematik einer Verknüpfung von Verfahrenseinstellung und Täter-Opfer-Ausgleich. Einerseits stellt sich Af vor, einen TOA machen zu wollen, andererseits nimmt sie davon Abstand, da das Verfahren dann eingestellt wird – „weil Strafe muss einfach sein." Die Praxis eines Täter-Opfer-Ausgleichs im Vorfeld einer Hauptverhandlung, bei dem eine Wiedergutmachung zugunsten des Opfers in eine abschließende juristische Entscheidung aufgenommen werden kann, wird in Berlin zwar praktiziert, scheint auf der Basis der Polizeibeamten vor dem Hintergrund eines sehr dominanten Diversionsgedankens aber wenig bekannt zu sein.

Eine Entschuldigung sei eine normale Wertevermittlung, auch deutet sich hier erneut ein Misstrauen an, da der Täter – „nur dahin kommt und äh nett ist, weil das Verfahren eingestellt wird." Neben dem Misstrauen, dass es sich beim Täter nur um eine reine Taktik handeln könnte, um möglichst gut durch das Verfahren zu kommen, dokumentiert sich über die Proposition von Af auch die starke Verknüpfung von TOA und Diversionsgedanken im Denken an der Polizeibasis, da nur hier die Verfahrenseinstellung mit einer erfolgreichen Wiedergutmachung verknüpft ist. Cf und Bm stimmen Af darin zu, dass eine Entschuldigung nicht an eine Verfahrenseinstellung geknüpft sein soll, wobei im Anschluss daran aber Cf und Af diese Position relativieren, „*gelegentlich ja*" und in „*Einzelfällen.*" Bm vertritt nun den Standpunkt, dass eine Wiedergutmachung zwar den Schaden ersetzt, aber nicht die Strafe, da die kriminelle Handlung, die dazu geführt hat, geahndet werden muss. Er erhält dabei Zustimmung von Dm „*genau*" und führt seinen Standpunkt dann weiter aus. Auch Af schließt sich an, für die eine Schadenswiedergutmachung „*normal*" sein sollte. Bm führt weiter aus, dass eine Schadenswiedergutmachung bereits Teil eines Urteils sein sollte oder zusätzlich zu diesem zu erfolgen habe, dann könne „*meinetwegen*" auch eine Verfahrenseinstellung nach § 45 Abs. 1 JGG erfolgen (der jedoch mit einer Verfahrenseinstellung im Rahmen einer Gerichtsverhandlung nichts zu tun hat). Stattdessen müsse man als Geschädigter zivilrechtlich und somit privat vorgehen.

Gm kündigt an, dass er etwas zu dem Thema beitragen will – „*ick nehme mal den Ball auf*", wird dabei aber unterbrochen von Bm, der sein Wissen zum Thema Zivilverfahren ausführt, wonach man als Betroffener erst mal selbst „*Stress*" und „*Kosten*" zu bewältigen habe und am Ende vom Täter ausgelacht wird – „*ha,ha*" weil der über keine Mittel verfügt. Cf ergänzt nun durch ihre Erfahrungen aus der Praxis. Als „*Präventions äh Mitarbeiterin*" habe sie die Erfahrung gemacht, wonach „*die wirklich richtig zucken*" – wobei sie die Worte *richtig* und *zucken* betont, wenn es um materielle Forderungen geht, etwa ausgelöst durch Sachbeschädigungen bei der BVG. Gm bekräftigt sie mit seiner Äußerung „*der muss mal abdrücken.*" Und auch Cf verstärkt ihre Aussage durch „*da wird gezuckt, das tut, das tut weh ja.*" Gm ergänzt, dass ja nun auch die Eltern ins Spiel kommen, wobei offen bleibt, ob die jugendlichen Täter nun mehr Ärger bekommen oder ob die materiellen Forderungen an den Eltern hängen bleiben. Gm kündigt nun erneut an, dass er etwas erzählen will, was „*die meisten nicht wissen*", womit er deutlich macht, dass er mehr weiß, als die anderen. Es folgt ein längerer Monolog, der nur wenig bis gar nichts mit dem Thema zu tun hat. Auch wenn es unüblich ist, so soll dieser Teil hier ausgespart bleiben. Am Ende des Monologs von Gm bringt Cf wieder das Thema zurück zum Täter-Opfer-Ausgleich:

2464	Cf:	Um den Bogen mal zurück zu spannen zum Täter-Opfer-Ausgleich (1) ich
2465		glaube auch beim Opfer wirkt auch das eben das hatten wir ja eben schon ein
2466		paar Mal wesentlich mehr wenn es wirklich das Geld darüber ersetzt kriegen
2467		kann ja
2468	Bm:	L ja
2469	Gm:	L ja
2470	Cf:	L das wirkt beim Täter das wirkt beim Opfer, aber dieses rei-
2471		ne, oh tut mir leid und am Ende das Opfer immer noch ohne das neue Handy
2472		da, das wirkt nicht.

Cf zieht ein Fazit, wonach die Gruppe anhand der Diskussion – „*auch das eben das hatten wir ja eben schon ein paar Mal*" – zu der Übereinkunft kommt, dass eine Wiedergutmachung hilfreich für das Opfer ist. Mit der Bezeichnung – „*wesentlich mehr, wenn es wirklich das Geld darüber (den TOA) ersetzt*" bekommt, deutet sich ein Orientierungsrahmen an, der einer materiellen Wiedergutmachung einen Vorrang vor einem Gespräch, einer Entschuldigung einräumt. Cf wird darin bestätigt durch Bm und Gm. Cf beendet diese Passage und macht es noch mal deutlicher, wonach eine Wiedergutmachung eine Wirkung für Opfer und Täter hat, wobei es mit einem „*oh tut mir leid*" aber nicht getan ist. Auch wenn im Hinblick auf materielle Forderungen an den Täter Widersprüche zu Tage treten, etwa wenn es darum geht, diese zu befürworten, gleichzeitig aber auch davon zu sprechen, dass ein Zivilverfahren mit eben jenen Forderungen aussichtslos ist, so wird doch deutlich, dass die Gruppe darin die einzige Möglichkeit sieht, die Täter zu erreichen, so dass diese *zucken* und es ihnen *wehtut*. Der materiellen Wiedergutmachung wird, aus der Perspektive von Opfer und Täter wie auch aus der eigenen Sichtweise, eine stärkere Bedeutung beigemessen als einer bloßen Entschuldigung *ohne* eine Wiedergutmachung. Über das Instrument der Wiedergutmachung sollen die Täter stärker in die Pflicht genommen werden. Der eigene Unmut über die Vergünstigungen des Täters im Strafverfahren wird gleichsam darüber minimiert, dass diese etwas Handfestes leisten müssen.

4.4.5 Handlungsmuster der Fallauswahl und Fallbearbeitung

Um sich ein Bild machen zu können, welche Kriterien herangezogen werden, damit in der Praxis der Sachbearbeitung eventuell das Thema Täter-Opfer-Ausgleich in Betracht gezogen und zunächst auch mit dem jugendlichen Beschuldigten thematisiert wird, wurde in den Texten der Gruppendiskussionen nach Passagen gesucht, die Auskunft über handlungsleitende Orientierungen dazu geben können. Die folgende Passage aus dem Diskussionsverlauf der Gruppe *Gelb* steht hier exemplarisch für eine erfahrungsbasierte Herangehensweise, über die eine Differenzierung zur Herangehensweise der Staatsanwaltschaft deutlich wird, wie auch eine berufsbedingte Skepsis im Hinblick auf die Motivationen des Täters. Zentraler Punkt in der Praxis ist dabei der persönliche Eindruck, den die Beschuldigten im direkten Gespräch mit den Sachbearbeitern hinterlassen, die sich dabei auf ihr Bauchgefühl, ihre Erfahrungen und das über den Beschuldigten im Polizeicomputer gesammelte Vorwissen verlassen. Dem in den vorherigen Passagen zu diesem Punkt deutlich benannten Misstrauen im Hinblick auf das „wahre Gesicht" des Täters und dessen Wunsch, gut durch sein Verfahren zu kommen, wird eine praktische Herangehensweise der Polizei anbeigestellt.

4.4.5.1 Passage: „Feingefühl" (Zeile 579-661) Gruppe Gelb

```
579   Bf:   Aber ick sach ma ick würde dit zum Beispiel ablehnen wenn ick feststelle
580         dass ein Täter dit nur macht sag ick ma zum zum Zweck dass er vor
581         Gericht sag ich ma ne Verurteilung kriegt oder wie och immer, also dass
582         dit zu seinen Gunsten ist und dass ick merke, der hat gar kein
583         tatsächliches Interesse daran sich mit dem Opfer auseinanderzusetzen,
584         also dit wäre son Punkt wat ick ganz klar och zum Ausdruck bringen würde
585         wo ick sagen würde ähm dit würde ich nicht empfehlen
586   Dm:                                                            L stimmt
587   Cf:                                                            L Hmm
588   Bf:   selbst wenn dit Opfer nen Interesse daran hat, aber wenn der Täter sag
589         ick ma mir so gegenübertritt, dass er mir ganz deutlich macht ne Reue
590         habe jarnicht äh ick will hier sauber aus der Nummer rauskommen, dann
591         würde ick det also als Sachbearbeiter ablehnen
592         (3)
593   Fm:   Genau das ist der richtige Punkt man muss aus der Vernehmung wie er
594         sich gibt muss man die Schlussfolgerungen se() die die Signale aufnehmen
595         ist das ehrlich gemeint
596   Bf:                          L Hmm
597   Fm:                          L oder mache ichs nur um da halbwegs or-
598         dentlich raus- rauszukommen ja de() muss man (  ) wie gesagt genau
599         aufpassen um nicht da
600   Y1:                        L Hmm
601   Fm:                        L um nicht diesem System zu verfallen und ich ma-
602         che das und aber im Endeffekt ist der Effekt gar nicht gegeben der erzie-
603         herische ja
604   Bf:              L Weil letztendlich der Staatsanwalt der hat ja
605   Fm:                                                          L ick hab dann viel
606         Feingefühl
607   Bf:              L der hat ja die Person nicht vor Ort
608   Fm:                                                   L ja ja
609   Bf:                                                          L der liest sag ick ma
610         watt uff´m Papier und ähm man merkt och it gibt denn och clevere Täter
```

611		die denn halt irgend watt einstudieren oder da hat ihnen jemand schon
612		nen netten Tipp gegebene oder der Rechtsanwalt hat jesacht mensch
613		nimm ma die Formulierung dit wollen die immer hören also dit sind so äh
614		Sachen da muss man halt dit wirklich in der Vernehmung sauber
615		herausarbeiten und gucken meint er dit jetzt ehrlich hinterfragen und so
616		weiter und so fort ähm dass man da nich och noch Vorschub leistet also
617		(2)
618	Y1:	Wann würden Sie das merken wenn da jetzt der der Formalie halber alle
619		Sachen richtig beantwortet und dit mehr son Grundgefühl ist das, dass er
620		es nicht ernst meint, woran würden Sie das festmachen, woran würden Sie
621		es merken, bei denen die kommen und sagen ähm jetzt diskutiere ich
622		doch mit, bei denen die kommen und sagen-
623	Bf:	⌊ Hmm
624	Y1:	⌊ bei denen die
625		kommen und sagen ne seh ich gar nicht ein, ist es ja ganz einfach aber
626		was ist
627	Bf:	⌊ genau
628	Y1:	⌊ die die eigentlich alles richtigmachen
629	Bf:	Also wie der Kollege schon sagte man guckt natürlich dit Gesamtpaket an
630		Mimik Gestik dit muss alles zusammen passen ähm oftmals ähm man
631		merkt dit wenn dit dahin geredet ist und dann geh ick och ganz offensiv
632		ran und sage du dit nehm ick dir jetzt nicht ab oder ähm dit kommt mir
633		jetzt hier auswendig gelernt vor ähm oder stelle eben detaillierte
634		Nachfragen wo ick ähm möglicherweise heraus kristallisieren kann hat er
635		überhaupt tatsächlich Interesse sich mit dem Opfer auseinanderzusetzen,
636		oder in irgend ner Art und Weise nen Ausgleich vielleicht zu schaffen oder
637		ist er äh jetzt tatsächlich nur daran interessiert, ähm wir gucken uns ja
638		den Täter auch an wir gucken an in Polix wat hat der äh äh für für Vor-
639	Dm:	⌊
640		bestimmte Vorgeschichte
641	Bf:	⌊ Vorstraftaten und so weiter und ähm wo issa
642		schon mal aufgefallen und gucken auch mal in die Vorgänge rein äh watt
643		sehr hilfreich ist wat haben Kollegen vorher schon mal recherchiert wie hat
644		er sich in vorhergehenden Vernehmungen gegeben und so weiter und so
645		fort bei den Jugendlichen schreiben wir wa generell immer einen
646		Reifevermerk so dass man ne Menge Informationen über den Täter ja
647		schon im Vorfeld der Vernehmung sammelt und sich nen Eindruck
648		vermitteln kann und dann och offensiv nachfragen kann na ja ick denke du
649		hast jetzt die und die Vorbelastung äh (2) nen Gerichtstermin steht in
650		jedem Fall an äh ick denke einfach du möchtest dir jerne nen Vorteil
651		verschaffen äh und dann werde ick schon an der Reaktion sehen wie
652		reagiert er darauf weil der rechnet gar nicht damit wenn der irgend wat
653		einstudiert hat ist der uff so watt jarnich vorbereitet
654	Y1:	Hmm
655	Bf:	⌊ also da janz offensiv und dann halt klar ist it irgendwo nur ein
656		Eindruck in den wenigsten Fällen wird er mir sagen ja Scheiße ick wollte
657		eigentlich nur hier heil aus der Nummer rauskommen und hab ja keen
658		Interesse dit wird da in den wenigsten Fällen sagen aber dit Gesamtpaket
659		denke ick äh da hat man einfach jahrelange Erfahrung dass man dit äh
660		doch denke ick schon herausfiltern kann
661		(3)

Bf macht deutlich, dass sie den Versuch eines TOA ablehnen würde, wenn sie merkt, dass es dem Täter nur darum geht, gut durch sein Verfahren zu kommen, ohne sich dafür mit dem Opfer auseinandersetzen zu wollen. Bf erhält hier Zustimmung von Dm und Cf und führt ihren Standpunkt weiter aus. Selbst wenn das Opfer Interesse daran hätte (einem Gespräch / einer Wiedergutmachung), würde sie es bei solchen Voraussetzungen als Sachbearbeiterin ablehnen. Nach einer kurzen Pause ergänzt Fm, dass man die Signale aufnehmen müsse, ob es um Reue oder verfahrenstaktische Gründe geht, hier müsse man genau aufpassen. Fm sieht den erwünschten erzieherischen Effekt als nicht gegeben. Hier müsse man (die Polizei) wachsam sein, um nicht „*dem System*" zu verfallen, wobei unklar bleibt, was hier als System ge meint ist. Im weitesten Sinne könnte damit eine auf Verfahrenseinstellung hinarbeitende Justiz gemeint sein, jedoch kommt Fm nicht dazu, diesen Aspekt weiter auszuführen. Bf erweitert das Thema nun um die Rolle des Staatsanwaltes, der den Fall nur auf dem Papier, also nach Aktenlage kennt, wohingegen die Polizei, so Bf, die Täter vor Ort, also auf dem Abschnitt, in der Vernehmung hat. Fm fügt hinzu, dass er viel „*Feingefühl*" habe, wohl um die Intention eines Beschuldigten richtig erkennen und einschätzen zu können. Bf führt aus, dass man genau herausarbeiten müsse, ob es sich etwa um einstudierte Sätze handle und die Angaben des Beschuldigten kritisch hinterfragen müsse, da für ihn sonst die Gefahr besteht, hier auch noch „*Vorschub*" zu leisten, also dem Beschuldigten eine unangemessene Hilfestellung zu leisten.

Y1 möchte an dieser Stelle wissen, woran die Beamten merken würden, dass keine echte Reue vorhanden ist, wenn der Beschuldigte sich in der Vernehmung positiv, zum Beispiel für eine Wiedergutmachung zugunsten des Opfers, ausspricht bzw. zu einer Entschuldigung bereit ist. Bf erklärt, dass er und seine Kollegen dabei auf das „*Gesamtpaket*" achten würden, wozu die Körpersprache des Beschuldigten gehört, wie auch kritische Nachfragen zu den Intentionen des Beschuldigten, wie auch gesammeltes Wissen über eventuelle Vorbelastungen. Jahrelange Erfahrungen seien dabei hilfreich, so Bf. In dieser Passage werden verschiedene Orientierungsrahmen deutlich. Es existiert ein wohl berufsbedingtes Misstrauen gegenüber den Absichten des Beschuldigten. Dessen Wunsch nach Wiedergutmachung bzw. Auseinandersetzung mit dem Opfer soll ernst und von echter Reue getragen sein. Auf Blender wolle man als Polizist nicht hereinfallen. Dieses nachvollziehbare Anliegen führt aber auch zu recht strikten Einstellungen, wonach jegliche Motive eines Beschuldigten, sich durch sein Handeln auch eine bessere Ausgangsposition im Strafverfahren zu verschaffen abgelehnt werden. Antworten in der Vernehmung etwa, dass dies auch ein Motiv sein kann, sich als Beschuldigter einem TOA zu stellen, würden hier schnell zu Ausschlusskriterien werden, was bei mehrfachem Polizeikontakt dazu führen könnte, hier genau das zu tun, was die Beamten voraussetzen bzw. befürchten, nämlich nur Angaben zu machen, von denen der jugendliche Beschuldigte ausgehen kann, dass sie ihm weiterhelfen. Ein weiterer Orientierungsrahmen deutet sich im Unterschied zwischen der Polizei und der Staatsanwaltschaft ab. Der Staatsanwalt entscheidet nach Aktenlage, ohne den Beschuldigten gesehen oder gesprochen zu haben und ist, nach Ansicht der Diskussionsteilnehmer, dadurch weiter weg vom Geschehen und auch anfälliger, für mögliche Blender. Im direkten Kontakt mit den Beschuldigten könnten dessen wahre Beweggründe besser eingeschätzt werden als nach bloßer Aktenlage. Die Diskussionsteilnehmer dieser Passage setzen auf Jahre der Erfahrung im Umgang mit Beschuldigten und ein hier erworbenes Erfahrungswissen, das ihnen hilft, *die Richtigen* von *den Falschen* zu unterscheiden.

4.4.5.2 Passage: „*Verfahrensablauf*" (Zeile: 630 – 667) Gruppe Rot

```
630   Hm:   Und man muss die Staatsanwalt- darüber in Kenntnis setzen (1) da habe
631         ich mal ne Frage zu dem offiziellen Verlauf, weil ich das nämlich in Berlin
632         (2) ich bin nicht nicht grundsätzlich Berliner Beamter ich komme aus
633         einem anderen Bundesland (1) äh ich habe das in Berlin auch noch nicht
634         so viel gehabt (1) wenn ich jetzt so einen Fall habe und ich habe als
635         Sachbearbeiter die Idee das könnte im Bereich eines Täter-Opfer-
636         Ausgleichs äh einspielen oder der Täter der äh das Opfer wendet sich mit
637         dem Wunsch an mich, äh ich äh ähm schalte dann letztendlich die
638         Integrationshilfe ein (1) muss ich vorher den Staatsanwalt darüber
639         informieren?
640   Gm:   ja
641   Em:   ja
642   ?f:   Hmm
643   Hm:   Schicke ich den Vorgang erst zur Staatsanwaltschaft, die
644         Staatsanwaltschaft schickt ihn zur Integrationshilfe oder schicke ich ihn
645   Gm:                                                                      L geht
646         zur Staatsanwaltschaft und die Staatsanwaltschaft prüft äh ob denn hier
647         ein Täter-Opfer-Ausgleich überhaupt angebracht ist
648   Hm:                                                    L Hm
649   Gm:                                                    L ob der das
650         Verfahren geeignet ist und wenn du ihn in deinem Schlussbericht schon
651         darauf hinweist (2) hallo die beiden wollen sich einigen an einen Tisch
652         setzen irgendwie nen Ausgleich schaffen (2) dann äh gibt der Staatsanwalt
653         das dann weiter
654   Hm:   L o.k.
655   Em:   Ick kann aber ähm (1) dit ist schadlos ick kann vorab sicherlich och die
656         Integrationshilfe schon davon in Kenntnis setzen weil it ebend unter Um-
657         ständen nen Fall auf sie zukommt(1) aber letztendlich geht es über den
658         Staatsanwalt der ist natürlich der Entscheidungsträger ob dit überhaupt
659         stattfindet und natürlich Opfer und Täter müssen beide natürlich wollen
660   Hm:                                                                       L ja
661         müssen wollen ist ja klar muss ja freiwillig sein das heißt ich
662         Sachbearbeiter Staatsanwaltschaft Staatsanwaltschaft beauftragt die
663         Integrationshilfe nehmt euch den beiden Leuten an (1) die führen das
```

664	*durch und dann geht es zurück an die Staatsanwaltschaft (2) und dann*
665	*alle weitere (1) o.k.*
666	Gm: *richtig*
667	*(8)*

Hm, der aus einem anderen Bundesland nach Berlin gekommen ist, erkundigt sich bei seinen Kollegen nach der korrekten Vorgehensweise für den Fall, dass er als Sachbearbeiter eine „*Idee*" zu einem TOA hat. Er schildert sein potenzielles Vorgehen, wonach er zunächst die Staatsanwaltschaft informieren würde und erhält damit Zustimmung durch Gm und Em in Form eines „*ja*" wie auch durch das „*Hmm*" eines nicht weiter zu identifizierenden Gesprächsteilnehmers. Gm erklärt, dass die Staatsanwaltschaft zunächst den Fall prüft und, wenn es überhaupt angebracht ist, die lokale TOA-Fachstelle beauftragt. Die Möglichkeit des Sachbearbeiters besteht darin, den Staatsanwalt auf die Eignung für einen TOA hinzuweisen. Em ergänzt, dass man die TOA-Fachstelle ebenfalls vorab informieren könnte, dass „*unter Umständen nen Fall auf sie zukommt*", resümiert aber, dass der Staatsanwalt der „*Entscheidungsträger*" ist, der darüber entscheidet, ob ein TOA überhaupt stattfindet, und natürlich müssten Opfer und Täter dies auch wollen. Hm fasst nun die Vorgehensweise zusammen, die sich verkürzt darstellen lässt in der Abfolge von Sachbearbeiter – Staatsanwaltschaft – TOA-Fachstelle und von dort als Rückmeldung an die Staatsanwaltschaft. Gm bekräftigt dies mit einem knappen „richtig". Da weitere Nachfragen und Ergänzungen ausbleiben und sich eine längere Pause von 8 Sekunden an diese Passage anschließt, kann davon ausgegangen werden, dass die Beamten für sich das Thema ausreichend behandelt haben.

4.4.6 Die Perspektive des Opfers

Nach intensiver Beschäftigung mit den Transskripten wird unter anderem deutlich, dass die Auseinandersetzung mit dem Thema Täter-Opfer-Ausgleich aus Sicht der Beamten stark täterorientiert betrachtet wird, was nicht allzu sehr verwundern sollte, da ihr Augenmerk seit Jahrzehnten dem Straftäter galt und auch weiterhin gelten wird. Fragen nach dessen Motivation, Misstrauen ihm gegenüber, die Suche nach einer wenn überhaupt geeigneten Gruppe innerhalb der Gesamtheit der Beschuldigten, die für eine Maßnahme wie den Täter-Opfer-Ausgleich in Betracht kommen, wie auch Überlegungen zu möglichst nachhaltigen, weil rückfallvermeidenden Nebeneffekten dominieren die Diskussionen. Jedoch finden sich auch Passagen über die Perspektive des Opfers im Hinblick auf das Thema Täter-Opfer-Ausgleich in den Diskussionsverläufen der Gruppen wieder. Meist handelt es sich dabei um Kontroversen, in denen darüber diskutiert wird, ob die Opfer an einer Maßnahme wie dem Täter-Opfer-Ausgleich überhaupt Interesse haben oder eher nicht und falls doch, was ihnen eine Teilnahme daran bringen könnte. Ebenso existieren Darstellungen im Modus von Fallschilderungen einzelner Beamter, die aus ihren eigenen Erfahrungen über ein positives Feedback von Geschädigten zu berichten wissen. Gleichsam zeigt sich ein praktisches Problem, das im Grundlagentext zum Täter-Opfer-Ausgleich unter dem Faktor Zeit beschrieben wurde (siehe dazu Abschnitt 2.3.4), ein Aspekt, der sich in mehrschichtiger Ausprägung wiederfindet.

4.4.6.1 Passage: „*Verarbeitung*" (Zeile: 251 – 279) Gruppe Rot

251	Ff:	*Da würde ich gerne mal eingreifen (1) ähm ich glaube es ist ganz wichtig*
252		*dem Täter es anzubieten weil er es nicht kennt und ähm aus meiner Sicht*
253		*ist es so, dass man es eben auch geteilt sehen muss (1) es gibt einmal das*
254		*Strafverfahren und wo das Opfer oftmals überhaupt nicht gehört wird (1)*
255		*das heißt der Täter-Opfer-Ausgleich kann die einzige Möglichkeit sein dass*
256		*das Opfer gehört wird ähm dass das Ding Täter-Opfer-Ausgleich heißt fin-*
257		*de ich sehr schwierig, weil es müsste eigentlich mindestens andersrum*
258		*heißen oder wie in Österreich diesen Außergerichtlichen Tatausgleich der*
259		*der lässt das so´n bisschen offen (2) hm da wir ja in ´ner Polizei meines*
260		*Erachtens nach sehr sehr täterorientiert sind (1) ähm glaube ich ist es in*
261		*den Köpfen so dass man sagt ne dem nun nicht noch was gutes aber es*
262		*geht ja um das Opfer und ich glaube das ist so´n bisschen aus meiner*
263		*Sicht so´n bisschen mehrschichtig (1) ich selber hab überhaupt keine (1)*
264		*ähm keine Sachverhalte zu ermitteln gehabt sag ich mal bisher in meiner*
265		*gesamten Zeit wo das für mich (2) ähm in Frage gekommen wäre entwe-*
266		*der gab es mal gerade gar keinen Täter also ich hatte damit überhaupt*
267		*keine praktischen Berührungspunkte ich glaube aber (1) ähm das es im*
268		*Rahmen des Ermittlungsverfahrens manchmal nicht zum Tragen kommen*
269		*kann weil das Opfer noch nicht bereit ist (1) denn ähm es gibt ja nun auch*
270		*so schwerwiegende Delikte wo die Menschen erst mal dieses ganze Ge-*
271		*schehen verarbeiten müssen und ich glaube das kann nach ´ner gewissen*
272		*Zeit so sein dass dieses Ereignis sozusagen abgearbeitet abgebaut wurde*
273		*und man dann sich als Opfer möglicherweise öffnet und sagt o.k. und jetzt*
274		*hätte ich gerne mal gewusst, warum eigentlich ich (1) und das finde ich*
275		*ganz wichtig und dann ähm (2) steht das für mich im Vordergrund zu sa-*
276		*gen wenn das Opfer möchte, ja wenn der Täter möchte ist auch gut natür-*
277		*lich aber für mich steht im Vordergrund, wenn das Opfer möchte dann ja*
278		*denn darum geht es aus meiner Sicht halt das Opfer zu entschädigen und*
279		*möglicher Weise auch zu seinem Seelenfrieden zurückzuführen.*

Vorangegangen war eine Diskussion der Gruppe, ob es die Aufgabe der Polizei ist, den Täter auf die Möglichkeit eines Täter-Opfer-Ausgleichs hinzuweisen. Der TOA sollte dem Täter angeboten werden, da dies oftmals bedeutet, dass nur darüber auch das Opfer „*gehört*" wird, was im Gegensatz dazu im Strafverfahren nicht der Fall sei, so Ff. Ff nimmt in ihrer Rolle als Opferschutzbeauftragte an der Diskussionsrunde teil. Ihr wird dadurch durch die anderen Teilnehmer ein gewisser Expertenstatus in Opferangelegenheiten zugestanden. Ff gibt eine Proposition mit gleich mehreren Orientierungsrahmen vor. Die Namensgebung des Täter-Opfer-Ausgleichs empfindet Ff als *„schwierig"*, wohl weil hier der Täter an erster Stelle genannt wird, einen Opfer-Täter-Ausgleich oder aber die in Österreich gebräuchliche Variante des Tat-Ausgleichs würde sie passender finden. Die Arbeit der Polizei sei nach wie vor *„sehr sehr täterorientiert"*, so dass der Gedanke in den Köpfen der Beamten sei, dass man dem Täter nun (etwa mit dem Hinweis auf die Option eines Täter-Opfer-Ausgleichs) nicht noch etwas Gutes tun wolle. Jedoch gehe es beim TOA um das Opfer. Das Problem mit den Opfern sei aus ihrer Erfahrung heraus mehrschichtig zu betrachten, so dass sie deswegen *„keine praktischen Berührungspunkte"* (mit dem TOA) hatte. Entweder die Täter seien nicht zu ermitteln gewesen, die Delikte zu schwerwiegend, die Opfer mental noch nicht dazu bereit. Wenn das Opfer es schafft sich zu öffnen, etwa weil es Fragen an den Täter hat *„o.k. und jetzt hätte ich gerne mal gewusst, warum eigentlich ich"*, dann fände sie es (den TOA) wichtig, damit das Opfer darüber zu einer Entschädigung kommt und *„möglicherweise auch zu seinem Seelenfriede"* findet.

Neben der Einschätzung von Ff, wonach das Opfer im Strafverfahren eher eine Nebenrolle einnimmt (siehe dazu den Abschnitt 1.3.6 über die Rolle des Opfers im Strafverfahren), deuten sich gleich mehrere praktische Probleme an, die sich aus dem frühen Stadium des Ermittlungsverfahrens und damit dem Betätigungsfeld der Polizei ergeben können. Zum einen wären da Delikte, zu denen keine Täter ermittelt werden konnten, zum anderen schwerwiegende Delikte und Opfer, die mitunter mehr Zeit brauchen, um das, was ihnen angetan wurde, zu verarbeiten, bevor sie sich überhaupt mit der Frage nach einem Täter-Opfer-Ausgleich befassen können. Die Beamten stecken nun in dem Dilemma, dass sie diese Zeit im Ermittlungsverfahren oftmals nicht haben, da die Ermittlungen abgeschlossen werden müssen. Verbunden mit einer täterorientierten Denk- und Arbeitsweise kann dies dazu führen, dass der TOA als mögliche Perspektive, auch etwas Positives für das Opfer zu bewirken, nicht mitgedacht wird.

4.4.6.2 Passage: *„Behördlicher Gang"* (Zeile 53 – 108) Gruppe Grün

53 Hm: *Na wichtig ist auch das einfach die emotionale Ebene bedient wird beim*
54   *Opfer mir ist jetzt son Fall im Hintergrund eingefallen ein Mädchen wurde*
55   *da geschlagen am Schlachtensee (2) weil sie da irgendwie Streit schlichten*
56   *wollte und wurde von dem betrunkenen Täter dann niedergeschlagen die*
57   *wollte mit dem aber (1) wurde vorgeschlagen im Rahmen der Diversion*
58   *ein Ausgleichsgespräch (2) wollte sie aber auf keinen Fall mehr mit den*

59		Typen zusammen kommen so unmöglich fand sie das Verhalten und so
60		weiter sie konnte doch überzeugt werden dass es gemacht wird (1) und
61		für das Mädchen war das dann nachträglich wirklich sehr sehr hilfreich das
62		es einfach mal mitgekriegt hat was in dem Täter eigentlich vorging ne hat
63		sich dementsprechend natürlich auch entschuldigt aber dass er einfach
64		mal gesehen hat warum hat er zugeschlagen weil er stockbesoffen war
65		und so weiter und damit ist sie dann später auch besser klargekommen
66		dann mit der ganzen Situation (2) denn wenn sie nie erfahren hätte was
67		was ging in dem Täter vor eigentlich
68		(4)
69	Fm:	Also meine Erfahrung ist eigentlich dass es den meisten Geschädigten
70		gerade weil du gesagt hast Eigentumsdelikte (zu Bm gewandt) auf gut
71		Deutsch scheißegal ist (2) man muss sich einfach mal den zu mindestens
72		in der hmmm, den normalen behördlichen Gang vorstellen, ick hab jetzt
73		´nen Fufzehnjährigen (2) es muss ja nicht unbedingt, auch wenn wa im
74		Südwesten hier leben nicht unbedingt aus reichenHaushalt kommen, der
75		hat sich also mit viel Taschengeld mit Noten und Omma sein i-Pod
76		zusammengespart und dann steht ein oder mehrere Siebzehnjährige vor
77		ihm und unter Androhung wird ihm dit Ding weggenommen (2) gehn wa
78		ma für ihn vom günstigsten Fall aus der meldet sich danach bei der Polizei
79		dit ganze kommt zur Anzeige (1) dann wird er bei drei eins da hinbestellt
80		im günstigsten Fall erkennt er dit ganze wieder schlimmstenfalls schicken
81		wir ihn zum Platz der Luftbrücke wo er von ein paar tausend Bildern
82		erschlagen wird (1) gehen wa mal vom optimalen Fall aus der
83		fufzehnjährige erkennt den Täter wieder (1) der Bearbeiter beantragt nen
84		Beschluss, man fällt da ein findet dit Ding nicht mehr weil es umgesetzt
85		wurde im Rahmen der Gerichtsverhandlung ist der Täter dann
86		meinetwegen auch noch geständig (2) der Fufzehnjährige möchte
87		irgendwie seinen i-Pod wieder haben und eigentlich lassen wir ihn im Laufe
88		dieses Verfahrens völlig alleine (1) also ick kann mich an die wenigsten
89		Verhandlungen erinnern wo irgendwat bei rauskam der hatte Angst und
90		der hat keinen Bock mehr dem Täter gegenüber zu treten und der hat och
91		(3) kein Verständnis mehr dafür ob der da betrunken war oder ne
92		missliche Jugend hatte (3) dit geht einfach dran vorbei und wir helfen
93		demjenigen nicht und damit kommen wa ähmm letztendlich bei ´ner ganz
94		normalen Abarbeitung äh des Systems dazu dass ick jemanden habe o.k
95		super ick hatte jetzt ne Gerichtsverhandlung ick bin zur Polizei gegangen
96		ick hab meine Privatzeit dafür (1) ick hab mich teilweise sogar noch
97		anmachen müssen (1) und ähhhh unabhängig mal von dem Urteil was
98		der Täter hinterher abkriegt wo ist mein i-Pod (4) wer sorgt jetzt dafür
99		und wir schicken ihn in eine privaten Klageweg sich dit da zu holen (2) dit
100		System versagt ganz klar an der Stelle und wenn ick mir überlege seit
101		wann Abziehtaten (4) modern sind, also so dass it schon weitergegeben
102		wird innerhalb von Familien oder innerhalb von Kumpels an den nächsten,
103		wie man an Geldquellen herankommt (3) dann haben wa dadurch ne ganz
104		massive Steigerung erreicht da brauchen wa nicht nach außen gucken
105		oder ob wa Verständnis oder kein Verständnis aufbringen, da hat die
106		Behörde ganz klar mit versagt (1) also nicht weniger als die Justiz jetzt
107		weil wir nicht dafür als Gesellschaft nicht dafür in der Lage waren dafür zu
108		sorgen dass der Fünfzehnjährige sein i-Pod wiederkriegt, Punkt.

Die Passage befindet sich sehr am Anfang dieser Gruppendiskussion. Die einzelnen Teilnehmer bringen erste Orientierungsrahmen ein. Hm erinnert sich an einen Fall, in dem ein Mädchen geschlagen wurde. Er wählt sein Beispiel, um zu verdeutlichen, wie bei einem TOA auch die „emotionale Schiene" bei den Geschädigten bedient wird. Der Fall wurde im Diversionsverfahren angeregt. Die Geschädigte, die zunächst abgelehnt hatte, konnte doch noch überzeugt werden und empfand das Ganze im Nachhinein als „sehr sehr hilfreich". Über die Entschuldigung des Täters und dessen Schilderung der Tatumstände habe sie für sich den Vorfall besser verarbeiten können, sei damit „später auch besser klargekommen", so die Erinnerung und Einschätzung von Hm.

Nach einer kurzen Pause, greift Fm das Thema auf. Als Kontrast zu dem geschilderten Gewaltvorfall, den emotionalen Aspekten auf der Seite des Opfers und der Darstellung von Hm skizziert er eine Raubstraftat, bezieht sich dabei jedoch nicht wie Hm auf einen realen Fall, sondern komponiert ein Beispiel anhand von Elementen aus seinem Arbeitsalltag. Demnach wurde ein 15-jähriger Junge von einem 17-Jährigen beraubt. Das Opfer, obwohl aus einer der besseren Wohngegenden der Stadt, jedoch daher nicht automatisch aus einem „reichen Haushalt" kommend, hat sich durch gute Schulnoten und mit Hilfe der Oma einen i-Pod zusammengespart, der ihm unter Gewaltandrohung abgenommen wurde. Da Opfer und Täter sich nicht kennen, muss der Geschädigte nach der Anzeigenerstattung eine Lichtbilddatei nach dem Verdächtigen durchsuchen und findet „im günstigsten Fall" den Verdächtigen. Der Sachbearbeiter beantragt einen Durchsuchungsbefehl, worauf die Polizei die Wohnung des Beschuldigten durchsucht – hier drastisch dargestellt am militärischen Begriff des Einfallens –, um dann festzustellen, dass die Beute bereits veräußert wurde. Der Täter zeigt sich im Rahmen der folgenden Gerichtsverhandlung geständig und der Geschädigte wird, so Fm, allein gelassen. Nur in den wenigsten Verfahren sei das anders. Das Opfer hat seinen Schaden immer noch nicht ersetzt bekommen und hat daher „keinen Bock mehr" auf eine Begegnung mit dem Täter oder Verständnis für dessen Situation. Ohne dass dem Opfer geholfen werde, laufe ein System ab, dass einen unzufriedenen Geschädigten hinterlässt, der neben der Angst bei der Tat einen Aufwand betreiben musste, jedoch immer noch nicht seinen i-Pod zurückhat. Laut Fm gibt es die Tendenz, dass die Beschaffung materieller Werte durch Straftaten als probates Mittel in bestimmten Kreisen verbreitet ist, ja sogar zugenommen hat. Hier habe die Behörde, also die Polizei, versagt, ebenso die Justiz, da nicht dafür gesorgt wurde, dass „der Fünfzehnjährige sein i-Pod wiederkriegt."

In dieser Passage findet sich unter anderem eine Parallele zur vorherigen Passage wieder, wonach für das Opfer durch das reine Strafverfahren keine besondere Wirkung erzielt wird. Der Darstellung von Hm wird ein negativer Gegenhorizont entgegengestellt, der gleich mehrere Orientierungsrahmen enthält. Im weiteren Diskussionsverlauf der Gruppe *Grün* greifen die Teilnehmer diesen Strang erneut auf, hier dargestellt anhand einer Passage, die gleichsam die Schlusssequenz dieser Gruppendiskussion darstellt, und fordern eine stärkere Verantwortungsübernahme durch den Täter, wenn es um die materiellen Schäden des Opfers geht.

4.4.6.3 Passage: „Wiedergutmachung" (Zeile 2516-2606) Gruppe Grün

```
2516  Fm:   Der Täter-Opfer-Ausgleich ist ein (2) probates Mittel um tatsächlich wirk-
2517        lich jetzt real Jugendkriminalität einzuschränken für den Bereich gar keine
2518        Frage aber nur dann wenn es wirklich um die Haftung geht (2) und (2) wie
2519        gesagt es geht nur darum äh wenn nicht mit nem Lippenbekenntnis son-
2520        dern, wenn völlig klar ist, mein Urteil schlimmstenfalls wander ick ein oder
2521        wander ick nicht ein, davon abhängig ist, wie verhalte ich mich dann dem
2522        Opfer gegenüber. Das wir ein hohes Dunkelfeld haben und der wahrschein-
2523        lich nur jedes zwanzigtse Mal erwischt wird (1) das weiß der Täter besser
2524        als wir.
2525  Y1:   Hm
2526  Fm:   Dit ist nicht die Frage aber nur dann kann es tatsächlich etwas bewirken
2527        weil wir haben fünfundzwanzig Jahre Täter-Opfer-Ausgleich nicht wirklich
2528        nen realen Rückgang gehabt, äh damit meine ick jetzt bestimmt nicht die
2529        PKS sondern ick meine jetzt wirklich nen realen Rückgang von der Bereit-
2530        schaft, dass ich mir mein Leben durch, dadurch finanziere oder zumindest
2531        meine Freizeitaktivitäten dadurch finanziere, in dem ick anderen Menschen
2532        ihr Eigentum wegnehme
2533  Bm:   L und die Opfer
2534  Fm:              L und die Mentalität ist halt mitnichten eingetreten und da
2535        brauchen wir auch nicht ein Mal im Jahr so ne schicke PKS raushauen wo
2536        dit allet rückläufig ist und äh ( ) jeder Schutzmann der uff de Straße
2537        Dienst macht oder gemacht hat innerhalb der letzten ( ) weiß das und je-
2538        der weiß auch dass das Zauberwort Bildung heißt, dit hätte ick och schon
2539        vor zwanzig Jahren sagen können, dass wenn Menschen, die kein Schulab-
2540        schluss haben (3) irgendwann mal erwachsen werden und dann wirklich
2541        zurück wollen und dann keine Perspektive haben das hätte ja auch jeder
2542        gewusst (3) aber (2) als Instrument zu benutzen ist es super, aber dann
2543        muss es auch in der richtigen Form passieren und vor allem es muss rou-
2544        tinemäßig innerhalb von jedem zumindest in jedem Jugendverfahren ein-
2545        gesetzt werden
2546  Gm:            L Können
2547  Fm:            L ne es muss eingesetzt werden zumindest es
2548        muss an irgendeiner Stelle
2549  Af:                L mit Wiedergutmachung
2550  Fm:                                L muss ne ganz klare
2551        Fragestellung nach der Wiedergutmachung sein
2552  Bm:                                L entweder das Eigentum
2553        oder ne Schmerzensgeldzahlung oder ähnliches
2554  Fm:   L da können die aus einer Tabelle ablesen dein dein
2555  Af:                                        L ne richtige Entschul-
2556        digung bewirkt ja auch dass ich den Schaden bezahle
```

557	Fm:	L dein Veilchen ist
558		zweihundert Euro wert du hast dem mit der Faust ins Gesicht geschlagen
559		dein Veilchen ist zweihundert Euro wert so als Leit- der Richter soll ja
560		nicht, soll den ja och nicht übermäßig hart verurteilen, soll ihn danach
561		gehn- zweihundert Euro ist das wert (3) möchten sie die zahlen ja prima
562		bis dann und dann haben sie Zeit, wenn der Täter, dit Opfer mir dit bestä-
563		tigt bis dahin dann erfolgt das und das
564	Bm:	L sicherlich kann man sagen wenn
565		ein erfolgreicher Täter-Opfer-Ausgleich äh passiert ist der Täter da auch
566		mitspielt kann sich das schon positiv auf äh auf ne mögliche Verurteilung
567		vielleicht sogar so auswirken dass es tatsächlich zu einer Einstellung
568		kommt aber das ist (1) es muss trotzdem weiterhin die Möglichkeit geben
569		ne Verurteilung auch auszusprechen und dann würde das auch für schwe-
570		rere Fälle zum Beispiel äh möglich sein Täter-Opfer-Ausgleich anzuwenden
571		zusätzlich weil äh ja immer noch die Verurteilung im Raume steht (1) also
572	Fm:	L für
573		das Gericht ist es doch auch einfach letztendlich ne Begründung auszu-
574		sprechen (2) dass von einer Vollstreckung der letztendlich noch mal ab-
575		gesehen werden konnte weil er tatsächlich glaubhaft reuig gewirkt hat und
576		dit glaubhaft be( ) sich natürlich dadurch dass er versucht hat zumindest
577		in finanzieller Hinsicht den Schaden wiedergutzumachen und nicht weil ich
578		da stehe (weinerlich gesprochen) äh es tut mir leid
579	Af:	L na dit reicht nicht
580		mehr heutzutage
581	Gm:	L ne
582	Fm:	L beim selben Richter nicht mehr und bei der Klientel
583		die ick habe reicht es auch nicht mehr keine Frage
584	Af:	L dit ist keine Entschul-
585		digung
586	Fm:	L dass du denselben hast, aber sie schlüpfen noch teilweise äh zu-
587		mindest im Anfangsbereich sehr gut durch das System durch
588	Bm:	L also da wä-
589		re dann so bei 'ner Wiedergutmachung von Schäden oder Schmerzens-
590		geldzahlungen oder ähnlichen da könnte man Täter-Opfer-Ausgleich als
591		Auflage verstehen, wenn die dann nicht eingehalten wird wupp greift man
592		auf das richtige Urteil zurück oder so kann ich mir das auch vorstellen (4)
593		und äh wenn ich denn bei jedem Opfer, würde dann sagen auch wenn es
594		ewig dauert, meinetwegen bis zur Gerichtsverhandlung nach einem Jahr
595		plötzlich oder nach eineinhalb Jahren plötzlich mitkriegt hier gab es nen
596		Ergebnis ey ich hab Kohle gekriegt für die Schmerzen die ich erlitten hatte
597		oder ich habe Kohle bekommen für das Eigentum was damals verloren ge-
598		gangen ist dann freuen die sich dann fühlen die sich geholfen dann ver-
599		trauen die auch
600	Fm:	L Mundpropaganda weitererzählen an den nächsten
601	Bm:	L das schafft auch ein gewisses Vertrauen in
602		das System bei denen
603	Ef:	L ja
604	Bm:	L im Grunde man bezahlt den Opfern das Ver-
605		trauen in das System damit.
606	Af:	Gutes Schlusswort.

Fm sieht den TOA als „*probates Mittel*", um wirklich Jugendkriminalität einzudämmen, aber nur, wenn dieser nicht an „*Lippenbekenntnisse*", sondern an eine aktive Wiedergutmachung der Täter an die Opfer gebunden ist. Das Nachtatverhalten gegenüber dem Opfer soll entscheidend sein für die Frage, Knast oder nicht Knast. Gleichzeitig spiegelt sich auch hier ein großes Misstrauen gegenüber dem Beschuldigten wieder, da dieser wohl mehr Straftaten begeht, ohne das er dabei erwischt wird (Dunkelfeld). 25 Jahre Täter-Opfer-Ausgleich haben nicht zu einem realen Rückgang der Jugendkriminalität geführt, einem Rückgang in Bezug auf die Mentalität, dass man sich nicht die Sachen anderer aneignet. Fm macht keinen Hehl daraus, dass er dabei nicht der offiziellen Polizei-Statistik vertraut, wonach alles rückläufig ist. „ (...) *jeder Schutzmann der uff de Straße Dienst macht oder gemacht hat*" wisse Bescheid, dass das Zauberwort „*Bildung*" ist und sich nur darüber etwas verändern lasse. Fm benennt hier deutlich die beiden Ebenen einer offiziellen Polizeikultur – der jährlichen Statistik – und der Polizistenkultur an der Basis, hier verortet durch die Begriffe „*Schutzmann*" und „*uff de Straße.*" Menschen ohne Schulabschluss hätten dann auch als Erwachsene keine Alternative. Als „*Instrument*" sei es (der TOA) „*super*" jedoch müsste es dann richtig angewandt werden, was den Vorwurf beinhaltet, dass es bisher nicht richtig angewandt wurde. Auch soll es routinemäßig in jedem Jugendverfahren angewandt werden, was den Einwand von Gm hervorruft, dem hier der Bezug auf jedes Verfahren zu weit geht und dies durch den verkürzten Einwurf „*können*" relativiert.

Fm lässt sich in seinem Standpunkt dadurch nicht beirren und er bekräftig diesen mit lauterer Stimme „*ne es muss eingesetzt werden.*" Es folgt eine Validierung seiner Proposition durch Af und Bm, die sich dem anschließen, dass die Täter sich hier mit den Themen der Wiedergutmachung und dem Schmerzensgeld beschäftigen müssen. Ein Schaden sollte über eine Tabelle bezifferbar sein und eine Entschuldigung eine Schadensregulierung enthalten. Es ginge dabei auch nicht um eine harte Bestrafung durch den Richter, doch der Täter soll eine Wiedergutmachung an das Opfer leisten, im Gegenzug ist es auch in Ordnung, wenn es zu einer Strafmilderung kommt, der Richter soll ihn (den Täter) danach (nach der Wiedergutmachung) auch gehen (lassen), so die Vorstellung von Fm. Bm ergänzt, dass eine Einstellung nach einem Täter-Opfer-Ausgleich möglich sein soll, ebenso aber auch die Chance, in schweren Fällen Täter-Opfer-Ausgleich und eine Verurteilung zu kombinieren. Fm wiederum ergänzt nun die Ausführungen von Bm, wonach es dem Gericht leicht fallen würde zu begründen, warum nach einer glaubhaften Reue, in Form einer Schadenswiedergutmachung, von einer Vollstreckung (eines Urteils, einer Haftstrafe) abgesehen werden könne. Die finanzielle Wiedergutmachung wird als etwas Reales und Handfestes gesehen. Als Kontrast dazu skizziert Fm die Entschuldigung als etwas wenig Glaubwürdiges und unterstreicht dies, indem er das „*äh es tut mir leid*" eines Täters mit weinerlicher Stimme ausspricht und damit ins Lächerliche zieht. Hier erhält er Zustimmung von Af „na dit reicht nicht mehr heutzutage" und Gm „ne". Fm führt weiter aus, das es bei seiner Klientel nicht funktioniert und sobald ein Täter wieder zum selben Richter kommt, ebenfalls nicht. Af fügt hinzu, dass das keine Entschuldigung ist, womit sie sich wohl auf die weinerlich gesprochene Passage von Fm bezieht. Fm relativiert, dass es vorkommen kann, dass man noch einmal denselben Beschuldigten hat und dass einem (Polizei und / oder Justiz) da gerade am Anfang (einer kriminellen Karriere) schon mal der eine oder andere durch das System schlüpft.

Bm fasst die Ideen der Gruppe an dieser Stelle zusammen, indem er feststellt, dass der Täter-Opfer-Ausgleich als Auflage an den Täter gesehen werden kann, der eine automatische Bestrafung nach sich zieht, wenn es nicht klappt. Die Opfer würden dann, auch wenn es ewig dauert, ein bis eineinhalb Jahre, womit die Erfahrung über die Dauer mancher Strafverfahren sichtbar wird, zufrieden reagieren und sich sogar freuen, dass sie für die damals erlittenen Schmerzen und die entwendeten Güter eine Wiedergutmachung – „Kohle" erhalten. Die Opfer fühlen, dass man ihnen geholfen hat und diese vertrauen dann auch… an dieser Stelle wird die Ausführung von Fm unterbrochen, der zustimmend ergänzt, dass sich dies dann herumspricht „Mundpropaganda." Bm, Ef und Af sind sich einig, dass dieses Vorgehen eine Investition in das Vertrauen der Opfer in das System ist. In dieser Passage, die gleichzeitig den Abschluss dieser Gruppendiskussion darstellt, setzt Fm die Akzente und erhält dabei Zustimmung der anderen Teilnehmer, die mit seinen Äußerungen weitestgehend konform gehen und diese durch eigene Argumente ausbauen und erweitern. Im Rückblick auf den gesamten Verlauf dieser Gruppendiskussion verwundert zunächst die positive Stellungnahme von Fm zum TOA, da dieser sich vorher mehrmals kritisch geäußert hatte, was sich aber mehr an der Ausgestaltung des Wiedergutmachungsprozesses festmacht. In der Gruppe herrscht Einigkeit darüber, dass ein Täter-Opfer-Ausgleich und damit auch eine Strafverleichterung für den Täter an eine Wiedergutmachung für das Opfer gebunden sein sollten. Der Entschuldigung im Gespräch wird Misstrauen entgegengebracht bzw. dieser wird im Vergleich zu einer materiellen Wiedergutmachung keine Bedeutung beigemessen, da die materielle Wiedergutmachung nachweisbar, messbar und bezifferbar ist. Die Passage hat hier ihre größte Dichte, wo sich die beteiligten Personen gegenseitig darin bestärken, dass dies so ist bzw. so sein sollte. Über diese Form der Wiedergutmachung geht die Gruppe auch über den Gedanken der Diversion hinaus, so dass TOA nicht automatisch mit einer Verfahrenseinstellung verbunden werden muss, jedoch kann, dass es aber auch in Verbindung mit einer Strafmilderung kombiniert werden kann. Darüber hinaus wird die Ebene um die Perspektive des Täters erweitert um die Opferperspektive. Dem Opfer wird, sofern es Hilfe und Wiedergutmachung erfährt, dass Vertrauen in das System gestärkt – quasi als Zeichen, dass etwas passiert. Weiterhin wird hier eine Diskrepanz zwischen der offiziellen Darstellung der Polizeiarbeit – die Polizeikultur zur Einstellung an der Basis – der Polizistenkultur - deutlich, wie auch eine leichte Resignation über die Wirkung des eigenen Handelns, da es vor allem Bildung und damit die gesellschaftlichen Grundlagen sind, die im Hinblick auf Jugendkriminalität langfristig etwas verändern können.

4.4.7 Die Haltung der Kollegen zum TOA

Bereits in der Passage „*Leihwäscheträger*" deutet sich ein gängiges Bild des Täter-Opfer-Ausgleichs an, welches in weiten Kreisen der Kollegenschaft vorzuherrschen scheint. Neben der Verknüpfung des Namens Täter-Opfer-Ausgleich mit einer täterorientierten Hilfsmaßnahme bilden sich hier auch weitere Faktoren ab, wie etwa ein zeitlicher Mehraufwand, Unsicherheit darüber, das Richtige zu entscheiden und die Frage, wie weit die eigene Zuständigkeit für das Thema TOA überhaupt geht. In den folgenden drei Passagen, der Passage „*Kollegen*" aus dem Diskussionsverlauf der Gruppe Grün, der Passage „*Grenzen des Machbaren*" aus der Gruppe Rot, wie auch der Passage „*Informationsdefizit*" aus dem Diskussionsverlauf der Gruppe Pink, wird diesem Thema noch mehr Kontur verliehen. In der ersten Gruppe wurde hier die Fragestellung durch den Forscher in die Diskussionen eingebracht, in der zweiten Gruppe ergab sich das Thema im Verlauf der Diskussion von allein und in der dritten Gruppe eröffnete sich das Thema über eine offene Fragestellung.

4.4.7.1 Passage: „*Kollegen*" (Zeile 2205 -2243) Gruppe Grün

```
2205   Y1:   Vielleicht noch eine Abschlussfrage ähm wir hatten ja eingangs gesagt pffff
2206         Sie haben vielleicht auch Einschätzungen was was Ihre Kollegen vom Tä-
2207         ter-Opfer-Ausgleich halten wenn sie sich damit beschäftigt haben die heu-
2208         te nicht mit am Tisch sitzen aus ihren Dienststellen aus Ihren Arbeitskrei-
2209         sen (2) nun sind wir ein bisschen im Bereich des Spekulativen aber ähm
2210         vielleicht aus aus Gesprächen oder aus aus Erfahrungen heraus, was kön-
2211         nen Sie sagen, was was glauben die, was halten die vom Täter-Opfer-
2212         Ausgleich.
2213   Fm:   Beschäftigt beschäftig sich gar keiner mit
2214   Ef:                                          L nein sieben von zehn glaube ich
2215         wissen es nicht mal
2216   Fm:                L dit is ne nette Schätzung neun von zehn
2217   Af:                                                          L @genau@
2218   Bm:                                                                    L also
2219         ich würde auch sagen eher klar haben die Täter-Opfer-Ausgleich sicherlich
2220         irgendwo mal (1) Kollegen meinen Sie jetzt
2221   Y1:                                            L Hm
```

```
222  Bm:                                             L ja haben sie
223       sicherlich gehört aber für sicherlich (1) weil se überhaupt gar keine
224       Vorstellung haben wie das genau aussieht (1) ähm wir sagen ja schon
225       dass das für uns ein bisschen schwierig ist, da ne ausreichende Vorstellung
226       zu haben (2) und wir müssen uns damit beschäftigen (1) ähm da werden
227       die, ich würde mal sagen tendenziell (1) eher dagegen sprechen gegen
228       Täter-Opfer-Ausgleich weil se immer das Gefühl haben hier wird ja wieder
229       nur dem äh Täter weitergeholfen
230  Y1:  Hm
231  Bm:       L oder und
232  Ef:            L oder ich muss wieder was mehr machen
233  Bm:  genau
234  Gm:  genau
235  Af:       L noch nen Zettel
236  Dm:                 L dit kommt noch dazu
237  Af:                          L ich muss was mehr ma-
238       chen
239  Gm:       L noch´n Zettel und noch mehr Zeit und noch´n Gespräch
240  Fm:                                                 L   und   ick
241       hab keine Zeit dafür
242  Gm:                     L und noch´n Termin
243  Bm:                              L ja genau (2) das ist jetzt schon.
```

Y1 stellt fast am Ende dieser Gruppendiskussion eine Frage an die Gruppe, da er wissen will, wie ihre Einschätzung ist im Hinblick auf den TOA und das Wissen im Kreise der Kollegen über ihn. Fm und Ef stimmen darin überein, dass die wenigsten Kollegen davon wissen bzw. sich mit dem Thema beschäftigen. Bm relativiert, indem er einwendet, dass die Kollegen „*irgendwo schon mal*" (davon gehört haben), versichert sich dann aber noch mal bei Y1, dass die Fragen den Kollegen galt, was Y1 mit einem „*Hm*" beantwortet. Die Kollegen hätten zwar davon gehört. Da diese sich jedoch nicht mit dem Thema befassen müssten, im Gegensatz zu den Anwesenden, gäbe es keine ausreichende Vorstellung darüber. Bm verknüpft diese Aussage gleich mit einer Einschätzung, wonach hier der Begriff TOA mit einer Hilfestellung für den Täter verbunden und daher abgelehnt wird. Ef ergänzt mit einem Einwand diese ablehnende Haltung durch den Faktor der Mehrarbeit – „*oder ich muss wieder was mehr machen.*" Sie wird darin vom Bm und Gm bekräftigt, wobei sich Af – „*noch´n Zettel*" und Dm – „*dit kommt noch dazu*" anschließen. Die Position wird anhand von kurzen Erläuterungen weiter ausgebaut, etwa durch Gm, der dies mit „*noch´n Zettel und noch mehr Zeit und noch´n Gespräch*" deutlich macht. Der TOA ist im Kreise der Kollegen, also all jenen, die nicht Teilnehmer dieser Gruppendiskussion sind, wenig bis gar nicht bekannt. Das kann mehrere Gründe haben. Zum einen ist er kein zentrales Thema für die Polizei, zum anderen beschäftigen sich, wenn überhaupt, die Jugendsachbearbeiter mit ihm. Der Begriff sei vielleicht bekannt, jedoch würde man bei der Polizei in der Mehrheit damit eher eine Hilfestellung für den Täter verbinden als Hilfe für die Opfer. Auch würde eine stärkere Hinwendung zu diesem Thema in der Praxis mit einem Mehraufwand an Arbeit verbunden werden, was eher Ablehnung produziert, so die Einschätzung der Gruppe.

4.4.7.2 Passage: „Grenzen des Machbaren" (Zeile: 501 – 561) Gruppe Rot

Der Aspekt der Mehrarbeit, des Aufwandes, der notwendig wäre, um das Thema Täter-Opfer-Ausgleich in die Fallarbeit tatsächlich effektiv einzubringen, erhält im Diskussionsverlauf der Gruppe Rot eine weitere Variante. Zur Frage nach den zeitlichen Kapazitäten kommt die Frage nach dem eigenen Know-how und damit nach den Grenzen des Machbaren hinzu. Die kurze Passage ist eingebettet in einen Konsens der Gruppe, dass der Täter-Opfer-Ausgleich im Bereich der Schulen als Instrument der Konfliktschlichtung als sehr sinnvoll erachtet wird, wie auch die Schilderung einer Kollegin, die davon berichtet, dass sie demnächst selbst mit zwei Mädchen einen „Täter-Opfer-Ausgleich" machen wolle, was die anderen Teilnehmer jedoch eher kritisch bewerten.

```
501   Gm:   Bin ich Polizeibeamter oder bin ich Soziologe, Psychologe, Sozialarbeiter
502         (1) was auch immer, weil irgendwo langsam sag ich mal überfordert man
503         auch   manche   Kollegen   mit   dem   was   wir   hier   machen.
504         Jugendsachbearbeitung,  vernehmen,  Reifevermerke,  Schlussberichte,
505         daran denken, daran denken, daran denken, und jetzt mach mal noch nen
506         Täter-Opfer-Ausgleich, setzt dich mal mit zwei Jugendlichen an eine Tisch,
507         die sich dann vielleicht auch noch am Tisch beharken und du sollst dann
508         noch den Schlichter spielen mit Lehrern und sonst was an einen Tisch, also
509         irgendwo (1) wenn die Zeit da ist o.k. kann man das machen, aber gerade
510         mal bei uns aus unserem Bereich hier sag ich mal, haben wir für so´ne
511         Sachen definitiv so gut wie keine Zeit
512   Cf:                         L (  ) aber (  ) Zeitraum eigentlich
513   Gm:                                                              L also
514         solche Sache
515   Ff:              L ja aber hier geht´s
516   Bm:                         L ist aber einfach nicht
517   Gm:                                            L nun krieg mal nen
518         Lehrer den betroffenen Lehrer an den einen Tisch die Schüler an einen
519         Tisch und jetzt noch einen gemeinsamen Termin wo alle können wo wir
520         können wo wa nämlich keine Vernehmungen haben wird sehr schwierig
521         dann gehen auch wieder Wochen ins Land ne
522   Cf:                                         L aber hier ist es ja auch ei-
523         ne relative einfache Sache, es geht um einen Vermögensschaden
524   ?f:                                                              L (     )
525         einfachen Sachverhalt
526   ?m:              L (  ) ja
527   Cf:                         L und ich sag mal ähm ich denke mal schon
528         gerade  was mit Ängsten zu tun hat ähm Körperverletzungen und äh
529         Raubtaten oder sowas ähm (2) da würde ich mich immer (1) klar aus dem
```

Empirische Analyse Teil I

```
530            normalen Menschenverständnis heraus will man helfen und alles Mögliche
531            denke ich (1) da würde ich mich auch überfordert fühlen, weil es gibt
532            manchmal so einen Hintergrund, wenn ich an manche Vernehmungen so
533            denke, wenn es schon in sexuelle Dinge geht wenn es in Konflikten in
534            Familien geht und so wo man einfach auch nichts falsch machen möchte,
535            weil man einfach sagt ja bin ich der Richter oder ich bin einfach nicht
536            entsprechend geschult (1) auf so ne Leute einzugehen und so das ist
537            einfach so was ich aus dem normalen Menschenverstand heraus mache (1)
538            wenn ich vielleicht denke, oh das wäre jetzt mein Kind, wie würdest du
539            dich jetzt verhalten (1) aber manche Dinge sag ich einfach die gehören
540            auch nicht in Polizeihand (2) dafür gibt es Spezialisten.
541   Gm:                                                                    L Hm
542   Hm:                                                           L das ist ja
543            genau der Punkt, das ist jetzt auf ihrem privatdienstlichen Engagement
544            wird das ja jetzt gemacht
545   Gm:                    L richtig
546   Cf:                         L Hm
547   Hm:     diese kleine Variante
548   Gm:                         L richtig das ist nicht der normale Weg eigentlich nor-
549            malerweise
550   Hm:                  L nicht der normale Weg normalerweise
551   Cf:                                                     L Hm
552   Gm:                                                     L Integrationshilfe
553            zum Beispiel
554   Hm:                 L dafür ist dann die Integrationshilfe zuständig die dann
555            dieses Ausgleichsgespräch macht (1) also dein Engagement jetzt in allen
556            Ehren aber das ist ja nicht so dass wir das jetzt oder ihr jetzt in dem Fall
557            jeden Vorgang jetzt in´s Kalkül zieht
558   Gm:                                       L ne
559   Hm:                                          L euch mit allen an einen Tisch zu
560            setzen (1) das ist (1) aber man muss es letztendlich anstoßen
561   Gm:     richtig
```

Die Passage beginnt mit einer Proposition durch Gm in Form einer Fragestellung, der die Frage aufwirft, was denn als Polizeibeamter seine Aufgabe ist – „bin ich Polizeibeamter oder bin ich Soziologe, Psychologe, Sozialarbeiter" –, denn letztendlich würde dies dazu führen, dass man „manche Kollegen" überfordern würde, wobei Gm sich selbst durch diese Formulierung ausnimmt. Gm zählt auf, woran ein Sachbearbeiter in der Praxis alles denken muss: „Jugendsachbearbeitung, vernehmen, Reifevermerke, Schlussberichte, daran denken, daran denken, daran denken, und jetzt mach mal noch nen Täter-Opfer-Ausgleich", wobei das daran denken mehrfach verstärkt wird. Als nächstes skizziert Gm praktische Probleme, die sich beim Versuch einer Schlichtung ergeben können, Konfliktparteien, die sich „noch am Tisch beharken", bevor er zu dem Fazit kommt, dass man das machen könne, wenn man Zeit dafür hat, was bei uns und „unserem Bereich" nicht der Fall wäre. Auch wenn Gm fehlendes Know-how angesprochen hat, macht er es letztendlich doch von der Frage der Zeit abhängig, weil dies vermutlich einfacher zu vereinbaren ist als etwas nicht zu können. Cf, Bm und Ff reagieren mit stark verkürzten Äußerungen, deren Inhalt nur schwer zu rekonstruieren ist. Die Äußerung von Bm „*ist aber einfach nicht...*" könnte eine Validierung von Gm´s Proposition bedeuten, etwa in Form von *für uns nicht zu realisieren* oder etwa *nicht unsere Aufgabe*. Gm bekräftigt seinen Standpunkt mit einer erneuten Exemplifizierung in der er den Faktor Zeit und damit ein organisatorisches Problem aufgreift anhand des Beispiels, wonach es zeitlich sehr schwer wird, einen betroffenen Lehrer und die entsprechenden Schüler an einen Tisch zu bekommen.

Cf bezieht sich mit seinem Einwand, dass es sich hierbei um einen Vermögensschaden handelt, auf die bereits erwähnte Schilderung einer anderen Teilnehmerin im Vorfeld der ausgewählten Passage, die demnächst selbst einen Ausgleich zwischen zwei Mädchen organisieren wolle. Cf erhält dabei Zustimmung von zwei nicht zu identifizierenden Teilnehmern der Gruppe. Schon vom *„normalen Menschenverstand"* heraus wolle man bei Sachen wie Raub und Körperverletzung helfen (den Opfern), jedoch gäbe es Hintergründe, wie etwa bei Sexualstraftaten und Familienkonflikten, wo man schnell an seine Grenzen gelangt und vor allem nichts falsch machen möchte. Manche Dinge lassen sich aus dem einfachen Menschenverstand heraus entscheiden, andere Dinge gehören nicht in die Hände der Polizei, dafür braucht es Spezialisten, so Cf. Cf beschreibt damit das Gefühl der Unsicherheit zwischen dem Wunsch, helfen zu wollen und der Angst, dabei etwas falsch zu machen. Die Passage beschreibt ein Dilemma, wonach die Beamten sich damit konfrontiert sehen, Entscheidungen treffen zu müssen, für die sie nicht ausgebildet wurden bzw. deren Folgen sie nicht recht abschätzen können. Hm bestätigt diese Proposition von Cf, jedoch nicht auf der Ebene der Unsicherheit, sondern auf der Ebene des einfachen Menschenverstandes, hier bezeichnet als *„privatdienstliches Engagement"*, was ich übersetzen würde mit - *kann man im Dienst machen, muss man aber auch nicht*. Zum Schluss der Passage herrscht dahingehend Einigkeit, dass Konfliktschlichtungen bei der Polizei in Ausnahmefällen zwar gemacht werden können, dies jedoch nicht die normale Vorgehensweise darstellt und eher die lokale Fachstelle damit beauftragt werden sollte. Die Aufgabe der Polizei wird hier nicht darin gesehen, in letzter Konsequenz alles selbst machen zu müssen, trotz fehlender Zeit und fehlenden Fachwissens, sondern die Sache *„anzustoßen"*, also quasi zu delegieren.

4.4.7.3 Passage: „*Informationsdefizit*" (Zeile: 864 – 934) Gruppe Pink

Die letzte ausgesuchte Passage zu diesem Unterpunkt liegt zeitlich gesehen am Ende des Diskussionsverlaufes der Gruppe Pink. Y1 stellt eine offene Frage an die Gruppe, die sich ihren Themenschwerpunkt dazu selbst setzt. Neben dem Aspekt, dass – im Rahmen der Ausbildung – wie auch zuvor in den anderen Passagen auf der Basis der Praxis deutlich geworden, TOA für die Polizei kein bedeutendes Thema ist, so werden auch hier Hemmnisse aufgrund fehlender Informationen benannt.

Y1: Wenn sich das Thema für Sie soweit erst mal erschlossen hat in der Kürze der Zeit (2) wäre eine Abschlussfrage von mir (1) bzw. eine offene Frage, was wäre für Sie noch wichtig (1) zum Thema Täter-Opfer-Ausgleich mit in diese Runde einzubringen, wo sagen Sie (1) da sehe ich ne Zukunftsperspektive da werd ich beruflich mit zu tun haben oder was fällt Ihnen spontan noch dazu ein, was hier erwähnenswert wäre, was jetzt nicht andiskutiert wurde (1) weil es in meinen Fragen nicht gestellt wurde oder bisher einfach noch nicht Thema war (1) also ne ganz offene

Dm: L erst mal was ganz anderes äh (1) vielleicht nicht irgendwie diskutiert oder angeregt sondern einfach, dass man die Möglichkeit bekommt äh im Rahmen der Ausbildung oder hier im Rahmen des Studiums (1) mittlerer Dienst gehobener Dienst äh dass man einfach mal die Möglichkeit hat eventuell mal an so'nem Täter-Opfer-Ausgleich mal äh als Drittperspektive, das erfahren zu können weil (1) ähm wir Aufsteiger viele haben davon einfach noch keine Erfahrung gehabt

Y1: L Hm

Dm: L und ähm können sich dann dadurch auch nicht (1) man hört ein bisschen was aber so'n richtiges Bild davon machen (1) wäre halt schön wenn man die Möglichkeit mal bekäme

Em: L ich finde das auch es ist irgendwie so'n heißes Eisen irgendwie wenn ich jetzt so an die Abschnittszeit zurückdenke, wenn man denn (1) Sachbearbeiter so'n Vorgang zu bearbeiten hat (1) so Täter-Opfer-Ausgleich immer so, dass man dann zurückzuckt und äh da muss man ja jetzt mehr machen als jetzt den Vorgang abschließen und tschüss und das war's jetzt, den Nächsten, sondern dass es vielleicht auch dem dem durchschnittlichen (1) Sachbearbeiter ein bisschen einfacher gemacht wird da vielleicht zumindest die äh Wege einzuleiten, dass man sagt o.k. der Vorgang wird jetzt abgegeben und geht jetzt in Richtung desjenigen der vielleicht diesen Täter-Opfer-Ausgleich machen kann, dann wird es vielleicht (1) also ich (1) ich bin der Überzeugung der Täter-Opfer-Ausgleich wird nicht so oft angewandt wie er angewendet werden könnte, sondern aus Bequemlichkeit einfach abgefertigt und dann natürlich zu Ungunsten desjenigen der es vielleicht möchte.
(5)

Dm: Man kennt zu wenig darüber

Em: Ja
(4)

Y1: Wo im Rahmen Ihrer Ausbildung sind Sie denn mit dem Täter-Opfer-Ausgleich in Berührung gekommen und was war da (1) so der erste Gedanke (1) gab es da (1) im Lehrplan verankert

Dm: L im Lehrplan verankert hat ja hier nichts zu heißen

?m: L @ (hmhm) @

Dm: L also ich sag's mal so, dit ist generell ein anderes Problem sondern dit wird mal mehr mal weniger angesprochen im Unterricht, dass es sowas gibt äh woraus sich das

912		*ergeben könnte ja bei uns war das fünfzehn zwanzig Minuten und wenn*
913		*überhaupt und das war es dann gewesen.*
914	Y1:	*L HmHm*
915	Hm:	*L Wir hatten das mal im*
916		*zweiten Semester in Kriminalistik*
917	Dm:	*L Kriminologie*
918	Hm:	*L Kriminologie da kam dann*
919		*halt Frau xy auch und wurde einfach eingeladen, also wurde ne Frau*
920		*eingeladen die hat uns was darüber erzählt und mein erster Eindruck war*
921		*na ja o.k. gut die reden halt miteinander Täter und Opfer, wo auch immer*
922		*in der Öffentlichkeit, wo sie sich auch immer treffen, aber ähm ja ob das*
923		*was dem Opfer schlussendlich bringt äh weiß man nicht, weil oftmals*
924		*kommt ja der Spruch alle kümmern sich um den Täter nur keiner um´s*
925		*Opfer und ja alle rennen halt da hinterher, aber mehr passiert dann auch*
926		*nicht, also ich war davon nicht so wirklich überzeugt und in Moment wie*
927		*gesagt, ich würde es auch gerne mal erleben weil (1) so ganz wahnsinnig*
928		*überzeugt bin ich auch nicht, weil man hört auch nichts davon, also*
929		*oftmals hört man ja o.k. ich wurde überfallen und nicht so naja das ist ja*
930		*auch verständlich in der Bevölkerung, weil er es gemacht hat, sondern die*
931		*sind alle schlecht die das gemacht haben die müssen alle in´s Gefängnis*
932		*und so wie das ja aussieht sollte ja eigentlich irgend ein Verständnis*
933		*zwischen Opfer und Täter geschehen (1) aber anscheinend kommt da*
934		*nichts bei rum, also man hört halt auch wenig, ob es Erfolg hat oder nicht.*

Y1 interessiert die Meinung der Teilnehmer nach der Zukunftsperspektive des TOA für ihre Praxis. Gleichzeitig gibt er auch die Möglichkeit, zu dem Thema noch etwas beizusteuern, was bisher noch nicht erwähnt wurde. Dm greift die Frage auf und gibt mit seiner Antwort eine Richtung vor. Für das Studium des mittleren und gehobenen Dienstes würde er sich eine „*Drittperspektive*" wünschen, da „*wir, die Aufsteiger*" mit dem Thema keine Erfahrungen gemacht haben. Die Perspektive eines Dritten kann so interpretiert werden, dass zu der Perspektive der Polizei, der Perspektive der Ausbildungsstätte, eine dritte Perspektive – etwa die von TOA-Vermittlern oder einem Geschädigten, hinzugezogen werden sollte. Fehlende Erfahrung kann auf den Aspekt des beruflichen Quereinstiegs, wie auf die Tatsache, dass das Thema TOA in der Praxis kaum eine Rolle spielt, hinweisen. Dm hat den Wunsch, sich ein „*richtiges Bild davon*" zu machen. Em stimmt Dm in diesem Wunsch zu und erweitert dessen Proposition, indem er sich an seine Zeit auf dem Abschnitt erinnert. Er skizziert das Bild von Sachbearbeitern, die davor zurückschrecken würden, sich mit dem Thema Täter-Opfer-Ausgleich zu beschäftigen, da dies bei der Bearbeitung eines Vorgangs einen Mehraufwand bedeuten würde. Hier zeigt sich eine Parallele zur Passage „Kollegen", in der ein möglicher Mehraufwand an Arbeit ebenfalls als Hemmnis benannt wurde.

Dem „*durchschnittlichen Sachbearbeiter*" solle es einfacher gemacht werden, zumindest die entsprechenden Wege einzuleiten, den Fall an die entsprechende Stelle abzugeben, so Em. Sein Fazit ist, dass aus Bequemlichkeit in der Sachbearbeitung der TOA nicht so oft zur Anwendung kommt, wie es sein könnte, *"zu Ungunsten desjenigen der es vielleicht möchte."* Nach einer Pause von mehreren Sekunden stimmt ihm Dm dahingehend zu, dass man zu wenig über das Thema wisse. Y1 greift das Thema der Ausbildung auf, das vorher benannt wurde und erkundigt sich nach Berührungspunkten. Dm erwidert, dass der Lehrplan in ihrer Lehranstalt nicht viel zu bedeuten habe und erntet dafür das Lachen eines nicht näher zu identifizierenden männlichen Teilnehmers. Hier deutet sich eine Diskrepanz an zwischen dem, was im Lehrplan angekündigt und dem, was in der Praxis umgesetzt wird. Jedoch führt Dm diesen Punkt nicht weiter aus, da das *„generell ein anderes Problem"* sei. Fünfzehn bis zwanzig Minuten, wenn überhaupt, habe man sich damit befasst. Hm und Dm einigen sich darauf, dass sie das Thema (TOA) im Fach Kriminologie und nicht Kriminalistik hatten. Hm beschreibt, dass eine Frau eingeladen wurde, die zu dem Thema berichtete. Hm macht seine Skepsis deutlich, indem er sagt, dass er nicht *"so ganz wahnsinnig überzeugt"* ist. Opfer, die positiv darüber berichten, in Einklang zu bringen mit dem Strafbedürfnis in der Bevölkerung fällt ihm schwer, da es keine Rückmeldung zum Erfolg (vom TOA) gibt. An dieser Stelle wird eine weitere Parallele zum Thema Feedback (siehe auch Abschnitt 4.4.8) deutlich.

4.4.8 Das Thema Feedback

Bereits im Abschnitt über die Vorüberlegungen zum eigenen empirischen Teil (siehe dazu Abschnitt 3.7.4.2) wurde über die Problematik einer unzureichenden oder gar fehlenden Rückmeldung an die Polizeibeamten gesprochen, wenn es darum ging, für zur Diversion bzw. Täter-Opfer-Ausgleich angeregte Verfahren ein Feedback über das Ergebnis zu erhalten. Von Interesse war es daher, zu sehen, wie die hier befragten Gruppen mit diesem Thema umgehen. Anzumerken ist, dass dies ein Thema war, welches in unterschiedlicher Ausprägung in allen Gruppen thematisiert wurde und das durchweg durch die Gruppen selbst in die Diskussionen eingebracht wurde. Anhand zweier Passagen sollen Gemeinsamkeiten und Unterschiede deutlich gemacht werden.

4.4.8.1 Passage: *„Praktischer Nutzen"* Zeile (1811-1963) Gruppe Rot

```
11  Y1:  Ich schaue gerade auf die Uhr (1) zwei Abschlussfragen hätte ich noch (1)
12       ähm die eine wäre (1) ich gucke gerade auf ihren Zettel (1) viele von
13       Ihnen sind Jugendsachbearbeiter und Präventions- und Diversions-
14       beauftragte (1) ähm haben Sie in Ihrer tagtäglichen Arbeit einen
```

1815		konkreten Nutzen davon, dass es sowas wie einen Täter-Opfer-Ausgleich
1816		gibt (1) das Sie darauf hinweisen können ähm (1) bringt Ihnen das was?
1817		(4)
1818	Gm:	Nö
1819	?f:	@ (3) @
1820	?f:	@ (3) @
1821	Bm:	Prävention (1) schwer messbar
1822	Gm:	L Nö
1823	?f:	L ist doch so
1824	Gm:	L also in der praktischen
1825		Arbeit bringt das gar nichts (1) also jetzt (2) außer äh vielleicht nen Stück
1826		weit Genugtuung (2) für mich selber dass ich irgendwas gemacht habe wo
1827		ich ähm, wie damals in meinem Fall mit der Rückleuchte kaputt treten (2)
1828		der Geschädigte war äh happy dass er seinen finanziellen Schaden ersetzt
1829		gekriegt hat und ähm der der Beschuldigte (1) der war so einigermaßen
1830		beruhigt äh dass er die Scheiße die er gebaut hat so wieder ein bisschen
1831		korrigieren konnte, und da hab- ich für mich so gesagt o.k. hast ja
1832		irgendwie was Gutes getan (2) aber ja
1833	Em:	L na hast du denn da selber
1834		persönlich ein Feedback gekriegt oder ist dit dir nur vom Geschädigten
1835		herangetragen worden oder letztendlich weil es ist ja auch mitunter watt
1836		so´n bisschen wo it so´n bisschen kränkelt eben halt aufgrund dessen
1837		dass man also wenig Feedback
1838	Gm:	L ein Feedback habe ich eben ja
1839	Em:	L wenig
1840		Feedback eben halt och von der Justiz bekommt oder eben halt von dem
1841		von dem Verfahren watt man letztendlich eben halt och angeschoben hat
1842	Y1:	Hm
1843	Em:	L in welcher Richtung och immer eben halt ähm was dann in
1844		Anführungsstrichen vielleicht zu nem gewissen Erfolg geführt hat für das
1845		Opfer eben halt äh dass man da zu wenig Feedback bekommt
1846	Gm:	L du kriegst
1847		(1) das ist ja sag ich mal was was ich immer moniere eigentlich (1) äh in
1848		jeglichen Fällen kein Feedback (2) ob du jetzt den Täter-Opfer-Ausgleich
1849		oder ´nen anderen äh Strafverfahren wo die Staatsanwaltschaft sich denn
1850		eigentlich nicht mehr meldet weil die arbeiten auch mehr oder weniger
1851		nullachtfufzehnmäßig ihren ihre Berg ihren Eineinhalbmeter hohen Berg
1852		runter (2) und haben keine Zeit sich mehr mit uns äh zu unterhalten (2)
1853		ich hab da so´n positives Beispiel aus Brandenburg den Herrn xy
1854		Staatsanwaltschaft Staatsanwalt xy der also regelmäßig hier in Berlin an-
1855		also bei uns anruft weil er wieder irgend einen Fall von uns gekriegt hat
1856		oder diese und jenes wo ein Austausch stattfindet was man besser machen
1857		könnte und hin und her das findet mit unserer Staatsanwaltschaft gar
1858		nicht statt und Täter-Opfer-Ausgleich sowieso nicht
1859	Em:	L Hm wenn dit passie-
1860		ren würde
1861	Gm:	L und dit ist halt frustend
1862	Em:	L wenn dit passieren würde dann wäre
1863		sicherlich sag ick mal auch bei dem Einzelnen eventuell ja weiß ick nicht
1864		würd ick nicht sagen so´n gewisses Glücksgefühl aber zu mindestens weiß
1865		ick watt nen positiver (1) äh Ansatz eben halt vorhanden eben dit viel-
1866		leicht auch ein bisschen zu forcieren
1867	Y1:	L Hm

868	Em:	L und öfter eben halt durchzu-
869		führen
870	Y1:	L HmHm
871	Gm:	L wenn sich keiner über meine Arbeit beschwert dann habe
872		ich ja alles richtig gemacht oder (3) wenn ich keinen Täter-Opfer-Ausgleich
873		gemacht habe dann war es doch auch gut
874	?f:	ach::
875	Em:	L wenn Feedback genau wenn Feedbacks kommen dann ist eben
876		irgendwelche Nachermittlungen zu tätigen oder irgend watt letztendlich
877		man hat falsch gemacht ne.
878	Bm:	Man erfährt es einfach nicht das ist das Problem (2) also ne
879		Streicheleinheit braucht glaub ich jeder hier der sein diese Arbeit hier
880		macht
881	Y1:	L Hm
882	Bm:	L und äh wenn da kein Feedback kommt (1) von denen die es
883		letztendlich dann bestimmen watt da passiert (1) dann (1) wie Gm sagte
884		na ja hab- watt falsch gemacht toll hab ick wie jeden Vorgang wieder
885		abgearbeitet ist ja watt schön aber wenn man watt Außergewöhnliches
886		macht und versucht na ja mal sehen watt denn passiert und da kommt
887		auch nichts
888	Gm:	L kommt auch nichts
889	Bm:	L kommt auch nichts dann fragt sich der
890		der Einzelne (2) na ja für watt hab ich das jetzt gemacht und wie Gm auch
891		sagte anrufen bringt auch nichts entweder ist besetzt entweder sind sie in
892		der Verhandlung oder sind gar nicht da oder ertrinken selbst in ihrer Arbeit
893		(1) die ja nicht gerade wenig hier in Berlin ist (1) und ähm dann fragt man
894		sich auch für was mache ich das dann
895	Y1:	L Hm
896	Bm:	Schadensregulierungsstelle bin ich nicht ich bin ja Polizei (1) dafür sind ja
897		Versicherungen zuständig oder dergleichen (2) man sollte dit zwar nicht so
898		abwatschen die Sache Täter-Opfer-Ausgleich (3) aber Feedback wäre
899		schon schön wenn auch von der geeigneten Stelle (2) wenn wenn von dir
900		(an Ff gewandt) was denn @ bei dir auch gelandet ist @
901	Ff:	L wenn ich mal
902		von irgendjemand ein Feedback kriegen würde
903	Bm:	L ja geht es dir also genau-
904		so
905	Ff:	L ach gar nicht
906	Hm:	Also was das ist der Grund warum wir das machen mit dem vereinfachten
907		Jugendverfahren da haben wir das also wirklich in den Richtlinien drin und
908		da halten sich die Richter auch dass die also uns anrufen und
909	Bm:	L ja
910	Hm:	L oder
911		kurze E-Mail schreiben und wirklich sagen was ist bei rausgekommen
912		dreißig Arbeitsstunden oder was auch immer
913	Bm:	L Hm
914	Hm:	L das geht dann aber
915		alles auf dem kurzen Weg die füllen kein Formular aus also entweder wie
916		gesagt rufen sie an oder schicken noch nicht mal (1) dann kommt nur ne
917		E-Mail (2)äh Beleidigung in Sachen so und so Doppelpunkt so und so viel
918		Stunden (1) meinetwegen
919	Gm:	L aber schön dass ihr davon Kenntnis kriegt
920	Hm:	doch

1921	Gm:	L weil wir als Sachbearbeiter kriegen
1922	Bm:	L von der Jugendgerichtshilfe
1923		hatte ick och schon ein Schreiben bekommen zwanzig Sozialstunden
1924	Hm:	L ne ne
1925		also was die vereinfachten Jugendverfahren schicke ich sofort immer an
1926		die Sachbearbeiter weiter also
1927	Bm:	L kam mal
1928	Hm:	L das machen wir schon (3) aber
1929		es ist halt verschwindend gering von der Anzahl her pro Monat ein zwei
1930	Bm:	L geht
1931		ja nicht um das Ergebnis der Verurteilung sondern es geht ja um das
1932		Ergebnis (4) des Opfers ne was da passiert ist (2) und davon kriegen wir
1933		ja
1934	Df:	L und ob es sinnvoll war
1935	Bm:	L und ob es ob es sinnvoll war genau
1936	Df:	L dit ist ja
1937		für mich also darum geht es ja Streit- ob die Streitereien eben auch dass
1938		man sich persönlich eben freut wenn man was Positives bewegt hat, aber
1939		dass man für sich sagen kann, das war richtig sinnvoll
1940	Bm:	L ganz genau
1941	Ff:	L Hm
1942	Df:	L gut
1943		dass wir das gemacht haben da hat es mal richtig zugeschlagen und äh
1944		alles prima und aus diesen Sachen macht man es ja auch immer wieder
1945		und es geht ja wie so´n Kette nach unten im Endeffekt wenn ich dem
1946		unten sage als Sachbearbeiter du das habt ihr super raus gefiltert schon
1947		im Vorfeld Klasse das Ergebnis war jetzt das und das (1) dann sind die da
1948		unten genau so happy und zufrieden und sagen ah:: da haben wir uns mal
1949		Zeit genommen ne halbe Stunde prima (könnte auch Af sein)
1950	Y1:	L Hm
1951	Em:	L und dit
1952		passiert zu wenig
1953	Y1:	L Hm
1954	Em:	L Täter-Opfer-Ausgleich sag ick mal als Beispiel der
1955		gefruchtet hat eben halt dass die sich überhaupt an einen Tisch gesetzt
1956		haben (2) wäre vielleicht och letztendlich Statistik vielleicht mal wie oft
1957		wie viel wie viel davon positiv letztendlich stattgefunden hat oder so halt
1958		(2) und ähm dit ist alles so Grauzone
1959	Y1:	Kann ja jetzt nichts dazu sagen vielleicht gleich im Anschluss
1960	Em:	L @ ist schon
1961		klar @
1962	Ff:	L Hm
1963	Alle:	@ (3) @

Gm beantwortet die Frage von Y1 nach einem Nutzen durch die Existenz des TOA für den Bereich der Diversions- und Präventionsarbeit der Polizei mit einem spontanen „Nö" und erntet dafür Lachen der anderen Diskussionsteilnehmer. Bm versucht es mit einem, wenn auch stark verkürzten, sachlichen Einwand, indem er anmerkt, dass die Ergebnisse von Präventionsmaßnahmen schwer zu messen seien. Gm verstärkt seine Proposition durch ein wiederholtes „Nö" und wird dabei durch eine nicht zu identifizierende Teilnehmerin bekräftigt – *„ist doch so."* Wohl auch durch das Lachen der anderen beginnt er mit einer Ausführung seines Standpunktes. Er differenziert dabei zwischen dem praktischen Nutzen für die Arbeit, der nicht vorhanden sei, und einem persönlichen Nutzen, der sich in Form von Genugtuung und der Erkenntnis eingestellt hatte, dass er *„irgendwie was Gutes getan"* habe. Als Beispiel führt Gm ein Verkehrsdelikt mit einem kaputten Rücklicht an, in dem sein Engagement um eine Vermittlung dazu geführt hat, dass beide Seiten, Schädiger und Geschädigter am Ende zufrieden waren. (Gm berichtete in einer vorangegangenen Textpassage ausführlicher über dieses Ereignis.)

Em erkundigt sich nach der Art der Rückmeldung, die Gm zu dem von ihm als Beispiel geschilderten Fall erhalten hat, etwa ob er diese vom Geschädigten persönlich erhalten habe. Nach Ansicht von Em *„kränkelt es so´n bisschen"* daran, dass man so wenig Feedback erhalte. Spätestens jetzt wird die Fragestellung nach dem praktischen Nutzen in die Thematik des Feedbacks, also der Rückkoppelung über die eigene Arbeit überführt, an der sich die ganze weitere Passage orientiert. Der von Gm angedeutete Rahmen, wonach das eigene Handeln an der Perspektive von Täter und Opfer ausgerichtet wird, wird nun um die persönliche Perspektive erweitert. Gm und Em sind sich einig, dass es zu wenig Feedback gibt, sei es nun durch den Geschädigten selbst oder die Justiz. Gm beschreibt seine Erfahrungen, wonach die Staatsanwaltschaft – unabhängig ob es sich um einen TOA oder allgemein ein Jugendstrafverfahren handelt - so viel Arbeit hat, dass sie sich nicht mehr mit der Polizei unterhält. Als Gegenhorizont erzählt er von einem Staatsanwalt aus Brandenburg, der sich regelmäßig meldet, um Verfahren zu besprechen. Dies würde in Berlin und auch beim Täter-Opfer-Ausgleich nicht passieren, was er als frustrierend empfindet. Er wird nun von Em bestärkt. Der Einzelne (Beamte) würde durch ein Feedback, wenn auch kein *„Glücksgefühl"* so doch eine Bestätigung erfahren, was die Sache (den TOA) *„auch ein bisschen"* voranbringen würde, da man dann öfter daran denken würde. Gm beschreibt einen wesentlichen Punkt, wonach er seine Arbeit auch ohne einen TOA gut machen kann, sofern sich niemand bei ihm beschwert. Em ergänzt, dass Feedback, wenn es denn kommt, auch in negativer Form auftreten kann, etwa wenn etwas falsch gemacht wurde oder Nachermittlungen anstehen. Bm fügt hinzu, dass jeder *„der diese Arbeit hier macht"*, womit er den Rahmen vorgibt, auch eine *„Streicheleinheit"* braucht, demnach positive Zuwendung. Bm ergänzt diese Proposition, indem er unterscheidet zwischen *„denen, die es letztendlich dann bestimmen watt da passiert"*, wobei deutlich getrennt wird zwischen dem eigenen Einflussbereich, dem der Polizei und dem, in dem die Entscheidungen getroffen werden. Sobald man etwas *„Außergewöhnliches"* macht, demnach etwas außerhalb der Reihe, etwas was man machen kann, aber nicht muss, bekommt man dafür jedoch auch keine positive Bestärkung, wobei Bm dabei das *„auch"* extra betont und darin von Gm bestärkt wird. Bm beschließt seine Ausführungen damit, dass er bilanziert, dass der Einzelne sich dann fragen kann, warum er es überhaupt gemacht hat, denn schließlich ist die Polizei keine *"Schadensregulierungsstelle"* oder auch nur dafür zuständig, so dass es schön wäre, ein Feedback zu bekommen oder zu erfahren, ob es bei Ff gelandet ist, die als Opferschutzbeauftragte zuständig ist. An dieser Stelle wird innerhalb dieser Passage erneut deutlich, dass TOA ein Thema ist, was die Polizei ansprechen, dass sie ihre Arbeit aber auch problemlos ohne ihn erledigen kann. Bei Ff schwingt Frustration mit, wenn sie konstatiert, dass sie auch kein Feedback erhält. Bm und Fm bestärken sich gegenseitig darin, dass sie hier ähnliche Erfahrungen gemacht haben, wobei das *"ach gar nicht"* in diesem Kontext als ironisch angesehen werden kann.

Hm erweitert die Diskussion zum Thema Feedback um ein Beispiel aus der Praxis des vereinfachten Jugendstrafverfahrens, wonach es hier Richtlinien gibt und die Richter über ein Ergebnis berichten. (Dazu muss angemerkt werden, dass der Vorschlag zu einem vereinfachten Jugendstrafverfahren über den polizeilichen Schlussbericht erfolgen kann, der natürlich für die Justiz keinen Weisungscharakter hat.) Auch Bm erinnert sich nun an einen Fall, wo er auch über die JGH ein Ergebnis eines Verfahrens mitgeteilt bekommen hat. Wenn auch nur in verkürzten Sätzen angedeutet, ist in dieser kurzen Passage ein Austausch von Gm und Hm eingelassen, wo es um die Informationskette innerhalb der Behörde geht, deutlich zu machen an *"weil wir als Sachbearbeiter"* und das *"schicke ich sofort immer an die Sachbearbeiter weiter also."* Bm bringt nun die Opferperspektive erneut ins Spiel. Ihm ginge es bei einer Rückmeldung zum Thema TOA gar nicht mal um das Ergebnis der Gerichtsverhandlung, sondern darum, welches Ergebnis es für das Opfer gab und ob es sinnvoll war, wobei Df diesen Aspekt ebenfalls aufgreift, der gerne wissen wollen würde, ob er etwas Positives bewegt hat, was ihn dann freuen würde, *"dass man für sich sagen kann, das war richtig sinnvoll"*, wobei ihm nun seinerseits Bm zustimmt *"ganz genau."* Die Sinnhaftigkeit des eigenen Handelns wird in Frage gestellt, da es an positiver Rückmeldung fehlt, die eine Gewissheit bringen würde. Df formuliert seinen Standpunkt weiter aus und beschreibt, wie auch die Sachbearbeiter *"da unten genau so happy und zufrieden"* sind, wenn sich herausstellt, dass sie eine gute Vorarbeit geleistet und einen geeigneten Fall für einen TOA-Versuch *"raus gefiltert"* haben. Mit der Verortung von *"da unten"* macht Df entweder auf seine eigene Position in der behördlichen Hierarchie aufmerksam oder auf die Position der Sachbearbeiter in derselben, nämlich *"da unten"*. Em würde sich Zahlen und Fakten wünschen darüber, was letztendlich geklappt hat und was stattgefunden hat, um aus der *"Grauzone"* des Nichtwissens, was denn im TOA passiert und was aus den polizeilich angeregten Sachen wurde, herauszukommen. Y1, der gerne was zum Thema Feedback sagen würde, meldet Bedarf an, dies nach dem Ende der Aufzeichnung zu tun, was mit allgemeinem Lachen quittiert wird.

Das zentrale Thema dieser Passage ist die fehlende Resonanz in Fällen, in denen auf der Basis der polizeilichen Sachbearbeitung ein TOA gegenüber der Staatsanwaltschaft oder auch den Opfern thematisiert und somit auch eingebracht wurde. Die eigentliche Fragestellung nach dem Nutzen des TOA für die Fallpraxis wurde sehr schnell zum Thema des Feedbacks. Neben der Ebene des Opfers, in der es um die Frage geht, ob diese damit zufrieden waren, steht die persönliche Ebene im Vordergrund. Es zeichnet sich eine Ebene von denen an der Basis „*wir*" und „*die da unten*" und denen „*die letztendlich entscheiden*" ab. Die Polizei quasi am Beginn einer Kette, in der Weichen gestellt werden sollen, die aber vom weiteren Verlauf und vor allem vom Ergebnis weitestgehend ausgeschlossen bleibt. Eine stärkere Rückmeldung würde hier zu mehr Motivation und auch einer Stärkung des TOA im Hinblick auf die Polizeiarbeit führen, so die Teilnehmer. Den Job an der Basis kann man auch gut erledigen, ohne sich mit dem TOA zu beschäftigen, da es nicht zu den Aufgaben der Polizei gehört, den Opfern etwa zu einer Wiedergutmachung zu verhelfen, wenn man dennoch daran denkt, dann sollte dies auch entsprechend gewürdigt werden. Am Beispiel des TOA wird hier auch ein Orientierungsrahmen deutlich, dass Unsicherheiten über das eigene Handeln bestehen, die nur durch Rückmeldungen minimiert werden können, wie auch Spuren von Frustration über fehlende Resonanz und damit auch ein Stück weit fehlende Wertschätzung für die eigene Arbeit.

4.4.8.2 Passage: „*Arbeitszufriedenheit*" (Zeile 200-250) Gruppe Gelb

Als größtmöglicher Kontrast dazu steht die folgende Passage aus dem Diskussionsverlauf der Gruppe Gelb, deren Teilnehmer über positive Erfahrungen zum Thema Feedback berichten können und daraus auch die Gewissheit ziehen, etwas Sinnvolles und Wirkungsvolles auf den Weg gebracht zu haben, eine Erkenntnis, die dazu führt, diesbezüglich mit der eigenen Arbeit zufrieden zu sein.

```
00  Bf:    Also sinnvoll denke ick is it och mit der Diversionsmaßnahme weil es uns
01         die Möglichkeit gibt äh wenn wir jetzt feststellen die Beteiligten haben sich
02         in irgend ner Art und Weise sag ick mal äh geeinigt oder nen Ausgleich ge-
03         schaffen wie auch immer und äh wir persönlich denken aber dit is nicht
04         ausreichend für den sogenannten erzieherischen Gedanken sag ick mal um
05         dass der dann eben erneut straffällig wird ehm um dit zu verhindern, dass
06         wir dann eben noch mal nachhaken können beziehungsweise eben noch
07         mal anschieben können o.k. wir denken noch ne weitere Maßnahme oder
08         dit is eben halt nich ausreichend dass man eben da noch mal weitergeht
09         und dit is eigentlich ne schöne Sache denke ick die uns da an die Hand ge-
10         geben worden ist
11  Em:                    L und für mich ist ja der Sinn der Diversionsmaßnahe nen
12         noch ganz anderer und zwar ähh man versetzt sich in die Rolle des Opfers
```

213		und das Opfer möchte ja schließlich seinen Schaden ob nun Sachschaden
214		vielleicht körperlichen Schaden in in Form von
215	Y1:	LHmm
216	Em:	L Äh ja möchte er die-
217		sen Schaden auch reguliert haben und im Normalfall ist das ja so das Ver-
218		fahren besteht ja aus zwei Komponenten, einmal das Strafrechtsverfahren
219		einmal das Zivilrechtsverfahren, äh das kann ja schön zusammengefasst
220		werden in einem Verfahren aufgrund dieser Diversionsmaßnahme das ist
221		eigentlich der Vorteil daran und (.) dann komme ich mal gleich auf den
222		ziemlich letzten Teil der Anregung, wie die Kollegen teilweise das sehen,
223		also zum Teil wird es anfänglich belächelt diese ganze Sache hier Sozial-
224		quatsch wat ihr da macht aber wenn man ihnen dann wirklich genau mal
225		aufzeigt was den die Konsequenzen von ner Straftat dit heißt wenn wirk-
226		lich nen förmliches Verfahren angeregt wird und der Richter spricht ne Er-
227		mahnung aus wat auch immer (.) ja und der Geschädigte bleibt auf sei-
228		nem Schaden sitzen und aufgrund einer Diversionsmaßnahme - Maßnahme
229		kommt er nicht vors Gericht aber der Schaden wird regal-reguliert
230	Y1:	LHmm
231	Em:	Wem ist dann da mehr geholfen und viele sehen das dann auch ein wenn
232		se hinter die Kulissen gucken können äh sehen och als gute äh als ja gute
233		Sache an diese Diversionsgeschichte.
234	Fm:	L und wir haben ja auch die Erfahrung
235		gemacht dass äh ja wenn so ne Maßnahme erfolgreich abgeschlossen
236		wurde wie Täter-Opfer-Ausgleich im Rahmen der Diversion dann sagte die
237		Oberstaatsanwältin (xy) ihr habt toll gearbeitet ich hab wenig zu tun das
238		Opfer hat sich gefreut
239	Y1:	L Hmm
240	Fm:	L Es hat was bekommen der Täter war
241		raus aus der Nummer ja (.) er hatte das alles ordentlich erledigt und wir
242		hatten Arbeitszufriedenheit
243	Y1:	L MmmHmm
244	Fm:	L Also Beruf- dit war eigentlich
245		rundum in alle Richtungen war da was für jeden wo man sagen konnte toll
246		jut jut jelaufen
247	Em:	L und dit Erzieherische bleibt ja auch nicht auf der Strecke
248		also wir haben so einen Großteil der Täter so mindestens so 90 % die nicht
249		wieder ein- anfallen nach dieser Maßnahme ist ja auch nicht zu verachten.
250		(2)

Bf beschreibt die Möglichkeiten der Polizei, etwa wenn festgestellt wird, dass Opfer und Täter bereits eine Einigung erzielt haben, dies in einen offiziellen Rahmen zu lenken, wenn persönlich der Eindruck entsteht, dass dem erzieherischen Gedanken – hier vor dem Hintergrund einer Rückfallvermeidung auf Täterseite – noch nicht genügend Beachtung geschenkt wurde. Die Wirkung einer autonom getroffenen Vereinbarung wird in Frage gestellt, gleichzeitig hat die Polizei über die Diversionsmaßnahme hier die Möglichkeit, noch einmal Einfluss zu nehmen.

Em eröffnet hier den Blick auf die Diversionsmaßnahmen aus der Perspektive des Opfers und erweitert damit die Betrachtung auf die Diversionsmaßnahme. Das

Opfer erhebt Anspruch auf eine Wiedergutmachung für materielle und körperliche Schäden. Durch die Verknüpfung von Strafverfahren und Zivilrecht hat das Opfer im Diversionsverfahren einen Vorteil. Anfänglich wurde – das *„watt ihr da macht"* – von den Kollegen als *„Sozialquatsch"* – belächelt. Em deutet damit an, dass sie sich innerhalb der Polizei mit Diversion beschäftigt und dort die Erfahrung machen musste, dass das eigene Handeln von den Kollegen als Quatsch abgewertet wurde und als *Sozial*quatsch, als etwas was nicht zum Aufgabenfeld der Polizeiarbeit gehört. Gleichzeitig deutet sich damit auch eine geringschätzige Haltung gegenüber der Sozialarbeit an. Wenn man ihnen – den Kollegen - jedoch aufzeigt, dass der Geschädigte im Rahmen der Diversion zu einer Wiedergutmachung kommt – statt, Em nutzt den Kontrast zu einer Gerichtsverhandlung, in der der Täter ermahnt, dass Opfer aber nicht berücksichtigt wird. Em schließt ihre Ausführungen damit, dass, wenn sie (die Kollegen) mal einen Blick hinter die Kulissen tun, die Diversion hier doch auf Zustimmung stößt.

Fm ergänzt die Ausführungen über die positiven Aspekte der Diversion von Bf und Em indem er sich auf gemeinsame Erfahrungen beruft –*„wir haben auch die Erfahrung gemacht",* – wobei diese über die anwesenden Personen hinausgehend auch andere Kollegen und Kolleginnen die sich mit Diversion beschäftigen, umfasst, dass die Diversion aus mehreren Perspektiven als sinnvoll erachtet werden kann. Zum einen gab es ein Lob der Oberstaatsanwältin, die selbst weniger zu tun hat wenn die Polizei gut arbeitet, zum anderen bekommt der Geschädigte etwas, der Täter, der alles ordentlich erledigt hat, ist raus aus der Nummer, was bedeutet er bekommt eine Verfahrenseinstellung, und die beteiligten Beamten – wir – haben dadurch eine *Arbeitszufriedenheit,* also einen positiven Nutzen als Ergebnis des eigenen Handelns. Fm bekräftigt seine Ausführungen zum Abschluss mit *„jut jut jelaufen".* Em bekräftigt nun die Ausführungen von *Fm*, indem er seinerseits auf die Perspektive der Täter verweist, wonach sich der erzieherische Erfolg einer solchen Maßnahme daran erkennen lässt, dass ein Großteil der Täter *„so mindestens so 90 %"* nicht mehr rückfällig werden würde nach einer solchen Diversionsmaßnahme. Die drei Sprecher in dieser Passage, Bf, Em und Fm bestärken sich im Gespräch gegenseitig darin, dass die Diversion aus mehreren Perspektiven etwas Positives für ihr Arbeitsgebiet bei der Polizei darstellt. Im Gegensatz zur Gerichtsverhandlung bekommt der Geschädigte eine Wiedergutmachung, der Täter, der sich bemüht hat, bekommt eine Verfahrenseinstellung und die Beamten ein positives Feedback durch die Oberstaatsanwältin. Die Diversionsmaßnahmen und die Beamten, die sich damit befassen, werden zunächst durch die Kollegen belächelt, die ihr Tun als Sozialquatsch abtun und damit auch eine Grenze zwischen der Tätigkeit der Polizei und der Sozialarbeit ziehen, die sich jedoch bei genauerer Betrachtung der Justizpraxis, bei der nicht viel für das Opfer getan wird, für die Idee der Diversion und damit der Wiedergutmachung erwärmen können.

Am Vergleich, wie die Diskussionsteilnehmer, hier exemplarisch anhand der oben genannten Passagen aus den Gruppen *Gelb* und *Rot,* mit dem Thema Feedback umgegangen sind und welche, recht unterschiedlichen Erfahrungen sie hier zur Diskussion beisteuern konnten, wird deutlich, dass über das Thema Feedback Motivation und Wertschätzung transportiert werden und damit auch ein großes Stück weit der Wunsch nach einem Beweis für die Sinnhaftigkeit und die Wirkung des eigenen Handelns begründet wird.

4.4.9 Fazit aus den Gruppendiskussionen

Gruppenübergreifend herrscht große Einigkeit darüber, dass den Opfern von Straftaten Hilfe zuteilwerden sollte. Ob der TOA dafür eine geeignete Maßnahme ist und *ob* und in *welcher* Ausprägung es Aufgabe der Polizei ist, darauf hinzuwirken, hierzu verteilen sich die Meinungen auf einer großen Bandbreite. Die Auseinandersetzung mit der Perspektive des Opfers führte mitunter zu der Erkenntnis, dass eine intensivere Beschäftigung mit dem Opfer auch ein Mehr an Zeit und Wissen benötigt, Kriterien, die mit Blick auf den eigenen Arbeitsalltag so nicht immer garantiert werden können. Im Hinblick auf die Täter findet die Idee, dass diese stärker in die Verantwortung genommen werden und sich um eine materielle Wiedergutmachung zugunsten der Opfer bemühen sollen, große Zustimmung. Die vorhandene Skepsis über die Ernsthaftigkeit des Täters wie auch gegenüber der Qualität des Gespräches zwischen Täter und Opfer wird dadurch zumindest minimiert, dass der Täter etwas leisten muss, was nachweisbar und bezifferbar ist. Eine konstante Größe, die sich durch alle Gruppendiskussionen zog, war jedoch die Frage nach der geeigneten Zielgruppe für eine Maßnahme wie den Täter-Opfer-Ausgleich, die in unterschiedlichen Modi in allen Gruppen diskutiert wurde.

Mit Blick auf die Gruppe der Täter ließen sich in den Gruppendiskussionen mehrere Strömungen feststellen. Es zeigte sich ein spürbares Misstrauen gegenüber der Motivation der Täter, deren Einsichtsfähigkeit, deren Glaubwürdigkeit und der Nachhaltigkeit einer solchen Erfahrung wie dem TOA. Als Polizist möchte man dem Täter nicht in *die Falle tappen* und einer möglicherweise nur vorgetäuschten Einsicht in eigenes Fehlverhalten aufsitzen. Eine Haltung, die zwar nicht durchgängig geteilt wurde, bei der die Skepsis jedoch überwog. Im Rahmen eines Fachtages erklärte mir ein erfahrener Kommissar, wie man sich als Außenstehender die Sache mit dem Misstrauen in seiner Berufsgruppe vorstellen müsse: Habe er es als Polizist mit 10 Verdächtigen zu tun, die alle bestreiten, etwas mit der Tat zu tun zu haben, dann gehe er davon aus, dass mindestens einer von ihnen lügt. Solange nicht klar ist, welcher der Zehn dies ist, gehe er davon aus, dass alle lügen! Misstrauen scheint zum

Beruf des Polizisten zu gehören. Es erscheint als ein mitunter notwendiges Instrument, um in einer Welt von Lügen bestehen zu können, ja kann sogar im direkten Einsatz einen existenziellen Schutzinstinkt darstellen, der Leben retten kann.

Neben dem Misstrauen ließen sich in den ausgewählten Passagen deutliche Formen von Frustration dokumentieren, Frustration über die mitunter begrenzte Wirkung des eigenen Handelns, den eigenen Einflussbereich, aber auch im Hinblick auf fehlende Wertschätzung für die eigenen Bemühungen oder als Reaktion auf die Haltungen von Gesellschaft und Justiz auf das Phänomen (Jugend)kriminalität, wobei man sich mehr Konsequenz erhofft hätte. Gm aus der Gruppe *Blau* bringt dies auf dem Punkt, indem er sinngemäß davon spricht, dass man in seiner Berufsgruppe „kopfkrank" wird, da man es immer wieder mit jenen zu tun bekommt, bei denen schon alles probiert wurde und nichts geklappt hat. Eine gewisse Form von Frustration und Resignation sei demzufolge eine Art „*Berufskrankheit*", da man an der Basis irgendwann denkt, dass alles und jeder schlecht ist.[1068] In der extremsten Ausprägung führt dies dazu, dass ganze Kieze, ganze Bezirke und ihre Bewohner, die aus polizeilicher Sicht als problematisch angesehen werden, quasi gedanklich abgeschrieben werden, so wie es sich in der Passage „*Kiez*" der Gruppe *Blau* abzeichnet. An diesen Stellen zeigen sich Parallelen zu den in dieser Arbeit bereits erwähnten Erkenntnissen von *Ellrich* über die Auswirkungen von Frustration und begrenzter Einflussnahme auf die Haltung gegenüber der Klientel (siehe dazu Abschnitt 3.7.4.1). Durch den tagtäglichen Umgang mit Kriminalität ist gerade die Polizei, ebenso wie die Berufsgruppe der Strafjuristen oder der Bewährungshilfe, besonders prädestiniert dafür, da hier fast ausschließlich jene ins Blickfeld geraten, die sich abweichend bzw. delinquent verhalten. Die Diskrepanz zwischen dem eigenen Erleben und den offiziellen Zahlen und Fakten setzt sich fort, etwa wenn das Empfinden an der Basis als Gegenhorizont zur alljährlichen Kriminalstatistik der Polizei skizziert wird, wie es in der Passage „*Wiedergutmachung*" der Gruppe *Grün* deutlich wird. Hieran schließt sich ein weiteres Thema an, was das Dilemma über die Wirkung des eigenen Handelns noch verstärkt. So wird in den meisten Fällen bemängelt, dass es kaum ein Feedback der Kooperationspartner gibt, aus dem man zum Beispiel weitere Motivation ziehen oder Korrekturen des eigenen Handelns vornehmen kann. Wie wichtig dieses Feedback für das berufliche Selbstverständnis und die eigene Arbeitszufriedenheit ist, zeigt im Kontrast dazu die Passage „*Arbeitszufriedenheit*" der Gruppe *Gelb*.

Neben den Informationen über Haltungen und Handlungsmuster zum Thema Täter-Opfer-Ausgleich zeigen sich jedoch auch *Fragmente eines polizeilichen Selbstbildes*. Der Justiz, hier angesprochen in den Aufgabenbereichen von Gericht und Staatsanwaltschaft, wird eine zentrale Rolle im Strafverfahren zugestanden,

---

[1068] Vgl. Transkript der Gruppe Blau, Aussage von Gm um die Minute 30:00 herum, Zeile 551-559

große Hoffnungen setzt man jedoch nicht in sie, wenn es darum geht, aus Sicht der Beamten wirkungsvoll gegen das Phänomen Jugendkriminalität vorzugehen. Dies wurde etwa an jenen Stellen deutlich, in denen in den Gruppen über lange Bearbeitungszeiten durch die Justiz, überarbeitete Staatsanwälte ohne Zeit für die Sachbearbeiter oder eine, als mangelhaft empfundene Wirkung von Gerichtsverhandlungen für Opfer und Täter diskutiert wurde. Hier zeigt sich, wenn auch in differenzierter Form, eine Parallele zu den Erkenntnissen von *Behr* zu dem Verhältnis von Polizei und Justiz (siehe dazu Abschnitt 3.7.4). Ein Aspekt des eigenen beruflichen Selbstbildes zeigt sich zum Beispiel in der Aussage von Gm zum Ende des Diskussionsverlaufes der Gruppe *Grün* hin, wenn er unter Zustimmung der anderen formuliert, dass es sich bei ihnen, der Polizei, um die *„einzig akzeptierte gesellschaftliche Gruppe"* handle, zu der sowohl von Täter- als auch von Opferseite ein *„gewisses Vertrauensverhältnis"* bestünde und dass die Polizei die *einzige* gesellschaftliche Gruppe sei, die noch *„ein paar Werte"* vermitteln würde.[1069] Die Berufsgruppe der Polizei quasi als ein letztes Bollwerk in einer sich wandelnden Gesellschaft, der der Verlust gemeinsam geteilter Normen und Werte droht.

Die Berufsgruppe der Sozialarbeit, mit ihrem *„Sozialquatsch"*, mag sie auch in weiten Kreisen der Polizei argwöhnisch betrachtet oder belächelt werden, erfährt im Hinblick auf das Thema Täter-Opfer-Ausgleich eine gewisse Wertschätzung, da vor allem die Jugendsachbearbeiter der Polizei den Vermittlern Professionalität und einen sensibleren Umgang mit Opfern zutrauen, was nicht auch gleichzeitig bedeutet, dass in den Gruppen keine Skepsis existiert, da sich nicht jeder vorstellen kann, dass auch die Sozialarbeit deutliche Worte für begangene Straftaten findet. Eine Schnittstelle zwischen Polizei und Sozialarbeit ist jedoch in der größeren Nähe zur Klientel zu finden, die die Polizei und Sozialarbeit verbindet und diese somit von der Berufsgruppe der Juristen absetzt. Gleichzeitig offenbaren sich Tendenzen, gerade im Bereich der Jugendsachbearbeiter, wonach soziale Kompetenzen und soziales Handwerkszeug problemlos in den eigenen Habitus, den eigenen Aufgabenbereich integriert wird, etwa wenn von *„unserem Unterricht an Schulen"* die Rede ist, von einem *„erzieherischen Einfluss"*, den man ausübt, oder Initiativen, gleich selbst als *„Sozialarbeiter"* tätig zu werden.

Der Wunsch nach einem greifbaren, nachvollziehbaren und möglichst nachhaltigen Ergebnis, was somit das eigene Handeln und den Sinn der eigenen Tätigkeit legitimiert – schließlich geht es darum, nicht nur Straftaten aufzuklären, sondern auch weitere Straftaten zu verhindern – bekommt dabei eine zentrale Bedeutung. Mitunter zeigt sich hier ein starker Hang zu universellen Ansprüchen und Erwartungen, was zum Beispiel in der Sequenz innerhalb der Passage *„Stammkunden"* der Gruppe *Blau* deutlich wird, wenn Cm davon berichtet, dass er einem Ersttäter eine Diversion

---

[1069] Vgl. Transkript der Gruppe Grün, etwa ab 1 Stunde und 27 Minuten, ab Zeile 2151ff, Sprecher Gm, Bm und Af.

ermöglicht habe und dann 5 Jahre später feststellen musste, dass der nun wegen des Tatverdachts des versuchten Totschlags angeklagt wurde, so als wenn eine Teilnahme an einer Diversionsmaßnahme eine lebenslange Garantie für das Ausbleiben weiterer Straffälligkeit darstellen würde. Oder wenn sich an anderer Stelle beklagt wird, dass es nach 25 Jahren Täter-Opfer-Ausgleich immer noch Jugendkriminalität gibt und die Wirkung der Maßnahmen damit pauschal in Frage gestellt wird. Aussagen, die in den Gruppen auch auf Zustimmung stießen. Der Wunsch nach universellen Lösungen zeigt jedoch erneut den Wunsch nach Wirkung – nach Effektivität, auch wenn diese durch keine Berufsgruppe in dieser Form erreicht werden kann. So haben es die Jugendsachbearbeiter mit immer neuen Jahrgängen an Jugendlichen und Heranwachsenden zu tun. Der Logik von einer Episodenhaftigkeit von Jugenddelinquenz folgend, kann der eigene Erfolg daher nicht daran gemessen werden, das Phänomen Jugenddelinquenz vollständig zu lösen, indem es irgendwann nicht mehr existent ist, sondern nur darin, auf die jeweils aktuellen Vorfälle zu reagieren und nach Möglichkeit die Summe der Ersttäter, die der Mehrfachtäter, der Intensiv- und Wiederholungstäter so begrenzt wie möglich zu halten

Außerhalb von Jugendsachbearbeitung und Diversion ist der TOA in der Polizei kein Thema und ist auch kaum bekannt in der Kollegenschaft. Insgesamt, da herrschte Einigkeit in den Diskussionsgruppen, spielt der TOA für die Praxis der Polizei nur eine minimale Rolle. Erste Erfahrungen, hier am Beispiel der Situation in Berlin, machen Polizisten in aller Regel im Rahmen der hier angebotenen Weiterbildung zum Jugendsachbearbeiter bzw. im Studium zum höheren Dienst. Mit Ausnahme der Gruppe *Pink*, deren Teilnehmer sich zum Zeitpunkt der Gruppendiskussion noch im Studium befanden, lag dieser Kontakt mit einer Informationsveranstaltung lange zurück. Beides scheint ausbaufähig zu sein, da viele Jugendsachbearbeiter angaben, selbst im Rahmen der Diversion nur sehr, sehr selten einen Fall zu haben, den sie für geeignet halten würden, und in der Gruppe der studierenden Aufsteiger wurde explizit der Wunsch nach mehr Informationen geäußert. Selbst im Bereich der Jugendsachbearbeiter finden sich neben guten Kenntnissen zum Thema TOA auch Wissenslücken und Missverständnisse, so dass eine einmal absolvierte Weiterbildung oder der Besuch einer Informationsveranstaltung kein Garant für fundierte Kenntnisse ist.

4.4.10 Sinngenetische Typenbildung und Basistypik

Auf der Grundlage der qualitativ empirischen Analyse konnten aus den Orientierungsrahmen anhand der komparativen Analyse drei sinngenetische Typen rekonstruiert werden. Diese unterscheiden sich im Hinblick auf den Umgang mit dem Thema Täter-Opfer-Ausgleich in der polizeilichen Fallpraxis durch die gruppenübergreifende maximale Gemeinsamkeit ähnlicher Orientierungen und die darin vorhandenen maximalen Kontraste innerhalb der Gemeinsamkeit (siehe dazu Abschnitt 4.3.3). Die einzelnen Mitglieder der Diskussionsgruppen oder auch Teile der Gruppe sind nicht automatisch einem Typus zuzuordnen, wie auch die einzelnen Gruppen Blau, Grün, Gelb, Rot und Pink einen bestimmten Typ repräsentieren, jedoch nicht automatisch und vollständig einem Typus entsprechen müssen. Es geht auch nicht um *Charakter-Typen*, denen nun die Diskussionsteilnehmer zugeordnet werden, ähnlich wie *Schweer* und *Strasser* oder *Behr* dies tun, die in ihren Arbeiten über die Polizei Kategorien von *Kriegern*, *Sammlern*, *Regulatoren*, *Schutzmännern* oder *Aufsteigern* bilden,[1070] sondern um drei wesentliche, sprich *typische* Umgangsformen mit dem Thema Täter-Opfer-Ausgleich, die aus den Passagen herausgearbeitet, rekonstruiert werden konnten.

4.4.10.1 Typ 1: Umsetzungsorientierte, pragmatische Herangehensweise

Die Aufgabe, den Gedanken einer Wiedergutmachung in die Polizeipraxis umzusetzen, wurde von den Mitgliedern dieser Gruppe bzw. von jenen Beamten aufgenommen und in das eigene Vorgehen integriert. Der zentrale Orientierungsfokus liegt dabei stark beim Diversionsgedanken. Dadurch werden Taten, Täter, Delikte und Konflikte auf der Grundlage eines vorgegebenen Rahmens betrachtet. Die in allen Gruppen zentrale Frage nach der richtigen Zielgruppe für eine Maßnahme wie der Diversion und damit ein großes Stück weit auch für den Täter-Opfer-Ausgleich wird über eben jene Betrachtungsweise entschärft bzw. gelöst. Innerhalb dieses Rahmens haben die Beamten daher keine größeren Probleme mit der Umsetzung, verharren aber auch innerhalb dieses Betrachtungshorizontes. Über die Maßnahme wird ein Maß an Arbeitszufriedenheit generiert, was dazu führt, die Diversion respektive einen TOA als sinnvoll zu erachten und mit der eigenen beruflichen Rolle, dem eigenen Habitus zu vereinen. Die Gruppe dieses Typus ist geprägt von einer stark pragmatischen Herangehensweise an das Thema. Die Täter werden in die Verantwortung genommen und sofern das Ergebnis ein zufriedenstellendes ist, kann die Staatsanwaltschaft das Verfahren einstellen. Über diese „erzieherische Maßnahme" wird im Rahmen der eigenen Möglichkeiten Einfluss auf die jugendliche Klientel ausgeübt, mit einem möglichst zufriedenen Opfer als positivem Nebeneffekt. Es geht dieser Gruppe nicht darum, den Gedanken des TOA darüber hinaus weiter zu fördern, sondern ihn möglichst handhabbar, praktisch und passgenau in den Arbeitsalltag zu integrieren und dort zu nutzen.

[1070] Vgl. Behr, 2008, S. 91ff. und Schweer und Strasser, 2008, S. 14ff.

4.4.10.2 Typ 2: Praxisorientierte, delegierende Herangehensweise

In dieser Gruppe findet eine Idee wie der Täter-Opfer-Ausgleich am ehesten Unterstützung im Bereich der Kleinkriminalität, bei Ersttätern, im Bereich der Schulen und der Diversion. Im Unterschied zu Typ 1 wird es aber nicht als Aufgabe der Polizei gesehen, hier selbst als potentielle Konfliktschlichter oder Opferhelfer aktiv zu werden oder nach geeigneten Fällen zu suchen. Die Rahmenbedingungen der eigenen Arbeit geben dies nicht her. Dies wird in zwei unterschiedlichen Argumentationslinien begründet. Zum einen fehle in der Praxis, vor allem zum Zeitpunkt der Anzeigenaufnahme, die Zeit, sich groß um die Opfer und so etwas wie den TOA zu kümmern. Zum zweiten wird die Gefahr gesehen, hier etwas falsch zu machen, etwa im Arbeitsablauf oder gegenüber dem Geschädigten, so dass die Aufgabe, sich um das Opfer respektive eine Wiedergutmachung zu kümmern delegiert, also abgegeben wird an *die Profis*, die sich damit auskennen. Hier zeigt sich jedoch ein Umsetzungsdilemma, da die Erkenntnis, dass man sich selbst nicht recht zuständig fühlt, nicht automatisch dazu führt, Schritte einzuleiten, die Übergabe eines geeigneten Falles an eine andere Stelle vorzunehmen. Es bleibt das Gefühl, nicht zuständig zu sein. Auch wenn es begrüßt wird, dass die Polizei auf bestehende Hilfsangebote hinweisen soll, so wird es nicht als Aufgabe der Polizei gesehen, als Sozialarbeiter tätig zu werden. Die Verteidigung dieses habituellen Standpunktes geht jedoch nicht mit einer Abwertung der Idee oder der Maßnahme des Täter-Opfer-Ausgleichs einher. Vielmehr wird ihm eine gewisse Berechtigung eingeräumt, nur dass er halt nicht wirklich zum eigenen Aufgabenspektrum gezählt wird.

4.4.10.3 Typ 3: Distanzierte, ambivalente Herangehensweise

Der Focus dieses Typs liegt auf der Ambivalenz, die mit dem Thema Täter-Opfer-Ausgleich verbunden wird, was zu Verunsicherung, mitunter auch Ablehnung führt. Für die Vertreter dieses Typs ist es wichtig, dass die Täter zur Verantwortung gezogen werden. Einer materiellen Wiedergutmachung, als eine messbare, bezifferbare und nachprüfbare Reaktionsform, wird mehr Bedeutung beigemessen als dem Reden im Rahmen der Konfliktschlichtung, dem Gespräch zwischen Täter und Sozialarbeiter bzw. Täter und Opfer. Das beständige Misstrauen gegenüber der Glaubwürdigkeit des Täters und der Ernsthaftigkeit seines Bedauerns führt zu der Meinung, dass dieser etwas *Handfestes* zu leisten hat. Hierüber werden auch habituelle Muster deutlich, da es mit der eigenen Rolle, dem eigenen Selbstverständnis und dem vorab geleisteten Einsatz schwer bis gar nicht in Einklang zu bringen ist, wenn das Verfahren gegen den Beschuldigten reaktionslos eingestellt wird. Hier unterscheidet sich Typ 3 besonders deutlich vom Typ 1, da in Typ 3 die Unzufriedenheit über eine zu enge Koppelung von Wiedergutmachung, Diversion und Verfahrenseinstellung und damit auch mit dem TOA deutlich wird. Der Umgang mit dem Thema Täter-Opfer-Ausgleich innerhalb dieses Typs lässt sich am ehesten mit: „Im Prinzip eine gute Idee, ja aber..." beschreiben. Zentrale Inhalte des Täter-Opfer-Ausgleichs, wie etwa die Verantwortungsübernahme durch den Täter oder eine aktive Form der Wiedergutmachung, werden mit Nachdruck eingefordert, in der Praxis aber nicht mit dem Täter-Opfer-Ausgleich in Verbindung gebracht, da man hier nicht das glaubt vorzufinden, was man sich als Reaktion für Opfer und Täter erwartet. Typ 3 unterscheidet sich dahingehend von Typ 1 und 2, dass hier die Skepsis deutlich überwiegt, so dass man sich weder vom Rahmen des Diversionskonzepts noch vom TOA viel erwartet.

4.4.10.4 Basistypik

Aus diesen drei Typen kristallisierte sich eine einfache Basistypik im Hinblick auf den Umgang der Polizei mit dem Thema Täter-Opfer-Ausgleich heraus. Erste theoretische Überlegungen in einem frühen Stadium der Analyse ließen ein Umsetzungsdilemma erwarten anhand der in dieser Arbeit bereits benannten Diskrepanz von Leitkultur und Basiskultur, also der Führungsebene und der Basis, so wie *Behr* sie beschreibt. Jedoch gab es insgesamt nur zwei kleine Sequenzen innerhalb zweier unterschiedlicher Gruppen, in denen kurz über den Einfluss der Vorgesetztenebene bzw. von einer *„Zwangsehe"* von Polizei und Präventionskonzept die Rede war. Eine mögliche Erklärung dafür könnte sein, dass die Erfolgsquoten, wonach jede Direktion bestimmte Quoten für den Diversionsbereich zuweisen musste, zum Zeitpunkt der Gruppendiskussionen aufgehoben wurden. Darüber hinaus scheint der Täter-Opfer-Ausgleich kein Thema zu sein, welches mit Nachdruck über die Führungsebenen der Berliner Polizei als Aufgabe an der Basis eingefordert wird, so dass hier auch kaum Reibung entsteht, die sich in den Gruppendiskussionen hätte widerspiegeln können.

Mit weiterer Analyse der Textpassagen geriet der Faktor der Passgenauigkeit in den Focus des Interesses, denn ein zentrales Thema in allen Gruppen war die Frage, nach *welchen Kriterien*, unter *welchen Umständen* und für *welche Zielgruppe* der TOA die geeignete Maßnahme ist oder sein könnte, mit der Erkenntnis, dass letztendlich und abzüglich aller Vorbehalte nur die wenigsten Täter überhaupt als geeignet angesehen wurden.

Nach intensiver Betrachtung verschob sich dieser Focus leicht, aber entscheidend auf den Begriff der *Effektivität – der Wirkung*. Das polizeiliche Denken und Handeln orientiert sich – hier am Beispiel des Täter-Opfer-Ausgleichs – stark an der zu erwartenden Wirkung, die über eine Maßnahme und das eigene Handeln angestrebt oder darüber in Verbindung gebracht wird. Typ 1 etwa sieht die größtmögliche

Wirkung durch eine Orientierung am Korsett des Diversionsgedankens mit seinen behördlich implementierten Verfahrensabläufen. Über die Diversion – und damit ein Stück weit auch mit dem TOA – wird der Polizei ein Instrument an die Hand gegeben, wodurch sie Einfluss nehmen und auf ein für sie gutes Ergebnis – etwa eine möglichst geringe Rückfallquote – hinwirken kann. Für Typ 2 entfaltet sich eine Wirkung am ehesten durch eine Abgabe der Verantwortung an Dritte, da man sich selbst nicht zuständig fühlt und eine Wirkung nur erzielt werden kann, wenn man sich an anderer Stelle um Wiedergutmachung und Konfliktschlichtung kümmert, beziehungsweise dadurch die Kapazitäten bewahrt für die Erfüllungen der eigentlichen Aufgaben. Die Orientierungsmuster aus Typ 3 dagegen sehen keine oder kaum Wirkung in Maßnahmen wie Diversion und TOA, was daher zu Skepsis und Ablehnung führt, da man mit ihnen nicht die erwünschte Wirkung – Einfluss auf die Täter, angemessene Hilfe für die Opfer etc. – in Verbindung bringt. Die Basistypik spannt sich somit wie ein Dach über die hier herausgearbeiteten handlungsleitenden Orientierungen und typischen Umgangsformen und bietet Platz sowohl für Zustimmung als auch für Ablehnung und Zwischentöne.

5 Empirische Analyse Teil II: Rekonstruktion von Handlungspraktiken von Täter-Opfer-Ausgleichs Vermittlern

5.1 Forschungsinteresse, Fragestellung und Ziel der Untersuchung

Die Entwicklung des Täter-Opfer-Ausgleichs, wie in den ersten beiden Kapiteln dieser Arbeit dargestellt, war und ist geprägt von einem ständigen Streben nach Akzeptanz durch die Beteiligten, einem Streben nach Qualität, einem Streben um die Zuweisung geeigneter Fälle durch die Kooperationspartner sowie einem Streben nach öffentlicher Wahrnehmung. Befragungen von Opfern und Tätern, aber auch von Kooperationspartnern, wie etwa Richtern, Staats- oder Rechtsanwälten, dienen in der TOA-Begleitforschung dem Erkenntnisgewinn, der Überprüfung, ob die hohen Ziele des TOA erreicht werden, aber auch als Legitimationsgrundlage der eigenen Arbeit.

Abgesehen von einigen wenigen, meist als Selbstevaluation[1071] durchgeführten Befragungen der eigenen Klientel oder Staatsanwälten und Richtern, quasi als Auftraggebern, zu deren Zufriedenheit, sind die (meisten) TOA-Fachstellen noch weit davon entfernt, eigenes Handeln systematisch zu evaluieren und die Ergebnisse zur Grundlage für Veränderungen und Verbesserungen zu machen, zumal dies auch mit einem nicht unerheblichen Zeit- und Arbeitsaufwand verbunden ist. Das eigene Handeln basiert stark auf dem Prinzip von Versuch und Irrtum, manchmal dem Ausprobieren von neuen Herangehensweisen, der jahrelangen Erfahrung im eigenen Handlungsfeld, sowohl was die eigentliche Arbeit mit den Klienten, Opfern und Tätern an-

---

[1071] Im Rahmen seiner Qualitätssicherung hat zum Beispiel das Projekt Handschlag in seinem Sachbericht für das Jahr 2007 eine Befragung von Geschädigten (N=107 Fragebögen mit einem Rücklauf von N=49) veröffentlicht, die vom Projekt kontaktiert wurden, bzw. dort an Gesprächen teilgenommen hatten. Ziel war es, mehr über die Motivationen zu erfahren und Rückschlüsse über das eigene Angebot machen zu können (zu Befragungen von Geschädigten siehe auch den Abschnitt 1.8.4)
Vgl. http//www.projekthandschlag.de/Dokumente/Jahresbericht%202007.pdf. (Download vom 04.10.2013). In Berlin befragten Jacob und Reichmuth im Jahr 2006 Jugendrichter zum TOA-Angebot der Integrationshilfe/EJF gAG im Hinblick auf Qualitätskontrolle und Bedarfsanalyse. Vgl. Jacob und Reichmuth, 2006 (unveröffentlicht).

belangt als auch die Umfeldarbeit mit einem immer wichtiger werdenden Anteil von Kooperationsarbeit, Netzwerkarbeit und Öffentlichkeitsarbeit.

Die Idee zu diesem zweiten empirischen Teil entstand recht früh, im Stadium der Vorüberlegungen zu dieser Arbeit. Da es das *Ziel dieser Arbeit* ist, Chancen und Grenzen der Zusammenarbeit von TOA-Fachstellen und Polizei im Ermittlungsverfahren herauszuarbeiten und diesem Thema schärfere Konturen zu verleihen, bedarf es notwendigerweise einer Betrachtung aus beiden Blickrichtungen der daran beteiligten Professionen, Polizei und TOA-Vermittler. Bereits bei den ersten Recherchen zu dem normativen Rahmen, in dem sich die Wege von Polizei und TOA-Fachstellen kreuzen, verstärkte sich der Wunsch und die Idee, mehr in Erfahrung bringen zu wollen über die Eindrücke, die die Kollegen in anderen TOA-Fachstellen in der Zusammenarbeit mit der Polizei, oder in ihrem Bemühen um eine eben solche, gemacht haben. Welches spezielle Wissen hat sich dabei entwickelt, welche Handlungspraktiken, Routinen oder Strategien? Welche Rolle spielt die Polizei in der TOA-Praxis für deren Praktiker? Welche Rolle könnte sie spielen und wo liegen die Chancen und Grenzen der Zusammenarbeit?

Erste Überlegungen, das Ganze im Rahmen einer Maßnahmen- oder Prozessevaluation zu planen, sowohl die Gruppendiskussionen mit den Berliner Polizeibeamten, quasi als Mit-Adressaten der „Dienstleistung" TOA in Berlin, als auch die Analyse der projektinternen Bemühungen um eine Kooperation mit der Berliner Polizei, wurden schnell verworfen. Die Gefahr einer Rollenvermischung wäre zu groß gewesen, da ich dann Forscher und Beforschter in einer Person gewesen wäre und meine eigenen Bemühungen um die Polizei, etwa durch die seit Jahren durchgeführten Seminare und Informationsveranstaltungen, untersuchen hätte müssen. Ein weiterer Aspekt, der dazu beigetragen hat, das Thema über den „Berliner Rahmen" hinaus zu öffnen, war die Erkenntnis, dass die Schnittstellen von Polizei und TOA-Fachstellen von Bundesland zu Bundesland unterschiedlich formuliert und geregelt sind, wie es in den Abschnitten über die Diversionsrichtlinien und die Verwaltungsvorschriften zum TOA deutlich wurde (siehe dazu Abschnitt 3.5.2 und 3.5.3) , so dass das Forschungsinteresse auch darauf abzielt, wenn auch nicht flächendeckend, so zumindest stichprobenartig darzustellen, welche Strukturen der Zusammenarbeit sich bereits entwickelt haben. Zur Erhebung dieses Wissens fiel, wie in den weiteren Abschnitten ausführlicher begründet und anhand des Forschungsverlaufs dargestellt, die Wahl auf Experteninterviews als eine durch einen Leitfaden gestützte Interviewform der qualitativen Sozialforschung sowie die bereits bei den Gruppendiskussionen dargestellte und angewandte dokumentarische Methode (nach Bohnsack, Nohl, Nentwig-Geseman u.a.), sowohl was den Leitfaden, die Gesprächsführung im Interview als auch die spätere Auswertung der Experteninterviews anbelangt.

Als *Forschungsziel* der eigenen Arbeit wird eine Sondierung des Forschungsfeldes angestrebt. Es sollen unterschiedliche Orientierungsrahmen und Handlungspraktiken herausgearbeitet und präsentiert werden, die über bereits existente Formen der Zusammenarbeit von TOA-Fachstellen und Polizei, eventuelle Hürden in der Umsetzung sowie angestrebte Formen einer Kooperation Auskunft geben. Über die in den Interviews enthaltenen Sachinformationen hinaus steht auch das dort enthaltene implizite Wissen der Interviewten im Focus des Interesses, so dass sich Handlungsorientierungen, Werte und Erfahrungen herausarbeiten, besser gesagt, rekonstruieren lassen. Über die Erfahrungen der befragten TOA-Vermittler sollen auch weitere Erkenntnisse über die Berufsgruppe der Polizei gewonnen werden. Die im zweiten empirischen Teil dieser Arbeit gewonnenen Erkenntnisse sollen weiterhin dazu dienen, der Fragestellung nach den Chancen und Grenzen einer Zusammenarbeit zwischen TOA-Fachstellen und Polizei Antworten und Orientierungsmöglichkeiten beizusteuern, die dazu genutzt werden können, in der Praxis einzelner TOA-Fachstellen Reflexionen über eine Zusammenarbeit mit der Polizei anzustoßen.

5.2 Vorüberlegungen und Stand der Erkenntnis

TOA-Vermittler geben in der vorhandenen Fachliteratur in Form von Artikeln in Publikationen und Projektdarstellungen Auskunft über die Entwicklung und den Stand der Arbeit ihrer jeweiligen Projekte sowie über Fortschritte oder Hemmnisse im Hinblick auf die Zusammenarbeit mit den anderen am Verfahren beteiligten Berufsgruppen. Die im zweiten großen Abschnitt dieser Arbeit dargestellten Modellprojekte zeigen das gegenseitige Interesse an einer Zusammenarbeit von TOA-Fachstellen und der Polizeien ihrer Regionen. Befragungen, die diese Kooperationen von TOA-Vermittlern und der Polizei zum Inhalt haben, sind dabei äußerst rar. Wie schon im Abschnitt über die Einschätzungen und Bewertungen von Polizisten im Hinblick auf den TOA als Reaktionsform bei (Jugend)Kriminalität dargestellt, sind hier nur einzelne Informationssplitter vorhanden, die zusammengetragen wurden und die Darstellung der Modellprojekte ergänzen sollen.[1072]

Peterrich beschrieb in ihrem frühen Praxisbericht über die Arbeit des TOA-Projektes „Handschlag Lüneburg" um das Jahr 1987 herum unter anderem die Kooperation von Polizei, JGH, ASD, Staatsanwaltschaft und TOA-Fachstelle für „eine möglichst effektive Auswahl der Fälle",[1073] wobei „durch die aktive Beteiligung der Polizei an den gemeinsamen Auswertungsgesprächen und zusätzlichen Treffen, die Zahl der

---

[1072] Trotz akribischer Recherche, wird hier nicht der Anspruch auf Vollständigkeit erhoben.
[1073] Peterrich, 1990, S. 289

Fälle, die ausgewählt wurden, erheblich anstieg."[1074] Im Rahmen seiner Befragung – eine Kombination aus Fragebogenaktion und Telefonumfrage - aus dem Jahr 1994 und einer Nachuntersuchung aus dem Jahr 1997 beforschte *Steffens* die Entwicklung des Täter-Opfer-Ausgleichs anhand der Entwicklung der TOA-Fachstellen in den „neuen" Bundesländern Brandenburg, Mecklenburg-Vorpommern, Sachsen, Sachsen-Anhalt und Thüringen zum Sachstand des Zeitraumes von 1992-1994. Die Fragen richteten sich vornehmlich nach der zahlenmäßigen Entwicklung der Fälle, der Kooperationen vor Ort, der Delikte, den strukturellen Entwicklungen der Fachstellen und deren organisatorischen Anbindungen und Finanzierungen. Im vierten Teil des Fragebogens wurden die TOA-Vermittler zu ihren Einstellungen und Erwartungen im Hinblick auf den Täter-Opfer-Ausgleich und dessen mögliche Weiterentwicklung befragt.[1075] Die Polizei als Kooperationspartner war dabei nicht direkt Thema der Befragung, jedoch ergibt der Ländervergleich bzw. die Nachfrage, wie die TOA-Verfahren initiiert werden, dass die teilnehmenden TOA-Vermittler darauf verweisen, dass die Polizei kaum auf die Möglichkeiten eines TOA hinweise bzw. dass die TOA-Vermittler darüber keine Kenntnisse haben. Dennoch wurde aus zweierlei Gründen Potenzial für die TOA-Fachstelle durch die Polizei prognostiziert, da diese zum einen durch die Länderrichtlinien dazu angewiesen würden auf geeignete Fälle zu achten und zum anderen, weil diese aufgrund ihrer Erfahrungen und alltäglichen Arbeit mit Tätern und Opfern gut einschätzen könnten, welche Verfahren bzw. Täter-Opfer-Konstellationen ausgleichsgeeignet sind.[1076] Als Konsequenz daraus wurde in Brandenburg im Jahr 1995 ein *Formularblatt* eingeführt, mit dem die Polizei die Betroffenen auf die Möglichkeit eines TOA hinweisen kann.[1077] In den Regionen, in denen die Polizei zum damaligen Zeitpunkt noch nicht auf den TOA hingewiesen habe, „besteht die Möglichkeit für die Mitarbeiter vor Ort, noch intensiver auf die Polizeibeamten einzuwirken, damit diese die Möglichkeit des Täter-Opfer-Ausgleichs direkt an sie weitergeben."[1078] So das Fazit des Autors. Über die Verwendung des Formularblattes wurde im Laufe der Jahrzehnte die Zusammenarbeit intensiviert. So berichtet *Beutke* in seinen Beiträgen aus dem Bundesland Brandenburg im TOA-Infodienst über neu entwickelte *Schulungsprogramme* für Polizeibeamte. Im Hinblick auf die Rolle der Polizei für den TOA, bzw. für eine angestrebte verstärkte Zusammenarbeit, sah *Beutke* die Polizei als wichtigen Verbündeten im TOA, wohl auch vor dem Hintergrund stagnierender bzw. rückläufiger Fallzuweisungen durch die Staatsanwaltschaft.[1079]

Henning beschrieb ihre Erfahrungen als Beitrag zu der Bestandsaufnahme des TOA in den „neuen" Bundesländern Brandenburg und Sachsen von *Gutsche* und

---

[1074] Peterrich, 1990, S. 297f.
[1075] Vgl. Steffens, 1999, S. 294ff.
[1076] Vgl. Steffens, 1999, S. 272
[1077] Vgl. Steffens, 1999. S. 302
[1078] Steffens, 1999, S. 273
[1079] Vgl. Beutke, 2011, S. 38f. und Beutke, 2013, S. 40

seinem Team (siehe dazu Abschnitt 3.7.4.3) „zu einer intensiven Zusammenarbeit mit der Polizeidienststelle Bernau" ab dem Jahr 1999 herum, woraus ein Projekt *Polizei und TOA* hervorging. Die Polizei informierte in ihren Vernehmungen über den TOA und leitete interessierte Personen direkt an die TOA-Fachstelle weiter. Der Klient, meistens der Beschuldigte, fungierte hier als Auftraggeber in eigener Sache, wobei die Entscheidung über die Beendigung des Strafverfahrens nach wie vor der Staatsanwaltschaft oblag.[1080] In Berlin entwickelten *Jacob* und *Szymanski*, der eine TOA-Vermittler, die andere Polizistin und Lehrbeauftragte für die Weiterbildungsseminare zur Jugendsachbearbeitung, einen *Praxisleitfaden Täter-Opfer-Ausgleich für die polizeiliche Bearbeitung* der seit dem Jahr 2011 im Rahmen dieser Ausbildungsreihe an die Teilnehmer verteilt wird und der TOA-Fachstelle gleichsam als zusätzliches Informationsmaterial für die Öffentlichkeitsarbeit im Rahmen der Berliner Polizei dient.[1081] In Bremen entstand in Zusammenarbeit zwischen der dortigen TOA-Fachstelle und der Polizei die gemeinsam konzipierte *Handlungsanleitung über Täter-Opfer-Ausgleich (TOA)*, die der „Optimierung der Handlungsabläufe bei Fallanregungen durch die Polizei" dienen soll, damit die Polizei verstärkt in geeigneten Fällen und zu einem frühestmöglichen Zeitpunkt den TOA anregen kann.[1082]

Als weitere Quellen für die Rolle der Polizei im Rahmen der Diskussion um die Entwicklung des TOA, bzw. einer Kooperation von TOA-Fachstellen und Polizei, sollen an dieser Stelle die Beiträge der alle zwei Jahre stattfindenden TOA-Foren genannt werden. Zum 9. TOA-Forum von 2002 in Bonn/Bad Godesberg verwies Generalstaatsanwalt *Finger* als Redner auf die weichenstellende Rolle der Polizei für den TOA im Strafverfahren und – mit Bezug auf die Richtlinien des Bundeslandes Niedersachsen vom 10.03.2000 – auch auf die Notwendigkeit der Kooperation und Kommunikation zwischen Polizei, Staatsanwaltschaft, den Beschuldigten und deren Anwälten und den TOA-Fachstellen.[1083] Auf dem 10. TOA-Forum von 2004 beschrieb Polizeihauptkommissar *Bodenburg* vom LKA Niedersachsen als Redner und Leiter des dortigen Workshops „Polizei – Initiator für den TOA" das „Mauerblümchendasein" der Polizei an der Mitwirkung des Täter-Opfer-Ausgleichs und stellte erste Überlegungen an, wie die Zusammenarbeit zu verbessern wäre.[1084] Das Interesse der Veranstalter an Rednern aus dem Bereich der Polizei, sowie dem Thema an sich, riss nicht ab. Zum 14. TOA-Forum 2012 in Münster wurde ein eintägiger Workshop für Polizisten und Studierende der Polizeihochschule Münster angeboten, dem zum 15. TOA-Forum in Trier im Jahr 2014 ein weiterer Workshop zum Thema TOA und Polizei folgte.Innerhalb der Berufsgruppe der TOA-Vermittler finden sich einzelne Bemühungen um eine Kooperation mit den Polizeien ihrer Regionen sowie ein gewisses,

---
[1080] Vgl. Henning, 2000, S. 207f.
[1081] Vgl. Jacob und Szymanski, 2011, S. 8-12 in der polizeiinternen Fachzeitschrift Kompass, Ausgabe 2/2011
[1082] Vgl. Ankündigung im toa-info-blatt des TOA Bremens, Nr.17, März 2013 in der Onlinevariante unter http://www.toa-bremen.de
[1083] Vgl. Finger, 2002, S. 19ff.
[1084] Vgl. Bodenburg, 2004, S. 25-32

anhaltendes Interesse, dieses Thema auch auf der Bundesebene zu diskutieren. Die Polizei, als eine Art „Weichensteller" oder „Schleusenwärter" im Strafverfahren strahlt hier eine Attraktivität aus, der sich die Zunft der TOA-Vermittler nicht entziehen kann. Gleichzeitig zeichnet sich ab, dass es sich vielfach eben auch nur um Bemühungen handelt, wenn man sich die quantitative Rolle der Polizei bei der Fallzuweisung zum TOA ansieht, etwa im Vergleich zu den Berufsgruppen der Juristen oder der Sozialarbeit (siehe dazu Abschnitt 1.2.6 und 3.6.7). In der Praxis lassen sich folgende Formen der Zusammenarbeit ausmachen:

- gemeinsame Arbeitstreffen,

- Informationsveranstaltungen und Lehrveranstaltungen für Polizisten,

- Handlungsanleitungen und Praxisleitfäden von TOA-Fachstellen für die Polizei,

- ein fachlicher Austausch und ein Interessensabgleich beider Berufsgruppen.

Eine Befragung zu Vorgehensweise und Strategien, wie TOA-Vermittler sich der Berufsgruppe der Polizei nähern, welches Feedback sie von dort bekommen, ob Kooperationen zustande kommen und wenn ja, wie diese inhaltlich ausgestaltet sind und welche Effekte in der Zusammenarbeit sich entwickeln, fehlt bisher in der TOA-Begleitforschung.

5.3 Das Experteninterview als geeignete Methode der Rekonstruktion von Handlungsorientierungen

In der Planungsphase zu dieser Arbeit existierten zunächst Überlegungen, welche Erkenntnisse etwa im Rahmen eines Fragebogens, also auf einem klassisch quantitativen Weg, im Hinblick auf die eigenen Forschungsfragen und das eigene Forschungsziel zu gewinnen wären. Ein Fragebogen, verschickt an die TOA-Fachstellen im Bundesgebiet, hätte Aufschluss geben können, *ob* und *wenn ja*, welche Kooperationen es mit der Polizei gibt, ob sich dies in Fallzahlen widerspiegelt, sowie zu Art, Häufigkeit und Inhalt der Kooperationen, alles Informationen, die für das Oberthema dieser Arbeit *„Täter-Opfer-Ausgleich und Polizei – Chancen und Grenzen einer Zusammenarbeit im Ermittlungsverfahren"* durchaus von Interesse sind. Da jedoch eine Zusammenarbeit mit der Polizei für TOA-Fachstellen nicht alltäglich ist, das Feedback auf die ersten Kontaktversuche per Mail bestätigten dies, hätte selbst bei einer guten Rücklaufquote die Gefahr bestanden, im Endeffekt zu wenig Material zu generieren, und als Methode, um potenzielle Interviewpartner auszumachen,[1085] wäre eine Fragebogenaktion vom Arbeitsaufwand her überdimensioniert gewesen. Letztendlich waren es jedoch methodische Überlegungen, die den Ausschlag gaben. Das Interview ist, neben der teilnehmenden Beobachtung, eine der wichtigsten Formen der Datenerhebung in der qualitativen Sozialforschung[1086] und bietet im Gegensatz zum Fragebogen die Möglichkeit, direkt mit den Personen des Forschungsinteresses in Kontakt zu treten und mit ihnen zu kommunizieren, nachzufragen und sich über das Gespräch einen Zugang zu erarbeiten zu dem, was das eigene Forschungsinteresse ausmacht. Mit einem Interview erhält der Forscher im besten Fall nicht nur Informationen über *das Wieviel*, sondern auch über *das Wie*, *das Wozu* und *das Warum* des Handelns der befragten Personen, die darüber reflektieren und berichten können und darüber hinaus auch ein Stück weit atheoretisches Wissen artikulieren, welches ihr Handeln mitbestimmt, ohne dass sie es ohne weiteres explizieren können. Ziel des Interviewers ist es, seinem Gegenüber Informationen und Äußerungen zu entlocken über etwas, was in der Regel in der Vergangenheit liegt und zunächst durch den Interviewten rekonstruiert und verbalisiert,[1087] später durch den Interviewer erneut durch ein methodisch kontrollierbares Fremdverstehen interpretiert werden muss, da dieser quasi über eine Art des Fremdverstehens [1088] die Äußerungen die getan wurden, vor allem im Zusammenhang, in welchem Kontext diese geäußert wurden, rekonstruieren und für sich erschließen muss.[1089]

Auf der Suche nach der für diese Untersuchung geeigneten Interviewform fielen die Überlegungen zunächst auf das *Narrative Interview*, mit seinen Anteilen von Erzählungen des Interviewten und den eher dialogischen Anteilen durch die Nachfragen des Interviewers, auf das *Problemzentrierte Interview*, mit seinem an einem konkreten Problem orientierten Fragen-Antworten-Nachfragen-Rhythmus, sowie auf das *Experteninterview*, mit dem Spezial- und Betriebswissen des Interviewten zu einem bestimmten sozialen Sachverhalt oder einer bestimmten Tätigkeit. Auch wenn ein Experteninterview narrative Anteile enthalten kann, ja sogar dazu geraten wird, diese zu fördern,[1090] so konzentriert sich das Experteninterview jedoch stärker auf ein bestimmtes Handlungsfeld und ein damit verbundener Themenkomplex bzw. die Erfahrungen und Empfehlungen der Befragten, weniger auf deren Biographie und Person, und ist, auch wenn es auf die Lösungen von Problemen durch Experten ausge-

---

[1085] Chistmann berichtet unter anderem über „Großprojekte" der Sozialforschung, die schriftliche Befragungen und spätere Experteninterviews miteinander kombinieren. Vgl. Christmann, 2009, S. 179-200
[1086] Im Bereich der qualitativen Sozialforschung hat sich eine Vielzahl von Interviewformen entwickelt, deren Bezeichnungen nicht immer einheitlich verwendet werden und die sich inhaltlich mitunter überschneiden. Da wären: das Narrative Interview, das Problemzentrierte Interview, das Episodische Interview, die halbstandardisierten, teilstandardisierten oder strukturierten Leitfadeninterviews, das Fokussierte Interview, das Biografische Interview, Ethnografische Interview, das Diskursive Interview, das Szenische Interview, das Strukturoder Dilemma-Interview, das Tiefen/Intensiv Interview oder das Experteninterview. Vgl. Helfferich, 2009, S. 36f.
[1087] Vgl. Honer, 2006, S. 95
[1088] „Fremdverstehen" heißt: andere Menschen aus der Außenperspektive des oder der Anderen zu verstehen." Helfferich, 2009, S. 84
[1089] Über Probleme des Fremdverstehens im Forschungsprozess siehe auch Bohnsack, 2010, S. 19
[1090] Vgl. Nohl, 2009, S. 20ff. wie auch Nohl und Radwan, 2010, S. 159ff.

richtet sein kann, nicht ausschließlich auf Probleme und die Behandlung von „relevanten gesellschaftlichen Problemstellungen"[1091] fokussiert, wie das problemzentrierte Interview. Experteninterviews werden, so *Gläser* und *Laudel*, in rekonstruierenden Untersuchungen eingesetzt, *"in denen soziale Situationen oder Prozesse rekonstruiert werden sollen (...)"* (Hervorhebung im Original). „Die Experteninterviews haben in diesen Untersuchungen die Aufgabe, dem Forscher das besondere Wissen der in die Situationen und Prozesse involvierten Menschen zugänglich zu machen."[1092] Die Wahl der Methode, ausgerichtet an dem eigenen Forschungsvorhaben und –ziel, fiel damit auf das Experteninterview.

5.3.1 Experteninterview und Expertenbegriff – Überblick über die methodische und methodologische Debatte

Das Experteninterview erfreut sich innerhalb der qualitativen Sozialforschung einer zunehmenden Beliebtheit und wird auch darüber hinaus, etwa in dem Bereich der qualitativen Marktforschung, der Bildungsforschung, der Politikwissenschaften, der Umwelt- und Energieforschung sowie der Organisations- und Betriebsforschung angewandt.[1093] *Bogner* und *Menz* begründen die Attraktivität des Experteninterviews für den Forscher unter anderem mit forschungspraktischen und forschungsökonomischen Aspekten – in der Explorationsphase eines Forschungsprojektes „ermöglicht das Experteninterview eine konkurrenzlose dichte Datengewinnung gegenüber Erhebungsformen wie etwa teilnehmender Beobachtung oder systematischen quantitativen Untersuchungen, die in der Organisation von Feldzugang und Durchführung zeitlich und ökonomischer weit aufwändiger sind."[1094] Sitzen besagte Experten an Schlüsselpositionen, so werden Einblicke in Entscheidungsprozesse und Arbeitsabläufe gewährt, im Idealfall auch neue Kontakte zu weiteren Interviewpartnern geknüpft, die sonst schwer oder gar nicht zu erlangen wären. Gelingt es, Experten zu interviewen, die über Insiderwissen verfügen, so können diese „stellvertretend für eine Vielzahl zu befragender Akteure interviewt werden."[1095] Darüber hinaus würden Experteninterviews ein Erfolgsversprechen ausstrahlen, welches ihre Faszination für den Forscher ausmacht, nämlich „schnell, leicht und sicher gute Interviews zu machen."[1096] Dieses vermeintliche Erfolgsversprechen führte unter anderem dazu, dass die praktische Anwendung von Experteninterviews lange Zeit weiter vorangeschritten war als ihre methodische Reflexion. Die Gründe dafür seien vielfältig – so kritisieren

---

[1091] Vgl. Witzel, 1982, S. 230
[1092] Gläser und Laudel, 2010, S. 13
[1093] Vereinzelt finden sich auch Experteninterviews im Rahmen der Polizeiforschung, etwa in einer Befragung von Polizisten zu Großeinsätzen, vgl. Winter, 1998 oder zu Polizeieinsätzen bei Fußballspielen, vgl. Krasmann, 1993
[1094] Bogner, Littig und Menz, 2009, S. 8
[1095] Bogner und Menz, 2009, S. 8
[1096] Bogner und Menz, 2009, S. 9

Bogner und *Menz*, dass Forschungsberichte, die mit Experteninterviews arbeiteten, sich mehr auf die Präsentation der Ergebnisse konzentrieren als auf die Reflexion der Methode und die Art und Weise, wie diese Ergebnisse zustande kamen. Reflexionen darüber fände man, wenn überhaupt, in Fußnoten oder Anhängen.[1097] *Bogner* und *Menz* begründen dies unter anderem damit, dass es überwiegend „Forscher aus bestimmten Anwendungsfeldern und gegenstandsbezogenen Disziplinen" seien, die das Experteninterview im Rahmen ihrer eigenen Untersuchung nutzen und später darüber publizieren würden, und keine „Experten" für Methoden der qualitativen Sozialforschung.[1098] Auch die Fokussierung auf eine reine Wissensabfrage, etwa im Bereich der Industriesoziologie, habe einerseits zu der enormen Popularität des Experteninterviews geführt, andererseits aber auch dazu, „dass empirische Praxis und methodische Reflexion im Fall des Experteninterviews so wenig miteinander verbunden sind."[1099]

Autoren wie *Meuser* und *Nagel* sehen in den letzten Jahren jedoch einen deutlichen Aufschwung in der Methodendiskussion und Methodenreflexion im Hinblick auf die Anwendung, Erforschung und Verortung des Experteninterviews innerhalb der Sozialwissenschaften.[1100] Sammelbände zum Experteninterview[1101] erschienen und wurden kontinuierlich überarbeitet und aktualisiert – so gilt auch der hier zitierte Beitrag von *Meuser* und *Nagel* als die überarbeitete und erweiterte Version ihres 1991 erschienenen und seitdem vielzitierten Artikel zum Experteninterview. *Bogner* und *Menz* wie auch *Meuser* und *Nagel* sehen in der Tatsache, dass das Experteninterview in den bekannten Einführungs- und Nachschlagewerken[1102] zur qualitativen Sozialforschung, im Gegensatz zu früheren Jahren, verstärkt Erwähnung findet und dort „mehr oder weniger angemessenen Platz" eingeräumt bekommt, eine Zunahme an Akzeptanz.[1103] In Form der Veröffentlichung von *Gläser* und *Laudel* liegt ein erstes Lehr- und Praxisbuch vor, in dem sich die Autoren dem Einsatz von Experteninterviews vor dem Hintergrund eines gesamten Forschungsprozesses widmen.[1104] Autoren wie *Nohl* und *Radwan* zeigen mit ihren Beiträgen anhand der dokumentarischen Methode eine Alternative zu der dort genannten qualitativen Inhaltsanalyse auf und trugen damit zu dem methodischen Diskurs bei.[1105] *Bogner* und *Menz* fassen den aktuellen Stand des Diskurses zusammen, indem sie zu den Schlussfolgerungen kommen, dass es sich um „ein gleichermaßen expandierendes wie unübersichtliches Problemfeld" handle,[1106] in dem man sich auch weiterhin verstärkt um einen „theore-

---

[1097] Bogner und Menz, 2009, S. 18f.
[1098] Bogner und Menz, 2009, S. 18
[1099] Bogner und Menz, 2009, S. 65
[1100] Meuser und Nagel, 2009, S. 35, so auch Bogner und Menz, 2009, S. 61, wie auch Pfadenhauer, 2009, S. 99
[1101] Vgl. Brinkmann, Deeke und Völkel 1995 sowie Bogner, Littig und Menz, 2002 mit den seitdem erfolgten (überarbeiteten) Neuauflagen
[1102] Zum Beispiel in Bohnsack, Marotzki und Meuser, 2003, 2006, Przyborski und Wohlrab-Sahr 2014
[1103] Bogner und Menz, 2009, S. 18f.
[1104] Vgl. Gläser und Laudel, 2010
[1105] Vgl. Nohl, 2009, S. 20ff. wie auch Nohl und Radwan, 2010, S. 159ff.
[1106] Bogner und Menz, 2009, S. 7

tisch anspruchsvollen, dezidiert qualitativen Ansatz" bzw. ein methodisches Fundament des Experteninterviews bemühen müsse, welches auch innerhalb des „qualitativen Paradigmas" nicht unumstritten sei.[1107]

In der Auseinandersetzung um das Experteninterview spielt die Definition, wer eigentlich als Experte gilt, eine zentrale Rolle, da darüber und um die Frage, welches Expertenwissen erhoben werden soll, auch eine Abgrenzung zu den anderen Formen der qualitativen Interviews stattfindet.

Die Begrifflichkeiten *Experte* und *Interview* implizieren, dass hier Experten ihres Gebietes befragt werden sollen, um von diesen Informationen zu erhalten, über die nur diese verfügen bzw. die sich mit ihrem Spezialwissen von allen anderen abheben. Betrachtet man die Diskussion um das Experteninterview als Methode der qualitativen Sozialforschung, dann wird deutlich, dass der Begriff des Experten unterschiedlich eng bzw. weit definiert wird. *Gläser* und *Laudel* nähern sich dem Expertenbegriff zunächst über Beispiele von Berufsgruppen, denen durch ihr Wissen, ihre Tätigkeit und ihre Position, etwa innerhalb einer Organisation, der Status eines Experten zugestanden wird, wie etwa Wissenschaftler, Gutachter, Sicherheitsexperten, mitunter auch Politiker - „Angehörige einer Funktionselite, die über besonderes Wissen verfügen."[1108] Bereits *Meuser* und *Nagel*, deren Publikationen die Diskussion um das Experteninterview maßgeblich prägen, stellten in ihrem viel beachteten Artikel von 1991 den Zusammenhang von Experteninterviews und deren Adressaten dar wie etwa: „(...) Führungsspitzen aus Politik, Wirtschaft, Justiz, Verbänden, Wissenschaft, aber auch Lehrer, Sozialarbeiter, Personalräte. Der Großteil kann als Führungselite gelten, bei anderen dürfte eine solche Zuordnung irreführend sein, etwa bei Personalräten oder bei Sozialarbeitern."[1109] Jedoch entwickelte sich der Expertenbegriff auch über eine Verknüpfung mit sogenannten „Eliten" hinaus, da quasi jedermann ein Experte für etwas werden kann, ohne dazu zwangsläufig über eine hochrangige Position verfügen zu müssen, etwa ein Künstler, ein Handwerker oder ein Musiker, bis hin zu der am weitestgehenden Auslegung, wonach jeder Einzelne auch als Experte für sein eigenes Leben oder den eigenen Körper gesehen werden kann.[1110] Eine sehr weite Auslegung des Expertenbegriffs ruft allerdings auch deutliche Kritik auf den Plan, da durch eine „inflationäre Ausdehnung des Expertenbegriffs" die Gefahr bestünde, „dass jeder zum Experten wird – die Beforschten quasi als „Experten für das eigene Leben", so dass keine klare Unterscheidung zwischen dem

---

[1107] Bogner und Menz, 2009, S. 17 Bogner und Menz beziehen sich hierbei auf die Kritik von Kassner und Wassermann, die auf die Probleme, das Experteninterview trennscharf von anderen Interviewformen abzugrenzen, hinwiesen und dem Experteninterview den Status einer eigenen Methodik nicht zugestanden, da dies zu stark vom jeweiligen Forschungsanliegen abhängig sei und daher nicht übertragbar und verallgemeinerbar sei. Vgl. Kassner und Wassermann, 2002
[1108] Gläser und Laudel, 2010, S. 11
[1109] Meuser und Nagel, 1991, zitiert nach Meuser und Nagel, 2005, S. 73
[1110] Helfferich z.B. verweist auf ein Forschungsprojekt, in dem wohnungslose Frauen zu deren „Sonderwissen" über deren Situation befragt wurden, bzw. chronisch kranke Frauen als „Expertinnen" zu ihrer eigenen Erkrankung und ihrem Körper. Vgl. Helfferich, 2009, S. 163

Experteninterview und anderen Interviewformen möglich wäre.[1111] *Nohl* steuerte der Diskussion mit direktem Bezug auf *Meuser* und *Nagel* eine Aufzählung von typischen Experten in Verbindung mit ihrem jeweiligen Handlungsfeld bei. Die hier Genannten haben Entscheidungen zu treffen und sitzen mitunter auch an entsprechenden Positionen ihrer jeweiligen Organisationen, haben aber nichts mehr automatisch mit Führungseliten gemein. Der Rahmen der Adressaten wird erweitert und die Orientierung am jeweiligen Forschungsinteresse deutlich gemacht:

> „Typische Experten, die so befragt werden können, sind zum Beispiel der Personalchef über die Einstellungspraxis in seinem Unternehmen, die Existenzgründerin über die Schwierigkeiten der Beschäftigung von Mitarbeitern, der grüne Aktivist über seine politischen und pädagogischen Kampagnen, der Ausländeramtschef über Entscheidungen zur Aufenthaltsbeendigung von Ausländern."

Die Zuschreibung der Rolle eines Experten kann demnach auch durch den Forscher selbst geschehen. Der Sozialwissenschaftler, der stets bestrebt ist, sich soziale Kontexte sowie die Handlungen derer, die im Feld seines Forschungsinteresses agieren, zu erschließen, sucht sich die Personen, von denen er sich Zugang und Einblick in das Feld erhofft. „Eine Person wird im Rahmen eines Forschungszusammenhangs als Experte angesprochen, weil wir wie auch immer begründet annehmen, dass sie über ein Wissen verfügt, das sie zwar nicht notwendigerweise allein besitzt, das aber doch nicht jedermann in dem interessierten Handlungsfeld zugänglich ist. Auf diesen Wissensvorsprung zielt das Experteninterview."[1112] Ergänzend dazu *Littig*: „Das sozialwissenschaftliche Interesse an ExpertInnen zielt auf ihr spezifisches Kontextwissen über ein Forschungsfeld oder auf ihr organisatorisches Betriebswissen über Strukturen, Handlungsabläufe und Ereignisse. ExpertInnen sind also Informanten, die über Wissen verfügen, das den ForscherInnen über andere Quellen nicht zugänglich ist."[1113] Die in der Fachliteratur genannten Intentionen, worauf der Sozialforscher durch den Einsatz von Experteninterviews abzielt, sind vielfältig. Hier wird das Betriebswissen genannt, ein Spezialwissen, die Deutungs- und Definitionsmacht mancher Experten, die Handlungsorientierung von Experten in ihrem Handlungsfeld und deren Kompetenz, wenn es um Lösungen für bestimmte Problemstellungen geht, sowie ein Zugang zum Feld und somit zu dem Forschungsinteresse des Forschers. „Die Definition, wer als Experte oder Expertin gelten soll, ist flexibel"[1114] und immer im Kontext des jeweiligen Forschungsinteresses zu sehen. Zusammenfassend dazu an dieser Stelle *Gläser* und *Laudel*:

[1111] Meuser und Nagel, 2009, S. 37, kritisch zu der Auslegung, dass jeder Mensch ein Experte für sein eigenes Leben sei siehe auch Nohl und Radwan, 2010, S. 159. Gegen einen zu weit gefassten Expertenbegriff richten sich auch Przyborski und Wohlrab-Sahr, 2014, S. 119
[1112] Meuser und Nagel, 2009, S. 37
[1113] Littig, 2009, S. 119
[1114] Helfferich, 2009, S. 163

„Entscheidend sind vielmehr das *Ziel der Untersuchung*, der daraus abgeleitete Zweck des Interviews und die sich daraus ergebende *Rolle des Interviewpartners*. Experteninterviews werden in rekonstruierenden Untersuchungen eingesetzt. Um soziale Sachverhalte rekonstruieren zu können, befragte man Menschen, die aufgrund ihrer Beteiligung Expertenwissen über diese Sachverhalte erworben haben"[1115] (Hervorhebungen im Original).

Weitgehende Einigkeit besteht zumindest darin, dass es *das Experteninterview* nicht gibt,[1116] sondern mehrere Formen von Experteninterviews, die im Plural zu betrachten und für die „ein einheitlicher Methodenkanon" möglich sei.[1117] Bogner und Menz haben, in Anlehnung an die Arbeiten von *Meuser* und *Nagel*, drei Typen des Experteninterviews ausgemacht, das explorative Experteninterview, das systematisierende Experteninterview und das theoriegenerierende Experteninterview.[1118] Das *explorative Experteninterview* kommt zum Einsatz, wenn es darum geht, sich eine erste „Orientierung in einem thematisch neuen und unübersichtlichen Feld" zu verschaffen, um dieses „thematisch zu strukturieren und Hypothesen zu generieren," wobei die „befragten Experten", (…) „selbst Teil des Handlungsfeldes, zur Zielgruppe der Untersuchung gehören" können oder „auch gezielt als komplementäre Informationsquelle über die eigentlich interessierende Zielgruppe genutzt" werden können.[1119] Das *systematisierende Experteninterview* kommt in Untersuchungen zum Einsatz, die „auf eine lückenlose Informationsgewinnung"[1120] sowie „auf die Teilhabe an exklusivem Expertenwissen orientiert"[1121] sind, wobei hier nicht zwangsläufig nur qualitative Interviews in Frage kommen, da bei dieser Herangehensweise die „thematische Vergleichbarkeit der Daten im Vordergrund" stünde.[1122] Im *theoriegenerierenden Experteninterview* geht der Anspruch über die bloße Gewinnung von Sachinformationen hinaus (die es jedoch nicht minder zu schätzen gilt) und „zielt im Wesentlichen auf die kommunikative Erschließung und analytische Rekonstruktion der „subjektiven Dimension" des Expertenwissens," so dass „subjektive Handlungsorientierungen und implizite Entscheidungsmaximen aus einem bestimmten fachlichen Funktionsbereich" den Ausgang zum Bilden von Theorien liefern.[1123] In der Auswertung des theoriegenerierenden Experteninterviews, so wie es vor allem von *Meuser* und *Nagel* methodisch-methodologisch begründet wurde, geht es darum, „im Vergleich der Interviews überindividuell-gemeinsame Wissensbestände herauszuarbeiten."[1124] Beim

---

[1115] Vgl. Gläser und Laudel, 2010, S. 13
[1116] Bogner und Menz, 2009, S. 17
[1117] Vgl. Meuser und Nagel, 2009, S. 94
[1118] Vgl. Bogner und Menz, 2009, S. 63ff.
[1119] Bogner und Menz, 2009, S. 64
[1120] Bogner und Menz, 2009, S. 65
[1121] Bogner und Menz, 2009, S. 64
[1122] Bogner und Menz, 2009, S. 65
[1123] Bogner und Menz, 2009, S. 66
[1124] Meuser und Nagel, 2006, S. 58

Versuch einer Verortung der eigenen Untersuchung in diese hier benannten Typologien liegt es nahe, von *explorativen* Experteninterviews zu sprechen.

5.3.2 Wer sind die Experten dieser Untersuchung und welches Expertenwissen soll erforscht werden?

Der vielschichtige Umgang mit dem Expertenbegriff sowie mit mehreren, nebeneinander bestehenden Typen des Experteninterviews[1125] machen für jede einzelne Untersuchung, in der ein Experteninterview als Erhebungsmethode ausgewählt wurde, eine genaue Bestimmung notwendig, *wie* der Expertenstatus definiert wird, *wer* die Experten *dieser* Untersuchung sind, *welches* Expertenwissen beforscht und erhoben werden soll und in welchem Rollenverhältnis Interviewer und Interviewte aufeinander treffen.[1126]

Für die hier vorliegende Untersuchung sind die TOA-Vermittler *die Experten*, die es zu befragen gilt. Diese erhalten auf einer übergeordneten Ebene ihren Expertenstatus durch ihre Tätigkeit im Arbeitsfeld des Täter-Opfer-Ausgleichs. Die Differenzierung lässt sich jedoch noch enger fassen. Die TOA-Vermittler werden im Rahmen des Experteninterviews nicht zu ihrem angesammelten Wissen über ihr Arbeitsfeld befragt und auch die biografischen Anteile stehen nicht im Focus, sondern die Erfahrungen im Umgang mit der Polizei, sowie das zielgerichtete Handeln, diese als Kooperationspartner zu gewinnen, zu halten und – von der Warte des TOA-Vermittlers aus – von den Vorzügen und der Notwendigkeit der eigenen Arbeit, dem Täter-Opfer-Ausgleich, zu überzeugen. Der Expertenbegriff wird daher enger gefasst und bezieht sich auf die ausgesuchten Interviewpartner, die über ihre Vermittlungstätigkeit und weitere Aufgaben in der TOA-Fachstelle hinaus für diese Aufgabe zuständig sind und hierzu Erfahrungen gesammelt haben, über die sie berichten können. Dabei stehen nicht die Personen im Mittelpunkt, sondern ihre Erfahrungen und Handlungen. „Die Gedankenwelt, die Einstellungen und Gefühle der Experten interessieren (…) nur insofern, als sie die Darstellungen beeinflussen, die die Experten von dem (…) interessierenden Gegenstand geben."[1127] Die Experten dieser Untersuchung sind somit aktive und gestaltende Akteure im Prozess der Kooperation von TOA-Fachstellen und Polizeien und können aufgrund ihrer Beteiligung Auskunft geben über die zu rekonstruierenden Sachverhalte, ihr Spezial- und Betriebswissen und ihre eigenen Handlungsorientierungen. Gleichsam sind sie auch „Zeugen"[1128]

[1125] Vgl. Bogner und Menz, 2009, S. 17, ebenda, S. 63ff.
[1126] Vgl. Helfferich, 2009, S. 165, siehe auch Gläser und Laudel, 2010, S. 13
[1127] Gläser und Laudel, 2009, S. 12
[1128] Gläser und Laudel, 2009, S. 12, im Rahmen der Evaluation von Projekten und Maßnahmen sind die hier befragten Experten nicht selten aktiv an eben jener Maßnahme beteiligt. Vgl. Wrobelski und Leitner, 2009, S. 268

des Prozesses und können auch eine „komplementäre Informationsquelle"[1129] über die Zielgruppe der Polizei sein.

5.3.3 Der Leitfaden im Experteninterview

Im Vorfeld der Interviews wurde ein Leitfaden entwickelt, der aus insgesamt 10 Fragen besteht. Die Fragen richten sich auf die Zusammenarbeit mit der Polizei, die dort gemachten Erfahrungen sowie die jeweiligen Strategien und Anstrengungen, die unternommen wurden, um eine solche Zusammenarbeit aufzubauen und aufrechtzuerhalten.

Befragungen auf der Basis eines zuvor entworfenen Leitfadens sollen sicherstellen, dass alle Fragen, die der Forscher an seinen Interviewpartner zu forschungsrelevanten Themen innerhalb des Interviews stellen will, auch gestellt werden. Der Fragebogen dient dabei als Sicherheit und eine Art Grundgerüst und Gedächtnisstütze für den Fragesteller und erlaubt ihm zumindest eine „rudimentäre Vergleichbarkeit der Interviewergebnisse",[1130] da allen Interviewpartnern die gleichen Fragen gestellt werden. Die Erstellung eines Fragebogens fordert vom Forscher, sich genau zu überlegen, welche Fragen er stellen will, was er mit dieser oder jener Frage bezweckt und sich damit gleichsam intensiv mit dem von ihm zu beforschenden Themenfeld auseinanderzusetzen. Die Verwendung eines Leitfadens bzw. eines Fragebogens verleiht dem Interview Struktur und Rahmen, die unterschiedlich weit bzw. eng gefasst und der Interviewform entsprechend angewandt werden. *Marotzki* verdeutlicht dies anhand einer Strukturierung durch den Interviewer bzw. den Interviewten. Ein biografisch-narratives Interview etwa, in dem der Interviewer den Interviewten zur Erzählung über eine biografische Episode, ein bestimmtes Erlebnis oder einen Zeitabschnitt auffordert und danach inhaltlich zunächst nicht weiter strukturierend eingreift, wäre geprägt von einer hohen Strukturierung durch den Informanten und keine Strukturierung durch den Interviewer, wohingegen ein klassischer, aus geschlossenen Fragen bestehender Fragebogen im Gegensatz dazu, durch eine starke Strukturierung durch den Interviewer geprägt sei, die dem so Befragten kaum bis gar keine eigene Möglichkeiten der Gesprächsstrukturierung einräumt.[1131]

Für das Führen von Experteninterviews empfehlen *Meuser* und *Nagel* wie auch *Gläser* und *Laudel* die Verwendung eines offenen Leitfadens. Auf die Strukturierung des Gesprächs zu verzichten birgt die Gefahr in sich, vom Gesprächspartner als schlecht vorbereitet und inkompetent wahrgenommen zu werden, was den Inter-

---
[1129] Bogner und Menz, 2009, S. 64
[1130] Schnell, Hill und Eser, 2008, S. 387
[1131] Vgl. Marotzki, 2006, S. 114

viewverlauf negativ beeinflussen würde. *Trinczek* warnt vor dem Hintergrund seiner Erfahrungen im Führen von Experteninterviews mit Managern vor einer solchen naiven Herangehensweise und auch die von *Hitzler* vertretene Devise von der „Dummheit als Methode" lehnt er ab, da die Bereitschaft sich zu öffnen und Fachdetails preiszugeben, maßgeblich von der Wahrnehmung des Interviewers abhängig sei.[1132] Der Grad der Strukturierung des Interviews ist abhängig zu machen vom Forschungsinteresse und dem, was in Erfahrung gebracht werden soll, so dass man den Umgang mit dem Leitfaden daran ausrichtet, ob es um Deutungswissen, Sachinformationen oder Handlungsorientierungen geht. Das Experteninterview ist kein narrativ-biografisches Interview und verträgt daher eine stärkere Strukturierung bzw. Verwendung eines Leitfadens, kann aber auch narrative Anteile enthalten. Im Experteninterview steht die Biografie des Interviewten nicht im Vordergrund, es sei jedoch nicht ausgeschlossen, dass Experteninterviews auch narrative Passagen enthalten, da diese „durchaus als Schlüsselstellen für die Rekonstruktion von handlungsleitenden Orientierungen" anzusehen sind, so dass sich methodisch daraus die Notwendigkeit ergebe, narrative Passagen herauszufordern, da sie über das Abfragen von Wissen hinaus „Aufschluss über Aspekte des Expertenhandelns" geben können, „die dem Experten selbst nicht voll bewusst sind," so *Meuser* und *Nagel*.[1133] Dennoch kritisierten *Nohl* und *Radwan*, dass die beiden Autoren „nur gelegentlich und geradezu versteckt auf die Bedeutung von Narrationen für das Experteninterview hinweisen"[1134] würden. Nach Ansicht der beiden Letztgenannten könne man den Wert solcher Narrationen gar nicht hoch genug einschätzen, da „Expertenwissen häufig eben kein theoretisch-reflexives Wissen" sei, welches der Experte einfach erklären könne, denn gerade Expertisen beruhen „vielfach auf routinisierten Wissensbeständen (...), die implizit (...) und atheoretisch (...) sind", oder einfacher ausgedrückt, die „ExpertInnen können etwas, ohne unbedingt zu wissen, was sie da können."[1135]

Anstatt sich sklavisch an die Reihenfolge eines Leitfadens zu halten oder sich durch schnelle Themenwechsel und ein schnelles Abhaken der Fragen durch das Interview zu arbeiten, bietet es sich an, vertiefende Nachfragen zu stellen, an der einen oder anderen Stelle zu verweilen und zu Erzählungen aufzufordern.[1136]

[1132] Vgl. Trinczek, 1995, S. 65 mit Bezug auf Hitzler, 1991, S. 295-318
[1133] Meuser und Nagel, 2009, S. 52f.
[1134] Nohl und Radwan, 2010, S. 161, siehe auch Nohl, 2009, S. 20ff.
[1135] Nohl und Radwan, 2010, S. 162
[1136] Über den Umgang mit dem Leitfaden im Experteninterview sowie Fehler in der Interviewführung siehe Gläser und Laudel, 2010, S. 187ff.

5.3.4 Auswahl der Teilnehmer und Vorbereitung der (Telefon)Interviews

Als Grundlage für die Auswahl der Teilnehmer diente zunächst die Liste der TOA-Fachstellen auf der Homepage des TOA-Servicebüros[1137] (siehe dazu Abschnitt 1.2.5.1). Hier können die Projekte nach Bundesländern abgefragt werden. Auswahlkriterien waren die Stichworte „JGG" bzw. „StGB/JGG"[1138] – freie Trägerschaft sowie eine Erreichbarkeit per Mail. In zwei Intervallen wurden Mails an die im Internet genannten Koordinatoren, Fachstellenleiter, Mitarbeiter etc. versandt, in denen das Forschungsvorhaben, der gesamte Kontext, die Anfrage um ein Interview sowie eine kurze Darstellung des eigenen beruflichen Hintergrundes benannt wurden. Im Rahmen dieser Herangehensweise wurde deutlich, dass hier auch Fachstellen antworteten, die über kaum bis gar keine Erfahrung in der Zusammenarbeit mit der Polizei verfügten und etwa Auskünfte erteilt wurden, dass in der angefragten Region ausschließlich die Staatsanwaltschaft über die Fallzuweisungen entscheide und eine Zusammenarbeit mit der Polizei daher gar nicht vorgesehen bzw. notwendig sei. Auch wenn es interessant gewesen wäre, die Gründe dafür zu erfragen, so musste die Auswahl der angestrebten Interviewpartner verfeinert werden, um entsprechende Gesprächspartner zu finden, die Auskunft über existente Formen der Zusammenarbeit geben konnten und um auch der eigenen Definition des Experten gerecht zu werden.

Im Folgenden sichtete ich die Selbstdarstellungen der bundesweiten TOA-Fachstellen im Internet nach Angaben zu Kooperation und Vernetzung mit der Polizei und wendete mich gezielt an einzelne Personen, die über praktische Erfahrung in diesem Gebiet verfügen. Dazu nutzte ich ebenfalls persönliche Kontakte im Rahmen der beiden TOA-Foren in Münster und Trier. Als weiteres Auswahlkriterium kam hinzu, dass die Interviewpartner mindestens zehn Jahre oder länger als TOA-Vermittler tätig sein sollten (also keine Praktikanten oder Berufsanfänger) und gegebenenfalls auch im Projekt die Rolle von Fachdienstleitern, Koordinatoren, Teamleitern etc. innehaben sollten, um auch über organisatorische und konzeptionelle Überlegungen im Hinblick auf eine Zusammenarbeit mit der Polizei Auskunft geben zu können. Zwischen 2011 und 2014 entstanden somit 9 Interviews mit TOA-Vermittlern aus den Bundesländern Bayern, Brandenburg, Bremen, Hessen, Niedersachsen, Rheinland-Pfalz und Sachsen. Die ursprüngliche Idee, aus jedem Bundesland zumindest einen Interviewpartner zu finden, wurde verworfen, da in den ersten vorbereitenden Telefonkontakten deutlich wurde, dass es in manchen Bundesländern kaum oder gar keine Kooperationen gibt beziehungsweise, diese sich bereits innerhalb eines Bundeslandes merklich unterscheiden können.

[1137] Siehe dazu TOA-Servicebüro-Homepage unter www.toa-servicebuero.de
[1138] Jugendgerichtsgesetz, für die speziell für Jugendliche und Heranwachsende Täter zuständige Fachstellen, bzw. Fachstellen die für Jugendliche, Heranwachsende und Erwachsene gleichermaßen zuständig sind.

Um die Interviews realisieren zu können, wurden sie als Telefoninterviews durchgeführt, wobei zunächst praktische Überlegungen den Ausschlag gaben. Telefoninterviews, die durch die ständige Verbesserung der Kommunikationstechnik seit den 1970er Jahren verstärkt im Bereich der Meinungs- und Marktforschung zur Anwendung kommen, haben den Vorteil, dass sich kostengünstig und schnell eine relativ große Menge an Daten generieren lässt, was dazu führte, dass man diese Herangehensweise schon bald als „quick-and-dirty"[1139] bezeichnete. Auch wenn Befragungen aus der Meinungs- und Marktforschung nicht viel gemeinsam haben mit einem Interview im Rahmen der qualitativen Sozialforschung, so strahlt auch hier eine gewisse Anziehungskraft von der telefonischen Form des Interviews aus, da es sich „aufgrund des vergleichsweise geringen Zeitaufwandes" um „eine sehr effiziente und ökonomische Art der qualitativen Datenerhebung" handle, bei der für den Forscher „weder Wege noch (Reise-) Kosten entstehen."[1140] Um die ca. halbstündigen Interviews von Angesicht zu Angesicht (Face-to-Face) führen zu können, wären meist lange Bahnfahrten in die o.g. Bundesländer und der damit verbundene Aufwand von Zeit und Kosten einhergegangen, ein Aufwand, der sich als Ein-Personen-Forschungsprojekt nicht hätte umsetzen lassen. Auch lässt sich zweifeln, dass die „klassische Interviewsituation" einen Mehrgewinn an Erkenntnissen für die eigene Forschung gebracht hätte. Bei einer stärkeren Ausrichtung auf biografisch-narrative Interviews und einem Thema, das mehr mit der befragten Person als solche verbunden wäre, hätten jedoch persönliche Begegnungen den Vorzug erhalten. Ist eine Kontaktaufnahme per Mail und dazu ein ergänzender Telefonanruf zur Vorbereitung des eigentlichen Interviewtermins völlig normal, so wird im Bereich des telefonischen Experteninterviews gar methodisches Neuland betreten, so *Christmann*, die darauf verweist, dass die Form des Telefoninterviews im angloamerikanischen Raum im Bereich der Sozialwissenschaften bereits stärker zur Anwendung komme als im deutschsprachigen Raum,[1141] jedoch im Hinblick auf eine Methodendiskussion zu diesem Instrument wenig Material zu finden sei, welches über Checklisten der praktischen Herangehensweise hinausgehen würde.[1142] In der Methodendebatte zum telefonischen Interview wird über dessen Grenzen der Anwendbarkeit gestritten. Durch den Wegfall der persönlichen Begegnung entfallen zum Beispiel die Wahrnehmungen, wie etwa „eine zugewandte Körperhaltung, Blickkontakt und Kopfnicken",[1143] die für das Gelingen und den Verlauf eines Interviews von erheblicher Bedeutung sind,

---

[1139] Vgl. Schnell, Hill und Esser, 2008, S. 363
[1140] Busse, 2000, S. 29f.
[1141] Eine recht „frühe" Publikation zu Telefonumfragen in der „bundesdeutschen" Sozialforschung findet sich bei Frey, Kunz und Lüschen von 1990
[1142] Vgl. Christmann, 2009, S. 204 die hier auch direkten Bezug auf die Arbeit von Busse nimmt.
[1143] Christmann, 2009, S. 215, Gläser und Laudel, die auch die organisatorischen Vorteile eines Telefoninterviews sehen, weisen jedoch auch auf die Vorteile einer persönlichen Begegnung hin und würden daher der Face-to-Face Variante, wenn möglich, den Vorzug geben. Vgl. Gläser und Laudel, 2009, S. 153f. Christmann, die über einen groß angelegte Befragung zur Entwicklung der Hochschullandschaft und Experteninterviews berichtet, dass telefonische Befragungen in qualitativen Untersuchungen, wenn überhaupt, mit „akademisch gebildeten Experten" führen kann, die über ein „hohes Abstraktionsvermögen" und „hohe (Selbst-)Darstellungskompetenzen" verfügen. Christmann, 2009, S. 200

wie auch Kontextinformationen visueller Art entfallen, wie das Büro des Interviewpartners, Bilder auf dessen Schreibtisch, Urkunden an den Wänden. Auch Ablenkungen der Interviewten, die der Auslöser von sprachlichen Irritationen sein können und Einfluss auf deren Äußerungen und damit auf die spätere Interpretation haben, können vom Interviewer schwer wahrgenommen werden, sofern diese nicht vom Interviewten verbalisiert werden.[1144] In Zeiten des World Wide Web wären hier auch Varianten denkbar, in denen das Gespräch über die Web-Kamera übertragen wird, so dass beide Seiten auch eine visuelle Vorstellung voneinander haben und ein „Face-to-Face"-Interview führen, ohne dabei im selben Raum zu sein.

Als Interviewer muss man sich im telefonischen Experteninterview quasi allein auf sein Geschick und sein Können verlassen, über das Gespräch und die Wahl seiner Worte und durch seine absolute Aufmerksamkeit den Zugang zum Interviewten zu finden, indem man, ebenso wie in der persönlichen Begegnung, eine entsprechende Gesprächsatmosphäre herstellt, in der man, wenn auch nicht körperlich, so jedoch inhaltlich präsent ist. Dies macht die telefonische Form des Experteninterviews anspruchsvoll und komplex und widerspricht dem Vorurteil, dass über ein Telefoninterview schnell und einfach verwertbare Daten zu erlangen sind.

5.3.5 Vorgespräch, Interviewführung, Nachgespräch und Aufzeichnung

Jedem Interview ging ein Anschreiben per Mail voran, in dem ich kurz auf mein Anliegen, meine Person, den eigenen beruflichen Hintergrund, den Gesamtzusammenhang meines Forschungsvorhabens, meine institutionelle Unabhängigkeit sowie die Anonymisierung von Interviewteilnehmern und deren TOA-Fachstellen einging.[1145] Auf positive Rückantworten, ebenfalls per Mail, erfolgte ein Telefonat, welches einem ersten Kennenlernen diente, und dazu, Fragen des Interviewpartners zu beantworten, sich für dessen Bereitschaft zur Teilnahme und dem damit verbundenen Zeitaufwand (ca. 20 -30 Minuten pro Interview, plus Vor-und Nachgespräch und Mailverkehr ca. eine knappe Stunde pro Interview) zu bedanken und um einen Termin für das eigentliche Interview zu finden, wobei dieser nach Möglichkeit für beide Seiten so gelegt werden sollte, dass eine ungestörte Gesprächsatmosphäre vorhanden ist. Vor jedem Interview wurde erneut eine Anonymisierung zugesichert sowie die Er-

---

[1144] Vgl. Christmann, 2009, S. 214
[1145] Siehe dazu auch Gläser und Laudel,, die einen schriftlichen Erstkontakt als seriöse, weil nachprüfbare Form der Kontaktaufnahme den Vorzug geben. Gläser und Laudel, 2010, S. 159

laubnis zur Gesprächsaufzeichnung über ein Digitalgerät und die spätere Verschriftlichung der Aufzeichnung eingeholt.[1146]

An dieser Stelle wurde darauf hingewiesen, dass zum Schluss nur einzelne, ausgesuchte Passagen in die Veröffentlichung gelangen und dass vorab noch keine Aussagen gemacht werden können, ob und wie viel des jeweiligen Interviews Erwähnung finden wird. Der Übergang vom sogenannten „warming-up" zur Phase des aufgezeichneten Interviews wurde jedes Mal mit der Frage eingeleitet, ob der Interviewpartner bereit zur Aufnahme und damit zum eigentlichen Interview sei. Um bei der späteren Auswertung Verwechselungen zu vermeiden, wurden alle Interviewteilnehmer gebeten, zunächst ihren Namen und das Bundesland zu nennen, in welchem sie tätig sind und ihre TOA-Fachstelle ansässig ist, gefolgt von einer kurzen Selbstdarstellung der beruflichen Vita, mit Schwerpunkt auf der Tätigkeit als TOA-Vermittler.

Die eigene Rolle als Interviewer im Gespräch war geprägt von der Balance zwischen der Einhaltung eben dieser Rolle, ohne diese jedoch zu starr und damit für den Gesprächspartner zu unnahbar zu gestalten. Die Gesprächssituation zwischen Interviewer und Interviewten unterscheidet sich von Situationen der normalen Alltagskommunikation, da hier die Rollen vorgegeben sind, ein bestimmtes Forschungsinteresse vorhanden und die Zeit meist begrenzt ist.[1147] *Honer* rät dazu, diese Gesprächssituation zu entdramatisieren bzw. zu normalisieren und insoweit „den üblichen Gewohnheiten des Miteinander-Redens"[1148] anzupassen, damit Gesprächsbarrieren abgebaut werden und der Interviewte angeregt wird, seine Sicht darzustellen und zu erörtern. Der Interviewer bringt sich ein, indem er Fragen und Nachfragen stellt, kleine Anmerkungen macht, mitunter auch „(verhaltenen) Widerspruch formuliert"[1149] und sein Interesse an der Thematik bekundet. *Helfferich* macht darauf aufmerksam, dass es zu den zentralen Kompetenzen eines Interviewers gehört, aktiv zuzuhören und dem Interviewten, der im Mittelpunkt steht, absolute Aufmerksamkeit zukommen zu lassen, sich selbst dabei zurückzuhalten, was eigene „Deutungen, Gefühle und Mitteilungsbedürfnisse" anbelangt, „auf Bewertungen zu verzichten, auch problematische Äußerungen zu ertragen und Geduld und Zeit zu haben."[1150] Der Interviewer diskutiert nicht mit seinem Gesprächspartner über ein bestimmtes Thema, so wie er es in der alltäglichen Kommunikation tun würde, sondern er stellt Fragen, regt an, ist präsent, reagiert spontan auf zuvor Gehörtes und muss eine Gesprächsatmosphäre schaffen, in der all dies möglich ist.

[1146] Siehe dazu auch Gläser und Laudel, die in ihrem Praxishandbuch zur Experteninterviews unter anderem auch auf den ethischen Grundsatz der informellen Einwilligung durch den Befragten, im Rahmen von sozialwissenschaftlichen Untersuchungen hinweisen. Vgl. Gläser und Laudel, 2010, S. 159.
[1147] Vgl. Gläser und Laudel, 2010, S. 121
[1148] Honer, 2006, S. 96
[1149] Honer, 2006, S. 96
[1150] Helfferich, 2009, S. 90f.

Zum Ende des Interviews hin wurde deutlich gemacht, dass nun alle Fragen gestellt wurden, verbunden mit der Bitte bzw. der Aufforderung an den Interviewpartner, hier Wünsche zu äußern („Was würden Sie sich wünschen im Hinblick auf eine Zusammenarbeit mit der Polizei") sowie abschließend dem Interviewten erneut die Chance zu geben, einen Aspekt zu nennen („Haben Sie noch eine Idee, eine Anmerkung zu diesem Thema, etwas was erwähnt werden sollte, ich jedoch nicht gefragt habe?"), der nicht im Interview oder nicht ausreichend erwähnt wurde. Dem Ende der Aufzeichnung, welches mit der Ansage – ich beende nun die Aufzeichnung – markiert wurde, folgte bei allen Interviews ein abschließendes Gespräch. Der Interviewte hat hier nun die Möglichkeit ein Feedback zu geben und Fragen zu stellen. Die Rolle des Interviewers verlassend, kann nun auch der Interviewer „mitdiskutieren" und über eigene Erfahrungen berichten Rückblickend enthielten auch diese abschließenden Gespräche oftmals spannende Passagen und Äußerungen, die nun „nur" noch im Rahmen des Gesprächsprotokolls, welches nach jedem Interview angefertigt wurde, vermerkt wurden, jedoch der späteren Auswertung nicht mehr zur Verfügung standen.

5.3.6 Vermittler vs. Forscher: Selbstreflexion über Distanz und Nähe zum Forschungsfeld

Interviewer und Experte kommen in der Regel aus unterschiedlichen Arbeitszusammenhängen und begegnen sich daher, was das Wissen über das zu beforschende Feld bzw. eine spezielle Fragestellung anbelangt, nicht auf Augenhöhe. *Bogner* und *Menz* machten sechs unterschiedliche Interaktionsformen zwischen dem Interviewer und dem Interviewten aus, die den Zugang zum Gesprächspartner, den Verlauf des Dialoges und damit auch die Qualität des Interviews beeinflussen können. Erstens: Verfügt der Interviewer über Wissen im Fachgebiet und kann dies über seine Vorgehensweise und seine Fragen dem Gesprächspartner deutlich machen, so „erscheint der Interviewer als Co-Experte, wird als gleichberechtigter Partner und Kollege angesehen, mit dem der Experte Wissen und Informationen über das betreffende Fachgebiet austauscht. Der Befragte setzt einen gemeinsam geteilten Vorrat an Kenntnissen und Wissen voraus, auf den zurückgegriffen werden kann, ohne diesen im Detail explizieren zu müssen."[1151]

Während in der erstgenannten Form der Interviewer über eigenes Fachwissen und der von ihm befragte Experte über einen Wissensvorsprung in diesem Fachgebiet verfügt, so entstammt der Interviewer in der zweiten Typologie nach *Bogner* und *Menz* einer anderen Wissenskultur. Dennoch werden ihm vom Interviewpartner „ho-

---
[1151] Bogner und Menz, 2009, S. 77

he fachliche Kompetenzen und Fähigkeiten unterstellt, dabei aber die unterschiedliche professionelle Herkunft des Gesprächspartners berücksichtigt."[1152] In der dritten Interaktionsform wird der Interviewer als Laie, Fachfremder, gar Unwissender wahrgenommen, eine Rollenzuschreibung, die nicht unumstritten ist. Naive Fragen können zu einem nachsichtigen, die Inhalte stark erklärenden und besonders vertrauenswürdigen Antwortverhalten führen, da der Interviewte den Fragesteller nicht als Bedrohung oder ebenbürtig empfindet, können aber auch als respektlos der eigenen Person und Position gegenüber empfunden werden und als mangelhafte Vorbereitung auf das Thema und den Interviewpartner, was sich schnell negativ auf dessen Antwortverhalten und Interesse an der Weiterführung des Interviews auswirken kann.[1153]

Im Gegensatz dazu kann, viertens, der Interviewer als Autorität mit überlegener fachlicher Kompetenz erscheinen, der den Interviewten auf dessen Wissen befragt und testet. Der Interviewer, „ausgestattet mit den Insignien und wissenschaftlichen Kompetenzen des Universitäts- oder Institutsangehörigen, der sich in die Niederungen der Praxis hinausbegibt (...)", ein Forscher, der von einer übergeordneten Instanz ausgesandt und mit Macht versehen wurde, um „den Interviewten oder dessen Organisation" zu überprüfen" und „von dessen Urteil das Wohl von Organisation oder Befragten abhängt."[1154] Die Gefahr, dass der so Befragte stark daran interessiert ist, sich möglichst positiv darzustellen, sich unkritisch verhält oder Antworten gibt, von denen er annimmt, dass sie erwünscht sind, ist daher groß.

Daran anknüpfend, wird in der fünften Typologie nach *Bogner* und *Menz* der Interviewer als ein möglicher Kritiker wahrgenommen oder als ein solcher erwartet. Der Interviewte spricht dem Interviewer die Fähigkeit ab, gewissenhaft und neutral an eine Forschungsfrage heranzugehen, sondern strategische, persönliche oder politische Motive zu verfolgen, was nur zu Ablehnung durch den Interviewpartner führen kann, oder, so *Bogner* und *Menz*, dazu, dass ein Experte, der sich als solcher nicht anerkannt fühlt, „der Legitimierung der eigenen Handlungsorientierungen, Einstellungen und Deutungen üblicherweise breiten Raum einräumt", quasi aus einer Art Verteidigungshaltung heraus argumentiert und agiert. In der sechsten und letzten Interaktionsform wird dem Interviewer die Rolle eines Komplizen zugesprochen, da man ihn „als Mitstreiter in einem vermachteten Handlungsfeld" ansieht, eine „Vertrauensperson", der man „Geheimnisse anvertraut" und „verdeckte Strategien erläutert".[1155] In der Regel kennt der Interviewte seinen Interviewer, ist mit ihm persönlich bekannt und vertraut und/oder es existiert ein übergeordneter Kontext, wie die gemeinsame

---

[1152] Bogner und Menz, 2009, S. 79
[1153] Vgl. Bogner und Menz, 2009, S. 82
[1154] Bogner und Menz, 2009, S. 84
[1155] Bogner und Menz, 2009, S. 86f.

Verbindung zu Institutionen, die Zugehörigkeit zu einer bestimmten Wissenskultur, ein gemeinsames Ziel oder ein gemeinsamer Konkurrent oder Gegner.

In meiner Kontaktaufnahme zu den von mir angestrebten Interviewpartnern habe ich auf meine Tätigkeit als TOA-Vermittler hingewiesen und damit eine gemeinsame berufliche Tätigkeit, sowie einen gemeinsamen Erfahrungshintergrund im Bezug auf die Fall- und Projektpraxis deutlich gemacht. Auch wenn ein Vergleich fehlt, so kann davon ausgegangen werden, dass die Zugehörigkeit zur selben Berufsgruppe, die Einbindung in eine TOA-Fachstelle, die eigenen praktischen Erfahrungen den Zugang zu den Interviewpartnern erleichtert haben. Selbst würde ich den Anfragen von Kollegen und Kolleginnen aus dem Arbeitsfeld Täter-Opfer-Ausgleich ebenfalls eine größere Priorität einräumen. In der Reflexion der eigenen Rolle stelle ich fest, dass mindestens zwei der von *Bogner* und *Menz* genannten Typologien der Interaktion von Interviewer und dem interviewten Experten im eigenen Fall zutreffend waren. Zum einen kommen deutliche Aspekte des *Co-Experten* wie auch die des *Komplizen* zum Vorschein, deren Vor-und Nachteile hier benannt werden sollen. Durch die Annahme eines gemeinsam geteilten Erfahrungshintergrundes, der sich höchstens durch regionale Unterschiede und Besonderheiten unterscheidet, kam es schnell zu einem Vertrauensverhältnis und einem Gespräch über Inhalte und das eigene Forschungsinteresse. Den „schnellen" Zugang zum Gesprächspartner, sowie das eigene Wissen über die Materie habe ich als Vorteil erlebt, da es dadurch möglich wurde, auf Ausführungen durch gezieltes Nachfragen zu reagieren. Rückblickend auf die Gesprächssituationen kann ich selbstkritisch anmerken, dass die Gefahr im Co-Expertentum darin bestehen *kann*, dass man glaubt, die Antworten bereits zu kennen und auf weitere Nachfragen verzichtet, wo diese eventuell angebracht gewesen wären. Um der Gefahr zu entgehen, nicht mehr Interviewer, sondern Diskussionspartner zu werden, der von sich und seinen eigenen Erfahrungen berichtet, habe ich vor jedem Interview auf meine Rolle im Interview hingewiesen und, nach der Beendigung der Aufzeichnung, ein abschließendes Gespräch angeboten, welches ausnahmslos angenommen wurde, in dem ich auf Fragen zu eigenen Erfahrungen oder der „Berliner Praxis" eingehen konnte, nachdem ich die Rolle des Interviewers hinter mir gelassen hatte.[1156] Die von *Bogner* und *Menz* ausgemachte Form der Komplizenschaft begründet sich meiner Ansicht nach durch die gemeinsamen Erfahrungen über die Erfolge, aber auch Widrigkeiten und Rückschläge im Hinblick auf die Öffentlichkeitsarbeit im TOA, die hier notwendige Fallakquise und die Akzeptanz durch die Kooperationspartner. Hier teilten sich Interviewte und Interviewer einen gemeinsa-

---

[1156] Anmerken möchte ich dazu, dass die Erfahrungen mit Rollenspielen aus der Mediationsausbildung hier sehr hilfreich waren, da hier der Einstieg in eine Rolle, das Einhalten einer Rolle, sowie das Verlassen einer Rolle geübt werden. *Bogner* und *Menz* beziehen keine ganz eindeutige Stellung, was das Diskutieren zwischen Interviewer und Interviewten angeht. Zum einen könne die Interviewsituation kippen, wenn der Interviewte Fragen an den Interviewer stellt, zum anderen könnte dadurch, dass der Interviewer als Co-Experte engagiert sein Wissen einbringt, eine fruchtbare Interviewsituation mit einer Art Informationsaustausch entstehen. Vgl. Bogner und Menz, 2009, S. 78f.

men, berufsbedingten Erfahrungshintergrund. *Bogner* und *Menz* sehen in der Rolle des Komplizen für das Führen eines Experteninterviews „unschätzbare Vorteile", da der Interviewer „Zugang zu vertraulichen Informationen" erhält und auf „die weitgehende Offenheit und Ehrlichkeit der Antworten bauen" kann.[1157] Um die persönliche Beziehung und auch die zukünftige Zusammenarbeit nicht zu gefährden, können als zu kritisch empfundene Nachfragen jedoch unterbleiben, was „wiederum zu fehlenden oder verzerrten Informationen" führen kann, so kritisch dazu *Gläser* und *Laudel*.[1158]

5.3.7 Die Auswertung: Experteninterviews und dokumentarische Methode

In ihrem Handbuch zum Umgang und der Anwendung von Experteninterviews entschieden sich *Gläser* und *Laudel* für die qualitative Inhaltsanalyse nach *Mayring* „als eine quantifizierende Methode zur Analyse von Texten" als Auswertungsmethode. Über ein zuvor festgelegtes Kategoriensystem wird der Text auf relevante Informationen durchsucht und in kleinere Textpassagen verdichtet, die durch eine Kodierung dem Kategoriensystem zugeordnet werden.[1159] Die Autoren erklären anhand einer Beispieluntersuchung die Anwendung der qualitativen Inhaltsanalyse, jedoch nicht ohne zu erwähnen, dass diese Methode die Methode ihrer Wahl war, jedoch nicht die einzig mögliche Methode, wenn es darum geht, Daten zu erheben und auszuwerten.[1160] *Meuser* kritisiert an dem, von *Mayring* entwickelten Verfahren der qualitativen Inhaltsanalyse, dass die hier entworfenen Analyseschritte sich eher an einem theoriegeleitenden statt einem theoriengenerierenden Vorgehen orientieren, da die Textinterpretation nicht sequenzanalytisch sondern auf dem Fundament eines Kategorienschemas entwickelt wird, so dass für *Meuser* fraglich ist, ob diese Form der qualitativen Inhaltsanalyse überhaupt mit der Methodologie einer rekonstruktiven Sozialforschung zu vereinen sei.[1161]

Meuser und *Nagel* entwickelten für die Auswertung von Experteninterviews einen sechsstufigen Auswertungsplan. Ihr Augenmerk richtet sich dabei auf die „über die Texte verstreuten Passagen", die sie zu thematischen Einheiten zusammenführen. Den Funktionskontext bildet dabei die institutionelle-organisatorische Einbindung des Experten und nicht die Sequenzialität seiner Äußerungen. Die ausgewählten Passagen werden verdichtet und kodiert, um in einem weiteren Arbeitsschritt über die verschiedenen Interviews hinaus thematisch gebündelt zu werden, wobei Teile

---
[1157] Bogner und Menz, 2009, S. 87
[1158] Vgl. Gläser und Laudel, 2010, S. 118, hier mit direktem Bezug auf Seidman, 1991, S. 32
[1159] Vgl. Gläser und Laudel, 2009, S. 199, hier mit direktem Bezug auf Mayring, 2005, S. 5
[1160] Vgl. Gläser und Laudel, 2010, S. 285f.
[1161] Vgl. Meuser, 2006, S. 90

des Interviews unter den Überschriften der gewählten Kategorien auch subsumiert werden, gleichsam sollen die „vorgefundenen Wirklichkeitsausschnitte" über die Kategorisierung rekonstruiert werden. Diese „empirische Generalisierung" bilde nun die Abstraktionsebene und die Anschlussmöglichkeit für theoretische Diskussionen, die jedoch „auf das vorliegende empirische Material begrenzt" bleiben.[1162] *Nohl* kritisierte, dass die Autoren bei dem Versuch, „ihre Interpretationen soziologisch zu konzeptualisieren", indem sie ihre empirischen Interpretationen mit den theoretischen Kategorien verknüpfen, in Gefahr geraten, „nun in das Fahrwasser einer hypothesenprüfenden Sozialforschung" zu gelangen, „mit der theoretische Konzepte und Kategorien an der Empirie überprüft, nicht aber aus ihr heraus entwickelt werden."[1163] Neben der wichtigen Entscheidung, für welche Form der Auswertung sich der Forscher entscheidet, ist es im Hinblick auf das Experteninterview von Bedeutung, festzulegen, ob es ein rein explizit-reflektiertes Wissen ist, welches es gilt in Erfahrung zu bringen oder auch, oder gerade, ein implizites Wissen, welches den befragten Experten nicht ohne weiteres bewusst ist, da die Handlungen auf Routinen und atheoretischem Wissen beruhen. „Wenngleich den Interviewten nicht abzusprechen ist, dass sie wissen, wie man bestimmte Handlungsprobleme bewältigt, ist doch nicht davon auszugehen, dass die Interviewten auch wissen, was sie da alles wissen, dass die Interviewten also ihr Wissen einfach explizieren können."[1164] Nach *Honer* liegt sogar der größte Teil des Wissens, das über nichtstandardisierte Interviews rekonstruiert werden soll, in gerade jenem impliziten Wissen verborgen, denn „es handelt sich um Leidenschaften, Vorurteile, Gewohnheiten und auch um Zwang, der von sozialen Umständen ausgeht."[1165]

Franz und *Kopp* schrieben in ihren Reflexionen über das betriebliche Expertenwissen, dass bereits das Interview häufig dazu führen würde, „dass den Experten selbst nicht bewusstes Wissen aktualisiert wird, d.h. unbewusste Kompetenz wird zu bewusster Kompetenz und im situativen Interviewkontext interpretiert und reflektiert."[1166] Dieser Effekt sollte den Autoren zufolge für „wissensbasierte, planvolle Veränderungsprozesse benutzt werden."[1167] Ein Effekt, von dem man sicher nicht automatisch ausgehen kann und der stark von der Interaktion von Interviewer und Interviewten abhängig ist. *Witzel* schrieb in seinen Ausführungen zum Umgang mit dem Leitfaden und dem Führen von Interviews unter anderem auch davon, in einer Phase des Interviews auch Druck auf die Interviewten auszuüben, um sie „zur Explikation ihrer Motive und Handlungsgründe zu bewegen."[1168] Vom Standpunkt der dokumentarischen Methode aus warnt *Nohl* jedoch vor einem solchen Vorgehen. Auf Selbst-

---

[1162] Vgl. Meuser und Nagel, 2009, S. 56-57
[1163] Nohl, 2009, S. 41
[1164] Nohl, 2009, S. 22 der hier auf Bohnsack, Nentwig-Gesemann und Nohl, 2007b, S. 11 verweist.
[1165] Honer, 2006, S. 98 die sich dabei auf Schütz und Luckmann, 1979, S. 226 bezieht
[1166] Franz und Kopp, 2004, S. 53
[1167] Franz und Kopp, 2004, S. 54
[1168] Nohl, 2009, S. 22 mit direktem Bezug auf Witzel, 1982, S. 100f.

explikation zu drängen, würde die Gefahr beinhalten, den Unterschied „zwischen atheoretisch-implizitem und theoretisch-explizitem Wissen" zu ignorieren „und das Interview auf die Ebene des expliziten Wissens reduzieren."[1169] Die Auswertung und Interpretation nach der dokumentarischen Methode bietet dem Forscher die Möglichkeit, sich sowohl dem explizit reflektiven, wie auch dem impliziten, auf den ersten Blick schwerer zugänglichen Wissen zu nähern. „Aufgabe der empirischen Forschung ist es, die Konstruktion der Wirklichkeit zu rekonstruieren, welche die Akteure in und mit ihren Handlungen vollziehen."[1170]

Die Auswertung der Experteninterviews erfolgte, ebenso wie die Gruppendiskussionen mit den Polizeibeamten, anhand der dokumentarischen Methode nach *Bohnsack*, über die bereits dargestellten Interpretationsschritte (siehe dazu Abschnitt 4.3) der *formulierenden* und der *reflektierenden Interpretation*. Auch wenn im Vorfeld der Auswertung davon ausgegangen wurde, dass die Ergebnisse der Experteninterviews aufgrund der Thematik und der Fragestellung stark praxisorientiert ausfallen würden – was sich im Nachhinein bestätigte –, so sollte nicht vorab die Chance vertan werden, auch implizites Wissen sichtbar zu machen. Die Auswertung der Experteninterviews lehnt sich dabei an eine *sinngenetische* Typenbildung an, verbleibt aber auf der Ebene des *tertium comparationis*, der Darstellung von fallübergreifenden Orientierungen, ohne darüber hinaus eine Typenbildung anzustreben.

5.4 Erfahrungen und Handlungsorientierungen von TOA-Vermittlern in der Zusammenarbeit mit der Polizei

Aus dem vorhandenen Material wurden vier Experteninterviews ausgesucht und ausgewertet. Alle vier Interviewpartner haben in ihren jeweiligen TOA-Fachstellen leitende Funktionen inne und können jeder auf mehr als ein, die meisten auf zwei Jahrzehnte der Fallarbeit und der Projektentwicklung zurückblicken. Entsprechend dem Vorgehen in den Gruppendiskussionen wurden die Interviewpartner anonymisiert, was bei Experteninterviews nicht zwingend notwendig ist, da in der Fachwelt mit einem bekannten Namen auch ein gewisser Expertenstatus in Verbindung gebracht wird, hier aber angebracht erschien, da die Interviewpartner sich frei, auch zu sensiblen Themen, äußern sollten, was sie durchweg getan haben. Lediglich das Bundesland wird benannt und im Text nicht anonymisiert, ein Fakt, der vorab mit den Interviewpartnern abgesprochen wurde. Analog zu den Gruppendiskussionen erhielten die Interviewpartner für die Transkription Bezeichnungen wie Am für einen männlichen, oder Bf für eine weibliche Person. Später, in der Phase der Präsentation des

---
[1169] Nohl, 2009, S. 23
[1170] Meuser, 2006, S. 140, Grundlegend über Rekonstruktive Sozialforschung, Bohnsack, 2010, S. 13ff.

eigenen Materials, erhielten die Interviewpartner positiv besetzte Tiernamen aus dem Bereich von Fabeln und Märchen, damit ein besserer Lesefluss gewährleistet ist. Es werden demnach präsentiert Passagen aus den Interviews mit **Frau Nachtigall** (Hessen), **Frau Amsel** (Rheinland-Pfalz), **Herrn Fuchs** (Bremen) und **Herrn Dachs** (Brandenburg). Anhand des Materials und nach dem Ergebnis der Komparativen Analyse wurden drei Oberthemen ausgemacht: 1*) Formen und Beispiele einer praktischen Zusammenarbeit mit der Polizei der eigenen Regionen, 2) der Balanceakt zwischen Kooperation, Abhängigkeiten und Selbstständigkeit – gerade auch im Verhältnis zur Justiz und 3) ein Blick in eine mögliche Zukunft der Zusammenarbeit mit der Polizei*, basierend auf einer offenen Wunsch- oder Abschlussfrage zum Ende eines jeden Interviews. Die Präsentation der nun folgenden Passagen orientiert sich ebenfalls an der Präsentation der Passagen aus den Gruppendiskussionen, das heißt, die jeweils drei Passagen zu jedem Thema werden nacheinander dargestellt, so dass Gemeinsamkeiten und Unterschiede deutlich werden. Jede Passage wurde dem entsprechenden Interviewpartner zugeordnet, so dass man auch die Möglichkeit hat, die Passagen jeweils eines Experten nacheinander zu lesen. Für den Fallvergleich und für eine bessere Orientierung innerhalb des gesamten Textes haben auch diese Passagen kurze Titel erhalten, jedoch immer erst *nach* Abschluss der Arbeitsschritte von formulierender und reflektierender Interpretation, um die Interpretation nicht vorab in eine bestimmte Richtung zu lenken. Die Titel bestehen aus prägnanten Wörtern aus den Passagen oder einer eigenen Namensgebung, die für die gesamte Passage oder zumindest Teilsequenzen der Passagen stehen und hier als Überschriften dienen.

5.4.1 Gelebte Praxis - Formen der Zusammenarbeit

In der Regel zielte die Eingangsfrage an die Experten darauf ab, diese zur Schilderung der eigenen Praxis zu bewegen. Von Interesse waren dabei praktische Formen der Kooperation mit der Polizei, organisatorische Abläufe von Kontaktaufnahme und Fallvermittlung, wie auch die Frage nach Art, Ort und Häufigkeit von persönlichen Arbeitstreffen, Gremien oder Schulungen. Die Art des Kontaktes zur Berufsgruppe der Polizei stellt hier die Basis dar für den weiteren Verlauf des Interviews. Über die Interviews dokumentierten sich dabei ganz unterschiedliche Formen der Kooperation zwischen den TOA-Fachstellen und deren Mitarbeitern und den regionalen Polizeibehörden, die im Laufe der Jahre entstanden sind und sich etabliert haben, wie auch ganz unterschiedliche – kreative – Umgangsformen einer Zusammenarbeit im frühen Stadium des Strafverfahrens, dem Ermittlungsverfahren.

5.4.1.1 Passage: „Aufkleber" – aus dem Interview mit Frau Nachtigall (Zeile 39 – 74)

```
39  Bf:   Ja also wir haben ähm angefangen ähm mit der Polizei äh mit den Jugend-
40        koordinatoren der Polizei im Jugendbereich zu arbeiten die haben ähm
41        Aufkleber entwickelt und haben auch innerhalb der Polizei Werbung ge-
42        macht für den Täter-Opfer-Ausgleich so dass ähm bei geeigneten Fällen
43        spezielle Aufkleber in die Ermittlungsunterlagen angebracht wurden mit
44        denen dann die Staatsanwaltschaft auch auf Täter-Opfer-Ausgleichs-
45        Eignung hingewiesen (1)
46  Y1:                            L Hm
47  Bf:                                 L wird (1) ähm das funktioniert (2) dann äh
48        gibt es oder gab es in in im Laufe der Jahre immer mal gemeinsame Be-
49        sprechungen äh mit Polizei, Staatsanwaltschaft, Jugendgerichtshilfe und
50        auch Amtsanwaltschaft (1) ein Mal jährlich äh ´ne Besprechung zum Tä-
51        ter-Opfer-Ausgleich das war so die ersten zehn Jahre (2) bis sich das dann
52        eingespielt hatte
53  Y1:                      L HmHm
54  Bf:                            L äh wir haben mit den Jugendkoordinatoren äh
55        spezielle äh Besprechungen noch mal (1) äh werden denn auch mal einge-
56        laden äh in bestimmte Runden jetzt hier in Hessen hat sich´s äh seit (1)
57        vier fünf Jahren sind wir auch an der Polizeischule (1) in Z-Stadt
58  Y1:                                                                  L HmHm
59  Bf:                                                                        L
60        eingeladen um vor Jugendsachbearbeitern dann dann den Täter-Opfer-
61        Ausgleich vorzustellen (2) ähm ne spezielle Zusammenarbeit gibt es noch
62        mal ich weiß nicht wie weit das interessant ist
63  Y1:                                                 L Hm
64  Bf:                                                      L aber die gibt es halt
65        im Haus des Jugendrechts das wir im Februar eröffnet haben hier in einem
66        Stadtteil (1) äh und da sitzen eben Polizei, Staatsanwaltschaft, Jugendge-
67        richtshilfe und Täter-Opfer-Ausgleich zusammen und da gibt es noch mal
68        ´ne ganz besonders enge Zusammenarbeit (1) wir haben mit der Polizei
69        äh auch vereinbart, dass wir ähm Rückmeldungen über den Verfah-
70        rensausgang geben wenn wir äh ´nen Fall aufgrund ´ner Polizeianregung
71        bekommen
72  Y1:            L Hmm
73  Bf:   Das hat auf jeden Fall sehr zur Akzeptanz beigetragen
74  Y1:  Ja
```

Frau Nachtigall berichtet, wie die Zusammenarbeit ihres Projektes mit der örtlichen Polizei begann. Als erstes wurden zusammen mit den Jugendkoordinatoren der Polizei spezielle Aufkleber entwickelt. Darüber wurde die Staatsanwaltschaft durch die Polizei auf TOA-geeignete Verfahren aufmerksam gemacht. Gleichzeitig begann man damit, „innerhalb der Polizei" Werbung für den TOA zu machen. „Im Laufe der Jahre" gab es dann immer wieder mit den Kooperationspartnern, der Staatsanwaltschaft, der Polizei, der Amtsanwaltschaft und der Jugendgerichtshilfe, gemeinsame Arbeitstreffen, wobei der Rhythmus dieser Treffen sich auf „ein Mal jährlich" eingependelt hat. In den ersten zehn Jahren habe sich so eine Form der Zusammenarbeit „eingespielt." Sie ergänzt, dass es mit den Jugendkoordinatoren „spezielle Besprechungen" gibt und dass sie, also sie und ihre Kollegen, zu Arbeitstreffen „bestimmten Runden" von der Polizei „eingeladen werden". Darüber hinaus werden sie, die Mitarbeiter der TOA-Fachstelle, „seit vier fünf Jahren" von der örtlichen Polizeifachschule eingeladen, um dort den TOA vorzustellen.

Frau Nachtigall weist von sich aus auf eine neue Entwicklung im Bezug auf eine Zusammenarbeit mit der Polizei hin und versichert sich zunächst, dass eine weitere Ausführung ihrerseits im Interesse von Y1 ist, der dies mit einem zustimmenden „Hm" bejaht. Vor nicht allzu langer Zeit hat in ihrer Stadt ein Haus des Jugendrechts eröffnet, in dem die am Jugendstrafverfahren beteiligten Professionen zusammengeführt werden. Darüber habe sich eine „ganz besonders enge Zusammenarbeit" ergeben. Die TOA-Fachstelle revanchiert sich für durch die Polizei angeregte Fälle mit einem Feedback über den Verfahrensausgang, wobei sowohl das juristische Ende, eher aber noch das Ergebnis des TOA gemeint sein dürfte. Frau Nachtigall resümiert an dieser Stelle, dass diese Form der Absprache „sehr zur Akzeptanz" (des TOA) beigetragen habe.

5.4.1.2 Passage: „Polizeipräsident" - aus dem Interview mit Frau Amsel (Zeile 7 – 66)

```
7   Af:   Ja ja wir sind in Rheinland Pfalz
8   Y1:   In Rheinland Pfalz wunderbar (1) Ähm mich würde interessieren (1) wie
9         sich denn die Zusammenarbeit vor Ort in Ihrer Region zwischen TOA und
10        Polizei gestaltet in der Praxis gibt es da Arbeitsgruppen regelmäßige Tref-
11        fen wie sieht es aus bei Ihnen
12  Af:   Also regelmäßige Treffen gibt es nicht aber es gibt immer wieder Kontakte
13        bei Bedarf sag ich mal also das wenn wir merken es ist einfach wichtig die
14        Polizei mal wieder zu schulen damit sie besser an die Klienten weitergeben
15        können was ist überhaupt ein Täter-Opfer-Ausgleich was findet da statt
16        (1) weil die sind verpflichtet in Rheinland-Pfalz darauf hinzuweisen
17  Y1:                                                                    L Hmhm
18  Af:   auch im Personalbogen der ja erfasst wird mit drin dass sie über Täter-
19        Opfer-Ausgleich belehrt haben
20  Y1:                              L ja
21  Af:                                 L ähm aber es ist ja immer die Frage
22        wie wird informiert
23  Y1:                     L ja
24  Af:                        L was bei uns abläuft und da achten wir schon drauf
25        dass wir so im zwei bis drei Jahres Rhythmus ähm immer wieder auch bei
26        der Polizei präsent sind
```

27	Y1:	L Hmhm
28	Af:	L und da dann einfach informieren über
29		den aktuellen Stand wie läuft ein Täter-Opfer-Ausgleich ab oder auch mal
30		so als Beispiel hatten wir in letzter Zeit jetzt auch Täter-Opfer-Ausgleich
31		mit Polizeibeamten als Geschädigte
32	Y1:	HmHm
33	Af:	L ist dann auch immer wieder ein Aufhänger um Kontakt zu suchen
34	Y1:	L ja
35	Af:	L und so klappt die Kooperation sehr gut also wir können (1) ich sag mal
36		den Polizeipräsidenten anrufen und sagen hier das wär mal wieder wichtig
37		und dann wird auch dafür gesorgt, dass es irgendeinen
38		Besprechungsrahmen gibt, in dem wir dann auch dazu kommen können
39		(2)
40	Y1:	Hmhm (1) dann haben Sie gleich die nächsten drei (1) Fragen
41		angeschnitten die ich hier auf meinem Bogen habe ich wechsel mal ein
42		bisschen die Reihenfolge ähm wie genau sieht es aus das wenn die
43		Polizeibeamten die Beteiligten auf den Täter-Opfer-Ausgleich hinweisen (1)
44		sollen gibt es da einen extra Informationsmaterial wer hat das gestaltet
45		wie wie funktioniert dieses Hinweisen auf die Chance eines Täter-Opfer-
46		Ausgleichs
47	Af:	Ja also es in den (2) die Zeugen bekommen ja ihren Personalbogen mit
48		dann ich glaube es ist der Personalbogen und da steht dann auf jeden Fall
49		zum Abschluss die Adresse vom TOA-Servicebüro und von der
50		Bundesarbeitsgemeinschaft für Täter-Opfer-Ausgleich also die werden gar
51		nicht direkt auf unser Projekt hingewiesen sondern so'ne allgemeine
52		Information über Täter-Opfer-Ausgleich
53	Y1:	L ach so
54	Af:	mit diesen übergeordneten Adressen sag ich mal
55	Y1:	L Hmhm
56	Af:	L und dann haben
57		die von uns Flyer (1) also von (Projekt) xy im Gerichtsbezirk x
58	Y1:	ja
59	Af:	L die Flyer in den Direktionen vor Ort und das Justizministerium hat die-
60		ses Jahr mal wieder ganz aktuell einen neuen Flyer über Täter-Opfer-
61		Ausgleich aufgelegt und hat den auch äh den ganzen Polizeiinspektionen
62		zur Verfügung gestellt
63	Y1:	L Hmhm (1) da Sie gerade gesagt haben wenn Not
64		am Mann ist ruft man den Polizeipräsidenten an dann kann man so'ne
65		Veranstaltung machen
66	Af:	ja

Frau Amsel nennt auf Bitte von Y1 das Bundesland, in dem sie tätig und in welchem ihre TOA-Fachstelle verortet ist. Y1 erkundigt sich nach der regionalen Praxis der Zusammenarbeit mit der Polizei. Frau Amsel schildert, dass es zwar keine regelmäßigen Treffen mit der Polizei gäbe, jedoch wird bei „*Bedarf*" das Gespräch gesucht, etwa „*wenn wir merken es ist einfach wichtig die Polizei mal wieder zu schulen damit sie besser an die Klienten* weitergeben können", was TOA bedeutet. Der Reiz, dass eine erneute Kontaktaufnahme nötig ist, wird hier indirekt beschrieben durch einen auftretenden Mangel an sachgerechter Information der Klienten durch die Polizei, was anhand des Falleingangs oder durch Textpassagen, etwa im polizeilichen

Schlussbericht, deutlich werden könnte. Frau Amsel führt dies nicht weiter aus und Y1 versäumt es, hier genauer nachzufragen, da er an dieser frühen Stelle des Interviews darauf bedacht ist, Frau Amsel zu Wort kommen und erzählen zu lassen. Frau Amsel weist darauf hin, dass die Polizei in Rheinland-Pfalz „*verpflichtet*" ist, auf den TOA hinzuweisen, so dass sie im „*Personalbogen*" – damit ist das Vernehmungsformular gemeint, nicht die Personalakte des Beamten – vermerken müssen, dass sie die Klienten zum Thema TOA durch die Polizei „*belehrt*" haben. Jedoch weist Frau Amsel darauf hin, dass es „*ja immer die Frage*" sei, „*wie belehrt wurde*", wobei sie das „wie" extra betont. Dahinter steht die Problematik, dass eine Information zum TOA sowohl oberflächlich als auch ausführlich weitergegeben werden kann und hier das Wissen und die Haltung des vernehmenden Beamten sicherlich eine entscheidende Rolle spielt. Stark verkürzte Informationen können hier kontraproduktiv sein, etwa: *Wollen Sie einen Täter-Opfer-Ausgleich? Gegenfrage: Noch nie gehört, was ist das? Antwort: Da entschuldigt sich der Täter bei Ihnen und dann wird das Verfahren eingestellt. Antwort: Nein danke.*

Sobald die Fachstelle von sich aus einen Bedarf feststellt, suchen die Mitarbeiter der Fachstelle den Kontakt zur Polizei, um dann in einem Rhythmus von zwei bis drei Jahre „*bei der Polizei präsent*" zu sein. In letzter Zeit habe man auch TOA mit Polizisten in der Rolle der Geschädigten gemacht und auch das sei immer wieder ein „*Aufhänger*", um Kontakt zur Polizei zu suchen. Frau Amsel führt aus, dass die Fachstelle den Polizeipräsidenten kontaktieren kann, der dann dafür sorgt, dass die Mitarbeiter zu einem bestimmten „*Besprechungsrahmen*" dazukommen können, um ihr Anliegen zu thematisieren. Diese Form von Selbstverständlichkeit, über die höchste Ebene der regionalen Polizeiorganisation, hier in Person des Polizeipräsidenten, zu kommunizieren, dargestellt durch einen einfachen Telefonanruf, zeugt von einer eingespielten Verfahrensweise, guter Zusammenarbeit und auch einem bestimmten Grad von Wichtigkeit, welches dem Thema TOA auch von Seiten der Behördenleitung entgegengebracht wird. Frau Amsel resümiert an dieser Stelle, dass die Kooperation mit der Polizei „*sehr gut*" funktioniere.

Nach dieser ersten Beschreibung der Zusammenarbeit und einem ersten, positiven Fazit durch Frau Amsel stellt Y1 eine Frage an diese, in der es um die Praxis geht. Ihn interessiert, wie die Beamten nach Wissen von Frau Amsel auf den TOA hinweisen. Diese erklärt, dass die Polizei den Zeugen (und demnach den Geschädigten) ein Blatt Papier mit Informationen aushändigt, das die Adresse des überregional tätigen TOA-Servicebüros und der Bundesarbeitsgemeinschaft für TOA enthält. Es wird somit nicht direkt auf die lokale Fachstelle hingewiesen. Frau Amsel ergänzt jedoch, dass auch eigene Flyer – „*von uns*" – im Umlauf sind, die im „*Gerichtsbezirk*" und in den „*Direktionen vor Ort*" zur Verfügung stehen. Abschließend verweist Frau Amsel erneut auf den guten Kontakt zum Polizeipräsidenten und die Möglichkeit, gemeinsam eine Informationsveranstaltung zum Thema TOA zu organisieren.

Die Passage zeigt eine eingespielte Form der Zusammenarbeit auf höchster Ebene der Polizei und der TOA-Fachstelle. Wobei die hier beschriebenen Zeitabstände – alle zwei bis drei Jahre - zwar in einem gewissen Maße von einer regelmäßigen, wenn auch keiner sehr intensiven Zusammenarbeit zeugen. Eine gewisse Form der beständigen Schulung bzw. Information der Polizei ist notwendig, um eine entsprechende Information an die Klientel – hier hauptsächlich dargestellt in Person der Geschädigten, zu gewährleisten. Die Tatsache, dass die Polizei zu dieser Art der Information verpflichtet ist, schafft einen gewissen Rahmen und eine Verbindlichkeit, die sich im guten Kontakt zum Polizeipräsidenten widerspiegelt. Gleichfalls deutet sich an, dass es darauf ankommt, wie diese Informationspflicht gestaltet und gelebt wird. Dies sind zum einen die diversen Informationsmaterialien, die den Betroffenen an die Hand gegeben werden können, aber auch die Frage, wie diese im direkten Kontakt mit der Polizei zum Thema TOA beraten werden.

5.4.1.3 Passage: „*Wortspiel*" - aus dem Interview mit Herrn Fuchs (Zeile 32 – 78)

```
32  Y1:  (...) und bringe das ganze so in Zusammenhang meine erste Frage wäre
33       wie gestaltet sich die Zusammenarbeit von TOA also bei Ihnen und Polizei
34       in der Arbeitspraxis gibt´s da gemeinsame Arbeitsgruppen regelmäßige
35       Treffen Vorschriften
36  Bm:               L ja
37  Y1:                  L die das regeln wie sieht das genau aus
38  Bm:  Es gibt regelmäßige Treffen es gibt eine Verwaltungsrichtlinie  in der die
39       Zusammenarbeit mit der Polizei geregelt ist und wir haben verschiedene
40       arbeitsbezogene Treffen im Rhythmus von ungefähr einem Quartal
41  Y1:  HmHm (2) ähm (1) wenn Sie da miteinander zusammensitzen wie lange
42       gibt es das un- bei Ihnen im im Bundesland schon
43  Bm:  Seit 25 Jahren
44  Y1:             L seit 25 Jahren also es ist von Anfang an mit Beginn
45  Bm:  Von Anfang an
46  Y1:             L Beginn des Projekt-
47  Bm:                    L war die Polizei
48  Y1:                          L -startes
49  Bm:                                L hm hm genau
50       das ist die Idee dieses gemeindenahen (1) TOA
51  Y1:                          L ja
52  Bm:                             L möglichst  frühzeitig
53       am besten schon vor einer Anzeigenerstattung (1)
54  Y1:  Ja
55  Bm:  L schlichten
56  Y1:  Da schließen sich gleich mehrere Fragen an ich würde gerne noch mal
57       wenn das schon so lange bei Ihnen gängige Praxis ist wie waren denn die
58       (1) die ersten Erfahrungen sozusagen als man die Polizei mit der Idee des
```

59		Täter-Opfer-Ausgleichs konfrontiert hat wie schätzen die das ein
60		(1)
61	Bm:	Die ersten Erfahrungen waren sehr gut zwischendurch gab es dann
62		Schwierigkeiten (1) äh die Staatsan- Staatsanwälte gesagt haben sie sind
63		Herrin des Verfahrens und dürfen nicht also die Polizisten durften dann ei-
64		ne Weile nicht mehr zuweisen
65	Y1:	L Hm
66	Bm:	L die haben dann das Wortspiel gefun-
67		den dass die Polizei anregt
68	Y1:	L HmHm
69	Bm:	L und die Staatsanwaltschaft zuweist
70		so ist es bis heute
71	Y1:	Hm
72	Bm:	L und das ist sehr stark personenabhängig wir haben einzelne Polizis-
73		ten die regen 40 50 Akten (1) pro Jahr an und andere regen gar nicht an
74	Y1:	L ja (3) o.k. (2) @das scheint nicht nur in der Berufsgruppe so zu sein@
75	Bm:	Das ist richtig dazu schreibe ich gerade einen Artikel für die XY-
76		Fachzeitschrift das wird im Juni erscheinen über die personenbezogene
77		Zuweisung
78	Y1:	Ja

Y1 beginnt zum Anfang des Interviews mit einer Eröffnungsfrage nach der Praxis der regionalen TOA-Fachstelle zur Zusammenarbeit mit der Polizei und gibt dazu ein paar Stichwörter vor, um darüber eine Reaktion von Herrn Fuchs zu erhalten, der zunächst mit einem kurzen „ja" bestätigt, dass es die von Y1 vorgeschlagenen Formen der Zusammenarbeit gibt, führt dies dann aber doch weiter aus. Demnach gibt es eine „Verwaltungsrichtlinie", die die Zusammenarbeit regelt, wie auch „regelmäßige" und „verschiedene" Arbeitstreffen mit der Polizei, die etwa im Abstand eines Quartals stattfinden. Auf die Nachfrage von Y1 hin, wie lange diese Form der Zusammenarbeit bereits existiert, antwortet Herr Fuchs, dass es diese seit 25 Jahren, demnach seit dem Arbeitsbeginn des Projektes gibt. Die Einbeziehung der Polizei sei Teil der „Idee dieses gemeindenahen" Täter-Opfer-Ausgleichs, womit Herr Fuchs eine der Besonderheiten seines Projektes hervorhebt, da hier der Zugang zu einer Vermittlung im Konfliktfall möglichst einfach gehalten werden soll, etwa über Nachbarschaftsprojekte und in der Stadt verteilte Anlaufstellen. Das Angebot zielt hier auf einen stark an der Mediation ausgerichteten Charakter ab, was die nächste Aussage von Herrn Fuchs erklärt, dass man möglichst schon „vor einer Anzeigenerstattung (...) schlichten" sollte.

Y1 macht deutlich, dass er hier Nachfragen stellen möchte und tut dies, indem er Herrn Fuchs nach seiner Einschätzung und Erinnerung befragt, wie die Polizisten reagierten, als man sie mit der Idee des TOA konfrontierte. Herr Fuchs greift das Stichwort der „ersten Erfahrungen" auf, die seiner Erinnerung nach „sehr gut waren", ohne dies weiter auszuführen oder Beispiele dazu zu nennen. Er kommt vielmehr auf eine problematische Episode zu sprechen, die jedoch überwunden scheint, da das

Problem rückblickend "zwischendurch" auftrat. Demnach habe die Staatsanwaltschaft als "Herrin des Verfahrens" interveniert und der Polizei verboten, Fälle zum TOA anzuregen, die dann "für eine Weile" nichts mehr schicken durfte. Inzwischen habe man sich auf ein "Wortspiel" geeinigt wonach die Polizei "anregt" und die Staatsanwaltschaft "zuweist". Demnach kann die Polizei Vorschläge machen, die erst die Zustimmung der Staatsanwaltschaft erfahren und zur Fachstelle zugewiesen werden müssen, um offiziell zu sein. Über diese Wortwahl wurde eine Regelung gefunden, die die Rollen vorgibt und beiden Gruppen, Polizei und Staatsanwaltschaft, ohne Gesichtsverlust erlaubt, im Hinblick auf den TOA tätig zu werden. Diese Balance ermöglicht demnach auch der TOA-Fachstelle eine Zusammenarbeit mit der Polizei, ohne es sich gleichzeitig mit der Staatsanwaltschaft zu verderben, eine Praxis die laut Herrn Fuchs "bis heute" gelebt wird.

Herr Fuchs ergänzt nun von sich aus, dass die Fallanregungen auf Seiten der Polizei stark an die jeweilige Person gebunden seien, da einzelne Beamte "40 50 Akten (1) pro Jahr" anregen würden, andere gar keine. Dies unterstreicht die Aussage von Herrn Fuchs, gleichzeitig wird ein nicht unerhebliches Potenzial für TOA-Fachstellen deutlich, wenn durch einzelne Beamte eine solch beachtliche Zahl an Anregungen ausgesprochen wird, die dann noch durch die Staatsanwaltschaft (wenn vermutlich auch nicht 1:1) zugewiesen werden. Y1, der diese Problematik der personenbezogenen Fallzuweisung kennt, kommentiert dies daher lachend. Da sowohl Herr Fuchs als auch Y1 dazu Artikel veröffentlicht haben, endet diese Passage mit einer unausgesprochenen Übereinkunft beider Männer, hier über die gleichen Erfahrungen und einen identischen Standpunkt zu verfügen.

In der Zusammenarbeit mit der Polizei hat sich Für Herrn Fuchs eine Regelmäßigkeit entwickelt, die es seit über 25 Jahren gibt. Die Polizei war schon immer Teil der Konzeption der TOA-Fachstelle von Herrn Fuchs. Irritationen in der Zusammenarbeit von TOA, Polizei und Staatsanwaltschaft wurden durch eine Absprache kreativ gelöst. Auch wenn die Zusammenarbeit mit der Polizei noch immer stark von einzelnen Personen abhängig ist, so liegt Potenzial in der Zusammenarbeit mit der Polizei.

5.4.1.4 Passage: „*Resignation*" - aus dem Interview mit Herrn Dachs (Zeile 14 – 97)

```
14  Y1:   Ja mich interessiert vor allen Dingen die Zusammenarbeit ähm in deinem
15        Bundesland beziehungsweise in der Region
16  Am:                                                                    L ja
17  Y1:                                                      L zwischen der Polizei und
18        dem TOA-Projekt gibt es da gemeinsame Arbeitsgruppen regelmäßige
19        Treffen ähm wie sieht die Zusammenarbeit aus wenn es sie denn gibt?
20        (2)
21  Am:   Also es ist unterschiedlich ich bin ja sozusagen nicht nur äh für x-Stadt ah
22        zuständig sondern für x-Mittelmark und (1) ist also gerade in x-Mittelmark
23        und und Brandenburg äh Stadt Brandenburg  da gab es eben eine relativ
24        gute Zusammenarbeit da gab es immer Arbeitskreise eh oder ein Arbeits-
25        kreis zwischen eben äh Polizei (1) Jugendgerichtshilfe äh Bewährungshilfe
26        äh Staatsanwaltschaft Gericht und 'n da war der TOA auch mit dabei ge-
27        wesen
28  Y1:   Hm
29  Am:   Und das war eben ne ganz gute Runde weil man sich da über bestimmte
30        Verfahrensweisen einfach eben abstimmen konnte und sich och mal nen
31        bisschen intensiver mit nem mit nem bestimmten (1) Thema auseinander-
32        gesetzt hat (1) leider ist das jetzt ein bisschen also also es ist eingeschla-
33        fen
34  Y1:        L du sprichst schon in Vergangenheitsform
35  Am:                                         L ja ja war immer auf Initiati-
36        ve von der Jugendgerichtshilfe gewesen und die eben gerade abgegessen
37        sind weil die total Schwierigkeiten mit dem Amtsgericht haben und da ir-
38        gendwie keen Bock mehr drauf haben und diss ist eben das Schlimme dass
39        sozusagen so ne so ne Runde eben immer auf In- auf eigne Initiative hin
40        passieren
41  Y1:   L ja
42  Am:            L es wird da nie so verortet dass man sagt es passiert von sich
43        heraus sondern Ener muss immer wühlen und und und einladen und ma-
44        chen
45  Y1:   L Hm
46  Am:         L und äh und hier hier in x-Stadt ist es eher sporadisch also ne
47        wir haben ne gute Zusammenarbeit mit der Polizei
48  Y1:   Hm
49  Am:   Da ist eben vor allem mein mein Kollege von den Sozialen Diensten der
50        Justiz der äh der geht ja auch immer Akten gegenlesen
51  Y1:                                                     L Hm, hm, hm
52  Am:                                                                 L also
53        immer wenn jetze quasi die Polizei der Meinung wäre das wäre nen Fall
54        für´n Täter-Opfer-Ausgleich dann geht der da hin und liest die gegen wenn
55        wenn er nicht kann mach ich das och
56  Y1:                                     L Hm
57  Am:                                         L äh und dann gibt es quasi son
58        Schriebs hinten dran mit der Empfehlung für (2) eben für Täter-Opfer-
59        Ausgleich
60  Y1:   L ja
```

61	Am:	L und hm?
62	Y1:	L kurze Verständnisfrage macht xy das nur für den
63		Erwachsenenbereich oder
64	Am:	Ne ne der macht für generell für Erwachsen und und also der macht es
65		zwar das ist ein bisschen kurios äh äh in na Jugendabteilung der Polizei
66		aber mittlerweile hat sich das sozusagen rumgesprochen dass die andern
67		Abteilungen eben ihre Fälle auch dort hingeben und er die dann dort liest
68	Y1:	Das heißt ich fasse es mal zusammen dein TOA Kollege geht direkt und
69		regelmäßig vor Ort um in Absprache mit der Polizei da geeignete Fälle zu
70		generieren für den Täter-
71	Am:	L genau
72	Y1:	Opfer-Ausgleich
73	Y1:	Hu aha (1) wie sind denn deine Erfahrungen über das Feedback über den
74		Polizeibeamten mit dem man so zu tun hat was was halten die vom Täter-
75		Opfer-Ausgleich was wissen die vom Täter-Opfer-Ausgleich was denken die
76		was da passiert mit den Leuten
77		(1)
78	Am:	Naa also also das ist sozusagen wenn wenn die damit Erfahrung gemacht
79		haben dann ist es positiv das Feedback denn empfinden sie das ne wirklich
80		sinnvolle Geschichte ist und also w-wir haben eben auch mehrmals eben
81		schon Schulungen gemacht dazu also ich hab das eben bei der Kriminalpo-
82		lizei in Brandenburg und in z-Stadt gemacht dass ich die eben geschult
83		hab und eben erzählt hab was Täter-Opfer-Ausgleich ist
84	Y1:	Ähm
85	Am:	L und wenn die quasi damit auch Erfahrung gemacht haben dann sind
86		die immer ganz offen
87	Y1:	L Ähm
88	Am:	L so aber ähm ich merk schon dass es immer
89		sozusagen man muss es immer wieder ähm in Erinnerung bringen
90	Y1:	L Hm
91	Am:	L
92		also es passiert eben zum Teil auch so dass das äh wenn da jetzt ´ne Wei-
93		le nichts passiert ist dass es eben auch wieder so
94	Y1:	L hm, hm
95	Am:	L nach hinten
96		rutscht und in Vergessenheit gerät
97	Y1:	Hm

Y1 erkundigt sich bei Herrn Dachs über die Formen der Zusammenarbeit mit der Polizei und gibt von sich aus einige mögliche Beispiele als Stichpunkte vor. Herr Dachs erklärt, dass er nicht nur für die Landeshauptstadt, sondern auch für ein Flächengebiet zuständig sei. Hier habe es immer wieder verschiedene Arbeitskreise gegeben, an denen er teilnehmen konnte. Das Thema TOA konnte so intensiver besprochen und Verfahrensweisen abgestimmt werden. Da Herr Dachs in der Vergangenheitsform darüber spricht und sogar feststellt, dass das Ganze „*eingeschlafen*" ist, spricht ihn Y1 gezielt darauf an.

Herr Dachs führt weiter aus, dass diese Runden immer auf Initiative der Jugendgerichtshilfe stattgefunden haben, demnach nicht von den anderen Kooperationspartnern initiiert wurden. Die JGH habe momentan „*total Schwierigkeiten mit dem Amtsgericht*" und daher „*keen Bock*" mehr sich zu engagieren, so Herr Dachs. Bei Herrn Dachs schwingt Enttäuschung mit, wenn er resümiert, dass es für Treffen mit den anderen Verfahrensbeteiligten immer viel Initiative bedarf – „*Ener muss immer wühlen und und und einladen und machen*" – wobei in diesem Kontext deutlich wird, dass die Bemühungen sich hier eher einseitig gestalten und von der JGH und der TOA-Fachstelle ausgingen und nicht von Polizei und Staatsanwaltschaft. Hier, in der Stadt, in der die TOA-Fachstelle ansässig ist, seien die Treffen „*eher sporadisch*", die Zusammenarbeit mit der Polizei jedoch gut, so Herr Dachs.

Herr Dachs wechselt nun das Thema und beschreibt von sich aus die in seiner Stadt gelebte Praxis der Zusammenarbeit mit der Polizei am Beispiel der Fallakquise. Sofern die Polizei einen Fall für einen TOA geeignet hält, informiert sie den Kollegen von Herrn Dachs, der nicht im Jugendbereich, sondern bei den Sozialen Diensten der Justiz arbeitet. Dieser geht dann zu Polizei, um dort vor Ort die Akte zu lesen und auf eine Eignung hin zu prüfen. Manchmal übernimmt auch Herr Dachs diese Aufgabe, wenn der Kollege „*nicht kann*". Bei geeigneten Fällen wird nun eine schriftliche Empfehlung „*son Schriebs*" beigelegt, über den Amtsanwaltschaft und Staatsanwaltschaft auf die Möglichkeit eines TOA hingewiesen werden. Herr Dachs merkt, dass Y1 dazu eine Nachfrage stellen will. Y1 will von Herrn Dachs wissen, ob dies eine Praxis nur für den Erwachsenenbereich ist oder auch für den Jugendbereich gilt. Herr Dachs führt daraufhin aus, dass diese Praxis, die er selbst als „*ein bisschen kurios*" beschreibt, sich inzwischen auch für den Jugendbereich etabliert hat. Demnach hat es sich in der „*Jugendabteilung der Polizei*" herumgesprochen, dass man „*Fälle auch dort hingeben*" kann und dass diese auf eine Eignung für einen TOA hin geprüft werden. Y1 fasst diese Vorgehensweise nun zusammen, um sicherzugehen, alles richtig verstanden zu haben. Demnach geht ein TOA-Mitarbeiter regelmäßig zur Polizei, um dort in Absprache mit der Polizei nach geeigneten Fällen für einen TOA zu suchen, um sie für die Fachstellen als Falleingänge gewinnen zu können. Herr Dachs bestätigt diesen Sachverhalt mit einem „*genau*".

Nach dieser Zustimmung ist für Y1 dieses Unterthema zunächst ausreichend besprochen worden, so dass er Herrn Dachs nach dessen Erfahrungen fragt und von ihm wissen möchte, welches Feedback er von der Polizei bekommt, welches Wissen und welche Haltung dort zum Thema TOA vorherrscht. Herr Dachs resümiert, das die Polizisten, mit denen er es zu tun hatte, eine ganz positive Einstellung zum TOA haben, sobald sie damit Erfahrungen gemacht haben. Als Beispiel erzählt Herr Dachs von Schulungen und Informationsveranstaltungen für die Kriminalpolizei. In Verbindung mit eigenen Erfahrungen der Beamten würde dies dazu führen, dass diese „*ganz offen*" für das Thema sind, oder um es mit den Worten von Herrn Dachs kurz zuvor zu sagen, diesen als „*eine wirklich sinnvolle Geschichte*" ansehen. Herr Dachs kehrt nun aber von sich aus wieder zurück zum Unterthema des notwendigen

Engagements und macht deutlich, dass er das Thema TOA immer wieder in „*Erinnerung*" bringen muss, dass dies kein Automatismus ist oder zu einer Selbstverständlichkeit wird, sondern immer wieder „*nach hinten rutscht und in Vergessenheit gerät*", sobald er in seinen Bemühungen um die Polizei nachlässt.

5.4.2 Balance zwischen Eigenständigkeit und Abhängigkeit

Beschäftigt man sich mit dem Thema TOA und Polizei, dann gerät früher oder später auch die Rolle der Staatsanwaltschaft in den Focus der Diskussion. Es wundert daher nicht, dass in den Interviews die Experten ebenfalls darauf zu sprechen kamen, und zwar aus unterschiedlichen Perspektiven heraus. Die Gespräche drehten sich dabei im Wesentlichen um zwei zentrale Themenbereiche, zum einen darum, wie das Kommunikations-Dreieck zwischen Polizei, Staatsanwaltschaft und TOA-Fachstelle organisiert ist und zum anderen um die mitunter schwierige Frage, wie in den TOA-Fachstellen mit sogenannten Selbstmeldern, Geschädigten oder Beschuldigten, die sich eigenständig bei einer TOA-Fachstelle melden und um einen TOA nachfragen, ohne dass dies vorab mit der Staatsanwaltschaft abgesprochen oder von dieser selbst in Auftrag gegeben wurde, umgegangen wird. In den TOA-Standards steht geschrieben, dass kein Selbstmelder abgewiesen werden soll,[1171] wie lässt sich dies aber in der Praxis garantieren, etwa wenn die regionale Staatsanwaltschaft den TOA nur als reines Diversionsverfahren sieht? Wie gehen die Experten in ihren TOA-Fachstellen damit um? Schaffen sie den Balanceakt zwischen Eigenständigkeit, Kooperation und Abhängigkeit? Ist dies in der Praxis überhaupt ein Problem und wenn ja, welche Kompromisse, Praktiken und Lösungen konnten gefunden werden?

[1171] Vgl. TOA-Standards, 2009, S. 8

5.4.2.1 Passage: „*Abverfügung*" - aus dem Interview mit Frau Nachtigall (Zeile 152 – 211)

```
152   Bf:    Wobei ich eben von den Jugendkoordinatoren auch weiß dass durchaus
153          nicht alles durchgeht dass sehr viel mehr Polizeianregungen gemacht wer-
154          den die aber dann die Staatsanwaltschaft aus irgendwelchen Gründen (1)
155   Y1:    nicht nicht umse-
156   Bf:                    L nicht weiterleitet
157   Y1:                                        L HmHm
158   Bf:                                              L (2) ja also das äh (1) wollen
159          ma sagen das ist das Gros und äh gibt natürlich auch Dinge wo die Polizei
160          dann anruft und fragt ist das geeignet oder so
161   Y1:    Ja
162   Bf:       L aber wir zählen das dann erst wenn es bei uns einläuft
163   Y1:                                                              L wenn es denn
164          einläuft o.k. (1) hm wie würden Sie denn damit umgehen wenn die Polizei
165          bei Ihnen anruft und ähm sagt wir haben hier was was wir für den Täter-
166          Opfer-Ausgleich geeignet halten Täter oder Opfer sitzen hier in der Ver-
167          nehmung und können sich das sehr gut vorstellen mit dem Täter-Opfer-
168          Ausgleich würden Sie dann als TOA-Projekt gleich aktiv werden können
169          oder müssten Sie auf das o.k. der Staatsanwaltschaft warten
170   Bf:    Ne wir machen das wir lassen lieber den Weg laufen über die Staatsan-
171          waltschaft gibt auch Fälle wo es dringlich ist weil man ne Schule kurz vor
172          den Ferien war in einer Schule ein Vorfall der also schnell gemacht werden
173          sollte
174   Y1:         L Hm
175   Bf:             L dann haben wir das o.k. der Staatsanwaltschaft aber trotzdem
176          eingeholt und konnten dann ganz schnell tätig werden
177   Y1:                                                         L Hm
178   Bf:                                                             L das geht dann
179          (1) aber ähm (1) es ist (1) ähm (1) das Opfer und Täter bei der Polizei zu-
180          sammensitzen das ist ja auch nicht so
181   Y1:                                         L ne ne nur also ich meinte jetzt ei-
182          ner von beiden zum Beispiel auf die Idee gekommen ist in der Verneh-
183          mung
184   Bf:        L ja ne wir sagen dann machen sie es kenntlich und ähm die schrei-
185          ben dann oft auch rein nach Rücksprache in die Verfügung und dann krie-
186          gen ( ) das durch
187   Y1:                     L ja
188   Bf:    und wenn es dann haben die das hab ich mit der Staatsanwaltschaft abge-
189          sprochen ähm dass die dann auch bei der Abverfügung dann äh rein-
190          schreiben wenn äh 'ne Geschichte auf Anregung der Polizei weitergeleitet
191          wird an uns
192   Y1:               L HmHm
193   Bf:                     L von sich aus auch die Polizei noch mal informieren
194   Y1:                                                                         L
195          ah diss ist ja ganz gut mit dem Feedback das hatten sie ja auch gerade
196          erwähnt
197   Bf:          L das hab ich ein- drum gebeten dass es dann einfach in die
198          Abverfügung an uns reingeht noch mal an die Polizei wenden Polizeianre-
```

```
199         gung
200   Y1:   Ja das heißt zum Verständnis noch mal die Polizei kriegt dann über nen
201         den erfolgten Täter-Opfer-Ausgleich ob nun erfolgreich oder nicht nen ne
202         Rückkoppelung von der Staatsanwaltschaft
203   Bf:                              L ne die kriegt sie von uns also
204         sie kriegt von der Staatsanwaltschaft erst mal der Vorgang ist abverfügt
205         an die T- TOA Stelle
206   Y1:                 L aha hm
207   Bf:                          L und dann wissen die schon o.k. das läuft da
208         und dann kriegen sie von uns noch mal bei Verfahrensabschluss 'ne Mel-
209         dung über Erfolg
210   Y1:                    L ja wird das schriftlich oder mündlich gemacht bei ihnen
211   Bf:   Schriftlich
```

Frau Nachtigall berichtet, dass sie von Jugendkoordinatoren erfahren hat, dass diese weit mehr Fälle für den TOA geeignet halten, als die Staatsanwaltschaft später tatsächlich auch zum TOA anregt. Diese würde „aus irgendwelchen Gründen" diese nicht weiterleiten, wobei sie das „nicht" extra lauter betont. Dabei würde es sich um „das Gros" der Fälle handeln. In der Fachstelle werden Fälle von der Polizei erst gezählt, wenn sie hier auch offiziell eingegangen, d.h. über die Staatsanwaltschaft genehmigt wurden.

Y1 erkundigt sich, wie man in der Fachstelle von Frau Nachtigall damit umgeht, wenn man über die Polizei die Information erhält, dass es dort einen geeigneten Fall gibt und dass Täter und Opfer zu einem TOA bereit sind. Würde man dann sofort mit der Arbeit beginnen können oder doch erst die Zustimmung der Staatsanwaltschaft abwarten? Frau Nachtigall verneint die Variante mit dem Beginn ohne Rücksprache mit der Staatsanwaltschaft „Ne" und erklärt, dass man lieber den Weg über die Staatsanwalt nimmt. Frau Nachtigall ist sich bewusst, dass dies nicht immer der schnellste Weg ist und führt von sich aus ein Beispiel an, wo kurz vor den Schulferien etwas gemacht werden musste und man mit dem „O.K." der Staatsanwaltschaft „ganz schnell tätig" werden konnte. Das Beispiel von Y1 regt nun zu Widerspruch an, da die Polizei selten, eigentlich nie, Täter und Opfer zusammen in einer Vernehmung spricht, wie Frau Nachtigall anführt, worauf Y1 sein Beispiel versucht differenzierter darzustellen. Ihm ging es darum, dass mindestens eine der beiden Parteien, Opfer oder Täter, in der polizeilichen Vernehmung Interesse an einem TOA bekundet hat. Frau Nachtigall beschreibt die gängige Praxis, wonach sie der Polizei immer rät, solche Äußerungen aufzuschreiben, eventuell Rücksprache zu halten und über die Verfügung würde man das (den TOA) dann „durchkriegen" bei der Staatsanwaltschaft.

Frau Nachtigall fährt fort und beschreibt, dass sie mit der Staatsanwaltschaft abgesprochen hat, dass diese in der Abverfügung, der schriftlichen Auftragserteilung an die TOA-Fachstelle, vermerkt, dass die Polizei zunächst die Idee dazu hatte. Ihre verkürzte Darstellung, wonach die Polizei noch einmal informiert wird, regt Y1 zur Nachfrage an, da dieser nun wissen will, wer die Polizei informiert, dass der Fall tatsächlich bei der TOA-Fachstelle eingegangen ist. Frau Nachtigall erhellt den Sachverhalt durch ihre Erklärung, wonach die Polizei zunächst von der Staatsanwaltschaft die Information erhält, dass der Fall an die TOA-Fachstelle abverfügt wurde und von dort bekommt dann die Polizei eine Erfolgsmeldung über das Ergebnis des TOA in schriftlicher Form.

Zu Beginn der Passage zeigt sich, dass auf der Basis der Polizei weit mehr Fälle für den TOA geeignet angesehen werden, als letztendlich von der Staatsanwaltschaft auch zu einem solchen in Auftrag gegeben werden. Zwei Erklärungsansätze bieten sich hierzu an. Die Polizei, die dichter dran am Geschehen und an den Beteiligten ist, sucht nach lösungsorientierten Angeboten für den jeweiligen Fall. Die Strafjuristen hingegen beurteilen ihn nach anderen, eben juristisch relevanten Kriterien und müssen und können Verfahren auch einstellen, so dass sich hiermit eine Diskrepanz zwischen den vorgeschlagenen und tatsächlich angeregten Verfahren erklären lässt.

Das Problem der Selbstmelder löst Frau Nachtigall für sich durch Rücksprache mit der Staatsanwaltschaft. Auch wenn Frau Nachtigall und ihr Team von der Zustimmung der Staatsanwaltschaft abhängig sind, so zeigt sich hier dennoch ein Maß an Selbstsicherheit, welches auf der eigenen Überzeugungskraft und/oder der guten Zusammenarbeit mit der *eigenen* Staatsanwaltschaft basiert, so dass man diese überzeugen kann, in geeigneten Fällen eine Zustimmung zu geben. Über die zweifache Rückmeldung an die Polizei, einmal durch die Staatsanwaltschaft, die die Polizei informiert, dass man ihren Vorschlag zu einem TOA in diesem Fall teilt und die Fachstelle mit der weiteren Umsetzung beauftragt wurde und die Rückmeldung von dort über das Ergebnis in diesem Fall, sind die Sachbearbeiter der Polizei in den Informationsfluss eingebunden und erhalten darüber das so wichtige Feedback, was aus ihrem Vorschlag wurde.

5.4.2.2 Passage: „*Dezernent*" – aus dem Interview mit Frau Amsel (Zeile 136 – 208)

```
136  Y1:  Könnte sein (1) ähm (1) Moment jetzt schwimme ich gerade ein bisschen
137       was die Reihenfolge meiner Fragen angeht ähm wenn Polizisten sich dann
138       mit der Idee des Täter-Opfer-Ausgleichs anfreunden können was was ist
139       Ihre Einschätzung ist das dann immer noch sehr unter dem Aspekts des
140       Diversionsgedankens oder (1) also wenn man sagt wenn das Verfahren
141       gegen den Täter eingestellt werden kann dann kann man ruhig Täter-
```

142		Opfer-Ausgleich machen
143	Af:	L Hm
144	Y1:	L oder geht das schon darüber hinaus das
145		man sagt Konfliktschlichtung in der ganzen Bandbreite des Strafverfah-
146		rens
147	Af:	L Ne das sehr auf Diversionsverfahren leider bezogen hängt auch da-
148		mit zusammen dass die Staatsanwaltschaft hier im Landgerichtsbezirk
149		nach wie vor TOA als Diversionsmöglichkeit (1) praktiziert
150	Y1:	L Hmhm
151	Af:	L sowohl
152		im Jugend- als auch im Erwachsenenbereich dann der 153a
153	Y1:	L Hm
154	Af:	L und die-
155		ses begleitenden Verfahren dass man eben strafmildernd den Täter-Opfer-
156		Ausgleich im Urteil berücksichtigt findet sehr selten statt und meistens nur
157		auf Eigeninitiative durch Rechtsanwälte und ihre Klienten
158	Y1:	L ja ja (2) wie
159		gehen Sie in der Praxis damit um gibt es da Probleme angenommen ein
160		Täter der selbständig den Weg zum TOA-Projekt seiner Region gesucht hat
161		aufgrund des Flyers oder aufgrund der Servicebüroseite der bei Ihnen vor
162		der Tür steht und sagt ähm ich möchte mich entschuldigen (1) gibt es da
163		Probleme mit der Staatsanwaltschaft müssen die zustimmen wie würden
164		Sie damit umgehen wenn sowas eintritt oder tritt sowas bei Ihnen ein-auf
165	Af:	Die wollen natürlich zustimmen
166	Y1:	L ja
167	Af:	L wir haben schon Verfahren bearbeitet
168		und dann nur über das Ergebnis informiert das ist sehr auf Kritik gestoßen
169		und mit seinem besten Kooperationspartner will man es sich natürlich
170		nicht verderben
171	Y1:	L @Hmhm@
172	Af:	L wir werden hier rein durch Geldbußen finan-
173		ziert seit 17 Jahren in Rheinland-Pfalz also sind sehr von der Staatsanwalt-
174		schaft abhängig also nicht nur dass Fälle kommen sondern auch das Geld
175		kommt
176	Y1:	L Hm
177	Af:	L und ähm also wir machen es zukünftig jetzt so dass wir
178		schon die Staatsanwaltschaft informieren aber unabhängig davon ob die
179		zustimmen oder nicht einen Täter-Opfer-Ausgleich durchführen
180	Y1:	ja
181	Af:	L also sagen das liegt nicht in der Entscheidung der Staatsanwaltschaft
182		alleine ob da jetzt ein Täter-Opfer-Ausgleich stattfindet
183	Y1:	Hm
184	Af:	L aber wir versuchen es natürlich schon so in der Kooperation der Zu-
185		sammenarbeit aufzubauen dass man den Dezernenten anruft und sagt hier
186		der Geschädigte soundso oder der Beschuldigte ist uns zugekommen und
187		will Täter-Opfer-Ausgleich machen
188	Y1:	L ja
189	Af:	L würden Sie da mitmachen ich
190		meine die Wenigsten sagen ne machen wir nicht
191	Y1:	L @ (2) @
192	Af:	L da weist man
193		einmal auf die Gesetzeslage hin da kommt der nicht drum rum das wissen
194		die auch

```
195    Y1:            L ja also Sie würden keinen Interessenten wegschicken müssen
196                   (1) demnach
197    Af:            Ne eh eh
198    Y1:            Gut ähm
199    Af:            L ich meine was anderes wäre es wenn wirklich ne riesen
200                   Kampagne durch Deutschland ginge ja (1) was weiß ich Täter-Opfer-
201                   Ausgleich in jeder U-Bahn (1) wird darauf hingewiesen oder so und es
202                   kommen nur noch Selbstmelder was natürlich ne schöne Sache wäre dann
203                   müsste man natürlich schon ein Konzept überlegen mit den
204                   Kooperationspartnern zusammen wie man damit dann umgeht
205    Y1:                                                                    L wäre das
206                   was was sie begrüßen würden aus der aus der Sicht der TOA Praxis heraus
207    Af:            Auf jeden Fall vor allem wenn die Opfer mehr von sich aus auf uns zukä-
208                   men
```

Y1 erkundigt sich bei Frau Amsel danach, ob die Polizei ihrer Einschätzung nach noch sehr am Diversionsgedanken orientiert ist oder ob man sich TOA hier bereits in der ganzen Bandbreite des Verfahrens vorstellen kann, wobei Letzteres von Frau Amsel verneint wird, die gleichzeitig ihr Bedauern darüber mit einem stärker betonten *„leider"* zum Ausdruck bringt. In ihrem Gerichtsbezirk würde die Staatsanwaltschaft TOA *„nach wie vor"*, also unverändert, als Diversionsmaßnahme praktizieren. Ein TOA im Umfeld einer Gerichtsverhandlung, bei dem sich die Bemühungen des Täters bzw. das hier erzielte Ergebnis strafmildernd auf eine abschließende juristische Entscheidung auswirken, komme sehr selten vor und wenn, dann nur auf *„Eigeninitiative von Rechtsanwälten"*. Diese können aufgrund ihres Wissens über die Rechtslage und durch ihre eigene Rolle im Strafverfahren stärker dafür sorgen, dass der eigene Mandant mehr Chancen zu einem TOA bekommt, als ein Beschuldigter ohne Rechtsvertreter. Y1 nimmt dieses Thema zum Anlass für eine Nachfrage. Er will wissen, wie man in der Fachstelle von Frau Amsel damit umgeht, wenn sich ein sogenannter Selbstmelder, in diesem Fall ein Beschuldigter, mit der Bitte um einen TOA an sie wendet, der Versuch eines TOA aber zunächst von der Zustimmung der Staatsanwaltschaft abhängig ist. Frau Amsel antwortet, dass die Staatsanwaltschaft zustimmen, also vorab gefragt werden und dann auch entscheiden will. Frau Amsel führt nun weiter aus, dass man es in der Vergangenheit auch anders herum versucht habe und die Staatsanwaltschaft *„nur über das Ergebnis informiert habe"*, was aber *„sehr auf Kritik"* gestoßen sei. Für die Fachstelle ein ernstes Problem, denn *„mit seinem besten Kooperationspartner"* wolle man es sich nicht verderben, zumal von der Justiz sowohl die Fälle als auch das Geld für die eigene Arbeit kommen und man sich seit Jahren *„rein durch Geldbußen"* finanziert. Für die Fachstelle ein Balanceakt, einerseits daran zu arbeiten, den TOA in der ganzen Bandbreite des Verfahrens durchführen zu können, andererseits dies in Einklang mit dem wichtigsten Auftrags- und Geldgeber zu gestalten, der dies lieber in einer stark auf den Diversionsgedanken reduzierten Variante praktizieren möchte. Frau Amsel führt weiter aus, dass man sich für die Zukunft eine andere Vorgehensweise vorgenommen habe, wonach die

Staatsanwaltschaft über den Beginn eines TOA informiert wird, jedoch „*unabhängig davon*", ob diese zustimmt. Ob ein TOA stattfindet, liegt nicht allein in der Entscheidung der Staatsanwaltschaft. Jedoch zielen die Bemühungen der Fachstelle darauf ab, diese selbstbewusste Position möglichst in einen harmonischen Einklang mit der Staatsanwaltschaft zu bringen, indem versucht wird, den zuständigen Dezernenten auf der Sachebene zu überzeugen und seine Zustimmung zu erhalten. Nach Erfahrung von Frau Amsel sind es „*die Wenigsten*", die hier keine Zustimmung geben. Andernfalls wird auf die Gesetzeslage verwiesen, die dem Staatsanwalt selbstverständlich bekannt ist, „*da kommt der nicht drum rum.*" Y1 vergewissert sich abschließend zu diesem Thema, ob Frau Amsel keinen Interessierten grundsätzlich wegschicken müsste, was Frau Amsel bejaht.

Frau Amsel wirft nun von sich aus ein, dass es etwas anderes wäre, etwa wenn man eine große Kampagne in Deutschland starten würde und verdeutlicht deren Ausmaß anhand einer Reklame für den TOA „*in jeder U-Bahn*". Sollten sich dann „*nur noch Selbstmelder*" bei den TOA-Fachstellen melden – eine Zukunftsversion, die Frau Amsel als „*ne´schöne Sache*" begrüßen würde –, dann müsste man mit den Kooperationspartnern „*zusammen*" ein Konzept überlegen, wie man damit umgeht.

5.4.2.3 Passage: „*Selbstmelder I*' - aus dem Interview mit Herrn Fuchs (Zeile 232 – 293)

```
232   Y1:   (...) aha das ist natürlich sehr günstig hmm (1) ähm zu der zu dem prakti-
233         schen Ablauf würde mich das noch interessieren Sie haben gesagt die Poli-
234         zei kann anregen Staatsanwaltschaft entscheidet ähm (1) gibt es denn
235         könnte es Probleme geben an einer Stelle wo Sie in einem sehr frühen
236         Stadium des Verfahrens von sagen wir mal einem Selbstmelder oder ´ner
237         begleitenden Person auf ´nen Täter-Opfer-Ausgleich angesprochen wer-
238         den, aber noch nicht klar ist wie die Staatsanwaltschaft entscheidet
239   Bm:   Also Selbstmelder dürfen sich immer bei uns melden das ist ganz klar
240         wenn die Staatsanwaltschaft trotzdem anklagt dann kann sie das machen
241         das ist nicht das Problem
242   Y1:   Hm
243   Bm:       L ähm bei der Polizeianregung hatten wir es bis 2011 so dass wir der
244         Staatsanwaltschaft eine Mitteilung gemacht haben dass die Polizei einen
245         Fall angeregt hat
246   Y1:              L Hm
247   Bm:                 L und die Staatsanwaltschaft einen Widerspruchs ei-
248         ne Widerspruchsmöglichkeit hatte
249   Y1:                       L ja
250   Bm:                         L wir haben dann drei drei Wochen
251         gewartet ob die Staatsanwaltschaft widerspricht oder vier Wochen waren
252         es glaube ich sogar am Anfang
```

253	Y1:	L HmHm
254	Bm:	in der Regel ist das aber nicht passiert in einzelnen Fällen ist das passiert
255		so dass die Behörde dann in 2012 Justiz und Innenbehörde gemeinsam
256		gesagt haben diese Frist abzuwarten ist Quatsch (1) ähm wenn die Polizei
257		anregt (1) darf der TOA begonnen werden die Staatsanwaltschaft kann ja
258		trotzdem weiter anklagen
259	Y1:	L ja das ist ja schon sehr weit ähm (1) gibt es
260		von Ihrer Seite aus aus der Praxis ähm auch Probleme mit einer sehr frü-
261		hen Anregung sagen wir mal aus dem Ermittlungsverfahren heraus gibt es
262		da auch Nachteile oder Dinge die man beachten muss als Vermittler
263	Bm:	L na es
264		kann natürlich so sein das äh der Zeitpunkt für das Opfer (1) früh ist aber
265		das entscheiden wir hier fallmäßig das ist auf jeden Fall besser zu früh ein
266		Angebot zu machen
267	Y1:	Hm
268	Bm:	L wir haben entsprechende Traumabriefe oder so wenn wir denken das
269		könnte für das Opfer noch zu früh sein ähm es ist auf jeden Fall besser zu
270		früh ein Angebot zu machen als zu spät
271	Y1:	L ja
272	Bm:	L denn wenn erst das Verfah-
273		ren wenn die Anklageschrift raus ist und dann noch ´nen TOA zu machen
274		entsteht beim Opfer einfach oft der Eindruck dass die Beschuldigten sich
275		nur an den TOA wenden um das Verfahren
276	Y1:	L HmHm
277	Bm:	zu vermeiden
278	Y1:	L Hm
279	Bm:	L insofern haben wir eher gute Erfahrungen gemacht
280		mit einer frühen Anregung
281	Y1:	L ja (1) ich kann jetzt die Sachen nicht
282		@kommentieren@
283	Bm:	L @später@
284	Y1:	L ähm an ähm wie sieht es in der Praxis aus
285		wenn die Polizei Ihnen gegenüber anregt gibt es da bestimmte Formalien
286		wie wie funktioniert das
287	Bm:	Die Polizei hat ein bestimmtes Formblatt und kann aus dem Anzeigenin-
288		formationssystem heraus sofort elektronisch eine TOA Fall anregen
289	Y1:	L HmHm
290		das heißt Sie bekommen dann die Daten der beteiligten Opfer wie Täter
291	Bm:	richtig
292	Y1:	L über die Polizei zugeteilt
293	Bm:	L ganz genau

Y1 erkundigt sich bei Herrn Fuchs, ob es in einem frühen Stadium des Verfahrens auch Probleme geben könnte, etwa wenn sich ein sogenannter *Selbstmelder* bei der TOA-Fachstelle meldet, zum Beispiel der Beschuldigte eines Strafverfahrens, der von sich aus um die Vermittlung eines TOA ersucht. Probleme könnten insofern entstehen, wenn die Staatsanwaltschaft den Fall vorab prüfen will bzw. darauf besteht, ihre Zustimmung zu erteilen. Für Herrn Fuchs stellen die Selbstmelder kein Problem dar, da die Staatsanwaltschaft „*trotzdem*" anklagen kann, ihre Souveränität, über den Verlauf des Verfahrens zu entscheiden, also gewährleistet ist, da der Versuch eines

TOA nicht an eine automatische Verfahrenseinstellung gebunden ist. Herr Fuchs erzählt, dass man bis 2011 im Falle von durch die Polizei angeregten Fällen, die Staatsanwaltschaft schriftlich darüber informiert habe, die dann drei bis vier Wochen Zeit hatte, notfalls einen Widerspruch gegen einen TOA-Versuch einzulegen. Dies sei jedoch nur „*in einzelnen Fällen*" passiert. Ab dem Jahr 2012 seien dann die Justiz und die Innenbehörde zu der Übereinkunft gekommen, dass es „*Quatsch*" sei, diese Frist abzuwarten. Die Polizei dürfe seither zum TOA anregen, die TOA-Fachstelle mit der Arbeit beginnen und die Staatsanwaltschaft kann „*trotzdem weiter anklagen*", falls nötig.

Y1 interessiert sich für die Meinung und die Erfahrungen von Herrn Fuchs im Hinblick darauf, was man bei einer Anregung zu einem TOA in einem sehr frühen Stadium des Verfahrens aus Sicht der Vermittlertätigkeit beachten müsste. Herr Fuchs räumt ein, dass der Zeitpunkt der Kontaktaufnahme „*früh*" sein kann, also zeitlich sehr nah an der Tat und dem hier Erlebten. Herr Fuchs erklärt, dass man das im Team – „*wir*" – von Fall zu Fall entscheiden würde, spricht sich aber im allgemeinen – „*auf jeden Fall*" – für eine frühe Kontaktaufnahme aus. Dafür gäbe es im Projekt eigene „*entsprechende Traumabriefe*", die dabei helfen sollen, den Kontakt zum Opfer fachgerecht und für dieses möglichst unproblematisch zu gestalten. Nach einer Anklageschrift würde seiner Erfahrung nach beim Opfer oft der Eindruck entstehen, der Beschuldigte habe sich nur an den TOA gewandt, um sein Verfahren (die Gerichtsverhandlung) zu vermeiden. Herr Fuchs resümiert, dass man „*eher gute Erfahrungen gemacht*" habe „*mit einer frühen Anregung*". Es folgt eine kurze Sequenz des beidseitigen Lachens, da Y1 darauf verweist, dass er dies aus seiner Rolle als Interviewer heraus nicht kommentieren kann, aber gerne würde, worauf Herr Fuchs auf die Zeit nach dem Interview verweist.

Y1 interessiert sich nun für das formelle Vorgehen. Wie gelangt ein Fall von der Polizei zur TOA-Fachstelle? Herr Fuchs erklärt, dass dies in seiner Stadt bereits automatisiert abläuft. Demnach kann die Polizei ein spezielles Formblatt ausfüllen, in welches die bereits mit der Anzeige erhobenen Daten eingetragen werden können. Y1 vergewissert sich, dass er richtig verstanden hat und Herr Fuchs bestätigt ihm, dass die personenbezogenen Daten – die die Vermittler brauchen, um mit beiden Seiten in Kontakt treten zu können – von der Polizei an die TOA-Fachstelle weitergeleitet werden, „*ganz genau*", so Herr Fuchs.

5.4.2.4 Passage: „Qualitätssprung" – aus dem Interview mit Herrn Dachs
(Zeile 147 – 203)

```
147    Y1:    Ja (1) ähm (1) zwei Fragen machen wir erst mal die eine wenn wenn auf
148           polizeilicher Ebene angeregt wird f-folgt die Staatsanwaltschaft in der Re-
149           gel der Geschichte wenn es sich da um diversionsgeeignete Sachen han-
150           delt oder
151    Am:              L na ja  es ist eben unt- eben unterschiedliche die Erfahrungen ne
152           also es gibt eben auch Fälle wo die Staatsanwaltschaft dem nicht gefolgt
153           ist wo se denn einfach auch angeklagt hat
154    Y1:                                          L Hm
155    Am:                        L  äh  aber  in  der  Regel
156           schon in der Regel sind sie schon dankbar äh wenn das sozusagen vor-
157           empfohlen ist dann äh können die das auch schneller eben an uns (1) wei-
158           tergeben
159    Y1;    Und es ist von der Polizei dann gekennzeichnet mit nem
160    Am:                                                       L genau
161    Y1:                                                               L also mit
162           dem Ende des Schlussberichts oder mit nem extra Aufkleber
163    Am:                                                           L genau
164    Y1:                                                                   L oder
165           wie sieht das bei euch aus
166    Am:                          L genau (2) also beides also einmal einerseits
167           ein Aufkleber und an- also für den TOA geeignet und andererseits noch
168           mal hinten quasi ne Empfehlung hm also zum Teil bei äh bei dem Ab-
169           schlussbericht der Polizei oder eben wenn xy das gegengelesen hat dass
170           dann äh quasi noch mal von ihm eben auch ein Blatt drin ist wo das ange-
171           kreuzt ist
172    Y1:    Du hast angesprochen die die Qualität der der Fälle auf die da vielleicht
173           aufmerksam gemacht wird von deiner Einschätzung her würden die Polizis-
174           ten eher diversionsgeeignete Fälle vorschlagen oder geht die gehen die
175           Gedanken da schon weiter in Richtung Konfliktschlichtung in der ganzen
176           Bandbreite des Strafverfahrens
177    Am:    Na ja  eben äh also äh diversionsgeeignete Sachen also
178    Y1:                                                        L Hm
179    Am:                                                              L so das wäre
180           jetzt quasi eigentlich der nächste Schritt dass man also da auch ne, ne an
181           dahin arbeiten müsste dass es eben auch schwerere Fälle möglich sind al-
182           so wo die quasi äh also nen verfahrensbegleitenden Täter-Opfer-Ausgleich
183           wo auch angeklagt werden kann
184    Y1:                                L Hm
185    Am:                                    L aber wo wo eben trotzdem eben das
186           zu dem Täter-Opfer-Ausgleich empfunden wird
187    Y1:                                              L Ja
188    Am:                                                 L also das das wäre
189           quasi der nächste Qualitätssprung eigentlich
190    Y1:                                             L ja ja
191    Am:                                                   L also bei der wir haben
192           jetzt gerade äh das erlebt mit der Generalstaatsanwaltschaft dass wir dit
193           sozusagen auch noch mal eben eingebracht haben das dit eben möglich ist
```

```
194         dass die quasi das parallel machen das die sozusagen äh anklagen können
195         ja
196   Y1:   Hm
197   Am:   L aber trotzdem parallel das zum Täter-Opfer-Ausgleich geben ne
198   Y1:                                                                  L im
199         Zwischenverfahren dann
200   Am:                 L genau genau (1) und das scheint irgendwie erst
201         mal jetzt sozusagen auch ne-ne neue Variante och zu sein
202   Y1:                                                         L Ehm, ehm
203   Am:   da muss man mal gucken ob man das eben verstärken kann
```

Y1 möchte von Herrn Dachs wissen, ob seinen Erfahrungen nach die Staatsanwaltschaft den Empfehlungen zu einen TOA folgt, also diese in staatsanwaltschaftlich angeregte Verfahren umwandelt und ob die Polizei sich bei der Auswahl der von ihr vorgeschlagenen Fälle eher am Diversionsgedanken orientiert oder - hier kann er die Frage nicht zu einem Ende bringen, gemeint sind jedoch - auch bei Verfahren im Umfeld einer Gerichtsverhandlung. Herr Dachs erklärt, wenn auch stark verkürzt, dass die Staatsanwaltschaft der Empfehlung zu einem TOA – und in diesem Kontext verbunden mit einer Verfahrenseinstellung – nicht immer gefolgt ist, sondern auch anklagt. *„In der Regel"* sei man hier für eine Vorempfehlung jedoch dankbar. Diese Praxis würde dazu führen, dass solche Verfahren letztendlich auch schneller an die TOA-Fachstelle gelangen. Y1 erkundigt sich nun nach einem Detail der Kennzeichnung der geeigneten Verfahren, wobei er Zustimmung von Herrn Dachs erhält, noch bevor er seinen Satz beendet hat, da hier beide Seiten bereits wissen, worum es geht. Herr Dachs bestätigt dennoch, dass der Hinweis auf ein geeignetes Verfahren über den polizeilichen Schlussbericht bzw. einen speziellen TOA-Aufkleber auf dem Aktendeckel erfolgt. Herr Dachs ergänzt weiterhin, dass es zusätzlich zur Stellungnahme der Polizei das bereits erwähnte Schreiben der TOA-Fachstelle gibt, etwa in Fällen, in denen der Kollege von Herrn Dachs die Akte bereits *„gegengelesen"* hat, eine Praxis, welche bereits vorab ausführlich besprochen wurde.

Y1 möchte nun weiterhin von Herrn Dachs wissen, ob seiner Einschätzung nach die Polizei hauptsächlich diversionsgeeignete Verfahren anregt oder auch darüber hinaus? Herrn Dachs Antwort macht deutlich, dass es sich hierbei um den Diversionsbereich handelt und führt im Weiteren aus, dass dies *„eigentlich der nächste Schritt sein müsste"*, an dem es zu arbeiten gilt, so dass auch *„schwerere Fälle"* zum TOA gelangen, einem *„verfahrensbegleitenden Täter-Opfer-Ausgleich"*, der auch als solcher gesehen wird, auch wenn nicht die Verfahrenseinstellung am Ende steht. Y1 wirft von sich aus den Begriff des *„Zwischenverfahrens"* ein, eine Phase des Strafverfahrens und gleichzeitig die Möglichkeit des Staatsanwaltes einen TOA bei gleichzeitiger Anklageerhebung anzuregen. Herr Dachs stimmt dem zu und macht deutlich, dass dies in seiner Arbeitspraxis erst mal eine *„neue Variante"* wäre, deren Anwendung er gerne verstärkt sehen würde, dabei aber verhalten optimistisch bleibt, denn „da muss man mal gucken."

5.4.2.5 Passage: „Selbstmelder II" – aus dem Interview mit Herrn Dachs (Zeile 254 – 308)

```
254   Am:    Und da passiert es zum Beispiel schon, dass quasi hab ich jetzt gerade vor
255          Kurzem einen Fall gehabt, dass äh der Beschuldigte sich dann relativ kurz
256          nach der, nach der Anhörung äh sich bei mir meldet und sagt, er will nen
257          Täter-Opfer-Ausgleich
258   Y1:                        L Hm
259   Am:                           L da ist die Akte noch nicht mal bei der Staats-
260          anwaltschaft
261   Y1:                 L ja das wäre jetzt die nächste Frage wenn da der Ausgang
262          des Verfahrens noch gar nicht abzusehen ist
263   Am:                                               L Hm
264   Y1:                                                  L Ähm, müsstest du dir
265          jetzt das o.k. von der Staatsanwaltschaft einholen kannst du mit dem
266          schon mal anfangen müsstest du den wegschicken
267   Am:                                                   L Hchhh
268   Y1:                                                        L es ist ja ganz
269          unterschiedlich gehandhabt wie macht ihr das
270   Am:    Na ja wir machen das jetzt quasi so wenn das der Fall ist äh dann habe ich
271          ja noch keene Daten von der Geschädigten-Seite und dann quasi äh sage
272          ich der Polizei also nehm noch mal Kontakt mit der Polizei auf sag so und
273          so sieht es aus der war hier gewesen der möchte gerne den Täter-Opfer-
274          Ausgleich äh können sie denn äh Kontakt mal mit der Geschädigten Seite
275          aufnehmen wie die das sehen ob die bereit wären und gleich fragen ob die
276          die Daten rausgeben dürfen
277   Y1:                              L ahhhh o.k.
278   Am:                                          L und und in dem Fall war es so da
279          war quasi die die Anhörung noch danach dann kam die und dann hat die
280          Beamtin eben die gleich gefragt ob sie bereit dazu wären und so
281   Y1:    Hm
282   Am:        L und so und dann haben die quasi gesagt ja oder nein in dem Fall ha-
283          ben sie ja gesagt aber sie haben gesagt sie wollen noch ein bisschen ab-
284          warten weil der grad noch in in´ner Therapie ist
285   Y1:                                                   L HmHm
286   Am:                                                         L und sagen wol-
287          len noch ´nen bisschen Zeit verstreichen lassen
288   Y1:                                                   L Hm
289   Am:                                                      L aber grundsätzlich
290          sind sie bereit dafür
291   Y1:    Ähm, ähm
292   Am:            L und und wenn das so ist dass ich quasi also in einem anderen
293          Fall war das so dass der Beschuldigte oder der der Geschädigte bereit war
294          und gesagt hat o.k. dann habe schon quasi angefangen und hab äh trotz-
```

295	dem aber schon die och die Staatsanwaltschaft darüber informiert
296	Y1: L Hm
297	Am: L
298	dass da was passiert und eben sie gebeten darum dass sie das eben auch
299	als Täter-Opfer-Ausgleich äh verfügen ne
300	Y1: L HmHm
301	Am: L und ja gut da da- ist
302	jetzt grad so´n bisschen so´ne neuere Entwicklung da muss man noch mal
303	gucken wie die Staatsanwaltschaft jetzt darauf reagiert eigentlich die Ge-
304	neralstaatsanwaltschaft hat gesagt ja (1) gibt keen Problem wenn das so
305	läuft denn muss auf jeden Fall das berücksichtigt werden
306	Y1: L ja ja die Ent-
307	scheidung über das Verfahren haben sie ja immer noch ne
308	Am: L genau genau

Herr Dachs verdeutlicht anhand von Fallbeispielen seinen Umgang mit sogenannten Selbstmeldern, Beschuldigte und Geschädigte, die sich in einem frühen Stadium des Verfahrens mit der Bitte um eine Vermittlung an eine TOA-Fachstelle wenden können, ohne dass vorab die Zustimmung der Staatsanwaltschaft eingeholt wurde oder ein Ausgang des Strafverfahrens absehbar wäre. Auf die Frage von Y1, ob Herr Dachs dann schon mal mit seiner Arbeit beginnen würde oder diese Leute wegschicken müsste, reagiert dieser zunächst mit einem „Hchhh", in dem, in der gesprochenen Variante, bereits viel Ambivalenz zu diesem Thema deutlich wird. Herr Dachs erklärt sein Vorgehen dann anhand von Beispielen aus der Praxis. In einem solchen Fall, angenommen der Beschuldigte hat sich bei ihm gemeldet, fehlen ihm jegliche Opferdaten, um auch mit dieser Seite Kontakt aufnehmen zu können. Herr Dachs wendet sich diesbezüglich an die zuständigen Polizeibeamten und fragt nach der Möglichkeit, über diese die Opferdaten zu erhalten, ein Aspekt, auf den Y1 mit einem interessierten „ahhhh o.k" reagiert. Herr Dachs führt sein Beispiel weiter aus, wonach die Anhörung der Geschädigten später stattgefunden habe, so dass die bearbeitende Beamtin hier das Thema TOA einbringen und eine mögliche Bereitschaft der Geschädigten dazu erfragen konnte. Herr Dachs führt das Beispiel zu Ende, wonach die Geschädigten aufgrund einer Therapie mehr Zeit benötigten, sich aber grundsätzlich bereit gezeigt haben, womit er auf den Faktor Zeit auf Opferseite zu sprechen kommt. In anderen Fällen, in denen Bereitschaft auf der einen oder anderen Seite da wäre, habe er mit seiner Arbeit begonnen und habe die Staatsanwaltschaft informiert und gleichzeitig darum gebeten „das eben auch als einen Täter-Opfer-Ausgleich" zu „verfügen" also sein Vorgehen im Nachhinein mit einer Zustimmung durch die Staatsanwaltschaft abzusichern. Dies alles sei aber „so´ne neuere Entwicklung" bei der die Reaktionen der Staatsanwaltschaft darauf abzuwarten sind, obwohl dieses Vorgehen Zustimmung durch die „Generalstaatsanwaltschaft" erfährt, was wiederum auf eine Diskrepanz zwischen der Leitungsebene der Behörde und der Basis hinweisen könnte, ohne dass Herr Dachs und Y1 dies hier weiter vertiefen. Y1 ergänzt, wenn auch stark verkürzt, dass die Entscheidung über das Verfahren immer noch bei der Staatsanwaltschaft verbleibt, womit er Zustimmung von Herrn Dachs erhält, der dies ebenso sieht.

5.4.3 Wünsche für eine „zukünftige" Zusammenarbeit

Zum Ende eines jeden Interviews hin stellte Y1 an die Experten die Frage nach ihren Wünschen und Vorstellungen im Hinblick auf eine weitere Zusammenarbeit mit der Polizei. Damit verbunden war auch die Aufforderung, an dieser Stelle des Interviews noch eigene Ergänzungen zu der Thematik zu machen, Themen aus dem Interview erneut aufzugreifen oder etwas anzusprechen, was man in den Fragen von Y1 vermisst haben könnte, was jedoch zu dem Thema TOA und Polizei angesprochen werden sollte. Dabei herausgekommen sind vier Statements mit ganz unterschiedlichen Schwerpunkten.

5.4.3.1 Passage: „*Professionen"* – aus dem Interview mit Frau Nachtigall (Zeile 571 – 650)

```
571  Y1:   Ähm wir sind auch schon bei der Abschlussfrage angelangt (1) ähm was
572        würden Sie sich wünschen im Hinblick auf eine zukünftige Zusammenar-
573        beit mit der Polizei Sie als als Projekt als Vermittlerin als Projektleiterin wie
574        auch immer was was wären da Ihre Wünsche oder  Vorstellungen.
575        (3)
576  Bf:   Ähm (2) ja dass es ähm aufgeschlossen das man wirklich äh keine Berüh-
577        rungsängste hat ähm dass man sich in den gegenseitigen Professionen
578        auch ähm wie ich sagen ähm nicht alles durcheinander schmeißt @(1)@
579        sondern dass jeder seine Arbeit macht
580  Y1:                                     L ja
581  Bf:                                          L manchmal auch ´ne Gefahr
582  Y1:   @(1)@
583  Bf:         L dass dann die Polizei TOA macht oder
584  Y1:                                              L Hm
585  Bf:                                                   L für uns @sage ich
586        nicht@ dass wir jetzt Polizei spielen das machen wollen wir sicher nicht
587        ähm (1) dass man sich in den Professionen einfach
588  Y1:                                                     L ja
589  Bf:                                                          L ähm aneinander
590        profitiert auch und ähm kurze Wege findet und sich da an einem Strang
591        zieht aber ich denke so grundsätzlich sind äh sind wir da relativ weit auch
592        so in dieser Akzeptanz ich weiß halt von anderen die da eher Berührungs-
593        ängste haben oder Vorbehalte (1) dass es weiter geht (2) ähm kommt
594        auch so´n bisschen auf uns an, wie wir auf die Polizei zugehen können
```

595	Y1:	⌊
596		HmHm
597	Bf:	wie die Zeit da ist
598	Y1:	⌊ Hm
599	Bf:	⌊ und was gerade anliegt und wie wir gerade zuge-
600		schüttet sind mit Fällen und so weiter aber das dass man da im Gespräch
601		bleibt
602	Y1:	⌊ ja ja
603	Bf:	⌊ mehr kann ich eigentlich gar nicht
604	Y1:	Ja (1) ähm noch ne Nachfrage weil ich das grad sehr spannend fand was
605		Sie da gesagt haben ähm wie sehen Sie die Gefahr wenn die Professionen
606		vermischt werden oder wo wo fällt Ihnen jetzt spontan ein Beispiel ein wo
607		die Polizei Täter-Opfer-Ausgleich macht oder zu Sozialarbeitern wird oder
608		haben Sie da was im Kopf
609	Bf:	⌊ ähm also (2) diese wenn die da kommen
610		manchmal so die Fragen sollen wir denn mit den Opfern schon äh reden
611		ähm da sage ich oft ähm (1) nicht nicht zwingend also wenn
612	Y1:	⌊ Hm
613	Bf:	⌊ also
614		wenn sie den Täter-Opfer-Ausgleich dann bei den Opfern vorbereiten das
615		kann auch in die falsche Kehle dann kommen dass das noch viel zu frisch
616		ist
617	Y1:	Hm
618	Bf:	⌊ und die Leute sich das noch nicht vorstellen können
619	Y1:	⌊ Hm
620	Bf:	⌊ mit ähm
621		(1) an einem Täter-Opfer-Ausgleich teilzunehmen und da bitte ich halt da-
622		rum immer nur die eigene Einschätzung ähm weiterzugeben bei den Tä-
623		tern ist das sicher einfacher weil wenn man denen das vorstellt dann kön-
624		nen die sich das oft gut vorstellen
625	Y1:	⌊ ja
626	Bf:	⌊ aber gerade im Hinblick mit dem
627		Geschädigten (1) ähm Beispiel das ich auch zunehmend von runden Ti-
628		schen höre wo die Polizei dann ähm Beschuldigte und Geschädigte so rela-
629		tiv schnell zusammenfasst man muss einfach aufpassen dass die Geschä-
630		digten dann äh (2) das richtig einschätzen können mit der Freiwilligkeit
631	Y1:	Hm
632	Bf:	⌊ und ähm nicht denken o.k. es ist die Polizei ja die Polizei hat gesagt
633		und dann ähm sich auch zu Dingen bereit erklärt was sie vielleicht gar
634		nicht wollen
635	Y1:	⌊ Hm Hm Hm
636		und äh weil es ja auch viele gut ausgebildete Leute gibt die äh in der Pro-
637		fession arbeiten und dann einfach auch Lust haben @mehr zu machen@
638	Y1:	⌊ ja
639	Bf:	und ich weiß jetzt gerade im Haus des Jugendrechts kam ´ne Staatsanwäl-
640		tin und sagte ja jetzt da hat die Polizei äh die Gespräche mit den Beteilig-
641		ten am runden Tisch gemacht weiß auch nicht was ich davon halten soll
642	Y1:	⌊ @
643		(1) @
644	Bf:	ähm (1) und da denke ich muss ein bisschen aufpassen dass die Opfer da
645		auch nicht zu kurz kommen
646	Y1:	⌊ Hm
647	Bf:	⌊ äh das man auch mit den Tätern dass

648		*man da die Freiwilligkeit also das das nicht der allgemeinen Euphorie*
649	*Y1:*	*L ja*
650	*Bf:*	*gilt für viele Professionen jeder kann alles*

Auf die Frage von Y1 nach den Wünschen für eine zukünftige Zusammenarbeit mit der Polizei wählt Frau Nachtigall ein Thema, das sie sichtlich beunruhigt. Zwar wünscht sie sich, dass man sich aufgeschlossen und ohne Berührungsängste begegnet, jedoch wünscht sie sich auch, dass nicht alles *durcheinander geschmissen* wird, wobei sie letzte Bezeichnung mit einem Lachen begleitet. Jeder solle seine Arbeit machen. Hier sehe sie eine Gefahr. Y1 bekräftigt sie darin mit einem „*Ja*" und fällt in das kurze Lachen mit ein, da er ahnt, welches Thema Frau Nachtigall nun anschneiden wird. Die Vermischung der Rollen erlebt Frau Nachtigall eher einseitig, da sie angibt, dass die Polizei TOA macht, sie und ihre Kollegen jedoch im Gegenzug nicht „*Polizei spielen*" würden. Letzeres, die Bezeichnung des Spielens, kann ein Rückgriff sein auf die oft im Kindesalter auftretende Form des Polizisten, des Räuber und Gendarm Spielens, oder die im Umkehrschluss stattfindende Einordnung der Tätigkeiten der Polizei im Bereich der Vermittlung, die demnach ebenfalls mehr ein Spielen wäre und daher aus Sicht der Vermittlertätigkeit als wenig professionell angesehen wird. Frau Nachtigall führt dies an dieser Stelle nicht weiter aus, sondern spricht nun von den Vorteilen, die eine Zusammenarbeit haben kann. Sie, die TOA-Vermittler, seien dahingehend auch schon „*relativ weit*", wenn es darum ginge, Berührungsängste gegenüber der Berufsgruppe der Polizei abzulegen. Andere, und der Kontext legt die Vermutung nahe, dass damit die Berufsgruppe der Sozialarbeit gemeint ist, hätten hier noch weit mehr Berührungsängste. Die Frage sei, so Frau Nachtigall, wie man aufeinander zugehe und dass die Zeit dafür da sein muss bzw. dass man auch bei einer hohen Arbeitsbelastung im Team (*„zugeschüttet mit Fällen"*) mit der Polizei im Gespräch bleibt.

Y1 stellt an dieser Stelle eine Nachfrage an Frau Nachtigall zu einem Aspekt, den sie vorab erwähnt hatte und möchte wissen, welche Beispiele sie anführen kann. Wann würde die Polizei ihre Rolle verlassen und TOA machen bzw. zu Sozialarbeitern werden? Frau Nachtigall erzählt, dass sie oft von den Polizisten gefragt werde, ob diese den TOA mit den Opfern schon thematisieren können und rät selbst dabei eher zur Vorsicht, da dies zum frühen Zeitpunkt, da Polizei und Opfer miteinander zu tun haben, zu früh („*zu frisch*") sein kann und die Opfer es „*in die falsche Kehle*" bekommen und es sich zu diesem Zeitpunkt „*noch nicht vorstellen können, (…) an einem Täter-Opfer-Ausgleich teilzunehmen.*" Dem Täter den Vorschlag zu unterbreiten sei einfacher, da dieser sich das „*oft gut vorstellen*" könne. Frau Nachtigall berichtet weiterhin von einer zunehmenden Tendenz, wonach die Polizei an „*runden Tischen*" Opfer und Täter zusammenführt. Sie sieht darin die Gefahr, dass die Geschädigten aus Respekt vor der Polizei daran mitwirken, ohne sich bewusst zu sein, dass sie dies auch ablehnen können. Bei der Polizei gäbe es auch gut ausgebildete Leute, die „*einfach auch Lust haben mehr zu machen*", wobei sie diese Aussage mit einem Lachen unterstreicht. Demnach wollen motivierte Polizisten ausprobieren, was sie über TOA erfahren haben und dies gleich selbst machen. Frau Nachtigall unterstreicht dies mit einer, wenn auch stark verkürzten, Erzählung eines zurückliegenden Vorfalles, wonach eine Staatsanwältin über Polizisten berichtete, die die Gespräche mit den Beteiligten am sogenannten runden Tisch gemacht haben. Sie wisse selbst nicht, wie sie dies finden solle, mahnt aber zur Vorsicht, da die Geschädigten nicht zu kurz kommen sollen und auch in der „*Euphorie*" der Beamten, etwas für sich Neues auszuprobieren, muss für den Täter das Prinzip der Freiwilligkeit gewahrt bleiben. Y1 bejaht dies, was an dieser Stelle als eine Mischung aus Zustimmung und aktivem Zuhören gewertet werden kann. Frau Nachtigall stellt fest, dass es ein Problem in vielen Berufsgruppen sei, wonach alle glauben, alles zu können.

Die Frage nach einem Wunsch an die Berufsgruppe der Polizei ist hier stark dominiert von einem Wunsch nach einer Trennung der Professionen. Frau Nachtigall sieht und beschreibt zwar die Vorteile einer Zusammenarbeit mit der Polizei und sieht sich und ihre Berufsgruppe der TOA-Vermittler dabei schon vergleichsweise recht weit vorangeschritten, jedoch wird auch eine deutliche Skepsis spürbar. Ihre Vorbehalte gegen ein Zuviel an Engagement durch die Polizei werden dabei an zwei Punkten besonders deutlich. Zum einen dringt die Polizei hier in den Bereich des eigenen Aufgabenfeldes ein (siehe dazu auch die Passage 3.3.3), ohne dass man es ihnen gleichtut und nun gleichfalls Polizei „*spielt*", zum anderen argumentiert Frau Nachtigall mit Sachargumenten, wonach der frühe Zeitpunkt, zu dem Polizei und Opfer Kontakt haben, auch der falsche Zeitpunkt sein kann, um Opfer mit der Idee zu einem TOA zu konfrontieren und dass das Prinzip der Freiwilligkeit in Gefahr geraten könnte, sobald die Polizei hier zu schnell und zu unbedarft agiert (zum Prinzip der Freiwilligkeit im TOA siehe auch die Passage 1.3.8.1). Frau Nachtigall wünscht sich zwar eine gute Zusammenarbeit mit der Polizei, jedoch jeder im Rahmen seines Aufgabengebietes.

5.4.3.2 Passage: „*Tellerrand*" – aus dem Interview mit Frau Amsel (Zeile 314 – 339)

14	Y1:	Hmhm (3) ja ich sehe gerade auch wenn ich mich nicht an die Reihenfolge
15		gehalten habe durch meinen Fragenkatalog komplett durch fällt Ihnen
16		noch was ein zu dieser Thematik ein was ich nicht gefragt habe was aus
17		Ihrer Sicht ähm erwähnenswert wäre
18		(6)

319	Af:	Na ja was halt bei uns die besondere Situation ist für die Stadt xy also das
320		ist ein Teil von unserem gesamten Bezirk sitzen wir ja hier mit dem Haus
321		des Jugendrechts (2) so ein Kooperationsprojekt wo Polizei Jugendamt al-
322		so Jugendgerichtshilfe Staatsanwalt und unser freier Träger unter einem
323		Dach sitzen
324	Y1:	Ja
325	Af:	L und das heißt wir haben ja die Polizisten vor Ort die tagtäglich mit Kli-
326		enten eigentlich zu uns runter <u>kommen könnten</u> und sagen hier das wäre
327		doch was für den Täter-Opfer-Ausgleich wollt ihr mal informieren und so
328		weiter
329	Y1:	L ah o.k.
330	Af:	L auch das läuft nicht
331	Y1:	L also an den langen Wegen kann es
332		nicht liegen
333	Af:	L @ (nee) @ es ist einfach so dass jeder ist so in seinem Ge-
334		schäft drin (1) dass man bei der Arbeit nicht über den Tellerrand raus-
335		denkt also das ist auch so mein Gedanken immer zur Staatsanwaltschaft
336		und zu Gerichten
337	Y1:	L ja
338	Af:	L na ja warum der TOA nicht zum Selbstläufer wird
339		(3)

Y1 stellt zum Ende des Interviews hin eine offene Frage im Hinblick auf erwähnenswerte Aspekte zum Thema TOA oder dem bisherigen Interviewverlauf. Nach einer größeren Gedankenpause erzählt Frau Amsel von dem auch in ihrer Stadt ansässigen Projekt, dem Haus des Jugendrechts, in dem die am Jugendstrafverfahren beteiligten Berufsgruppen auch räumlich enger zusammengefasst wurden und *„unter einem Dach"* sitzen. Die Polizei, die demnach einen Stock über den freien Trägern ihre Räume hat und nach Auffassung von Frau Amsel tagtäglich mit Klienten zu ihnen *„runter kommen könnten"*, wobei sie den letzten Teil stärker betont, tut dies jedoch nicht, so dass Frau Amsel resümiert, dass *„auch"* dies nicht funktionieren würde. Den Einwurf von Y1, dass es hier ja nun nicht mehr an den *„langen Wegen"* liegen könne, warum es mit der Zusammenarbeit nicht klappt, kommentiert Frau Amsel mit einem Lachen. Y1 versäumt an dieser Stelle aber auch die Nachfrage, ob denn Frau Amsel sich ihrerseits auch regelmäßig auf den *Weg nach oben* zur Polizei macht. Frau Amsel resümiert, dass aus ihrer Erfahrung jede Berufsgruppe das *„eigene Geschäft"* im Blick habe, so dass nicht über den *„Tellerrand"* hinausgedacht wird, ein Gedanke, den sie auch *„immer"* mit Staatsanwaltschaft und Gericht verbindet und hier eins der Hemmnisse sieht, *„warum der TOA nicht zum Selbstläufer wird."*

5.4.3.3 Passage: „*Druck*" - aus dem Interview mit Herrn Fuchs (Zeile 398 – 440)

398	Y1:	Hm o.k. (1) ähm (1) wir sind auch schon fast bei der Abschlussfrage an-
399		gelangt dadurch das viele Sachen Sie jetzt nebenbei, schon erklärt haben,
400		die ich sonst noch gefragt hätte ähm was würden Sie sich im Hinblick auf
401		eine zukünftige Zusammenarbeit mit der Polizei wünschen das kann so-
402		wohl ihre Situation vor Ort in ihrem Projekt und in Ihrem Bundesland be-
403		treffen als auch darüber hinaus was denken Sie müsste noch gemacht
404		werden und was würden Sie sich wünschen wenn Sie es sich aussuchen
405		könnten
406		(4)
407	Bm:	Tja (1) ich bin ganz zufrieden (1) also wenn es einen Wunsch gäbe dann
408		dass die Polizei sich noch mehr für den Täter-Opfer-Ausgleich interessiert
409		und ähm noch besser kooperiert in den anderen Bundesländern in Bremen
410		ist das sehr gut in Bremen kann man sich nur wünschen dass die Perso-
411		nenabhängigkeit (1) hmm nicht so´ne wichtige Rolle spielt also das zusa-
412		gen die Rahmenbedingungen
413	Y1:	L Hm
414	Bm:	L auch von der Polizeiführung für die für
415		die Anregung des TOA noch besser (1) gewährleistet sind und das haben
416		wir jetzt eingeführt (1) die Polizei ähm wird 2011 erstmals erheben welche
417		Beamten TOA angeregt haben und welche nicht
418	Y1:	L ja ja
419	Bm:	L und dann entspre-
420		chend auch Druck ausüben dass das Verfahren noch weiter genutzt wird
421	Y1:	Auf die die nicht so viel angeregt haben
422	Bm:	L richtig
423	Y1:	Hm (3) spontane Frage dazu wir hatten hier in Berlin also nicht nicht wir
424		sondern bei uns gibt es ja das Diversionsprojekt
425	Bm:	L ja
426	Y1:	L wo viele Fall- also
427		fast alle von der Polizei angeregte Sachen landen sozusagen die teilweise
428		auch mit Vorgaben und Quoten gearbeitet haben und wir haben da so´n
429		ganz unterschiedliches Feedback und da wäre mir Ihre Meinung auch mal
430		ganz wichtig ähm (1) ist das nicht auch so´ne Poblema- oder kann es
431		nicht auch eine Problematik sein, wenn Leute aufgrund von von Druck oder
432		Vorgaben arbeiten müssen oder funktioniert es nur so in einer Behörde
433		was meinen sie
434	Bm:	Na ja die Polizei ist eine große (1) Behörde eine große Verwaltungsbehörde
435		und deswegen funktioniert es (1) eher mit Druck
436	Y1:	L Hm
437	Bm:	L anders geht´s nicht
438	Y1:	Hm
439	Bm:	L bei der Staatsanwaltschaft machen wir gerade ähm dieselben Erfah-
440		rungen

Y1 stellt, wie auch in den anderen Interviews, zum Abschluss eine offene Frage an Herrn Fuchs, der nun die Möglichkeit hat, etwas zum Thema beizusteuern, was bisher unerwähnt blieb, und er wird nach seinen Wünschen für eine zukünftige Zusammenarbeit mit der Polizei befragt. Nach einer kurzen Gedankenpause resümiert Herr Fuchs, dass er für sein Bundesland „*ganz zufrieden*" sei, was den Stand der Zusammenarbeit mit der Polizei anbelangt. Generell würde er sich wünschen, dass es auch in anderen Bundesländern so gut läuft und dass sich die Polizei noch mehr für das Thema Täter-Opfer-Ausgleich interessiert. Dass die Fallanregung von der bereits erwähnten Personenabhängigkeit stärker gelöst wird, wäre ihm ein Anliegen. Im Jahr 2011, dem Jahr des Interviews, solle erstmals statistisch ausgewertet werden, welche Beamten wie viele Verfahren zum TOA angeregt haben. Über diese Erkenntnis soll nun Druck ausgeübt werden auf jene, wie Y1 es ergänzt, die bisher kaum oder keine Anregungen gemacht haben. Y1 will nun aufgrund von Erfahrungen und Diskussionen aus Berlin von Herrn Fuchs wissen, ob es seiner Ansicht nach nur über „*Druck*" funktionieren kann, eine Idee, den TOA stärker in den Focus des Einzelnen bzw. in die Arbeitsabläufe einer Behörde zu bekommen. Herr Fuchs ist sich sicher, dass es bei einer großen Behörde wie der Polizei, einer „*Verwaltungsbehörde*", nur mit Druck funktioniert, denn „*anders geht´s nicht*". Dies erlebe man nicht nur bei der Polizei, sondern auch bei der Staatsanwaltschaft. Über den Vergleich mit einer weiteren stark hierarchisch strukturierten Behörde wird deutlich, dass Herr Fuchs, wohl im Laufe der Jahre, nicht mehr ausschließlich auf Überzeugungskraft baut, sondern auf den für hierarchische Organisationsstrukturen erfolgversprechenden Weg des von *Oben nach Unten.*

5.4.3.4 Passage: „*Polizeireform*" - aus dem Interview mit Herrn Dachs (Zeile 465 – 524)

```
465   Am:    Wenn ich Wünsche frei hätte hähä (1) naja also im Grunde genommen das
466          das Verfahren was wir jetzt hier machen mit dem Gegenlesen das ist
467          schon eigentlich sozusagen optimal quasi wenn man dit übertragen könn-
468          ten auf auf alle Polizeistellen
469   Y1:                                 L Hm Hm
470   Am:                                         L und was eben ganz merklich ist
471          dass es eben Kontinuität da ist also wir in Brandenburg sind gerade wieder
472          ein bisschen geschlagen wieder mit der nächsten Polizeireform
473   Y1:    Hm Hm
474   Am:              L und äh das heißt eben immer wieder Wechsel und immer wieder
475          sozusagen das Rad von vorne erfinden äh und das nervt einfach ne
476   Y1:                                                                    L Hm
477          Hm
478   Am:    Wenn du jedit mal neu anfängst und äh eben versuchst die Leute davon zu
479          überzeugen und und also hier scheint sich gerade auch so´ne Entwicklung
480          abzuzeichnen dass die Kriminalpolizei quasi äh (1) also nicht mehr den
481          Stellenwert hat wie wie es mal war
```

```
482  Y1:   Hm Hm
483  Am:         L äh dass die quasi och nicht mehr mit den personellen Mitteln
484        ausgestattet sind dass die zum Teil also Fälle gar nicht mehr (1) ermitteln
485        können weil sie gar nicht das Personal dazu haben
486  Y1:                                                    L Hm Hm
487  Am:                                                           L   also   das
488        kommt jetzt das fällt uns grad so´n Stück weit auf die Füße das eben ähhh
489        also (1) Fälle die wir im Täter-Opfer-Ausgleich bearbeitet haben sozusagen
490        nicht so schwerwiegend sind dass die quasi ´ne Priorität haben dass sie
491        ausermittelt werden müssen und dann geben sie eben so so unausermit-
492        telt zur Staatsanwaltschaft und die Staatsanwaltschaft stellt die Fälle ein
493        (1)
494  Y1:     L Hm
495  Am:         L und damit war´s das ne
496  Y1:                                L das heißt das hat wenn ich das richtig
497        verstanden habe hat auch  nen  nen  direkten  Einfluss  auf  eure  F-
498        Fallzuweisung
499  Am:             L total
500  Y1:                    L sozusagen
501  Am:                                 L total ja ja also wir haben jetzt momentan
502        ´nen heftigen Falleinbruch und und und ja müssen mal gucken also wir
503        haben jetzt schon versucht da gegenzusteuern aber ob das funktioniert
504        weil wenn die Polizei quasi die Fälle also wenn die nicht die das Personal
505        haben um die Fälle auszuermitteln dann kannst du natürlich hoch und
506        niedrig springen ne
507  Y1:                     L ja
508  Am:                         L dann äh wird die Staatsanwaltschaft die wird sich
509        auch nicht darauf einlassen (1) äh eben nen Fall der der ihnen um die Oh-
510        ren fliegt weil sie den denn quasi einstellen müssen
511  Y1:                                                      L HmHm
512  Am:   äh äh irgendwie zu zu ´nem Verfahren zu bringen ne
513  Y1:                                                    L Hm (2) o.k. das ist
514        ein völlig neues Problemfeld was ich bis-bisher
515  Am:                                                L aber richtig
516  Y1:                                                              L  so  gesehen
517        habe ja
518  Am:         L doch ist also hier in Brandenburg schon ganz heftig
519  Y1:                                                              L Hm Hm
520  Am:                                                                      L  also
521        wirklich Wahnsinn
522  Y1:                    Hm Hm
523  Am:                         L also das ist das ist nicht nur marginal sondern
524        es scheint schon eine Größenordnung zu sein (2)
```

Herr Dachs beantwortet die Frage nach seinen Wünschen für eine zukünftige Zusammenarbeit mit der Polizei damit, dass die bereits geschilderte Praxis der Akteneinsicht vor Ort, also auf dem Polizeiabschnitt, für ihn bereits eine optimale Lösung darstellt, welche man nun nur noch auch auf andere Dienststellen übertragen müsste, womit noch mal deutlich wird, dass es sich bei dem vorab geschilderten Konstrukt um eine Ausnahme handelt. Kontinuität sei wichtig im Hinblick auf eine Zusammenarbeit und daran würde es mangeln. Herr Dachs führt dies nun weiter aus. Demnach sei man „*geschlagen wieder mit der nächsten Polizeireform*", wobei anhand der verwendeten Formulierung deutlich wird, dass es nicht die erste Polizeireform im Bundesland Brandenburg ist und auch nicht die erste, die Einfluss auf die Arbeit von Herrn Dachs hat. Das Gefühl, immer wieder von vorne beginnen, das Rad neu erfinden zu müssen, immer wieder aufs Neue zu versuchen, „*die Leute*" vom Täter-Opfer-Ausgleich zu überzeugen „*nervt*" Herrn Dachs, wobei Parallelen zur Passage „*Resignation*" deutlich werden. Er schildert nun seine Beobachtungen aus der Praxis, wonach die Kriminalpolizei aufgrund der Reformen nicht mehr den Stellenwert hat, den sie mal hatte und das aufgrund personeller Einsparungen in vielen „*nicht so schwerwiegenden*" Verfahren keine ausreichende Ermittlungsarbeit mehr stattfindet. Dies sind jedoch die Verfahren, aus denen die Fälle für die TOA-Fachstelle kommen. Schlecht ausermittelte Fälle kann die Staatsanwaltschaft jedoch meistens nur einstellen. Y1 erkundigt sich, ob dies einen direkten Einfluss auf die Fallzahlen der TOA-Fachstelle hat, was Herr Dachs mit einem „*total*" beantwortet. Man habe es momentan „*mit einem heftigen Falleinbruch*" zu tun und versuche „*gegenzusteuern*" jedoch habe er keinen Einfluss auf diese Entwicklung, was Herr Dachs damit verbildlicht, dass er „*hoch und niedrig springen*" kann, also sich bemühen kann so viel er will, ohne dass dies etwas an der Problematik ändern würde, denn letztendlich kann die Staatsanwaltschaft Verfahren mit einer nicht ausreichenden Beweisgrundlage nur einstellen, wenn sie nicht will, dass ihnen das Verfahren „*um die Ohren fliegt*". Y1 wirft ein, das sich hier auch für ihn ein völlig neues Problemfeld eröffnet, was Herr Dachs mit einem „*aber richtig*" kommentiert, womit er sich auf die eben geschilderte Problemlage bezieht. Er steigert seine Aussage, indem er davon spricht, dass dies in seinem Bundesland „*ganz heftig*", ja der „*Wahnsinn*" sei, und ein Phänomen, welches nicht nur „*marginale*" Auswirkungen auf seine Arbeit hat, sondern bereits eine merkliche „*Größenordnung*" darstellt.

5.4.3.5 Passage „*Der neue Weg*" - aus einem zweiten Interview mit Herrn Dachs (Zeile 1 – 77), (Zeile 120 – 159) und (Zeile 200 – 230)

Zum Zeitpunkt, an dem die Ergebnisse der Experteninterviews in ihre finale Fassung gebracht wurden, erfuhr ich von einem Modellprojekt, dem man in Brandenburg den Arbeitstitel – „Der neue Weg" gegeben hatte und mit dem die Zusammenarbeit mit der Polizei auf eine neue Ebene gebracht werden soll. Darüber entstand die Entscheidung zu einem weiteren Interview mit Herrn Dachs, um ihn speziell zu diesem Modellprojekt und den damit verbundenen Hoffnungen zu befragen. Aus dem rund 11 Minuten langen Interview wurden zwei kurze Passagen ausgelassen, so dass sich die Darstellung auf eben jenes Modellprojekt konzentriert.

1	Y1:	XY wir hatten in 2011/2012 ein Interview geführt da ging es um Täter-
2		Opfer-Ausgleich und Polizei (1) und da klang bei dir auch so´n bisschen
3		Resignation durch im Hinblick darauf dass man sich immer wieder von
4		vorne bemühen muss um die Polizei und um ´ne Zusammenarbeit auch
5		so´n bisschen die Grenzen des Diversionsgedankens (1) und nun habe ich
6		gehört dass es bei euch im Brandenburg ein neues Modellprojekt gibt oder
7		geben soll wo es um die Zusammenarbeit mit der Polizei geht (1) kannst
8		du dazu ein bisschen was erzählen wie ist das zustande gekommen mmh
9		was erwartet man sich davon was hat es damit auf sich
10		(2)
11	Am:	Ja also vielleicht sag ich mal ganz kurz wie es bis jetzt üblich war also
12		wenn die Polizei halt ´nen Fall ermittelt hat und der Meinung war, dass der
13		Fall für einen Täter-Opfer-Ausgleich geeignet war dann hat sie ja schon die
14		Möglichkeit gehabt im Abschlussbericht nen Kreuz zu machen für Täter-
15		Opfer-Ausgleich geeignet also manche Kriminal- äh stellen haben dann
16		auch noch nen Aufkleber auf die Akte gemacht
17	Y1:	L Hm
18	Am:	L eben für den Tä-
19		ter-Opfer-Ausgleich geeignet und dann ist die Akte so zur Staatsanwalt-
20		schaft gekommen da mussten wir aber feststellen, dass nicht alle Akten
21		die von der Polizei vorempfohlen worden sind auch bei uns im Täter-Opfer-
22		Ausgleich angekommen sind deswegen (1) und das ist eben ganz oft auch
23		ne relativ lange Zeit gebraucht hat bis sie denn da waren
24	Y1:	HmHm
25	Am:	L und um diese beiden Dinge zu verändern haben wir uns überlegt,
26		dass es doch äh eben gut wäre, wenn die Polizei eben sieht, dass ein Fall
27		für den Täter-Opfer-Ausgleich geeignet ist dass sie die Beteiligten halt fragt
28		ob sie sich das vorstellen könnten an einem Täter-Opfer-Ausgleich
29		teilzunehmen und wenn sie sich das vorstellen können, dass sie dann eben
30		über eine Einwilligungserklärung erklären, dass die Polizei ihre persönli-
31		chen Daten an die jeweilige Vermittlungsstelle weitergeben darf
32	Y1:	HmHm
33	Am:	das heißt da wird eben richtig belehrt (2) und dann gibt es halt nen Formu-
34		lar wo halt äh die Daten der Beteiligten eingetragen werden wo eben ganz
35		kurz zu dem äh Tatvorwurf also eben Zeitraum und Tatdelikt äh was ge-
36		schrieben ist und äh das und die unterschreiben dann dort und dann kann
37		eben dieses Formular an die jeweilige TOA-Stelle weitergegeben werden
38		(1) äh davon gibt es eine Kopie in die Akte dass die Staatsanwaltschaft
39		auch darüber informiert ist
40	Y1:	HmHm
41	Am:	L und dann können wir quasi sobald wir diese Einwilligungserklä-
42		rung haben halt schon die Beteiligten zu Vorgesprächen einladen
43	Y1:	o.k. (1) Bedarf es dann noch mal ähm nachträglicher einer Erlaubnis von
44		der Staatsanwaltschaft oder läuft das dann parallel wie wie ist das genau
45	Am:	Also diss is jetze so geregelt äh (1) also dieses Ganze äh dieser diese Ein-
46		willigungserklärung ist halt zusammen mit der Staatsanwaltschaft und der
47		Polizei erarbeitet worden
48	Y1:	L HmHm
49	Am:	L und äh die Staatsanwaltschaft die Ge-
50		neralstaatsanwaltschaft Brandenburg war die ganze Zeit mit im Boot ge-
51		wesen und hat quasi diss begleitet und dem äh auch zugestimmt äh die
52		hat jetzt sozusagen also wir dürfen die Vorgespräche machen und äh da-

53		nach ist es aber so für das Vermittlungsgespräch (1) äh sollen wir oder äh
54		ist die ist die Staatsanwaltschaft angehalten uns noch die Akte zuzuschi-
55		cken
56	Y1:	L HmHm
57	Am:	L und äh quasi die Genehmigung auch zu geben für den Tä-
58		ter-Opfer-Ausgleich so
59	Y1:	L o.k.
60	Am:	L ähm äh das passiert dann parallel und wir
61		wissen dann schon ja ob die Beteiligten wollen oder nicht wollen
62	Y1:	Ja (2) also die Entscheidung äh wie das juristisch verwertet wird liegt wei-
63		terhin bei der Staatsanwaltschaft aber ihr könnt schon mal anfangen habe
64		ich das richtig verstanden
65	Am:	Genau das hast du richtig verstanden
66	Y1:	o.k. (2) du hast jetzt den Generalstaatsanwalt erwähnt ähm wer ist denn
67		da noch mit ins Boot geholt worden, um so´n so´n Projekt an den Start zu
68		bringen sage ich mal
69	Am:	Hm also sozusagen es war nicht direkt der Generalstaatsanwalt sondern äh
70		sein Stellvertreter Herr XZ von der Generalstaatsanwaltschaft also der hat
71		das mit federführend entwickelt dann waren halt äh die Polizei das Polizei-
72		präsidium äh Frau YY war äh da mit dabei gewesen und dann halt äh von
73		den Sozialen Diensten und ich von den freien Träger
74	Y1:	L HmHm
75	Am:	L äh wir in in
76		der Runde haben wir das so erarbeitet
77	Y1:	Ja

Y1 formuliert sein Interesse, mehr über das anstehende Modellprojekt zu erfahren und fordert Herrn Dachs zur Schilderung des Sachverhaltes auf. Herr Dachs beginnt damit, den bisherigen Arbeitsablauf zu schildern, wonach die Fälle, die für den TOA geeignet sind, über eine Anregung der Polizei zur Staatsanwaltschaft und darüber zur TOA-Fachstelle gelangten. Hier habe man jedoch die Erfahrung gemacht, dass erstens nicht alle Fälle, „*die von der Polizei vorempfohlen*" wurden, auch im Projekt ankamen und zweitens, dass dies eine „*lange Zeit*" gebraucht habe. „*Diese beiden Dinge*" wolle man nun verändern, indem die Polizei die Beteiligten direkt nach ihrer Bereitschaft zu einem TOA befragt und bei Bedarf sich durch eine schriftliche Einwilligungserklärung die Erlaubnis einholt, die personenbezogenen Daten an die „*jeweilige Vermittlungsstelle*" weiterzuleiten. Dazu werden ein paar Fakten, wie Tatvorwurf und Tatzeitpunkt hinzugefügt, die für die Vermittlungsstelle wichtig sind und eine Kopie dieses Schreibens geht an die Staatsanwaltschaft zu deren Information. Die Vermittler können nun bereits damit beginnen, beide Seiten, Opfer und Täter zu kontaktieren. Y1 will an dieser Stelle von Herrn Dachs wissen, ob es denn nun nachträglich noch in irgendeiner Form der Zustimmung durch die Staatsanwaltschaft bedarf. Herr Dachs beantwortet diese Frage weder mit einem ja noch einem nein, sondern führt aus, dass diese Vorgehensweise zusammen mit der Staatsanwaltschaft erarbeitet wurde und diese ihre Zustimmung dazu erteilt hat. Ja mehr noch, die Staatsanwaltschaft sei angehalten, zu einem späteren Zeitpunkt der TOA-Fachstelle die

Ermittlungsakte zukommen zu lassen und damit „quasi die Genehmigung" nachzureichen, wobei unklar bleibt, was passiert, wenn der zuständige Staatsanwalt zu einer völlig anderen Einschätzung der Lage kommt oder das Verfahren aufgrund einer unzureichenden Beweislage einstellen muss. Y1 vergewissert sich, dass er den Sachverhalt richtig verstanden habe, was ihm Herr Dachs bestätigt. Y1 erweitert nun das Thema, da er von Herrn Dachs wissen möchte, welche Entscheidungsträger für diese Neuerung und dieses Modellprojekt gewonnen werden mussten, und Herr Dachs macht deutlich, dass dies nur auf einer höheren Entscheidungsebene und unter der Federführung der Justiz möglich war, die hier den Weg geebnet hat.

```
120  Y1:   Wenn du jetzt in dieser Arbeitsgruppe mitgearbeitet hast was was erhofft
121        man sich von dem Modellprojekt wo gehen da die Wünsche hin was was
122        denkt man sich was passiert da mit dem Täter-Opfer-Ausgleich
123        (2)
124  Am:   Na ja einerseits ist da natürlich die Hoffnung und der Wunsch dass eben
125        Fälle viel viel eher äh zum Täter-Opfer-Ausgleich kommen also jetzt haben
126        wir ja die Erfahrung dass es eben (1) also länger als drei Monate also also
127        mindestens drei Monate wenn nicht sogar länger dauert bis so´n Fall da ist
128        wir haben ne ganz große Prozentzahl an Geschädigten die äh nicht mehr
129        bereit sind zu einem Täter-Opfer-Ausgleich schon zu lange zurück liegt
130  Y1:   HmHm
131  Am:   die sagen jetzt macht es keen Sinn mehr für uns
132  Y1:                                                   L HmHm
133  Am:                                                         L das hoffen wir
134        sozusagen dass wir diss eben vermindern können diese Prozentzahl äh (1)
135        dass das eben die die Beteiligten wirklich noch diss im Gedächtnis haben
136        was passiert ist (1) manchmal hat man dann gerade bei Jugendlichen die
137        sagen mensch ich kann mich gar nicht mehr daran erinnern was da pas-
138        siert ist
139  Y1:   Hm
140  Am:       L natürlich für eine Aufarbeitung nicht förderlich
141  Y1:                                                          L Hm
142  Am:                                                               L ne und also wir
143        hoffen eben auch dass wir dadurch mehr Fälle im Täter-Opfer-Ausgleich
144        bekommen (1) weil äh sozusagen die äh also wir sind immer der Auffas-
145        sung dass die Polizei am besten einschätzen kann wo ein Täter-Opfer-
146        Ausgleich geeignet ist weil die ja mit den Beteiligten direkt im Gespräch ist
147  Y1:   Hm
148  Am:       L ja und wie schon vorhin erwähnt sind ja bei dem Verfahren vorher
149        wo es nur um ne Empfehlung ging sind ja einige Fälle die vorempfohlen
150        wurden nicht bei uns angekommen
151  Y1:                                     L Hm
152  Am:                                          L da gehen wir jetzt einfach davon
153        aus dass die wirklich auch bei uns landen ne und da müssen wir mal gu-
154        cken wie viel Prozent das dann wirklich sind aber wir haben da große Hoff-
155        nung drauf dass sich damit
156  Y1:                             L ja
157  Am:                                 L die Fallzahlen im Täter-Opfer-Ausgleich
158        wieder (1) erhöht
```

159 Y1: ja (1) o.k.

Y1 setzt hier an und fragt Herrn Dachs nach den Hoffnungen und Wünschen, die man mit dem neuen Modellprojekt verbindet, wobei sowohl Herr Dachs persönlich gemeint ist als auch seine Einschätzung über die anderen am Zustandekommen des Modellprojektes beteiligten Berufsgruppen. Demnach sollen die Fälle schneller zum TOA gelangen, denn die lange Bearbeitungszeit bis zum Falleingang in der TOA-Fachstelle habe sich mitunter als hinderlich erwiesen, da die Bereitschaft bei den Geschädigten mit dem Laufe der Zeit stark abgenommen habe. Auch erhoffe man sich natürlich mehr Fälle für den Täter-Opfer-Ausgleich. Diese erhoffte Fallsteigerung basiert nach Herrn Dachs auf der Annahme, dass die Polizei „*am besten einschätzen*" könne, welche Fälle geeignet sind, da sie im direkten Kontakt mit den Beteiligten - Opfern und Tätern - steht und dass durch die neue Vorgehensweise die Fallzahlen steigen, da es sich jetzt nicht mehr nur um Empfehlungen handle, sondern die Polizei hierdurch aktiv Einfluss nehmen kann. Damit seien „*große Hoffnungen*" verbunden, wobei abzuwarten bleibt, wie sich das später in Prozentzahlen bemerkbar macht. Herrn Dachs fällt an dieser Stelle noch ein weiterer Aspekt ein, den er für erwähnenswert hält.

200 Am: *Na vielleicht kann ich noch eine Ergänzung machen also ich hab ja jetzt*
201   *schon mit ein paar Polizisten och darüber gesprochen (1) wie die das se-*
202   *hen weil so´n bisschen die Befürchtung war dass das wenn das wieder ein*
203   *neues Formular kommt also das ist eben och als Belastung gesehen wird*
204 Y1: *ja*
205 Am: *eher so naja ach ne ja wollen wa nicht und so und weil schon eher so´n*
206   *Widerstand entsteht*
207   *(2)*
208 Am: *Na vielleicht kann ich noch eine Ergänzung machen also ich hab ja jetzt*
209   *schon mit ein paar Polizisten och darüber gesprochen (1) wie die das se-*
210   *hen weil so´n bisschen die Befürchtung war das das wenn das wieder ein*
211   *neues Formular kommt also das ist eben och als Belastung gesehen wird*
212 Y1: ∟ *ja*
213 Am: ∟ *eher so naja ach ne ja wollen wa nicht und so und weil schon eher*
214   *so´n Widerstand entsteht*
215 Y1:   ∟ *Hm*
216 Am: ∟ *da war ich positiv überrascht weil mit allen*
217   *Polizisten mit denen ich jetzt gesprochen habe die waren da ganz offen*
218   *gewesen die haben da gesagt ja (1) das finden sie ein gutes Instrument äh*
219   *weil äh sie also da auch quasi mehr Verantwortung kriegen und eben och*
220   *sozusagen mehr auch mit entscheiden können äh was mit dem Strafver-*
221   *fahren weiter passiert und ich glaube das ist (1) also so habe ich das so´n*
222   *bisschen raus gehört, dass denen das auch ganz gut tut so wenn wenn sie*
223   *eben da auch ´ne Empfehlung oder nicht- gar keene Empfehlung sondern*
224   *sondern eben so´ne Einwilligungserklärung an uns schicken können die*
225   *dann wirklich auch wahrgenommen wird und wo denn auch was passiert*
226 Y1: *Ja also die Möglichkeit ein bisschen Einfluss zu nehmen*

```
227  Am:                                    genau
228  Y1:                                        L was zu be-
229       wegen
230  Am:           L genau
```

Herr Dachs bringt die Sprache auf ein erstes Feedback, welches er von Polizisten erhalten hat, mit denen er über das neue Modellprojekt sprach. Zuvor habe es Befürchtungen gegeben, dass ein neues Formular als Arbeitsbelastung angesehen und die ganze Idee damit abgelehnt werden könnte. Die Befürchtung scheint nicht unbegründet, wenn man sich die Passagen aus den Gruppendiskussionen zum Thema Mehraufwand anschaut, in denen eben dieses thematisiert wird. Jedoch erhielt Herr Dachs bisher ein eher positives Feedback, da man das Modellprojekt als „gutes Instrument" betrachte, über das die Polizei stärker Einfluss auf den Verlauf des Strafverfahrens nehmen könne. Tatsächlich findet dadurch eine Verschiebung zwischen Polizei und Staatsanwaltschaft statt, da die Polizei nun nicht mehr nur Empfehlungen ausspricht, sondern aktiv, zusammen mit den Beteiligten und über die besagte Einwilligungserklärung, auf einen potentiellen Täter-Opfer-Ausgleich hinwirken kann. Herr Dachs, der die Ergebnisse der Gruppendiskussionen mit den Berliner Polizeibeamten nicht kennt, spürt im Kontakt mit der Polizei diesbezüglich, dass diese sich über eine stärkere Einflussmöglichkeit selbst stärker „wahrgenommen" fühlt und bestätigt die Ergänzungen von Y1, der dies mit den Begriffen des Einflussnehmens und des „was zu bewegen" weiter beschreibt, mit einem zweifachen „genau."

5.4.4 Fazit aus den Experteninterviews

Auf der Ebene der praktischen Zusammenarbeit zwischen den TOA-Fachstellen der befragten Experten und der Polizei orientieren sich die Handlungen der Experten und ihrer Kollegen in erster Linie daran, dass geeignete Fälle den Weg zur TOA-Fachstelle finden, um dort von ihnen bearbeitet werden zu können. Über unterschiedliche Hilfskonstruktionen, wie Aufkleber auf der Akte, Aktenvermerke etc. soll die Staatsanwaltschaft verstärkt und gezielt auf diese Verfahren hingewiesen werden, was zum einen mit dem Wunsch nach einer Vereinfachung, einer Beschleunigung des Arbeitsablaufes zusammenhängt, zum anderen aber auch mit der Erfahrung, dass vielfach geeignete Verfahren dennoch nicht für einen TOA-Versuch angeregt werden. Die TOA-Fachstellen haben die Erfahrung gemacht, dass sie sich nicht allein auf die Staatsanwaltschaft verlassen können, wenn es darum geht, die Idee des Täter-Opfer-Ausgleichs weiter voranzubringen. So entstand aus der Not rückläufiger Fallzahlen, wie etwa bei Herrn Fuchs, oder aus konzeptionellen Überlegungen heraus, wie bei Herrn Dachs, die grundlegende Hinwendung zur Berufsgruppe der

Polizei. Auch entspricht es einer gewissen Logik, sich als Anbieter einer Maßnahme im Rahmen des (Jugend)Strafrechts mit den anderen Verfahrensbeteiligten zu vernetzen.

Damit die Polizei überhaupt auf geeignete Verfahren hinweisen kann, bedarf es gut informierter Polizisten, denn deren Wissen und deren Einstellung zum Thema TOA sind ausschlaggebend, *ob* und *wie* sie ihn gegenüber den Beschuldigten und den Geschädigten thematisieren. Die befragten Experten haben dies erkannt und bemühen sich im Rahmen von Arbeitstreffen, Schulungen und Infoveranstaltungen um eine Darstellung ihrer Arbeit und ihrer Erfahrungen mit dem Täter-Opfer-Ausgleich, um darüber Verständnis und Akzeptanz bei der Berufsgruppe der Polizei zu gewinnen. In den Fachstellen, über deren Tätigkeiten die Experten Auskunft geben können und die hier als Beispiele herangezogen werden, wie auch in anderen Fachstellen, die sich um eine Zusammenarbeit mit der Polizei bemühen, haben sich im Laufe der Zeit gewisse Abläufe und Kooperationsformen eingespielt, die zunächst erarbeitet wurden und nun aufrechterhalten werden müssen, was durch ein beständiges Bemühen und Werben um die Berufsgruppe der Polizei deutlich wird, wobei die Zeitabstände hier variieren. Mancherorts hat sich diese Zusammenarbeit soweit eingespielt, dass sie fast von allein funktioniert. Notfalls bringt ein Anruf beim regionalen Polizeipräsidenten das Thema Täter-Opfer-Ausgleich wieder auf die Tagesordnung, wie etwa im Interview mit Frau Amsel, jedoch wird auch deutlich, dass eine erfolgreiche Zusammenarbeit mit der Polizei kein Selbstläufer ist, etwa wenn Herr Fuchs über die immer noch stark personenbezogene Fallzuweisung durch einzelne Beamte spricht, wenn Frau Amsel erlebt, wie jede Profession nur bis zum Tellerrand des eigenen Aufgabenbereiches blickt, oder wenn Herr Dachs über seine ihn allmählich zermürbenden und kräftezehrenden, immer neuen Anstrengungen berichtet, allen Widrigkeiten und Polizeireformen zum Trotz das Thema TOA im Bewusstsein der Polizei aufrecht zu erhalten. Ein Bemühen, das sich für die Experten dennoch zu lohnen scheint, wenn die Sprache darauf kommt, welches Fallaufkommen in Verbindung mit einer frühen (polizeilichen) Fallanregung steht bzw. welches Potenzial hier noch ungenutzt bleibt. Auch sind die persönlichen Erfahrungen der Experten im Umgang mit den Beamten, die ihnen als Ansprechpartner bekannt sind durchweg positiv, erhalten sie doch auch von ihnen ein positives Feedback über die Sinnhaftigkeit des TOA bzw. geben ihnen ebenfalls ein Feedback über das Ergebnis eines TOA, was dort wiederum zur Steigerung der Akzeptanz der Maßnahmen beiträgt, wie es etwa Frau Nachtigall beschreibt.

Die handlungsleitenden Orientierungen der Experten im Hinblick auf die Berufsgruppe der Staatsanwaltschaft und deren zentrale Rolle im Strafverfahren stellen sich komplexer dar, als dies bei den praktischen Formen der Kooperation mit der Polizei der Fall ist. Das frühe Zusammenwirken von Polizei, TOA-Fachstelle und Justiz, in der mitunter sensiblen Phase des Ermittlungsverfahrens, bedarf eines geregelten

Ablaufs von Information und Kommunikation, in dem bemerkenswerterweise in keinem der Interviews die Jugendgerichtshilfe, als ebenfalls bedeutende Stelle im Jugendstrafverfahren, Erwähnung findet. Das Verhältnis von TOA-Fachstellen und Justiz ist hier geprägt von einem Balanceakt zwischen Abhängigkeiten und beruflichem Selbstbewusstsein. Dies wird deutlich, etwa wenn Frau Amsel ganz offen über das Abhängigkeitsverhältnis zur Justiz spricht. Fachstellen, die über die Justiz finanziert werden und von hier aus den Großteil ihrer Fälle zugewiesen bekommen, haben es sehr schwer, auf offene Zugangswege für Beschuldigte und Geschädigte zum TOA zu pochen, wenn die lokale Staatsanwaltschaft die Entscheidung über *das Ob* und *das Wie* allein treffen will. Mit dem traditionell wichtigsten Kooperationspartner will man es sich nicht verscherzen. Jedoch dokumentiert sich hier fallübergreifend auch ein erstarktes Selbstvertrauen. Die Experten setzen auf den Dialog mit der Staatsanwaltschaft, bauen darauf den jeweils zuständigen Dezernenten mit Argumenten zu überzeugen und verweisen notfalls auf geltendes Recht, wonach die Staatsanwaltschaft zwar selbst darauf verzichten kann, einen TOA anzuregen, es den betroffenen Parteien aber auch nicht verbieten darf. Angestrebt wird hier ein eher harmonisches Miteinander, als eine offene Konfrontation, und es werden Kompromisse gesucht, etwa wenn Herr Fuchs davon berichtet, wie über Begrifflichkeiten eine Lösung gefunden wird und die Polizei „*anregen*" und die Staatsanwaltschaft „*zuweisen*" kann. Am weitesten geht in diesem Punkt das von Herrn Dachs beschriebene Modellprojekt, in dem die Staatsanwaltschaft von sich aus der Polizei einen größeren Spielraum einräumt. Eine neue Herangehensweise, die der Staatsanwaltschaft nicht abgerungen, sondern über diese „*federführend*" initiiert wurde. Ohne das Wohlwollen der Staatsanwaltschaft dürfte es schwer werden, entsprechende Arrangements mit der Polizei zu treffen.

Im Hinblick auf die „Wunschfrage" bzw. die Möglichkeit, eigene Ergänzungen zum Thema Täter-Opfer-Ausgleich und Polizei zu machen, skizzierten die Experten vier ganz unterschiedliche Unterthemen, über die weitere Aspekte und persönliche Bedenken, Hoffnungen und Orientierungen deutlich wurden. Frau Nachtigall stellt fest, wie wichtig die Zusammenarbeit mit der Polizei ist, macht aber auch deutlich, dass diese auch eine Kehrseite haben kann, nämlich wenn die Polizei beginnt, sich mit Opfern und Tätern gleich selbst an einen Tisch zu setzen. Inhaltliche Bedenken über die Rolle der Polizei, ein zu schnelles und vielleicht auch aus Sicht von professionellen TOA-Vermittlern unprofessionelles Agieren zu Lasten der Beteiligten treffen hier auf Bedenken, dass dadurch eine Konkurrenz zum eigenen Angebot entstehen könnte und den Wunsch, dass jede Berufsgruppe sich stärker an den eigenen Aufgaben und Stärken orientiert. Frau Amsel stellt mit Blick auf die Praxis fest, dass eine Zusammenarbeit auch gelebt werden muss. Nur eine räumliche Nähe der Berufsgruppen, konkret am Beispiel des Jugendrechtshauses in ihrer Region reiche nicht aus, da nach wie vor jede Berufsgruppe den Focus überwiegend auf den eigenen

Bereich legt und nicht über den eigenen Tellerrand hinausblickt. Ihre Erfahrungen mit den Jugendrechtshäusern stehen damit im Kontrast zu den positiven Erfahrungen von Frau Nachtigall. Auch wird hier die Ambivalenz deutlich, wenn es darum geht, sich mehr Zusammenarbeit zu wünschen, die gleichzeitig aber auch den eigenen Vorstellungen entsprechen soll. Herr Fuchs zieht eine positive Bilanz der Zusammenarbeit mit der Polizei in seiner Region und würde sich daher wünschen, dass dies auch in anderen Bundesländern so gut gelinge wie bei ihm. Jedoch wird deutlich, dass das Erreichte keine Selbstverständlichkeit ist und durch einen beständigen Kontakt gepflegt werden muss. Wie auch in den anderen Berufsgruppen im Strafverfahren – Staatsanwälte, Richterschaft, Rechtsanwälte, Jugendgerichts- und Bewährungshilfe – sieht Herr Fuchs, dass das Engagement für den TOA nach wie vor stark personenabhängig ist. Bei seinen Bemühungen, dies auf eine breitere Ebene zu bringen, die Option auf einen TOA standardisierter und selbstverständlicher – nicht nur zu prüfen, sondern diesen auch anzuwenden –, setzte er nach Jahren der Erfahrungen nicht mehr alleine auf die Überzeugungskraft von Argumenten, sondern auf den machtvollen „Druck" innerhalb einer hierarchisch strukturierten Behörde wie der Polizei, der durch die Befehlskette zwischen der Behördenleitung und der Basis ausgeübt wird. Herr Dachs letztendlich befürwortete in seinem ersten Interview die Praxis, wonach die Akten vor Ort bei der Polizei auf eine Eignung für den TOA geprüft werden. Er machte aber auch klar deutlich, dass ständige Polizeireformen, das meist passagere Interesse seiner Kooperationspartner an dem Thema TOA, seine beständigen Bemühungen um die Polizei wie auch eine starke Begrenzung seiner Tätigkeiten auf den Diversionsbereich ermüdend, ja mitunter frustrierend auf ihn wirken, so dass Herr Dachs vielfache Wünsche auf Abhilfe und Veränderung hat, die sich auf ein Mehr an Selbstverständlichkeit und Kontinuität im Hinblick auf eine Zusammenarbeit mit der Polizei, aber auch auf eine, von ihm als Qualitätssprung bezeichnete Veränderung der Zuweisungspraxis durch die Staatsanwaltschaft fokussieren. Sollte sich das von ihm beschriebene Modellprojekt in der Praxis bewähren, so würde dies für ihn und seine praktische Arbeit eine deutliche Verbesserung darstellen.

6 Täter-Opfer-Ausgleich und Polizei: Ergebnisse und Ausblick

6.1 Warum die Zusammenarbeit mit der Polizei wichtig für die Weiterentwicklung des TOA in Deutschland ist

Die Berufsgruppe der Polizei stellt für die Arbeit der TOA-Fachstellen einen wichtigen, in der breiten Masse der bundesweiten TOA-Landschaft jedoch meist vernachlässigten Kooperationspartner dar. In einer Zusammenarbeit mit der Polizei liegt bisher weitgehend ungenutztes Potenzial für eine Weiterentwicklung des Täter-Opfer-Ausgleichs in Deutschland.

Der Begriff des Potenzials soll dabei auf mehreren Argumentationslinien verfolgt werden: Erstens ist damit ein *quantitatives* Potenzial gemeint, welches, sollte die Förderung des Täter-Opfer-Ausgleichs ernsthaft vorangetrieben werden, erschlossen werden muss. Zweitens ist damit ein *qualitatives* Potenzial gemeint, welches mit der verstärkten Zusammenarbeit und besseren Kommunikationsstrukturen der am (Jugend)Strafverfahren beteiligten Berufsgruppen, hier speziell den TOA-Fachstellen und der Polizei zusammenhängt. Und drittens ein *innovatives* Potenzial, da über den Kontakt mit der Polizei Betroffene und Interessierte – Geschädigte wie Beschuldigte gleichermaßen – auf die Option eines TOA hingewiesen werden und bei Bedarf eine TOA-Fachstelle in ihrer Region kontaktieren können.

Die organisatorischen Grundlagen dafür sind bereits vorhanden. Wie in den Abschnitten über die Verwaltungs- und Diversionsrichtlinien (3.5.2 und 3.5.3) der Bundesländer aufgezeigt, *kann* und *soll* die Polizei auf für einen TOA geeignete Verfahren hinweisen. Hier kann das Thema sowohl gegenüber den Betroffenen angesprochen als auch die Staatsanwaltschaft auf geeignete Verfahren hingewiesen werden. Die Polizei agiert hierbei in einer frühen Phase des Verfahrens, so dass ihr daraus eine wichtige, weil erste Weichen stellende Funktion erwächst. Sie nimmt eine erste Definition vor, wer Opfer und wer Täter ist und kann im Jugendstrafverfahren eigene Vorschläge im Hinblick auf eine Maßnahme wie dem TOA oder eine bestimmte Verfahrenserledigung machen. Auch wenn dies für die Staatsanwaltschaft nicht bindend ist, denn sie allein entscheidet, wer Täter und wer Opfer ist und ob das Verfahren eingestellt werden kann oder angeklagt werden muss, hat die Polizei eine Art Vorschlagsrecht. Im Vergleich zur Staatsanwaltschaft verfügt die Polizei über bedeutend mehr an Personal und Anlaufstellen und hat quasi rund um die Uhr geöffnet. Hier spricht man im Regelfall als erste staatliche Organisation mit den Beschuldigten und den Geschädigten und ist somit näher am Geschehen, der Straftat, möglichen Konflikten und den eigentlichen Protagonisten – Opfer wie Täter – gleichermaßen. Durch diese exponierte Stellung im Strafverfahren, die verschiedenen Möglichkeiten, das Thema TOA einzubringen (siehe dazu Abschnitt 3.6) sowie die eigenen Bestrebungen, in den Bereichen Diversion, Prävention und Opferschutz aktiv zu sein, wird ein Potenzial für eine verstärkte Zusammenarbeit zwischen Polizei und TOA-Fachstellen deutlich.

In Zeiten rückläufiger Fallzahlen im Bereich des Täter-Opfer-Ausgleichs und einer nach wie vor vorherrschenden Diskrepanz zwischen geeigneten Verfahren und denen, die letztendlich tatsächlich zu einer TOA-Fachstelle gelangen, strahlt diese Überlegung einen starken Reiz aus, wenn es um eine mögliche Weiterentwicklung des Täter-Opfer-Ausgleichs in Deutschland geht. Diese Entwicklung könnte auf zwei Ebenen stattfinden. Auf der ersten Ebene können es die Beamten selbst sein, die im Umgang mit Tätern und Opfern ihre Möglichkeit eines Vorschlagsrechtes verstärkt nutzen, indem sie den Täter-Opfer-Ausgleich in einem frühen Stadium des Verfahrens gegenüber dem Jugendamt und/oder der Staatsanwaltschaft anregen. Auf der zweiten Ebene sind durch die Arbeitsweise der Polizei die Strukturen gegeben, um großflächig und regelmäßig Opfer und Täter über die Option eines Täter-Opfer-Ausgleichs zu informieren. Eine sich daraus ergebende quantitative Veränderung, die deutlich würde an höheren Fallzahlen, bedeutet für die praktische Arbeit in den Fachstellen vor allem ein Mehr an finanzieller Sicherheit, eine damit verbundene stärkere Planungssicherheit für die Projekte, die Möglichkeit in Aus- und Weiterbildung der Mitarbeiter zu investieren und damit auch langfristig gut ausgebildete und motivierte Vermittler halten zu können. Qualität braucht gute Rahmenbedingungen, und es gibt sie auch nicht zum Nulltarif. Der Täter-Opfer-Ausgleich ist momentan in einer Phase seiner Entwicklung angelangt, in der an der Basis auch viel Resignation zu spüren ist, etwa wenn es um Unsicherheiten in der Finanzierung der Fachstellen geht, politische Absichtserklärungen, die jedoch nicht mit konkreten Hilfen verbunden werden und Regionen, in denen der TOA durch die Staatsanwaltschaft im starren Korsett des Diversionsgedankens, hart an der Grenze zum Bagatelldelikt gehalten wird.[1172] Stärkere Fallzahlen, angeregt über die Polizei, könnten in der TOA-Praxis

---

[1172] Siehe dazu den Artikel im TOA-Magazin 01/15, S. 4-7, in dem PraktikerInnen anonymisiert über ihre Arbeitsbedingungen berichten.

einiges verbessern, sind jedoch kein Allheilmittel für althergebrachte Probleme des TOA.

Setzt man die Erkenntnisse aus den Experteninterviews in Verbindung zu den Abschnitten über die Entwicklung des Täter-Opfer-Ausgleichs, dann zeigt sich hier ein Bestreben nach einem Mehr an Zusammenarbeit mit der Polizei, mehr Fällen, aber auch einem Mehr an Unabhängigkeit von der Staatsanwaltschaft, als dominierender Berufsgruppe der Fallzuweiser.[1173] TOA-Fachstellen sind auf eine gute Zusammenarbeit mit ihren jeweiligen Staatsanwaltschaften angewiesen. Zu einflussreich und wichtig ist hier die Rolle der Staatsanwaltschaft, die nicht nur über Fallzuweisungen und eine juristische Würdigung der im TOA erzielten Ergebnisse entscheidet, sondern vielfach als Justiz auch als Geldgeber für Fachstellen auftritt. In der Zusammenarbeit mit der Justiz, und dies wurde im Rahmen dieser Arbeit dargestellt, scheint die Entwicklung des TOA jedoch an einem Punkt angekommen zu sein, an dem über Fallzuweisungen aus dem Bereich der Staatsanwaltschaften keine große Veränderung der Situation zu erwarten ist,[1174] sondern nur über eine Veränderung der Rahmenbedingungen. Teils rückläufige Fallzahlen aus diesem Bereich und eine, einzelne Staatsanwälte und Abteilungen ausgenommen, nach wie vor zurückhaltende Haltung zum TOA zeigen dies deutlich. Überzeugungsarbeit, sei es im Einzelfall oder generell, für die Idee des Täter-Opfer-Ausgleichs wird auch weiterhin zum Arbeitsalltag in den TOA-Fachstellen gehören, jedoch scheint die Rechnung, dass man nur oft genug auf die Vorteile eines TOA für Opfer und Täter hinweisen muss, um ihn im Bewusstsein und im Handeln der Justiz stärker zu etablieren, so nicht aufzugehen. Hinter dem Wunsch und den Bemühungen einzelner TOA-Fachstellen um die Polizei als Kooperationspartner steht daher auch das Bestreben, die Entwicklung des TOA in Deutschland weiter voranzubringen, indem die Zugangswege für eine Konfliktschlichtung im Rahmen eines Strafverfahrens für alle daran Interessierten vereinfacht und damit auf eine breitere Basis gestellt werden, als dies momentan überwiegend der Fall ist.

Wie in dieser Arbeit an verschiedenen Stellen dargestellt, kommt der Staatsanwaltschaft als der „Herrin des Strafverfahrens" eine zentrale Rolle zu, jedoch besitzt sie kein Monopol, wenn es darum geht, auf einen für einen TOA-Versuch geeigneten Konflikt, ein geeignetes Strafverfahren hinzuweisen. Die Jugendgerichtshilfe, Richter, Rechtsanwälte, die Polizei, Schulen und Sozialarbeiter, vor allem aber Geschädigte und Beschuldigte können dies selbst tun, da es jedem Menschen freisteht, sich sowohl in der einen als auch der anderen Rolle an eine Vermittlungsstelle zu

---

[1173] Die Aussage bezieht sich auf das gesamte Bundesgebiet, wobei es in Einzelfällen auch ganz anders ist, so stellt die Gruppe der Jugendgerichtshilfen in Berlin und Potsdam seit Jahren schon die größte Gruppe der Fallzuweiser, noch vor der Staatsanwaltschaft. Siehe dazu die Jahresberichte von 2013 und 2014 der jeweiligen TOA-Fachstellen mit einem Rückblick auf die Vorgängerjahre.
[1174] Über Verzweiflung an der TOA-Basis darüber, dass trotz intensiver Bemühungen um die Justiz der TOA eher eine juristische Randerscheinung bleibt, siehe dazu Schädler, 2014, S. 21

wenden. Das Potenzial dieser „Selbstmelder-Möglichkeit" wird momentan nicht einmal annähernd erfasst, was mit großen Informationsdefiziten zusammenhängt, da der TOA nach wie vor über keinen großen Bekanntheitsgrad verfügt. In der Möglichkeit eines „selbst initiierten TOA" liegt jedoch die große Chance, regionale Unterschiede in der Zuweisungspraxis, wie auch eine stark personenbezogene Zuweisungspraxis im Bereich der Staatsanwaltschaften zu überwinden.[1175] In direktem Bezug auf diese Aussage von *Kilchling* sehe ich das größte Entwicklungspotenzial für den Täter-Opfer-Ausgleich in eben jenem Bereich der Selbstmelder und der anderen am Strafverfahren direkt oder indirekt beteiligten Berufsgruppen.[1176]

Da die Polizei auf bestehende Hilfsangebote hinweisen *kann*, oftmals explizit darauf hinweisen *soll*, kann über diese Schnittstelle, auch in Verbindung mit einer breiteren Öffentlichkeitsarbeit für den Täter-Opfer-Ausgleich, eine Entwicklung in Gang gesetzt werden, die den Betroffenen einen niedrigschwelligen Zugang für Konfliktschlichtung, Tataufarbeitung und Wiedergutmachung ermöglicht, bei dem die letztendliche juristische Würdigung dieser Bemühungen und eine abschließende juristische Entscheidung in den Händen der Staatsanwaltschaft verbleibt, jedoch nicht zuvor durch ein Nadelöhr der Zustimmung führen muss. In den Experteninterviews wird unter anderem deutlich, dass die Auseinandersetzung mit der Polizei als Kooperationspartner und die damit verbundenen konzeptionellen Überlegungen der Fachstellen zu einem gestärkten Selbstbewusstsein gegenüber der Staatsanwaltschaft geführt haben, da man hier durch den gemeinsamen Austausch über den jeweiligen Einzelfall, den Dialog mit dem zuständigen Dezernenten und nicht zuletzt anhand der Fakten, dass TOA in allen Phasen des Strafverfahrens möglich sein muss und nicht auf eine Verfahrenserledigung nach § 45 Abs. 2 JGG beschränkt ist, auf eine Verbesserung setzt.

6.2 Welche Rolle der Täter-Opfer-Ausgleich für die Arbeit der Polizei spielen kann

Für die Polizei spielt der Täter-Opfer-Ausgleich, vor dem Hintergrund ihres gesamten Spektrums an Aufgaben, nur eine sehr geringe Rolle. Erst im Bereich der polizeilichen Jugendsachbearbeitung ändert sich dies und auch hier ist der TOA nur *ein* Instrument, dessen man sich indirekt bedienen kann, im ,Werkzeugkasten' der zuständigen Beamten. TOA-Fachstellen, die sich aufgrund ihrer regionalen Strukturen und Gepflogenheiten traditionell auf die Staatsanwaltschaft als den alleinigen oder überwiegenden Fallzuweiser verlassen, haben die Möglichkeit einer Kooperation mit

---
[1175] Vgl. Kilchling, 2014, S. 47
[1176] Vgl. Jacob, 2011, S. 15

der Polizei durch die starke Fokussierung auf die Staatsanwaltschaft bisher vernachlässigt. Und auch dort, wo sich TOA-Fachstellen um die Polizei bemühen, herrscht bisher ein Ungleichgewicht, da man hier stärker auf ein Wohlwollen und eine Zusammenarbeit angewiesen ist als umgekehrt. Denn allen Überlegungen über Prävention, Intervention und Opferschutz zum Trotz: Polizeiarbeit funktioniert auf den *ersten Blick* auch *ohne* Täter-Opfer-Ausgleich.

Warum es dennoch aus der Perspektive der Polizei lohnend sein kann, sich mit dem Thema Täter-Opfer-Ausgleich zu befassen, soll hier dargestellt werden. Für die Arbeit an der Basis der Polizei bedarf es vielfacher sozialer Kompetenzen im Umgang mit den Bürgern, in den Gesprächen mit Beschuldigten und Geschädigten, mit den Eltern von Kindern und Jugendlichen oder in Krisensituationen, in denen Durchsetzungsfähigkeit und Sensibilität gleichermaßen gefragt sind, wie etwa bei Einsätzen im Bereich der häuslichen Gewalt. Das Bild vom *Freund und Helfer* oder dem *Schutzmann als Schiedsmann*, quasi als Autorität bei Konflikten im Bereich seiner Streifentätigkeit, prägte jahrzehntelang sowohl die Wahrnehmung von außen als auch das berufliche Selbstverständnis. Durch ihr Engagement in Schulen, sozialen Brennpunkten und diversen Präventionsprojekten hat die Polizei ihr Aufgaben- und Tätigkeitsfeld erweitert und über die Ebene des vereinzelten Engagements auf eine Ebene des organisatorischen und konzeptionellen Handelns gebracht. So leistet die Polizei ein Stück weit soziale Arbeit, ohne selbst Sozialarbeiter zu sein. Die neuen Aufgaben führen zu einer Ausweitung der eigenen Präsenz, des eigenen Einflusses und zu einem Mehr an gesellschaftlicher Anerkennung, jedoch auch zu einem Mehr an Arbeit und Mitteln, die dazu zur Verfügung gestellt werden müssen, aber außerhalb der Polizei auch zu den in dieser Arbeit dargestellten Bedenken über eine ungebremste Ausweitung des Präventionsgedankens.

Betrachtet man die Entwicklung der Polizei, dann erscheint es so, als wenn, gestützt und beschleunigt durch den anhaltenden Boom der Prävention, die logische Schlussfolgerung gezogen wurde, vieles gleich selbst in die Hand zu nehmen, um das Ergebnis damit besser beeinflussen zu können. Oder, um es im Sinne eines populären Werbeslogans für Baumärkte und Heimwerker-Bedarf zu sagen – *wenn du willst, dass es gut wird, mach es zu deinem Projekt*. Werden Lücken in der Einflussnahme auf (potenzielle) jugendliche Straftäter ausgemacht, Lücken, die die Politik und die Sozialarbeit hinterlassen haben, dann entstehen an diesen Stellen oftmals Initiativen der Polizei, wie am Beispiel des TOI-Projektes der Berliner Polizei, der *Täterorientierten Intervention*, deutlich wird. Geschulte Beamte machen Hausbesuche bei Strafunmündigen, die bereits delinquent auffällig geworden sind und deren Familien, um sich über die Situation vor Ort ein Bild zu machen und auf die drohende Problematik einer frühen delinquenten Karriere hinzuweisen und dem entgegenzuwirken. Liest man die detaillierten Gesprächsprotokolle dazu, dann stehen diese vergleichbaren Gesprächen mit Jugendamtsmitarbeitern in nichts nach. Von Seiten der regionalen Jugendämter, der Sozialarbeit und der kriminologischen Begleitforschung mag man solche Initiativen durchaus kritisch betrachten und die Frage nach der Rolle der Polizei stellen, aus polizeilicher Sicht folgen diese jedoch einer gewissen Logik, wonach man, will man Erfolg haben, selbst initiativ werden muss. Ob sich ein Erfolg im Hinblick auf das TOI-Projekt einstellt, bleibt noch abzuwarten. Darüber hinaus zeigen sich zwei exemplarische Entwicklungsstränge, die nicht nur für die Berliner Polizei gelten. Zum einen zeigt sich darüber ein gestärktes Selbstvertrauen der Polizei, sich in einem jahrzehntelang größtenteils unbekannten Terrain zu engagieren, zum anderen ein Misstrauen gegenüber der Effektivität bestehender Strukturen und Organisationsabläufe. Als Polizei will man nun nicht mehr nur am Anfang des Strafverfahrens stehen, Sachverhalte ermitteln, Daten sammeln und berichten, sondern darüber hinaus aktiven Einfluss nehmen auf den weiteren Verlauf, man will mitgestalten und nicht alles den anderen Akteuren im (Jugend)Strafverfahren überlassen.

Dort, wo man aufgrund der eigenen Rolle oder mangels Kapazitäten und Know-how auf Kooperationen angewiesen ist, setzt die Polizei auf Netzwerkarbeit, wie es an unzähligen Kooperationsmodellen im Bundesgebiet deutlich wird. Entscheidend für die Auswahl von Kooperationspartnern ist dabei, dass diese existent sind und dass man ihnen die notwendigen Kompetenzen zuschreibt, die für ihr Aufgabengebiet notwendig sind. Im Hinblick auf den Täter-Opfer-Ausgleich schließt sich damit der Kreis der Argumentationskette, wenn es um Zusammenarbeit zwischen Polizei und TOA-Fachstellen geht. Die Akteure vor Ort müssen sich kennen und im regelmäßigen Austausch miteinander stehen. Auf Seiten der Polizei spielen dabei das Wissen über Ziele und Wirkungen einer bestimmten Maßnahme, die eigene Haltung zu dieser Maßnahme sowie Kenntnisse über die lokalen Kommunikationsstrukturen und Verfahrensabläufe eine große Rolle, soll eine anfängliche Skepsis in eine tragfähige Kooperation gewandelt werden.

Die Polizei führt den Täter-Opfer-Ausgleich nicht selbst durch, auch wenn in den Experteninterviews über einzelne Erfahrungen berichtet wurde, dass es hier Tendenzen gibt, sich mit Opfern und Tätern gleich selbst an den sprichwörtlichen *runden Tisch* zu setzen. Tendenzen, die aus den hier beschriebenen Bestrebungen, vieles gleich selbst in die Hand zu nehmen, entstehen. Dort, wo es inhaltlich über einfache Absprachen hinausgeht, sollte die Polizei davon Abstand nehmen, denn dies wäre mit der Rolle eines neutralen bzw. allparteilichen Vermittlers nicht zu vereinbaren. Die Polizei kann ein mögliches Zustandekommen eines TOA jedoch entscheidend voranbringen.

Vor dem Hintergrund der polizeilichen Kernaufgaben: Repression, Prävention und Opferschutz – bietet die Förderung des TOA-Gedankens durch die Polizei die Möglichkeit, über ihn quasi in die Wiederherstellung des sozialen Friedens und damit auch des Rechtsfriedens zu *investieren*. Auf Seiten der Täter existiert eine die Rückfälligkeit in delinquentes Verhalten verringernde Wirkung als positiver Nebeneffekt. Jugendliche und Heranwachsende als Verursacher von Straftaten werden in die Pflicht genommen, sich stärker mit ihrem Verhalten, der Opferperspektive und einer Form der Wiedergutmachung zu beschäftigen. Ihnen wird verdeutlicht, dass ihr Tun Konsequenzen hat und gleichzeitig erhalten sie die Möglichkeit, aktiv zu werden und Verantwortung gegenüber der Seite des Geschädigten zu übernehmen. Auf Opferseite bedeutet der TOA auch ein konkretes Hilfsangebot, mit den hier bereits aufgeführten möglichen positiven Effekten für die Geschädigten, das dazu beitragen kann, das Vertrauen in das Rechtssystem der Gesellschaft zu stärken. Die Idee und die Umsetzung des Täter-Opfer-Ausgleichs hat deutliche Schnittstellen zu allen drei polizeilichen Kernaufgaben: Grenzen aufzeigen und in die Verantwortung nehmen (Repression), Rückfälle möglichst vermeiden, Opfer stärken, den sozialen Frieden wiederherstellen (Prävention) und Opfern Hilfsangebote zu machen (Opferschutz).

Für die Polizei ergibt sich durch die Förderung des TOA ein *polizeilicher Mehrwert*.[1177] Körperverletzungen, Beleidigungen, Bedrohungen, Nötigungen – Delikte die auf einem Kontakt zwischen Menschen basieren, werden nicht nur erfasst, sondern auch auf der Ebene der Beteiligten bearbeitet, was langfristig zu einer anderen Konfliktkultur und darüber zur Aufrechterhaltung der inneren Ordnung führt, dem originären Arbeitsauftrag der Polizei. Jedoch sind diese, nennen wir sie auch weiterhin Investitionen, langfristiger Natur und von den Ergebnissen her nicht immer sofort sichtbar oder bezifferbar, womit sie im Gegensatz zu dem starken Wunsch der Polizei-Basis nach möglichst zeitnahen, meist absoluten und deutlich sichtbaren Ergebnissen stehen. Strategische, kriminologisch inspirierte Überlegungen über die Kernaufgaben und die Ausrichtung der Polizei, wie man sie auf der Stabsebene anstellen mag, müssen jedoch, sollen sie gelebte Arbeitspraxis werden, für die Basis nachvollziehbar und umsetzbar gemacht werden. Sich für den TOA zu engagieren braucht Zeit, auch wenn es sich nur um eine halbe Stunde mehr im Arbeitsablauf, ein weiteres Formular, was es zu bearbeiten gilt, handelt. Dieses Engagement muss über die Vorgesetztenebene gefördert und mit Anerkennung quittiert werden. Über ein Feedback, was aus dem angeregten Fall wurde, erfährt man an der Basis zeitnah etwas über ein Ergebnis und damit auch etwas über die Auswirkungen der eigenen Bemühungen.

[1177] Anmerkung: Den Begriff des polizeilichen Mehrwertes habe ich dem Vortrag von Andreas Dingelstadt, vom Polizeipräsidium Brandenburg entnommen, anlässlich der Veranstaltung zur Vorstellung des „Neuen Wegs" in der Fachhochschule der Polizei Oranienburg vom 01.07.2015, wo es konkret um eine stärkere Einbeziehung der Polizei in der Fallanregung zum TOA ging.

6.3 Faktoren für eine funktionierende Kooperation, Hürden und Grundlagen

Für eine funktionierende Zusammenarbeit von TOA-Fachstellen und Polizei bedarf es einiger grundlegender Voraussetzungen. Zuerst wären hier die notwendigen Rahmenbedingungen, die die Kommunikation und die Übermittlung von Daten und Informationen zwischen der Polizei, der Staatsanwaltschaft und den TOA-Fachstellen regeln. Die Diversionsrichtlinien und Verwaltungsvorschriften der Bundesländer bilden dafür die bisher existierenden Grundlagen, die aber im Hinblick auf eine stärkere Einbeziehung von Selbstmeldern überarbeitet und angepasst werden müssten. Die TOA-Fachstellen müssten dafür mit ihren jeweiligen Staatsanwaltschaften und Polizeipräsidien in den Dialog gehen und Veränderungen einfordern. Aufgrund eines ungleichen Kräfteverhältnisses sind Entscheidungen aber nur auf den Führungsebenen von Justiz, Polizei und – im Jugendbereich – dem Jugendamt zu erwarten.

Die Polizei, in Form der verschiedenen Polizeipräsidien, kann als Organisation selbst entscheiden, *ob* und *wenn ja* welche Informationsmaterialien sie an ihre *Kunden* weitergibt. So steht es der Polizei frei, auf ihren Abschnitten Informationsmaterial zum Täter-Opfer-Ausgleich auszulegen oder in geeigneten Fällen gezielt auf diese hinzuweisen. Auch kann die Polizei selbst darüber entscheiden, ob sie das Thema Täter-Opfer-Ausgleich verstärkt in den Aus- und Weiterbildungen ihrer Mitarbeiter etabliert. Darüberhinausgehende Initiativen oder gar Reformen werden immer einer Abstimmung mit der regionalen Staatsanwaltschaft bedürfen, sei es, wenn es darum geht, diversionsgeeignete Verfahren stärker auf eine Eignung für einen TOA zu prüfen, oder wenn es darum geht, zu einem frühen Zeitpunkt parallel zur Staatsanwaltschaft auch TOA-Fachstellen auf geeignete Verfahren hinzuweisen. Die aus Gründen des Datenschutzes immer sensible Frage der Weitergabe von personenbezogenen Daten könnte, wie am Beispiel des Brandenburger Modellprojektes, recht einfach gelöst werden, da über eine schriftliche Einwilligung die Beteiligten selbst die Verantwortung übernehmen und die Polizei dies dokumentieren kann.

Bei der Polizei handelt es sich, ebenso wie bei der Staatsanwaltschaft, um eine stark hierarchisch strukturierte Behörde. Veränderungen müssen hier von der Behördenleitung wie auch an der Basis gleichermaßen mitgetragen werden, sollen sie erfolgreich sein. Anordnungen von der Behördenleitung über das Prüfen *von* oder einem bestimmten Umgang *mit* einer Maßnahme wie dem TOA können kaum Wirkung entfalten, wenn sie an der Basis skeptisch bewertet werden, als zusätzliche Arbeitsbelastung oder als nicht zur eigenen Berufsrolle zugehörig empfunden werden. Initiativen, die auf Veränderung ausgelegt sind, droht hier große Gefahr, zu einem Häkchen auf einem Formblatt oder in einer Bearbeitungssoftware zu verkommen. Das Engagement Einzelner bietet hier die Chance für einen Anfang, da über dieses Engagement Veränderungen im Denken und Handeln angeschoben werden können. Gleichzeitig besteht auch hier die Gefahr, dass Veränderungen nie über den Grad dieses vereinzelten Engagements hinauskommen.

Ob die zuständigen Beamten das Thema Täter-Opfer-Ausgleich in ihren Gesprächen mit Beschuldigten und Geschädigten thematisieren, hängt davon ab, wie dies von der jeweiligen Vorgesetztenebene forciert und gefördert wird, aber auch und vor allem, ob hier ein Wissen über den TOA vorhanden ist, welche eigene Haltung man dazu entwickelt hat und *ob* und *wie* sich dies in bestehende Arbeitsabläufe und habituelle Handlungsmuster einfügen und damit vereinbaren lässt.

Nimmt man die bisherigen Erkenntnisse über die Haltung von Polizisten zum Thema TOA sowie die hier gewonnenen Erkenntnisse aus den Gruppendiskussionen zur Grundlage für hypothetische Überlegungen, dann zeigt sich bei der Polizei eine gute Basis für eine stärkere Zusammenarbeit zwischen der Polizei und TOA-Fachstellen. So findet sich eine deutliche Akzeptanz, wenn es darum geht, die jugendlichen und heranwachsenden Beschuldigten stärker in die Verantwortung zu nehmen, sich der Verantwortung für das eigene Handeln, den Folgen für das Opfer und somit auch der Frage nach einer Wiedergutmachung zu stellen. Über diese *erzieherische Maßnahme* wird im Rahmen der eigenen Möglichkeiten Einfluss auf die jugendliche und heranwachsende Klientel ausgeübt, mit einem möglichst zufriedenen Opfer als positivem Nebeneffekt. Ein greifbares und zeitnahes Ergebnis, welches den Beamten als solches kommuniziert und mitgeteilt wird, entspricht dem Wunsch und den Vorstellungen von Gerechtigkeit, Ergebnissen und Wirkung. Im Vergleich zu den Schlussfolgerungen von *Behr* in Bezug auf ein bestimmtes Männlichkeitsbild in der Polizei, mit einem klaren Straf- und Reaktionsbedürfnis in Abgrenzung zu einer als zu nachgiebig empfundenen Justiz (siehe dazu 3.7.4.1), sehe ich darin eine weitere Facette, über die ein Stück weit eine Vereinbarkeit unterschiedlicher Positionen und damit eine Eingliederung in habituelle Haltungen möglich wird.

Die Vorstellung, den Beschuldigten, den mitunter mühevoll gestellten und ermittelten potenziellen Tätern, Hilfen zu einer Strafmilderung an die Hand zu geben, denn so werden Diversion und TOA oftmals empfunden, muss fast automatisch zu Widerständen führen. Dies zeigt sich sowohl in den Passagen der Gruppendiskussionen als auch in den hier geschilderten Erkenntnissen von *Habschick* (siehe dazu Abschnitt 3.7.4.2) und *Gutsche* (siehe dazu Abschnitt 3.7.4.3). Ausgehend vom Typ 1 der sinngenetischen Typenbildung scheint der Diversionsgedanke mit seinem überschaubaren Rahmen und seinen zumeist für die Behörde geregelten Abläufen die Herangehensweise mit der geringsten Hemmschwelle zu sein, wenn es um Akzeptanz und Umsetzung geht, da man bei Ersttätern und bestimmten Delikten noch am ehesten bereit ist, eine Verfahrenseinstellung nach § 45 Absatz 2 JGG als angemessene juristische Reaktion zu akzeptieren bzw. den beschuldigten Jugendlichen und Heranwachsenden die Chance dazu zu ermöglichen. Interessanterweise führt aber auch eben jene zu enge Verknüpfung von Diversion und Verfahrenseinstellung ebenfalls zu Widerständen, die in den Passagen der Gruppendiskussionen und zusammengefasst als ein Aspekt des Typs 3 der sinngenetischen Typenbildung, ebenso deutlich werden, da man sich hier wünschen würde, dass es bei bestimmten Taten, trotz Wiedergutmachung und Bemühungen um das Opfer durch den Täter, dennoch zu einer Gerichtsverhandlung und Sanktionen kommt. Dies wiederum spricht für eine gewisse Form der Akzeptanz des TOA, unabhängig vom und über den Diversionsgedanken hinausgehend, als eine, die Gerichtsverhandlung vorbereitende und begleitende Maßnahme, mit den in dieser Arbeit genannten positiven Nebeneffekten für Opfer und Täter. Mit Blick auf Typ 2 der sinngenetischen Typenbildung lässt sich hier eine weitere Variante für eine Basis für eine verstärkte Zusammenarbeit ableiten, da man hier auf eine gewisse Form von Akzeptanz für die Idee des Täter-Opfer-Ausgleichs trifft und gleichzeitig auf den Wunsch, alles, was mit dessen Umsetzung zusammenhängt, möglichst ohne größeren Arbeitsaufwand an die entsprechende Stelle weiterzuleiten. Für das hier ausgemachte Umsetzungsdilemma, schon eine gewisse Notwendigkeit zu sehen, sich aber nicht recht zuständig zu fühlen, müsste dazu jedoch eine Lösung gefunden werden. Natürlich wird es auch weiterhin in den Reihen der Polizei Skepsis oder gar Ablehnung geben, wenn es um das Thema Täter-Opfer-Ausgleich geht. Die Gruppendiskussionen haben aber auch gezeigt, dass dort, wo die meiste Ablehnung zu spüren war, die gleichzeitig gestellten Forderungen, die Täter stärker in die Verantwortung zu nehmen, nicht in Einklang gebracht werden konnten mit der Maßnahme eines TOA. Auch dort, wo im Prinzip Akzeptanz für die Grundidee des Täter-Opfer-Ausgleichs vorhanden ist, hielten die Beamten nur wenige Fälle, Opfer-Täter-Konstellationen und Täter(Gruppen) und Delikte überhaupt für geeignet. Durch Aufklärungsarbeit und vor allem ein regelmäßiges Feedback könnte hier Abhilfe geschaffen werden und somit auch ein Mehr an Akzeptanz auf Seiten der Polizei, verbunden mit einem Mehr an Sicherheit, etwas Sinnvolles angeschoben zu haben. Nicht zuletzt hängt es aber auch ein großes Stück weit von der Professionalität der jeweiligen Fachstelle ab, ob man die Tätigkeit dort aus Sicht der Polizei als *Streichelmaßnahme* für die Täter oder als wirkungsvolle Intervention betrachtet.

Fallanregungen für einen TOA bereits in der juristisch mitunter sensiblen Phase des Ermittlungsverfahrens (Schlagworte: Freiwilligkeit, klarer Sachverhalt, Unschuldsvermutung, Rolle der Vermittler etc.) führen auf Seiten der Vermittler auch zu einem Mehr an Arbeit und Verantwortung, da eine reibungslose Kommunikation zwischen Polizei, TOA-Fachstelle und Staatsanwaltschaft gewährleistet werden muss. Auch müssen die Beteiligten - Beschuldigte wie Geschädigte - verstärkt darauf hingewiesen werden, dass es Alternativen zum TOA gibt und jederzeit ein anwaltlicher

Rat eingeholt werden kann und sollte, wenn es darum geht, Sicherheit für die eigene Rolle und das weitere Handeln vor dem Hintergrund eines Strafverfahrens zu erlangen.

Über die Experteninterviews zeigten sich verschiedene Formen der Zusammenarbeit, wie etwa regelmäßige Arbeitstreffen und Informations- und Lehrveranstaltungen *mit* und *für* die Polizei, so dass die Zusammenarbeit mit der Polizei in jenen Fachstellen zum festen Repertoire der Öffentlichkeits- und Netzwerkarbeit gehört. Es bleibt jedoch der Eindruck zurück, dass beide Berufsgruppen vorwiegend ihre eigenen Ziele verfolgen und es sich an den Schnittstellen der Bemühungen um Opfer und Täter von Straftaten eher um eine *Zweckgemeinschaft* handelt, als um echte Kooperation. Dies wird an dem hier oft zitierten *Tellerrand* deutlich, der meist die Grenze für eigenes Denken und Handeln bestimmt. Für die TOA-Fachstellen ist die Polizei ein attraktiver und potenzieller Partner zur Fallakquise. Die Polizei hingegen bedient sich des TOA indirekt, weil über die Möglichkeiten der Fallanregung Einfluss auf den Verlauf des Strafverfahrens genommen werden kann und eine angestrebte Wirkung auf die Klientel damit in Verbindung gebracht wird, ohne dass man sich immer sicher sein kann, was man eigentlich bewirkt hat, da die dafür notwendige Rückmeldung oft fehlt. Im Rahmen von Schulungen und über ein Feedback der Fachstelle an die Polizei findet ein Austausch statt, jedoch könnten darüber hinaus beide Berufsgruppen, zusammen, auch mit den anderen am (Jugend)Strafverfahren beteiligten Professionen in einen Qualitätsdialog miteinander treten und gemeinsame Ziele definieren.

6.4 Anreize für einen kriminalpolitischen Diskurs

Der Täter-Opfer-Ausgleich hat sich zu einem festen, wenn auch zu keinem zentralen Bestandteil der Kriminalitätsbearbeitung in der Bundesrepublik Deutschland entwickelt. Nach rund 30 Jahren Praxis zeigt sich in punkto Quantität jedoch ein eher ernüchterndes Bild. Auch wenn in einzelnen Regionen der Täter-Opfer-Ausgleich stärker angeregt wird als andernorts, so kann dennoch festgestellt werden, dass das Potenzial des Täter-Opfer-Ausgleichs nicht ausgeschöpft wurde und wird.

Die Idee, Jugendliche und Heranwachsende, die straffällig auffällig geworden sind stärker in die Pflicht zu nehmen, Verantwortung für begangenes Unrecht zu übernehmen, sich mit der Perspektive des Opfers und Formen der Wiedergutmachung auseinanderzusetzen, trifft in aller Regel auf breite Zustimmung, ebenso die Vorstellung, dass Opfern von Straftaten Hilfe und Unterstützung bei der Bearbeitung des von ihnen erlebten Unrechts, wie auch konkret in Form von Wiedergutmachung, zuteilwerden sollten.[1178] Der Täter-Opfer-Ausgleich ist kein Allheilmittel, keine *Wunderwaffe* gegen Jugenddelinquenz, keine vorrangig erzieherische Maßnahme und er wird auch nicht für jeden Geschädigten die Hilfe darstellen, die individuell benötigt wird.

Jedoch kann er für die, die sich auf ihn einlassen, Hilfe und Unterstützung sein, wenn es auf der einen Seite darum geht, etwas, was sich nicht ungeschehen, nicht rückgängig machen lässt, zumindest ein Stück weit *wieder-gut-zu-machen*. Auf der anderen Seite kann er ein entscheidender Beitrag sein, wenn es darum geht, mit dem Erlebten besser umgehen zu können. Der Täter-Opfer-Ausgleich ist bisher die einzige Maßnahme, die es beiden Seiten ermöglicht, hierüber sogar miteinander in ein persönliches Gespräch zu kommen.

Damit es überhaupt zu einem Täter-Opfer-Ausgleich kommen kann, bedarf es einiger weniger, aber ausschlaggebender Faktoren. Zunächst bedarf es mindestens einer Person, die Kenntnisse über die Existenz und die Möglichkeiten des TOA hat und dies an passender Stelle thematisiert. Dann braucht es Opfer und Täter, die dazu bereit sind und sich eine Teilnahme vorstellen können, und professionelle Vermittler, die beide Seiten in einen gemeinsamen Dialog bringen und diesen Prozess begleiten. Die erneute Begegnung von Opfer und Täter, gerade vor dem Hintergrund eines Strafverfahrens, braucht Rahmenbedingungen, Regeln, Verbindlichkeiten und eine Justiz, die das Bemühen auf Seiten des Täters prüft und bewertet, aber auch die Interessen des Opfers im Blick hat.

Die Entscheidung, ob überhaupt der Versuch zu einem Täter-Opfer-Ausgleich unternommen wird, konzentriert sich dabei nach wie vor stark auf die Strafverfolgungsbehörden, die sich bei ihren Entscheidungen – mehr oder weniger, an täterorientierten Kriterien ausrichten. Dabei steht stark die individuelle Haltung des einzelnen Entscheidungsträgers im Mittelpunkt und vielfach ist es einfach purer Zufall, ob der Beschuldigte und damit überhaupt auch erst der Geschädigte auf die Option eines Täter-Opfer-Ausgleichs hingewiesen werden, ihnen der Zugang dazu quasi von Amts wegen ermöglicht wird.

Für die Umsetzung des TOA existieren in Deutschland sehr gute rechtliche Rahmenbedingungen. Auch wenn es Delikte gibt, die sich mal mehr, mal weniger für einen TOA eignen, gibt es doch keine fallbezogenen Beschränkungen. Der TOA ist in der ganzen Bandbreite des Verfahrens möglich und nicht wie im Jugendstrafverfahren häufig praktiziert, auf das Diversionsverfahren beschränkt. Es gibt auch „keine gesetzliche Beschränkung auf amtlich zugewiesene Fälle",[1179] auch wenn dies in der Praxis oft anders gehandhabt wird. Im Prinzip kann sich jede Person, sei es Opfer

---

[1178] Diese Aussage gilt natürlich auch für den Erwachsenenbereich.
[1179] Kilchling, 2014, S. 47

oder Täter, Familienangehörige oder Vertreter bestimmter Berufsgruppen an die Justiz und/oder eine TOA-Fachstelle wenden, um den Versuch eines Täter-Opfer-Ausgleichs in Gang zu bringen.

Nach wie vor ist der TOA in weiten Teilen der Bevölkerung aber kaum oder gar nicht bekannt, was mit einen Grund für die Beschränkung auf die momentan praktizierten Zugangswege darstellt. Damit der Täter-Opfer-Ausgleich stärker genutzt werden kann, muss der damit verbundene Gedanke in die Gesellschaft getragen und dort angesprochen bzw. nachgefragt werden können, wo institutionell mit Beschuldigten und Geschädigten, mit Opfern und Tätern gearbeitet wird – bei der Polizei, den Jugendgerichtshilfen, bei Rechtsanwälten, in Schulen und Beratungsstellen.

Die Polizei ist dabei nur *eine* der Berufsgruppen, die sich anbieten würden, verstärkt daran mitzuwirken, jedoch eine entscheidende, da sie über Personal und Anlaufstellen verfügt und in einem direkten Kontakt mit Beschuldigten, Geschädigten und deren jeweiligen Angehörigen steht. Mag der TOA mangels Praxis und Unwissenheit vielfach noch auf Zurückhaltung stoßen, so lassen sich dessen Grundideen, den Täter stärker in die Verantwortung zu nehmen und dem Opfer Hilfe anzubieten, sowohl mit den Kernaufgaben der Polizei, als auch mit dem *Bauchgefühl* der meisten Beamten an der Basis auf die eine oder andere Art in Einklang bringen.

Initiativen und Veränderungsvorschläge, wie sie etwa der EU-Opferschutzrichtlinie (in Deutschland das 3. Opferrechtsreformgesetz) zu entnehmen sind, zeigen deutlich, dass hier Überlegungen (auf Opferseite) angestellt wurden, die unter anderem anmahnen, dass Geschädigten einen besseren Zugang zu Wiedergutmachungsdiensten erhalten und dass Polizisten und Angehörige der Justiz im sensiblen Umgang mit ihnen geschult werden sollen. Auch für die TOA-Fachstellen in Deutschland bedeutet dies zu hinterfragen, ob hier überall die Rahmenbedingungen so ausfallen, um eine qualitativ gute Arbeit anbieten zu können. Die Mitarbeiter der TOA-Fachstellen sollten weiterhin daran mitwirken, sich in ihren jeweiligen Regionen mit den anderen Verfahrensbeteiligten auszutauschen und dort bekannt zu sein, jedoch bedarf es darüber hinaus bundesweiter Anstrengungen, da viele Fachstellen aus ein bis drei Mitarbeitern bestehen, die hier schnell an die Grenzen des für sie Machbaren stoßen, wenn es um das Thema Öffentlichkeitsarbeit geht. Bereits kleine Veränderungen am bestehenden System – vereinfachte Zugangswege für Opfer und Täter für bestehende Hilfsangebote, finanzielle Absicherungen der Beratungsstellen, Stärkung von Opferfonds, aus denen Wiedergutmachungen an Opfer gezahlt werden können, eine stärkere Vernetzung der Angebote in Verbindung mit gemeinsamen Aktionen und eine regelmäßige Schulung von Fachpersonal, das sich mit dem Thema Opfer und Täter befasst, im Hinblick auf bestehende Hilfsangebote - können hier ohne großen Aufwand für die Politik bereits eine große Wirkung erzielen. Die Gesellschaft hat eine Verpflichtung, sich um Opfer und Täter gleichermaßen zu kümmern, damit diese, jeder für sich, besser früher als später, die Rollenzuschreibung von *Opfer* und *Täter* hinter sich lassen und wieder in die Gesellschaft re-integriert werden können.

Anhang

Beispielinterpretation

- Passage: „Grenzen des Machbaren"
- Zeile: 501 – 632 / Gruppe Rot
- Position der Passage im Gesamtverlauf und Überblick über die Themenschwerpunkte der Gruppe Rot:
  In der Gruppe Rot, bestehend aus 4 Männern und 4 Frauen mit dem überwiegende Tätigkeitsschwerpunkt der Jugendsachbearbeitung, tätig in einem Stadtgebiet in einer Stadtrandlage mit ausgewiesenen Problemfedern, näherte sich die Gruppe der Frage nach der Eignung eines Täter-Opfer-Ausgleichs für die eigene Fallarbeit über die Aushandlung von bestimmten Kriterien, ja Grundvoraussetzungen, die für das Gelingen eines TOA, aber auch dafür, dass man ihn als Maßnahme in Betracht zieht, vorhanden sein müssten. Die Zielgruppe muss stimmen, dann könnte auch ein TOA wirkungsvoll sein, sonst nicht. Die Passage befindet sich im ersten Viertel der Diskussion, bei der die Nummerierung des transkribierten Textes bis Zeile 2030 geht.
- Angaben zu den TeilnehmerInnen:
  Af = 35 Jahre alt, 16 Dienstjahre, POK´in
  Bm = 45 Jahre alt, 29 Dienstjahre, POK, JuGSB
  Cf = 39 Jahre alt, 20 Dienstjahre, POK´in, JuGSB
  Df = 45 Jahre alt, 26 Dienstjahre, KHK´in, Kripo
  EM = 51 Jahre alt, 35 Dienstjahre, POK, JuGSB
  Ff = 48 Jahre alt, 20 Dienstjahre, POK´in, OSB
  Gm = 48 Jahre alt, 31 Dienstjahre, PHK, JuGSB
  Hm = 48 Jahre alt, 31 Dienstjahre, POK, JuGSB & Diversionsbeauftragter

501	Df:	Ich bin ich will noch mal kurz auf das Beispiel mit der Schule äh eingehen
502		und das was du gesagt hast (zu Bm gewandt) weil ich glaube dass das
503		nämlich genau da auch der richtige Ansatz ist und das richtige Klientel los-
504		gelöst aus welchem sozialen Umfeld die kommen (1) weil ich nämlich den-
505		ke äh das man oft auch vergisst das viele Taten auch aus einer Gruppe
506		oder aus so´nem Gruppenzwang heraus getätigt werden gerade an Schu-
507		len und ich mir schon gut vorstellen kann wenn dann da zwei Schüler an
508		einem Tisch sitzen, das was sicherlich nicht immer ganz einfach ist weil
509		manchmal auch nicht der Horizont dafür vorhanden ist sofort um zu be-
510		greifen worum es da gerade eigentlich geht und ich mir aber schon vor-
511		stellen kann weil auch der umgekehrte Schluss macht ja auch die Runde in
512		der Schule nämlich dass das Opfer auch noch mal erzählt der hat aber mit
513		mir an einem Tisch gesessen und das dem so´n bisschen der Wind aus
514		dem Segeln genommen wird und der hat sich dann doch bei mir entschul-
515		digt weil nämlich dem Täter bewusst wurde als die sich alleine eins zu eins
516		gegenüber gesessen haben ist die Situation ganz anders als auf dem Hof
517		oder außerhalb der Schule oder in der Masse (2) da glaube dass das da
518		eigentlich genau <u>Gold wert</u> ist wahrscheinlich
519	Gm:	⌊ wäre wünschenswert
520	Bm:	⌊ ja
521	Ff:	⌊ ja
522	Gm:	⌊
523		aber ich versuch das immer gleich so in die
524	Cf:	⌊ ja
525	Gm:	⌊ Praxis
526	Cf:	⌊ ja musst du mir
527		nicht sagen, ist superschwierig aber wenn wir es nicht mache oder nicht
528		nicht versuchen
529	Gm:	kaum kaum
530	Cf:	⌊ denke ich dann werden wir wenig bewegen also wenn wir das
531		immer so (1) argumentativ abtun dann und sagen ja denen fehlt der Hori-
532		zont an die kommen wir nicht ran da ist sowieso Hopfen und Malz verloren
533		und ähm das kapieren die nicht ich glaub dann können wir das Kapitel
534		dann schließen.
535	Gm:	Na gut da kommen wir jetzt schon in eine ganz andere Problematik
536	Af:	⌊ dass
537		die dit nicht wollen
538	Gm:	⌊ bin ich Polizeibeamter oder bin ich Soziologe, Psycho-
539		loge, Sozialarbeiter (1) was auch immer weil irgendwo langsam sag ich
540		mal überfordert man auch manche Kollegen mit dem was wir hier machen.
541		Jugendsachbearbeitung vernehmen Reifevermerke Schlussberichte daran
542		denken daran denken daran denken und jetzt mach mal noch nen Täter-
543		Opfer-Ausgleich setz dich mal mit zwei Jugendlichen an einen Tisch die
544		sich dann vielleicht auch noch am Tisch beharken und du sollst dann noch
545		den Schlichter spielen mit Lehrern und sonst was an einen Tisch also ir-
546		gendwo (1) wenn die Zeit da ist o.k. kann man das machen aber gerade
547		mal bei uns aus unserem Bereich hier sag ich mal haben wir für so´ne Sa-
548		chen definitiv so gut wie keine Zeit
549	Cf:	⌊ ( ) aber ( ) Zeitraum eigentlich
550	Gm:	⌊ also
551		solche Sache
552	Ff:	⌊ ja aber hier geht´s
553	Bm:	⌊ ist aber einfach nicht

554	Gm:	L nun krieg mal
555		nen Lehrer den betroffenen Lehrer an den einen Tisch die Schüler an einen
556		Tisch und jetzt noch einen gemeinsamen Termin wo alle können wo wir
557		können wo wa nämlich keine Vernehmungen haben wird sehr schwierig
558		dann gehen auch wieder Wochen ins Land ne
559	Cf:	L aber hier ist es ja auch ei-
560		ne relative einfache Sache, es geht um einen Vermögensschaden
561	?f:	L ( )
562		einfachen Sachverhalt
563	?m:	L ( ) ja
564	Cf:	L und ich sag mal ähm ich denke mal schon
565		gerade was mit Ängsten zu tun hat ähm Körperverletzungen und äh
566		Raubtaten oder sowas ähm (2) da würde ich mich immer (1) klar aus dem
567		normalen Menschenverständnis heraus will man helfen und allesmögliche
568		denke ich (1) da würde ich mich auch überfordert fühlen weil es gibt
569		manchmal so einen Hintergrund wenn ich an manche Vernehmungen in
570		denke wenn es schon in sexuelle Dinge geht wenn es in Konflikten in Fa-
571		milien geht und so wo man einfach auch nichts falsch machen möchte
572		weil man einfach sagt ja bin ich der Richter oder ich bin einfach <u>nicht ent-</u>
573		<u>sprechend geschult</u> (1) auf so ne Leute einzugehen und so das ist einfach
574		so was ich aus dem normalen Menschenverstand heraus mache (1) wenn
575		ich vielleicht denke oh das wäre jetzt <u>mein Kind,</u> wie würdest du dich jetzt
576		verhalten (1) aber manche Dinge sag ich einfach die gehören auch nicht in
577		Polizeihand (2) dafür gibt es Spezialisten
578	Gm:	L Hm
579	Hm:	L das ist ja genau der Punkt
580		das ist jetzt auf ihrem privatdienstlichen Engagement wird das ja jetzt
581		gemacht
582	Gm:	L richtig
583	Cf:	Hm
584	Hm:	L diese kleine Variante
585	Gm:	L richtig das ist nicht der normale Weg eigentlich
586		normaler Weise
587	Hm:	Nicht der normale Weg normaler Weise
588	Cf:	L Hm
589	Gm:	L Integrationshilfe zum Beispiel
590	Hm:	L dafür ist dann die Integrationshilfe zuständig die dann dieses Aus-
591		gleichsgespräch macht (1) also dein Engagement jetzt in allen Ehren aber
592		das ist ja nicht so dass wir das jetzt oder ihr jetzt in dem Fall jeden Vor-
593		gang jetzt ins Kalkül zieht
594	Gm:	L ne
595	Hm:	L euch mit allen an einen Tisch zu setzen (1)
596		das ist (1) aber man muss es letztendlich anstoßen
597	Gm:	L richtig
598	Hm:	L und man muss
599		die Staatsanwalt- darüber in Kenntnis setzen (1) da habe ich mal ne Frage
600		zu dem offiziellen Verlauf weil ich das nämlich in Berlin (2) ich bin nicht
601		nicht grundsätzlich Berliner Beamter ich komme aus einem anderen
602		Bundesland (1) äh ich habe das in Berlin auch noch nicht so viel gehabt
603		(1) wenn ich jetzt so einen Fall habe und ich habe als Sachbearbeiter die
604		Idee das könnte im Bereich eines Täter-Opfer-Ausgleichs äh einspielen
605		oder der Täter der äh das Opfer wendet sich mit dem Wunsch an mich äh

```
606        ich äh ähm schalte dann letztendlich die Integrationshilfe ein (1) muss ich
607        vorher den Staatsanwalt darüber informieren?
608   Gm:  Ja
609   Em:  Ja
610   ?f:  Hmm
611   Hm:  Schicke ich den Vorgang erst zur Staatsanwaltschaft die Staatsanwalt-
612        schaft schickt ihn zur Integrationshilfe oder schicke ihn
613   Gm:                                                         L geht zur Staats-
614        anwaltschaft und die Staatsanwaltschaft prüft äh ob denn hier ein Täter-
615        Opfer-Ausgleich überhaupt angebracht ist
616   Hm:  Hm
617   Gm:  L ob der das Verfahren geeignet ist und wenn du ihn in deinem
618        Schlussbericht schon darauf hinweist (2) hallo die beiden wollen sich
619        einigen an einen Tisch setzen, irgendwie nen Ausgleich schaffen (2) dann
620        äh gibt der Staatsanwalt das dann weiter
621   Hm:                                          L o.k.
622   Em:  Ick kann aber ähm (1) dit ist schadlos ick kann vorab sicherlich och die
623        Integrationshilfe schon davon in Kenntnis setzen weil it ebend unter Um-
624        ständen nen Fall auf sie zukommt (1) aber letztendlich geht es über den
625        Staatsanwalt der ist natürlich der Entscheidungsträger ob dit überhaupt
626        stattfindet und natürlich Opfer und Täter müssen beide natürlich wollen
627   Hm:  Ja müssen wollen ist ja klar, muss ja freiwillig sein, das heißt, ich Sachbe-
628        arbeiter Staatsanwaltschaft Staatsanwaltschaft beauftragt die Integrati-
629        onshilfe nehmt euch den beiden Leuten an (1) die führen das durch und
630        dann geht es zurück an die Staatsanwaltschaft (2) und dann alle weitere
631        (1) o.k.
632   Gm:  richtig
633        (8)
```

Formulierende Interpretation

Oberthema: Selber machen oder abgeben

Unterthema: TOA im Bereich der Schule

501 – 523   Gruppenzwang auf Täterseite soll durch TOA aufgelöst werden. Fälle in Schulen sind geeignet. Stützt die Opfer und nimmt den Tätern den Wind aus den Segeln. Der Horizont dafür muss allerdings vorhanden sein.

Unterthema: Überforderung der Polizei

524 – 582   Die Fähigkeit der Beteiligten sollte nicht ausgeschlossen werden, sonst sind alle Bemühungen sinnlos. Zeitliches Problem, die Beteiligten an einen Tisch zu bekommen. Hohe Anforderungen an die Polizei. Aufzählung dessen, an was alles gedacht werden muss. In vielen

Fallkonstellationen fehlt es der Polizei an ausreichendem Fachwissen, was angebracht wäre.

Unterthema: *Übergabe an Staatsanwaltschaft und TOA-Fachstelle*

583 – 638   Klärung des üblichen Arbeitsvorganges zur Übergabe eines TOA geeigneten Verfahrens an die Staatsanwaltschaft mit der Option einer Vorabinformation an die regionale TOA-Fachstelle.

Reflektierende Interpretation

501 – 562

Proposition von Df, Validierung durch Gm, Bm und Ff. Proposition im Modus einer antithetischen Differenzierung durch Gm mit anschließender Proposition in Form einer Elaboration, Reaktionen von Cf, Ff und Bm, erneute Proposition im Modus einer Exemplifizierung durch Gm.

Df bezieht sich zunächst auf einen Diskussionsteil außerhalb dieser Passage und skizziert daran ihren eigenen Orientierungsrahmen, wonach sich Fälle aus dem Bereich der Schulen besonders eignen würden. Dies wird gleich mehrfach begründet. Hier fände man das „*richtige Klientel*", das losgelöst vom „*sozialen Umfeld*" hier zusammentrifft. Df präferiert den TOA an dieser Stelle, da er dabei helfen soll, die „*Gruppendynamik*" aufzubrechen, in der viele Vorfälle zwischen Jugendlichen stattfinden, da im Mediationsprozess wieder beide Seiten auf die Hauptakteure – Täter und Opfer – reduziert werden. Df schränkt diese Möglichkeiten ein, da nicht immer der notwendige (geistige) Horizont vorhanden sei, was die Sache dann „*nicht immer ganz einfach*" macht. Von der Aussprache in der Schule haben auch die Opfer was und es spricht sich herum, darum sei hier ein TOA „*Gold wert*". Diese Aussagen betont sie durch eine lautere Aussprache. Df wird in ihrer Ausführung durch Gm, Bm und Ff bestärkt. Gm differenziert jedoch in Form eines ja aber und macht sich Gedanken darüber, wie sich das, was Df gesagt hat, in der Praxis umsetzen lässt. Cf nimmt seinen Gedanken auf und geht insofern mit seinen Bedenken konform, dass sie sagt, „*ja musst du mir nicht sagen ist superschwierig, aber wenn wir es nicht machen oder nicht nicht versuchen*", dann werde man als Polizei auch wenig bewegen. Solange man immer damit argumentiert, dass denen der Horizont fehlt – gemeint ist die jugendliche Klientel – dann kann man sich die Bemühungen sparen und „*das Kapitel schließen.*" Es folgt eine Proposition von Gm, der die Frage aufwirft, was denn als Polizeibeamter seine Aufgabe ist – „*bin ich Polizeibeamter oder bin ich Soziologe,*

Psychologe, Sozialarbeiter" – denn letztendlich würde dies dazu führen, dass man *„manche Kollegen"* überfordern würde, wobei Gm sich selbst durch diese Formulierung ausnimmt. Gm zählt auf, woran ein Sachbearbeiter in der Praxis alles denken muss: *„Jugendsachbearbeitung, vernehmen, Reifevermerke, Schlussberichte, daran denken, daran denken, daran denken, und jetzt mach mal noch nen Täter-Opfer-Ausgleich"* wobei das daran denken mehrfach genannt und damit verstärkt wird. Als nächstes skizziert Gm praktische Probleme, die sich beim Versuch einer Schlichtung ergeben können, Konfliktparteien die sich *„noch am Tisch beharken"*, bevor er zu dem Fazit kommt, dass man das machen könne, wenn man Zeit dafür hat, was bei uns (der Polizei) und *„unserem Bereich"* nicht der Fall wäre. Auch wenn Gm fehlendes Know-how angesprochen hat, macht er es letztendlich doch von der Frage der Zeit abhängig, weil dies vermutlich einfacher zu vereinbaren ist, als etwas nicht zu können. Cf, Bm und Ff reagieren mit stark verkürzten Äußerungen, deren Inhalt nur schwer zu rekonstruieren ist. Die Äußerung von Bm *„ist aber einfach nicht..."* könnte eine Validierung von Gm´s Proposition bedeuten, etwa in Form von *für uns nicht zu realisieren* oder etwa *nicht unsere Aufgabe*. Gm bekräftigt seinen Standpunkt mit einer erneuten Exemplifizierung, in der er den Faktor Zeit und damit ein organisatorisches Problem aufgreift, anhand des Beispiels, wonach es zeitlich sehr schwer wird, einen betroffenen Lehrer und die entsprechenden Schüler an einen Tisch zu bekommen. Die Formulierung des betroffenen Lehrers kann bedeuten, dass dieser als zuständige Person bei einem Schlichtungsversuch in der Schule anwesend sein muss, oder aber als Betroffener, Opfer der Schüler wurde und somit eine Konfliktpartei ist.

563 – 590

Proposition von Cf im Modus eines Arguments, Validierung durch zwei nicht zu identifizierende Teilnehmer. Proposition von Cf im Modus einer Exemplifizierung. Ratifizierung von Hm, gefolgt von einer Validierung durch Gm.

Cf bezieht sich mit seinem Einwand, dass es sich hierbei um einen Vermögensschaden handelt auf eine Passage, die außerhalb und zeitlich vor dieser Passage liegt, was dessen Interpretation schwierig macht. Eine Teilnehmerin hatte davon berichtet, dass sie gerade ein TOA mit zwei Mädchen selbst auf der Wache macht. Cf erhält dabei Zustimmung von zwei, nicht zu identifizierenden Teilnehmern der Gruppe. Schon vom *„normalen Menschenverstand"* heraus wolle man bei Sachen wie Raub und Körperverletzung helfen (den Opfern) jedoch gäbe es Hintergründe, wie etwa bei Sexualstraftaten und Familienkonflikten, wo man schnell an seine Grenzen gelangt und vor allem nichts falsch machen möchte. Manche Dinge lasen sich aus dem einfachen Menschenverstand heraus entscheiden, für andere Dinge braucht es Spezialisten, die gehören nicht in die Hände der Polizei. Cf beschreibt damit das Gefühl der

Unsicherheit, zwischen dem Wunsch helfen zu wollen und der Angst, dabei etwas falsch zu machen. Die Polizei an der Basis, konfrontiert mit Entscheidungen für die sie nicht ausgebildet wurden. Hm bestätigt diese Proposition von Cf, jedoch nicht auf der Ebene der Unsicherheit, sondern auf der Ebene des einfachen Menschenverstandes, hier bezeichnet als „privatdienstliches Engagement", was ich übersetzen würde mit *kann man im Dienst machen, muss man aber auch nicht*. Hm erhält eine Zustimmung von Gm und schließt seine Ausführungen mit der Erklärung, dass es sich dabei um diese kleinere Variante handelt.

591 – 643

Differenzierung durch Gm und Hm über die richtige Vorgehensweise, Nachfragen durch Hm und Ergänzung durch Fm. Konklusion im Modus einer Zusammenfassung der Vorgehensweise durch Hm mit abschließender Validierung von Gm.

Gm und Hm zeigen im Wechsel die Grenzen des eben skizzierten Horizontes auf, indem sie nun arbeitsteilig, die richtige Herangehensweise innerhalb der Behörde darstellen, wonach der Einzelfall geprüft und der Staatsanwaltschaft zur Entscheidung vorgelegt werden soll. Erst dann kann die ausführende TOA-Fachstelle tätig werden. Fm ergänzt, dass es schadlos ist, auch die TOA-Fachstelle zu informieren. Hm fasst das Prozedere zusammen: Sachbearbeiter – Staatsanwaltschaft – TOA-Fachstelle. Er wird dabei bestätigt durch Gm. Die Passage endet mit einer längeren Pause, so dass davon ausgegangen werden kann, dass das Unterthema erschöpfend behandelt wurde.

Zusammenfassung der Passage für den Fallvergleich

Über die Thematik, geeigneter TOA-Fälle in Schulen, eröffnet sich die Diskussion über die Machbarkeit dessen, was die Polizeibeamten dazu beitragen können. Da wäre die Variante des eigenen Engagements, sich die Konfliktparteien selbst an einen Tisch zu holen, ein Horizont, dem im weiteren Verlauf gleich mehrere Grenzen gesetzt werden. Zum einen wird der Faktor Zeit angeführt, dann die Überforderung durch fehlendes Know-how der Beamten und die Sorge darum, mit zu viel Engagement auch etwas falsch machen zu können, sei es gegenüber den Opfern (Sexualdelikte, Familienkonflikte) oder gegenüber dem üblichen Prozedere, was stark auf die Staatsanwaltschaft ausgerichtet ist und ihr die Verantwortung überlässt.

Transkriptionsrichtlinien

L	Beginn einer Überlappung bzw. direkter Anschluss beim Sprecherwechsel
(2)	Pause / Anzahl der Sekunden, die diese Pause dauert
<u>nein</u>	betont
nein	laut gesprochen (in Relation zur üblichen Lautstärke des Sprechers/der Sprecherin)
viellei-	Abbruch eines Wortes
oh=nee	Wortverschleifung
nei::n	Dehnung eines Wortes, die Häufigkeit vom : entspricht der Länge der Dehnung
( )	unverständliche Äußerung, die Länge der Klammer entspricht etwa der Dauer der unverständlichen Äußerung
@nein@	lachend gesprochen
@(3)@	Lachen von etwa 3 Sekunden Dauer

Anmerkung: Hauptwörter werden großgeschrieben. Die Verwendung von Punkt, Komma und Ausrufezeichen können im Rahmen der dokumentarischen Methode eine andere Bedeutung haben, da sie die Intonation des Gesagten anzeigen und nicht die übliche Funktion haben. In den eigenen Passagen wurde daher weitgehend auf eine Zeichensetzung verzichtet.

Abkürzungen

DBH	Deutsche Bewährungshilfe-Fachverband für Soziale Arbeit, Strafrecht und Kriminalpolitik e.V.
DHPol	Deutsche Hochschule der Polizei
DVJJ	Deutsche Vereinigung für Jugendgerichte und Jugendgerichtshilfen e.V.
EJF gAG	Evangelisches Jugend- und Fürsorgewerk gemeinnützige Aktiengesellschaft
EMRK	Europäische Menschenrechtskonvention
JuGSB	Jugendsachbearbeiter/Jugendsachbearbeiterin
JGG	Jugendgerichtsgesetz
PM / PM´in	Polizeimeister/Polizeimeisterin
POM / POM´in	Polizeiobermeister/Polizeiobermeisterin
PHM / PHM´in	Polizeihauptmeister/Polizeihauptmeisterin
PK / PK´in	Polizeikommissar/Polizeikommissarin
POK / POK´in	Polizeioberkommissar/Polizeioberkommissarin
PHK / PHK´in	Polizeihauptkommissar/Polizeihauptkommissarin
PDV	Polizeiliche Dienstvorschrift
Stiftung SPI	Sozialpädagogisches Institut Berlin
StGB	Strafgesetzbuch
StPO	Strafprozessordnung
TOA	Täter-Opfer-Ausgleich

Literaturverzeichnis

Abschlussbericht, 2. *Jugendstrafrechtsreform-Kommission. Vorschläge für eine Reform des Jugendstrafrechts* In: DVJJ-Journal, Zeitschrift für Jugendkriminalrecht und Jugendhilfe – Extra, Nr. 5, 2002.

Affleck, D. M. „*Therapeutic Utilization of Probationary Authority Vested in a Private Agency*" In: Journal of Social Work Process, November 1937.

Albrecht, P.-A. *Perspektiven und Grenzen polizeilicher Kriminalprävention. Diversionsmodelle aus den USA in der Sicht deutscher Instanzenvertrter.* (Hrsg.): Gagnér, S., Kaufmann, A. und Nörr, D., Ebelsbach am Main: Rolf Gremer GmbH, 1983.

Albrecht, P.-A. „*Strafrechtsverfremdende Schattenjustiz.*" In: Festschrift für Horst Schüler-Springorum. Köln, Berlin, Bonn, München, 1993.

Albrecht, P.-A. *Kriminologie. Eine Grundlegung zum Strafrecht.* München: C.H. Beck Verlag, 4. Auflage, 2010.

Alexander, F. und Staub, H. „*Der Verbrecher und sein Richter. Ein psychoanalytischer Einblick in die Welt der Paragraphen.*" In: Psychoanalyse und Justiz, von Moser, T. Frankfurt am Main, 1974.

Amann, A. *Soziologie: Ein Leitfaden zu Theorien, Geschichte und Denkweisen.* Wien, Köln, Weimar, Böhlau Verlag, 4., verbesserte Auflage, 1996.

Ameln, F. v. *Konstruktivismus. Die Grundlagen systemischer Therapie, Beratung und Bildungsarbeit.* Tübingen und Basel: A. Francke Verlag (UTB), 2004.

Antwort *der Bundesregierung auf die große Anfrage Bündnis 90/Grüne „Jugendliche in Deutschland: Perspektiven durch Zugänge, Teilhabe und Generationsgerechtigkeit*" Bundesdrucksache 16/4818 Frage 186, 2007.

Arbeitsgruppe *TOA-Standards in der Deutschen Bewährungshilfe - Täter, Opfer und Vermittler. Vom Umgang mit Problemen der Fallarbeit beim Täter-Opfer-Ausgleich.* Bonn: Deutsche Bewährungshilfe e.V., 3. Auflage, 1992.

Asmus, H.-J. „*Die Funktion des beruflichen Selbstbildes in der Transformationsphase der Polizei in den neuen Bundesländern*" In: Empirische Polizeiforschung VIII: Polizei im Wandel? Organisationskulture(en) und -reform, (Hrsg.): Ohlemacher, T., Mensching, A. und Werner, J.-T., S. 71-84. Frankfurt: Verlag für Polizeiwissenschaft, 2007.

Asmus, H.-J. „Wie viel Wissenschaft braucht - wie viel verträgt die polizeiliche Praxis?" In: *Theorie und Praxis polizeilichen Handelns. Wie viel Wissenschaft braucht die Polizei?*, (Hrsg.): Enke, T. und Kirchhof, S., S. 41-52. Frankfurt: Verlag für Polizeiwissenschaft, 2012.

Baier, D. und Pfeiffer, C. *Jugendliche als Opfer und Täter von Gewalt in Berlin.* Hannover: Kriminologisches Forschungsinstitut Niedersachsen KfN, 2011.

Baier, D. und Pfeiffer, C. „Wenn Opfer nicht zu Tätern werden. Beeinflussen Bedingungen der Schulklasse den Zusammenhang von innerfamiliären Gewalterfahrungen und eigener Gewaltbereitschaft?" In: *Trauma&Gewalt: Themenheft Gewaltforschung*, 1/2011: 6-19.

Bals, N. „Die Qualität und Effizienz des Täter-Opfer-Ausgleichs: Befunde einer standardisierten Befragung von Geschädigten und Beschuldigten." In: *10. TOA-Forum: Zu-Mutung Täter-Opfer-Ausgleich. Der Wert autonomer Konfliktschlichtungen in Strafsachen*, 2004.

Bals, N. *Der Täter-Opfer-Ausgleich bei häuslicher Gewalt. Vermittlung und Wiedergutmachung auf dem Prüfstand.* Baden-Baden: Nomos, 2010.

Bals, N., Hilgartner, C. und Bannenberg, B. *Täter-Opfer-Ausgleich im Erwachsenenbereich. Eine repräsentative Untersuchung für Nordrhein-Westfalen.* Mönchengladbach: Forum Verlag Godesberg, 2005.

Bamberger, G. *Lösungsorientierte Beratung.* Weinheim: Beltz, 2. Auflage, 2001.

Bannenberg, B. *Wiedergutmachung in der Strafrechtspraxis. Eine empirisch-kriminologische Untersuchung von Täter-Opfer-Ausgleichsprojekten in der Bundesrepublik Deutschland.* Bonn: Forum Verlag Godesberg, 1993.

Barter, D. „Restorative Circles. Ein Ansatz aus Brasilien, der Raum für den gemeinschaftlichen Umgang mit schmezhaften Konflikten schafft." In: *TOA-Infodienst*, Dezember 2011: S. 11-18.

Bateson, G. *Ökologie des Geistes. Anthropologische, psychologische, biologische und epistemologische Perspektiven.* Frankfurt am Main, 1985.

Baurmann, M. „Professionelles Verhalten von Polizeibeamten gegenüber Opfern und Zeugen - Bericht über ein Modellprojekt mit empirischer Begleitforschung." In: *Opfer von Straftaten - Kriminologische, rechtliche und praktische Aspekte*, (Hrsg.): Egg, R. und Minthe, E., S. 69ff. Wiesbaden: Eigenverlag Kriminologische Zentralstelle e.V., 2003.

Baurmann, M. „Unterstützung von Kriminalitätsopfern - Wer steht in der Pflicht?" Vortrag, gehalten auf der Veranstaltung "Zehn Jahre Opferhilfe Hamburg - Überleben zwischen wachsender gesellschaftlicher Notwendigkeit und restriktiver Sparpolitik" am 25.09.1996 in der Evangelischen Akademie in Hamburg. Berlin: Arbeitskreis der Opferhilfen in Deutschland e.V (ado), 2010. S. 5-11.

Baurmann, M. und Schädler, W. *"Das Opfer nach der Straftat - seine Erwartungen und Pespektiven".* Wiesbaden: Bundeskriminalamt Wiesbaden, 1991, redaktionell überarbeiteter Nachdruck, 1999.

Behr, R. „*Cop Culture und Polizeikultur: Von den Schwierigkeiten einer Corporate Identity der Polizei.*" In: *Empirische Polizeiforschung. Interdisziplinäre Perspektiven in einem sich entwickelnden Forschungsfgeld,* (Hrsg.): Liebl, K. und Ohlemacher, T., S. 12-26. Herbholzheim: Centaurus Verlag, 2000.

Behr, R. *Cop Culture. Der Alltag des Gewaltmonopols. Männlichkeit, Handlungsmuster und Kultur in der Polizei.* Opladen, 2000.

Behr, R. *Polizeikultur. Routinen-Rituale-Reflexionen. Bausteine zu einer Theorie der Praxis der Polizei.* Wiesbaden: VS-Verlag, 2006.

Behr, R. *Cop Culture - Der Alltag des Gewaltmonopols. Männlichkeit, Handlungsmuster und Kultur in der Polizei.* Wiesbaden: VS-Verlag, 2. Auflage, 2008.

Behr, R. „*Die "Gewalt der Anderen" oder: Warum es bei der aktuellen Gewaltdebatte nicht (nur) um Gewalt geht.*" In: *Empirische Polizeiforschung XIV: Polizei und Gewalt. Interdisziplinäre Analysen zu Gewalt gegen und durch Polizeibeamte,* (Hrsg.): Ohlemacher, T. und Werner, J.-T. S. 177-196. Frankfurt: Verlag für Polizeiwissenschaft, 2012.

Bendit, R., Erler, W., Nieborg, S. und Schäfer, H. *Kinder- und Jugendkriminalität. Strategien der Prävention und Intervention in Deutschland und den Niederlanden.* Leske und Budrich, 2000.

Bergmann, J.R. *Klatsch. Zur Sozialform der diskreten Indiskretion.* Berlin, New York, 1987.

Bermel, R. und Hertel, R. „*Täterarbeit, "Häusliche Gewalt" und Täter-Opfer-Ausgleich.*" In: *TOA-Infodienst, März 2013,* S. 20-23.

Besemer, C. *Mediation-Vermittlung in Konflikten.* Baden: Werkstatt für Gewaltfreie Aktion, 7. Auflage, 2000.

Bettinger, F. „*Kriminalisierung und soziale Ausschließung.*" In: *Handbuch Jugendkriminalität. Kriminologie und Sozialpädagogik im Dialog,* (Hrsg.): Dollinger, B. und Schmidt-Semisch, H., S. 441-453. Wiesbaden: VS-Verlag, 2., durchgesehen Auflage, 2011.

Beutke, M. „*Neue Herausforderungen im Täter-Opfer-Ausgleich (Stalking und TOA).*" In: *TOA-Infodienst,* 2007, S. 16-21.

Beutke, M. „*Die Hoffnung stirbt zuletzt.*" In: *TOA-Infodienst,* August 2012, S. 38-39.

Beutke, M. „*Der Durchbruch lässt auf sich warten.*" In: *TOA-Infodienst,* März 2013, S. 40.

Beyer, G. und Hentschel, A. *Täter-Opfer-Ausgleich. In: Polizei und Soziale Arbeit - Schnittstellen und Berührungspunkte. Rothenburger Beiträge. Polizeiwissenschaftliche Schriftenreihe, Band 45, (Hrsg.): Müller, D., Rothenburg/Oberlausitz, 2008, S. 127-138.*

Bilsky, W. und Pfeiffer, H. „Praxis der Konfliktregulierung im Rahmen des Modellprojekt Täter-Opfer-Ausgleich in Braunschweig." In: DVJJ: Mehrfach Auffällige - Mehrfach Betroffene. Erlebniswelten und Reaktionsformen, 1990, S. 505ff.

Bilsky, W., Pfeiffer,C., Wetzel,P. *Persönliches Sicherheitsgefühl, Angst vor Kriminalität und Gewalt, Opfererfahrungen älterer Menschen, Erhebungsinstrument der KFN-Opferbefragung.* Hannover, 1992.

Bindel-Kögel, G., Karliczek, K.-M., Stangl, W., Behn, S., Hammerschick, W. und Hirseland, A.-S. *Außergerichtliche Schlichtung als opferstützendes Instrument.* Abschlussbericht, Berlin: Camino, 2013.

Bindrich, E. „Psychologische und psychoanalytische Aspekte im Täter-Opfer-Ausgleich und dessen Supervision - das theoretische und das emotionale Verständnis des Täters." (Hrsg.): Winter, F. Glücksversprechen, Volksjustiz oder rechtsstaatliche Methode? - Kritische Bestandsaufnahme der TOA-Praxis an der Schwelle zum 21. Jahrhundert. Köln: DBH - Fachverband für Soziale Arbeit, Strafrecht und Kriminalpolitik, 2001. S. 21-31.

Birkenstock, W., Hauff, M. und Neidhardt, K. „Der Masterstudiengang "Master of Public Administration - Police Management" und die Entwicklung der PFA zur Deutschen Hochschule der Polizei." In: Die Polizei, Heft 5/2005, S. 130-135.

Blaser, B., Dauven-Samuels, T., Hagemann, O. und Sottorff, S. „Praktische Erfahrungen: Gemeinschaftskonferenzen. Ziele, theoretische Fundierung, Verfahrensweise und erste Ergebnisse eines Famely-Group-Conferencing-Projekts für JGG-Verfahren in Elmshorn." In: TOA-Infodienst, April 2008, S. 26-32.

Blau, G. *Kriminalpolitische Auswirkungen des Erziehungsgedankens.* In: Grundfragen des Jugendkriminalrechts und seiner Neuregelungen. 2. Kölner Symposium (Hrsg.): Bundesministerium der Justiz, S. 326-343, Forum Verlag Godesberg, 3., unveränderte Auflage, 1995.

Blaser, B. und Stibbe, G. „Berichte aus den Bundesländern: Schleswig Holstein." In: TOA- Infodienst, Dezember, 2011, S. 44-45.

Blaser, B., Dauven-Samuels, T, Hagemann, O. und Sottorff, S. *Gemeinschaftskonferenzen.* In: TOA-Infodienst, April, 2008, S. 26-32.

Blessing, G. „Jugendgerichtsverfassung und Jugendstrafverfahren: Dritter Abschnitt Jugendstrafverfahren." In: Jugendgerichtsgesetz. Handkommentar, (Hrsg.): Meier, B.-D., Rössner, D., Trüg, G. und Wulf, R., S. 397-468. Nomos, 2011.

Blödt, T. „*Diversity und Diversity Management. Herausforderungen und Folgerungen für die Bundespolizei (Diversity as a Business Issue of Police).*" In: *Neue Wege, neue Ziele.* Polizieren und Polzeiwissenschaft im Diskurs, (Hrsg.): Feltes, T., S. 45-68. Frankfurt: Verlag für Polizeiwissenschaft, 2009.

Bock, S. „*Das europäische Opferrechtspaket: zwischen substantiellem Fortschritt und blindem Aktionismus.*" In: *Zeitschrift für Internationale Strafrechtsdogmatik (ZIS),* 4/2013: S. 201-211.

Bodenburg, W. „*Der tatnahe Blick. Die Polizei als Initiator für den Täter-Opfer-Ausgleich (TOA).*" (Hrsg.): DBH. *10. TOA- Forum: Zu-Mutung Täter-Opfer-Ausgleich. Der Wert autonomer Konfliktschlichtung in Strafsachen.* Köln, 2004, S. 25-32.

Bogner, A., Littig, B. und Menz, W. *Experteninterviews.* Wiesbaden: VS-Verlag, 3., grundlegend überarbeitete Auflage, 2009.

Bogner, A. und Menz, W. *Experteninterviews in der qualitativen Sozialforschung. Zur Einführung in eine sich intensivierende Methodendebatte.* In: *Experteninterviews. Theorien, Methoden, Anwendungsfelder.* (Hrsg.): Bogner, A., Littig, B. und Menz, W., S. 7-31, 3., grundlegend überarbeitete Auflage, Wiesbaden, Verlag für Sozialwissenschaften, 2009.

Böhm, W. *Wörterbuch der Pädagogik.* Stuttgart: Alfred Kröner Verlag, 13., überarbeitete Auflage, 1988.

Böhnisch, L. *Sozialpädagogik der Lebensalter. Eine Einführung.* Weinheim und München: Juventa, 5., überarbeitete und erweiterte Auflage, 2008.

Böhnisch, L. *Abweichendes Verhalten. Eine pädagogisch-soziologische Einführung.* Weinheim und München: Juventa, 4., überarbeitete und erweiterte Auflage, 2010.

Bohnsack, R. *Generation, Milieu und Geschlecht. Ergebnisse aus Gruppendiskussionen mit Jugendlichen.* Opladen, 1989.

Bohnsack, R. *Rekonstruktive Sozialforschung. Einführung in Methodologie und Praxis qualitativer Sozialforschung.* Opladen: Leske&Budrich, 1993 (2. Auflage; zu erst 1991).

Bohnsack, R. *Typenbildung , Generalisierung und komparative Analyse. Grundprinzipien der dokumentarischen Methode.* In: *Die dokumentarische Methode und ihre Forschungspraxis,* (Hrsg.): Bohnsack, R., Nentwig-Gesemann, I. und Nohl, A.-M., Opladen, S. 225-252, (2001b), 2001.

Bohnsack, R. *Dokumentarische Methode.* In: *Hauptbegriffe Qualitativer Sozialforschung.* (Hrsg.): Bohnsack, R., Marotzki, W. und Meuser, M, S, 40-44, Opladen & Farmington Hills: Verlag Barbara Budrich UTB, 2. Auflage, 2006.

Bohnsack, R. „Typenbildung, Generalisierung und komparative Analyse." In: *Die dokumentarische Methode und ihre Forschungspraxis. Grundlagen qualitativer Sozialforschung*, (Hrsg.): Bohnsack, R., Nentwig-Gesemann, I. und Nohl, A.-M., S. 225-253. Wiesbaden: Verlag für Sozialwissenschaften, (2007b) 2007.

Bohnsack, R. „Qualitative Evaluationsforschung und dokumentarische Methode." In: *Dokumentarische Evaluationsforschung. Theoretische Grundlagen und Beispiele aus der Praxis*, (Hrsg.): Bohnsack, R. und Nentwig-Gesemann, I., S. 23-62. Opladen & Farmington Hills: Barbara Budrich, 2010a.

Bohnsack, R. *Rekonstruktive Sozialforschung. Einführung in qualitative Methoden.* Opladen und Farmington Hills: Verlag Barbara Budrich, 8. Auflage, 2010b.

Bohnsack, R. „Die Mehrdimensionalität der Typenbildung und ihre Aspekthaftigkeit." In: *Typenbildung und Theoriegenerierung. Methoden und Methodologien qualitativer Bildungs- und Biographieforschung*, (Hrsg.): Ecarius, J. und Schäffer, B. S. 47-72. Opladen & Farmington Hills: Barbara Budrich, 2010c.

Bohnsack, R. „Dokumentarische Methode und die Logik der Praxis." In: *Pierre Bourdieus Konzeption des Habitus. Grundlagen, Zugänge, Forschungsperspektiven*, S. 175-200. Wiesbaden: Springer VS, 2013.

Bohnsack, R. und Schütze, F. „Die Selektionsverfahren der Polizei in ihrer Beziehung zur Handlungskompetenz der Tatverdächtigen." In: *Kriminologisches Journal*, 4/1973, S. 270-289.

Bohnsack, R., Marotzki, W. und Meuser, M. *Hauptbegriffe Qualitativer Sozialforschung.* Opladen & Farmington Hills: Verlag Barbara Budrich UTB, 2. Auflage, 2006.

Bohnsack, R. und Nentwig-Gesemann, I. „Dokumentarische Evaluationsforschung und Gruppendiskussionsverfahren. Am Beispiel einer Evaluationsstudie zu Peer-Mediation an Schulen." In: *Das Gruppendiskussionsverfahren in der Forschungspraxis*, (Hrsg.): Bohnsack, R., Przyborski, A. und Schäffer, B., S. 267-283. Opladen & Farmington Hills: Barbara Budrich, 2. Auflage, 2010.

Bohnsack, R., Przyborski, A. und Schäffer, B. *Einleitung: Gruppendiskussionen als Methode rekonstruktiver Sozialforschung.* In: *Das Gruppendiskussionsverfahren in der Forschungspraxis.* (Hrsg.): Bohnsack, R., Przyborski, A. und Schäffer, B., S. 7-24, Opladen & Farmington Hills, Barbara Budrich, 2. Auflage, 2010.

Bohnsack, R., Nentwig-Gesemann, I. und Nohl, A.-M. *Die dokumentarische Methode und ihre Forschungspraxis. Grundlagen qualitativer Sozialforschung.* Wiesbaden: Springer VS, 3., aktualisierte Auflage, 2013a.

Bohnsack, R. und Nohl, A.-M. „*Exemplarische Textinterpretation: Die Sequenzanalyse der dokumentarischen Methode.*" In: *Die dokumentarische Methode und ihre Forschungspraxis. Grundlagen qualitativer Sozialforschung*, (Hrsg.): Bohnsack, R., Nentwig-Gesemann, I. und Nohl, A.-M., S. 325-330. Wiesbaden: Springer VS-Verlag, 3., aktualisierte Auflage, 2013b.

Bohnsack, R. und Schäffer, B. „*Exemplarische Textinterpretation: Diskursorganisation und dokumentarische Methode.*" In: *Die dokumentarische Methode und ihre Forschungspraxis. Grundlagen qualitativer Sozialforschung*, (Hrsg.): Bohnsack, R., Nentwig-Gesemann, I. und Nohl, A.-M., S. 331-346. Wiesbaden: Springer VS-Verlag, 3., aktualisierte Auflage, 2013c.

Böttger, A. *Gewalt und Biograhie. Eine qualitative Analyse rekonstruierter Lebensgeschichten von 100 Jugendlichen.* Baden-Baden: Nomos Verlag, 1998.

Bourdieu, P. „*Der Habitus als Vermittler zwischen Struktur und Praxis*" In: *Zur Soziologie der symbolischen Formen*, von P. Bourdieu, S. 125-158. Frankfurt am Main: Suhrkamp, 1970 (1967).

Bourdieu, P. *Sozialer Sinn. Kritik der theoretischen Vernunft.* Frankfurt am Main: Suhrkamp, 1987 (1980).

Braithwaite, J. *Crime, Shame and Reintegration.* Cambridge : Cambridge Press, 1989.

Braithwaite, J. und Strange, H. *Restorative Justice-Philosophy and Practice.* Aldershot/England: Darthmouth Publishing Company Limited, 2000.

Breidenbach, S. *Mediation, Struktur, Chancen und Risiken von Vermittlungen im Konflikt.* Köln, 1996.

Brenzikofer, P. „*Wiedergutmachung im Strafvollzug*" In: *Täter-Opfer-Ausgleich. Vom zwischenmenschlichen Weg zur Wiederherstellung des Rechtsfriedens*, (Hrsg.): Marks, E. und Rössner, D., S. 357-370. Bonn: Forum Verlag Godesberg, 1990.

Brinkmann, C., Deeke, A. und Völkel, B. (Hrsg.): „*Experteninterviews in der Arbeitsmarktforschung. Diskussionsbeiträge zu methodischen Fragen und praktischen Erfahrungen.*" In: *Beiträge zur Arbeitsmarkt- und Berufsforschung.* Nürnberg, 1995.

Bröckling, U. „*Vorbeugen ist besser...Zur Soziologie der Prävention*" In: *Behemoth. A Journal on Civilisation*, 1/ 2008, S. 38-48.

Broszinsky-Schwabe, E. *Interkulturelle Kommunikation. Missverständnisse - Verständigung.* Wiesbaden: VS-Verlag , 2011.

Bruhn, A., Kramer, C. und Schlupp-Hauck, W. *Beteiligung des sozialen Umfelds im Täter-Opfer-Ausgleich.* Berlin: Verlag des Deutschen Vereins für öffentliche und private Fürsorge e.V., 2013.

Brunner, E. J. „Systemische Beratung." In: Das Handbuch der Beratung. Band 2: Ansätze, Methoden und Felder, (Hrsg.): Nestmann, F., Engel, F. und Sickendiek, U., S. 655-661. Tübingen: DGVT, 2004.

Brunner, R. und Dölling, D. Jugendgerichtsgesetz. Kommentar. Berlin: deGruyter, neu bearbeitete Auflage, 2011 - 12.

Brusten, M. „Determinanten selektiver Sanktionierung durch die Polizei." In: Die Polizei. Soziologische Studien und Forschungsberichte, (Hrsg.): Feest, J. und Lautmann, R., S. 31-70. Opladen: Westdeutscher Verlag, 1971.

Breymann, K. Wunderland Prävention. Anmerkung eines Redaktionsmitglieds zum Themenschwerpunkt. In: Zeitschrift für Jugendkriminalrecht und Jugendhilfe (ZJJ). Schwerpunkt Prävention, März 2012, S. 4-6.

Buhlmann, S. E. Die Berücksichtigung des Täter-Opfer-Ausgleichs als Verfahrensgrundsatz? Frankfurt am Main, Peter Lang, 2005.

Bundesminsterium der Justiz (Hrsg.): "Diversion" im deutschen Jugendstrafrecht. Bonn, 1989.

Bundesarbeitsgemeinschaft für Täter-Opfer-Ausgleich und Konfliktschlichtung e.V. TOA - Standards Täter-Opfer-Ausgleich. Frankfurt am Main: Servicebüro für Täter-Opfer-Ausgleich und Konfliktschlichtung , 2009.

Busse, J. Rückfalluntersuchung zum Täter-Opfer-Ausgleich. Eine statitsische Untersuchung im Amtsgerichtsbezirk Lüneburg. (Hrsg.): Marburg Universität Fachbereich Rechtswissenschaft unveröff. Dissertation. Marburg, 2001.

Busse, G. Leitfadengestützte, Qualitative Telefoninterviews. In: Methodenhandbuch. Angewandte empirische Methoden: Erfahrungen aus der Praxis (Hrsg.): Kopp, R., Langenhoff, G. und Schröder, A., S. 29-35, Sozialforschungsstelle Dortmund Landesinstitut, Dortmund, 2000.

Bütow, B., Chassé, K.-A. und Hirt, R. „Quo Vadis Soziale Arbeit?" In: Soziale Arbeit nach dem Sozialpädagogischen Jahrhundert. Positionsbestimmungen Sozialer Arbeit im Post-Wohlfahrtsstaat, S. 223-238. Opladen & Farmington Hills: Barbara Budrich, 2008.

Celikbas, G. und Zdun, S. „Die türkischen Ecksteher" In: "Das da draußen ist der Zoo, und wir sind die Dompteure." Polizisten im Konflikt mit ethnischen Minderheiten und sozialen Randgruppen, (Hrsg.): Schweer, T., Strasser, H. und Zdun, S., S. 117-138. Wiesbaden: VS-Verlag, 2008.

Christe-Zeyse, J. "Naiv will man ja auch nicht sein!" Der schwere Stand des Vertrauens in einer strukturell misstrauischen Organisation. In: Die Polizei zwischen Stabilität und Veränderung. Ansichten einer Organisation., S. 191-216. Frankfurt: Verlag für Polizeiwissenschaft, 2006.

Christe-Zeyse, J. *Von Profis, Bürokraten und Managern - Überlegungen zu einer Theorie innerorganisationalen Widerstandsverhaltens in der Polizei.* Bd. Nr. 6, In: *Empirische Polizeiforschung VIII: Polizei im Wandel? Organisationskultur(en) und -reform,* (Hrsg.): Ohlemacher, T., Mensching, A. und Werner, J.-T., S. 175-202. Frankfurt: Verlag für Polizeiwissenschaft, 2007.

Christie, N. „Conflicts as Property." *British Journal of Criminologie,* 1977, S. 1-15.

Christmann, G. B. *Telefonische Experteninterviews - ein schwieriges Unterfangen.* In: *Experteninterviews. Theorien, Methoden, Anwendungsfelder.* (Hrsg.): Bogner, A., Littig, B. und Menz, W., S. 197-222, 3., grundlegend überarbeitete Auflage, Wiesbaden, Verlag für Sozialwissenschaften, 2009.

Christochowitz, S. „*Das Neue muß seinen Weg erst finden*" - Ein Werkstattbericht zur Einbindung des TOA in Staatsanwaltschaften. In: *Forschungsthema >>Kriminalität<< Festschrift für Heinz Barth,* (Hrsg.): Pfeiffer, C. und Greve, W., S. 291-305. Baden-Baden: Nomos Verlagsgesellschaft, 1996.

Clages, H. und Nisse, R. *Bearbeitung von Jugendsachen. Lehr- und Studienbriefe Kriminalistik/Kriminologie.* Hilden: Verlag Deutsche Polizeiliteratur, 2009.

Cohen, A. K. *Kriminelle Jugend. Zur Soziologie des Bandenwesens (orig. Delinquent boys. The culture of the gang).* Reinbeck/New York, 1955.

Cohen, A. K. und Short James, F. JR. „*Zur Erforschung delinquenter Subkulturen*" In: *Kriminalsoziologie,* (Hrsg.): Sack, F. und König, R., S. 372-394. Frankfurt am Main, 1968.

Cornel, H. „*Der Erziehungsgedanke im Jugendstrafrecht: Historische Entwicklungen*" In: *Handbuch Jugendkriminalität. Kriminologie und Sozialpädagogik im Dialog,* (Hrsg.): Dollinger, B. und Schmidt-Semisch, H., S. 455-473. VS-Verlag, 2., durchgesehene Auflage, 2011.

Cornel, H. „*Geschichte des Strafens und der Straffälligenhilfe*" In: *Kriminologie und Soziale Arbeit. Ein Lehrbuch,* von AK HochschullehrerInnen Kriminologie I Straffälligenhilfe in der Sozialen Arbeit (Hrsg.): S. 31-47. Weinheim und Basel: Beltz Juventa, 2014.

Dams, C. „*Polizei in Deutschland 1945-1989*" In: *Aus Politik und Zeitgeschichte APuZ,* 48/2008: S. 9-19.

Davis, G. et al. „*A preliminary study of victim/offender mediation and reparations teams in England und Wales*" London, 1987.

Degen, A. *Modellversuch bei der Berliner Senatsverwaltung für Justiz* In: *Wiedergutmachung und Strafrechtspraxis. Erfahrungen, neue Ansätze, Gesetzesvorschläge.* Bericht über das Forum 1992 für Täter-Opfer-Ausgleich und Konfliktschlichtung vom 10. bis 12. April 1992 in Bonn. (Hrsg.): Marks, E., Schreckling, J. und Wandrey, M., Bonn, Forum Verlag Godesberg, 1993.

Deegener, G. und Körner, W. „*Bedingungsfaktoren der Täter- und/oder Opferwerdung*" In: *Gewalt und Aggression im Kindes- und Jugendalter*, S. 163-182. Weinheim und Basel: Beltz Verlag, 2011.

Delattre, G. *Aus der Praxis des Täter-Opfer-Ausgleichs*. Band 12, Schriftenreihe der Deutschen Bewährungshilfe e.V. In: *Täter-Opfer-Ausgleich. Vom zwischenmenschlichen Weg zur Wiederherstellung des Rechtsfriedens*, (Hrsg.): Rössner, E., Marks, D., S. 171-187. Bonn: Forum Verlag Godesberg, 1990.

Delattre, G. „*Neutralität versus Parteinahme*" In: *Täter,Opfer und VerMittler. Vom Umgang mit Problemen der Fallarbeit beim Täter-Opfer-Ausgleich*, S. 42-51. Bonn: Deutsche Bewährungshilfe e.V., 3. Auflage, 1992.

Delattre, G. *Überwindung von Gesprächsbarrieren durch "indirekten Dialog" zwischen Täter und Opfer*. Bd. 24, In: *Wiedergutmachung und Strafrechtspraxis. Erfahrungen, neue Ansätze, Gesetzesvorschläge*, (Hrsg.): Marks, E., Meyer, K., Schreckling, J. und Wandrey, M., S. 288-295. Bonn: Forum Verlag Godesberg, 1993.

Delattre, G. „*Falleignungskriterien aus Sicht der Ausgleichspraxis*" In: *Täter-Opfer-Ausgleich Bonner Symposium*, (Hrsg.): Bundesministerium der Justiz, S. 138-140. Bonn, Mönchengladbach: Forum Verlag Godesberg, 3. Auflage, 1995.

Delattre, G. „*Mediation als Beitag zur Gewaltprävention*" In: *Schriften zur Stadtentwicklung, Nr. 80*, 2000, S. 7-15.

Delattre, G. „*Bis hierhin und nicht weiter? Täter-Opfer-Ausgleich bei schweren Delikten*" In: *TOA-Infodienst*, April 2008, S. 11-15.

Delattre, G. „*Begegnung zwischen Opfer und Täter. Chancen und Gefahren aus der Sicht des Täter-Opfer-Ausgleichs*" (Hrsg.): Hartmann, J. In: *Klare Grenzen? Zum Verhältnis von Opferhilfe und TOA. Begegnung von Opfer und Täter im TOA - Chancen und Gefahren für Kriminalitätsopfer. Dokumentation der Fachtagung vom 28./29. Januar 2008 bei Aschaffenburg*. 2008. S. 36-47.

Delattre, G. „*Prolog zum TOA-Infodienst Nr. 41*" In: *TOA-Infodienst*, August 2011, S .3.

Delattre, G. und Niederhöfer, C. *Täter-Opfer-Ausgleich und Zivilrecht*. Bonn: Forum Verlag Godesberg, 1995.

Denkowski, C. von und Denkowski, C.A. von. „*Plädoyer für eine Polizeiwissenschaft auch außerhalb polizeilicher Hochschulen.*" In: *Polizeiwissenschaft 1. Positionen*, (Hrsg.): Möllers, M. und Ooyen, R. van, S. 57-68. Frankfurt: Verlag für Polizeiwissenschaft, 2011.

Dietsch, W. und Gloss, W. *Handbuch der polizeilichen Jugendarbeit. Prävention und kriminalpädagogische Interventionen*. Stuttgart, München, Hannover, Berlin, Weimar, Dresden: Richard Boorberg Verlag, 2005.

Dölling, D. „*Der Täter-Opfer-Ausgleich.*" In: *JZ*, 10/1992, S. 493-499.

Dölling, D. „Rechtsprobleme der Jugendstrafrechtsreform." In: Jugendstrafrechtsreform durch die Praxis. Informelle Reaktionen und neue ambulante Maßnahmen auf dem Prüfstand. Konstanzer Symposium, S. 243-264. Bonn: Bundesministerium der Justiz, 1989.

Dölling, D., Bannenberg, B., Hartmann, A. und u.a. Täter-Opfer-Ausgleich. Eine Chance für Opfer und Täter durch einen neuen Weg im Umgang mit Kriminalität. Bonn: Forum Verlag Godesberg, 1998.

Dölling, D., Feltes, T., Heinz, W. und Kury, H. Kommunale Kriminalprävention - Analysen und Perspektiven - Ergebnisse einer Begleitforschung zu den Pilotprojekten in Baden-Würtemberg. Holzkirchen/Obb: Felix Verlag, 2003.

Dölling, D., Hartmann, A. und Traulsen, M. „Legalbewährung nach Täter-Opfer-Ausgleich im Jugendstrafrecht." In: Monatsschrift für Kriminologie und Strafrechtsreform, 2002: S. 185-193.

Dollinger, B. „Jugendkriminalität zwischen Sozial- und Kriminalpolitik. Ein lebenslaufbezogener Blick auf den Umgang mit sozialer Auffälligkeit." In: Handbuch Jugendkriminalität. Kriminologie und Sozialpädagogik im Dialog, (Hrsg.): Dollinger, B. und Schmidt-Semisch, H., S. 125-135. Wiesbaden: VS-Verlag, 2., durchgesehene Auflage, 2011.

Dollinger, B. „Prävention zwischen Kritik und Affirmation. Für ein kontextsensibles und ermöglichendes Verständnis." In: Zeitschrift für Jugendkriminalrecht und Jugendhilfe (ZJJ) Schwerpunkt: Prävention, März 1/2012, S. 28-35.

Domenig, C. „Restorative Justice - vom marginalen Verfahrensmodell zum integralen Lebensentwurf." In: TOA-Infodienst, August 2011, S. 01-10.

Donk, U., Reichertz, J. und Schröer, N. „Polizeiforschung ohne Grabenkämpfe. Eine Erwiderung auf Pick "Polizeiforschung zwischen Wissenschaft und Scharlatanerie." In: Kriminalistik, 1996/4, S. 263-267.

Dudek, S. Diversity in Uniform? Geschlecht und Migrationshintergrund in der Berliner Schutzpolizei. Wiesbaden: VS-Verlag, 2009, Zugleich Diss., Universität Bielefeld, 2008.

Dulabaum, N. Mediation: Das ABC - Die Kunst in Konflikten erfolgreich zu vermitteln. Weinheim und Basel: Beltz Verlag, 1998.

Dünkel, F. „Täter-Opfer-Ausgleich und Schadenswiedergutmachung - neuere Entwicklungen des Strafrechts und der Strafechtspraxis im internationalen Vergleich." In: Täter-Opfer-Ausgleich. Vom zwischenmenschlichen Weg zur Wiederherstellung des Rechtsfriedens, (Hrsg.): Marks, E. und Rössner, D., S. 371-430. Bonn: Forum Verlag Godesberg, 1990.

Eilsberger, A. und Keydel, B. *Wir können auch anders - vom kreativen Umgang mit Blockaden in der Mediation*. Bd. Nr. 3, In: *Frischer Wind für Mediation. Konzepte, Methoden, Praxisfelder und Perspektiven der Konfliktberatung*, (Hrsg.): Lange, R., Kaeding, P.M., Lehmkuhl, P. und Pfingsten-Wismer, H., S. 129-140. Bundesverband für Mediation e.V., 2007.

Eisenberg, U. *Kriminologie*. Köln u.a.: 3. Auflage, 1990.

Elias, N. *Die Gesellschaft der Individuen*. (Hrsg.): Schröter, M., Frankfurt am Main, 2003.

Ellrich, K. „*Punitivität bei Polizeibeamten. Ein Vergleich mit der Allgemeinbevölkerung.*" In: *Empirische Polizeiforschung XIV. Polizei und Gewalt. Interdisziplinäre Analysen zu Gewalt gegen und durch Polizeibeamte*, (Hrsg.): Ohlemacher, T. und Werner, J.T., S. 83-105. Frankfurt: Verlag für Polizeiwissenschaft, 2012.

Ellrich, K., Pfeiffer, C. und Baier, D. *Gewalt gegen Polizeibeamte. Begleittext zu "7 Thesen zur Gewalt gegen Polizeibeamte"*. Zwischenbericht Nr. 1, Hannover: KFN, 2010.

Ellrich, K., Pfeiffer, C. und Baier, D. *Gewalt gegen Polizeibeamte. Befunde zu Einsatzbeamten, Situationsmerkmalen und Folgen von Gewaltübergriffen*. Forschungsbericht Nr. 3, Hannover : KFN, 2011.

Elsner, B. *Entlastung der Staatsanwaltschaft durch mehr Kompetenzen für die Polizei? Eine deutsch-niederländische Analyse*. Göttingen: Universitätsverlag Göttingen, 2008.

Emig, O. „*Kooperation von Polizei, Schule, Jugendhilfe und Justiz - Gedanken zu Intensivtätern, neuen Kontrollstrategien und Kriminalisierungstendenzen.*" In: *Handbuch Jugendkriminalität. Kriminologie und Sozialpädagogik im Dialog*, (Hrsg.): Dollinger, B. und Schmidt-Semisch, H., S. 149-158. Wiesbaden: VS-Verlag, 2., durchgesehen Auflage, 2011.

Eppstein, D. *"Täter-Opfer-Ausgleich - Chance oder Risiko?" Diskussion zur Thematik unter der Leitung von Dieter Eppstein, Generalsekretär des WEISSEN RINGS*. Bd. 2, in *Kriminalitätsopfer im Spannungsfeld der Interessen. 2. Mainzer Opferforum vom 15.-16 September 1990*, S. 155-167. Mainz: Weisser Ring Gemeinnützige Verlags-GmbH Mainz, 1992.

***Erster** Periodischer Sicherheitsbericht*. Berlin: Bundesministerium der Justiz/Bundesministerium des Inneren, 2001.

Ertelsberger, M. „*Der Berliner Opferfonds für den Täter-Opfer-Ausgleich.*" In: *Straftaten junger Menschen im vereinigten Berlin*, (Hrsg.): Bischoff, D. und Matzke, M., S. 242-247. Berlin: HitHit Verlag, 2001.

Eser, A. „Zur Renaissance des Opfers im Stravferfahren. Nationale und internationale Tendenzen." In: Gedächtnisschrift für Armin Kaufmann, (Hrsg.): Dornseifer, G., S. 723-747. Köln, Berlin, Bonn, München: Carl Heymanns Verlag , 1989.

Feest, J. und Blankenburg, E. Die Definitionsmacht der Polizei. Strategie der Strafverfolgung und sozialen Selektion. Studienbücher der Sozialwissenschaft 1. Düsseldorf: Bertelsmann Univeritätsverlag, 1972.

Feldmann-Hahn, F. Opferbefragungen in Deutschland. Bestandsaufnahme und Bewertung. Band 19 der Bochumer Schriften zur Rechtsdogmatik und Kriminalpolitik. Holzkirchen: Felix Verlag, 2011.

Feltes, T. „Polizeiliches Alltagshandeln." In: Bürgerrechte und Polizei (CILIP), S. 11-24. 1984.

Feltes, T. „Die über-forderte Polizei. Kinder, Kriminalität und Polizei." In: Kinderkriminalität. Empirische Befunde öffentliche Wahrnehmung Lösungsvorschläge, (Hrsg.): Müller, S. und Peter, H., S. 305-323. Opladen: Leske und Budrich, 1998.

Feltes, T. „Einstellung von Polizeibeamten zu gesellschafts- und kriminalpolitischen Problemen in Deutschland - Ergebnisse einer Befragung." In: Polizei und Bevölkerung. Beiträge zum Verhältnis zwischen Polizei und Bevölkerung und zur gemeinwesenbezogenen Polizeiarbeit "Community Policing", (Hrsg.): Feltes, T. und Rebscher, E., S. 189ff. Holzkirchen: Felix Verlag, 1990.

Feltes, T. „Scientia Ante Portas. Flüchten oder Standhalten? Zur Perspektive einer Polizeiwissenschaft in Deutschland." In: Die Polizei H.9, 2002, S. 245-250.

Feltes, T. „Polizeiwissenschaft in Deutschland - Profil einer Wissenschaftsdisziplin." In: Strafrecht zwischen System und Telor. Festschrift für Rolf Dietrich Herzberg zum 70. Geburtstag, (Hrsg.): Putzke, H., Hörnle, T., Hardtung, B., Merkel, R., Schönfeld, J. und Schlehofer, H., S. 965-986. 2008.

Feltes, T. „Polizeiwissenschaft in Deutschland. Überlegungen zum Profil einer (neuen) Wissenschaftsdisziplin." In: Polizeiwissenschaft 1: Positionen. Jahrbuch Öffentliche Sicherheit - Sonderband 7.1, (Hrsg.): Möllers, M.H.W. und Ooyen, R. von, S. 109-142. Frankfurt: Verlag für Polizeiwissenschaft, 2011.

Feltes, T. „Die Rolle der Polizei in der Kriminalprävention." In: Zeitschrift für Kriminalrecht und Jugendhilfe ZJJ: Schwerpunkt Prävention, März 1/2012, S. 35-40.

Fiedler, P. Stalking - Opfer, Täter, Prävention, Behandlung. Weinheim und Basel, Beltz, 2006.

Fielding, N. G. und Fielding, J. „Police attitudes to crime and punishment. Certainties and dilemmas." British Journal of Criminology, 31, 1991, S. 39-53.

Finger, H. R. „Die strukturellen und finanziellen Herausforderungen einer umfassenden Anwendung des TOA." In: 9. TOA-Forum. Die rechlichen, strukturellen und methodischen Herausforderungen einer umfassenden Anwendung des Täter-Opfer-Ausgleichs. Köln: DBH, 2002, S. 19-30.

Fisher, R., Ury, W. und Patton, B. M. Das Harvard-Konzept. Der Klassiker der Verhandlungstechnik. Frankfurt am Main: Campus Verlag, Im englischen Original 1981, als limitierte Sonderausgabe, 2006.

Foucault, M. Überwachen und Strafen. Die Geburt des Gefängnisses. Frankfurt am Main: Suhrkamp, 1994 (im franz. Original 1975).

Franz, H.-W. und Kopp, R. Betriebliche Experteninterviews. In: Sozialwissenschaften und Berufspraxis, Jg. 27/Heft1, 2004, S. 51-61

Freehse, D. Strukturbedingungen urbaner Kriminalität: eine Kriminalgeographie der Stadt Kiel unter besonderer Berücksichtigung der Jugendkriminalität. Göttingen: Schwarz, 1979.

Frehsee, D. „Täter-Opfer-Ausgleich aus rechtstheoretischer Perspektive." In: Täter-Opfer-Ausgleich Zwischenbilanz und Perspektiven, (Hrsg.): Bundesminsiterium der Justiz, S. 51-60. Bonn, Mönchengladbach: Forum Verlag Godesberg, 1995.

Frehsee, D. „Korrumpierung der Jugendarbeit durch Kriminalprävention?" In: Handbuch Jugendkriminalität. Kriminologie und Sozialpädagogik im Dialog, (Hrsg.): Dollinger, B. und Schmidt-Semisch, H., S. 351-364. Wiesbaden: VS-Verlag, 2., durchgesehene Auflage, 2011.

Freud, S. Gesammelte Werke. Werke aus den Jahren 1913-1917. Bd. X. Frankfurt am Main: Fischer Taschenbuch Verlag, 1999.

Freud, S. Gesammelte Werke: Jenseits des Lustprinzips, Massenpsychologie und Ich-Analyse, Das Ich und das Es. Bd. XIII. Frankfurt am Main: Fischer Taschenbuch Verlag, 1999.

Freud, S. Gesammelte Werke. Werke aus den Jahren 1932-1939. Bd. XVI. Frankfurt am Main: Fischer Taschenbuch Verlag, 1999.

Freud, S. Gesammelte Werke. Schriften aus dem Nachlaß 1892-1938. Bd. XVII. Frankfurt am Main: Fischer Taschenbuch Verlag, 1999.

Frevel, B. „Polizei, Politik und Wissenschaft." In: Aus Politik und Zeitgeschichte APuZ, 4/2008: S. 3-9.

Frevel, B. und Kuschewski, P. „Polizei zwischen Kernaufgaben und Kooperationsnotwendigkeit. Ein Werkstattbericht zum Forschungsprojekt "Kommunale Sicherheitspolitik in Mittelstädten." In: Empirische Polizeiforschung VIII: Polizei im Wandel? Organisationskultur(en) und -reform, (Hrsg.): Ohlemacher, T., Mensching, A. und Werner, J.-T., S. 153-174. Frankfurt: Verlag für Polizeiwissenschaft, 2007.

Frevel, B. und Groß, H. „*Editorial: Polizei und Politik.*" In: *Empirische Polizeiforschung XVII: Polizei und Politik*, (Hrsg.): Frevel, B. und Groß, H., S. 7-11. Frankfurt: Verlag für Polizeiwissenschaft, 2014.

Frey, J. H., Kunz, G. und Lüschen, G. *Telefonumfragen in der Sozialforschung. Methoden, Techniken, Befragungspraxis.* Opladen/Westdeutscher Verlag, 1990.

Friedmann, R. *Motive jugendlichen Gewalthandelns.* Band 1, DBH Materialien Nr. 63, In: *Kriminalpolitik gestalten. Übergänge koordinieren - Rückfälle verhindern. Beiträge der 20. DBH-Bundestagung,* S. 133-153. Köln: DBH - Fachverband für Soziale Arbeit, 2010.

Fritsch, C. „*Möglichkeiten und Grenzen in der Kooperation von Jugendhilfe und Polizei.*" In: *Zeitschrift für Jugendkriminalrecht und Jugendhilfe (ZJJ)*, Dezember 4/2011: S. 393-399.

Fröhlich, G. und Rehbein, B. (Hrsg.): *Bourdieu Handbuch, Leben - Werk - Wirkung.* Stuttgart, Weimar, J.B. Metzler, 2014.

Frühwein, C. und Taubner, S. "*Was guckst Du?*" - *Szenen aus dem Alltag der Konfliktschlichtung - Theorien und Interventionen.* In: *Der Täter-Opfer-Ausgleich und die Vision einer "heilenden Gerechtigkeit"*, (Hrsg.): Winter, F., S. 69-99. Worpswede: Amberg Verlag, 2004.

Funk, A. „*Polizeiforschung in der Bundesrepublik. Versuch einer Bilanz.*" In: *Kriminologisches Journal*, 22 (2) 1990: S. 105-121.

Gabriel, U. und Greve, W. "*Strafe muss sein!" Sanktionsbedürfnisse und strafbezogene Einstellungen: Versuch einer systematischen Annäherung.* Band 5, Interdisziplinäre Beiträge zur kriminologischen Forschung des KfN, In: *Forschungsthema >>Kriminalität<< Festschrift für Heinz Barths*, (Hrsg.): Pfeiffer, Ch. und Greve, W., S. 185-214. Baden-Baden: Nomos Verlagsgesellschaft, 1996.

Galuske, M. *Methoden der Sozialen Arbeit. Eine Einführung.* Weinheim; München: Juventa Verlag, 1998.

Galuske, M. „*Fürsorgliche Aktivierung - Anmerkungen zu Gegenwart und Zukunft Sozialer Arbeit im aktivierenden Staat.*" In: *Soziale Arbeit nach dem Sozialpädagogischen Jahrhundert. Positionsbestimmungen Sozialer Arbeit im Post-Wohlfahrtsstaat*, (Hrsg.): Bütow, B., Chassé, K.-A. und Hirt, R., S. 9-28. Opladen und Farmington Hills: Barbara Budrich, 2008.

Garcia-Greno, D. „*Der TOA in Sonntagsreden - Erfahrungen vor Ort.*" In: *TOA-Infodienst*, Dezember 2001, S. 19-25.

Garfinkel, H. „Bedingungen für den Erfolg von Degradierungszeremonien." In: Seminar: Abweichendes Verhalten III Die gesellschaftliche Reaktion auf Kriminalität: Band 2, Strafprozeß und Strafvollzug, (Hrsg.): Lüderssen, K. und Sack, F., S. 31-40. Frankfurt am Main: Suhrkamp, 1976 (1977).

Geis, G. „Die Anwendung der viktimologischen Forschung Wiedereingliederung des Opfers in die Gesellschaft." In: "Das Verbrechensopfer in der Strafrechtspflege, von Schneider, H.J. Berlin: S. 339-353, 1982.

Geisler, K. A. und Hege, M. Konzepte sozialpädagogischen Handelns. Ein Leitfaden für die sozialen Berufe. Weinheim, München, 1995.

Gläser, J. und Laudel, G. Experteninterviews und qualitative Inhaltsanalyse als Instrumente rekonstruierender Untersuchungen. Wiesbaden: VS-Verlag für Sozialwissenschaften, 4. Auflage, 2010.

Glaserfeld, E. v. „Konstruktion der Wirklichkeit und des Begriffes der Objektivität." In: Einführung in den Konstruktivismus, (Hrsg.): Gumin, H. und Mohler, A., S. 1-26. München, 1985.

Gloss, W. „Standards in der polizeilichen Jugendarbeit." In: Zeitschrift für Jugendkriminalrecht und Jugendhilfe (ZJJ), September 3/2007: S. 278-283.

Göppinger, H. „Das Tatopfer als Subjekt." In: Der Mensch als Opfer im Tatgeschehen, S. 3-43. Hofgeismar: Evangelische Akademie Hofgeismar: Eigenverlag, 1980.

Görgen, T., Taefi, A., Kraus, B. und Wagner, D. Jugendkriminalität und Jugendgewalt. Empirische Befunde und Perspektiven für die Prävention. Münster : Deutsche Hochschule der Polizei, 2013.

Graebsch, C. M. „What works?-Nothing works?-Who cares? "Evidence-based Crimal Policy" und die Realität der Jugendkriminalpolitik." In: Handbuch Jugendkriminalität. Kriminologie und Sozialpädagogik im Dialog, (Hrsg.): Dollinger, B. und Schmidt-Semisch, H. H., S. 137-147. Wiesbaden: VS-Verlag, 2., durchgesehene Auflage, 2011.

Graebsch, C. M. „What works? Auseinandersetzung mit den Möglichkeiten und Grenzen wissenschaftlich fundierter Kriminalprävention." In: Kriminologie und Soziale Arbeit. Ein Lehrbuch, von AK HochschullehrerInnen Kriminologie I Straffälligenhilfe in der Sozialen Arbeit (Hrsg.), S. 84-99. Weinheim und Basel: Beltz Juventa, 2014.

Graßmann, M. „Die Polizei in der Bundesrepublik Deutschland. Begriffsbestimmung und Entwicklungslinien 1945-1990." In: Beiträge zu einer vergleichenden Soziologie der Polizei, (Hrsg.): Grutzpalk, J., Bruhn, A., Fatianova, J., Harnisch, F., Mochan, C., Schülzke, B. und Zischke, T., S. 89-107. Potsdam: Universitätsverlag Potsdam, 2009.

Groß, H., Frevel, B. und Dams, C. „Die Polizei(en) in Deutschland." In: Handbuch der Polizeien Deutschlands, Herausgeber: Groß, H., Frevel, B. und Dams, C., S. 11-44. Wiesbaden: VS-Verlag, 2008.

Großmann, R. Hard to reach - Beratung in Zwangskontexten. Band 9, In: Hard to Reach - Schwer erreichbare Klienten in der Sozialen Arbeits, (Hrsg.): Labonté-Roset, C., Hoefert, H.-W. und Cornel, H. Berlin: Schibri-Verlag, 2010.

Grote, C. Diversion im Jugendstrafverfahren. Effizienz und Rechtsstaatlichkeit der Richtlinien in Schleswig-Holstein. Band 49. Wiesbaden: KrimZ, 2006.

Gugel, G. Handbuch Gewaltprävention II Für die Sekundarstufe und die Arbeit mit Jugendlichen. Grundlagen-Lernfelder-Handlungsmöglichkeiten. Tübingen: Institut für Friedensforschung Tübingen e.V., 2010.

Guntermann, R. „Klare Grenzen? Zum Verhältnis von Opferhilfe und Täter-Opfer-Ausgleich. Einführung in das Tagungsthema aus Sicht des opferorientierten TOA." (Hrsg.): Hartmann, J. Klare Grenzen? Zum Verhältnis von Opferhilfe und TOA. Begegnung von Opfer und Täter im TOA-Chancen und Gefahren für Kriminalitätsopfer. Dokumentation des Fachtagung vom 28./29. Januar 2008 bei Aschaffenburg. 2008. S. 12-17.

Guntermann, R. „Erste konzeptionelle Vorstellungen der HANAUER H!ILFE e.V.(1989)" In: Die Entwicklung professioneller Opferhilfe, (Hrsg.): Hanauer Hilfe e.V., S. 89-97. Wiesbaden: Verlag für Sozialwissenschaften, 2009a.

Guntermann, R. „Das Kooperationsmodell zum Täter-Opfer-Ausgleich im Allgemeinen Strafrecht (1995)" In: Die Entwicklung professioneller Opferhilfe. 25 Jahre Hanauer Hilfe, (Hrsg.): Hanauer H!LFE e.V., S. 99-102. Wiesbaden: Verlag für Sozialwissenschaften, 2009b.

Guntermann, R. „Die modifizierte Konzeption ab 2003 (2002)" In: Die Entwicklung professioneller Opferhilfe. 25 Jahre Hanauer Hilfe, (Hrsg.): Hahnauer H!lfe e.V:, S. 103-108. Wiesbaden: Verlag für Sozialwissenschaften, 2009c.

Gutsche, G., Karliczek, K. M., Mau, A. und Nietzsch, C. Täter-Opfer-Ausgleich in den Ländern Brandenburg und Sachsen-Anhalt. Potsdam: Philipps-Universität Marburg FB Rechtswissenschaft, 1998.

Gutsche, G. "Die Polizei kann den TOA im Abschlussbericht empfehlen. Wie geht sie damit um?" In: Täter-Opfer-Ausgleich. Beiträge zur Theorie, Empirie und Praxis. (Hrsg.) Gutsche, G. und Rössner, D., Berliner Kriminologische Studien, Gesellschaft für praxisorientierte Kriminalitätsforschung e.V., S. 93-104, Forum Verlag Godesberg, 2000.

Haas, U. I. „Das Kriminalitätsopfer." In: Kriminologie und Soziale Arbeit. Ein Lehrbuch., von AK HochschullehrerInnen Kriminologie I Straffälligenhilfe und Soziale Arbeit, S. 242-262. Weinheim und Basel: Beltz Juventa, 2014.

Habschick, K. *Erfolgreich Vernehmen. Kompetenzen in der Kommunikations-, Gesprächs- und Vernehmungspraxis.* Kriminalistik Verlag Heidelberg, 2., neu bearbeitete und erweiterte Auflage, 2010.

Hagedorn, O. und Metzger, T. „*Täter-Opfer-Ausgleich (TOA) und Mediation.*" In: Infoblatt Mediation, Frühjahr 2004: S. 13-17.

Hanak, G., Stehr, J. und Steinert, H. *Ärgernisse und Lebenskatastrophen. Über den alltäglichen Umgang mit der Kriminalität.* Bielefeld, 1989.

Hans, G. *Rückfalluntersuchung nach Restorative Justice-Programmen: ein kritischer Überblick.* Saarland University - Center for the Study of Law and Economics: CSLE Discussion Paper, No:2004-10, 2004.

Harrendorf, S. *Rückfälligkeit und kriminelle Karieren von Gewalttätern. Ergebnisse einer bundesweiten Rückfalluntersuchung.* Göttingen: Universitätsverlag Göttingen, 2007.

Hartmann, A. *Schlichten oder Richten.* München: Fink, 1995, Zugleich: München, Diss. 1993.

Hartmann, A., Haas, M., Eikens, A. und Kerner, H.-J. *Täter-Opfer-Ausgleich in Deutschland. Auswertung der bundesweiten Täter-Opfer-Ausgleichs-Statistik für die Jahrgänge 2011 und 2012.* Berlin: Bundesmisterium der Justiz, 2014.

Hartmann, A., Haas, M., Steengrafe, F. und Steudel, T. „*TOA im Strafvollzug - Zwischen Anspruch und Wirklichkeit.*" In: TOA-Infodienst, August 2012: S. 26-33.

Hartmann, J. „*Qualifizierte Unterstützung von Menschen, die Opfer von Straf- bzw. Gewalttaten wurden. Opferhilfe als professionalisiertes Handlungsfeld Sozialer Arbeit.*" In: Perspektiven professioneller Opferhilfe. Theorie und Praxis eines interdiszinplinären Handlungsfeldes, (Hrsg.): Hartmann, J., S. 9-36. Wiesbaden: VS-Verlag, 2010.

Hartmann, U. I. *Staatsanwaltschaft und Täter-Opfer-Ausgleich. Eine empirische Analyse zu Anspruch und Wirklichkeit.* Baden-Baden: Nomos Verlagsgesellschaft, 1998.

Hartmann, U. I. *Täter-Opfer-Ausleich im Spannungsfeld von Anspruch und Wirklichkeit.* Hannover, 1995.

Hassemer, W. „*Der Strafrechtler Winfried Hassemer im Gespräch mit Christine Horn über Pro und Contra von Strafrechtsreformen zum Schutze der Opfer.*" In: Novo 03/04 1999 (A. Horn Verlag) : S. 32-34.

Hassemer, W. „*Im Zweifel für den Angeklagten - Im Zweifel gegen das Opfer?*" Zur Situation von Kriminalitätsopfern in Deutschland. Berlin: Friedrich-Ebert-Stiftung, 2001. S. 93-96.

Hassemer, W. *„Staat, Sicherheit und Information."* In: *Freundesgabe für Alfred Büllenbach*, S. 225-246. Stuttgart, 2002.

Hassemer, W. *Warum Strafe sein muss. Ein Plädoyer.* Berlin: Ullstein Verlag , 2009.

Hassemer, W. und Reemtsma, J. P. *Verbrechensopfer. Gesetz und Gerechtigkeit.* München: C.H.Beck, 2002.

Haun, M. *„Befragung zum TOA: Kennen Sie den Täter-Opfer-Ausgleich?"* In: *TOA-Infodienst*, Dezember 2007: S. 21-22.

Haupt, H. und Weber, U. *Handbuch Opferschutz und Opferhilfe. Ein praxisorientierter Leitfaden für Straftatopfer und ihre Angehörigen, Mitarbeiter von Polizei und Justiz, Angehörige der Sozialberufe und ehrenamtliche Helfer.* Baden-Baden: Nomos Verlag, 1999.

Hausstein, R. und Nithammer, D. *Berliner Büro für Diversionsberatung und -vermittlung.* Band. 14. Reihe Verwaltung, Recht und Gesellschaft, In: *Straftaten junger Menschen im vereinigten Berlin*, (Hrsg.): Bischoff; D. und Matzke, M. Berlin: Hittit Verlag Berlin, 2001.

Hausstein, R. und Nithammer, D. *Diversionsmittler in Berlin. Infoblatt Nr. 17.* Berlin: Clearingstelle Jugendhilfe/Polizei , 2001 /aktualisiert 2009.

Heidorn, J. *"Wenn ich mal groß bin, werde ich Polizeiforscher." Ein Blick in die Zukunft der Polizeiforschung.* In: *Polizeiwissenschaft: Von der Praxis zur Theorie*, (Hrsg.): Feltes, T. und Reichertz, J., S. 31-47. Frankfurt: Verlag für Polizeiwissenschaft, 2011.

Heimpel, W. *„Kooperationsprobleme zwischen Staatsanwaltschaft und TOA-Projekten - Erwartungen der Staatsanwaltschaft."* In: *Täter-Opfer-Ausgleich - auf dem Weg zur bundesweiten Anwendung? Beiträge zu einer Standortbestimmung*, Herausgeber: Kerner, H.-J., Hassemer, E., Marks, E. und Wandrey, M., S. 207-218. Bonn: Forum Verlag Godesberg, 1994.

Heinemann, E. *Diversionsrichtlinien im Jugendstrafrecht. Segen oder Fluch.* Stuttgard: Süddeutscher Verlag, 2011.

Heinz, W. und Storz, R. *Diversion im Jugendstrafverfahren in der Bundesrepublik Deutschland.* Bonn: Bundesministerium der Justiz, 1994.

Heinz, W. *Was richten Richter an, wenn sie richten?* In: *Verantwortung für Jugend. Dokumentation des 26. Deutschen Jugendgerichtstages vom 25. - 28.09.2004 in Leipzig*, (Hrsg.): DVJJ, Band 37, S. 62-107. Mönchengladbach: Forum Verlag Godesberg, 2006.

Helfferich, C. *Die Qualität qualitativer Daten. Manual für die Durchführung qualitativer Interviews.* Wiesbaden: VS-Verlag für Sozialwissenschaften, 3., überarbeitete Auflage, 2009.

Helmken, D. „*Der Jugendstaatsanwalt: Anspruch und Wirklichkeit - Sitzungsvertretung durch Rechtsreferendare.*" In: *Zeitschrift für Jugendkriminalrecht und Jugendhilfe (ZJJ)*, Juni 2009/3: S. 147-148.

Henning, S. „*Täter-Opfer-Ausgleich und Mediation. Methoden und Beispiele - Zweifel und ketzerische Gedanken.*" In: *Täter-Opfer-Ausgleich. Beiträge zur Theorie, Empirie und Praxis*, (Hrsg.): Gutsche, G. und Rössner, D., S. 199-235. Mönchengladbach: Forum Verlag Godesberg, 2000.

Henning, S., Kalas, R., Stiepel, M. und Schulz-Goldstein, E. *TOA mit rechtsorientierten Jugendlichen-Missbrauch der Geschädigten? Methodische Überlegungen und zur Funktion psychoanalytischer Supervision.* In: *Der Täter-Opfer-Ausgleich und die Vision einer "heilenden" Gerechtigkeit.* (Hrsg.): Winter, F., S. 100-127, amberg-verlag, Worpswede, 2004.

Henry-Huthmacher, C. „*Jugend im Abseits? Neue Wege zum Berufsleben.*" In: *Die Politische Meinung*, Januar/Februar 2013: S. 43-47.

Hentig, H. von. „*Remarks on the Interaction of Perperator and Victim.*" In: *Journal of Criminology*, 1941, S. 303-309

Heringer, H. J. *Interkulturelle Kommunikation.* Tübingen und Basel: A. Franke Verlag (UTB), 2004.

Herz, R., Marks, E. und Pieplow, L. „*Projektankündigung >>Die Waage - Köln<<.*" *BewHi*, 1986.

Hinte, W. „*Individuen statt Rollen.*" In: *Soziale Arbeit 5/1997*, 1997: S. 164-169.

Hirmer, H. P. *Organisationsprobleme: Pensenschlüssel, Restelisten, Verfahrensabläufe und -dauer.* Schriftenreihe der Deutschen Bewährungshilfe e.V. Nr. 31, In: *Täter-Opfer-Ausgleich - auf dem Weg zur bundesweiten Anwendung?*, (Hrsg.): Kerner, H.J., Hassemer, E., Marks, E. und Wandrey, M., S. 216-218. Bonn: Forum Verlag Godesberg, 1994.

Hitzler, R. „*Dummheit als Methode. Eine dramaturgische Textinterpretation.*" In: *Qualitativ-Empirische Sozialforschung*, (Hrsg.): Garz, D. und Kraimer, K., S. 295-318. Opladen: Westdeutscher Verlag, 1991.

Höfer, S. *Täter-Opfer-Konstellation - Eine Analyse anhand der Polizeilichen Kriminalstatistik.* In: *Kinder und Jugendliche als Täter und Opfer. Aspekte der Vorbeugung dargestellt an Eckpfeilern der kindlichen Sozialisation*, S. 110-123. Mainz: WEISSER RING Verlags GmbH: Dokumentation zum 12. Mainzer Opferforum vom 14./15. Oktober 2000, 2001.

Hofinger, V. und Neumann, A. *Legalbiografien von Neustart Klienten. Legalbewährung nach Außergerichtlichem Tat-Ausgleich, Gemeinütziger Leistung und Bewehrungshilfe.* Wien: Institut für Rechts- und Kriminalsoziologie, 2008.

Holthusen, B. und Lüders, C. *Evaluation von Kriminalitätsprävention - Eine thematische Einleitung.* Band 7, In: *Evaluierte Kriminalprävention in der Kinder- und Jugendhilfe. Erfahrungen und Ergebnisse aus fünf Modellprojektens,* S. 9-30. München: (Hrsg.): Arbeitsstelle Kinder- und Jugendkriminalprävention, 2003.

Holthusen, B. und Hoops, S. „*Zwischen Mogelpackung und Erfolgsmodell.*" In: *DJI Impulse: Das Bulletin des Deutschen Jugendinstituts,* 2/2011: S. 12-14.

Holthusen, B. und Hoops, S. „*Kriminalitätsprävention im Kindes- und Jugendalter. Zu Rolle, Beitrag und Bedeutung der Kinder- und Jugendhilfe.*" In: *Zeitschrift für Jugendkriminalrecht und Jugendhilfe (ZJJ) Schwerpunkt: Prävention,* März 1/2012: S. 23-27.

Honer, A. „Interview." In: *Hauptbegriffe Qualitativer Sozialforschung,* (Hrsg.): Bohnsack, R. Marotzki, W. und Meuser, M., S. 94-99. Opladen und Farmington Hills: Barbara Budrich, 2. Auflage, 2006.

Horn, J. *"Fair"-Handlung. Täter-Opfer-Ausgleich mit Jugendlichen. Möglichkeiten und Grenzen.* Marburg : Tectum Verlag, 2008.

Höynck, T. *Das Opfer zwischen Parteirechten und Zeugenpflichten. Eine rechtsvergleichende Untersuchung zur Rolle des Opfers im Strafverfahren in Deutschland, der Schweiz und England.* Band 30, Interdisziplinäre Beiträge zur kriminologischen Forschung des KfN. Baden-Baden: Nomos Verlagsgesellschaft, 2005.

Hübner, G. E., Kerner, S., Kunath, W. und Planas, H. „*Mindeststandards polizeilicher Jugendarbeit.*" In: *Zeitschrift für Jugendkriminalrecht und Jugendhilfe,* 4/2012: S. 430-435.

Hunold, D. *Migranten in der Polizei. Zwischen politischer Programatik und Organisationsentwicklung.* Frankfurt : Verlag für Polizeiwissenschaft, 2008.

Hunold, D., Klimke, D., Behr, R. und Lautmann, R. *Fremde als Ordnungshüter?* Wiesbaden: Verlag für Sozialwissenschaften, 2010.

Hüncken, A. *Standard-Tanker und TOA-Boote: Zur Veröffentlichung der Neuauflage der TOA-Standards.* In: *Zeitschrift für Jugendkriminalrecht und Jugendhilfe (ZJJ),* 21, 3, 2010, S. 320-323

Hüttermann, J. „*Polizeialltag und Habitus: Eine sozialökologische Fallstudie.*" In: *Soziale Welt,* 2000 / 51. Jahrg. H1: S. 7-24.

Hüttermann, J. „*Korporative Polizei, Symbolische Polizei und Street Corner-Polizei: Fallgestützte Hinweise auf die Funktionalität polizeilicher Habitusarbeit.*" In: *Zwischen Anomie und Inszenierung. Interpretationen der Entwicklung der Kriminalität und der sozialen Kontrolle,* (Hrsg.): Althoff, M., Becker, P., Löschper, G. und Stehr, J., S. 225-251. Baden-Baden: Nomos Verlag, 2004.

Imhof, M. „*Erziehung zur Konfliktfähigkeit mit Hilfe von Selbsterfahrungsarbeit in der Schule.*" *Praxis der Kinderpsychologie und Kinderpsychiatrie*, 1985: S. 231-239.

Jacob, O. und Grünewald, K. „*TOA im Umfeld der Schule - unerwünschte Einmischung von außen oder erwünschte Hilfe in speziellen Fällen?!*" In: *Europäische Vorgabe zum Opferschutz. Unterstützung oder Hemmschuh für Restorative Justice? Tagungsdokumentation des 15. Forums für Täter-Opfer-Ausgleich 2014 in Trier*, S. 86-93. Köln : DBH-Fachverband für Soziale Arbeit, Strarecht und Kriminalpolitik, 2014.

Jacob, O. „*Die Schere im Kopf" Die Entwicklung der Fallzuweisungen beim TOA in Berlin (JGG) - Versuch einer Standortbestimmung.* In: *TOA-Infodienst*, Dezember 2011 : S. 10 -15.

Jacob, O. "*Virtuelle Bedrohungen und reale Ängste. Vom Umgang mit den Opfern von Cybermobbing - Prävention durch Konfliktschlichtung!?*" unveröffentlicher Vortrag zum Fachabend des Evangelischen Jugend- und Fürsorgewerkes EJF-gAG. vom 20.11.2013 im Hotel Morgenland (Berlin).

Jacob, O. und Szymanski, D. „*Täter-Opfer-Ausgleich im Jugendstrafverfahren. Praxisleitfaden für die polizeiliche Bearbeitung.*" In: *Kompass. Fachinformationen für die Berliner Polizei*, 44. Jahrgang 2/2011: S. 8-12.

Jacob, O. und Reichmuth, W. „*Fragebogen an die Jugendrichterinnen und Jugendrichter im Amtsgericht und an die Staatsanwaltschaft Berlin zur Überprüfung unseres Angebotes und zur Bedarfsanalyse.*" Auswertung im Rahmen der Arbeitsgruppe für TOA in Berlin, Integrationshilfe Berlin e.V. EJF-Lazarus gAG, Berlin, 2006.

Jacobs, G., Runde, B., Seeberg, I., Christe-Zeyse, J. und Barthel, C. „*Erfolgskritische Faktoren bei der Durchführung von Veränderungsprojekten in der Polizei.*" Forschungsbericht, 2005, S. 303-336.

Jäger, H. *Makrokriminalität. Studien zur Kriminologie kollektiver Gewalt.* Frankfurt am Main: Suhrkamp, 1989.

Janke, M. „*Der Täter-Opfer-Ausgleich im Strafverfahren. Zugleich ein Beitrag zu einer kritischen Strafverfahrenstheorie.*" Saarbrücker Forum für Mediation. 2004. S. 1-25.

Janke, M. *Der Täter-Opfer-Ausgleich im Strafverfahren. Zugleich ein Beitrag zu einer kritischen Strafverfahrensrechtstheorie.* Hamburg: Verlag Dr. Kovac, 2005. Zugl. Diss. Hannover.

Jansen, C. und Karliczek, K.-M. *Täter und Opfer als Akteure im Schlichtungsprozess.* In: Täter-Opfer-Ausgleich. Beiträge zur Theorie, Empirie und Praxis. (Hrsg.): Gutsche, G. und Rössner, D., S. 159-182, Mönchengladbach, Forum Verlag Godesberg, 2000.

Jaschke, H.-G. *„Management Cops. Anmerkungen zu einer polizeilichen Funktionselite."* In: *Die Polizei zwischen Stabilität und Veränderung. Ansichten einer Organisation*, (Hrsg.): Christie-Zeyse, J., S. 135-162. Frankfurt: Verlag für Polizeiwissenschaft, 2006.

Jaschke, H.-G. *Polizei und Öffentlichkeit - Öffentlichkeitsarbeit der Polizei.* Beiträge des Fachbereichs, Berlin: Hochschule für Wirtschaft und Recht Berlin. Fachbereich Polizei und Sicherheitsmanagement, 2011.

Jehle, J.-M., Heinz, W. und Sutterer, P. *Legalbewährung nach strafrechtlichen Sanktionen.* (Hrsg.): Bundesministerium der Justiz. Berlin, 2003.

Johnson, A. und Szurek, S. A. *„The Genesis of Antisocial Acting Out in Children and Adults."* Psa.Quart.XXI, 1952: S. 323-343.

Liebl, K. *„Die neue Polizeiforschung im letzten Jahrzehnt in der Bundesrepublik Deutschland."* In: Kriminalistik, 3/2008: S. 147-155.

Kähler, H. *Soziale Arbeit in Zwangskontexten. Wie unerwünschte Hilfe erfolgreich sein kann.* München: Ernst Reinhard Verlag, 2005.

Kaiser, G. *Kriminologie.* Heidelberg: Müller, 6. Auflage, 1983.

Kaiser, G. *Kriminologie. Ein Lehrbuch.* Heidelberg: C.F.Müller, 1988.

Kaiser, G. *„Erfahrungen mit dem Täter-Opfer-Ausgleich im Ausland."* In: *Täter-Opfer-Ausgleich Zwischenbilanz und Perspektiven*, (Hrsg.): Bundesministerium der Justiz, S. 40-50. Bonn, Mönchengladbach: Forum Verlag Godesberg, 1991.

Kämmerer, Ma. *Austausch von Wirklichkeiten - Außergerichtliche Konfliktschlichtung im Täter-Opfer-Ausgleich.* Band 14, In: *Straftaten junger Menschen im vereinigten Berlin*, (Hrsg.): Matzke, M. und Bischoff, D., S. 242-247. Berlin: Hitit Verlag, 2001.

Kämmerer, Mo. *Von Scham zu Schuld - Beschämungserfahrungen als eine mögliche Ursache für jugendliche Gewalt.* Berlin: Bachelorarbeit an der Alice Salomon Hochschule, 2012.

Karliczek, K. M. *„Ergebnisse der quantitativen Untersuchung im Rahmen der Begleitforschung zum Täter-Opfer-Ausgleich in Brandenburg und Sachsen-Anhalt."* In: *Täter-Opfer-Ausgleich. Beiträge zur Theorie, Empirie und Praxis*, (Hrsg.): Gutsche; G. und Rössner, D., S. 52-71. Mönchengladbach: Forum Verlag Godesberg, 2000.

Kassner, K. und Wassermann, P. *„Nicht überall, wo Methode draufsteht, ist auch Methode drin. Zur Problematik der Fundierung von ExpertInneninterviews."* In: *Das Experteninterview. Theorie, Methode, Anwendung*, (Hrsg.): Bogner, A., Littig, B. und Menz, W., S. 95-112. Opladen: Leske und Buderich, 2002.

Kausch, E. *Der Staatsanwalt, ein Richter vor dem Richter? Untersuchungen zu §153a StPO.* Berlin, 1980.

Kavemann, B. und Lehmann, K. „*Schutz bei häuslicher Gewalt - gemeinsam Gefährdung beurteilen, kooperative Sicherheit organisieren.*" In: *Dasselbe in grün? Aktuelle Perspektiven auf das Verhältnis von Polizei und Sozialer Arbeit*, (Hrsg.): Möller, K., S. 107-115. Weinheim und München: Juventa, 2010.

Kawamura, G. „*Widerstände bei der Konfliktregelung am Beispiel von Neutralisationstendenzen des Täters.*" In: *Täter, Opfer und VerMittler. Vom Umgang mit Problemen der Fallarbeit beim Täter-Opfer-Ausgleich*, S. 91-103. Bonn: Deutsche Bewährungshilfe DBH e.V., 3. Auflage, 1992.

Kawamura, G. und Schreckling, J. *Täter-Opfer-Ausgleich - Eine professionelle soziale Intervention? Überlegungen zur Arbeitsmethodik auf dem Hintergrund der WAAGE - Fallpraxis.* Band 12. Schriftenreihe der Deutschen Bewährungshilfe e.V., In: *Täter-Opfer-Ausgleich. Vom zwischenmenschlichen Weg zur Wiederherstellung des Rechtsfriedens*, (Hrsg.): Marks, E. und Rössner, D., S. 73-114. Bonn: Forum Verlag Godesberg, 1990.

Kerner, H. J. „*Unbeabsichtigte und unerwünschte Nebenfolgen der JGG-Reform duch die Praxis, insbesondere am Beispiel der Ausweitung der sozialen Kontrolle?*" In: *Jugendstrafrechtsreform durch die Praxis: informelle Reaktionen und neue ambulante Maßnahmen auf dem Prüfstand; Symposium vom 06.-09. Oktober 1988 in Konstanz*, (Hrsg.): BMJ, 265-292. Bonn: Forum Verlag Goedesberg, 4. Auflage, 1992.

Kerner, H.-J., Hartmann, A., Lenz, S. und Stroezel, H. *Auswertung der bundesweiten Täter-Opfer-Ausgleichs-Statistik für die Jahre 1993-1999.* Tübingen: Institut für Kriminologie der Universität Tübingen, 2003.

Kerner, H.-J., Hartmann, A. und Lenz, S. *Täter-Opfer-Ausgleich in der Entwicklung. Auswertung der bundesweiten Täter-Opfer-Ausgleichs-Statistik für den Zehnjahreszeitraum 1993-2002.* Berlin: Bundesmisterium der Justiz, 2005.

Kerner, H.-J., Hartmann, A. und Eikens, A. *Täter-Opfer-Ausgleich in Deutschland. Auswertung der bundesweiten Täter-Opfer-Ausgleichs-Statistik für den Jahrgang 2005, mit Vergleichen zu den Jahrgängen 2003 und 2004 sowie einem Rückblick auf die Entwicklung seit 1993.* Berlin: Bundesministerium der Justiz, 2008.

Kerner, H.-J., Eikens, A. und Hartmann, A. *Täter-Opfer-Ausgleich in Deutschland. Auswertung der bundesweiten TOA-Statistik für die Jahrgänge 2006-2009.* Berlin: Bundesministerium der Justiz, 2011.

Kerner, H.-J. und Weitekamp, E.G.M. *Praxis des Täter-Opfer-Ausgleichs in Deutschland. Ergebnisse einer Erhebung zu Einrichtungen sowie zu Vermittlerinnen und Vermittlern.* (Hrsg.): Bundesministerium der Justiz. Berlin, 2013.

Kerscher, I. *Sozialwissenschaftliche Kriminalitätstheorien.* Weinheim und Basel: Beltz, 4. Auflage, 1985.

Kersten, J. *„Zero Tollerance oder Community Policing: Ein Essay zur Geschichte und zum Stellenwert eines Ideologiestreits."* In: *Die Polizei als Organisation mit Gewaltlizenz*, (Hrsg.): Herrnkind, M. und Scheerer, S., S. 105-121. Münster, Hamburg, London, 2003.

Kersten, J. *„Mediale Polizeibilder"* In: *Empirische Polizeiforschung VI: Innen- und Außenansicht(en) der Polizei*, (Hrsg.): Groß, H. und Schmidt, P., S. 113-122. Frankfurt: Verlag für Polizeiwissenschaft, 2005.

Kersten, J. *"Restorative Justice" Innovative Ansätze im Umgang mit Konflikten und Gewaltereignissen.* In: *Zeitschrift für Jugendkriminalrecht und Jugendhilfe*, Juni 2012: S. 168-175.

Kersten, J. *„Scham, Wut und Maskulinität. Was passiert, wenn Scham in Gewalt umgewandelt wird?"* In: *TOA-Infodienst*, März 2013: S. 27-32.

Keudel, A. *Die Effizienz des Täter-Opfer-Ausgleichs: Eine empirische Untersuchung von Täter-Opferausgleichsfällen aus Schleswig-Holstein.* (Hrsg.): Weisser Ring. Mainzer Schriften Band 24. Mainz, 2000.

Keydel, B. und Knapp, P. *„Zwei plus zwei gleich fünf - Praxisbericht zum Thema Co-Mediation."* In: *ZKM-Zeitschrift für Konfliktmanagement*, 2/2003: S. 57-60.

Kiefl, W. und Lamnek, S. *Soziologie des Opfers. Theorie, Methoden und Empirie der Viktimologie.* Wilhelm Fink Verlag (UTB); München, 1986.

Kilchling, M. *Opferinteressen und Strafverfolgung.* Freiburg im Breisgau, 1995.

Kilchling, M. *„Empirische Erkenntnisse aus Kriminologie und Viktimologie zur Lage von Opfern."* In: *DVJJ-Journal: Zeitschrift für Jugendkriminalrecht und Jugendhilfe*, März 1/2002: S. 14-23.

Kilchling, M. *„Veränderte Perspektiven auf die Rolle des Opfers im gesellschaftlichen, sozialwissenschaftlichen und rechtspolitischen Diskurs."* In: *Perspektiven professioneller Opferhilfe. Theorie und Praxis eines interdisziplinären Handlungsfelds*, (Hrsg.): Hartmann, J. und ado, S. 39-51. Wiesbaden: VS-Verlag für Sozialwissenschaften, 2010.

Kilchling, M. *„Die Europäische Opferrechtsrichtlinie: Unterstützung oder Hemmschuh für die Entwicklung der Restorative Justice?"* In: *Europäische Vorgabe zum Opferschutz. Unterstützung oder Hemmschuh für Restorative Justice? Tagungsdokumentation des 15.TOA-Forums für Täter-Opfer-Ausgleich 2014 in Trier*, S. 46-56. Köln: DBH-Fachverband für Soziale Arbeit, Strafrecht und Kriminalpolitik, 2014.

Kleinknecht, T. und Meyer-Goßner, L. *Straffprozessordnung, Gerichtsverfassungsgesetz, Nebengesetze und ergänzende Bestimmungen.* 43. Auflage. München, 1997.

Klenzner, F. und Netzig, L. *"JA, ABER..."* Gedanken zur Effektivierung des Täter-Opfer-Ausgleichs. Band 48, In: *9. TOA Forum: Die rechtlichen, strukturellen und methodischen Herausforderungen einer umfassenden Anwendung des Täter-Opfer-Ausgleichss*, S. 43-46. Köln: DBH Fachverband für Soziale Arbeit, Strafrecht und Kriminalpolitik, 2002.

Knapp, P. und Novak, A. *Effizientes Verhandeln. Konstruktive Verhandlungstechniken in der täglichen Praxis.* Heidelberg: Sauer Verlag, 2003.

Kondziela, A. „Täter-Opfer-Ausgleich und Unschuldsvermutung." In: *MschrKrim*, 1989: S. 177-189.

Korn, J. und Mucke, T. *Gewalt im Griff 2: Deeskalations- und Mediationstraining*, Weinheim und München: Juventa, 2. Auflage, 2006.

Körner, J. „Gewalttätigkeit als soziales Handeln." In: *Zeitschrift für Sozialpädagogik*, 4/2007 5. Jg.: S. 404-418.

Krassmann, S. *Kontingenz und Ordnungsmacht. Phänomenologischer Versuch über die Polizei.* Münster und Hamburg: LIT Verlag, 1993.

Kriz, J. *Grundkonzepte der Psychotherapie.* München und Weinheim: Beltz - Psychologie Verlags Union, 5., vollständig überarbeitete Auflage, 2001

Kriz, J. „Grundlagen der Gesprächspsychotherapie." In: *Gesprächspsychotherapie. Die therapeutische Vielfalt des personenzentrierten Ansatzes*, (Hrsg.): Kriz, J. und Slunecko, T., S. 15-33. Wien: Facultas Verlags- und Buchhandels AG (UTB), 2007.

Kröniger, S. „Die Rolle einer Berufsgruppenidentität bei der Zusammenarbeit von Polizei und Staatsanwaltschaft." In: *Empirische Polizeiforschung VIII: Polizei im Wandel? Organisationskultur(en) und -reform*, (Hrsg.): Ohlemacher, T., Mensching, A. und Werner, J.-T., S. 129-152. Frankfurt: Verlag für Polizeiwissenschaft, 2007.

Krüger, H. H. und Grunert, C. *Handbuch Kindheits- und Jugendforschung.* Wiesbaden: Verlag für Sozialwissenschaften, 2. erweiterte Auflage, 2010.

Kube, E. *Systematische Kriminalprävention. Ein strategisches Konzept mit praktischen Beispielen.* Wiesbaden: Bundeskriminalamt BKA, 1987.

Kube, E. und Koch, K.-F. „Kriminalprävention. Lehr- und Studienbriefe Kriminologie Nr. 3" Hilden, 1993.

Kueß, N. „Ziviler Ungehorsam und Polizei im demokratischen Rechtsstaat. Zur Reaktualisierung eines Diskurses." In: *Empirische Polizeiforschung XVII: Polizei und Politik*, (Hrsg.): Frevel, B. und Groß, H., S. 78-101. Frankfurt: Verlag für Polizeiwissenschaft, 2014.

Kuhn, A. „*Auswertung der Jugendgerichtshilfeakten 1985 und 1986.*" "*Tat-Sachen*" *als Konflikt. Täter-Opfer-Ausgleich in der Jugendstrafrechtspflege. Forschungsbericht zum Modellprojekt* "*Handschlag*", 1989: S. 92ff.

Kuhn, A. und Wandrey, M. „*TOA - Wunderwaffe gegen Schulkonflikte? Über den weiten Weg vom Täter-Opfer-Ausgleich zur Schulmediation.*" In: *Zehn Jahre Täter-Opfer-Ausgleich und Konfliktschlichtung. Der Täter-Opfer-Ausgleich als Teil einer gesellschaftlichen Entwicklung zu mehr außergerichtlicher Konfliktregulierung?* (Hrsg.): Hassemer, E., Marks, E. und Mayer, K., S. 253-280. Bonn: Forum Verlag Godesberg, 1997.

Kühne, H. H. *Strafprozessrecht. Eine systematische Darstellung des deutschen und europäischen Strafverfahrensrechts.* Heidelberg, München, Landsberg, Frechen, Hamburg: C.F.Müller, 8. Auflage, 2010.

Kunath, W. „*20 Jahre und kein bisschen alt...Rückblick und Ausblick zur polizeilichen Jugendarbeit.*" In: *Zeitschrift für Jugendkriminalrecht und Jugendhilfe (ZJJ)*, Dezember 4/2012: S. 427-429.

Kunz, K. L. *Kriminologie.* Bern, Stuttgart, Wien: UTB, 4. Auflage, 2004.

Kunz, K. L. *Die wissenschaftliche Zugänglichkeit von Kriminalität. Ein Beitrag zur Erkenntnistheorie der Sozialwissenschaften.* Wiesbaden: Verlag für Sozialwissenschaften, 2008.

Kunz, F. „*Im Osten was Neues: Täter-Opfer-Ausgleich aus Sicht der Beteiligten. Ergebnisse einer Befragung von jugendlichen bzw. heranwachsenden Tätern und ihren Opfern.*" In: *Monatsschrift für Kriminologie und Strafrechtsreform*, 2007: S. 466-483.

Kupmann, S. „*Kosten und Kostenersparnis im Täter-Opfer-Ausgleich.*" Praxisheft Täter-Opfer-Ausgleich Nr. 5, Bonn, 2007.

Kury, H., Mesko, G., Mitar, M. und Fields, C. „*Sloveinian police officers´attidutes towards contemporary security threats and punishment.*" Policing: An international Journal of Police Strategies & Management, No. 32, 2009: S. 415-430.

Kury, H. *Entwicklungslinien und zentrale Befunde der Viktimologie.* In: *Perspektiven professioneller Opferhilfe. Theorie und Praxis eines interdisziplinären Handlungsfeldes* (Hrsg.): Hartmann, J., S.51-72, VS-Verlag, 2010.

Kurze, M. *Täter-Opfer-Ausgleich und allgemeines Strafrecht.* Kriminologische Zentralstelle - Berichte und Materialien, Heft 13, 1997.

„**Kurzkonzept** der integrierten Täter-Opfer-Beratung iTOB." Berlin: Stop-Stalking KUB e.V., April 2014.

Lackner, K. und Kühl, K. *StGB Strafgesetzbuch und Erläuterungen.* 22. Auflage. München: C.H. Beck München, 1997.

Lamnek, S. *Theorien abweichenden Verhaltens.* München: Wilhelm Fink, 5. Auflage, 1993.

Lamnek, S. *Neue Theorien abweichenden Verhaltens.* München: Wilhelm Fink Verlag, 1994.

Lamnek, S. *Gruppendiskusionen. Theorie und Praxis.* Weinheim, 1998.

Lamnek, S. *Theorien abweichenden Verhaltens II "Moderne" Ansätze.* München: UTB-Wilhelm Fink Verlag, 3., überarbeitete und erweiterte Auflage, 2008.

Lamnek, S. *Qualitative Sozialforschung.* Weinheim, Basel: Beltz, 5., überarbeitete Auflage, 2010.

Landzettel, H. J. „Prävention ab Nabelschnur." In: *Kinder und Jugendliche als Täter und Opfer. Aspekte der Vorbeugung dargestellt an Eckpfeilern der kindlichen Sozialisation. Dokumentation des 12. Mainzer Opferforums.*, S. 31-42. Mainz: Weisser Ring, 2001.

Lange, H. J. „*Polizeiforschung, Polizeiwissenschaft oder Forschung zur Inneren Sicherheit? - Über die Etablierung eines schwierigen Gegenstandes als Wissenschaftsdisziplin.*" In: *Polizeiwissenschaft 1. Positionen*, (Hrsg.): Möllers, H. und Ooyen, R. van, S. 29-55. Frankfurt: Verlag für Polizeiwissenschaft, 2011.

Laubenthal, K. und Baier, H. *Jugendstrafrecht.* Berlin, Heidelberg: Springer, 2007.

Laucht, M., Esser, G und Schmidt, M. H. „*Entwicklung von Risikokindern im Schulalter. Die langfristigen Folgen frühkindlicher Belastungen.*" In: *Zeitschrift für Entwicklungspsychologie und Pädagogische Psychologie. Nr. 32*, 2000a: S. 59-69.

Legewie, H. und Ehlers, W. *Handbuch moderne Psychologie.* Augsburg: Bechtermünz Verlag, 1999.

Lehne, W. „*Aktuelle Präventionskonzepte im Spiegel der kriminologischen Debatte.*" In: *Kritische Kriminologie und Soziale Arbeit*, (Hrsg.): Anhorn, R. und Bettinger, F., S. 169-187. Weinheim und München: Juventa Verlag, 2002.

Lenger, A., Schneikert, C. und Schumacher, F. *Pierre Bourdieus Konzeption des Habitus. Grundlagen, Zugänge, Forschungsperspektiven.* Wiesbaden: Springer VS, 2013.

Leuschner, W. „*Neurowissenschaften und ihre Unsterblichkeitsvision - die Enteignung der Psychologie.*" In: *Bindung, Trauma und soziale Gewalt. Psychoanalyse, Sozial- und Neurowissenschaften im Dialog*, (Hrsg.): Leuzinger-Bohleber, M., Haubl, R. und Brumlik, M., S. 100-120. Göttingen: Vandenhoeck & Ruprecht, 2006.

Liebl, K. H. *"Vertauen" zur Polizei - Eine kritische Bestandsaufnahme und neue Untersuchungsergebnisse."* In: *Innen- und Außenansicht(en) der Polizei. Empirische Polizeiforschung VI,* (Hrsg.): Groß, H., et al., S. 151. Frankfurt am Main: Verlag für Polizeiwissenschaft, 2005.

Liebl, K. H. *Die neue Polizeiforschung im letzten Jahrzehnt der Bundesrepublik Deutschland.* In: Kriminalistik, 3/2008, S. 147-155.

Liebl, K. H. *Polizei und Fremde - Fremde bei der Polizei.* Wiesbaden: Verlag für Sozialwissenschaften, 2009.

Liebsch, K. *„Lektion IV: Identität und Habitus."* In: *Einführung in die Hauptbegriffe der Soziologie,* (Hrsg.): Korte, H. und Schäfers, B., S. 70-84. Wiesbaden: VS-Verlag, 8., durchgesehene Auflage, 2010

Lindenberg, M. *„Vielfalt ermöglichen und Sicherheit organisieren?"* In: *Zeitschrift für Jugendkriminalrecht und Jugendhilfe (ZJJ),* Dezember 4/2012: S. 410-415.

Lindenberg, M. und Ziegler, H. *„Prävention."* In: *Handbuch Sozialraum,* (Hrsg.): Kessel, F., Reutlinger, C., Maurer, S. und Frey, O., S. 611-627. Wiesbaden, 2005.

Lindenberg, M. und Lutz, T. *„Soziale Arbeit in Zwangskontexten."* In: *AK HochschullehrerInnen Kriminologie / Straffälligenhilfe in der Sozialen Arbeit (Hrsg.),* S. 114-126. Weinheim und Basel : Beltz Juventa, 2014.

Lindenberger, T. *„Vom Säbelhieb zum "sanften Weg" ? Lektüren physischer Gewalt zwischen Bürgern und Polizisten im 20. Jahrhundert."* In: *Polizei, Gewalt und Staat im 20. Jahrhundert,* (Hrsg.): Lüdtke, A., Reinke, H. und Sturm, M., S. 205-224. Wiesbaden: Verlag für Sozialwissenschaften, 2011.

Lindner, G. *Über die Funktionsweise und Hemmnisse der Zusammenarbeit von Staatsanwälten und TOA-Projekten/Mitarbeitern.* DBH-Materialien Nr. 35. (Hrsg.): DBH, Köln, 1997.

Linke, M. *„Die Opferperspektive in der Berliner Polizei - zur notwendigen Vernetzung der Akteure der Opferhilfe."* In: *Perspektiven professioneller Opferhilfe. Theorie und Praxis eines interdisziplinären Handlungsfeldes,* (Hrsg.): Jutta Hartmann, S. 147-152. Wiesbaden: Verlag für Sozialwissenschaften, 2010.

Lippelt, I. *Innenansichten und Wirkungsforschung zum Täter-Opfer-Ausgleich im Jugendstrafrecht. Die Zufriedenheit von Opfern und Tätern mit "ihrer" Mediation der Jugend- und Konflikthilfe der Landeshauptstadt Hannover.* Frankfurt: Verlag für Polizeiwissenschaft, 2010.

Liszt, F.v. *Die Kriminalität der Jugendlichen.* Band 2, In: *Strafrechtliche Aufsätze und Vorträge* S. 331-355. Berlin, 1905.

Littig, B. „*Interviews mit Eliten - Interviews mit ExpertInnen: Gibt es Unterschiede?*" In: *Experteninterviews. Theorien, Methoden, Anwendungsfelder*, (Hrsg.): Bogner, A., Littig, B. und Menz, W., S. 117-133. Wiesbaden: VS-Verlag, 3. grundlegend überarbeitete Auflage, 2009.

Löbbecke, P. *Abgesichert sein und gutes Geld verdienen. Eine qualitativ-empirische Untersuchung über Berufsbilder von studierenden Polizisten*. Frankfurt: Verlag für Polizeiwissenschaft, 2004.

Loos, P., Nohl, A.-M., Przyborski, A. und Schäffer, B. *Dokumentarische Methode. Grundlagen-Entwicklungen-Anwendungen*. Opladen, Berlin, Toronto: Verlag Barbara Budrich, 2013.

Loos, P. und Schäffer, B. *Das Gruppendiskussionsverfahren. Theoretische Grundlagen und empirische Anwendung*. (Hrsg.): Bohnsack, R., Lüders, C. und Reichertz, J., Opladen: Leske und Budrich, 2001.

Lotter, M. S. *Scham, Schuld, Verantwortung. Über die kulturellen Grundlagen der Moral*. Berlin: Suhrkamp, 2012.

Lück, M., Strüber, D. und Roth, G. „*Neurobiologische und entwicklungspsychologische Grundlagen gewalttätigen Verhaltens.*" In: *Bindung, Trauma und soziale Gewalt. Psychoanalyse, Sozial- und Neurowissenschaften im Dialog*, (Hrsg.): Leuzinger-Bohleber, M., Haubl, R. und Brumlik, M., S. 78-99. Göttingen: Vandenhoeck & Ruprecht, 2006.

Luckmann, T. „*Grundformen der gesellschaftlichen Vermittlung des Wissens: Kommunikative Gattungen.*" In: *Kultur und Gesellschaft*, (Hrsg.): Neidhardt, F. u.a., Opladen, 1986.

Lüdemann, C. und Ohlemacher, T. *Soziologie der Kriminalität. Theorien und empirische Perspektiven*. Weinheim und Basel: Juventa, 2002.

Luhmann, N. *Soziale Systeme. Grundriss einer allgemeinen Theorie*. Frankfurt am Main, 1984.

Luhmann, N. *Die Gesellschaft der Gesellschaft. Erster und zweiter Teilband*. Frankfurt am Main, Suhrkamp, 1997.

Luhmann, N. *Einführung in die Systemtheorie*. Heidelberg, Carl-Auer-Systeme Verlag, 2002.

Luhmann, N. *Soziologie des Risikos*. Berlin, New York, Walter de Gruyter, Unveränderter Nachdruck der Ausgabe von 1991, 2003.

Luhmann, N. *Organisation und Entscheidung*. VS-Verlag, 3. Auflage, 2011.

Lutz, T. *Soziale Arbeit im Kontrolldiskurs. Jugendhilfe und ihre Akteure in postwohlfahrtstaatlichen Gesellschaften*. Wiesbaden: VS-Verlag, 2010.

Lutz, T. *"Wiedergutmachung statt Strafe? Restorative Justice und der Täter-Opfer-Ausgleich."* In: *Handbuch Jugendkriminalität. Kriminologie und Sozialpädagogik im Dialog,* (Hrsg.): Döllinger, B. und Schmidt-Semisch, H., S. 405-425. VS-Verlag für Sozialwissenschaften, 2. Auflage, 2011.

Lutz, T. *"Straf- und Sanktionsmentalität in der Sozialen Arbeit. Soziale Arbeit zwischen Hilfe und Kontrolle: neue Qualität im alten Spannungsfeld."* In: *Zeitschrift für Jugendkriminalrecht und Jugendhilfe (ZJJ),* Juni 2/2012: S. 157-162.

Mahlmann, R. *Konflikte managen. Psychologische Grundlagen, Modelle und Fallstudien.* Weinheim und Basel: Beltz, 2. Auflage, 2001.

Mangold, W. *Gegenstand und Methode des Gruppendiskussionsverfahrens.* (Hrsg.): Adorno T.W. und Dirks, W., 9. Band, Frankfurter Beiträge zur Soziologie. Frankfurt a. M.: Europäische Verlagsanstalt, 1960.

Mangold, W. und Bohnsack, R. *"Kollektive Orientierungen in Gruppen Jugendlicher. Antrag für ein Forschungsprojekt."* Erlangen, 1983.

Mangold, W. und Bohnsack, R. *"Kollektive Orientierungen in Gruppen Jugendlicher. Bericht für die Deutsche Forschungsgemeinschaft."* Erlangen, 1988.

Marks, S. *"Von der Beschämung zur Anerkennung."* In: *bildung&wissenschaft,* Oktober 2005: S. 6-13.

Marks, S. *"Von Scham und Beschämung zu Anerkennung und Menschenwürde."* In: *Achten statt ächten in Straffälligenhilfe und Kriminalpolitik,* (Hrsg.): Halbhuber-Gassner, L., Nickolai, W. und Wichmann, C., S. 183-198. Freiburg im Breisgau: Lambertus, 2010.

Marks, E. und Rössner, D. *Täter-Opfer-Ausgleich. Vom zwischenmenschlichen Weg zur Wiederherstellung des Rechtsfriedens.* Band 12. Bonn: Forum Verlag Godesberg, 1990.

Marotzki, W. *"Leitfadeninterview."* In: *Hauptbegriffe Qualitativer Sozialforschung,* (Hrsg.): Bohnsack, R., Marotzki, W. und Meuser, M., S. 114. Opladen & Farmington Hills: Verlag Barbara Budrich, 2. Auflage, 2006.

Matt, E. *Verantwortung und (Fehl)Verhalten-Für eine Restorative Justice. Bremer Forschungen zur Kriminalpolitik, Band 1.* Münster: LIT Verlag, 2002.

Matzke, M. *Grundlagen und praktische Bedeutung des Täter-Opfer-Ausgleichs in der Jugendstrafrechtspflege Berlins.* In: BewHi 44, 1997, S. 298-310.

Matzke, M. *Grundlagen und Bedeutung des Täter-Opfer-Ausgleichs im deutschen Jugendstrafrecht unter besonderer Berücksichtigung der polizeilichen Aufgabe und Rolle.* In: Infoblatt Nr. 8, Sonderausgabe. (Hrsg.): Clearingstelle Jugendhilfe/Polizei, Stiftung SPI, (1999), aktualisierte Version, 2009, S. 1-9.

Mau, A. „Die Konfliktschlichter." In: *Täter-Opfer-Ausgleich. Beiträge zur Theorie, Empirie und Praxis*, (Hrsg.): Gutsche, G. und Rössner, D., S. 118-158. Mönchengladbach: Forum Verlag Godesberg, 2000.

Mayer, B. *Die Dynamik der Konfliktlösung. Ein Leitfaden für die Praxis.* Stuttgard: Klett-Cotta, deutsche Ausgabe 2007 (Original 2000).

Mayer, C.-H. *Trainingshandbuch Interkulturelle Mediation und Konfliktlösung.* Münster, New York, München, Berlin: Waxman, 2008.

Mayring, P. und Gläser-Zikuda, M. *Die Praxis der Qualitativen Inhaltsanalyse.* Weinheim: Beltz, 2005.

Meier, B.-D., Rössner, D. und Schöch, H. *Jugendstrafrecht.* München: C.H.Beck, 3. überarbeitete Auflage, 2013

Meier, B.-D. *Konstruktive Tatverarbeitung im Strafrecht - Bestandsaufnahme und Reformperspektiven*, In: GA, 1999, S. 1-20.

Mensching, A. *Ist Vorbeugen besser als Heilen?* In: Aus Politik und Zeitgeschichte (APUZ), 48/2005.

Mensching, A. *Gelebte Hierarchien. Mikropolitische Arrangements und organisationskulturelle Praktiken am Beispiel der Polizei.* Wiesbaden: Verlag für Sozialwissenschaften, 2008.

Merton, R., Fiske, M. und Kendall, P. *The Focused Interview. A Manual of Problems and Procedure* . Glencoe, IL: Free Press, 1956.

Messmer, H. „Zwischen Parteiautonomie und Kontrolle: Aushandlunsprozesse im Täter-Opfer-Ausgleich." In: *Täter-Opfer-Ausgleich. Zwischenbilanz und Perspektiven*, S. 115-131. Bonn: Forum Verlag Godesberg, 1995.

Messmer, H. *Unrechtsaufarbeitung im Täter-Opfer-Ausgleich.* Bonn: Forum Verlag Godesberg, 1996.

Meuser, M. und Nagel, U. „*ExpertInneninterviews - vielfach erprobt, wenig bedacht. Ein Beitrag zur qualitativen Methodendiskussion*" In: Qualitativ-empirische Sozialforschung. Konzepte, Methoden, Analysen. (Hrsg.): Garz, D. und Kraimer, K., S. 441-471. Opladen: Westdeutscher Verlag, 1991.

Meuser, M. und Nagel, U. *Experteninterview* In: Hauptbegriffe Qualitativer Sozialforschung. (Hrsg.): Bohnsack, R., Marotzki, W. und Meuser, M., S. 57-58, Opladen und Farmington Hills, 2. Auflage, 2006.

Meuser, M. und Nagel, U. „*Experteninterview und der Wandel der Wissensproduktion.*" In: Experteninterviews. Theorien, Methoden, Anwendungsfelder. (Hrsg.): Bogner, A., Littig, B. und Menz, W., S. 35-60. Wiesbaden: VS-Verlag, *3.,grundlegend überarbeitete Auflage*, 2009.

Meyer-Goßner, L. *Strafprozessordnung. Gerichtsverfassungsgesetz, Nebengesetze und ergänzende Bestimmungen.* 53., neu bearbeitete Auflage, München, C.H. Beck, 2010.

Middelhof, H. *Schrittweise zum Erfolg. Ein Leitfaden für die TOA-Praxis im Rahmen der Jugendgerichtshilfe.* Band 19. Bonn, Bad Godesberg: DBH Deutsche Bewährungshilfe e.V., 1994.

Mokros, R. *Polizeiforschung für Studium und Praxis. Lehr- und Studienbriefe Kriminalistik/Kriminologie.* Band 11. Hilden: Verlag Deutsche Polizeiliteratur, 2009.

Mokros, R. *Polizeiwissenschaft und Polizeiforschung in Deutschland. Versuch einer kritischen Bestandsaufnahme.* Bochum: Ruhr-Universität, 2., überarbeitete und ergänzte Auflage, 2013.

Möller, K. „*Polizei und Soziale Arbeit - von Konfrontation und Substitution zu Dialog und Kooperation? Eine Einführung.*" In: *Dasselbe in grün? Aktuelle Perspektiven auf das Verhältnis von Polizei und Sozialer Arbeit,* (Hrsg.): Möller, K., S. 9-27. Weinheim und München: Juventa, 2010.

Möller, K. „*Soziale Arbeit und Polizei. Sozialarbeitswissenschaftlich-pädagogische Eckpunkte einer Zweckbeziehung.*" In: *Dasselbe in grün? Aktuelle Perspektiven auf das Verhältnis von Polizei und Sozialer Arbeit,* (Hrsg.): Möller, K., S. 14-27. Weinheim und München: Juventa, 2010.

Mollik, R. *Jugendstrafrecht, Jugendhilferecht, Kriminologie. So gelingt Jugendhilfe im Strafverfahren. Handbuch für die Praxis Sozialer Arbeit.* Regensburg: Walhalla, 2012.

Montada, L. und Kals, E. *Mediation. Lehrbuch für Psychologen und Juristen.* Weinheim: Beltz, 2001.

Moser, T. *Jugendkriminalität und Gesellschaftsstruktur. Zum Verhältnis von soziologischen, psychologischen und psychoanalytischen Theorien des Verbrechens.* Frankfurt am Main: Fischer Taschenbuchverlag, 1970.

Mühlfeld, S. *Mediation im Strafrecht. Unter besonderer Berücksichtigung von Gewalt in Schule und Strafvollzug.* Frankfurt am Main: Europäischer Verlag für Wissenschaften, 2003.

Murges-Kemper, K. und Mertens, A. „*Muss schnell auch immer gut sein? Eine kritische Betrachtung des Beschleunigungsgrundsatzes im Jugendstrafrecht.*" In: *Zeitschrift für Jugendkriminalrecht und Jugendhilfe (ZJJ)* 4/2008: S. 356-360.

Naar-King, S. und Suarez, M. (Hrsg.): *Motivierende Gesprächsführung mit Jugendlichen und jungen Erwachsenen,* Beltz, 2012.

Nagera, H., Baker, S., Colonna, A. u.a. *Psychoanalytische Grundbegriffe. Eine Einführung in Sigmund Freuds Terminologie und Theoriebildung.* (Hrsg.): Nagera, H., Frankfurt am Main: Fischer Tachenbuch Verlag, 1977, Neuauflage 1991.

Naucke, W. „Täter-Opfer-Ausgleich im Strafverfahren: Alternative zum herkömmlichen repressiven Strafrecht oder unlösbares Dilemma?" In: NKPol Nr. 2 (1990): S. 14.

Neidhardt, K. „Polizeiwissenschaft und Hochschulentwicklung." Referat beim Seminar Polizeiwissenschaft an der Deutschen Hochschule der Polizei, 2006.

Neidhardt, K. „Die Entwicklung der Polizeiwissenschaft als Aufgabe der Deutschen Hochschule der Polizei." In: Polizeiwissenschaft an der Polizei-Führungsakademie und der Deutschen Hochschule der Polizei. Eine Zwischenbilanz, S. 5-25. Schriftenreihe der Deutschen Hochschule der Polizei, Sonderheft, 2007.

Nentwig-Gesemann, I. Die Typenbildung der dokumentarischen Methode In: Die dokumentarische Methode und ihre Forschungspraxis. Grundlagen qualitativer Sozialforschung. (Hrsg.) Bohnsack, R., Nentwig-Gesemann, I. und Nohl, A.-M., S. 295-323, Springer VS, 3., aktualisierte Auflage, Wiesbaden, 2013.

Nentwig-Gesemann, I., Viernickel, S., Nicolai, K., Schwarz, S. und Zenker, L. Schlüssel zu guter Bildung, Erziehung und Betreuung-Bildungsaufgaben, Zeitkontingente und strukturelle Rahmenbedingungen in Kindertageseinrichtungen. Forschunbgsbericht, Berlin: Der Paritätische Gesamtverband, Diakonie Deutschland, Gewerkschaft Erziehung und Wissenschaft, 2013.

Netzig, L. "Brauchbare" Gerechtigkeit. Täter-Opfer-Ausgleich aus der Perspektive der Betroffenen. Band 37, Schriftenreihe der Deutschen Bewährungshilfe e.V. Mönchengladbach: Forum Verlag Godesberg, 2000.

Netzig, L. „Gewalt ist nie privat! Möglichkeiten und Grenzen des Täter-Opfer-Ausgleichs / der Mediation bei häuslicher Gewalt." In: Frischer Wind für Mediation, S. 241-248. Kassel: Bundesverband Mediation e.V., 2007.

Netzig, L. und Wandrey, M. "Was ist drin, wenn TOA draufsteht?" - Zur Entwicklung und Etablierung von Standards für den Täter-Opfer-Ausgleich. Band 34, In: Zehn Jahre Täter-Opfer-Ausgleich und Konfliktschlichtung. Der Täter-Opfer-Ausgleich als Teil einer gesellschaftlichen Entwicklung zu einer außergerichtlichen Konfliktregulierung?, (Hrsg.): Hassemer, E., Marks, E. und Meyer, K., S. 214-236. Bonn: Forum Verlag Godesberg, 1997.

Nohl, A.-M. Komparative Analyse In: Hauptbegriffe Qualitativer Sozialforschung (Hrsg.): Bohnsack, R., Marotzki, W. und Meuser, M., S. 100-102, Weinheim und Basel, Verlag Barbara Budrich, 2. Auflage, 2006.

Nohl, A.-M. Interview und dokumentarische Methode. Anleitung für die Forschungspraxis. (Hrsg.): Bohnsack, R. , Flick, U., Lüders und Reichertz, J., Wiesbaden: VS-Verlag, 2009.

Nohl, A.-M. und Radwan, H. *Experteninterviews in dokumentarischer Interpretation. Zur Evaluation implizierter Wissens- und Handlungsstrukturen in der außerschulischen Jugendpädagogik.* In: *Dokumentarische Evaluationsforschung. Theoretische Grundlagen und Beispiele aus der Praxis.* (Hrsg.): Bohnsack, R. und Nentwig-Gesemann, I., S. 159-180, Opladen und Farmington Hills, Verlag Barbara Budrich, 2010.

Nußbeck, S. *Einführung in die Beratungspsychologie.* München, Basel: Ernst Reinhardt Verlag, 2. Auflage, 2010.

Oberlies, D. *„Der Täter-Opfer-Ausgleich. Theorie und Praxis einer Glaubensrichtung."* In: *STREIT - feministische Rechtszeitschrift* , 3/2000: S. 99-115.

Oberlies, D. *„Offener Brief. Einrichtung einer Täter-Opfer-Ausgleich-Stelle bei Gewalttaten in Paarbeziehungen."* In: *STREIT - feministische Rechtszeitschrift*, 2/2001: S. 87-88.

Oelkers, N. und Ziegler, H. *„Punitivität, Verantwortung und Soziale Arbeit."* In: *Zeitschrift für Jugendkriminalrecht und Jugendhilfe (ZJJ)*, März 2009: S. 38-44.

Ohlemacher, T. *Empirische Polizeiforschung in der Bundesrepublik Deutschland - Versuch einer Bestandsaufnahme.* Forschungsbericht Nr. 75, Hannover: Kriminologisches Forschungsinstitut Niedersachsen KFN, 1999.

Ohlemacher, T. *„Niedersachsen Polizei 2001, ihr wahrgenommenes Bevölkerungsvertrauen und ein überraschender Befund: Generationseffekt, schwindene Subkultur oder "lachende Dritte."* In: *Empirische Polizeiforschung VI: Innen- und Außenansicht(en) der Polizei*, (Hrsg.): Groß, H. und Schmidt, P., S. 1-16. Frankfurt: Verlag für Polizeiwissenschaft, 2005.

Ohlemacher, T. *„Polizeiforschung, empirische."* In: *Wörterbuch zur Inneren Sicherheit*, (Hrsg.): Lange, H.-J., S. 219-225. Wiesbaden: VS-Verlag, 2006.

Ohne Verfasserangabe: Image-Inspektion. Eine Emnid Umfrage im Auftrag von Focus, was die Deutschen von ihrer Polizei halten. *FOCUS*, 18/2002.

Olweus, D. *Bullying at School: What we know and what we can do.* Oxford: Blackwell, 1993.

Olweus, D. *„Täter-Opfer-Probleme in der Schule: Erkenntnisstand und Interventionsprogramm."* In: *Forschung über Gewalt an Schule*, (Hrsg.): Holtappels, H.G, Heitmeyer, W., Melzer, W. und Tillmann, K.-J., S. 281-298. Weinheim und München: Juventa Verlag, 5. Auflage, 2009.

Orth, U. *Strafgerechtigkeit und Bewältigung krimineller Viktimisierung. Eine Untersuchung zu den Folgen des Strafverfahrens bei Opfern von Gewalttaten.* Band 28. Mainz: Weisser Ring, 2001.

Ostendorf, H. *Kritische Reflexionen zur Kriminalprävention, Dokumentation der Veranstaltung: Prävention um jeden Preis?* Eine kritische Analyse kriminalpräventiven Handelns. Polizei und Sozialarbeit XII, Tagung vom 27. bis 29. Juni 2005 in der Ev. Akademie Loccum, S. 6

Ostendorf, H. *Jugendgerichtsgesetz.* Baden-Baden: Nomos, 8., völlig überarbeitete Auflage, 2009.

Pelikan, C. „*Willige und unwillige Opfer. Teilergebnisse aus der Begleitsstudie zum "Modellversuch außergerichtliche Konfliktregelung in Jugendstrafsachen."* Kriminalsoziologische Bibliographie, 1987/2: S. 91-110.

Pelikan, C. „*Wird der Täter-Opfer-Ausgleich von den am Verfahren Beteiligten akzeptiert? Juristenwelt und Lebenswelt."* In: *Täter-Opfer-Ausgleich. Zwischenbilanz und Perspektiven.* S. 140-143. Bonn und Mönchengladbach: Forum Verlag Godesberg, 3., unveränderte Auflage. 1995.

Pelikan, C. „*Restorative Justice - (m)ein Weg."* In: *TOA-Infodienst*, März 2012: S. 19-26.

Peters, H. *Devianz und soziale Kontrolle*, Weinheim, München, 1989.

Peters, H. "*Sozialarbeit und Soziale Kontrolle*" In: *Kritische Kriminologie und Soziale Arbeit. Impulse für professionelles Selbstverständnis und kritisch-reflexive Handlungskompetenzen.* (Hrsg.): Anhorn, R. und Bettinger, F., S. 213-222, Weinheim und München, 2002.

Peterich, P. „*Handschlag Lüneburg Praxisbericht."* In: *Täter-Opfer-Ausgleich. Vom zwischenmenschlichen Weg zur Wiederherstellung des Rechtsfriedens*, (Hrsg.): Marks, E. und Rössner, D., S. 285-307. Bonn: Forum Verlag Godesberg, 1990.

Petri, H. *Erziehungsgewalt. Zum Verhältnis von persönlicher und gesellschaftlicher Gewaltausübung in der Erziehung.* Frankfurt am Main: Fischer Taschenbuch Verlag, 1989.

Pfadenhauer, M. „*Auf gleicher Augenhöhe. Das Experteninterview - ein Gespräch zwischen Experte und Quasi-Experte."* In: *Experteninterviews. Theorien, Methoden, Anwendungsfelder*, (Hrsg.) A. Bogner, B. Littig und W. Menz, S. 99-116. Wiesbaden: VS-Verlag, 3., grundlegend überarbeitete Auflage, 2009.

Pfeiffer, C. „*Täter-Opfer-Ausgleich - das trojanische Pferd im Strafrecht?"* In: ZRP Nr. 9, 1992: S. 338-345.

Pfeiffer, C. „*Wiedergutmachung und Strafe aus der Sicht der Bevölkerung."* In: *Täter-Opfer-Ausgleich - auf dem Weg zur bundesweiten Anwendung?*, (Hrsg.): Hassemer, E., Marks, E., Wandrey, M. und Kerner, H.-J., S. 91-116. Bonn, 1994.

Pfeiffer, H. *Beteiligung der Polizeidirektion Braunschweig am Modellprojekt Täter-Opfer-Ausgleich.* In: Täter-Opfer-Ausgleich in Braunschweig. Berichte über ein Projekt. Braunschweiger Hefte zum Jugend-, Sozial- und Gesundheitswesen 12/September 1988.

Pfeiffer, H. *Einbeziehung der Polizei in das Modellprojekt Täter-Opfer-Ausgleich in Braunschweig.* In: Täter-Opfer-Ausgleich. Vom zwischenmenschlichen Weg zur Wiederherstellung des Rechtsfriedenss, (Hrsg.): Rössner, D. und Marks, E., S. 61-71. Bonn: Forum Verlag Godesberg, 1990.

Pick, A. „Polizeiforschung zwischen Wissenschaft und Scharlatanerie." In: *Kriminalsitik*, 1995/11: S. 697-703.

Piliavin, I. und Briar, S. *Polizeibegegnungen mit Jugendlichen.* Nr. 2, In: Seminar Abweichendes Verhalten III. Die gesellschaftliche Reaktion auf Kriminalität, (Hrsg.): Lüderssen, K. und Sack, F., S. 87-103. Frankfurt am Main: Suhrkamp, 1976.

Pollock, F. *„Gruppenexperiment."* Ein Studienbericht, Frankfurter Beiträge zur Soziologie. Band 2. , Frankfurt am Main, 1955.

Przyborski, A. *Gesprächsanalyse und dokumentarische Methode. Qualitative Auswertung von Gesprächen, Gruppendiskussionen und anderen Diskursen.* Wiesbaden: Verlag für Sozialwissenschaften, 2004.

Przyborski, A. und Wohlrab-Sahr, M. *Qualitative Sozialforschung. Ein Arbeitsbuch.* München: Oldenbourg Verlag, 4., erweiterte Auflage, 2014.

Puderbach, K. „*Versuch einer Bestandsaufnahme aus Sicht der staatsanwaltschaftlichen Praxis. Täter-Opfer-Ausgleich im Ermittlungs- und Hauptverfahren."* In: TOA-Infodienst, April 2005: S. 6-12.

Quensel, S. *Vom Labeling-Ansatz zur abolitionistischen Politik.* In: Kriminologisches Journal, 1986, S. 83-85 (zuerst 1985).

Reichertz, J. „*Auf dem Weg zu den Polizeiwissenschaften? Bemerkungen aus soziologischer und kommunikationswissenschaftlicher Perspektive."* In: Kriminologie im 21. Jahrhundert, (Hrsg.): Liebl, K.H., S. 125-143, Wiesbaden, 2007.

Reichertz, J. „*Hermeneutische Polizeiforschung."* In: *Polizeiwissenschaft. Band 1: Positionen*, (Hrsg.): Möllers, M. und Ooyen, R. van, S. 69-97. Frankfurt: Verlag für Polizeiwissenschaft, 2011.

Reichertz, J. „*Studienbrief Modul 5b. Überblick: Deutsche Polizeiforschung."* 2011.

Reinartz, F. „*Polizeiforschung und - wissenschaft - Entstehung, Forschungsgegenstände und Bedarfsträger einer "neuen" Disziplin."* In: Neue Wege, neue Ziele. Polizieren und Polizeiwissenschaft im Diskurs, (Hrsg.): Feltes, T. und Reichertz, J., S. 175-188. Frankfurt: Verlag für Polizeiwissenschaft, 2009.

Reemtsma, J. P. *Organisationen mit Gewaltlizenz - ein zivilisatorisches Grundproblem.* In: *Die Polizei als Organisation mit Gewaltlizenz. Möglichkeiten und Grenzen der Kontrolle.* Hamburger Studien zur Kriminologie und Kriminalpolitik, Band 31, (Hrsg.): Herrnkind, M. und Scheerer, S., S. 7-23, Münster, Hamburg, London, Lit Verlag, 2003.

Reuber, S. und Rössner, D. *Sammlung der Länderrichtlinien zum Täter-Opfer-Ausgleich mit einer vergleichenden Analyse.* Köln: DBH-Materialien Nr. 49, 2003.

Richter, H. E. *Eltern, Kind und Neurose. Die Rolle des Kindes in der Familie.* Reinbeck bei Hamburg: Ernst Klett Verlag, 7. Auflage, 1973.

Richtlinie *2012/29/EU Des Europäischen Parlamemts und des Rates vom 25. Oktober 2012 über die Mindeststandards für die Rechte, die Unterstützung und den Schutz von Opfern von Straftaten sowie zur Ersetzung des Rahmenbeschlusses 2001/220/JI* In: Amtsblatt der Europäischen Union L315/S.57-73.

Richthofen, von D. *„Notwendigkeit und Möglichkeiten der Vermittlung eines Berufsverständnisses der Polizei."* In: *Die Polizei,* 3/1994.

Riebel, J. *„Mobbing an Schulen."* In: *Gewalt und Aggression im Kindes- Jugendalter. Ursache, Formen, Intervention,* (Hrsg.): Deegener, G. und Körner, W., S. 184-201. Weinheim und Basel: Beltz, 2011.

Riemann, G. *„Chicagoer Schule."* In: *Hauptbegriffe Qualitativer Sozialforschung,* (Hrsg.): Bohnsack, R., Marotzki, W. und Meuser, M., S. 26-29. Opladen & Farmington Hills: Barbara Budrich, 2. Auflage, 2006.

Rogers, C. R. *Die klientenzentrierte Gesprächspsychotherapie. Client-centered Therapy.* Übersetzung: E. Nosbüsch. München: Kindler Verlag, Orig. 1942 - Deutsch: 3. Auflage, 1978.

Rogers, C. R. *„Die zwischenmenschliche Beziehung: Das tragende Element der Therapie."* In: *Therapeut und Klient. Grundlagen der Gesprächspsychotherapie,* von C. R. Rogers. Frankfurt am Main: Fischer Taschenbuch Verlag, Quelle im Original 1962, Harvards Educational Review, Band 32, Nr. 4, Neuauflage in Deutsch 1995.

Rössner, D. *„Wiedergutmachung statt übelvergelten - (Straf-)theoretische Begründung und Eingrenzung einer kriminalpolotischen Idee."* In: *Täter-Opfer-Ausgleich. Vom zwischenmenschlichen Weg zur Wiederherstellung des Rechstfriedens,* von Rössner, D. (Hrsg.): Rössner, D. und Marks, E., S. 7-37. Bonn: Forum Verlag Godesberg, 1990.

Rössner, D. *Wiedergutmachung und Strafrecht-rechtshistorische und dogmatische Anknüpfungspunkte.* In: *Neue Herausforderungen für die Justiz,* (Hrsg.): Greive, T. und Trenczek, W., S. 13-43. Rehburg-Loccum: Evangelische Akademie Loccum, 1992.

Rössner, D. *"Täter-Opfer-Ausgleich als flächendeckendes Gesamtkonzept des Strafrechts."* In: *Täter-Opfer-Ausgleich Zwischenbilanz und Perspektiven Bonner Symposiumvom 19.-21. Juni 1989 im Wissenschaftszentrum Bonn*, (Hrsg.): Bundesministerium der Justiz, S. 210-220. Bonn, Mönchengladbach: Forum Verlag Godesberg, 3., unveränderte Auflage, 1995.

Rössner, D. *Ergebnisse und Defizite der aktuellen TOA Begleitforschung - Rechtliche und Empirische Aspekte.* Band 1. Berliner Kriminologische Studien. Herausgegeben von der Gesellschaft für praxisorientierte Kriminalitätsforschung e.V. In: *Täter-Opfer-Ausgleich. Beiträge zu Theorie, Empirie und Praxis*, (Hrsg.): Gutsche, G. und Rössner, D., S. 7-40. Mönchengladbach: Forum Verlag Godesberg, 2000.

Rössner, D. „Das Jugendkriminalrecht und das Opfer der Straftat." In: *Das Jugendstrafrecht an der Wende zum 21. Jahrhundert. Symposium zum 80. Geburtstag von Dr. Rudolf Brunner am 17. Juni 2000 in Heidelberg*, (Hrsg.): Dölling, D., S. 165-180. Berlin, New York: deGruyter, 1. Auflage, 2001.

Rössner, D. *Mediation im Strafrecht.* (Hrsg.): Servicebüro für Täter-Opfer-Ausgleich und Konfliktschlichtung. Band Nr. 2, Köln, 2004.

Rössner, D. *„§ 10 S.3 Nr.7 JGG: Macht der TOA als Erziehungsmaßregel Sinn?"* In: *TOA-Magazin.*, April 2014: S. 11-12.

Rössner, D. und Kämpfer, J. „Kriminalprävention durch TOA: Ergebnisse der Rückfallforschung." In: *TOA-Infodienst*, Dezember 2008: S. 5-10.

Rostampour, P. und Melzer, W. *„Täter-Opfer-Typologien im schulischen Gewaltkontext. Forschungsergebnisse unter Verwendung von Cluster-Analyse und multinominaler logischer Regression."* In: *Forschung über Gewalt an Schulen. Erscheinungsformen und Ursachen, Konzepte und Prävention*, (Hrsg.): Holtappels, H.G., Heitmeyer, W., Melzer, W. und Tillmann, K.-J., S. 169-189. Weinheim und München: Juventa, 5. Auflage, 2009.

Rothschuh, M. und Schütz, H. *„Sozialarbeiter als Polizeiassistenten. Eine Auseinandersetzung mit dem Hannoverschen "Präventionsprogramm Polizei/Sozialarbeiter"* (PPS)." In: *Damit Erziehung nicht zur Strafe wird. Sozialarbeit als Konfliktschlichtung*, (Hrsg.): Müller, S. und Otto, H.-U., S. 117-142. Bielefeld: Karin Böllert / KT-Verlag, 1986.

Roxin, C. *„Die Wiedergutmachung im System der Strafzwecke."* In: *Wiedergutmachung und Strafrecht*, (Hrsg.): Schöch, H., S. 37-55. München: Wilhelm Finck Verlag, 1987.

Sack, F. *„Definition von Kriminalität als politisches Handeln: der labeling approach."* In: *Kritische Kriminologie. Positionen, Kontroversen und Perspektiven*, (Hrsg.): Arbeitskreis Junger Kriminologen, S. 18-43, München, 1974.

Sacks, H. *Lectures on Conversation. Volume I & II*. Oxford UK & Cambridge USA, 1995.

Sander, K. und Ziebertz, T. *Personenzentrierte Beratung. Ein Lehrbuch für Praxis und Ausbildung.* Weinheim und München: Juventa, Neuausgabe, 2010.

Sautner, L. *Opferinteressen und Strafrechtstheorien. Zugleich ein Beitrag zum restorativen Umgang mit Straftaten.* Innsbruck: Studien Verlag - Schriftenreihe der Weisser Ring Forschungsgesellschaft. Band 6, 2010.

Schädler, W. *„Den Geschädigten nicht nochmals schädigen - Anforderungen an den Täter-Opfer-Ausgleich aus Sicht der Opferhilfe."* In: *Täter-Opfer-Ausgleich - Bonner Symposium*, (Hrsg.): Bundesministerium der Justiz, S. 24-34. Bonn, Mönchengladbach: Forum Verlag Godesberg , 3. Auflage, 1995.

Schädler, W. *„Praxis von Opferhilfe und Opferschutz."* In: *Opfer von Straftaten - Kriminologische, rechtliche und praktische Aspekte*, (Hrsg.): Egg, R. und Minthe, E., S. 57-68. Wiesbaden: Eigenverlag Kriminologische Zentralstelle e.V., 2003.

Schädler, W. *„Zum Verhältnis von Opferhilfe, Täterhilfe und Täter-Opfer-Ausgleich in der sozialen Strafrechtspflege."* In: *Klare Grenzen? Zum Verhältnis von Opferhilfe und TOA. Begegnung von Opfer und Täter im TOA - Chancen und Gefahren für Kriminalitätsopfer.* (Hrsg.): Hartmann, J., Berlin, S. 25-32, 2008.

Schädler, W. *„Zum Verhältnis von Opferhilfe und Täter-Opfer-Ausgleich in der sozialen Strafrechtspflege."* In: *TOA-Infodienst*, August 2011: S. 18-21.

Schädler, W. *„Opferschutz und Täter-Opfer-Ausgleich - eine Bestandsaufnahme zur Unzeit? "* In: *Europäische Vorgabe zum Opferschutz. Unterstützung oder Hemmschuh für Restorative Justice? Tagungsdokumentation des 15. Forums für Täter-Opfer-Ausgleich und 2014 in Trier*, S. 13-26. Köln: DBH-Fachverband für Soziale Arbeit, Strafrecht und Kriminalpolitik , 2014.

Schäffer, B. *„Gruppendiskussion."* In: *Hauptbegriffe Qualitativer Sozialforschung*, (Hrsg.): Bohnsack, R., Marotzki, W. und Meuser, M., S. 75-80. Opladen & Farmington Hills: Barbara Budrich, 2. Auflage, 2006.

Scheithauer, H., Hayer, T. und Petermann, F. *Bullying unter Schülern. Erscheinungsformen, Risikobedingungen und Interventionskonzepte.* Göttingen, Bern, Toronto, Seattle: Hogrefe, 2003.

Schenke, W.-R. *Polizei- und Ordnungsrecht.* Heidelberg: C.F.Müller Verlag, 4., neubearbeitete Auflage, 2005.

Schick, A. *„Entstehungsbedingungen aggressiven Verhaltens im Kindes- und Jugendalter."* In: *Gewalt und Aggression im Kindes- und Jugendalter. Ursachen, Formen, Intervention*, (Hrsg.): Deegener, G. und Körner, W., S. 20-34. Weinheim und Basel: Beltz Verlag, 2011.

Schiewek, W. *Weiße Schafe - Schwarze Schafe. Dichotomische Weltbilder im polizeilichen Alltag.* In: *Die Polizei zwischen Stabilität und Veränderung. Ansichten einer Organisation.* (Hrsg.): Christe-Zeyse, J., S. 105-133, Frankfurt: Verlag für Polizeiwissenschaft, 2006.

Schiewek, W. *Ist Vorbeugen besser als Heilen? Ethisch-moralische Grenzen der Prävention in Polizei und Gesellschaft.* Band 11, In: *Polizei-Polizist-Polizieren? Überlegungen zur Polizeiforschung. Festschrift für Hans-Joachim Asmuss,* (Hrsg.): Groß, M., Bornewasser, M., Frevel, B., Liebl, K., Ohlemacher, T. und Schmidt, P., S. 163-183. Frankfurt: Verlag für Polizeiwissenschaft, 2010.

Schiller, I. und Jacob, O. *„Konfliktregelung bei Strafunmündigen - Pro und Contra in der Diskussion."* In: *Auf Augenhöhe - 14. Forum für Täter-Opfer-Ausgleich vom 09. bis 11.Mai 2012.* Münster: TOA-Servicebüro für Täter-Opfer-Ausgleich und Konfliktschlichtung, Arbeitskreis 8, ohne Seitenangabe, 2012.

Schilling, J. *Didaktik/Methodik der Sozialpädagogik.* Neuwied u.a., 1993.

Schimmel, D. *Täter-Opfer-Ausgleich als Alternative?* Reihe 2, Rechtswissenschaften. Frankfurt am Main: Europäischer Verlag der Wissenschaften Peter Lang, 2000, Zugl. Diss. FU-Berlin, 1999.

Schindler, V. *Täter-Opfer-Statuswechsel: zur Struktur des Zusammenhangs zwischen Viktimisierung und delinquenten Verhalten.* Hamburg: Verlag Dr. Kovac, 2001.

Schlippe, A. von und J. Schweitzer. *Lehrbuch der systemischen Therapie und Beratung.* Göttingen : Vandenhoeck und Ruprecht, 8. Auflage, 2002.

Schmid, P. F. *„Personenzentrierte Psychotherapie. Eine Einführung."* In: *Einführung in die Psychotherapie,* (Hrsg.): Sonneck, G. und Slunecko, T., S. 168-211. Wien: Facultas, 1999.

Schmitz, C. *Bedingungen und Probleme des Tätigkeitsfeldes Täter-Opfer-Ausgleich am Beispiel der Geschichte des Braunschweiger Modellversuches.* In: *Täter-Opfer-Ausgleich. Vom zwischenmenschlichen Weg zur Wiederherstellung des Rechtsfriedenss,* (Hrsg.): Marks, E. und Rössner, D., S. 559-582. Bonn: Forum Verlag Godesberg, 1990.

Schmitz, C. *„Anforderungen an Handeln und Qualifikation von VermitlerInnen."* In: *Täter-Opfer-Ausgleich Zwischenbilanz und Perspektiven. Bonner Symposium,* (Hrsg.): Bundesministerium der Justiz, S. 178-187. Bonn, Mänchengladbach: Forum Verlag Godesberg, 3. unveränderte Auflage, 1995.

Schneider, C., Katzer, C. und Leest, U. *Cyberlife - Spannungsfelder zwischen Faszination und Gefahr. Cybermobbing bei Schülerinnen und Schülern. Eine empirische Bestandsaufnahme bei Eltern, Lehrkräften und Schülern/innen in Deutschland,* Karlsruhe: Bündnis gegen Cybermobbing e.V., 2013.

Schneider, H. J. *Viktimologie. Wissenschaft vom Verbrechensopfer.* Tübingen: Mohr, 1975.

Schneider, H. J. *Der Gegenwärtige Stand der Viktimologie in der Welt*, In: Das Verbrechensopfer in der Strafrechtspflege. (Hrsg.): Schneider, H.J., 1982.

Schneider, H. J. *„Die Rechtsstellung des Verbrechensopfers im Strafrecht und im Strafverfahren."* In: Jura, 11/2 1989: S. 72-81.

Schneider, H. J. *Police Science, Police Research, Police Theory-Internationale Ansätze einer Polizeiwissenschaft.* In: PFA-Schriftenreihe der Polizei-Führungsakademie, Heft 1+2 /2000, S. 133-171.

Schnell, R., Hill, P. B. und Esser, E. *Methoden der empirischen Sozialforschung.* München: Oldenbourg Wissenschaftsverlag, 8. Auflage, 2008.

Schöch, H. *„Täter-Opfer-Ausgleich im Jugendstrafrecht."* In: Wiedergutmachung und Strafrecht, (Hrsg.): Schöch, H., S. 143-158. München, 1987.

Schöch, H. *Das Opfer im Strafprozess.* In: Opfer von Straftaten, (Hrsg.): Egg, R. und Minthe, E., S. 19-36. Wiesbaden: KrimZ Kriminologische Zentralstelle e.V., Band 40, 2003.

Schöch, H. *„Opferperspektive und Jugendstrafrecht."* In: Zeitschrift für Jugendkriminalrecht und Jugendhilfe (ZJJ), 3/2012: S. 246-254.

Schöne, M. *Pierre Bourdieu und das Feld Polizei. Ein besonderer Fall des Möglichen.* (Hrsg.): Groß, H., Asmus, H.-J., Bornewasser, B., Liebl, K., Ohlemacher, T. und Schmdit, P., Frankfurt: Verlag für Polizeiwissenschaft, 2011.

Schreckling, J. *Täter-Opfer-Ausgleich bei Jugendstraftaten: Zur Lage der Projektarbeit und ihren Perspektiven in der Bundesrepublik Deutschland.* In: Jugendstrafrechtsreform durch die Praxis. Informelle Reaktionen und neue ambulante Maßnahmen auf dem Prüfstand. Konstanzer Symposium. (Hrsg.): Bundesministerium der Justiz, S.215-229, Bonn, 1989

Schreckling, J. *Bestandsaufnahmen zur Praxis des Täter-Opfer-Ausgleichs in der Bundesrepublik Deutschland.* (Hrsg.): Bundesministerium der Justiz, Bonn, 1991.

Schreckling, J. *„Reichweite und praktische Möglichkeiten des Täter-Opfer-Ausgleichs."* In: Grundfragen des Jugendkriminalrechts und seiner Neuregelung. 2. Kölner Symposium vom 1.-4. Oktober 1990, (Hrsg.): Bundesministerim der Justiz, S. 235-253. Bonn, Mönchengladbach: Forum Verlag Godesberg, 3., unveränderte Auflage, 1995.

Schreckling, J. *Täter-Opfer-Ausgleich nach Jugendstraftaten in Köln.* (Hrsg.): BMJ. Bonn, 2. Auflage, 2000.

Schroth, K. *Die Rechte des Opfers im Strafprozess.* Heidelberg: C.F.Müller, 2., neubearbeitete Auflage, 2011.

Schumann, K. F. *Labeling Approach und Abolitionismus.* In: *Kriminologisches Journal*, 1/1985, S. 19-28

Schüler-Springorum, H. *Zusammenfassende Würdigung (des TOA-Forums von 1995).* Schriftenreihe der Deutschen Bewährungshilfe e.V. Band 34, In: *Zehn Jahre Täter-Opfer-Ausgleich und Konfliktschlichtung. Der Täter-Opfer-Ausgleich als Teil einer gesellschaftlichen Entwicklung zu mehr außergerichtlicher Konfliktregulierung?* (Hrsg.): Hassemer, E., Marks, E. und Meyer, K., S. 395-410. Bonn: Forum Verlag Godesberg, 1997.

Schütz, A. und Luckmann, T. *Strukturen der Lebenswelt, Band 1.,* Frankfurt am Main, 1979.

Schwander, M. *Das Opfer im Strafrecht. Aktuelles und potenzielles Opfer zwischen Recht, Psychologie und Politik.* Bern: Haupt Verlag, 2010.

Schweer, T. und Strasser, H. *Einblick: Cop Culture und Polizeikultur.* In: "*Das da draußen ist ein Zoo, und wir sind die Dompteure" Polizisten im Konflikt mit ethnischen Minderheiten und sozialen Randgruppen.* (Hrsg.): Schweer, T., Strasser, H. und Zdun, S., S. 11-38, Wiesbaden, Verlag für Sozialwissenschaften, 2008.

Schwind, H. D. *Kriminologie. Eine praxisorientierte Einführung mit Beispielen,* Heidelberg: Kriminalistik Verlag, 7. neubarbeitete und erweiterte Auflage, 1996.

Seidmann, I. E. *Interviewing As Qualitative Research: A Guide for Researchers in Education And the Social Sciences.* New York: Teachers College Press, 1991.

Sessar, K. *Strafbedürfnis und Konfliktregelung - Zur Akzeptanz der Wiedergutmachung im und statt Strafrecht.* In: *Täter-Opfer-Ausgleich. Vom zwischenmenschlichen Weg zur Wiederherstellung des Rechtsfriedens,* (Hrsg.): Marks, E. und Rössner, D., S. 39-52. Bonn: Forum Verlag Godesberg, 1990, 2. Auflage, zuerst 1989.

Sessar, K. *Wiedergutmachung oder strafen? Einstellung der Bevölkerung und der Justiz.* Pfaffenweiler: Centaurus Verlagsgesellschaft, 1992.

Sessar, K., Beurskens, A. und K. Boers. *„Wiedergutmachung als Konfliktregelungsparadigma?"* In: *Kriminologisches Journal,* 1986: S. 86-104.

Shepard, M. und Rothenburger, B. *Police Juvenile Diversion: An Alternative to Prosecution .* Michigan Department of State Police, 1977.

Shazer, de S. und Dolan Y. *Mehr als ein Wunder. Lösungsfokussierte Kurztherapie heute.* Heidelberg: Carl-Auer-Systeme Verlag, 2008.

Simon, T. *"Jugendberatungsstellen sind wichtig - aber dürfen nicht vorrangig bei der Polizei angesiedelt sein."* In: *Dasselbe in grün? Aktuelle Perspektiven auf das Verhältnis von Polizei und Sozialer Arbeit*, (Hrsg.): Möller, K., S. 230-238. Weinheim und München: Juventa, 2010.

Singelnstein, T. und Stolle, P. *Die Sicherheitsgesellschaft. Soziale Kontrolle im 21. Jahrhundert.* Wiesbaden: VS-Verlag, 3., vollständig überarbeitete Auflage, 2012.

Sitzer, P., Marth, J., Kocik, C. und Müller, K. *Cyberbullying bei Schülerinnen und Schülern.* Ergebnisbericht der Online-Studie, Bielefeld: Institut für interdisziplinäre Konflikt- und Gewaltforschung (IKG), 2012.

Speck, W. *"Die zunehmend abnehmende Motivation zur Berufsausübung unter Polizeibeschäftigten in Deutschland."* In: *Empirische Polizeiforschung VI: Innen- und Außenansicht(en) der Polizei*, (Hrsg.): Groß, H. und Schmidt, P., S. 241-249. Frankfurt: Verlag für Polizeiwissenschaft, 2005.

Standards *Täter-Opfer-Ausgleich 6. überarbeitete Auflage.* Servicebüro für Täter-Opfer-Ausgleich und Konfliktschlichtung, Köln: Bundesarbeitsgemeinschaft Täter-Opfer-Ausgleich e.V. BAG TOA e.V., 2009.

Standards *und Empfehlungen für die Arbeit mit männlichen Tätern im Rahmen von interinstitutionellen Kooperationsbündnissen gegen häusliche Gewalt der Bundesarbeitsgemeinschaft Täterarbeit Häusliche Gewalt e.V.*, Materialien zur Gleichstellungspolitik - Nr. 109/2008, (Hrsg.): Bundesministerium für Familie, Senioren, Frauen und Jugend, 2008.

Steinert, H. *"Kriminalität als Konflikt."* Kriminalsoziologische Bibliographie, 1988: S. 11-19.

Steffen, W. *Analyse polizeilicher Ermittlungstätigkeit aus der Sicht des späteren Strafverfahrens.* Band 4, Wiesbaden: BKA, 1976.

Steffens, R. *Wiedergutmachung und Täter-Opfer-Ausgleich im Jugend- und Erwachsenenbereich in den neuen Bundesländern. Schriften zum Strafvollzug, Jugendstrafrecht und zur Kriminologie.* Band 4., (Hrsg.): Dünkel, F., Mönchengladbach: Forum Verlag Godesberg, 1999.

Steinert, H. *"Kriminalität als Konflikt."* In: *Kriminalsoziologische Bibliographie*, 1988/1: S. 11-19.

Stock, J. *"Selbstverständnis, Inhalte und Methoden einer Polizeiwissenschaft."* In: *PFA-Schriftenreihe der Polizei-Führungsakademie Heft 1+2/2000*, S. 101-122.

Strasser, H. und Brink, H. van den. *"Auf dem Weg in die Präventionsgesellschaft?"* In: *Aus Politik und Zeitgeschichte*, 2005: S. 3-7 /H. 46.

Streng, F. *Sanktionseinstellungen bei Jura-Studenten im Wandel.* In: *Soziale Probleme. Zeitschrift für soziale Probleme und soziale Kontrolle.* 17. Jahrgang, Heft2, (Hrsg.): Kury, H. Härtere Strafen - weniger Kriminalität? Zur Verschärfung der Sanktionseinstellungen, 2006, S. 210ff.

Streng, F. *Jugendstrafrecht.* Heidelberg: C.F.Müller Verlag, 2. Auflage, 2008.

Streng, F. *„Punitivität bei Justizjuristen. Ergebnisse von Befragungen aus der Rechtspflegestatistik."* In: *Zeitschrift für Jugendkriminalrecht und Jugendhilfe ZJJ - 2/2012*, 2012: S. 148-157.

Strobel, R., Schüle, C. und Lobermeier, O. *Evaluation des 17. Deutschen Präventionstages.* In: *Sicher Leben in Stadt und Land. Ausgewählte Beiträge des 17. Deutschen Präventionstages vom 16. und 17. April 2012 in München*, (Hrsg.): Marks, E. und Steffen, W., S. 41f & 131-176, Forum Verlag Godesberg, 2013.

Sullivan, D. und Tifft, L. *Handbook of Restorative Justice.* New York, 2006.

Sutherland, E. H. und Cressey, D. R. *Principles of criminology.* Philadelphia, 1974.

Sutterlütty, F. *Gewaltkarrieren. Jugendliche im Kreislauf von Gewalt und Mißachtung.* Frankfurt am Main, 2002.

Sutterlütty, F. *„Was ist eine >>Gewaltkarriere<<?"* In: *Zeitschrift für Soziologie Nr. 33*, 2004: S. 266-284.

Sykes, G. M. und Matza, D. *„Techniques of neutralization: A theory of delinquency."* In: *American Sociological Review*, 1957: S. 664-670.

Sykes, G. M. und Matza, D. *„Techniken der Neutralisierung: Eine Theorie der Delinquenz."* In: *Kriminalsoziologie*, (Hrsg.): Sack, F. und König, R., S. 360-371. Frankfurt am Main: Akademische Verlagsgesellschaft, 1968.

Taubner, S. *Einsicht in Gewalt. Reflexive Kompetenz adoleszenter Straftäter beim Täter-Opfer-Ausgleich.* Gießen: Psychosozial-Verlag, 2008.

Thurmann, O. C. *„Deviance and the neutralization of commitment: An emperical analysis."* In: *Deviant Behavior No. 5*, S. 291-304, 1984.

Tippelt, R. *„Idealtypen konstruieren und Realtypen verstehen - Merkmale der Typenbildung."* In: *Typenbildung und Theoriegenerierung. Methoden und Methodologien qualitativer Bildungs- und Biographieforschung*, (Hrsg.): Ecarius, J. und Schäffer, B., S. 115-126. Opladen & Farmington Hills: Barbara Budrich, 2010.

TOA-Magazin. (Ohne Autorenangabe) *Fachzeitschrift zum Täter-Opfer-Ausgleich.* „Arbeitsbedingungen im TOA. Stimmen berichten aus der Praxis." April 2015: S. 4-7.

Tremblay, R. E., Nagin, D. S. und J. R. Seguin. *„Physical aggressions during early childhood: trajectories and predictors." Pediatrics 114: E43-E50*, 2004.

Trenczek, T. „Täter-Opfer-Ausgleich. Grundgedanken und Mindeststandards." In: Täter-Opfer-Ausgleich und Wiedergutmachung. Neue Herausforderungen für die Justiz, S. 7-12. Loccum: Evangelische Akademie Loccum. Loccumer Protokolle 60/1991, 1992.

Trenczek, T. „Manipulation im Namen des Opferschutzes? Für einen rationalen Umgang mit dem Täter-Opfer-Ausgleich." In: TOA-Infodienst, November 2000: S. 5-9.

Trenczek, T. Ist TOA Mediation? In: Verantwortung für Jugend. Dokumentation des 26. Deutschen Jugendgerichtstages vom 25.-28. September 2004 in Leipzig, S. 229 240. Mönchengladbach: Forum Verlag Godesberg, Band 37, 2006.

Trenczek, T. „Restorative Justice - (strafrechtliche) Konfllikte und ihre Regelung." In: Kriminologie und Soziale Arbeit. Ein Lehrbuch, von AK HochschullehrerInnen Kriminologie I Straffälligenhilfe in der Sozialen Arbeit (Hrsg.), S. 193-210. Weinheim und Basel: Beltz Juventa, 2014.

Trinczek, R. „Experteninterviews mit Managern: Methodische und methodologische Hintergründe." In: Experteninterviews in der Arbeitsmarktforschung. Diskussionsbeiträge zu methodischen Fragen und praktischen Erfahrungen, (Hrsg.): Brinkmann, C., Deeke, A. und Völkel, B., S. 59-67. Nürnberg, 1995.

Ünsal, I. Maßnahmen gegen Gewalt im Projekt "Brücke". Reihe Verwaltung, Recht und Gesellschaft, in Straftaten junger Menschen im vereingten Berlins, Band 14., (Hrsg.): Bischoff, D. und Matzke, M., S. 222-230. Berlin: Hittit Verlag Berlin, 2001.

Viehmann, H. „Kriminalpolitische Anmerkungen eines Weggefährten." In: Der Täter-Opfer-Ausgleich und die Vision von einer "heilenden" Gerechtigkeit, (Hrsg.): Winter, F., S. 152-160. Worpswede: Amberg-Verlag, 2004.

Viehmann, H. „Kriminal- und gesellschaftspolitische Bedeutung des Täter-Opfer-Ausgleichs." In: TOA-Infodienst, 2009 : S. 6-11.

Viet, F. "Der Täter-Opfer-Ausgleich in der Jugendgerichtshilfe Braunschweig - eine kurze Darstellung aus der Praxis" In: Täter-Opfer-Ausgleich. Vom zwischenmenschlichen Weg zur Wiederherstellung des Rechtsfriedens. (Hrsg.): Marks, E. und Rössner, D., S. 55-60, Bonn, Forum Verlag Godesberg, 2., unveränderte Auflage, 1990.

Voß, M. „Anzeigenmotive, Verfahrenserwartungen und die Bereitschaft von Geschädigten zur informellen Konfliktregelung. Erste Ergebnisse einer Opferbefragung." In: Monatsschrift für Kriminologie und Strafrechtsreform 1989 2. Jg.H.1, 1989: S. 34-51.

Voß, M. „Jugendstrafrechtsreform: Forschungsbedarf und Forschungslücken." In: Jugendstrafrechtsreform duch die Praxis - informelle Reaktionen und neue ambulante Maßnahmen auf dem Prüfstand, (Hrsg.): Bundesministerium der Justiz, S. 311-337. Bonn: Forum Verlag Godesberg, 4. Auflage, 1992.

Voß, M. *"Strafe muß nicht sein. Zu einer Inanspruchnahme des Strafrechts die an Bestrafung nicht interessiert ist."* In: *Muß Strafe sein? Zur Analyse und Kritik strafrechtlicher Praxis*, (Hrsg.): Peters, H., S. 135-150. Opladen, 1993.

Walter, M. *Über das Verhältnis des Täter-Opfer-Ausgleichs zum Kriminalrechtssystem.* In: *Täter-Opfer-Ausgleich - auf dem Weg zur bundesweiten Anwendung?* (Hrsg.): Kerner, H.J., Hassemer, E., Marks, E. und Wandrey, M., S. 41-64. Bonn: Forum Verlag Godesberg, Band 31, 1994.

Walter, M. *„Theoretische Perspektiven des Täter-Opfer-Ausgleichs."* In: *Täter-Opfer-Ausgleich. Bonner Symposium*, (Hrsg.): Bundesministerium der Justiz, S. 61-70. Bonn: Forum Verlag Godesberg, 3., unveränderte Auflage, 1995.

Walter, M. *„Wandel kriminalpolitischer Leitbilder und Zielvorstellungen."* In: *Kriminalität, Prävention und Kontrolle*, (Hrsg.): Rossner, D. und Jehle, J.M., S. 25-36. Heidelberg: Kriminalistik Verlag: Neue Kriminologische Schriftenreihe, 1999.

Walter, M., et al. *Täter-Opfer-Ausgleich aus der Sicht von Rechtsanwälten. Einschätzungen, Ansichten und persönliche Erfahrungen.* (Hrsg.): Bundesministerium der Justiz. Mönchengladbach: Forum Verlag Godesberg, 1999.

Walter, M. *„Kriminalpolitik in der Mediengesellschaft: Was kann die Kriminologie ausrichten?"* In: *Das Jugendkriminalrecht vor neuen Herausforderungen? Jenaer Symposium 09.-11.09.2008*, (Hrsg.): BMJ, S. 239-255. Mönchengladbach: Forum Verlag Godesberg, 2009.

Walter, M. und Neubacher, F. *Jugendkriminalität. Eine systematische Darstellung.* Stuttgard, München, Hannover, Berlin, Weimar, Dresden: Boorberg Verlag, 4. Auflage, 2011.

Wandrey, M. *„Konfliktregelung und Schadenswiedergutmachung im Alltag der Reutlinger Jugendstrafrechtspflege."* In: *Wiedergutmachung in der Strafrechtspraxis. Erfahrungen, neue Ansätze, Gesetzesvorschläge*, (Hrsg.): Marks, E., Meyer, K., Schreckling, J. und Wandrey, M., S. 176ff., Bonn, 1993.

Wandrey, M. und Weitekamp, E. G. M. *„Die organsisatorische Umsetzung des Täter-Opfer-Ausgleichs in der Bundesrepublik Deutschland-eine vorläufige Einschätzung der Entwicklung im Zeitraum von 1989-1995."* In: *Täter-Opfer-Ausgleich in Deutschland. Bestandsaufnahme und Perspektiven*, Herausgeber: Dölling, D. et al., S. 121-148. Bonn, 1998.

Watzke, Ed. *Äquilibristischer Tanz zwischen Welten. Neue Methoden professioneller Konfliktmediation.* Bonn: Forum Verlag Godesberg, 1997.

Watzlawick, P. *Anleitung zum Unglücklich sein.* München: Piper, 1983.

Watzlawick, P. *Wie wirklich ist die Wirklichkeit? Wahn-Täuschen-Verstehen.* München: Piper, 24. Auflage, 1998.

Watzlawick, P., Beavin, J. H. und Jackson, D. D. *Menschliche Kommunikation. Formen, Störungen, Paradoxien.* Bern, 1969.

Weber, M. *Gesammelte Aufsätze zur Wissenschaftslehre,* Tübingen, J.C.B. Mohr, 1922

Weigend, T. *Deliktsopfer und Strafverfahren.* Berlin: Duncker und Humblot, 1989.

Weigend, T. *Deliktsopfer und Strafverfahren.* Freiburg, 1989a.

Weigend, T. „*Fragen der Rechtsstaatlichkeit beim Täter-Opfer-Ausgleich.*" In: *Wiedergutmachung und Strafrechtspraxis - Erfahrungen, neue Ansätze, Gesetzesvorschläge,* S. 37-62. Bad Godesberg: Forum Verlag Godesberg, 1993.

Weigend, T. *"Neo-klassische" Bestrafungskonzepte: Rück- oder Fortschritt?"* In: *Grundfragen des Jugendkriminalrechts und seiner Neuregelung.* Symposium an der Kriminologischen Forschungsstelle der Universität zu Köln 1.-4- Oktober 1990, (Hrsg.): Bundesministerium der Justiz, S. 152-168, 3., unveränderte Auflage, Bonn, Forum Verlag Godesberg, 1995.

Weick, K.E. *Der Prozeß des Organisierens.* Frankfurt am Main, 1985.

Weinberger, S. *Klientenzentrierte Gesprächsführung. Eine Lern- und Praxisanleitung für helfende Berufe.* Weinheim und Basel: Beltz Verlag, 6. Auflage, 1994.

Weiss, K. „*Objekte und Methoden einer Polizeiwissenschaft.*" In: *SIAK-JOURNAL Zeitschrift für Polizeiwissenschaft und polizeiliche Praxis,* 3/2007: S. 34-45.

Weller, W. und Pfaff, N. „*Milieus als kollektive Erfahrungsräume und Kontexte der Habitualisierung - Systematische Bestimmungen und exemplarische Rekonstruktionen.*" In: *Dokumentarische Methode. Grundlagen-Entwicklungen-Anwendungen,* (Hrsg.): Loos, P., Nohl, A.-M., Przyborski, A. und Schäffer, B., S. 56-74. Opladen, Berlin, Toronto: Barbara Budrich, 2013.

Wenzel, B. „*Tatmotiv Ehre.*" In: *Scham-Schamabwehr-Anerkennung,* (Hrsg.): S. Marks, S. 58-70. Berlin: LIT Verlag, 2007.

Wetzels, P. *Über die Nutzung von Opferhilfeeinrichtungen - Ergebnisse einer bundesweit repräsentativen Opferbefragung.* KFN-Forschungsbericht Nr. 49, Hannover: KFN e.V., 1995.

Wilbrand, I. und Unbehend, D. *Praxisleitfaden für die Jugendgerichtshilfe.* München: C.H.Beck, 1995.

Wild, A. „*Die Persönlichkeitstheorie von Rogers und die Ziele des psychotherapeutischen Handelns.*" In: *Die Klientenzentrierte Gesprächspsychotherapie,* (Hrsg.): Gesellschaft für wissenschaftliche Gesprächspsychotherapie, München, 1975.

Wilde, A. und Rustemeyer, R. „Frauen in der Polizei: Chancen und Barrieren in einer männlichen Orgaisation." In: Empirische Polizeiforschung VIII: Polizei im Wandel? Organisationskultur(en) und -reform, (Hrsg.): Ohlemacher, T., Mensching, A. und Werner, J.-T., S. 51-70. Frankfurt: Verlag für Polizeiwissenschaft, 2007.

Winter, F. „Täter-Opfer-Ausgleich. Konzeption und Informationsbroschüre." Bremen, 1990.

Winter, F. „Spaltung und Projektion im Namen eines 'feministischen Opferschutzes? Eine Erwiderung zur Polemik von Frau Prof. Oberlies über den Täter-Opfer-Ausgleich." In: TOA-Infodienst, November 2000: S. 12-14.

Winter, F. „Der Täter-Opfer-Ausgleich als Teil der Vision von einer heilenden Gerechtigkeit." In: Der Täter-Opfer-Ausgleich und die Vision von einer "heilenden" Gerechtigkeit, S. 15-26. Worpswede: amberg-verlag, 2004.

Winter, F. „Rezension zu Svenja Taubners Dissertation: Einsicht in Gewalt - Reflexive Kompetenz adoleszenter Straftäter beim Täter-Opfer-Ausgleich." In: psychosozial, Jahrgang 32, 3/2009: S. 132-134.

Winter, F. „Neues Modell zum Umgang mit Stalking-Delikten und Ex-Partner-Stalking: Das Bremer Kriseninterventionsteam Stalking KIT." In: TOA-Infodienst, August 2009: S. 20-24.

Winter, F. „Stalking - Das Strafgesetz zur beharrlichen Nachstellung und das gesellschaftlich Unbewusste." In: Stalking zwischen Psychoanalyse und Strafrecht, (Hrsg.): Bruns, G. und Winter, F. , S. 19-32. Gießen: Psychosozial-Verlag, 2010, Heft III, Nr.121.

Winter, F. und Matt, E. „Restorative Justice und Täter-Opfer-Ausgleich in Deutschland - zwischen lästiger Pflicht und sozialintegrativen Potenzial." In: Neue Kriminalpolitik Jahrgang 24, Heft 2/2012: S. 73-80.

Winter, F. und Dziomba, F. „Das Bremer Kriseninterventions-Team Stalking (StalkinG KIT) - Konzepte, Setting, Praxis." In: Stalking zwischen Psychoanalyse und Strafrecht, (Hrsg.): Bruns, G. und Winter, F., S. 81-96. Gießen: Psychosozial-Verlag, 2010, Heft III, Nr. 121.

Winter, M. Politikum Polizei. Macht und Funktion der Polizei in der Bundesrepublik Deutschland. Münster: LIT Verlag, 1998.

Winther, A. und Kommnick, K. „Von Blau bis Rot - Notfallpläne für Schulen." In: Krisen im Schulalltag. Prävention, Management und Nachsorge, (Hrsg.): Drewes, S. und Seifried, K., S. 38-53. Stuttgart: Kolhammer, 2012.

Witzel, A. Verfahren der qualitativen Sozialforschung - Überblick und Alternativen. Frankfurt am Main, New York, 1982.

Wolter, J. Aspekte einer Strafrechtsreform bis 2007. München, 1991.

Wörsdörfer, M. *„TOA-Quo vadis? Nachlese zum 11. TOA-Forum."* In: TOA-Infodienst, November 2006: S. 47-50.

Wrobelski, A. und Leitner, A. *„Zwischen Wissenschaftlichkeitsstandards und Effizienzansprüchen. ExpertInneninterviews in der Praxis der Maßnahmenevaluation."* In: Experteninterviews. Theorien, Methoden, Anwendungsfelder, (Hrsg.): Bogner, A., Littig, B. und Menz, W., S. 259-276. Wiesbaden: Verlag für Sozialwissenschaften, 3., grundlegend überarbeitete Auflage, 2009.

Wurmser, L. *„Scham, Schamabwehr und tragische Warheit."* In: Scham-Beschämung-Anerkennung, (Hrsg.): Marks, S., S. 19-32. Berlin: LIT Verlag, 2007.

Wyrwa, H. Konfliktsystem Mobbing. Ein Theorie- und Praxismodell für Therapie und Beratung Heidelberg : Carl-Auer-Verlag, 2012.

Zdun, S. *„Die jungen Russlanddeutschen."* In: "Das da draußen ist ein Zoo, und wir sind die Dompteure" Polizisten im Konflikt mit ethnischen Minderheiten und sozialen Randgruppen, (Hrsg.): Schweer, T., Strasser, H. und Zdun, S. 39-63. Wiesbaden: VS-Verlag für Sozialwissenschaften, 2008.

Zdun, S. *„Die Rechtfertigung abweichenden Verhaltens von Heranwachsenden im sozialen Kontext."* In: Soziale Probleme. Zeitschrift für soziale Probleme und soziale Kontrolle, 2008/19. Jahrgang, Heft 2: S. 194-218.

Zehr, H. Changing Lenses-A new Focus for Crime and Justice. Scottdale: Herald Press, 1990.

Zehr, H. Fairsöhnt - Restaurative Gerechtigkeit. Wie Opfer und Täter heil werden können. Übersetzung: Lange, A., Neufeld Verlag, 2010.

Zehr, H. und Mika, H. *„Grundlegende Prinzipien der restaurativen Gerechtigkeit."* In: Fairsöhnt-Restaurative Gerechtigkeit. Wie Opfer und Täter heil werden können, von H. Zehr, S. 83-88. Neufeld Verlag, 2010.

Zieger, M. Verteidigung in Jugendstrafsachen, 5., neu bearbeitete Auflage, Heidelberg, München, Landsberg, Berlin, C.F.Müller, 2008.

Ziegler, H. *„Wirkungsevaluation in der sozialen Arbeit mit straffälligen jungen Menschen."* In: Zeitschrift für Jugendkriminalrecht und Jugendhilfe (ZJJ), 2012: S. 17-22.

Zweiter Periodischer Sicherheitsbericht (Hrsg.): Bundesministerium des Innern und Bundesministerium der Justiz, Berlin, 2006.

Onlinequellen

Buntix, C. Victim Offender Mediation in serious crimes in prison in Belgium bzw. unter dem Titel: Täter-Opfer-Ausgleich bei Tötungsdelikten – Möglichkeiten und Risiken In: Infomaterial des TOA-Servicebüros zum 14. TOA-Forum in Münster vom 09.-11.Mai in Münster, ohne Seitenzahl. Siehe auch die Internetveröffentlichung der Verschriftlichung des Vortrages unter URL: http://www.lwl.org/lja-download/fobonline/anlage.php?urlID=11248 (Download vom 01.06.2014)

Burhoff, D. „Gebühr für Teilnahme an einem Termin im Täter-Opfer-Ausgleichsverfahren"
URL:http://www.iww.de/index.cfm?pid=1314&pk=134571&spid=1290&spk=1288&sfk=44
(Download vom 30.06.2015)

Cornel, H. Stellungnahme des DBH-Fachverbandes zum Referentenentwurf eines 3. ORRG vom 03.12.2014 unter: URL:
http://www.bundesgerichtshof.de/SharedDoc/Downloads/DE/Bibliothek/ Gesetzesmaterialien/18_wp./opferschutzrefG/stellung-dbh_refe.pdf, (Download vom 22.06.2015)

Groß, H. „Polizeien in Deutschland"
http://www.bpb.de/politik/innenpolitik/76660/polizeien-in-deutschland?p=0 14.06.2012, (Download vom 07.01.2013)

Heinz, W. „Rückfall und Wirkungsforschung – Ergebnisse aus Deutschland". Vortrag, gehalten am 5. April 2007, Kansai Universität, Osaka, S.7f
URL:http://www.unikonstanz.de/rtf/kis/Heinz_Rueckfall_und_Wirkungsforschung_he308.pdf (Download vom 11.09.2015)

Janke, M. Täter-Opfer-Ausgleich im Strafverfahren. Zugleich ein Beitrag zu einer kritischen Strafverfahrenstheorie:
http://sfm.jura.uni-sb.de/archives/000058.html, S. 5 Disputationsvortrag von 2004, (Download vom 18.09.2012)

Metzger, T. „Konfliktlotsen. Ein Konzept zur konstruktiven Konfliktbehandlung im Bildungs- und Erziehungswesen von Hagedorn, O. Zum Begriff: „Konfliktlotsen."
In: Infoblatt Mediation Nr.3, 1995 http://www.konfliktlotsen.de (Download vom 25.05.2014)

Rössner, D., Bannenberg, B. und Coester, M. „Düsseldorfer Gutachten: Leitlinien wirkungsorientierter Kriminalprävention", 2002, S. 28-30
URL: http://www.duesseldorf.de/download/dgll.pdf wie auch
URL: http://www.duesseldorf.de/download/dg.pdf (Download vom 01.06.2014)

Standards zur Bearbeitung von TOA-Fällen aus dem sozialen Nahraum – Gewalt von Männern innerhalb von Paarbeziehungen: Homepage der Waage Hannover
URL: http:// www.waagehannover.de/Standards_haeuslGewalt.pdf, (Download vom 01.06.2014)

Süss, S. „*Polizeibegriff.*" In: www.krimlex.de, (Download vom 06.06.2014)

Springer Gabler Verlag (Hrsg.): Gabler Wirtschaftslexikon, Stichwort: *Polizei*, online unter URL: http://wirtschaftslexikon.gabler.de/Archiv/13837/polizei-v10.html (Download vom 01.06.2014)

Winter, F. und Dziomba, F. *StalKing KIT des TOA-Bremen, 2010*, siehe auch den Flyer des Projekts unter URL: http://stalking-kit.de/Flugblatt%20B.pdf über die Homepage des TOA-Bremen unter URL:http://www.toa-bremen.de, (Download vom 01.08.2013)

Walther, C. „*Tatausgleich*" – *Jugendverwaltung startet Modellprojekt zum Umgang mit Kindern, die Straftaten begangen haben*. Pressemitteilung vom 21.06.2011 der Senatsverwaltung für Bildung, Wissenschaft und Forschung – URL: http://www.berlin.de/sen/bwf/presse/archiv/20110621.1510.348638.html, (Download vom 25.05.2014)

Anmerkung: Hinweise auf Onlinequellen, wie etwa die Homepage einer Schule, mit Texten ohne Autorenangaben, sind komplett in den Fußnoten enthalten.

Verwaltungsvorschriften

Bremen: Gemeinsame Richtlinie des Senators für Justiz und Verfassung, der Senatorin für Arbeit, Frauen, Gesundheit, Jugend und Soziales, des Senators für Inneres und Sport und der Senatorin für Bildung und Wissenschaft zur Förderung des Täter-Opfer-Ausgleichs im Lande Bremen.

Berlin: Gemeinsame Verwaltungsvorschriften zur Förderung des Täter-Opfer-Ausgleichs im Rahmen staatsanwaltschaftlicher Entscheidungen (TOA-Verwaltungsvorschriften), vom Januar 2014, im Amtsblatt Nr.5/31.01.2014, S. 228ff.

Saarland: Gemeinsame Richtlinie des Ministeriums der Justiz, des Ministeriums für Inneres und Sport und des Ministeriums für Frauen, Arbeit, Gesundheit und Soziales zum Täter-Opfer-Ausgleich bei Jugendlichen und Heranwachsenden. Stand vom 07. August 2001

Sachsen: Sächsisches Staatsministerium der Justiz. Gemeinsame Verwaltungsvorschrift des Sächsischen Staatsministeriums der Justiz, des Sächsischen Staatsministeriums des Inneren und des Sächsischen Staatsministeriums für Soziales, Gesundheit und Familie über den Täter-Opfer-Ausgleich im Rahmen staatsanwaltschaftlicher Entscheidungen und Maßnahmen der Jugendgerichtshilfe im Jugendverfahren (VwV Täter-Opfer-Ausgleich) Stand 30. April 1997, ergänzt und mit neuer Gültigkeit ab dem 01.09.2001

Rheinland-Pfalz: Diversionsstrategie für die Praxis des Jugendstaatsanwalts nach § 45 JGG. Gemeinsames Rundschreiben des Ministeriums der Justiz (4210-4-18/87) des Ministeriums des Inneren und für Sport (349/441-01/410) und des Ministeriums für Soziales und Familie (637-75 766-1) mit Wirkung vom 15. September 1987 und einer Ergänzung zum Täter-Opfer-Ausgleich vom 1. April 1993

Diversionsrichtlinien

Baden-Württemberg: Gemeinsame Verwaltungsvorschrift des Justizministeriums, des Innenministeriums und des Sozialministeriums zur Förderung von Diversionsmaßnahmen und zur Zusammenarbeit von Staatsanwaltschaft, Polizei und Jugendhilfe bei Straftaten jugendlicher und heranwachsender Beschuldigter sowie delinquentem Verhalten von Kindern (Zusammenarbeits- und Diversionsrichtlinien) vom 1. Januar 2012 mit Bezug auf: VwV d.JuM vom 13. Dezember 2011 (Az.: 4210/0091) JuM, 3-1210/40/362 IM, 22-6940-3 SM) - Die Justiz-2012 S. 7 – Bezug: VwV d.JuM vom 20. Dezember 2004 (Az.: 4201/0017 JuM, 3-0522.015 IM, 42-6901-0552-1 SM) – Die Justiz – 2005 S. 72

Berlin: Gemeinsame Allgemeine Verfügung über die vermehrte Anwendung des § 45 JGG im Verfahren gegen Jugendliche und Heranwachsende (Diversionsrichtlinie) vom 2. Oktober 2014 – JustV III C 3 – InnSport III B 2 – BildJugWiss III G 12

Brandenburg: Einstellung von Jugendstrafverfahren nach §§ 45, 47 JGG (Diversion). Gemeinsamer Runderlass des Ministerium der Justiz und für Europaangelegenheiten, des Ministeriums des Inneren und des Ministeriums für Bildung, Jugend und Sport. Vom 22. Dezember 2000 (JMBl. 2001 S. 23) geändert durch Gemeinsamen Runderlass vom 6. Februar 2003 (JMBl. S. 30) (4210-III.1)

Bremen: Gemeinsame Richtlinien des Senators für Justiz und Verfassung, des Senators für Inneres und Sport und der Senatorin für Arbeit, Frauen, Gesundheit, Jugend und Soziales zur Anwendung des § 45 Jugendgerichtsgesetz bei jugendlichen und heranwachsenden Beschuldigten. Vom 1. Mai 2010

Hamburg: -421.31 – Sammlung Diversion Rundschreiben an alle Dezernenten Betr.: Bearbeitung von Verfahren im Rahmen von § 45 JGG (Diversion) vom 02.01.2001

Mecklemburg-Vorpommern: Richtlinie zur Förderung der Diversion bei jugendlichen und heranwachsenden Beschuldigten für das Land Mecklemburg-Vorpommern. Gemeinsame Verwaltungsvorschrift des Justizministeriums, des Innenministeriums und des Sozialministeriums. Vom 23. Januar 2004 – III 320/4210 – 2 SH – (Amtsblatt M-V 2004, S. 406ff.)

Niedersachsen: Richtlinien für die Bearbeitung von Ermittlungsverfahren in Jugendstrafsachen bei jugendtypischen Fehlverhalten (Diversionsrichtlinien) Gem. RdErf. d.MJ., d. MS u.d. MI v.15.01.2007 (Nds.MBl Nr6/2007 S. 115) – VORIS 33310 –

Nordrhein-Westfalen: Richtlinien zur Förderung der Diversion im Jugendstrafverfahren (Diversionsrichtlinien) – Gemeinsamer Runderlass des Justizministeriums – 4210 – III. 79 - , des Innenministeriums – 42 – 6591/2.4 -, des Ministeriums für Schule, Jugend und Kinder – 322 – 6.08.08.04 – 7863 – und des Ministeriums für Gesundheit, Soziales, Frauen und Familie – III 2 – 1122 – vom 13. Juli 2004 – JMBl. NRW S. 190

Rheinland-Pfalz: Diversionsstrategie für die Praxis des Jugendstaatsanwalts nach § 45 JGG. Gemeinsames Rundschreiben des Ministeriums der Justiz (4210-4-18/87) des Ministeriums des Inneren und für Sport (349/441-01/410) und des Ministeriums für Soziales und Familie (637-75 766-1) mit Wirkung vom 15. September 1987 und einer Ergänzung zum Täter-Opfer-Ausgleich vom 1. April 1993

Saarland: Richtlinie für Diversionsverfahren im Saarland. Gemeinsamer Erlass des MdJ, MdJ und MFAGS vom 3. Januar 1992. (Amtsbl. S. 62), zuletzt geändert durch Gem. Erlass vom 18. Juni 1996 (GMBl. S.220) (4213-4) – Stand vom 20.01.2005

Sachsen: Gemeinsame Verwaltungsvorschrift der Sächsischen Staatsministerien der Justiz, des Inneren, für Soziales, Gesundheit und Familie sowie für Kultus zur Förderung der Diversion bei jugendlichen und heranwachsenden Beschuldigten (VwV Diversion). Vom 27. August 1999 (Geändert durch VwV vom 29. September 2001 (SächsABl. S.1156)

Sachsen-Anhalt: Anordnung des Ministeriums der Justiz. Richtlinien und Empfehlungen für die Bearbeitung von Jugendstrafsachen gemäß §§ 45 und 47 des Jugendgerichtsgesetzes (Diversionsrichtlinien). Gem. RdErl. des MJ. MI und MS vom 13.12.2002 – 4214 – 207.4

Schleswig-Holstein: Richtlinien zur Förderung der Diversion bei jugendlichen und heranwachsenden Beschuldigten. Gem. Erl. d. MJBE, d. IM u. d. MFJWS v. 24.06.1998 – II 310/4210 – 173 SH - /1V 423 – 32.-11/V 350 – 3625.32 (SchlHA S:204)

Thüringen: Einstellung von Jugendstrafverfahren nach den §§ 45, 47 des Jugendgerichtsgesetzes (JGG) – Diversion – Verwaltungsvorschrift des Thüringer Ministeriums für Justiz und Europaangelegenheiten vom 25. April 1996 (4210 – 1/95)

Erklärung

Ich versichere hiermit, dass ich die Arbeit selbständig angefertigt habe und keine anderen als die angegebenen Quellen und Hilfsmittel benutzt sowie die wörtlich oder inhaltlich übernommenen Stellen als solche kenntlich gemacht habe.

Berlin, den 22.11.2015

Oliver Jacob

Anhang